本刊受上海市高水平地方高校（学科）建设项目资助

CSSCI来源集刊

法律方法

Legal Method

第46卷

主　　编 · 陈金钊　谢　晖
执行主编 · 杨知文

中国出版集团有限公司
研究出版社

图书在版编目 (CIP) 数据

法律方法 . 第 46 卷 / 陈金钊 , 谢晖主编 . -- 北京 : 研究出版社 , 2024. 10. -- ISBN 978-7-5199-1731-9

Ⅰ . D9-53

中国国家版本馆 CIP 数据核字第 2024RB2237 号

出 品 人：陈建军
出版统筹：丁　波
责任编辑：张立明

法律方法（第46卷）
FALV FANGFA（DI 46 JUAN）
陈金钊　谢　晖　主编
研究出版社 出版发行
（100006　北京市东城区灯市口大街100号华腾商务楼）
北京建宏印刷有限公司印刷　新华书店经销
2024年10月第1版　2024年10月第1次印刷
开本：787mm × 1092mm　1/16　印张：36
字数：762千字
ISBN 978-7-5199-1731-9　定价：128.00元
电话（010）64217619　64217652（发行部）

法律方法

（第46卷）

序　言

人们不能总是消费别人的信任而不断地进行压服，司法裁判只有阐明裁判结论的形成过程和正当性理由，才可能提高裁判的可接受性，实现法律效果和社会效果的有机统一。法律方法就是站在维护法治的立场上，把法律作为修辞进行说服的纠纷解决方法，其包括但不限于法律发现、法律解释、利益衡量、漏洞填补、法律推理以及法律论证。而法律方法论则是对法律如何被运用的一系列解释、论证和推理的技巧、规则、程序、原则的系统思考。由于对逻辑思维的轻视，我国对法律方法论的研究起步较晚。但自21世纪初以来，随着对思维方式的体系化改造，法律方法论研究逐渐成为我国法学研究中的一门显学。

创刊于2002年的《法律方法》，迄今已经出版46卷，为法律方法论人才的培育，法律方法论研究的普及、深化、繁荣，提供了专业化的学术交流、切磋平台。多年来，幸赖学界同仁的支持、出版界同仁的合作，《法律方法》与学界同仁一道，共同推动了中国法律方法论的研究，见证了法律方法论研究的繁荣。

法律方法论研究的持续繁荣蕴含着研究契机的转换。随着裁判文书上网、案例指导制度的建立，学界越来越关注司法实践发展出来的教义规则及其方法支撑。法律方法论的研究正从以译介消化域外相关理论为特色的学说继受阶段，转向以本国立法、司法实践的教义学化为契机的本土化时代。面对这一新的发展趋势，我们认为，促进法治中国建设、生成法学教义规则，理应成为今日法律方法论研究的出发点和落脚点。法律方法论研究也应当在继续深挖法律方法的基础理论之上，提炼能够回应我国实践需求的命题。

因而，我们需要继续深挖法律方法的基础理论，拓展法律方法论的应用研究。

一是法律方法与法治的关系。法律方法依托于法治，如果没有法治目标，要不要法律方法都无所谓。基于何种法治立场、实现何种法治目标、讲述何种法治故事，是奠定法律方法论价值取向的前提性问题。如果忽略对这些问题的研究，法律方法的研究、运用必将沦为方法论上的盲目飞行。

二是法律方法与逻辑的关系。逻辑是思维的规律和规则。法律方法表现为各种具体的法律思维规则，法律思维规则构成了法律方法的骨架。如今，逻辑学经历了传统的形式逻辑向实质逻辑的转向。结合逻辑学的新变化，建构法律解释、法律推理、法律论证模型，对夯实法律方法论的逻辑基础，强化法律方法论的实践指向，具有重要的理论和实践意义。

三是回应实践的需要，提炼新的命题。面对法律供给不足的现实，我们应当坚持“持法达变”思维，把法律当成构建决策、裁判理由的主要依据，重视体系思维，将宪法中的“尊重和保障人权”原则融入法律思维或者法律方法之中，以防止“解释权”的误用、滥用。这意味着法律规范的供给不足隐含的是法律方法或者说法律思维规则供给不足。因此，面对法治实践的需要，应不断提炼出反映中国法治实践需要、满足中国法治实践需要的新的理论命题或者规则。

在法律方法研究重点发生转向的新时代，《法律方法》将“不忘初心、牢记使命”，继续秉持“繁荣法律方法研究，服务中国法治实践，培养方法论学术新进”的宗旨，为我国法律方法研究的繁荣、法律方法研究的实践取向，以及法律方法人才的培养做出应有的贡献。同时也希望各位先达新进不吝赐稿，以法律方法论研究为支点，共同推动中国法治建设。

陈金钊

目　录　　法律方法（第46卷）

司法问题专论

部门法方法论

域外法律方法论

人工智能与法律：一种法律推理模型的垫脚石*

[美] 艾德文娜·里斯兰**著 陆幸福***译

摘 要 人工智能旨在使用计算机科学的理念和方法，开发概念和计算的框架。法律所具有的法律推理多元化等特征使得法律和人工智能之间有着丰硕增效之可能性。人工智能和法律领域有若干里程碑式的项目，为通向理解和模块化法律推理提供了关键路径。它们主要处理人工智能和法律项目的需为之事，具体包括：通过规则进行推理；通过具有空缺结构的概念进行推理；通过判例、假设案例和引用先例的论证进行推理；通过规则和判例进行混合范式的推理；法律知识的深度模型。

关键词 法律推理 人工智能与法律 建模 专家系统

本文主要讨论已有二十年历史的人工智能和法律这一跨学科领域的发展。该领域对人工智能和法律各自都非常重要，因为它旨在提高我们对法律推理的理解和建模。

此处讨论的人工智能和法律诸项目是这一领域的里程碑。① 这些项目的统一主题旨在理解法律论证并为之建模，这是理解法律推理并为之建模的总体目标之基石。这些目标要

* 本译文为国家社科基金西部项目“类案同判机制研究”（20XFX001）的阶段性研究成果。

** 艾德文娜·里斯兰，马萨诸塞大学计算机与信息科学系副教授，哈佛大学法学院讲师。原文为 Edwina L. Rissland，“Artificial Intelligence and Law：Stepping Stones to a Model of Legal Reasoning”，99 *Yale L. J.* 1957（1990）。

*** 陆幸福，男，江苏溧水人，西南政法大学行政法学院教授，研究方向为法理学。

① 最早对人工智能和法律的探讨之一，see B. G. Buchanan & T. E. Headrick，“Some Speculation About Artificial Intelligence and Legal Reasoning”，23 *STAN . L. REV.* 40（1970）. See also A. Gardner， “Law Application”，S. Shapiro ed.，*The Encyclopedia of Artificial Intelligence*，John Wiley & Sons Inc.，1989，p. 456.（当前工作的一个代表性文集提供了关于人工智能和法律的总体综述），see J. C. Smith and R. T. Franson ed.，*Proceedings of The Second International Conference On Artificial Intelligence and Law*，ACM Press，1989. [hereinafter *ICAIL* – 89]。

求我们：首先，了解如何表示几种类型的知识，例如案例、规则和论证；第二，如何通过它们进行推理，例如巧妙地处理先例，适用规则并通过规则进行推理，以及根据事实调整论证；第三，如何最终将它们用于可以执行法律推理和论证任务的计算机程序中，例如，类比有利案例并辨异相反案例，预测对手论证中的策略，以及创造巧妙的假设。

这些项目构成关于人工智能和法律之关键主题的一系列连贯研究：（1）通过规则进行推理；（2）处理具有空缺结构的法律概念；（3）通过案件和假设进行推理；（4）整合通过规则的推理与通过案例的推理；（5）表述法律知识。处理第一个主题的技术局限性由第二个主题解决，并且第三个主题解决第一个主题根本没有涵盖的关键问题。第四部分整合前三部分的工作，第五部分提供了所有这些工作所需的基础。这些项目是人工智能和法律方面的一些主要成就，尤其是关涉理解法律论证和为之建模的部分，并且，它们例证和说明了此研究的进程、考量和风格。

一、人工智能的背景

（一）何为人工智能

人工智能旨在研究认知过程，其所使用的是计算机科学的概念框架和工具。① 作为计算机科学一个单独的子领域，人工智能始于二十世纪五十年代中期。② 在1968年，人工智能的创立者之一马文·明斯基说得很好：人工智能是“使机器完成原本需要人类智能才能处理之事的科学。”③ 因此，智能行为的所有方式都属于人工智能的领域，包括下棋、④ 解决计算问题、⑤

① 更多背景，see E. Charniak and D. McDermott, *Introduction to Artificial Intelligence*, Addison - Wesley Publ., 1985；A. Barr, P. Cohen & E. Feigenbaum ed., *Handbook of Artificial Intelligence*（4 *Volumes*）, Addison - Wesley Publ., 1989；George F Luger, Artificial Intelligence and The Design of Expert Systems, Benjamin/Cummings Pub. Co, 1989；S. Shapiro ed., *The Encyclopedia of Artificial Intelligence*, John Wiley & Sons Inc., 1989；P. Winston, Artificial Intelligence, Addison - Wesley Publ., 1984。

② 1956年在达特茅斯学院召开的夏季会议是标志其开端的最恰当里程碑。See P. Mccorduck, *Machines Who Think*, A K Peters/CRC Press, 1979, pp. 93 - 114.（描述围绕达特茅斯会议的历史及其在人工智能领域的持续影响）。

③ M. Minsky ed., *Semantic Information Processing*, The MIT Press, 1969.

④ See, e. g., Monty Newborn & Danny Kopec, “Results of The Nineteenth ACM North American Computer Chess Championship”, 32 *COMM. ACM* 1225（1989）（描述了几款游戏）。

⑤ 詹姆斯·斯拉格的SAINT程序最早开始研究符号数学，这个程序解决了麻省理工学院一年级微积分课期终考试54个题目中的52个。See J. R. Slagle, “A Heuristic Program That Solves Symbolic Integration Problems in Freshman Calculus”, in E. Feigenbaum & J. Feldman ed., *Computers and Thought*, 1963, p. 191. 接下来的项目是霍埃尔·摩西的程序SIN。See Joel Moses, “Symbolic Integration: The Stormy Decade”, 14 *COMM. ACM* 548（1971）. 更进一步对符号数学的研究已经引领像麻省理工学院MAC - SYMA这样的系统之开发，“一个大型的互动计算机系统被设计来帮助数学家、科学家和工程师解决数学问题。”see A. Barr, P. Cohen & E. Feigenbaum ed., *Handbook of Artificial Intelligence*（4 *Volumes*）, Addison - Wesley Publ., 1989, p. 143. 个人计算机现在可以获得这些程序的商务版。Peter Wayner, “Symbolic Math on the Mac”, 14 *BYTE* 239（1989）。

数学发现、① 理解短篇小说、② 学习新概念、③ 解释可视场景、④ 诊断疾病，⑤ 以及进行类比推理。⑥ 所有关于人工智能的讨论都必须注意：到目前为止，涉及“常识”判断或者理解的任务，如语言理解，对人工智能而言都显得极为艰难。⑦ 但更技术化的任务，如解决计算问题或者下棋，通常则简单得多。原因在于，后者可以通过界定清晰的术语予以构造，⑧ 且完全属于非黑即白的领域，而前者则与之相反。人工智能方法与其他认知和知识方面的研究（如心理学或者哲学）相区别的地方在于，人工智能方法坚持以计算机术语分析为基础，尤其青睐那种包含分析而运行成功的计算机程序。⑨

人们竞逐人工智能至少有两方面的原因：理解人类智能的运作⑩，以及创造出能够智能运行且实用的计算机程序和计算机。人工智能领域的大多数工作者都在不约而同地追求这些目标。例如，在设计一个商用计算机程序（用于决定是否同意信用卡申请）的过程中，程序设计者需要详查有经验的人是如何做出这种决定的，因为他们通常是最佳且仅有

---

① 一个为数学发现过程建模的程序是道格拉斯·莱纳特的 AM。通过使用包含基本概念和经验法则的知识库，AM 能够“发现”诸如“因子”和“质数”这样的概念。R. Davis & D. Lenat, *Knowledge – based Systems In Artificial Intelligence*, McGraw – Hill Inc., 1982, pp. 1 – 225; AM, in A. Barr, P. Cohen & E. Feigenbaum ed., 3 *Handbook of Artificial Intelligence (4 Volumes)*, Addison – Wesley Publ., 1989, at 438。

② See Roger C. Schank and Robert P. Abelson ed., *Scripts, Plans, Goals, and Understanding: An Inquiry Into Human Knowledge Structures*, Psychology Press, 1977.（讨论理解故事的理论）; R. C. Schank and C. K. Riesbeck ed., *Inside Computer Understanding: Five Programs Plus Miniatures*, Psychology Press, 1981. 自然语言处理工作的总体文集，see B. Grosz, K. Sparck Jones, B. Webber ed., *Readings in Natural Language Processing, Addison – Wesley*, 1987; W. Lehnert & M. Ringle ed., *Strategies For Natural Language Processing*, Lawrence Erlbaum and Associates, 1982。

③ See Michalski, J. Carbonell & T. Mitchell ed., *Machine Learning: An Artificial Intelligence Approach*, Springer, 1983.

④ See Martin A. Fischler and Oscar Firschein ed., *Readings in Computer Vision: Issues, Problem, Principles, and Paradigms*, Morgan Kaufmann Publishers Inc., 1987.

⑤ See Bruce G. Buchanan and Edward H. Shortliffe eds., *Rule – Based Expert Systems: The MYCIN Experiments of the Stanford Heuristic Programming Project*, Addison – Wesley Publishing Company, 1984. [此后简称 Buchanan & Shortliffe]（关于细菌感染诊断系统 MYCIN 的全面论述）。

⑥ See Dedre Gentner, “Structure – Mapping: A Theoretical Framework for Analogy”, 7 *COGNITIVE Sci.* 155 (1983). 类比推理是人工智能领域早期诸程序中的一个主题，Thomas Evans, “A Program for the Solution of a Class of Geometric – Analogy Intelligence – Test Questions”, in M. Minsky ed., *Semantic Information Processing*, The MIT Press, 1969, p. 271。

⑦ See E. Charniak, “Toward a Model of Children’ s Story Comprehension”, pp. 271 – 74 (MIT AI Lab Technical Report No. 266, 1972)（即便是“简单”的儿童故事也理解得非常糟糕）。

⑧ 例如，围棋的规则完全界定了游戏。此外，在围棋的例子中，使用高性能而专门化的“搜索”技术，可以发现解决办法。这是非常成功的，诸如 Deep Thought 这样的围棋程序，之所以起作用的原因。Deep Thought 每秒可以检查 720000 个围棋位置。See Newborn & Kopec, “Results of The Nineteenth ACM North American Computer Chess Championship”, 32 *COMM. ACM* 1225 (1989), p. 1225. 然而，这些程序是否以人类棋手系统的方式下棋以及它们是否能够启发人类思维过程，则是另外一回事。See W. G. Chase & H. A. Simon, “The Mind’s Eye in Chess”, in W. G. Chase ed., *Visual Information Processing*, Academic Press, 1973, p. 215, p. 278。

⑨ See Daniel C. Dennett, *Brainstorms: Philosophical Essays on Mind and Psychology*, The MIT Press, 1978, p. 112; John Haugeland ed., *Mind Design*, The MIT Press, 1981.

⑩ 两个关于人类认知的有趣理论，see Mavin Minsky, *The Society of Mind*, Simon & Schuster Inc., 1986; Allen Newell, *Unified Theory of Cognition*, Harvard University Press, 1990。

的关于如何做好该工作的信息来源。① 与之相类似，以理解认知过程或为之建模为目的而介入人工智能时，展示一个运行的程序非常令人满意：成功在某种程度就是一个有效的计算模块。②

在法律语境中，这种双胞胎式的理性转化为两个紧密相连的目的，即理解法律推理的关键方面，以及建立对法律实践、教学或者研究有用的计算工具。前者的一个例子就是，研发基于先例学说进行推理的人工智能模块。开发人工智能模块的过程令开发者学习法律推理。建模涉及基于先例进行推理的许多关键要素，例如对先例与新情况之间的相关性作出评估，区分出不同的案例类型，并在相关联案件之间建立联系；而后，详细描述它们并建立一个程序予以执行。

第二个目标，也即更为应用导向的目标，是建立一套计算工具（例如律师的工作台）以辅助准备案例纲要。这些可能包括以下功能：辅助从数据库收集相关先例、根据先例的教义方法进行归类以及“检查先例是否被推翻、被重新确认、被质疑以及被引用”。如辅助写案例纲要那般，建立一个实用系统需要开发分析模块。具有典型意义的是，如果有一个模块能够提供通向实践进步的洞见，那么对该分析模块的满意度就会上升。

开发法律推理模块的欲求并不新。确切地说，诸如先例分析等法律推理的关键部分确实早已是很多讨论的主题。③ 然而，在大多数情况下，此前的研究并未提供人工智能模型所需的具体水准；这即是说，它们没有提供足够的详情以表明它们能够被作为一个计算机

---

① 心理有效性即使并非总是最重要，它也通常很有帮助。MYCIN 项目说明了这一点。MYCIN 项目的目标是建立一个能够诊断细菌血液感染的专家级别系统。尽管目标不是严格模仿专家医生的诊断行为，但在项目的早期阶段，当人工智能研究人员（称为“知识工程师”）收集、组织和编码为程序使用的医学知识专家时，对医学专家的观察至关重要。之后，让程序以易于理解的方式运行对于其调试和优化至关重要。See Buchanan & Shortliffe eds.，*Rule – Based Expert Systems：The MYCIN Experiments of the Stanford Heuristic Programming Project*，Addison – Wesley Publishing Company，1984. 通常的情况是，如果程序的处理方式与人类之间没有联系点，程序行为似乎难以理解，这阻碍了它的发展。程序和专家处理之间的某些相似性也增强了人们对程序输出之正确性的信念；有时这是因为程序更容易以用户的术语解释自己的推理。关于抓住专家推理风格的问题，像 Deep Thought 这样的围棋游戏程序是高性能程序的极端情况，那里不主张认知有效性。See Newborn & Kopec，“Results of The Nineteenth ACM North American Computer Chess Championship”，32 *COMM. ACM* 1225（1989）. 并不试图让 Deep Thought 像大师那样思考，See Brad Leithauser，“Kasparov Beats Deep Thought”，*N. Y. Times*，Jan. 14，1990（讨论 Kasparov 关于其中某些事项之分支的想法）。

② 实际上，建立一个程序和思考它是不一样的，编程使得模型的弱点或者困难展现得非常清晰。Drew McDermott，“Artificial Intelligence Meets Natural Stupidity”，in John Haugeland ed.，*Mind Design*，The MIT Press，1981，pp. 143，156 – 59（突出了没有应用于实际而理论化应用的风险）。

③ See Benjamin N. Cardozo，*The Nature Of The Judicial Process*，Yale University Press，1921；Edward Hirsch Levi，*An Introduction to Legal Reasoning*，University of Chicago Press，1949；Karl Llewellyn，*The Bramble Bush*，Oxford University Press，1930；Karl Llewellyn，T*he Case Law System in America* ，University Of Chicago Press，1989；Max Radin，“Case Law and Stare Decisis：Concerning Präjudizienrecht in Amerika”，33 *COLUM. L. REV.* 199（1933）.

程序实施。[①] 在人工智能中，具体是必须的。例如，法律已经被描述为“通过例子推理”。[②] 对某些目的而言，这种程度的描述就已足够；但是对人工智能而言，它还有太多的问题需要回答。要利用法律学者关于法律推理不可估量的洞见，人工智能研究者需要在推理如何发生以及需要哪些信息和方法方面进行具体化的研究。

人工智能方法驱使人们进行不带感情地分析和具体化。其鼓吹人们使用计算机科学的理念和方法，开发概念和计算的框架。

（二）人工智能和法律：卓有成果的协同增效作用

法律给开发分析性的计算人工智能模型提供了大量机会。同时，法律自身所具有的一些独特性质也使其成为一个对人工智能而言极具挑战性的领域：

1. 法律推理是多模型的，丰富而多变，具体包括案例推理、规则推理、法条推理以及原则推理；

2. 判例法具有推理和证成的明确风格和标准：遵循先例；

3. 专门法律知识，例如判例和成文法规则，存档良好且可从多个途径获得，包括：案例报告、论文、重述、成文法、商业要报和学术评论。

4. 法律是自知且自我批判的，并已经有一个审查其过程和预设的固定传统。事实上，相互竞争的法学流派之间存在激烈的争论。

5. 在法律领域中，答案的特点较其他领域有所不同：它们更多是一个程度问题而不是明确的是与否的问题，且它们会随着时间而发生变化。

6. 法律推理中应用的知识是多元的，从常识到专门法律知识都有，且它在结构、性质和使用上有巨大变化。

这些观察表明法律和人工智能之间的丰硕增效之可能性，且对人工智能的方法有影响。法律是多种模型的，这意味着人工智能程序需要通晓数种推理模式并懂得如何共同使用它们。法律具有明确而广为接受的推理风格，研究者可以将明确的推理风格结合到一个模式之中，用于分析法律推理。然而，某些推理模型，例如案例推理，与人工智能领域使用的推理区别很大，而人工智能研究人员也是最近才对此感兴趣。

---

① 尽管这显然不是他们的目的，但有些讨论已经变得非常接近。例如，卢埃林和雷丁所做的分析抓住了人工智能所欲求的描述之精神。See Karl Llewellyn, *The Case Law System in America*, University Of Chicago Press, 1989, p. 50 n. 1（描述先例原则，尤其关涉对案例规则的宽泛和狭义解读）; Max Radin, “Case Law and Stare Decisis: Concerning Präjudizienrecht in Amerika”, 33 *COLUM. L. REV.* 199 (1933), pp. 206 – 09（描述法律中的概念演变）. 雷丁的描述奇怪地类似于在机器学习中所用的一种算法，叫做“候选人淘汰算法”。See A. Barr, P. Cohen & E. Feigenbaum ed., 3 *Handbook of Artificial Intelligence* (4 *Volumes*), Addison – Wesley Publ., 1989, pp. 385 – 91. 关于这种算法和雷丁分析的比较，see E. L. Rissland and R. C. Collins, “The Law as A Learning System”, in *Proceedings of Eighth Annual Cognitive Science Society Conference*, 1986, pp. 500, 501（审查了雷丁的“内在危险”概念的演变）。

② Edward Hirsch Levi, *An Introduction to Legal Reasoning*, University of Chicago Press, 1949, p. 1.

法律的存档良好、自知和自我批判性使其更易为人工智能研究者所获取。如果没有法律知识的数据积累，没有试图描述并批评法律推理的目标和方法的传统，那么人工智能研究者就必须从零开始去理解法律推理并解释所涉及的知识。这绝不是说所有的基本研究都已经完成——法律推理的哲学叙述对人工智能的目的而言是模糊不清的，相对于传统法律材料之“本本知识”，此处的法律知识必须更为详尽。再者，法律的人工智能研究已经有了一个很好的开端，即一个认识论的帮助。

在法律领域，与其他学科不同，所谓的“答案”不是明确的。法律中通常并无唯一正确答案，而是存在合理的可替代性答案，更多是程度问题而不是“非是即否”的极端情况。这些答案高度依托语境，依赖于法律所涉及的目标和观点，并随着法律的演进而发生变化。即便以规则为基础的法律推理也不能按照纯粹演绎方式建立模型。不幸的是，这也意味着，在推理结束的时候，不存在将必须被证明事物以正确而无可指摘的方式进行处理的舒适感，这一点与数学不一样。从法律观点来看，这并不是真正的不足——这是一个特征而不是计算机科学家所谓的故障，因为它允许法律容纳情境和目的中的变化。但是，在计算意义上，法律答案的本质增加了复杂性和难度，也增加了丰富性和灵活性。

这些观察都表明：对人工智能而言，法律是一个极具挑战性的领域。人工智能和法律的研究将驱使人工智能走向新的方向并从中受益。相应地，法律也将在分析性和实践性两个层面受益于人工智能。作为一个分析的中介，人工智能集中一丝不苟的精力于理论观念的细节和精确测试。随之而来的是，这便利了缺陷之揭示，推进了对预设的理解，导向细致的建议。人工智能聚焦于知识与过程的问题（在一定程度上，还未在计算方法中得到发现），达到非计算方法所没有的程度，它经常假定某些关键任务，例如类比推理，将被神奇地完成，这种神奇表现在：这些知识和过程没有如何完成的线索，① 却留下过多无法说明的关键细节。② 法律从人工智能获得的实际利益是智能计算工具。法律和人工智能之间的这种关系是真正的相互增强关系。

---

① 哲学家丹·邓内特称之为“智能借贷”问题或者隐藏的侏儒。See D. Dennett, *Brainstorms: Philosophical Essays on Mind and Psychology*, The MIT Press, 1978, p. 12. 在一个人工智能模型中，一些过程，在某些地方，必须真正做这项工作或者如邓内特所言，这个理论是“赤子”。

② 德沃金的某些模型在这方面比较有趣，例如他关于疑难案例的模型。See Ronald Dworkin, *Taking Rights Seriously*, Harvard University Press, 1977. 他认为可能不存在真正的“疑难”案例，因为人们可以使用一套权衡的原则来解决某些“疑难”问题，这些问题的出现是因为所匹配的案件存在冲突或各原则难分高下。原则和权重来自一系列相关先例。德沃金省略了两个细节，即如何决定使用哪些先例以及如何从中引出原则。他并不一定是错的，但提取其模型运作更详细的描述将很有启发。通过拒绝进一步指导如何开发权衡系统，德沃金仅仅将分析问题推回了一步。关于相对权重的分配，他已经走进了“信用分配”的泥潭，这为机器学习工作者所熟知，其中的问题是，将某个问题完全的成功或者失败归功于或者归咎于个别步骤或者其某个方面。比如下棋获胜归功于或者其失败归咎于倒数第二步、第一步，或者某个中间一步或者几步？如何判断哪一个特征或原则“导致”案件以有利于一方或另一方的方式得以解决？See Marvin Minsky, “Steps Toward Artificial Intelligence”, in E. Feigenbaum & J. Feldman ed., *Computers and Thought*, 1963, p. 432; A. L. Samuel, “Some Studies in Machine Learning Using the Game of Checkers”, in 3 *IBM J.* 211 (1959).

（三）人工智能和法律项目的一些需为之事

鉴于前述法律的特殊性质，我们能够列举出几个希望理想的人工智能和法律项目能够实现的目标，它应该能够：

1. 通过案例（包括真实的和假想的）和类比进行推理；
2. 通过规则进行推理；
3. 结合数种推理模式；
4. 处理界定不清且有空缺结构的概念；
5. 形成论证和解释；
6. 处理知识项目（例如规则）中的例外和冲突；
7. 容纳法律知识（特别是法律概念）库中的变化，并处理非单调性，即变化，先前真理在这种变化中不再视为已知；①
8. 为常识性知识建模；
9. 为意图和确信建模；
10. 理解某些日常语言。

我们距离这种理想还很远。然而，在这些重要的前沿，已经有了一些行动，且已取得一些令人瞩目的进步。

实际上，人们今天能够考虑，何种需为之事在当下、近期、某一天可被期待，或者永不会被实现。当前，人工智能正在不断推进基于判例的推理（目标1），已经在基于规则的推理中有了易于理解的方法论（目标2），以及正在探索多种范式的推理（目标3）。以空缺结构的谓词进行推理（目标4），已经有一个令人尊重的初步进展，但是它需要其他像判例推理（CBR）② 和机器学习③等方面人工智能专门知识的进一步贡献。重大贡献出现在基于先例的论证中，④ 而解释（目标5）也取得进展。因此，人们可以乐观地说，人工智能有一天至少能够初步为人工智能和法律项目处理很多关键目标。我可以说，前五个需为之事在当前和近期将可以实现。

---

① 例如，以新的先例推翻已经建立的原则。

② “基于案例的推理”是程序通过使用先前案例去解决新案件的过程，先前案例诸如：先例、经验、问题解决判断、详细解决方案、计划等。基于案例的推理有两种：（1）“解决问题式基于案例推理”，其重点是通过重新使用和修改旧解决方案以产生新问题（案例）的解决方案；（2）“解释性基于案例推理”，其重点是通过比较和类比过去案例中的解释来产生对新案件的解释。对于这两个类型，关键问题是案例记忆的结构和内容，从记忆中检索案例的索引机制，以及评估所检索案例相似性和相关性的指标。法律领域所采取的这种基于先例的推理是第二类基于案例推理的范例。See J. Kolodner ed., *Proceedings*: *Case - based Reasoning Workshop* 1, 1989（当前研究的好例子）；Janet Kolodner, Edwina Rissland & David Waltz, “Case - Based Reasoning from DARPA: Machine Learning Program Plan”, in *Proceedings*: *Case - based Reasoning Workshop* 1 (1989)（由国防高等研究计划署赞助；提出基于案例推理的主要类别、基于案例推理的要素和杰出研究事项）。

③ “机器学习”是指程序改变其自身（尤其是其知识）的能力，由此它可以更好地工作。

④ 见前文第二部分（三）。

接下来的两个需为之事分别是处理例外和冲突（目标6），以及容纳知识库中的变化（目标7），此二者当前在人工智能尤其是机器学习中得到广泛处理。可以合理预期，人工智能项目很快就可以处理渐进的变化，而非突然或快速的变化。① 非单调性已经由一群活跃的研究者进行大力探索，他们主要运用根植于复杂逻辑学的方法。因此，这两个需为之事有一天也能够实现。

至于最后三个需为之事，我没有那么乐观。为常识推理建模，知晓意图和确信以及自然语言能力到目前为止是最难的任务。就语言而言，某些能力，诸如交互对话和理解短篇概要可以在狭窄有限的领域获得成功；更完全的理解能力还遥不可及。② 广泛适用的总体“解决方案”还相距甚远。某些事情我预期永远不会看到，例如理解书面上诉意见——终极意义的遐想。③

二、通向法律论证模型的重要步骤

本部分将讨论人工智能和法律项目中的几个里程碑式的项目，它们为通向理解和模块化法律推理（尤其是法律论证）的远期目标提供了关键步骤。它们处理：（1）通过规则进行推理；（2）通过具有空缺结构的概念进行推理；（3）通过判例、假设案例和引用先例的论证进行推理；（4）通过规则和判例进行混合范式的推理；以及（5）法律知识的深度模型。

（一）通过规则进行推理

通向法律推理模型的最早步骤之一是使用专家系统④为一些以规则为基础的法律建

① “规范科学”所涉类型的变化，用库恩的术语说，服从于机器学习的技术。相比之下，库恩“范式转换”所涉变化类型至少在下列意义上可能不是如此，即系统本身意识到转换之需要，并通过创造新概念以实现之。See Thomas Kuhn, *The structure of scientific revolutions*, University of Chicago Press, 1970, pp. 10, 66; see also E. Levi, *An Introduction to Legal Reasoning*, University of Chicago Press, 1949, p. 8, 9（描述法律领域的变化）。

② See Wendy G. Lehnert, “Knowledge – Based Natural Language Understanding”, in Howard E. Shrobe and the American Association for Artificial Intelligence ed., *Exploring Artificial Intelligence: Survey Talks from the National Conference on Artificial Intelligence*, Morgan Kaufmann Publishers Inc., 1988, p. 83.

③ 这不是因为意见特别难懂，而是因为理解文本很难。See E. Charniak, “Toward a Model of Children' s Story Comprehension”, pp. 271 – 74 (MIT AI Lab Technical Report No. 266, 1972), p. 29. 法律意见使用专门的词汇和惯例，因为这些考虑需要额外的处理，因此它们可能更难；另一方面，这些考虑因素所带来的额外限制可能会使法律意见更易于进行计算分析。

④ “专家系统”是一个具有特殊目标的计算机程序，可以说，它就是某个狭窄问题领域的专家。通常，这个程序运用规则表述其知识并进行推理。See P. Harmon and D. King, *Expert Systems—Artificial Intelligence in Business*, John Wiley and Sons Publishing Company, 1985; Donald A. Waterman, *A guide to expert systems*, Addison – Wesley Longman Publishing Co., Inc., 1986; B. Buchanan and R. Smith, “Fundamentals of Expert Systems”, in in A. Barr, P. Cohen & E. Feigenbaum ed., 4 *Handbook of Artificial Intelligence* (4 *Volumes*), Addison – Wesley Publ., 1989, p. 149。

模。① 这一步骤反映了人工智能的发展：以规则为基础的专家系统是这样一种创造两项第一的人工智能系统，它第一次可被广泛获得，也第一次在人工智能研究领域之外被采用。② 此外，它们的支撑性计算机制具有清晰的概念，它们也拥有很强的计算能力。尽管从法律的立场出发，存在关于规则的效力、有用性和状态的各种不同观点，也存在表述它们的很多已知困难，③ 不过，下列做法依旧很自然，即摘出一部分法律规则并将其植入基于规则的标准计算框架之中。

在基于规则的方法中，规则以一种简单的即程式化的“如果—那么”形式进行编码：如果已掌握了一定条件，那么就采取所宣称的行动或者得出所宣称的结论。④ 基于规则的系统通过将这些规则串联在一起进行工作。⑤

基于规则的方法尤其有用，因为在很多领域，许多专家的知识可变为“如果—那么”规则中的表达，其中很多是“启发式的”。⑥ 启发式算法通常是专家个人对过去问题解决的综合，并且它们抓住了一种方法，以做出经过训练的猜测性判断。专家系统提供了一种

---

① 更早一点的一个与基于规则的法律相联系的努力是雷曼·艾伦关于“规范化”的研究。其重点是消除成文法和法律文件中的句法模糊性，而不是用计算程序推理它们。See Layman Allen，“Symbolic Logic：A Razor - Edged Tool for Drafting and Interpreting Legal Documents”，66 *YALE L. J.* 833（1957）. 当然，如果某些含糊之处，例如关于逻辑连接词的范围和诸如“如果”“除了”和“除非”之类词语的含义从法律渊源中删除，则对专家系统使用的法律规则进行编码，便更加容易，且争议更少。E. A. Allen & C. S. Saxon，“Some Problems in Designing Expert Systems to Aid Legal Reasoning”，in *Proceedings of The 1st International Conference on Artificial Intelligence and Law*，1987，p. 94 [hereinafter - *ICAIL* - 871]（讨论了对排除规则之拟议限制结构的48种替代性解释）。

② 例如，DENDRAL 专家系统已经被有机化学家广泛使用。see R. K. Lindsay，B. G. Buchanan，E. A. Feigenbaum and J. Lederberg，*Applications of Artificial Intelligence for Organic Chemistry*：*The DENDRAL Project*，McGraw - Hill Book Company，1980①。

③ 关于“句法”困难，see Allen，“Symbolic Logic：A Razor - Edged Tool for Drafting and Interpreting Legal Documents”，66 *YALE L. J.* 833（1957），“语义”困难，如冲突规则、不精确术语和不完全。See Donald H. Berman and Carole Hafner，“Obstacles to the Development of Logic - Based Models of Legal Reasoning”，In C. Walter ed.，*Computer Power and Legal Language*，*Quorum Books*，1988（探讨了基于逻辑方法之困难）；Berman，*Cutting Legal Loops*，in *ICAIL* - 89，p. 251（讨论了成文法中的循环定义、递归和自引用）。

④ 例如，华特曼和佩特森的案件和解系统中关于“产品使用责任”的规则，“如果在原告的损失可预见时使用［产品］（并且该使用是合理和适当的或使用是紧急情况或被告对该使用有描述而描述不正确或被告没有描述该使用），然后声称被告对该产品的使用负责。”D. Waterman & M. Peterson，“Models of Legal Decision Making”，Institute for Civil Justice of The Rand Corporation Memo R - 2717 - ICJ 1981，p. 37（括号用于表示逻辑连接词的范围和分布；因此，这里有两个主要的前例，其中第二个可以用其他方式来满足）。

⑤ 系统可以通过从事实推理出它们所支持的所需结论来“向前进”，或者从想要的结论找到支持它的事实“向后退”。向前进的链条只是重复应用逻辑推理规则之演绎推理：如果有一个规则“如果 A 然后 B”和事实 A，则得出事实 B。与之相反，在向后退的链条中，要建立事实 B，需要寻找一个规则并确认有信息满足其前提条件——A；如果 A 得不到满足，那么人们就会寻找建立 A 的规则，依此类推，直到达到必要的事实依据且所需的结论在逻辑上获得支持。See W. Salmon，*Logic*，Prentice Hall，1973。

⑥ “启发式”是一种经验法则，是一种浓缩的智慧。许多解决问题的行为都是由启发式经验法则来指导的，例如“如果这是第四个进攻且需要长码数，那么弃踢”，或者“如果你需要正确的法律杂志形式进行注释，那么咨询法律期刊编辑。”启发式方法是过去经验表现为“好”或“明智”做法的方法；它们不一定能确保一种解决方案，如算法或数学定理那样，并且偶尔它们甚至可能给出错误的答案或导向适得其反的方向。“启发式”一词源于希腊语的发明或发现。数学家乔治·波雅讨论了启发式推理以及启发式方法在数学推理和解决问题中的应用。See G. Polya，*How to Solve It*：*A New Aspect of Mathematical Method*，Princeton University Press，1973。

直接的方式来利用启发式专业知识，即表达为规则。

专家系统方法在法律中的首次使用，由兰德公司民事司法中心的唐纳德·华特曼和马克·佩特森完成。① 在他们的系统中，规则被用来为教义陈述和法律专业知识编码，并作为经验法则。② 他们在专家系统开始被广泛应用时得以完成的工作，既代表了在法律中使用专家系统方法所能作出的成就，也显示出此种方法固有的困难。华特曼和佩特森调查了专家系统方法如何在法律适用中作为一种实用工具运作，并证明了它是一种为法律专业知识建模的方法。③

其中一个系统的问题领域被称为法律决策系统（LDS），正在评估以和解为目的之产品责任案件的“价值（worth）”。该程序在严格责任、比较过失和赔偿金计算等方面使用基于规则的模型，能够计算案件的价值，抓住支持诸如过失这种结论的推理链条，为和解谈判的某些方面建立模型。这个程序证明了基于规则的技术在法律适用中的可适用性。

或许他们系统的最大弱点在于，它以不精确的术语掩盖了推理中固有的困难，并且对法律推理的对抗性特征轻描淡写。例如，法律决策系统问用户，产品的使用是否“可预见”。④ 这是一个著名的微妙问题，其答案对解释开放并且完全依赖具体情境。人们可能会争辩道，得出关于使用之可预见性的结论是过失领域中推理的核心，且通过要求用户做出一个解释性的描述，这个系统已经放弃了整个游戏。法律决策系统也说明了基于规则的方法中另外一个一般性的问题：它没有赋予法律推理的对抗性特征足够的重要性，而在对抗性这里，相对方寻求建立不同的，通常是相矛盾的结论。或许更为根本的问题是，基于规则的方法假定规则体系不存在诸如模糊性、空隙和冲突这些内在的困难。为了完成基于规则系统的工作，程序员必须经常消除这些问题且使规则看起来比其实际更加一致和完整。

尽管过分简单，但由华特曼和佩特森建立的系统却是未知领域中的一个里程碑。如果因为无法解决法律推理建模中的所有疑难问题，而对其求全责备，这显然是不公平的。值得赞扬的是，华特曼和佩特森在他们各自的评论文章中都勇敢面对这些批判。例如，他们既应对处理不精确法律谓词时的困难，也应对以这种概念进行更精细推理的需求。⑤

---

① See D. Waterman & M. Peterson, “Models of Legal Decision Making”, Institute for Civil Justice of The Rand Corporation Memo R-2717-ICJ 1981.

② See D. Waterman & M. Peterson, “Models of Legal Decision Making”, Institute for Civil Justice of The Rand Corporation Memo R-2717-ICJ 1981（诸多规则中的一例）。

③ D. Waterman & M. Peterson, “Models of Legal Decision Making”, Institute for Civil Justice of The Rand Corporation Memo R-2717-ICJ 1981, pp. 13-15.

④ See D. Waterman & M. Peterson, “Models of Legal Decision Making”, Institute for Civil Justice of The Rand Corporation Memo R-2717-ICJ 1981, p. 45.

⑤ See D. Waterman & M. Peterson, “Models of Legal Decision Making”, Institute for Civil Justice of The Rand Corporation Memo R-2717-ICJ 1981, p. 26. 华特曼，机器学习的先驱，他理解学习问题对专家系统何等关键。他远远超越了他的时代，他在1987年的英年早逝是一个巨大损失。

今天，专家系统是付诸使用的最重要方法之一，除了上述之外，还有很多正在应用的其他例子。英国最近的两项努力尤其值得注意。第一个是理查德·色斯金和菲利普·卡普尔所建立的潜在损害赔偿系统，它处理的问题域关涉到1986年英国潜在损害赔偿法。① 他们的系统处理与期限相关的复杂法律问题。在该期限内，当损害或者所遭受损失尚为“潜在”时，请求权人便可以启动程序。② 除了在复杂法律体系中提供一个有用的适用之外，这项工作在色斯金以分析法学术语解释程序方面，也挺有趣。③

第二项努力是伦敦大学国王学院逻辑编程小组的一组程序，其中一个为最近的英国国籍法建模。④ 这个程序的主要目标，是测试以基于规则的方法，表述大型复杂成文法时的适应性。利用规则给成文法建模的过程，为程序员揭示出该法律所特有的一些问题提供了帮助，例如法律中那些未界定的法律谓词和漏洞，以及基于规则方法在关涉否定性之形式化时的众多一般性问题、默认值和反事实的运用、常识性知识之表述和行政裁量在成文法中的使用等，其中的每一个都给人工智能带来有趣的技术问题。⑤

尽管基于规则的技术，仅仅是整个法律论证模型的一个组成部分，但从建立有用的应用的角度来看，它们却具有令人满意的强大力量。有不少应用的例子，其中很多因在壕沟中需要实际且省力的工具而驱动，而专家资源在壕沟中非常紧张。⑥ 鉴于便宜的专家系统开发工具和基于规则的编程语言之实用性，这些应用系统将持续激增；任何获得这些工具的人都可以编写一个这样的系统。⑦ 简而言之，基于规则的技术已经证明了频繁进行的分

---

① Latent Damage Act，1986.

② P. Capper and Susskind，*Latent Damage Law*：*The Expert System*，Butterworths Law，1988. 该书包含用于在IBMPC或XT等机器上安装和运行系统的软盘。

③ See R. Susskind，“Expert System in Law”，49 *Modern Law Review* 168（1987）.

④ British Nationality Act，1981. See M. J. Sergot，F. Sadri，R. A. Kowalski，F. Kriwaczek，P. Hammond，and H. T. Cory，“The British Nationality Act as a Logic Program”，29 *COMM. ACM* 370（1986）.

⑤ See，e. g.，M. J. Sergot，F. Sadri，R. A. Kowalski，F. Kriwaczek，P. Hammond，and H. T. Cory，“The British Nationality Act as a Logic Program”，29 *COMM. ACM* 370（1986），p. 379（将“作为失败的否定”界定为这种结论，即所有可知途径表明这是真的失败，那么这就是假的）；M. J. Sergot，F. Sadri，R. A. Kowalski，F. Kriwaczek，P. Hammond，and H. T. Cory，“The British Nationality Act as a Logic Program”，29 *COMM. ACM* 370（1986），p. 382（“反事实条件”如成文法短语“通过血统成为英国公民，或者本来会成为英国公民，但……”）；M. J. Sergot，F. Sadri，R. A. Kowalski，F. Kriwaczek，P. Hammond，and H. T. Cory，“The British Nationality Act as a Logic Program”，29 *COMM. ACM* 370（1986），p. 382（如“如果……国务大臣认为合适”短语中的自由裁量）；Berman，*Cutting Legal Loops*，in *ICAIL* – 89；Berman & Hafner，，“Obstacles to the Development of Logic – Based Models of Legal Reasoning”，In C. Walter ed.，*Computer Power and Legal Language*，*Quorum Books*，1988。

⑥ See G. Grady & R. S. Patil，“An Expert System for Screening Employee Pension Plans for the Internal Revenue Service”，in *ICAIL* – 87，p. 137（描述国内收入署处理员工养老金计划的程序）；V. P. Pethe，C. P. Rippey & L. V. Kale，“A Specialized Expert System for Judicial Decision Support”，in *ICAIL* – 89，pp. 190 – 94（根据联邦黑肺福利法案处理索赔的系统）；S. S. Weiner，“CACE：Computer – Assisted Case Evaluation in the Brooklyn District Attorney's Office”，in *ICAIL* – 89，pp. 215 – 23（描述警察逮捕后/审判前处理缉毒的系统）。

⑦ See Lis Wiehl，“Computers Assuming New Roles at Law Firms”，*N. Y. Times*，Jan. 20，1989；Nancy Blodgett，“Artificial Intelligence Comes of Age”，73 *A. B. A. J.* 68（1987）.

析之有用性，这些分析主要关涉稳定而发达的法律体系中的老套案例。①

（二）通过具有空缺结构的概念进行推理

是否存在一种普通案例，可适用基于规则的明确分析，这是一个具有悠久法理学历史的问题。它引导我们去理解基于规则进行推理的局限性，以及法律概念中固有的特殊问题。安妮·加德纳的工作既解释了基于规则的方法之局限性，也指出迈向基于案例的技术之使用的道路。② 加德纳通过"难/易问题"的框架，探究了基于规则方法的充足性。③ 在难/易范式中，如果法律专家在一个问题的分析或者结果方面取得一致意见，那么这个问题就被认为是"简单的"；反之，问题就是"疑难的"。疑难问题通常与"空缺结构"法律概念联袂产生。④ 要在程序中实施这种区分，必须提供几个细节，例如谁是专家，哪种情况被认为在他们之间有异议，以及如何辨别是否存在一个异议。从实践立场出发，如果人们能够从疑难中筛选出简单，那么人们就能够利用基于规则的技术，例如，去解决简单问题，并以其他方法进攻疑难问题。⑤

加德纳为难/易范式和通过空缺结构概念进行推理，建立了一个计算模型。其程序的问题域是经典的"要约—承诺"相关法律；它的任务是分析问题观察者，这些问题取自律师资格考试和基尔伯特法律概要等来源。该程序分析法律问题是什么，认出何者是疑难的，并回答那些简单问题。加德纳要求她的程序在计算方面是合理的；它不应该采取不恰当的艰难计算来决定某个问题是难是易，否则，它就不能获得多少东西，至少在计算上如此，如果不是理论上的话。

在加德纳的模型中，从规则问题产生疑难问题有两条路径：要么与诸如合同法重述⑥等领域相关的规则，是不完整的，循环的或者矛盾的；或者在规则中使用的法律谓词是不

① 例如，保罗·布鲁斯特曾经评论宪法将"非常不适合专家系统，因为原则是模糊的……专家系统在规则约束的法律领域表现最好。" Blodgett, "Artificial Intelligence Comes of Age", 73 *A. B. A. J.* 68 (1987), p. 70 (quoting Brest)。

② See A. Gardner, *An Artificial Intelligence Approach To Legal Reasoning*, The MIT Press, 1987. 加德纳在回斯坦福大学获得计算机博士学位之前，拥有斯坦福大学法律博士学位并执业。

③ 关于这个框架的讨论，see H. L. A. Hart, "Positivism and the Separation of Law and Morals", 71 *HARV. L. REV.* 593 (1958), reprinted in H. L. A. Hart, *Essays In Jurisprudence And Philosophy*, Oxford University Press, 1983; R. Dworkin, *Taking Rights Seriously*, Harvard University Press, 1977, p. 81。

④ 关于"空缺结构"法律概念的讨论，see H. L. A. Hart, *The Concept of Law*, Oxford University Press, 1961, pp. 121-32。

⑤ 这当然不是为难/易问题建模的唯一方法；例如，基于案例的技术可用于两种类型的问题。然而，鉴于基于规则的方法众所周知，加德纳的方法顺理成章。

⑥ Restatement (Second) of Contracts (1981).

确定的，且它们的解释得不到解决。[①] 当用以解决这些问题的判例处置中存在上述因素的混合时，加德纳的程序就将该问题归类为疑难。通常它无法处理不确定的法律概念，因为正如加德纳所言，这些规则“耗尽了（run out）”；换言之，一个所需规则之前提使用了一个未界定的术语。[②]

加德纳解决这些问题的方法是为了给她的程序一个丰富的知识体系和若干强大的启发式方法。其程序的知识包括（1）关于要约和承诺之教义的重述式规则，[③]（2）一个表述不同状态和状态之间转换的“网络”，当事人在其中能够处于要约和承诺的地位，[④]（3）有关常识性知识，[⑤] 以及（4）某些关键概念的典型事实模式（范例）。[⑥] 这个范例作为一个简单化的先例起作用，因为他们的类别已经被确定并被用来解释新的案例。为了这里讨论的方便，规则、网络和常识性知识将被称作一组“非范例”知识。

加德纳的程序最初试图用非范例知识回答问题，如果它失败了，就改用范例，它作为典型清晰案例起作用。如果答案可以从非范例知识推导出来，那么答案的效力将通过相关

① 请注意，在程序为规则编码之前，通过基于规则的典型方法处理规则库的困境是，通过手动解决冲突。当然，人们并非总能消除规则库中的冲突，因为即使是专家也会有不同意见。例如，加德纳的计划中存在一系列相互矛盾的规则，这些规则涉及撤销之前所承诺要约的一种拒绝，以及修改合同的即时承诺和提议。See A. Gardner, *An Artificial Intelligence Approach To Legal Reasoning*, The MIT Press, 1987, p. 134. 加德纳故意在她的系统中留下相互矛盾的规则，因为她希望她的模型能够处理法律专家及其规则可能发生冲突的事实。See A. Gardner, *An Artificial Intelligence Approach To Legal Reasoning*, The MIT Press, 1987, pp. 3 - 4. 使用空缺结构的法律谓词来解决问题的一种基于规则的典型方法是，仅仅要求用户判断或参与所谓“定义式的向后退链条”，其内容是：编写规则，而规则的前提界定了法律谓词是否可得，然后编写规则以界定这些前提条件的含义，以此类推。See M. J. Sergot, F. Sadri, R. A. Kowalski, F. Kriwaczek, P. Hammond, and H. T. Cory, “The British Nationality Act as a Logic Program”, 29 *COMM. ACM* 370 (1986), p. 378（实施这个方法）；D. Waterman & M. Peterson, “Models of Legal Decision Making”, Institute for Civil Justice of The Rand Corporation Memo R - 2717 - ICJ 1981, p. 45（建议这个方法）。

② A. Gardner, *An Artificial Intelligence Approach To Legal Reasoning*, The MIT Press, 1987, pp. 33 - 34（讨论规则不充分的问题）。这使得传统的基于规则的技术（后向退的链条），在达到充分的定义基础并且模糊术语的应用得以解决之前，完全停顿。

③ 例如，她的程序使用了大概涵盖诸如要约与承诺等合同教义的二十条规则。See A. Gardner, *An Artificial Intelligence Approach To Legal Reasoning*, The MIT Press, 1987, p. 133。

④ 例如，可能存在悬置的要约，而承诺可改变人们在合同关系中的地位。See A. Gardner, *An Artificial Intelligence Approach To Legal Reasoning*, The MIT Press, 1987, pp. 123 - 25; id. at § 6. 2。

⑤ 例如，电报是一种文本，它因此是一种无生命物体，继而是一种物理性物体。See A. Gardner, *An Artificial Intelligence Approach To Legal Reasoning*, The MIT Press, 1987, . pp. 90 - 91. SeeA. Gardner, *An Artificial Intelligence Approach To Legal Reasoning*, The MIT Press, 1987, pp. 85 - 117（非常详细展现了表述问题）。

⑥ 例如，她的程序有两种典型事实模式针对“产生具有内容之表现形式”的法律谓词，即作出具有内容的口头表述和发出具有内容的文本。See A. Gardner, *An Artificial Intelligence Approach To Legal Reasoning*, The MIT Press, 1987, pp. 156 - 57。

范例得以检验。① 因此，她的程序既在推导答案的主要方面，也在检验答案效力的次级层面使用范例。不管怎样，如果在相关范例的处置中有混合，那么这个问题就被认为是疑难的。②

加德纳从法哲学中攫取理念的骨架，并装上计算之血肉。显而易见，她的程序并不是人们可以为难/易范式建议的唯一模式，但它却是在计算上受过训练的一个。通过审查模型在计算上的支撑和假定，人们可以了解关于难/易之别的一些事情。③ 她的工作提出了关于判例之使用和内容的有趣问题，也提出了哪个判例放入决策者数据库的问题。④

尽管加德纳的工作确实处理了纯粹基于规则模型的某些弊端，但其程序仍然缺乏通过判例的推理。基于先例的论证之某些核心特征，例如确定相关性和得出类似性，超越了她程序的范围；这些问题是此处讨论的第二个系列程序的焦点。无论如何，加德纳的研究为通向理解法律论证并为之建模的目标提供了一个异常重要的步骤。

（三）通过判例和假设案例进行基于先例的推理

下一个里程碑式的人工智能程序是凯文·阿什利的，它由该作者在马萨诸塞大学的研究小组完成。⑤阿什利开发出一个叫作 HYPO 的程序，用来为基于案例进行推理的某些方面建立模型，该推理通过具有上诉风格的先例论证得以例证。该程序的问题域围绕商业秘密法，其任务是制造基于先例论证的要素。HYPO 程序仅仅致力于通过判例的推理，并且是第一个向以基于先例的方式进行案例和假设案例推理这一问题发起挑战的程序；不仅在人工智能和法律领域是第一次，在整个人工智能领域也属首次。

---

① 难/易案件按如下方式确定。如果诸如法律谓词适用到当前事实这样的问题，能够通过使用程序的非范例领域知识（主要是具有与规则相类似特征的知识）暂时得到回答，并且如果没有相反的案例范本，那么该问题被视为是简单的，且其答案是推导出来的那个。如果用于检查暂定答案的案例样本都指向相反的方向，那么问题也被认为是容易的，但答案是案例样本支持的答案。另一方面，如果案件样本的处理中存在案例和规则的混合，则该问题被标记为难，并且该程序不试图提供答案。如果暂时的答案无法从此域规则推导出来，例如无法解决谓词，但是所有相关案例都指向同一方向，那么问题被视为简单并且答案便是案例范例所表示者。另一方面，如果使用域规则无法得出答案并且案例中存在混合，则该问题也被认为是困难的。See A. Gardner，*An Artificial Intelligence Approach To Legal Reasoning*，The MIT Press，1987，pp. 54 – 55，pp. 160 – 61（简要描述她的程序算法）。

② 有人可能会问，为什么不立即弃案件而去？我的解释是，涉及其他知识、规则、过渡网络和常识性知识的推理，提供了索引相关案例的手段。此外，即使在简单案件中，人们也需要通过多种方式得出答案；并且在她的模型中，这是通过规则引导的推理所进行的尝试，无论如何这都需要在某个时候完成。或者，人们可以完全略过查看规则而仅考虑案例。当然，人们需要说明要考虑哪些案例以及如何使用它们。见前文第二部分（三）（讨论阿什利的工作）。

③ 例如，太多问题在这种模式中可以被归类为“疑难”，因为在案件的处理中经常存在混合。或许人们在使用案例时，需要更有识别力。

④ 例如，在加德纳的程序中，案例是典型的事实模型而不是真正的案例。相反，使用真实的事实模式，或者额外使用，怎么样？哪一些？案例的程序记忆应该怎样组织？是否某些案例优先于其他？

⑤ See Kevin Ashley，*Modeling Legal Argument*：*Reasoning with Cases and Hypotheticals*，The MIT Press，1991（最初是在 1988 年 2 月，在笔者指导下，作为马萨诸塞大学计算机和信息科学系的博士论文完成）；Kevin D. Ashley and Edwina L. Rissland，“A Case – Based Approach to Modeling Legal Expertise”，*IEEE Expert* 70 – 77（Fall 1988）.（简短综述和例子）。在回到马萨诸塞大学学习计算机科学之前，阿什利拥有哈佛大学法律博士学位并在纽约的 White & Case 律师事务所作为诉讼律师执业。

HYPO进行下列操作：给定一个事实状态，HYPO根据其商业秘密法的模型进行分析，然后从其案例知识库中检索出相关的案例。它由此决定哪个关联案例最匹配或者潜在地如此，为了谁的观点，以及出自哪个分析方法。HYPO而后产生出论证的骨架。在这样的一个论证片段中，HYPO首先通过提出法律观点并引用其最佳的也就是最匹配的案例为第一方（原告或者被告）论证；然后，它通过回应一个相反观点并引用支持第二方观点的最匹配案例或者通过从第一方的案例中辨异本案事实等方式，为第二方辩护；最终，HYPO通过驳斥第二方的立场再次为第一方辩护，这可以包括辨异第二方的案例，以及强化第一方对本案事实的分析之关系。① 在论证的不同阶段，HYPO可能制造并利用假设案例去拒绝一种主张，例如当在HYPO的案例知识库中不存在真正的反面案例之时。②

HYPO可以完成下列事项：评估案例的相关性；为每一方当事人决定哪个相关案例最匹配以及在论证中引用哪一个案例最好；分析并辨异案例；编造假设案例并用以推导；在需要的地方引用各种类型的反例；构造引用案例的纲要。HYPO绝不尝试引入政策层面的考虑或者论证；相反，它着眼于以一种技术性的方法对案件的事实部分进行论证。HYPO也不包括法律推理的其他方面，例如通过规则推理。

HYPO的一个关键特征是一种案例索引，被称作一个“维度（dimension）”，它被用于检索和分析案例。维度表述重要的法律因素。它们为这样的知识编码，即某些事实的出现使得一个案例可以从某个特定观点出发予以解决。③ 一个维度使得HYPO能够检索一系列支持相同分析方法的案例，并在这组案例之内比较和评估其相关程度。④

HYPO用维度来界定诸如“相关的”“最匹配”和“最好的”案例等概念。⑤ 在HYPO中，如果一个案例和本案事实状况共有至少一个维度，那么这个案例就被视为“相关”。HYPO通过审查本案事实状况的系列维度和案例的系列维度之间的重合度，来确定它们之间的匹配达到了何种程度，并据此为案例排序。如果一个案例的重合维度B，被另

---

① 有几个例子，see K. Ashley, *Modeling Legal Argument: Reasoning with Cases and Hypotheticals*, The MIT Press, 1991; Ashley & Rissland, “A Case - Based Approach to Modeling Legal Expertise”, *IEEE Expert* 70 - 77 (Fall 1988), pp. 74 - 76。

② K. Ashley, *Modeling Legal Argument: Reasoning with Cases and Hypotheticals*, The MIT Press, 1991.

③ 例如，在HYPO的商业秘密盗用法领域，了解这种事实，即原被告双方在开发其所主张的秘密为产品时发生的相关成本，使得人们能够做出关于比较优势之获利的论断，而了解原告所开示的事实，使得人们可以论证原告将其知识的秘密保护到什么程度。See M. R. Gilburne & R. L. Johnston, “Trade Secret Protection for Software Generally and in the Mass Market”, 3 *COMPUTER L. J.* 211 (1982). 关于进一步的解释和例子，see K. ASHLEY, *Modeling Legal Argument: Reasoning with Cases and Hypotheticals*, The MIT Press, 1991; E. Rissland, E. Valcarce & K. Ashley, “Explaining and Arguing with Examples”, in *Proceedings of the Fourth AAAI Conference on Artificial Intelligence*, AAAI Press, 1984, p. 288, pp. 291 - 93。

④ 例如，在HYPO中，原告和被告的开发成本之间的差异越大，就越容易争辩说，在所有其他条件相同的情况下，被告通过盗用原告的商业秘密获得了不公平的竞争优势。因此，如这样一个案子，原告因其对被告的成本比例是二比一而胜出那么一个比例为四比一的新案件将表示原告在HYPO中有更优势的地位。see Telex Corp. v. IBM Corp., 367 F. Supp. 258 (N. D. Okla. 1973)。

⑤ See K. ASHLEY, *Modeling Legal Argument: Reasoning with Cases and Hypotheticals*, The MIT Press, 1991.

一个案件的重合维度 A 所包含，那么 A 就被界定为比 B 更加匹配，其理由是：相对于 B，A 有更多的分析路径与本案事实状况相同。①

然后，通过考虑哪个案例支持或者反对一方当事人、它们与本案的相关程度和共有维度以及不共有的维度，HYPO 能够类比、区分和操纵案例，以构建先例引用论证的片段。例如，要辨异一个案例，对方当事人（比如说原告），已经引用该案例作为当前事实状况之控制结果，HYPO 看到该被引用案例之维度与当前状况并无共性。那么 HYPO 就会为被告辩护：这些维度在当前事实背景中的有或无，限缩了被引用案例的可适用性；换言之，其间存在某些非常重要的不同之处。②

总结一下，HYPO 为通过先例推理的某些关键要素建模。这个模型为相关案例、匹配案例和引用的最佳案例等提供计算上的定义。③ 由于 HYPO 模型的精确性，研究者能够甄别具体细节和假定。④ 通过为案例推理（或许是法律推理最重要的方面）提供一个分析和计算模型，阿什利的工作成为通向理解法律论证目标的一个巨大跨越。

索恩·麦卡锡关于法律论证的工作致力于处理和 HYPO 相同的关切，不过时间更早一点。⑤麦卡锡的一个长期目标是构建知识表达机制，并以之为法律论证的某些方面建模。例如，麦卡锡已经计划了一个叫做“典型与变形”的机制，为上诉辩论的某些方面建模。他已经用它来审查一种状况，人们在其中通过一系列中介性真实和假设的案例，逐步从可欲的先例达致本案，其目的要么是为所欲的结果构建一个类比论证，要么是表明相反方所支持之结果的不自洽。⑥ 他的模型要求大力关注案件的陈述及其组成部分的细节。⑦ 因此，

① 因此，例如，假设适用于当前事实情况（CFS）的维度是 W、X、Y 和 Z。假设案例 A 与 CFS 共享 X、Y 和 Z，而案例 B 仅共享 X 和 Y。那么，案例 A 比案例 B 更匹配，因为 B 与 CFS 共享的集合是 A 所共享集合的子集。假设存在第三个相关案例，案例 C，与 CFS 共享维度 W 和 X；案例 C 既不比 A 或 B 更多也不更少相匹配。案例 A 和案例 C 都是最相匹配案例，因为每个案例都最大地共享了关于维度的子集。

② 例如，如果原告引用的案例有一个强烈支持原告但本案却没有的维度，被告则可以辩称该特定维度是支持原告之结果出现的原因。此外，如果被告能够提出一个不同的案件，在所有方面都与原告引用的案件相同——除了被告占优势的那个方面，那么将原告案例结果之原因归于消失的那个维度便更有说服力。

③ 例如，一方引用的最佳案例，是被界定为最匹配的支持该方当事人的案例，且此类案例至少共享一个支持该方当事人的可行维度。

④ 例如，另一个衡量相关性的方法是，对不共享的系列维度予以最小化。随后，人们就可以替换掉 HYPO 模型中相关性的另一种界定，并观察其反响。

⑤ See L. T. McCarty，“Reflections on TAXMAN：An Experiment in Artificial Intelligence and Legal Reasoning”，90 *HARV. L. REV.* 837（1977）.

⑥ See L. T. McCarty & N. S. Sridharan，“The Representation of an Evolving System of Legal Concepts：II Prototypes and Deformations”，in *Proceedings of the 7th international joint conference on Artificial intelligence*，Morgan Kaufmann Publishers Inc.，1981，p. 246（关于典型和变形的讨论）；L. Mccarty & N. Sridharan，“A Computational Theory of Legal Argument”（Laboratory for Computer Science Research，Rutgers University，New Brunswick，N. J. Technical Report No. LRPTR – 13，1981）（介绍了在税法里程碑案例 Eisner v. Macomber，252 U. S. 189（1920）中，皮特妮法官的观点以及布兰代斯法官的反对意见）。

⑦ McCarty & Sridharan，“The Representation of an Evolving System of Legal Concepts：II Prototypes and Deformations”，in *Proceedings of the 7th international joint conference on Artificial intelligence*，Morgan Kaufmann Publishers Inc.，1981.

尽管麦卡锡的一些研究明确地与案例、假设案例和论证相联系，但是其大部分工作更适合与法律知识“深度模式”的开发努力为伍；它更专注于高度具体的知识模型，而不是到目前为止讨论的其他程序，稍后将对此作简要介绍。①

麦卡锡和笔者共享的一个关切是，假设案例在法律论证中的使用和产生这些案例的计算方法之开发。② 例如，当找不到真实案例或者为了表示一个给定事实对案例解释的敏感性，HYPO 利用假设案例满足这种需要，即用反面例子否定另一方的立场。③ 它通过诸如增加、删除或者改变影响维度的事实，使用像维度这样的内在机制造出假设案例。④

这些人工智能模型所提供的概念框架也能够用来分析假设案例的专门应用，这些应用发生在苏格拉底式的法学院对话、辩护、司法意见和上诉口头辩论等场合。⑤ 辩论和宣传技巧的提升是从这些分析中得到的两个潜在收获；另一个收获是对法律概念和理论发展之理解的提高。例如，一个好的假设案例为理论的有效性提供测试方法，即一种思想实验。当真实案例很少的时候，这种方法尤其有价值。假设案例在基于案例的推理中扮演了一个很特别的角色，而增加对其的理解也有益于我们为法律推理建模的目标。

该方法对理解基于案例的法律推理的另一个贡献是，理解如何通过修改旧论证来产生新论证，而无需从事实的陈述和分析中“从头开始”，正如 HYPO 所描述的那样，通过分析相关先例，最终得出一个论证。当然，描述这另一种方法的模型需要表述并处理论证的知识库。⑥ 这是正在进行的研究之主题。另一个步骤是更充分地探索相关性和类比之间的

---

① 见前文第二部分（五）。

② See，e. g.，McCarty & Sridharan，“The Representation of an Evolving System of Legal Concepts：II Prototypes and Deformations”，in *Proceedings of the 7th international joint conference on Artificial intelligence*，Morgan Kaufmann Publishers Inc.，1981；L. Mccarty & N. Sridharan，“A Computational Theory of Legal Argument”（Laboratory for Computer Science Research，Rutgers University，New Brunswick，N. J. Technical Report No. LRPTR – 13，1981）；E. Rissland，“Examples in the Legal Domain：Hypotheticals in Contract Law”，in *Proceedings of The Fourth Annual Conference of The Cognitive Conference Society*，1982，p. 96.

③ See K. ASHLEY，*Modeling Legal Argument：Reasoning with Cases and Hypotheticals*，The MIT Press，1991；E. L. Rissland & K. Ashley，“Hypotheticals as Heuristic Device”，*Proceedings of The Fifth National Conference On Artificial Intelligence*，1986，p. 289.

④ 例如，通过变动关键事实，如被告获得的相对竞争优势或原告作出的披露数量，该内在机制就可以使商业秘密盗用案件逐渐变弱或变强。See M. R. Gilburne & R. L. Johnston，“Trade Secret Protection for Software Generally and in the Mass Market”，3 *COMPUTER L. J.* 211（1982）；Telex Corp. v. IBM Corp.，367 F. Supp. 258（N. D. Okla. 1973。

⑤ See E. L. Rissland，“Argument Moves and Hypotheticals”，In C. Walter ed.，*Computer Power and Legal Reasoning*，West Publishing Company，1985（苏格拉底式教学中的假设例子）；Rissland & Ashley，“Hypotheticals as Heuristic Device”，*Proceedings of The Fifth National Conference On Artificial Intelligence*，1986，pp. 290 – 91（在辩护语境中的例子）；McCarty & Sridharan，“A Computational Theory of Legal Argument”（Laboratory for Computer Science Research，Rutgers University，New Brunswick，N. J. Technical Report No. LRPTR – 13，1981）（在司法观点语境中的例子）。

⑥ See，e. g.，Branting，“Representing and Reusing Explanations of Legal Precedents”，in *ICAIL* – 89，p. 103（开发如何修改以往的论证以用于新案件的模型）。

关系。①

然而，正如华特曼和佩特森人为地将他们自己限定在通过规则推理之中，其他人，像阿什利，仅仅考虑通过案例的推理。从开发一个全方位法律推理模型的长远角度来看，这两种方法都有所不足，因为法律的许多领域既不是纯粹基于案例，也不是纯粹基于规则。在成文法领域，这两种推理显然都需要；其间，尽管起草人尽了最大的努力，但总有法律术语和规则的含义和范围并不完全固定，为此必须依托案件进行解释。迈向法律推理模型的下一个重要步骤，是开发那种结合通过案例的推理和通过规则的推理相结合的方法。

（四）通过规则和案例的推理

在成文法领域（例如税法）进行推理是一个典型的混合范式推理。例如，它会考虑税法调整的所谓家庭办公室支出扣除的那一部分。税法包括这些要求：办公室必须被常规而专门地使用，这是业务的最主要地方或者是会见客户或者处理客户问题的场所。② 然而，税法并未规定什么构成“常规”或者“专门”使用的要求，诸如此类。所有这些术语已经成为大量案件的主题，③ 为了确定它们是否适用于一种新情况，人们通常必须针对性地审查先例或者创造基于先例的论证或者次论证以证成某解释。当然，论证必须与成文法的要求和结构相联系。

完成以混合基于规则和基于案例为基础的推理方法，超出了单独基于案例和基于规则的推理所需的方法。例如，假设有一个规则设置了三个先决条件来授予某个利益：“为了获得利益 B，必须满足要求 R1、R2 和 R3。”假设 RI 和 R2 明显得以满足。为获得利益而辩护，人们有几个可以考虑的策略。例如，人们可以尝试找到与解决此前 R3 的解释相匹配的先例，然后认为，实际上，事实确实满足 R3 并因此满足规则。或者，人们可以尝试找到只有前两个要求得到满足，却仍然可以获得利益的匹配先例，然后辩论说，前两个条件本身就足够了。这些是“近乎命中（near miss）”策略的例子。执行它们不仅需要同时使用规则和案例，而且还需要两种类型的推理一起协调完成。将一个人的注意力限制在案例上是不够的；基于案例进行推理必须和规则进行对话。同样，由于规则“耗尽”，人们也无法单独使用规则。弄清楚如何协调基于规则和基于案例两方面的推理活动是一个“控制”的问题。④

---

① See K. Bellairs，“Contextual Relevance In Analogical Reasoning：A Model of Legal Argument”（1989 年呈交明尼苏达大学）（哲学博士论证）（相关性如何按照类比进行界定）。这项工作继续由阿什利开始的审查，即审查一个案件与另一案件相关意味着什么。它借鉴了根特纳的工作，See Dedre Gentner，“Structure – Mapping：A Theoretical Framework for Analogy”，7 *COGNITIVE Sci.* 155（1983），它将类比视为法律概念和案例等结构化对象之间的各方面联系。

② I. R. C. § 280A（c）（1）（1988）.

③ 例如，甄别“专有使用”的案例包括 Frankel v. Commissioner，82 T. C. 318（1984），Baiev. Commissioner，74 T. C. 105（1980），and Chaulsv. Commissioner，41 T. C. M. （CCH）234（1980）。

④ “控制”是指这些方面：程序如何组织，程序各部分如何相互作用，以及程序如何决定下一步做什么。

加德纳的研究提出了一种模型，它可用于整合基于规则的推理和基于案例的推理：当使用规则推理陷入僵局时便使用案例，以及使用案例来验证使用规则得出的结论。① 在这种方法中，基于案例的推理服从于基于规则的推理。当然，选择主导推理模式应该真正地依赖于语境或情境：有时是规则应该主导推理，有时则是案例主导推理。

人工智能程序的另一种方法是拥有独立的流程——一个用于完成基于案例的任务，一个用于完成基于规则的任务，每个流程都独立从自己的角度工作。之后，执行过程将结果予以整合。打个比方说，这就像派遣助理完成特定任务，例如关于判例法或成文法的图书馆检索工作，以及让高级助理整合信息和推理。

对于计算模型，人们必须说明这些进程何时以及如何进行交互。尤其是，相互合作的程序之间应如何沟通结果？在进行交互沟通之前，在完成各自任务之前，它们应一直处于待命状态吗？对于中间阶段的结果和见解，它们应分享吗？

下面的一个人工智能模型整合了相互合作的程序工作：每一个程序都可以访问一个共同的“黑板（blackboard）”，它可以在上面写自己学到的任何有趣或者有用的东西，并且从中可以读到任何它发现有趣或者有用的信息。在这种模型中，各程序一般相互独立地进行推理，并且它们能够找机会利用相互的结果。这实际上就是所谓“黑板”系统所采取的方法。② 当然，在构建出应用此框架的真实人工智能和法律项目之前，必须将更多细节具体化。③

所谓“基于议程”模式遵循着同样的精神，但稍微简单一点；在该模式中，在任何特定时刻，当一个程序试图单独完成其分配的任务时，它便处于控制地位。④ 当该程序执行其任务时，它就记录下其他必要、有趣而有用的任务；该任务要么由另外一个程序完成，要么由该程序自己完成。当一项任务正在开展时，其他任务将被建议予以考虑。⑤ 具体而言，产生的任务将被添加到需为之事的完整“愿望清单”中。由于计算资源有限，因此该清单（议程）根据某些标准（例如兴趣，新颖性或重要性）进行排序。排名最高的任务从议程中选出，并列为下一步工作。启发式规则，如处理近乎命中的策略，用于具体化应

① 见前文第二部分（二）。

② See H. Penny Nii，“Blackboard Systems”，in A. Barr，P. Cohen & E. Feigenbaum ed.，4 *Handbook of Artificial Intelligence*（4 *Volumes*），Addison – Wesley Publ.，1989，p. 3. 黑板模型首次使用于二十世纪七十年代旨在理解连续演讲的 HEARSAY II 程序中（证据中的传闻证据与此无关）。See Lee D. Erman，Frederick Hayes – Roth，Victor R. Lesser and D. Raj Reddy，“The Hearsay – II Speech – Understanding System：Integrating Knowledge to Resolve Uncertainty”，12 *Computing Surveys* 213（1980）。

③ 例如，需要确定哪个“知识来源”（正如基于规则和基于案例的合作者被命名的那样），可以获得黑板上的信息。例如，其中某些知识来源是不是能够比其他的获得更多信息？它们结果的相关输入是什么？

④ 程序 AM 使用了“议程”。See R. Davis & D. Lenat，*Knowledge – based Systems In Artificial Intelligence*，McGraw – Hill Inc.，1982，pp. 1 – 225。

⑤ 例如，在我们受益规则的示例中，应用受益规则的第一个任务将产生关于第三个先行词 R3 的几个近乎命中的任务，如查找 R3 得以满足或不需要的案例。

该提出何种任务以及如何对其进行排序。①

黑板系统和基于议程的系统以动态、机会型方式运行，有时以这种方法工作，有时以另一种方法工作，并决定在运行中最好完成哪个任务。系统用来管理所提议任务之发布和执行的方法，在很大程度上界定了其整体推理风格。②

目前，混合推理系统的研究正在一些地方进行。其中，使用基于议程方法的有两个，分别是：位于阿姆斯特丹的自由大学针对荷兰房东—租户法律领域的 PROLEXS 项目，③以及围绕成文法领域（诸如家庭办公室扣除）的 CABARET（基于案例的推理工具）项目，这是笔者小组在马萨诸塞大学的项目。④ 在整个人工智能界，对此类系统的兴趣正在日益增加。

CABARET 包含完整的基于规则和基于案例的推理系统，每个推理系统都有自己专用的“监控”程序，该程序可以收集观察结果并用基于议程的控制器所能理解的术语描述它们。反过来，控制器将启发式方法应用于这些观察以提出和下达任务。⑤ 例如，基于规则的监测器将发表对所获得之近乎命中状况的观察结果，该状态关涉有利于我方例子中先前的 R3，并且这将触发近乎命中的启发式算法。目前，CABARET 使用约 30 种算法，被分为 10 个左右的类别，例如开始推理的方法、验证推理、回应推理中的失败、回应近乎命中、扩大规则和概念，以及缩小规则和概念。⑥ 这些算法的开发或通过对专家的观察，或源自法律渊源。⑦

---

① 基于议程的系统的总体行为是以“最佳优先”方式发挥作用的。因为关于什么算作“最佳”的决定通常建基于评估性启发式，并且在任何给定时刻，当议程上的任务代表替代方案时，基于议程的系统便执行“启发式最佳优先搜索”。

② 管理方案可用于使系统偏向于某种方式运行。例如，人们可以使系统总是偏向于查看基于规则的任务，使其优先于基于案例的任务。

③ See A. Oskamp，“Knowledge representation and legal expert systems”，in G. P. V. Vandenberghe ed.，*Advanced Topics of Law and Information Technology*，Kluwer Law and Taxation Publishers，1989，p. 195；A. Oskamp，R. F. Walker，J. A. Schrickx and van den Berg，“PROLEXS Divide and Rule：A Legal Application”，in *ICAIL* – 89，p. 54.

④ See K. Bellairs，“Contextual Relevance In Analogical Reasoning：A Model of Legal Argument”（1989 年呈交明尼苏达大学）（哲学博士论证）（相关性如何按照类比进行界定）；I. R. C. § 280A（c）（1）（1988）；Frankel v. Commissioner，82 T. C. 318（1984），Baiev. Commissioner，74 T. C. 105（1980），and Chaulsv. Commissioner，41 T. C. M.（CCH）234（1980）；Rissland & Skalak，“Interpreting Statutory Predicates”，in *ICAIL* – 89，p. 46；Edwina L. Rissland and David B. Skalak，“Combining Case – Based and Rule – Based Reasoning：A Heuristic Approach”，in 1 *Proceedings of the* 11*th International Joint Conference on Artificial Intelligence*，Morgan Kaufmann Publishers Inc.，1989，p. 524。

⑤ 关于计算的详细内容，see Edwina L. Rissland and David B. Skalak，“Combining Case – Based and Rule – Based Reasoning：A Heuristic Approach”，in 1 *Proceedings of the* 11*th International Joint Conference on Artificial Intelligence*，Morgan Kaufmann Publishers Inc.，1989。

⑥ Edwina L. Rissland and David B. Skalak，“Combining Case – Based and Rule – Based Reasoning：A Heuristic Approach”，in 1 *Proceedings of the* 11*th International Joint Conference on Artificial Intelligence*，Morgan Kaufmann Publishers Inc.，1989，p. 526.

⑦ See，e. g.，W. Twining and D. Miers，*How To Do Things With Rules*，Cambridge University Press，1982.（讨论通过成文法和规则推理的各种问题、例子和方法）。

（五）法律知识的深度模式

研究深度模型的目的是，允许人工智能程序通过非常详细地表述它自己的法律和一般知识，对这些知识的组成部分进行推理。① 在深度模型中使用的‘0’型知识类型包括下列知识：时间和空间关系、数量、常识分类法、个人与信仰之间的关系。这个主题通常在“深层模型”的标题下得以处理，并且与常识推理的基本问题密切相关。激励性假设是，表述在范围和细节方面越丰富，推理就越好。对使用更深层次知识模型的需要，最终将在本评论所讨论的其他研究与寻求为法律知识开发丰富表述方案的研究之间建立联系。

与法律知识之表述相关的工作在索恩·麦卡锡和汤姆·高登的研究项目中得到例证。② 深度模型与这种状况相反，在这里，人们仅仅利用表述内容为领域知识编码，③ 但不能就其意思作进一步的推理。例如，如果人们要利用像HYPO系统中的深度知识，他们就必须更加详细地表述下列事项的信息：事件披露、公司、雇佣和产品开发的阶段、雇主和雇员的义务，以及产品。而在深度模型中，人工智能研究者能够更深层次地具体化诸如雇主和雇员之间的关系——可能以允许或者义务关系的术语；如此，程序就能够将雇主和雇员关系作为自己的一个主题进行推理。④

三、结论

显然，我不能在本文中就人工智能和法律项目的数量和种类予以恰如其分的处理。不过，我仍希望我的讨论能够使人们大致了解当前项目的丰富性和多样性。

我预见基于规则、基于案例、混合范式、假设案例推理以及论证的工作将继续开展，

---

① 相反，在本评论所讨论的大多数系统中，也许除了加德纳的系统之外，没有任何方法可以使程序明确地进行关于这些知识的推导。例如，在HYPO关于披露事件的推理中，有关时间和数量的问题出现了（see M. R. Gilburne & R. L. Johnston, “Trade Secret Protection for Software Generally and in the Mass Market”, 3 *COMPUTER L. J.* 211（1982）; see Telex Corp. v. IBM Corp., 367 F. Supp. 258（N. D. Okla. 1973），HYPO无法明确地将时间或数量作为它们自身的主题进行推理。但是请注意，由于HYPO知道，从原告的角度来看，10，000个披露在数量上远比两个披露更为糟糕；在此意义上，HYPO潜在地知道大数字和小数字之间的差异。有人甚至可能会说，因为就披露的维度而言，具有相同披露数量的事实情况被视为相同（除了所有其他事项），所以HYPO知道2或10，000的含义。但是，数字及其绝对值不是HYPO可以明确推理的主题。如果对HYPO进行重新设计，以便它使用一个包含有关数字信息的深度模型，那么它就可以这样做。

② See L. T. McCarty, “Permissions and Obligations”, in 1 *Proceedings of the 8th international joint conference on Artificial intelligence*, Morgan Kaufmann Publishers Inc., 1983, p. 287（使用“允许”和“义务”代表案件各方的一定关系）; cf. W. Hohfeld, “Some Fundamental Legal Conceptions as Applied in Legal Reasoning”, 23 *YALE L. J.* 16（1913）（发展出类似的关系型结构）。在麦卡锡的方案中，表达这种道义论关系的需要，要求它开发大量逻辑工具，这正是他多年工作的重点。最近，麦卡锡回到了他的一些主要关注点：为法律知识，最终为法律论证，开发全面的表达理论。See L. T. McCarty, “A Language for Legal Discourse I. Basic Features”, in *ICAIL* – 89, p. 180。

③ See T. F. Gordon, “Issue Spotting in a System for Searching Interpretation Spaces”, in *ICAIL* – 89, p. 157（1989）; T. F. Gordon, “OBLOG – 2: A Hybrid Knowledge Representation System for Defeasible Reasoning”, in *ICAIL* – 87.

④ Hohfeld, “Some Fundamental Legal Conceptions as Applied in Legal Reasoning”, 23 *YALE L. J.* 16（1913）.

并预测：它将通过表述的深层模型、复杂控制机制和机器学习的结果继续扩展。这些研究领域最终将会合并，并最终形成广泛的法律论证理论。随着时间的推移，对法律推理人工智能模型越来越多的需求将被纳入有效运行的人工智能系统。人们可以期待，一些研究系统（如HYPO）将对实际系统产生影响，就像华特曼和佩特森所做的那样。① 最初的研究理念将有途径变成实际系统。②

我试图呈现出“人工智能和法律”研究人员是如何追求分析和实践进步的双重目标的，也试图展示过去和当下的研究何以能够被视为对法律推理（尤其是论证）进行建模的连贯性尝试。尽管距离理想的法律推理人工智能项目的某些愿景还有很长的路要走，并且可能实际上永远无法达到人类专业知识的某些方面，但我们却已经能够完成一些非常有趣和有用的项目。我们可以使用人工智能的精细镜头来阐明法律推理的过程，如基于案例之论证的创建；也可以用这个镜头来揭示法律哲学中的问题，如空缺结构之谓词的本质；还可以用它来提供实际的甚至是有益社会的应用，例如某些行政领域的专家系统。在人工智能方法中，对计算方法之使用的坚持，为法律推理中的长远问题之考量提供了一个有益训练。

虽然我在这里没有讨论过，但这一研究体系也可以富有成效地应用于法学院的课程。例如，我们可以为我们法学院的学生提供审查自己法律知识的环境。③ 人工智能的概念框架也可以提供一种方式，用以描述我们自己的专业知识，例如提出巧妙的假设案例，并向学生展示他们如何可能学会这样做。人工智能提供了一套工具，这些工具建立在表述和过程的详细模型之上。

通过这次讨论，我既希望鼓励那些想要尝试人工智能项目的人，也希望消除那些不确定我们是否应该这样做的人的疑虑。例如，有些人可能会担心：人工智能模型之使用过于普遍，将使法律推理受到某种程度的轻视；把律师和法官降为仅仅是完成所有有趣推理系统的使用者角色，会削弱律师和法官的重要性；或者是，以明确界定的术语描述智能行为，会使我们非人化。我认为，人工智能研究恰恰相反：我们越了解人类推理，我们越是惊叹于它的丰富性和灵活性，我们在尝试理解其运作时所提出的问题就越多，我们就越要求计算机程序显示出智能。

法律推理是复杂的。我们当前的人工智能模型虽然过于简单，但却是更精细和更完整

① 见前文第二部分（三）。

② 例如，我预测，基于案例推理的工作，将为创建和管理个人律师和律所的案例数据库，带来实用的工具，而这些数据库可以为开展新案件做准备。当然，这种专家系统的基于案例推理的工具，有一个有益的副作用，这就是抓住和保存律所的“机构记忆”，并用以提高新的或没有经验的律师在律所专业领域的水准，至少使他们无需问“显而易见”的问题并犯“愚蠢”的错误。

③ 例如，可以允许学生在利用当前可用的商业专家系统框架下，构建他们自己的小应用程序，然后进行实验。开发规则库的练习迫使学生开发一种应用领域的理论，并考虑有关使用基于规则的方法之有效性和适当性等一般问题。例如，开发消费者侵权法或要约—承诺法律的系列规则，需要了解法律的具体内容，同样也需要了解有关规则、法律谓词以及对二者存有疑问诸方面的一般性问题。见前文第二部分（一）（二）。

模型的一些步骤，并且我们在每一步都能推进对它的理解。我们总是需要人类律师和法官。人工智能的目标是协助，而不是取代。我们无需害怕人类智慧中一些最珍贵品质的“去神秘化”；理解并不会破坏或减少所理解的东西。我们不应该害怕知道我们是如何知道的。

当然，人工智能技术的使用，无论是在基础研究还是在直接应用中，都要求详知其潜在的预设、简化、优势和弱点。成功的项目不仅要求对人工智能和法律的彻底了解，而且需要愿意在下列未知情况下尝试新的方法，即不知它们通向何方或者不知它们是否将获得所欲的结果。简而言之，人工智能和法律领域的工作和其他领域的工作一样：不尝试就举步维艰；人们总是能够从尝试中学到东西。

在寻求理解法律推理并为之建模的过程中，人工智能既将遭遇挑战，也会得以丰富。通过介入人工智能的奋斗，法律也同样将受到挑战并得以丰富；它将更好地理解自己的推理模型，包括支撑它们的知识和假定，并且它将从实际计算工具和模型中受益。人工智能和法律之间是真正的相互增强关系，即人工智能和法律共享的专门知识将提升二者的价值。

人工智能会侵蚀法律系统吗？

［美］提姆·吴[*]著　司　源[**]译

摘　要　软件系统已经部分地或完全地代替人类，从事大量此前由人类进行的活动，如追踪超速或是驾驶飞机，并且业已证明在某些竞赛活动中能够超越人类，如国际象棋和围棋。通过对大型科技平台，特别是推特和脸书上仇恨言论控制的案例进行研究，人工智能代替人类在法庭中活动仍遥不可及，法庭有自己的优势，体现在为参与者提供一种程序公平感，在疑难案件中防止出现荒谬错误和明显不公正的结果。而更多软件应用到司法体系中可能有助于提高日常司法的效率，保护法院系统的资源，防止在后果更严重或者难度更大的案件中出现错误。从这个角度讲，机器－人类混合体系将是司法判决的未来，如果应对得当，二者混合还将大有裨益。

关键词　人工智能　法律　社会秩序体系

引　言

打着发展人工智能的旗号，开发大量与法律系统有关的人工智能，与其说是一种新兴违法方式，倒不如说是回避法律来执行规则和解决争端的途径①。因此，法院和司法系统未来几十年面临的主要挑战，不仅仅是疑难案件带来的一般挑战，还包括是否会被取代的

---

* 提姆·吴（Tim Wu），哥伦比亚大学法学院法律与科技 Julius Silver 讲席教授。原文刊登于 COLUMBIA LAW REVIEW，Vol. 119：2000－2028，原题为 Will Artificial Intelligence Eat the Law? The Rise of Hybrid Social－Ordering Systems。

** 司源，女，山东菏泽人，华东政法大学政府管理学院博士研究生、法治政党与国家治理研究所研究人员，主要研究方向为政党与国家治理等。

① 本文使用广义的“人工智能”概念，即一种能够像普通人类智能所能完成的工作计算机系统，例如决策。Artificial Intelligence，Lexico，https：//www. lexico. com/en/definition/artificial _ intelligence［https：//perma. cc/86XR－2JZ8］（last visited July 31，2019）。

生存性挑战①。

在此仅举几例便足以证实上述判断。第一个例子，对大型论坛中的禁止性言论进行管控，曾是法律和法院的工作领域，现在已经由算法判断②。其次，超速行为由视频软件进行大范围侦测和处罚③。再者，很多知识产权法的执行已经通过加密、复制保护和自动删除实现自动化④。此外，曾经由机构设定的公共服务价格（如出租车价格）通常被算法设定的价格有效地取代⑤。还有，区块链协议开始为建立可强制执行协议提供一种替代性机制⑥。更有甚者，人工智能软件已经在保释和判决中发挥作用⑦。一些人甚至发出疑问，人工智能是否会代替律师撰写案情摘要，甚至可能取代法官⑧。

难道人类的法庭只要在人工智能更完善以前，再坚持存在几十年就可以了吗？有人或许赞同于此。然而，在英美法律史上，法院曾被多次认为已过其时，它的存在仅仅为了保持法律的功能。但事实证明，作为维护社会秩序的一种形式，法院裁决具有自身优势，且现有任何手段均难以复制⑨。本文认为即使在人工智能已经开始掌控的领域，人类法庭⑩仍将存在或重获新生。然而本文也认为，人－机混合模式将是取代完全人类司法体系的第一步，如果应对得当，这种取代潜力无限。对在线平台内容控制和脸书审查委员会的案例研究能够支持这本文描述性和规范性的观点。

预言法院不会完全消失似乎显而易见，但更有趣的是，当人工智能正“侵蚀”人类努力的许多其他领域时，为什么还会做出如此预测。相较现有司法制度，人工智能在执法规模和效率方面优势明显。人类法庭审理一个案件的时间，而人工智能可能已不知疲倦地处理了数十亿甚至数万亿的判决。更重要的是，人工智能可以按预先设定程序进行裁决，从而避免执法缺陷⑪。

但人类法庭有其自身优势，其中一组优势涉及程序公平。这一优势虽然明显，却不够稳固。如果要在人工智能与法院的判决之间选择，即使判决结果相同，法院判决的接受度更高、公众满意度更强⑫。未来，人类决策的事实——尤其是在风险很高的时候——可能

① 一部分法律文献对此进行了研究。

② See infra Part II.

③ See Jeffrey A. Parness, Beyond Red Light Enforcement Against the Guilty but Innocent: Local Regulations of Secondary Culprits,

④ See infra Part I.

⑤ See Jessica Leber.

⑥ See Eric Talley & Tim Wu, What Is Blockchain Good for?

⑦ See Algorithms in the Criminal Justice System, Elec. Privacy Info. Ctr.,

⑧ See Volokh, at 1144－48, 1156－61.

⑨ See Lon L. Fuller, The Forms and Limits of Adjudication, 92 Harv. L. Rev. 353, 357 (1978).

⑩ 本文中的“法院”指的是任何听取合理辩解解决争议并解释其裁决依据的公共或私人裁决机构。

⑪ Lawrence Lessig, Code: Version 2.0, at 124－25 (2006).

⑫ See generally E. Allan Lind & Tom R. Tyler.

会成为公平的标志①。尽管如此，社会大众已经习惯了人工智能在旅行预订或股票交易等其他领域替代人类活动，所以这种优势也许并不稳固。

第二个更持久的优势源自人类判决解决“疑难案件”的能力。这类案件时常出现在基于规则的体系中。大多数社会秩序体系由规则构成，而仅仅遵守规则的决策体系则会轻而易举地被人工智能取代。但真实的人类秩序体系，即便是基于规则，也不会被取代②。相反，争端既包括“简单案件”——被现有法规条款涵盖，也包括上面提到的“疑难案件”——法规边界不清或相互矛盾，或者实施某一法规又涉及其他法规③。正如 Karl N. Llewellyn 所说，在书面规则和“真正规则”之间经常存在微妙的区别④。因此，一个被设计为“遵守规则”的人工智能系统将产生危险甚至荒谬的结果。

Cardozo 法官认为，司法程序“最高境界不是发现，而是创造……通过强制…难以完全觉察。”⑤ 在很长一段时期内，更有效裁决棘手案件仍依赖目前仍是人类特有的那些品质，比如说道德推理、对不断演变规则的敏感性，或者对发生了什么务实评估。无论如何，当人类进行“判决”时最能体现这一点。如果说人类的法庭确有什么特殊的秘诀（special sauce），那么这就是。

即使人工智能可以及时复制人类的“秘诀”，也可能产生不同的问题⑥。但就目前情况而言，人工智能系统主要的成就是成功复制了人类的决策模式，包括遵循规则或模式匹配。在人工智能进行国际象棋和策略游戏 Jeopardy！就是两个例子⑦。如果认为人工智能永远无法在法律背景下做出或解释合理的决定，那将面临尴尬的风险，但它确实面临着巨大挑战且不易克服⑧。即使人工智能能够更好地理解语言的细微差别，它仍可能面临更深层次的、法律上的挑战。也就是说，在可预见的未来，旨在取代社会秩序系统的人工智能将以人机混合方式取得最佳成功，将人类对棘手案件的裁决与规模、效率结合在一起。在

---

① See Aziz Z. Huq，A Right to a Human Decision，105 Va. L. Rev.

② This refers to a caricatured version of H. L. A. Hart’s view of what law is.

③ Cf. Ronald Dworkin，Hard Cases，*in* Taking Rights Seriously 81，81（1978）

④ Karl N. Llewellyn，The Theory of Rules 72 – 74（Frederick Schauer ed.，2011）.

⑤ Benjamin N. Cardozo，The Nature of the Judicial Process 166 – 67（1921）

⑥ See Huq，supra note 14，at 18；Volokh，at 1166 – 67，1183 – 84.

⑦ See John Markoff，Computer Wins on ‘Jeopardy!’：Trivial，It’s Not，N. Y. Times（Feb. 16，2011），https：//www. nytimes. com/2011/02/17/science/17jeopardy – watson. html（on file with the *Columbia Law Review*）.

⑧ See Drew McDermott，Why Ethics Is a High Hurdle for AI 2（2008），http：//www. cs. yale. edu/homes/dvm/papers/ethical – machine. pdf [https：//perma. cc/PZ7Z – 5QFN]；Adam Elkus，How to Be Good：Why You Can’t Teach Human Values to Artificial Intelligence，Slate（Apr. 20，2016），https：//slate. com/technology/2016/04/why – you – cant – teach human – values – to – artificial – intelligence. html [https：//perma. cc/4LR9 – Q2GH]. 但请参阅 IBM 的项目辩论程序，该程序对问题的一方提出论点，从而可能被认为复制了律师工作的各个方面 https：//www. research. ibm. com/artificial – intelligence/project – debater/ [https：//perma. cc/4A2W – XSB9]（last visited July 31，2019）。

一个古老的体系中，它们将是社会秩序的“赛博格”（cyborg）系统①。

环顾当下的社会，这种系统的混合已经司空见惯。人工智能做出常规决定，而把复杂事情留给人类。一个很好的例子是飞机驾驶，如果以操控时间衡量，飞行主要由计算机完成，但敏感、困难和紧急情况则交由飞行员处置②。

对脸书和推特等在线平台上的内容控制的（控制仇恨言论、淫秽和其他言论）案例研究支持本文描述性论断。尽管自动化程度不断提高，棘手问题的产生促使主要平台开发了审议机构和上诉系统，例如脸书的原创内容审查委员会，该委员会旨在裁定最棘手的言论等相关问题。在网络言论控制和自动驾驶中，我们都可以窥见未来发达社会中的社会秩序。

虽然自动化的正义从表面上看并不吸引人，但在机器－人类混合社会秩序系统中仍富有前景。在最好的情况下，它们将把人工智能的规模、效率与人类法院检测错误和使法律系统的运作人性化的能力结合起来。正如朗·富勒所说，人类法庭是“一种对人类事务中理性论证的影响提供正式和制度性表达的手段”③。如果日常决策交给人工智能，减少法院自身工作量作为决策的一个主要因素，那么在没有规模问题的情况下，法院系统会是什么样子？可以肯定的是，可能出现的是不人道的，过度以规则为导向的系统，那么人类将仅仅是合法化的符号④。虽说如此，但希望人类能做得更好。

本文为主要的AI决策系统设计者和政府法院提供建议。对AI设计者而言，许多法律体系外的人工智能系统都渴望完全取代潜在的人类（自动驾驶汽车⑤、会下棋的人工智能⑥）。但是，当涉及取代法律体系时，AI设计师应该更努力地思考如何通过理解提供程序公平、可解释性以及在困难案例决定上人类的优势，从而更好地结合人类和人工智能的优势。这表明，可以将刻意保留求助于人类裁决（公共的或私人的）的机制作为一个长期、可持续的系统的一部分。

与此同时，人类法院应该采取更大的努力，推动常规案件和提出动议等常规程序事项的自动处理。使用智能软件处理量刑和保释等，这类对人们的生活有巨大影响的活动，似乎是完全的不进反退。常规程序的自动化既有助于产生一个更有效率的司法体系，也有助

---

① 《韦氏词典》将“半机械人”定义为“仿生人”，意思是由人类和机器元素混合而成的存在，比如20世纪系列电影《星球大战》中的虚构人物“达斯·维德”。参见赛博格，韦氏词典，https：//www. merriam－webster. com/dictionary/cyborg [https：//perma. cc/FD6AUWZ2]（last visited Aug. 31，2019）。

② Reem Nasr，Autopilot：What the System Can and Can’t Do，CNBC（Mar. 27，2015），https：//www. cnbc. com/2015/03/26/autopilot－what－the－system－can－and－cant－do. html [https：//perma. cc/Q7CT－GBLN].

③ Fuller，at 366.

④ This is a concern expressed in Re & Solow－Niederman，at 246－47.

⑤ Alex Davies，The WIRED Guide to Self－Driving Cars，WIRED（Dec. 13，2018），https：//www. wired. com/story/guide－self－driving－cars/ [https：//perma. cc/7P3A－5NLE].

⑥ Natasha Regan & Matthew Sadler，DeepMinds’s Superhuman AI Is Rewriting How We Play Chess，WIRED（Feb. 3，2019），https：//www. wired. co. uk/article/deepmind－ai－chess [https：//perma. cc/WF5Z－VEV7].

于释放那些稀缺的训练有素的人类法官去裁决棘手案件，或确定哪些是困难案件。任何在法庭工作过的人都知道，司法机构很大一部分精力都浪费在成千上万的日常事务上；让法官做其最擅长的事务：对个别案件进行判决，改善法规条文使其更人性化，这样的制度才是有希望的。这也意味着法官应该寻求培养自身的比较优势，即行使人类的判断，而不是试图模仿遵循规则的机器①。

本文的第一部分将竞争对手之间的人工智能决策框定为一个社会秩序系统。第二部分介绍推特和脸书对仇恨言论处理的案例研究，重点关注线上规范的演变，以及随后采用的人类－软件混合系统对言论的控制。第三部分从规范角度评估第二部分描述的混合系统。

一、背景

在《帝国与传播》一书中，哈罗德·英恩斯试图根据不同文明主要使用的传播媒介来描述文明②。他认为，古希腊人的口口相传促进了希腊哲学的发展；埃及文明在传播媒介由石雕到纸莎草纸的转变过程中发生了变化；中世纪的思想是由抄本塑造的，等等③。基于本文的研究，我们需要采取另一种文明分类，不是根据媒介，而是根据如何做出重要公共决策（用富勒的话则是实现“社会秩序”）定义社会特征④。本文所指的是那些既重要又具有公共影响的决策，这些决策定义了公民之间的关系。

以此观之，文明和社会确实有所不同。一个判断的标准是私人机构和公共机构之间的分离。另一个则是相较于实在法，社会规范发挥了多大程度的作用。⑤。排序或多或少是集权的。同时，也正如富勒所建议的，决策方法本身可能是裁决的、立法的，或者是通过合同谈判完成的⑥。在此我并不认为上文提到的划分标准是唯一可能想象的⑦。

这种更广泛的观点表明，决策系统正处于一种隐性竞争中。问题可能在私人决策和公共决策之间，或在规范和法律之间转移，同时决策可能变得更加集中或分散。过去200年，在美国和英联邦国家，分散的普通法在某种程度上（虽然不是完全）被更集中的成文法所取代，然后又进一步被法规和政府所取代⑧。那些曾经被认为纯粹属于私人的事情，

---

① Cf. Kathryn Judge, Judges and Judgment: In Praise of Instigators, 86 U. Chi. L. Rev. (forthcoming 2019) (manuscript at 1－2), https://ssrn.com/abstract=3333218 (on file with the *Columbia Law Review*) (describing Judge Richard Posner's rejection of such machine－like jurisprudence).

② 一般参见 Harold Innes 的 Empire and Communications（David Godfrey ed. 1950 年）（认为交流为了解一个文明的组织和政府管理提供了至关重要的见解，并根据交流对包括埃及和罗马帝国在内的各种文明进行了比较）。

③ See id. at 5.

④ See Fuller, at 357.

⑤ See Robert C. Ellickson, Order Without Law: How Neighbors Settle Disputes 1－11 (1994)（讨论如何在没有法律的情况下实现秩序）。

⑥ See Fuller, at 363（认为“裁决应被视为一种社会秩序，一种管理和规范人与人之间关系的方式”）。

⑦ 例如，还有秩序系统是如何集中或分散的问题。Lawrence Lessig 将调节形式的宇宙划分为四个：法律、规范、规范和市场。Lessig，第124－25页。

⑧ See Lawrence Friedman, A History of American Law 253－78, 503－15 (3d ed. 2005).

比如解雇员工或在工作场所的行为，已经成为公共决策的主题，而其他曾经属于公共事件，比如控制淫秽和其他被禁止言论，现在主要由私人机构管控。在社会秩序中有很多互补性：一个杀人犯可能会被羞辱、解雇和监禁。但不同秩序之间也会存在竞争，例如，当新法律“排挤”长期存在的规范时。

认为公共秩序体系可能相互竞争（或相互补充）的想法并不新颖①，新鲜的是软件和人工智能正成为公共决策的主要方式。正如劳伦斯·莱西格首先预测的那样，那些可能被认为是重要的公共决策要么被软件取代，要么开始被软件全部或部分取代②。由于这种变化是私人和非官方的，即使进展缓慢但仍在进行中，因此十分微妙。

这种由人工智能主导的想法或许听起来有些激进，但是，正如导言中所说，我们不难发现：人工智能可以完成以前可能被视为公共决策的任务。一个很好的例子是表达性作品的传播和复制。在 YouTube 和其他在线视频网站上发布受版权保护的作品曾经受到版权法第 512 条的直接监管③。从技术上讲，这条法律现在仍然适用，但在过去十年中，YouTube 等网站已经开始使用名为“Content ID”的人工智能，来智能且主动地删除受版权保护的作品④。这种通过代码实现的方式是在法律框架下进行的，但它并不受制于法律，而且人工智能做出的决策现在比法律更为重要。在刑法领域，人工智能已成为决策的辅助工具，甚至在某些司法管辖区，人工智能有时会成为保释或判刑等事宜的重要决策工具⑤。此外，正如我们将在后文更详细地看到的那样，主要网络论坛对违禁言论的控制在很大程度上依赖于人工智能。

诚然，人工智能取代法律仍处于初级阶段，许多领域依然完全在人工智能的范围之外。但让我们假定：人工智能至少已经开始成为部分法律决策的制定方式⑥。如果真是如此，那么，控制网络上冒犯性、仇恨性和有害言论的系统，或许能让我们一窥未来的样貌。

---

① See, e. g. , Emanuela Carbonara, Law and Social Norms, *in* 1 The Oxford Handbook of Law & Economics 466, 475 - 80（注意到，虽然法律规范可以通过“在存在差异的情况下使其向法律弯曲，在不存在社会规范的情况下支持其创建”来加强社会规范，但法律规范也可以“破坏现有的社会规范”）；Yoshinobu Zasu，《社会规范和法律的制裁：替代还是补充?》36 J. Legal Stud. 379, 379 - 82（2007）（讨论通过社会规范实施的非正式制裁是否与法律的正式制裁相竞争或互补）。

② Lessig, at 125 - 37.

③ 17 U. S. C. § 512（2012）.

④ How Content ID Works, YouTube Help, https: //support. google. com/youtube/answer/2797370? hl = en [https: //perma. cc/CLD9 - L2VK] [hereinafter YouTube Help, How Content ID Works] (last visited July 31, 2019).

⑤《刑事司法系统中的算法》，前注 8（列出了各州在量刑、缓刑和假释决定中使用算法工具的情况）。

⑥ 接受这一结论的关键是接受软件正在做出决策的前提，这一点可能会引起一些人的争议。有些人可能会问，软件是否真的在“决定”，而不是算法的程序员。我在 Tim Wu, Machine Speech, 161 U. Pa. L. Rev. 1495（2013）中谈到了这些复杂问题。

二、案例研究：Facebook、Twitter 与健康的言论环境

本部分提供了一个案例研究，介绍 Facebook 和 Twitter 向健康言论环境规范转变的情况，以及它们在代码和人类判断的混合系统中实施这种规范的现状。

（一）20 世纪 90 年代至 2016 年网络言论规范的演变

当第一批在线社区于 20 世纪 80 年代末和 90 年代初出现时，早期普遍的愿望是创建“开放和自由”的公共平台，允许人们自由表达意见①。这种愿望在一定程度上反映了当时网络技术先驱者的“网络自由主义”倾向②。万维网在 20 世纪 90 年代初开始流行，为大众提供非中介出版平台的主要使能技术。某种程度上，网络及其主要论坛和平台坚持“开放和自由”的理念，这在人类历史上极其罕见③。Usenet 是一个早期的公共在线讨论论坛，允许任何用户就任何主题创建自己的论坛④。20 世纪 90 年代著名的在线聊天室大多没有经过审查⑤。MySpace 是 Facebook 出现之前最受欢迎的社交网络平台，它允许用户自由命名，也几乎允许用户畅所欲言⑥。

1996 年颁布的《通信规范法》（Communications Decency Act）第 230 条有助于实现“开放和自由”的理念⑦。该法赋予平台所有者对其平台上发布内容的侵权豁免权，旨在保护试图删除攻击性内容的网站，被描述为“好心人（good Samaritan）”法⑧。在实践和

---

① Tim Wu，The Attention Merchants：The Epic Scramble to Get Inside Our Heads 252（2016）[hereinafter Wu，Attention Merchants].

② See Tim Wu & Jack Goldsmith，Who Controls the Internet：Illusions of a Borderless World 1 – 10（2006）.

③ 即使在 20 世纪 90 年代，尝试纯自由放任言论平台的网络社区也遇到了与恶意攻击和滥用有关的问题，而且很少有社区完全没有规则。见 Wu，注意商人，前注 42，第 276 – 88 页。同样真实的是，到 21 世纪初，法律和法院开始要求遵守其法律，包括版权法、毒品法、禁止儿童色情制品的法律等。见 Wu&Goldsmith，前注 43，第 65 – 85 页。

④ See Sandra L. Emerson，Usenet：A Bulletin Board for Unix Users，Byte，Oct. 1983，at 219，219，https：//archive. org/stream/byte – magazine – 1983 – 10/1983_ 10_ BYTE_ 08 – 10_ UNIX#page/n219/mode/2up（on file with the *Columbia Law Review*）.

⑤ See Wu，Attention Merchants，supra note 42，at 202 – 05；see also EJ Dickson，My First Time with Cybersex，Kernel（Oct. 5，2014），https：//kernelmag. dailydot. com/issue sections/headline – story/10466/aol – instant – messenger – cybersex/ [https：//perma. cc/98EC – 6F3H]（讲述十岁时的网络性爱经历）。

⑥ See Saul Hansell，For MySpace，Making Friends Was Easy. Big Profit Is Tougher.，N. Y. Times（Apr. 23，2006），https：//www. nytimes. com/2006/04/23/business/yourmoney/ 23myspace. html（on file with the *Columbia Law Review*）（将 MySpace 描述为“对坦率的讨论、挑衅性的图片和各种活动的链接非常开放”，包括《花花公子》杂志和色情明星珍娜·詹姆森的个人资料）；Michael Arrington，MySpace 悄悄地开始鼓励用户使用他们的真实姓名，TechCrunch（2008 年 12 月 17 日）。https：//techcrunch. com/2008/12/17/myspace – quietly – begins – encouraging – usersto – use – their – real – names/ [https：//perma. cc/CKR6 – MLYZ]（noting pre – 2009 anonymity of MySpace profiles）。

⑦ 1996 年《通信体面法案》，《美国法典》第 47 卷第 230 节（2012 年）（除其他外，规定“美国的政策是……维护目前互联网和其他交互式计算机服务的充满活力和竞争的自由市场”）。

⑧ See Andrew M. Sevanian，Section 230 of the Communications Decency Act：A “Good Samaritan” Law Without the Requirement of Acting as a “Good Samaritan，” 21 UCLA Ent. L. Rev. 121，125（2014）.

司法解释中，第230条对所有网络平台，无论是好人还是坏人，都给予了全面的豁免权，从而保护了那些“为所欲为”的人①。

在互联网流行的头二十年里，“开放和自由”的言论规范一直是人们梦寐以求的。但在压力之下，它在2016年和2017年开始发生决定性的变化②。它已经被大型平台（尤其是Twitter和Facebook）普遍强调的创造“健康”和“安全”的网络言论环境所取代③。可以肯定的是，网络言论规范的变化从来没有被明确声明过；但我们很难否认，强调内容的变化同时也是实质内容的变化。我们可以这样说：如果美国主要的网络平台曾经（从20世纪90年代到21世纪10年代中期）倾向于遵循与《第一修正案》大致相似的言论规范，那么如今其对健康言论的新关注和对有害言论概念的接受，则更接近于欧洲的言论传统及其对仇恨言论的禁止④。

发生了什么改变呢？2010年代中期各大平台网络言论规范的转变可以理解为反映了三个主要发展趋势。首先是一场更广泛的强调“安全”环境重要性的社会运动取得了相对成功，这在2010年代的美国大学校园中反应最为强烈⑤。这些规范开始演变成对主要网络言论平台日益强烈的批评。例如，到2010年代中期，记者和民权组织严厉批评Twitter和Facebook容忍对女性和历史上处于弱势群体的攻击，从而为其用户创造了“有毒”空间⑥。正如Buzzfeed（一间美国的网络新闻媒体公司）的一名记者在2016年所写的那样，“Twitter如今因其有毒而臭名昭著，就像它因其革命性而闻名一样。”⑦

第二个言论规范转变和发展的原因是政治担忧：人们普遍认为，这些平台容忍了如此

① See Danielle Keats Citron & Benjamin Wittes, The Internet Will Not Break: Denying Bad Samaritans Section 230 Immunity, 86 Fordham L. Rev. 401, 413 (2017)（“对《通信体面法案》的过度解读为在线平台提供了一张自由通行证，可以无视非法活动，故意转发非法材料，并在确保无法识别施虐者的同时招揽非法活动。”）。

② See infra text accompanying notes 61 – 63.

③ See infra notes 61 – 63 and accompanying text.

④ See Jeremy Waldron, The Harm in Hate Speech 6 – 17 (2012)（总结欧美言语传统的法律和哲学差异）。

⑤ 2015年，一项大型调查发现，约71%的大学新生同意“大学应禁止校园内的种族主义/性别歧视言论。”Kevin Eaglean、Ellen Bara Stolzenberg、Abigail K. Bates、Melissa C. Aragon、Maria Ramirez Suchard和Cecilia Rios Aguilar，高等教育。The American Freshman: National Norms Fall 2015, at 47 (2016), https://www.heri.ucla.edu/monographs/TheAmericanFreshman2015.pdf [https://perma.cc/82CJ – T53B]。

⑥ See, e. g., Emily Dreyfuss, Twitter Is Indeed Toxic for Women, Amnesty Report Says, WIRED (Dec. 18, 2018), https://www.wired.com/story/amnesty – report – twitter – abuse – women/ [https://perma.cc/2NXS – SULS] (detailing high rates of abusive tweets directed toward womenjournalists and politicians); Robinson Meyer, The Existential Crisis of Public Life Online, Atlantic (Oct. 30, 2014), https://www.theatlantic.com/technology/archive/2014/10/the – existential – crisis – of – public – life – online/382017/ [https://perma.cc/7845 – 2PHH]（批评推特对Gamergate缺乏回应）；Hamza Shaban和Taylor Telford，Facebook和Twitter获取关于俄罗斯干涉的批评雪崩，《洛杉矶时报》(2018年12月18日)。https://www.latimes.com/business/technology/la – fi – tn – facebook – twitter – 20181218 – story.html [https://perma.cc/KS68 – 44S9]（描述了全国有色人种协进会对脸书的批评，称其“传播错误信息，并利用脸书进行宣传，宣扬对非裔美国人社区的虚伪描述”）。

⑦ Charlie Warzel, “A Honeypot for Assholes”: Inside Twitter’s 10 – Year Failure to Stop Harassment, BuzzFeed News (Aug. 11, 2016), https://www.buzzfeednews.com/article/charliewarzel/a – honeypot – for – assholes – inside – twitters – 10 – year – failure – to – s [https://perma.cc/V92P – NB7N].

多的仇恨言论传播、外国对选举的干预、暴行宣传和恶作剧，从而对民主制度构成了威胁。这种指控在 2016 年大选后强势崛起①。与此相关的是，在此期间，在美国以外，Facebook 面临着激烈的指控，称其网站被用来组织和促进缅甸、斯里兰卡和印度等国的暴力活动②。

最后一个发展是，鉴于言论平台市场的整合，有限数量的平台（推特、脸书、谷歌等）能够产生系统性的影响。（这些平台都是私人行动者，不受宪法规范的约束③。）可以肯定的是，有一些平台（比如 4chan）仍然遵循旧的自由放任的言论规范④，还有一些专门的网站，比如色情网站，显然对性和裸体持不同的观点。但是到 2016 年，大型平台（这些平台包括世界上大部分网络言论）都有效地采取了行动，将仇恨言论视为潜在的“暴力”“攻击”，并将其删除⑤。Facebook、谷歌和 YouTube 制定了冗长而具体的内容规则，将网络言论的新规范编入其中。简而言之，现在他们认为许多类别的言论都应该被删除，从更容易定义的（自杀未遂视频、儿童色情）到更模糊的（仇恨言论、非人性化言论、倡导暴力或恐怖主义）⑥。

了解规范变化的最简单方法是观察大公司代表使用语言的变化。2012 年，推特高管称该公司属于“言论自由党的言论自由派”，并对此总结性阐述：我们对内容表示中立⑦。当时推特的法律总顾问亚历山大 · 麦吉利夫雷经常对传票请求提起诉讼，他告诉媒体，

---

① See, e. g. , Alexis C. Madrigal, What Facebook Did to American Democracy, Atlantic (Oct. 12, 2017), https: //www. theatlantic. com/technology/archive/2017/10/what - facebookdid/542502/ [https: //perma. cc/8AV5 - AE3B]（记录脸书在 2016 年选举中的作用，并得出结论，“选举制度的根源——人们看到的新闻、他们认为发生的事件、他们消化的信息——已经不稳定”）。

② See, e. g. , Vindu Goel & Shaikh Azizur Rahman, When Rohingya Refugees Fled to India, Hate on Facebook Followed, N. Y. Times (June 14, 2019), https: //www. nytimes. com/ 2019/06/14/technology/facebook - hate - speech - rohingya - india. html (on file with the *Columbia Law Review*); Paul Mozur, A Genocide Incited on Facebook, with Posts from Myanmar' s Military, N. Y. Times (Oct. 15, 2018), https: //www. nytimes. com/2018/10/15/technology/myanmarfacebook - genocide. html (on file with the*Columbia Law Review*); Amalini De Sayrah, Opinion, 脸书帮助平息斯里兰卡反穆斯林暴力事件。What Now?, Guardian (May 5, 2018), https: //www. theguardian. com/commentisfree/2018/may/05/facebook - anti - muslimviolence - sri - lanka [https: //perma. cc/Y4X2 - YCAG]。

③ See, e. g. , Manhattan Cmty. Access Corp. v. Halleck, 139 S. Ct. 1921, 1930 (2019)（“当私人实体提供言论论坛时，私人实体通常不受第一修正案的约束，因为私人实体不是国家行为者。因此，私人实体可以对论坛上的言论和发言人行使编辑自由裁量权。”）。

④ See generally Rules, 4chan, https: //www. 4chan. org/rules [https: //perma. cc/MSQ7 - PN7N] (last visited July 30, 2019)（指定允许种族主义、色情和怪诞暴力的空间）。

⑤ See, e. g. , Community Standards, Facebook, https: //www. facebook. com/ communitystandards/ [https: //perma. cc/D27N - XJEY] (last visited July 30, 2019); Hate Speech Policy, YouTube Help, https: //support. google. com/youtube/answer/2801939? hl = en [https: // perma. cc/AZD2 - VH4V] (last visited July 30, 2019).

⑥ See, e. g. , Objectionable Content, Community Standards, Facebook, https: //www. facebook. com/communitystandards/objectionable_ content [https: //perma. cc/9TMH - R2HG] (last visited July 30, 2019).

⑦ Josh Halliday, Twitter' s Tony Wang: 'We Are the Free Speech Wing of the Free Speech Party,' Guardian (Mar. 22, 2012), https: //www. theguardian. com/media/2012/mar/ 22/twitter - tony - wang - free - speech [https: //perma. cc/75Z2 - NBZP].

“我们重视我们所捍卫和尊重用户所提出的言论”。与其他服务相比，我们认为这对我们公司和用户考虑是否使用推特的行为极为重要①。

相比之下，截至2010年末，推特已开始强调将“健康”和“安全”作为首要问题②。在一次采访中，推特首席执行官杰克·多尔西曾表示：“言论自由”从来都不是公司的使命，并且这是一个笑话，因为人们发现自己身在其中③”。2017年，推特官方博客表示：

“让推特成为一个更健康安全的平台是我们的首要目标。我们代表言论自由，代表着人们能够看到任何话题的方方面面。当平台出现虐待和骚扰的行为压制这些言论时，这对于推特来说是一个非常危险的选择。对此，我们不会容忍它并正在采取新的行动来阻止该类事件的发生④。”

对于推特平台推行言论自由，我们还有更多的论证。例如，微软总裁布拉德·史密斯在2018年认为，“我们应努力培育一个更为健康及安全的在线环境。在当下网络言论会揭示人们最坏的一面进而给社会带来不良影响⑤。”因此，2018年脸书CEO马克·扎克伯格在国会作证时，简明解释了脸书对上述想法的转变，并提出：我们必须确保这些网络言论是积极的，仅仅赋予人们发言权是不够的，并需充分确保人们不会利用这种权利来伤害他人或者传播错误信息⑥。

综上所述，社会互动平台十分重视言论自由这一举措，因此主流的互动平台现在渴望进行有效的言论控制以保护其平台的“健康”或“安全”特性，但是他们应该怎么做呢?这是下一节的主题。

（二）平台如何有效控制言论

美国和世界对言论的控制可能是社会秩序的人机混合系统中最具代表性的例子，该系统取代了曾经主要由法律管辖的系统。所有主要语音平台都混合使用人工智能、人类规则

---

① Somini Sengupta, Twitter’s Free Speech Defender, N. Y. Times (Sept. 2, 2012), https://www. nytimes. com/2012/09/03/technology/twitter – chief – lawyer – alexandermacgillivray – defender – free – speech. html (on file with the *Columbia Law Review*).

② See Nicholas Thompson, Jack Dorsey on Twitter’s Role in Free Speech and Filter Bubbles, WIRED (Oct. 16, 2018), https://www. wired. com/story/jack – dorsey – twitters – rolefree – speech – filter – bubbles/ [https://perma. cc/D6HJ – HJTQ].

③ See id.

④ Ed Ho, An Update on Safety, Twitter: Blog (Feb. 7, 2017), https://blog. twitter. com/ en_ us/topics/product/2017/an – update – on – safety. html [https://perma. cc/PA9C – HET6].

⑤ Brad Smith, A Tragedy that Calls for More than Words: The Need for the Tech Sector to Learn and Act After Events in New Zealand, Microsoft (Mar. 24, 2019), https://blogs. microsoft. com/on – the – issues/2019/03/24/a – tragedy – that – calls – for – morethan – words – the – need – for – the – tech – sector – to – learn – and – act – after – events – in – new – zealand/ [https://perma. cc/ML64 – JQTF].

⑥ 马克·扎克伯格参议院听证会记录，华盛顿邮报（Apr. 10, 2018）。https://www. washingtonpost. com/news/the – switch/wp/2018/04/10/transcript – of – markzuckerbergs – senate – hearing/ (on file with the *Columbia Law Review*)。

以及人的深思熟虑来执行和改进其内容管控①。

FIGURE 1: HOW PLATFORMS CONTROL SPEECH

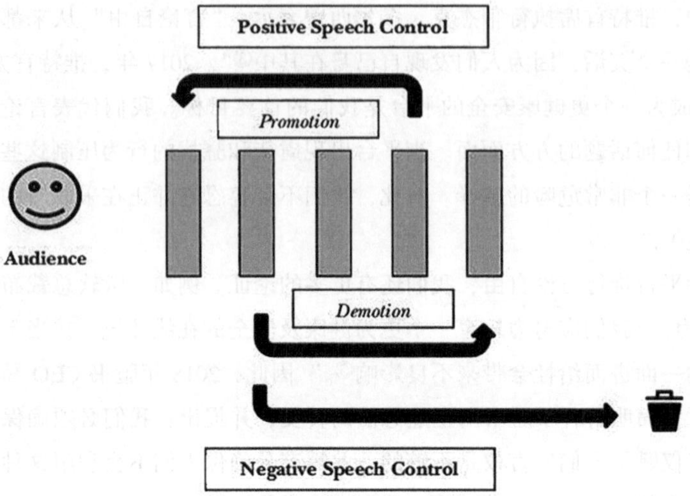

言论受到积极和消极控制手段的影响（即促进和抑制）。积极的言论控制意味着选择将哪些内容呈现给用户，通常通过算法进行操作，包括搜索结果、新闻提要、广告等②。而消极的言论控制则包括移除和撤下不受欢迎、非法或被禁止的内容，以及对用户进行惩罚或移除③。后一种控制方式更具争议，可能是基于投诉做出的反应，也可能是主动检测和筛查发布的内容。

积极和消极的言论控制都融合了人工和算法的元素。谷歌的搜索结果、Facebook 的新闻提要以及 Twitter 用户看到的推文顺序都是由算法决定的④。近年来，像 Facebook 和 Twitter 这样的平台开始利用积极的权力促进控制不受欢迎的言论，例如将其评定为“低

① 有关最近对这些平台如何塑造其内容规则进行更深入调查的文章，请参阅 Kate Klonick，The New Governors：The People，Rules，and Processes Governing Online Speech，131 Harv. L. Rev. 1598（2018），and Simon van Zuylen－Wood，“Men Are Scum”：Inside Facebook’s War on Hate Speech，Vanity Fair（Feb. 26，2019），https：//www. vanityfair. com/news/2019/02/men－are－scum－inside－facebook－waron－hate－speech［https：//perma. cc/3D7P－773L］. 作者还参加了为期两天的脸书语音控制系统研讨会，其中一些信息来自该研讨会。

② See，e. g.，How Search Algorithms Work，Google，https：//www. google. com/search/ howsearchworks/algorithms/［https：//perma. cc/RY8V－58ZQ］［hereinafter Search Algorithms］（last visited July 31，2019）.

③ Miguel Helft，Facebook Wrestles with Free Speech and Civility，N. Y. Times（Dec. 12，2010），https：//www. nytimes. com/2010/12/13/technology/13facebook. html？_r＝0（on file with the *Columbia Law Review*）.

④ See，e. g.，Search Algorithms，supra note 72；Nicolas Koumchatzky & Anton Andryeyev，Using Deep Learning at Scale in Twitter’s Timelines，Twitter：Blog（May 9，2017），https：//blog. twitter. com/engineering/en_us/topics/insights/2017/using－deep－learning－at scale－in－twitters－timelines. html［https：//perma. cc/E464－DJKU］；Ramya Sethuraman，Jordi Vallmitjana & Jon Levin，Using Surveys to Make News Feed More Personal，Facebook Newsroom（May 16，2019），https：//newsroom. fb. com/news/2019/05/more－personalizedexperiences/［https：//perma. cc/U9JL－QVUV］.

质量"①。例如，若帮助传播虚假新闻和宣传则会受到指责，Facebook 在 2017 年宣布重新调整其算法，使那些虚假发帖不受欢迎②。作为对辱骂性言论技术攻击的一部分，推特表示，其搜索结果将避免被算法视为滥用或低质量的内容③。

控制平台上消极言论的方法通常是撤下内容，实现这一操作最初是收到投诉并由人工执行④。大型平台最早是撤下裸露和色情内容。例如，Facebook 和 YouTube 通过雇佣人员迅速响应投诉，并删除几乎所有的裸露或色情内容⑤。如今，这些系统已经演变成为结合了人工和机器元素的大型"内容审查系统"。

2016 *COLUMBIA LAW REVIEW* [Vol. 119:2001

FIGURE 2: CONTENT REVIEW AT FACEBOOK

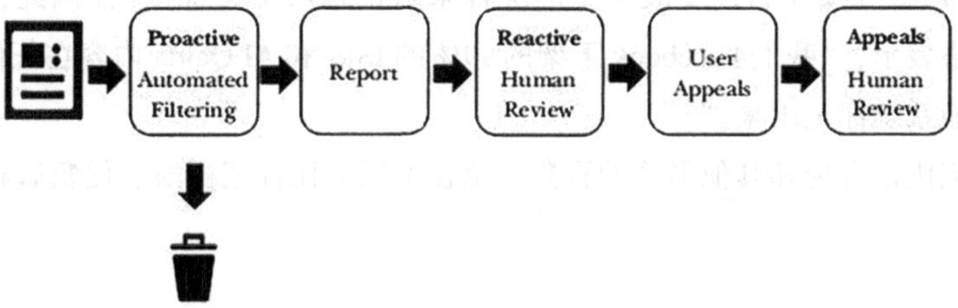

Facebook 的系统运作比较透明。人工部分由约 1.5 万名审查员组成，其中大多数是由遍布世界各地的呼叫中心工作的私人承包商，再加上位于 Facebook 总部的技术和法律专

---

① See, e. g., Varun Kacholia, News Feed FYI: Showing More High Quality Content, Facebook Bus. (Aug. 23, 2013), https://www.facebook.com/business/news/News-FeedFYI-Showing-More-High-Quality-Content [https://perma.cc/422G-Z4UJ]（声明脸书的机器学习算法统计了帖子在决定显示什么内容时"质量低"的报告）。

② Adam Mosseri, Working to Stop Misinformation and False News, Facebook for Media (Apr. 7, 2017), https://www.facebook.com/facebookmedia/blog/working-to-stop-misinformation-and-false-news [https://perma.cc/7D9L-8GKQ].

③ See Donald Hicks & David Gasca, A Healthier Twitter: Progress and More to Do, Twitter: Blog (Apr. 16, 2019), https://blog.twitter.com/en_us/topics/company/2019/health-update.html [https://perma.cc/SRF7-Q2UR].

④ See id.（声明推特以前依靠报告来发现滥用推文）。

⑤ See Nick Summers, Facebook's 'Porn Cops' Are Key to Its Growth, Newsweek (Apr. 30, 2009), https://www.newsweek.com/facebooks-porn-cops-are-key-its-growth-77055 [https://perma.cc/5HRA-UMMM]（描述了 Facebook 内容管理员的工作及其审查系统的范围）；Catherine Buni 和 Soraya Chemaly,《互联网的秘密规则：温和的阴暗历史及其如何塑造言论自由的未来》, The Verge（2016 年 4 月 13 日）, https://www.theverge.com/2016/4/13/11387934/internet-moderator-hstory-YouTube-facebook-reddit-censorship-free-speech [https://perma.cc/U8PS-H6J8]（描述内容管理员在审查帖子中的工作）；Jason Koebler & Joseph Cox, The Impossible Job: Inside Facebook's Struggle to Moderate Two Million People, Vice (Aug. 23, 2018), https://www.vice.com/en_us/article/xwk9zd/how-facebook-content-moderation-works [https://perma.cc/4VFY-5FZ5]（描述 Facebook 内容审核系统的历史）。

家团队①。

系统先标记出那些禁止内容，然后交由人工进行审查。如果审核员判定它违反了内容准则，就将其删除，并向发布者发送通知，发布者可以提出上诉。上诉由人来裁定，在出现争议的情况下，上诉可能需要经过多级审查②。

近年来，Facebook 和其他平台已经部署智能软件辅助这个过程。首先是主动过滤器，可以阻止某些形式内容的发布。其中最早采用人工智能负面言论控制系统之一是 YouTube 的 Content ID 系统，首次推出于2007 年③。Content ID 是一种软件，它将上传的视频与版权资料数据库进行比对，以确定视频是否被默认侵犯版权④。如果是，版权所有者会自动收到通知，并可以选择要求将视频下架，或者接受与视频产生的广告收入分享的协议⑤。2013 年以来，主要平台已经使用了类似的系统，如 PhotoDNA，主动检测儿童色情视频并防止其被发布⑥。主要平台还安装了主动屏幕来阻止恐怖主义宣传⑦。因此，在国会听证时，扎克伯格表示，“我们 Facebook 下架的 99% 的 ISIS 和 Al Qaida 内容在任何人看到之前都由人工智能系统标记出来。”⑧

主动标记仇恨言论和其他形式的冒犯言论在本质上比标记裸露、侵犯版权或儿童色情

---

① See van Zuylen – Wood, supra note 71; Casey Newton, The Trauma Floor: The Secret Lives of Facebook Moderators inAmerica, The Verge (Feb. 25, 2019), https://www.theverge.com/2019/2/25/18229714/cognizant – facebook – content – moderator – interviews – trauma – workingconditions – arizona/ [https://perma.cc/F78T – AJY3].

② See van Zuylen – Wood, supra note 71（描述 Facebook 上诉程序的发展）.

③ See Google, How Google Fights Piracy 24 (2018), https://storage.googleapis.com/ gweb – uniblog – pub-lish – prod/documents/How_ Google_ Fights_ Piracy_ 2018.pdf [https://perma.cc/9VHW – NX35] [hereinafter How Google Fights Piracy]; see also Sam Gutelle, The Long, Checkered History of YouTube' s Attempt to Launch a Music Service, Tubefilter, (May 22, 2018), https://www.tubefilter.com/2018/05/22/youtube – music – service – history/ [https://perma.cc/D82U – P6HC]（描述了在推出 Content ID 之前在 YouTube 上发布音乐视频的早期“wild west”历史）。

④ 请参阅 YouTube 帮助，内容 ID 如何工作，参见之前注。

⑤ See id. According to Google, the arrangement has yielded payments of over $3 billion for rights holders. How Google Fights Piracy, at 25.

⑥ See Riva Richmond, Facebook' s New Way to Combat Child Pornography, N. Y. Times: Gadgetwise (May 19, 2011), https://gadgetwise.blogs.nytimes.com/2011/05/19/ facebook – to – combat – child – porn – using – mi-crosofts – technology/ (on file with the *Columbia Law Review*)（报道 Facebook 采用 PhotoDNA 技术）；詹妮弗·兰斯顿，视频的 PhotoDNA 如何被用来对抗在线儿童剥削，微软（2018 年 9 月 12 日）。https://news.microsoft.com/on – the – issues/2018/09/12/how – photodna – forvideo – is – being – used – to – fight – online – child – exploitation/ [https://perma.cc/2LKS – RBMN].

⑦ See Klonick, at 1651 –52（描述了 Facebook、YouTube 和应政府要求，推特开始监控并删除恐怖内容，然后以后自己）；Joseph Menn & Dustin Volz, Google, Facebook Quietly Move Toward Automatic Blocking of Extrem-ist Videos, Reuters (June 24, 2016), https://www.reuters.com/ article/internet – extremism – video/rpt – google – facebook – quietly – move – toward – automatic – blockingof – extremist – videos – idUSL1N19H00I [https://perma.cc/25XD – 9D9N].

⑧ Transcript of Mark Zuckerberg' s Senate Hearing.

更具主观性。尽管如此，Twitter 和 Facebook 已经开始使用人工智能标记或删除此类材料①。2017 年，Dorsey 承诺采取“以全新的方式解决平台上的恶语”，其中就包括更积极地使用人工智能②。Twitter 重新设计其搜索引擎，以创建隐藏恶语内容的选项③；该平台还开始有计划地降低“低质量”的推文④。但如何处理有争议的案例呢？2018 年，Facebook 宣布计划通过由外部、公正的成员组成、以类似法庭方式行事的审查委员会来补充其当前的审查过程⑤。下文开始讨论审理机构和其他仲裁机构。

（三）重新制定裁决

言论控制在本质上会产生难题。“杀死所有男性”这句话是仇恨言论？还是笑话？（在这句话的具体语境中），抑或是女权主义的艺术术语⑥？如果将这句话视为仇恨言论，在审查时是否应该重新被审查？答案当然是“视情况而定”。此类问题的出现促使各大平台针对此类棘手案件开发出这样或那样的裁决形式，这也可以说是法院的改造。

Lon Fuller 将裁决定义为决策的过程，参与者有机会提出“对自身有利的合理论据，以使裁决有利于己”。⑦ 按照这一标准，我们可以将主要网络平台裁决性内容的历史至少

① See Daniel Terdiman, Here’s How Facebook Uses AI to Detect Many Kinds of Bad Content, Fast Company (May 2, 2018), https://www.fastcompany.com/40566786/heres-how-facebook-uses-ai-to-detect-many-kinds-of-bad-content [https://perma.cc/N924-NACX] (reporting on the details of Facebook’s AI content-flagging system); Queenie Wong, Twitter GetsMore Proactive About Combating Abuse, CNET (Apr. 17, 2019), https://www.cnet.com/news/twitter-gets-more-proactive-about-combating-abuse/ (《哥伦比亚法律评论》存档)（注意到推特声称，在用户报告之前，38%的违反其服务条款的内容会被自动标记）。

② Jack Dorsey (@jack), Twitter (Jan. 30, 2017), https://twitter.com/jack/status/826231794815037442 [https://perma.cc/7HGX-YV49]; see also Kurt Wagner, Twitter Says It’s Going to Start Pushing More Abusive Tweets Out of Sight, Vox: Recode (Feb. 7, 2017), https://www.vox.com/2017/2/7/14528084/twitter-abuse-safety-features-update [https://perma.cc/6GQD-JBVA].

③ Wagner，前注 89［报道了推特的“安全搜索”功能及其使用“机器学习技术（也称为算法）自动隐藏某些响应”，用户不能选择退出］。

④ Jane Wakefield, Twitter Rolls Out New Anti-Abuse Tools, BBC (Feb. 7, 2017), https://www.bbc.com/news/technology-38897393 [https://perma.cc/2TC2-7MS4].

⑤ See Mark Zuckerberg, A Blueprint for Content Governance and Enforcement, Facebook (Nov. 15, 2018), https://www.facebook.com/notes/mark-zuckerberg/a-blueprint-for content-governance-and-enforcement/10156443129621634/ [https://perma.cc/XU5H-Z2UV]; see also Ezra Klein, Mark Zuckerberg on Facebook’s Hardest Year, and What Comes Next, Vox (Apr. 2, 2018), https://www.vox.com/2018/4/2/17185052/mark-zuckerberg-facebook-interviewfake-news-bots-cambridge [https://perma.cc/3N7X-AT2X]（注意到扎克伯格在 2018 年初打算成立一个独立的上诉程序，让用户质疑脸书的内容审核决定）。

⑥ A description of the debate over this phrase can be found at stavvers, Kill All Men, Another Angry Woman (May 7, 2013), https://anotherangrywoman.com/2013/05/07/kill-all-men/ [https://perma.cc/59ES-5EEU].

⑦ Fuller, at 364.

追溯到二十世纪前中期①。2008 年，杰弗里 - 罗森（Jeffrey Rosen）记录了谷歌早期与内容相关的一次讨论。讨论的焦点是土耳其政府要求 YouTube 删除其违反当地法律、冒犯现代土耳其缔造者的视频。罗森对商议过程描述如下：

［Nicole］Wong［谷歌律师］和她的同事着手确定哪些［视频］在土耳其实际上是非法的；哪些违反了 YouTube 禁止仇恨言论，但允许政治言论的服务条款；哪些是谷歌和 YouTube 将尽力保护的言论。黄和她在谷歌法律部门高层的同事们进行了激烈的内部辩论。谷歌全球公共政策主管安德鲁 - 麦克劳夫林（Andrew McLaughlin）采取了激进的公民自由主义立场，认为公司应该尽可能多地保护言论自由。谷歌总法律顾问肯特 - 沃克（Kent Walker）则采取了更为务实的态度，他表示对谷歌土耳其办事处十几名员工的安全表示担忧。平衡这些以及其他有争议内容之间冲突的责任落在了王雪红身上，她的同事戏称她为“裁决者”②。

21 世纪 10 年代中期以来，各平台都建立了规模更大、更专业的团队来裁决此类棘手问题，这些团队通常与总法律顾问办公室相关联，并被称为“信任与安全委员会”（Twitter）或“安全与保障”（Facebook）③。与 Facebook 一样，Twitter 也面临着因投诉辱骂政治人物或对政治人物进行宣传而产生的问题④。其解决机制是一个以总法律顾问办公室为中心的高级别审议政策小组，来解决最棘手的言论问题⑤。政策小组下设一个领导委员会，负责不断更新审查员所采用的内容准则⑥。领导委员会包括首席执行官杰克 - 多西（Jack Dorsey）。实际上是 Twitter 的最高言论管理机构，负责处理棘手的案件和政策的重大调整⑦。例如，正是通过这个委员会的讨论，推特在 2018 年 9 月决定创建更多筛选“非人道

---

① There were also earlier such speech controls on online platforms. For a very early case study of an adjudication and punishment in an online forum, see Julian Dibbell, A Rape in Cyberspace, Village Voice (Oct. 18, 2005), https://www. villagevoice. com/2005/10/ 18/a - rape - in - cyberspace/ [https://perma. cc/2F5R - JVHY], See also Klonick, at 1618 - 21（总结了 YouTube、Facebook 和 Twitter 早期对内容审核的不同做法，所有这些做法都由受第一修正案原则规范影响的律师监督）。

② Jeffrey Rosen, Google' s Gatekeepers, N. Y. Times Mag. (Nov. 28, 2008), https://www. nytimes. com/2008/11/30/magazine/30google - t. html (on file with the *Columbia Law Review*).

③ See Sara Harrison, Twitter and Instagram Unveil New Ways to Combat Hate— Again, WIRED (July 11, 2019), https://www. wired. com/story/twitter - instagram - unveil new - ways - combat - hate - again (on file with the *Columbia Law Review*).

④ See Interview by Will Oremus with Vijaya Gadde, Gen. Counsel, Twitter (July 19, 2018), https://slate. com/technology/2018/07/twitters - vijaya - gadde - on - its - approach - to - freespeech - and - why - it - hasnt - banned - alex - jones. html [https://perma. cc/VPY8 - SWM2]（引用推特总法律顾问的话说，“从哲学上讲，推特非常认真地思考如何处理错误信息，并且……觉得我们作为一家公司不应该处于核实真相的地位”）。

⑤ See id.

⑥ 电话采访推特法律、政策和信任与安全负责人 Vijaya Gadde (Mar. 29, 2019)。

⑦ Id.

言论”的工具①。以下是 Twitter 对其“非人道言论”政策的描述，其中内容与政府机构颁布的新规则并无二致：

贬损他人人格的言论可能会在服务之外产生影响，包括将严重暴力正常化。其中一些内容属于我们的仇恨行为政策范畴，但仍有一些推文被许多人认为是辱骂性的，即使它们没有违反我们的规则。更好地解决这一问题是我们为健康的公共对话服务工作的一部分。

通过这一改动，我们希望扩大我们的仇恨行为政策的范围，将那些因他人属于可识别群体而对其进行贬损人格的内容也包括在内，即使这些内容不直接针对目标②。

我们已经讨论过 Facebook 的基本审查制度。与 Twitter 类似，Facebook 目前也有一个内部政策小组，负责处理疑难案件，并针对此类案件更新政策③。为了补充和取代部分上诉程序，该公司于 2018 年宣布计划成立一个独立审查委员会④。

你可以想象某种结构，就像最高法院一样，由不在 Facebook 工作的独立人士组成，他们最终对社区中可接受的言论做出最终裁决，而社区反映了世界各地人们的社会规范和价值观⑤。

根据 Facebook 的说法，该委员会将是独立的，大约有 40 名成员，每三人组成一个小组⑥，负责审查“棘手的案件”⑦，他们将处理 Facebook 内容控制方面最棘手的问题⑧，并在两周内发布书面决定⑨。

综上所述，我们可以了解到机器和人类是如何共同控制主要网络平台上的言论的。现在，我们可以探讨这一制度框架是否为未来带来了希望。

三、混合系统以及软件和硬件的比较优势法院

本部分讨论软件和法院的比较优势，并为混合系统提供规范性辩护。

（一）软件系统会侵蚀法律系统吗？

语音在线控制的案例研究表明，基于规则的系统容易产生难点和易点，从而产生了旨

---

① See Vijaya Gadde & Del Harvey, Creating New Policies Together, Twitter: Blog (Sept. 25, 2018), https://blog.twitter.com/en_ us/topics/company/2018/Creating – new – policies – together.html [https://perma.cc/W6TR – EJS9].

② Id.

③ See Klein.

④ See Klein and accompanying text.

⑤ Klein.

⑥ Facebook, Draft Charter: An Oversight Board for Content Decisions 3 (2019), https://fbnewsroomus.files.wordpress.com/2019/01/draft – charter – oversight – board – for content – decisions – 2.pdf [https://perma.cc/E9ZX – EDVF] [hereinafter Draft Charter].

⑦ Nick Clegg，为内容决策监督委员会制定路线，Facebook 新闻部 (Jan. 28, 2019), https://newsroom.fb.com/news/2019/01/oversightboard [https://perma.cc/3F6Q – EZ9X].

⑧ 宪章草案，第 5 页。

⑨ Id. at 3.

在应对这一挑战的粗糙的混合系统。本部分试图从理论上说明混合系统的一些优势。这又回到了中心问题：软件系统会侵蚀法律吗？（或者，正如这里所问的，软件工具是否会接管几乎所有的在线内容控制？）在我们的案例研究中，就日常事务而言，答案已经是肯定的了，因为软件在规模、速度和效率方面具有不可否认的比较优势。提出这个问题有点像在一个世纪前提出电动割草机是否会取代割草机的问题。但至于软件是否会或应该取代一切，答案是否定的。

重要的是要更准确地说明为什么会这样。作为一种监管手段，软件相对于法律系统的主要优势在于法律所称的执行能力①。代码运行速度快，可根据问题的规模进行扩展，边际成本低。但它的优势远不止于此。正如莱西格首先指出的那样，代码的设计可以改变决策的架构、选项集和面临的选择菜单②。考虑到儿童色情问题，主要平台不仅会禁止和惩罚违法者，而且会首先取消发布儿童色情信息的选项③。因此，执行机制是事前而非事后的，因此比法律要有效得多，因为法律总是在错误发生后才采取行动。

但是，如果智能软件是有效的，那么它本质上也是非人性化的，至少在可预见的未来，它很容易犯荒谬的错误，这些错误可能很滑稽，也可能很可怕，或者两者兼而有之。盲目地遵循规则会导致一些后果，比如把名画当作“裸体”④。软件还面临着可解释性的限制，这对法律决策来说是个问题⑤。如果只是发挥类似温度调节器的功能来说可能没什么问题，但对于一个既要满足受其制约的人又要促使其接受不利裁决的系统来说，则是一种限制。

就目前情况而言，Facebook 或 Twitter 下架内容的决定对用户来说几乎是黑箱作业，这对日常工作来说是可以接受的⑥。

正如 RichardM. Re 和 Alicia Solow – Niederman 所警告的那样，软件决策系统可能“令人费解、基于数据的、异化的且毫无生机的”⑦。

这正是言论控制案例研究能够说明的问题。如果言论控制的唯一目标是尽快删除尽可能多的违禁材料，而不考虑错误，那么讨论就结束了。但你不需要是《第一修正案》的研

① See Wu & Talley.

② See Lessig, at 121 – 25.

③ Richmond.

④ See, e. g., Kerry Allen, 脸书因裸体禁止佛兰德绘画, BBC: News from Elsewhere（July 23, 2018）, https://www.bbc.com/news/blogs – news – from – elsewhere – 44925656 [https://perma.cc/JH5Z – CR9P].

⑤ See Ashley Deeks, The Judicial Demand for Explainable Artificial Intelligence, 119 Colum. L. Rev. 1829, 1832 – 38（2019）; cf. 谷歌人工智能大师 Tom Simonite 希望计算机思考更像大脑, WIRED（Dec. 12, 2018）, https://www.wired.com/story/googles – aiguru – computers – think – more – like – brains/ [https://perma.cc/ECJ7 – 3P5Z].

⑥ See, e. g., Sam Levin, Julia Carrie Wong & Luke Harding, Facebook 从‘Napalm Girl’审查中退出并恢复照片 and Reinstates Photo, Guardian（Sept. 9, 2016）, https://www.theguardian.com/technology/2016/sep/09/facebook – reinstates – napalm – girl photo [https://perma.cc/78CB – KN32].

⑦ Re & Solow – Niederman, at 242.

究者，也能看出这很难成为一个令人满意或成功的言论控制系统，或者说公众不会接受的系统。禁止与挑衅之间的界限总是模糊不清，而且，冒着说得太明显的风险，建立一个健康的言论环境不仅仅是建造一台最快的拆卸机器。事实上，工程师对效率的渴求可能会掩盖这样一个事实，即 Facebook 和其他平台正在构建的，也可以毫不夸张地说，是有史以来最全面的审查机器。

我们也不能忽视这样一个事实，即对于全世界数十亿人来说，什么是可接受的言论，目前正由北加州的一小撮私人行动者来决定。在许多国家，这给公众关心的问题的决策带来了合法性问题，这一点几乎显而易见。因此，基于公众的不满和糟糕的结果，纯粹以软件为基础的替代是一个糟糕的愿望①。

他们的优势，实际上也是法院的优势，体现在两个方面。

首先是程序公正。以汤姆 - 泰勒（Tom Tyler）为代表的一批法律理论家数十年来一直认为，法院系统存在的最佳理由在于为参与者提供一种程序公平感②。泰勒及其他学者进行的实证研究表明，当诉讼当事人感到自己有发言权并受到尊重时，他们往往会更容易接受裁决，甚至是不利的裁决③。在不久的将来，有冤情的人似乎不太可能对软件裁决的满意程度超过人工裁决。在未来，由人工做出重大决定可能会成为公平性的一个基本指标；它也可能会成为一种新的公平机制。阿齐兹 - 胡克（Aziz Z. Huq）所说的“人的决定权”的出现就暗含了这一点④。

尽管如此，我们对人类裁决的喜好有可能转瞬即逝；也许这就类似于对人类旅行社的传统喜好。尤金 - 沃洛克（Eugene Volokh）认为，对人类裁决的任何偏好都可能是暂时的，因为人类也是不完美的⑤。他认为，如果人工智能法官能做出好的裁决和好的意见，它就会被广泛接受，特别是如果它对用户来说收费更低的话⑥。Volokh 显然夸大了他的观点，但他是对的。事实上在很多领域，“公正”的代码比人类更受信任（比较谷歌地图和问路)⑦。

与软件相比，人类法庭的第二个优势是在疑难案件中的优势，以及防止出现荒谬的错误、明显不公正的结果，以及盲目遵守规则造成的其他不公平后果。仔细研究一下，案件“难以审理”有几种情况。有些案件之所以“难”，可能只是因为软件缺乏理解上下文或

---

① See supra text.

② See Tom R. Tyler, Procedural Justice and the Courts, 44 Ct. Rev. 26, 30 - 31 (2007)（总结这一领域的研究）.

③ See id. at 26.

④ Huq, at 2.

⑤ See Volokh, at 1170 - 71.

⑥ Id.

⑦ See also Tim Wu, The Bitcoin Boom: In Code We Trust, N. Y. Times (Dec. 18, 2017), https://www.nytimes.com/2017/12/18/opinion/bitcoin-boom-technology-trust.html (on file with the *Columbia Law Review*)（认为有时有理由相信代码）.

细微差别的能力，就像理解“我要杀了我丈夫”可能是一个比喻句，而不是死亡威胁。从法理学的意义上讲，其他一些问题可能很难处理，因为它们需要平衡相互冲突的价值观或避免荒谬的后果。最后，可能只是因为利害关系大到需要由人来参与裁决，就像判决某人死刑的决定一样。在上述每种情况下，人类的参与都可能避免 Re 和 Solow－Niederman 所认为的人工智能系统“以牺牲公平正义为代价”“来促进成文司法”的倾向①。前提是，将棘手的案件交给品行端正的人去处理，让他们接受有理有据的论证，会产生一定的效果，而这种效果对于相关的规则系统来说是积极的。

这一立场的理论支持源远流长，它来自这样一种观点，即当有智慧、有经验、有思想的人被要求听取有理有据的争论和举证，以决定如何解决争端时，就会发生一些事情②。在英美传统中，法官在裁决和审议过程中“发现”法律，这是一种半神秘的观点。布莱克斯通写道，法官要发现“永恒不变的善恶法则，造物主本人在他的所有安排中都遵守这些法则③；他使人类理性能够发现这些法则，因为它们是人类行为所必需的”④。

布莱克斯通（Blackstone）的理论认为，法律最好通过聆听天籁之音来发现，但这一理论在今天的追随者有限⑤。但是，即使在那些对自然法推理持强烈批评态度的人的作品中，也仍然存在着这样一种观点，即伴随着裁决的是一种特殊的心理过程⑥。司法过程也是罗纳德－德沃金的法律推理理论的重要组成部分，该理论认为，法官在面对棘手的案件时，开始通过权利驱动的道德推理过程来填补空白或冲突⑦。因此，正如德沃金在《认真对待权利》一书中所写，法院不会让谋杀祖父的儿子继承财产，这不是基于遵循任何规则，而是基于这样做在道德上是错误的这一原则⑧。

要人们接受或同意德沃金关于法官如何裁决疑难案件的特定理论实无必要，但是我们同意德沃金在决策机制中发现了一些重要的东西。例如，理查德－波斯纳（Richard Posner）接受了法官在裁决疑难案件时行使直觉判断力的前提，尽管波斯纳认为这应该是实用判断力⑨：法官必须“考虑［他们的］解释对公共利益的影响”，在对私人权利做出决定时，“考虑其他答案的社会后果”⑩。或者，富勒认为关键不在于给某人贴上法官的标签，而在于整个裁决过程，这或许是正确的。他将这一过程的关键点定位为“提出证据和

---

① Re & Solow－Niederman, at 255, 260.

② See id, at 252－53.

③ 1 William Blackstone, Commentaries ＊40.

④ Id.

⑤ See, e. g. , John S. Baker, Jr. , Natural Law and Justice Thomas, 12 Regent U. L. Rev. 471, 471 (1999)（描述和捍卫自然法方法的使用）.

⑥ See Frederick Schauer, Introduction to Llewellyn, *in* The Theory of Rules, at 11－13.

⑦ See Dworkin, at 81－88.

⑧ Id. at 23－28.

⑨ See Richard A. Posner, Pragmatic Adjudication, 18 Cardozo L. Rev. 1, 5－8 (1996).

⑩ Richard A. Posner, What Am I? A Potted Plant?: The Case Against Strict Constructionism, New Republic, Sept. 28, 1987, at 23, 23.

合理论据”，从而期望裁决“符合理性的检验标准”①。

愤世嫉俗者在读到前面的段落时，可能会认为所描述的一切不过是一堆胡言乱语。所谓裁决过程神秘的关键点不过是司法部门突发奇想。尽管如此，即使是这样的突发奇想也很难用人工智能来复制。布莱克斯通、卢埃林、德沃金和波斯纳所要表达的意思，对于任何一个当过法官或被要求裁决棘手案件的人来说，都是耳熟能详的。在这一过程中，会产生一系列的直觉以及各直觉间的互相冲突，这些直觉在不同的人身上会有不同的力量，但它们的存在是不可否认的。本杰明－卡多佐（Benjamin Cardozo）在《司法过程》一书中给出了一个很好的解释，他将法官在审议过程中描述为被相互竞争的力量所包围，而这些力量并非都是有意识的②。有些人可能暗地里（或公开地，如布莱克斯通）认为他们在探寻神的旨意，或者，对于那些声称具有世俗心态的人来说，探寻道德哲学中永恒不变的原则。

尽管如此，回到本文的案例研究和我们的时代，我们必须承认，希望有一个艰巨的司法推理过程，可能是对第一批混合系统的期望过高，比如Facebook审查委员会及其兼职法官。法院将有许多不利因素，包括缺乏历史、缺乏传统、与政府缺乏联系，以及一些小问题，如可能没有审判室（不过也许会提供法袍）。富勒认为环境和背景很重要，他的想法可能是对的，如果是这样，Facebook上诉委员会可能永远不会激发出赢得尊重的推理能力。

与此相反，虽然我对此表示怀疑，但人工智能系统有可能很快就会开始以人类无法替代的方式复制审判职能，同时能够以投诉人认为可以接受的方式解释他们正在做的事情③。而这，或许会激发人们对此类程序的信任，认为其没有人类那么容易犯错。接下来的问题将是，法官更像旅行社还是更像配偶？人格化是不是法官角色的必要条件？但在可预见的未来，还没有任何东西能与这些能力相提并论；我们所拥有的是足以遵循规则和复制现有模式的智能软件，但也仅此而已。正因为如此，混合系统看起来几乎是不可避免的，至少在我们希望社会秩序能够顾及正义、公平或其他人类价值观的要求。

（二）影响和其他反驳意见

硅谷公司的领导者们通常会表明他们的雄心壮志，即让智能软件完全取代人类，从而

① See Fuller, at 365 – 70.

② See Cardozo, at 10 – 12.

③ See, e. g., Kevin Roose, A Machine May Not Take Your Job, but One Could Become Your Boss, N. Y. Times: The Shift (June 23, 2019), https://www.nytimes.com/2019/06/23/technology/artificial-intelligence-ai-workplace.html (on file with the *Columbia Law Review*).

真正解决问题，这也反映了他们作为软件公司的根基。① 例如，自动驾驶汽车不是作为辅助驾驶工具设计的，而是作为人类驾驶员的替代品②。该行业对内容控制系统也表达了类似的目标，如Facebook向国会承诺，在未来五到十年内，仇恨言论的控制将实现自动化③。

这是一个错误的愿望。虽然建立更有效、更高效的社会控制系统的愿望是可以理解的，但这样做会失去太多东西。本文的意思是，为社会秩序而设计的智能软件的设计者应该以自动驾驶仪而不是自动驾驶汽车为目标，原因已经阐述。但在计算机不仅能够复制法官，而且能够复制整个裁决过程之前，我们仍远未实现通过AI来解决问题。

同样，随着政府开始将法律系统的一部分自动化（已经以有限的方式实现），混合系统也应成为一种愿望。日常事务，如常规的动议实践，甚至可能是琐碎的案件，都可以实现自动化，以减少司法机构的工作量。这样做的好处不仅仅是节约成本，还能给司法机构更多的空间来强调个案的公正性，因为司法机构可以减少用于司法工作量的时间。自20世纪80年代以来，许多批评者都指出，联邦法院申请量的大幅增长已经造成了工作量危机④。罗杰-米纳法官（Roger Miner）在1997年写道："多年来，情况一直在恶化，尽管法院一直试图通过各种方法来应对日益增长的案件量，但与案件量相关的问题在很大程度上仍未得到解决⑤。其中一种反应是创造了各种司法理论来应对工作量，包括更容易的驳回标准、各种减少管辖权的手段、刑事案件中的辩诉交易，以及减少口头辩论"⑥。借助软件处理常规性事项，甚至对日常动议的裁决，政府法院和法官可能会把更多的时间和精力投入疑难案件和案件中，从而减轻工作量。在执行规则的过程中，他们不必时刻担心自己的决定会对自己的工作量产生影响。

无论从描述性还是规范性的角度来看，这篇文章都可能存在谬误。从描述的角度看，人类法官比软件法官有任何持久优势的说法可能是错误的；如果AI能够通过图灵测试，它很可能很快就会开始复制我们所谓的正义，而人们可能会习惯于机器做出的裁决。反之

---

① See, e. g. , Kevin Roose, A Machine May Not Take Your Job, but One Could Become Your Boss, N. Y. Times: The Shift (June 23, 2019), https: //www. nytimes. com/2019/06/23/ technology/artificial - intelligence - ai - workplace. html (on file with the *Columbia Law Review*).

② See Jonathan Vanian, Will Replacing Human Drivers with Self - Driving Cars Be Safer?, Fortune (June 14, 2017), http: //fortune. com/2017/06/14/ford - argo - ai - self - driving - cars/ [https: //perma. cc/7KWH - YAGU] ([A] 根据 [福特汽车公司子公司] Argo AI的首席执行官Bryan Salesky的说法。自动驾驶汽车的兴起将带来一种"更安全的交通方式"，将人类从循环中移除。)

③ 见前注马克·扎克伯格参议院听证会记录。

④ See Cara Bayles, Crisis to Catastrophe: As Judicial Ranks Stagnate, 'Desperation' Hits the Bench, Law360 (Mar. 19, 2019), https: //www. law360. com/articles/1140100 [https: //perma. cc/YW3D - 3ULZ]; see also Roger J. Miner, Book Review, 46 Cath. U. L. Rev. 1189, 1189 - 91 (1997) (reviewing Richard A. Posner, The Federal Courts: Challenge and Reform (1996) [hereinafter Posner, The Federal Courts]).

⑤ Miner, at 1189.

⑥ See Posner, The Federal Courts, at 160 - 85.

亦然：AI往往被严重高估，软件可能不会取得预期的进展，法律体系和其他社会秩序系统或多或少会保持原样。对于这两种反对意见，除了说预测很难之外，没有真正的方法来解决这些反对意见，特别是当涉及未来的时候。

从规范角度看，认为人机混合系统真的有任何吸引人的地方也可能是错误的。人类学家休-古斯特森（Hugh Gusterson）等人撰文谈到了“机器人流程”系统的兴起，这些系统，比如美国的信用评级系统，将软件和人类结合在一起，但实际上剥夺了人类的权利和技能①。Re和索洛-尼德曼认为，将更多的软件引入司法系统将推动规范向“编纂的”（即规则驱动的）司法转变，而不是公平的司法②。他们对在软件系统给人留有一席之地的做法并不乐观。二人认为“在系统中保留一个人……可以成功地维护法律体系先前存在的公共合法性——但前提是牺牲纯AI裁决所能提供的效率和统一性。③”这种系统的出现可能是出于削减成本的考虑，就像在客户支持中使用自动助理来节约成本而非改善服务一样。这一论点确实清楚地表明，在利害关系大得多的情况下，仅以成本来评判司法系统是危险的。

这表明，关键问题出在混合系统中的人机界面上。究竟什么时候让人类做决定？为什么要让人类来做决定？由谁来决定何时应该由人类来做决定？换句话说，我们如何区分“容易”和“困难”的问题？很快我们就会发现，人类处理的案件不仅要包括法学意义上的难题，还要包括那些利害关系重大的案件。自动派发超速罚单也许可行，但很难想象完全自动化地宣判死刑，即使与陪审团相比，它能更可靠地判定有罪或无罪。④

在断章取义的情况下，决定什么问题以及什么时候由有权力的人来处理很困难。但最明显的模式是上诉法院使用的调卷系统，这是一个个旨在决定何时做出决定的人类系统。至于该系统本身是由人类还是机器运行，抑或是另一种混合系统，则是一个有趣的设计问题。无论如何，设定人类与机器决策之间的边界肯定是混合系统取得成功的关键所在。

混合制也可能加速了公共司法的私有化。数十年来，随着强制仲裁等措施的兴起，批评者一直抱怨美国司法已经只为私营部门服务，而且通常是以不利于消费者、病人和其他弱势群体的方式⑤。案例研究中的混合系统都是私人裁决者和政策制定者，他们的言论规范是内部制定的，没有传统形式的公众意见。如果成功，它们可能会成为一种模式，使越

---

① See Hugh Gusterson, Introduction: Robohumans, *in* Life by Algorithms, How Roboprocesses Are Remaking Our World, 1, 13-26 (Catherine Besteman & Hugh Gusterson, eds. 2019).

② See Re & Solow-Niederman, at 246-47.

③ Id, at 284-85.

④ 当谈到战争时，一场平行的辩论涉及自主武器的部署。参见 Amanda Sharkey, Autonomous Weapons Systems, Killer Robots and Human Dignity, 21 Ethics & Info. Tech. 75 (2019)（探讨对自主武器系统侵犯人类尊严的批评）。

⑤ See, e. g., Jessica Silver-Greenberg & Michael Corkery, In Arbitration, a 'Privatization of the Justice System,' N. Y. Times: Dealbook (Nov. 1, 2015), https://www.nytimes.com/2015/11/02/business/dealbook/in-arbitration-a-privatization-of-the-justice-system.html (on file with the *Columbia Law Review*).

来越多的社会秩序领域成为这种私人混合系统的主体。

忽视这些问题是愚蠢的。言论控制议题可能是一个特例，因为最高法院对第一修正案的积极解释实际上已经将言论控制变成了私人问题。① 但如果我们考虑司法私人化的情况，正确的答案可能是“如果你不能打败他们，那就加入他们”。更多使用软件可能有助于提高日常司法的效率，保护法院系统的资源，防止在后果更严重或难度更大的案件中出现错误。机器人法庭并不是一个正确的愿望，但将人机混合的增强型法庭则值得期待②。

四、结论

人类、机器和半机械人系统的比较优势一直是科幻小说老生常谈的话题。但是，随着科幻小说慢慢变为现实，一个长期的预言正在逐步实现。当新技术可以轻而易举地最大限度地提高工作效率时，要维护人类的价值就需要付出巨大的努力。很多科幻小说都是乌托邦式的，而这除了文学之外还有其他的原因。

① See, e. g., Reno v. ACLU, 521 U. S. 844, 870 (1997) (striking down the Communications Decency Act and holding that the internet is due the highest level of First Amendment protection).

② See, e. g., Reno v. ACLU, 521 U. S. 844, 870 (1997)（废除《通信体面法案》，认为互联网应受到第一修正案最高级别的保护）。

法律渊源

[意] 乔治·皮诺*著　冯诗苑**译

摘　要　很奇怪，在当代法律哲学中，很少有人把法律渊源作为一个真正的法理学主题来讨论。然而，"法律渊源"这一概念的法理学意义似乎非常重要：法律渊源是"法律"的构成要素——法律是由法律渊源产生或衍生出来的。渊源象征着实在法的"实证性"，实在法的这一方面对于法律实证主义当然至关重要，但即使是自然法学者或反实证主义者也不会否认其重要性。本文强调围绕着法律渊源的几个法理学问题，并试图说明它们与许多争论已久的法理学话题（例如法律有效性的概念、法律体系的概念和存在条件、法律变革的问题以及法律分歧的范围）有关，并有助于阐明这些问题。

关键词　法律渊源　有效性　法律实证主义

一、一个异常被忽视的话题

法律渊源是当代法理学中一个被忽视的话题。虽然二十世纪中期法理学的所有主要经典著作，特别是那些法律实证主义领域的著作，都包含了对法律渊源的一些理论处理①，

---

* 乔治·皮诺（Giorgio Pino），意大利罗马第三大学法哲学教授。感谢毛罗·朱塞佩·巴贝里斯（Mauro Giuseppe Barberis）、布鲁诺·塞拉诺（Bruno Celano）、里卡多·瓜斯蒂尼（Riccardo Guastini）、朱利奥·伊茨科维奇（Giulio Itzcovich）、何塞普·琼·莫雷索（Josep Joan Moreso）和马蒂亚·日古尔（Mattija Žgur）提出的有益意见。原文发表于 Oxford Studies in Philosophy of Law（《牛津法哲学研究》）2021 年第 4 卷，第 59－81 页。

** 冯诗苑，女，河南郑州人，华东政法大学法律方法论专业博士研究生，研究方向为法律方法论、西方法律思想史。

① 参见 Kelsen，H. 1945. *General Theory of Law and State.* Harvard UP，Cambridge，131－2，152－3；Kelsen，H. 1960. *Pure Theory of Law.* University of California Press，Berkeley，1967，232－3；Ross，A. 1953. *On Law and Justice.* University of California Press，Berkeley，1959，ch. 3（在他的杰作出现的 20 年前，罗斯还写了一本引人注目但现在几乎被忽视的著作，参见 Ross，A. 1929. *Theorie der Rechtsquellen*，Franz Deuticke，Leipzig）；Hart，H. L. A. 1994. *The Concept of Law.* Clarendon Press，Oxford（1st ed. 1961），95，97，101，106；Bobbio，N. 1961. *Il positivismo giuridico*，Giappichelli，Turin，1997，163－83。

但在当代主流法哲学中却很少（如果有的话）提及这一主题。诚然，最近法理学界对某些类型的法律渊源给予了相当多的关注，例如宪法、立法、判例、习惯，甚至法律学术。①然而，相比之下，很少有理论关注到法律渊源的概念本身。②

可以说，这种兴趣缺失可能有几个原因来解释。一方面，在当代分析法学中，绝大部分的智力能量不仅致力于探索“普通”的法律渊源，而且致力于探索“终极”渊源，即法律体系和合法性的终极基础。另一方面，法律的“普通”渊源的主题相对于“终极”渊源的主题，在许多法理学家看来可能过于狭隘、教条和经验主义，而“真正的”法理探究在范围上应该是完全整体的甚至是普遍的，在性质上应该是纯概念性的。根据这一观点（或默认的假设），法律渊源实际上属于“特定法理学”的领域，即属于特定法律体系的理论研究，而非一般法理学。

然而，对于法律的理论探究来说，很难低估法律渊源（不仅仅是终极渊源或基本渊源）这个话题的重要性。毕竟，法律渊源是使某物成为“法律”的东西——法律是由法律渊源产生或衍生出来的。渊源象征着实在法的“实证性”，实在法的这一方面对于法律实证主义当然至关重要，③但即使是自然法学者或心智正常的反实证主义者都不敢否认其重要性。实际上，法律的认定首先是对其渊源的认定。法律推理受到要解释的渊源的存在本身的限制。④只有当一个论证最终可以追溯到法律渊源的情况下，它才有资格成为法律论证。

如果这些粗略的观察是正确的，那么法律渊源不仅代表了法理学思考的一个合法主题，而且是一个至关重要的主题。⑤这正是本文的重点：对这一概念进行法理学解释——阐明什么是法律渊源，以及法律渊源的存在和运作涉及什么。因此，在这篇文章中，你不会找到支持“一个大理念”的持续的哲学论证。相反，本文的目的是引起人们对某个主题的关注，以及它可能揭示的几个重要的法理学见解。

---

① 有关这类研究的一个杰出示例，参见 Gardner，J. 2012. *Law as a Leap of Faith*，Oxford UP，Oxford，ch. 3。

② 少数例外情况将在本文的其余部分适当提及。法律渊源的概念在约瑟夫·拉兹的法理学中占有突出地位，但拉兹承认某种程度上是在技术意义上使用它的，参见 Raz，J. 1979. *The Authority of Law*. Oxford UP，Oxford，2009，47。

③ 法律实证主义认为，“规范只有在具有特定渊源（例如，司法声明或立法颁布）的情况下才具有法律效力，而不考虑其优点”，参见 Leiter，B. 2018. “Legal Positivism about the Artifact Law. A Retrospective Assessment”. In L. Burazin，K. E. Himma，and C. Roversi（eds.），*Law as an Artifact*，Oxford UP，Oxford：3－28；一些典型的实证主义声明：“法律永远是实在法，它的实证性在于它是由人类的行为创造和废除的”，参见 Kelsen，H. 1945. *General Theory of Law and State*. Harvard UP，Cambridge，114；“不存在所谓的非实在法”，参见 Gardner，J. 2012. *Law as a Leap of Faith*，Oxford UP，Oxford，86。

④ “法律解释主要是［…］不是对法律的解释，而是对其渊源的解释”，参见 Raz，J. 2009. *Between Authority and Interpretation*，Oxford UP，Oxford，223。

⑤ “权威性标准的制定是法律程序中的决定性时刻”，以及“法律渊源是法律的核心”，参见 Raz，J. 2009. *Between Authority and Interpretation*. Oxford UP，Oxford，109，223；Schauer，F. 2009. *Thinking Like a Lawyer*. Harvard UP，Cambridge，66。

实际上，一旦人们把目光聚焦于法律渊源及其运作，就必然会出现许多难题和概念上的错综复杂——从“法律渊源”的定义本身开始，就远没有乍一看那么明显。此外，对法律渊源这一主题的认真思考有助于阐明许多争论已久的法理学话题，例如法律有效性的概念、法律体系的概念（及其存在条件）、法律变革的问题以及法律分歧的范围。①

文章内容如下。首先，我将在第二章澄清一些含糊之处，并引入一些区别，以便为“法律渊源”的定义工作扫清道路。然后，我将在第三章重点关注“形式”渊源及其种类，并在第四章阐明渊源在解释过程中的作用。最后，我将在第五章就法律渊源这一主题对于实证主义探究的重要性发表一些更一般性的评论。

二、聚焦法律渊源

法律渊源理论初探的第一步当然是提供一个定义。这一点至关重要，因为“法律渊源”一词目前在法理学观念市场中的使用在多个方面都是晦涩的和模棱两可的。“法律渊源”的概念本身就是有争议的，法理学家和法学家都倾向于以一种相当随意的方式使用它。

“法律渊源”一词的晦涩难懂，部分原因在于“渊源”当然是一个隐喻性、修辞式的术语的这一事实——可以这么说，它唤起法律是从“地方”产生的这样一种观念。此外，这个隐喻还传达了这样一种观念，即法律渊源不仅提供了孤立的法律创造行为，而且还为法律规范提供持续的供应——就像水从实际源头不断涌出一样。②但是，就像隐喻一样，修辞手段提供的认知捷径尽管可能有益，但往往导致缺乏概念上的精确性。

（一）标准描述

让我们从什么是法律渊源的主要论述开始。人们常说，法律渊源是创造、修改和废除法律标准（“法律”“法律规范”等）的行为或事实。③除此之外，法律渊源还可能是

---

① 虽然本文是一篇分析法律理论的文章，但应该指出的是，法律渊源的主题在道德和政治哲学的角度上也具有相当大的相关性。实际上，法律渊源的运作对于某些法治要求和政治合法性问题（即与立法过程的公开和问责制相关的问题）至关重要——有些渊源会增强法律体系的民主资格，而其他渊源则不会；有些渊源会促进法律标准的公示和可访问性，而其他渊源的作用则较小。关于法律渊源的这些方面，这里将不作探讨，参见 Atiyah, P. and Summers, R. 1987. *Form and Substance in Anglo – American Law*. Clarendon Press, Oxford, 23 – 8; Waldron, J. 2009. “Can There Be a Democratic Jurisprudence?”, *Emory Law Journal* 58：684 – 91; Celano, B. 2013. “Publicity and the Rule of Law”, in L. Green and B. Leiter (eds.), *Oxford Studies in Philosophy of Law* 2：122 – 47; Besson, S. 2010. “Theorizing the Sources of International Law”, in S. Besson and J. Tasioulas (eds.), *The Oxford Handbook on the Philosophy of International Law*, Oxford UP, Oxford：172。

② 最后一点抓住了法律作为“动态”规范体系的部分观念（即，它对持续变化持开放态度）。但关于法律的“动态”特征，另见下文。

③ 参见 Kelsen, H. 1945. *General Theory of Law and State*. Harvard UP, Cambridge, 131; Guastini, R. 1996. “Fragments of a Theory of Legal Sources”, *Ratio Juris* 9：370 ; Marmor, A. 2015. “The Nature of Law”, *Stanford Encyclopedia of Philosophy*, § 1.1; Besson, S. 2010. “Theorizing the Sources of International Law”, in S. Besson and J. Tasioulas (eds.), *The Oxford Handbook on the Philosophy of International Law*, Oxford UP, Oxford：163, 169, 170。

什么呢？

嗯，仔细一看，这样的定义开始看起来有些不稳定。首先，它是不完整的：它没有阐明某些行为或事件凭什么能够创造、修改或废除法律标准。这里通常的答案是，某些行为或事实是法律渊源，是因为它们被法律体系本身授权产生法律标准。①但这种“授权”的性质并不总是很明确。实际上，我们熟知的一种观念是，某物凭借法律体系的授予权力的规范（变化规则，授予权限的规范）而被视为渊源——也就是说，该规范规定在该法律体系中谁被赋予权力，以及如何创建法律等。这一切似乎很好——许多法律渊源实际上都是通过相关法律体系的其他规范赋予的权力来实现的。但是，宪法又如何呢？通常，宪法不是正式赋予的立法权的产物。在法律体系中，没有任何权力授予规范赋予制定宪法的权力。②一般来说，宪法是革命、内战或类似事件的产物。实际上，在制定宪法之前，相关的法律体系实际上并不存在：宪法的作用正是如此——即创造，构建一个全新的法律体系。因此，“新”法律体系不可能正式授权制定自己的宪法。那么，既然宪法的制定并没有——而且可以说也不可能——得到相关法律体系的正式授权，我们是否应该得出这样的结论：宪法并不是真正的法律渊源？

此外，如果考虑到许多法律体系的现实情况，我们通常会发现有些东西被视为法律渊源，但却没有得到该法律体系元规范的正式授权。例如，在大陆法系国家，法官制定的法律并不正式具备作为法律渊源的资格，因为这些国家没有明确包含任何这方面的变化规则。尽管如此，仍有充分的证据表明，即使在这些国家，法官制定的法律也经常被视为法律渊源。③

最后，“如果某物得到法律体系的授权，那么它就是渊源”，这一观点使得标准定义在某种程度上是循环论证的：一方面，法律渊源是由相关法律体系确定的；但另一方面，法律体系本身是由其渊源确定的——正如任何一本法律教科书都很容易说明的那样，对法律体系的描述通常以其渊源清单开始。

解决这些困难的一种可行且有希望的方法是哈特式的方法：如果相关法律体系的承认

① “法律规范其自身的创造，因为一种法律规范决定了另一种规范的创造方式”（这是“动态”的另一种更技术性的含义），参见 Kelsen，H. 1945. *General Theory of Law and State*. Harvard UP，Cambridge，112 - 14；Guastini，R. 1996. “Fragments of a Theory of Legal Sources”，*Ratio Juris* 9：372。

② 我在此假设，除了一些令人费解的不清楚的情况外，在修改现有宪法和制定一部全新的宪法之间存在着很大区别。而这种区别恰恰在于，新宪法的制定是在修宪渠道之外进行的。这一点稍后将在 fn. 42 和随附文本中再次讨论。

③ MacCormick，N. and Summers，R.（eds.）. 1997. *Interpreting Precedents*，Ashgate，London；Bell，J. 1997. “Comparing Precedent”，*Cornell Law Review* 82：1243 - 78.

规则直接或间接地将某物定义为法律渊源，那么该物就被视为法律渊源。①因此，至少有些渊源的地位并不归功于明确规定的权力授予规范，而是归功于官员认可的承认惯例。实际上，在本文中，我将对这一论点的一个版本进行阐释和辩护。但现在，我们只需适当注意一个要点：哈特的方法要求对法律渊源的标准定义进行修正——实际上，这完全是视角的颠倒。标准定义从立法的角度来审视法律渊源，而这种不同的哈特式方法则广泛地采用法律适用机构的角度来看待法律渊源。在接下来的文章中，我们将更详细地看到这一点如何反映在法律渊源的认定和存在上。

（二）迈向不同法律渊源论的第一步

那么，让我们后退一步，探讨一下这种对法律渊源的另一种解释可能会是什么样子。

我建议对“法律渊源”进行两方面的定义，包括“是什么”和“如何”。“是什么”是一个形而上学的问题，如果你愿意，它可以被表述为“什么样的东西是法律渊源?”“如何”是一个关于是什么使某事物成为法律渊源的问题——一个关于是什么可以把一个假定的候选变成一个实际的法律渊源的问题。稍后在第四章，我将进一步讨论从某物成为法律渊源这一事实中应该得出什么结论的问题。

关于“是什么”，法律渊源就是事实。原则上，任何类型的事实——甚至是自然、气象或神学事实——都可以被视为法律渊源，前提是此类事实被相关社会认可为法律渊源。当然，法律实证主义对那些可以算作法律渊源的事实施加了一种限制，一种门槛测试——这些事实必须是“人类的”或“社会的”事实，更确切地说，是与人的行为和决定有关的事实（与有关人性的事实相反），并得到某种社会压力的辅助。

有资格成为法律渊源的事实可能非常简单，只涉及一个人的一个行为（奥斯丁“命令”的最简单形式），或者可能涉及复杂的程序和多个机构（成文法的制定），或者可能

① 后哈特法理学对承认规则的性质和功能做出一系列令人困惑的解释（对辩论的回顾以及我自己对这个问题的看法，请参见 Pino，G. 2011. “Farewell to the Rule of Recognition?”，*Problema* 5：265 – 99）。但毫无疑问，哈特一开始就把承认规则设想为一种确定法律渊源的手段，参见 Hart，H. L. A. 1994. *The Concept of Law*. Clarendon Press，Oxford（1st ed. 1961），97，99，101，106，266，269，294；Hart，H. L. A. 1982. *Essays on Bentham*. Clarendon Press，Oxford，156。罗斯清楚地看到了这一点，参见 Ross，A. 1962. “Review of The Concept of Law”，*Yale Law Journal* 71：1186；“它［即承认规则］所做的一切，以及它所要做的一切，都是为了确定哪些行为是立法行为，哪些行为是有约束力的司法判决的呈现，或者更一般地说，哪些行为创造法律。承认规则并不能帮助人们理解如此制定的法律是什么，无论是明示的还是默示的”，参见 Raz，J. 1986. “Dworkin：A New Link in the Chain”，*California Law Review* 74：1107；“来源识别承认规则”，参见 Green，L. 1996. “The Concept of Law Revisited”，*Michigan Law Review* 94：1697；Green，L. 2003. “Legal Positivism”，*Stanford Encyclopedia of Philosophy*，§2；Allan，T. R. S. 2004. “Legislative Supremacy and Legislative Intention：Interpretation，Meaning，and Authority”，*Cambridge Law Journal* 63：686 – 7；Lamond，G. 2014. “Legal Sources，the Rule of Recognition，and Customary Law”，*The American Journal of Jurisprudence* 59：29；Kramer，M. 2018. H. L. A. Hart. *The Nature of Law*，Polity，Cambridge，ch. 3。当然，这种解释远没有被一致接受，尤其是因为哈特本人对这个话题的处理有些含糊不清（哈特偶尔将承认规则作为确认有效规则的工具。关于来源和规则或规范之间概念上的区别，参见下文第二章第三节）。

包括不特定数量的人在不特定时间内的行为（习惯），等等。无论如何，这些事实不仅仅是残酷的事实，而是“制度性事实”。只要这些事实被认为是法律渊源，它们就获得了一种“社会意义”，这种意义不同于并超越了它们在纯粹自然主义意义上所享有的意义。①

关于“如何”，要将任何此类事实转化为法律渊源，需要的是相关法律体系的官员（主要是，但不限于执法官员）在其法律确认活动过程中定期将该事实视为参考点。②换句话说，要使某些事实F被视为法律渊源，适用法律的官员之间必须形成一种承认惯例，大意是要知道什么算作法律，就必须参考F。因此，尽管法律渊源的概念通常被认为属于立法领域，但赋予某物以法律渊源地位的做法实际上属于法律适用领域，至少与它们属于立法领域一样多——甚至可以说更多。但在这里，我们需要澄清我们的定义中包含的“规律性”的概念，以免它把我们拖入一种相当令人不快的极端法律现实主义形式（再次引用哈特的话，法律是记分员自由裁量权的游戏）。

当然，如果“法律体系的官员经常使用某物”，则它被视为法律渊源的情况并不只是一种事实规律，也不只是偶然的趋同。相反，相关的规律是规范性的——行为的趋同必须与规范性的态度相关联，这一点可以通过遵从的社会压力来证明。遵从的社会压力一般将体现在公众舆论特别是法律界（法律学者、法官同行…）的批评和赞扬中。当然，在这种情况下，批评和赞扬都是有意义的，只要它们是基于法律依据，而不仅仅是出于道德、政治或机会主义的考虑。最值得注意的是，由于法律是一种制度化的规范实践，相关的社会压力将通过制度渠道表现出来：符合相关法律渊源的法律决定将被认为在法律上是正确的（即有效的、可执行的等）；而未能做到这一点的决定将面临诸如取消甚至对其发起人实施制裁（侵权或刑事责任、纪律处分、免职等）等反应。简而言之，当这种规范性态度到位时，我们会说，法律适用机构“在法律上被要求”使用特定的法律渊源——即将某类事实视为法律渊源。因此，法律渊源不仅仅是法院在其法律确认活动中碰巧使用的东西，而是法院在法律上应该使用的东西，因为不这样做就会产生基于法律依据的反应（批评、废除、纪律处分等）。

一个明显的问题是，如何确定相关的规范性态度。不可否认，这种确定可能会很困难，有时可能只能得出大致的结果。在此，我们熟悉的一些法律特征（即法律的论证性和制度化特征）可以提供有用的指导。

---

① 渊源作为制度性事实，参见 Guastini，R. 1996. “Fragments of a Theory of Legal Sources”，*Ratio Juris* 9：373－4；Carpentier，M. 2018. “Sources and Validity”，in Westerman et al.（eds.）2018：77。

② Shecaira，F. 2013. *Legal Scholarship as a Source of Law*，Springer，Dordrecht，ch. 3. “具有约束力的决定理由，即作为法律渊源”，关于这个方向的一些提示：参见 Green，L. 2003. “Legal Positivism”，*Stanford Encyclopedia of Philosophy.* §2；“官员们接受这些渊源，他们认为自己有义务在决定法律有效性问题时进行查阅。哈特所说的‘承认规则’就是官方做法”，参见 Leiter，B. 2018. “Legal Positivism about the Artifact Law. A Retrospective Assessment”，in L. Burazin，K. E. Himma，and C. Roversi（eds.），*Law as an Artifact*，Oxford UP，Oxford：7，fn. 12；Bell，J. 2018. “Sources of Law”，*Cambridge Law Journal* 77：47。

法律的论证性本质是指大量的法律实践以公开论证的形式发生。而通常情况下，法律适用机构有责任为其裁决提供公开的理由。因此，在适用法律的官员作出的决定中，我们通常可以期望找到对相关法律渊源的明确引用，即他们为确定法律而查阅的事实类型。我们可以称这些为“渊源陈述”，其大意是，为了确定法律而需要考虑的某些事实。这种渊源陈述通常有两个方面。一方面，它们声明特定的事实 F_1 是法律渊源。另一方面，它们声明（或至少暗示）因为 F_1 是抽象模型 F 的实例化，所以它是一个渊源。①

当然，重要的不仅是官员们明确所说的内容，看他们实际做了什么也很重要。对某些渊源的承诺（或缺乏承诺）很可能通过司法决策的实际结果来证明，而不是通过明确宣布的声明来证明。②

另一方面，法律的制度化特征通常会产生法律适用机构的等级划分。一般来说，法律体系的各类官员在其法律确认的权力上并不平等。通常，上级法院的法律确认声明对下级法院具有先例权威——无论是具有约束力还是仅仅具有“说服力”。因此，在法律体系的“生理”状态（而非“病理”状态）下，相关承认态度的存在和范围将主要由级别更高的法律适用机构的实践所复合。级别更高的法律适用机构所接受的承认惯例的存在，可以有力地推定，法律体系中的其他法律适用机构也会效仿。当然，这种推定始终是可废止的，因为在法律体系内的任何地方，甚至在级别较低的法律适用机构中，都可能出现新的承认惯例，并可能随后影响该体系内其他行为者的做法。可以肯定的是，没有确切的公式告诉我们何时达到了趋同的临界水平，从而确定某物在法律体系中实际上算作法律渊源。尽管如此，通过定量（即官员之间的绝对趋同程度）和定性因素（即官员的等级地位）的某种混合，我们通常能够对特定法律体系在特定时间的法律渊源做出可靠的描述。

（三）法律渊源与法律规范

法律渊源是指法律适用机构为了确定法律而在法律上被要求考虑的事实。从这个意义上说，法律“源于”法律渊源，或者法律渊源“产生”法律。这是事实，但本质上仍然是隐喻性的。实际上，法律渊源究竟产生了什么？

通常的答案是，“法律规范”——即通常用道义的术语对某种事态进行的法律限定。从某种意义上说，这个答案的确是正确的——只要规范可以追溯到法律渊源，它就是法律规范。但仔细观察就会发现，“渊源产生规范”的观点是错误的——事实上，是完全错误的。让我们来看看为什么。

---

① “对特定渊源的引用不仅是引用者声明这是一个好的渊源，而且也是引用者（尤其若是法院）声明此类渊源是合法的”，参见 Schauer，F. 2009. *Thinking Like a Lawyer*，Harvard UP，Cambridge，81。

② 考虑以下情况。在某个司法管辖区，法官可能会明确指出宪法是法律的渊源。但事实上，他们在裁决案件时从未诉诸宪法，而且始终不对违宪立法提出疑问。或者，在某一司法管辖区，法官可能明确声称先例是法律渊源。但与此同时，他们通常不会撤销不符合相关先例规定的司法判决。

我说过，法律渊源是一个事实或一系列复杂的事实。在最典型的情况下，这些事实是按程序组织起来的，以便产生一个文本。① 在这些情况下，“渊源”既指某些事实（程序），也指这些事实的产物（文本）。另一方面，在不那么典型的情况下，例如在习惯法的情况下，过程和产品之间没有真正的分离——来源本身是一个持续的过程，它在某一时刻以某种方式被任意地具体化，以便从中提取法律要求。②

现在，这里重要的一点是，无论是在典型案例还是在边缘案例中，法律渊源都不会直接产生法律规范。相反，法律渊源或以规范语言（在最典型的情况下），或以非语言交流（在不太典型的情况下）③ 产生一个规范表述④。另一方面，法律规范是由渊源所产生的意义内容。换句话说，法律规范是法律文本的含义，或者是从复合习惯的趋同行为中可以推断出来的规范性标准。（为简单起见，下面我将撇开边缘案例，只提及规范性文本来源这一典型案例。）渊源并不产生法律规范，更不是法律规范。或者说，渊源产生文本，只有通过对这些文本的解释，我们才能知道它们传达了什么法律规范。因此，严格来说，法律规范本身不是由渊源产生的，而是由对渊源的解释产生的。

当然，法律规范与其渊源之间存在着一些重要的相互作用。例如，法律规范以其来源“命名”（“法定规范”“宪法规范”“习惯规范”等）。而这反过来又影响相关规范的法律地位、等级和效力——通常只有通过参考相关渊源，我们才能声称某一个法律规范“优于”其他法律规范，或者相比其他法律规范“更近”。更基本的是，只有当一个规范可以直接或间接地追溯到法律渊源时，它才算是一个法律规范。

然而，这两个概念既不能混淆，也不能混为一谈。首先，认定法律渊源和（通过解释）认定法律渊源所能表达的法律规范，是两种不同的、有区别的智力活动。⑤此外，法律渊源和法律规范具有不同的有效性条件：法律渊源的有效性通常取决于程序的正确执行（形式有效性：见下文第三章第三节），而法律规范的有效性则取决于该规范与另一个等

① 立法法是典型的法律，参见 Gardner，J. 2012. *Law as a Leap of Faith*，Oxford UP，Oxford，54。

② 但习惯也可能具有文本维度——它们可能恰好被纳入文本，司法习惯通常就是这种情况。

③ 通过非语言交流传达规范表述的一个典型案例是，某种行为被解释为规范要求的“示例”。参见 Hart，H. L. A. 1994. *The Concept of Law*，Clarendon Press，Oxford（1st ed. 1961），124 – 36。

④ 关于规范与规范表述之间的区别，参见 von Wright，G. H. 1963. *Norm and Action*，Routledge and Kegan Paul，London，93 – 5；Guastini，R. 2011. “Rule – Scepticism Restated”，in L. Green and B. Leiter（eds.），*Oxford Studies in Philosophy of Law* 1：147。这一区别在欧洲大陆法学界广为流传，但在英语法学界却经常被忽视，关于这一点，参见 Shecaira，F. 2015. “Sources of Law Are not Legal Norms”，*Ratio Juris* 28：15 – 30。对于一些例外情况，参见 Priel，D. 2006. “Trouble for Legal Positivism?”，*Legal Theory* 12：225 – 63；Gardner，J. 2012. *Law as a Leap of Faith*，Oxford UP，Oxford，58；弗雷德里克·绍尔（Frederick Schauer）承认这种区别，但他补充说“这一教训的影响是有限的，而且可能被夸大了”，参见 Schauer，F. 1991. *Playing by the Rules*，Clarendon Press，Oxford，64。

⑤ 关于需要以进一步的次要“解释规则”补充承认规则，沿着此线路参见 Waluchow，W. 1994. *Inclusive Legal Positivism*，Oxford UP，Oxford，76；Guastini，R. 2019. “Riconoscimento”，*Analisi e diritto* 1：9 – 20. Hart，H. L. A.（1982）Essays on Bentham，Clarendon Press，Oxford。

级更高的规范（实质有效性）不相抵触这一事实。①因此，（形式上）有效的法律渊源可能传达（实质上）无效的法律规范；或者，同一个法律渊源可以有两种对立的解释，一种解释产生有效的规范，另一种解释产生无效的规范——“宪法回避”理论背后正是这种可能性。最后，很有可能出现的情况是，法律渊源的规范性内容（渊源所能表达的规范）随着时间的推移而发生变化，因为对该渊源的不同解释会相互取代，而渊源本身在形式上却保持不变——法律变化不仅可能通过制定新法律来实现，也可能通过对现有渊源的新解释来实现。②

三、探索形式渊源的领域

我已经说过，构成法律渊源的事物必须具有规范的规则性。这就为在法律渊源的一般领域中引入第一个重要的区分——“形式”和“实质”法律渊源之间的区分——提供了可能性。③

实际上，实质渊源是影响法律适用机构决策活动的所有因素，甚至可能是影响立法机构创制法律的所有因素。任何东西都可以作为实质渊源，包括正义感、公平、文化和政治取向，以及政策观点。只要此类考虑因素影响到法律适用机构甚至立法机构的决策过程，它就有资格成为法律的实质渊源。④

形式渊源是指法律适用机构或任何官员在履行其机构任务时在法律上被要求考虑的事实（在上文第二章第二节中已经阐明）。这种渊源是“形式的”，因为法律适用机构必须以与其优点无关的理由（可靠性、智慧性、效率性…）使用这些渊源。

在本章的其余部分，我将只关注形式意义上的法律渊源。以下各小节将介绍一系列部分相关的概念，以解释形式渊源如何获得其作为法律渊源的地位（第三章第一节），它们如何产生（第三章第二节），以及它们如何与法律有效性概念相关联（第三章第三节）。

---

① 关于形式有效性和实质有效性之间的区别的更详细论述，参见 Guastini，R. 1996. “Fragments of a Theory of Legal Sources”，*Ratio Juris* 9：377 – 8；Pino，G. 2014. “Positivism，Legal Validity，and the Separation of Law and Morals”，*Ratio Juris* 27：207 – 9。威尔·瓦卢乔（Wil Waluchow）也已部分不同的理由探讨了区分法律有效性的不同意义或维度的必要性，参见 Waluchow，W. 2009. “Four Concepts of Validity. Reflections on Inclusive and Exclusive Positivism”，in M. Adler and K. E. Himma（eds.）2009：123 – 44。

② Gardner，J. 2012. *Law as a Leap of Faith*，Oxford UP，Oxford，58 – 9.

③ Hart，H. L. A. 1994. *The Concept of Law*，Clarendon Press，Oxford（1st ed. 1961），246 – 7；Green，L. 2009. “Law and the Causes of Judicial Decisions”，*Oxford Legal Studies Research Paper* No. 14/2009，available at http：//ssrn. com/abstract = 1374608（accessed on 24 May 2021）；Shecaira，F. 2013. *Legal Scholarship as a Source of Law*，Springer，Dordrecht，17。凯尔森也承认这种区别，但不承认术语的区别，参见 Kelsen，H. 1945. *General Theory of Law and State*，Harvard UP，Cambridge，132。

④ Ross，A. 1953. *On Law and Justice*，University of California Press，Berkeley，1959，77；“任何影响解释的东西都是法律渊源”，参见 Sacco，R. 1991. “Legal Formants：A Dynamic Approach to Comparative Law”，*American Journal of Comparative Law* 39：1 – 34，345。一般来说，这是法律学者在法律现实主义传统中使用的法律渊源概念。

（一）法典化的渊源与基于实践的渊源

根据我们的惯用定义，如果某一法律体系中的官员（主要是，但不完全是适用法律的官员）在法律上被要求在开展其法律确认活动时使用某物，那么该物就是该法律体系中的法律渊源。正如我已经明确指出的那样，这里的“法律上被要求”是指相关官员不仅在其法律确认活动的过程中定期参考某些事实，而且还认为自己必须这样做，否则会产生法律后果——而不是纯粹出于道德、政治甚至审慎的理由而做出的反应。这意味着，某物作为法律渊源的地位最终要以相关官员共同承认的惯例为基础。

当然，关于法律渊源最终以官员所接受的承认惯例为基础的主张，需要与一个明显的事实相一致，即在许多法律体系中，我们发现已颁布的条款（通常是宪法或立法类条款）要么明确规定，要么暗示某物可以被视为法律渊源。有些法律体系甚至在一些宪法或立法条款中详细列出了它们的各种法律渊源。

这一事实促使人们对法典化的渊源和基于实践的法律渊源加以区分。这种区分的含义非常简单明了。法典化的渊源具有法律渊源的地位，从表面上看是因为它被另一个法律渊源所明确限定，而基于实践的渊源则直接且完全以适用法律的官员的承认惯例为基础。

有必要做一些简要说明。首先，对法典化的渊源和基于实践的渊源的区分是在“渊源类型”的层面上进行的，即它指的是渊源的类别（“宪法”“制定法”“先例”“习惯法”等），而不是某种渊源的具体实例（在特定场合颁布的法规、某个法院发布的司法判决等——“象征性渊源”）。从这个意义上说，法典化的渊源和基于实践的渊源之间的区别在于强调一种渊源（渊源类型）可能进入特定法律体系的法律渊源清单的不同方式，即要么通过另一种法律渊源的明确提及（法典化的渊源），要么通过适用法律的官员所接受的承认惯例（基于实践的渊源）。

其次，我已经说过，如果某物作为渊源的地位是由相关法律体系的另一渊源“明示”或“默示”的，那么它就是一个法典化的渊源。现在，某物被“默示”作为渊源，仅仅意味着某个渊源 S_1 要求适用法律的官员在他们的法律确认活动中使用某物（S_2），从而要求他们将 S_2 视为法律渊源。例如，当一个明确规定的立法司法审查机制形式时，就会发生这种情况：在这种情况下，宪法正是凭借司法审查的规定而获得法典化渊源的地位，因为这些规定要求法院使用宪法来评估立法的有效性。

第三，“法典化的”渊源不等于“成文的”渊源。根据目前的定义，如果 S_2 被另一渊源 S_1 明示或默示地引用，则 S_2 是被法典化的渊源。但 S_2 很可能是一个不成文的渊源。例如，当习惯法在一个法律体系中被明示或默示地承认为法律渊源时，就会发生这样的情况：习惯法接着会在特定意义上成为法典化的渊源，但它仍然是不成文的法律渊源。当然，反过来也成立：“基于实践的”渊源不一定是“不成文的”渊源：基于实践的渊源，即一个未法典化的渊源，足以可能具有文本维度。

最后，更重要的是，即使是一套法典化的渊源，其地位最终也要归功于适用法律的官员之间持续承认的惯例。这是从法律渊源的定义本身出发的，它被理解为法律适用机构在其法律适用活动过程中依法必须使用的事实——法律上要求的东西最终是由整个法律适用机构施加的规范性压力构成的。也就是说，即使是法典化的渊源最终也是以实践为基础的。

然而，在法律渊源的法典化水平和潜在的承认惯例之间存在着复杂的辩证关系。这种关系是双向的，而不是单向的。① 事实上，一旦有了一套法典化的渊源，它往往会成为法律适用机构的法律确认活动的正常参照点。也就是说，即使是一套法典化的渊源最终也必须得到承认惯例的支持，但这套法典化的渊源往往反过来又形成并加强承认惯例本身。当一个或多个渊源（渊源类型）在法律体系的最顶层被法典化（即引用）时，情况就更是如此：如果一套渊源被成文宪法明确编纂成法典，这很可能会对法律适用机构承认惯例产生明显的限制作用。②

简而言之，虽然即使是法典化的渊源需要得到承认惯例的支持才能真正算作渊源，但与此同时，法典化渊源的存在本身就极大地限制官员的相关承认惯例的范围。尽管如此，一套法典化渊源的限制作用始终不是绝对的。适用法律的官员的纯粹实践中总是有可能出现新的（未法典化的）渊源，也有可能承认惯例不再支持某些法典化的渊源。承认惯例总是有最终的决定权。

（二）派生渊源和自主渊源

法典化的渊源和基于实践的渊源之间的区别反映一类渊源（渊源类型）在法律体系中可以被承认的方式，而另一种区别则侧重于渊源类型的具体实例（单个法规，单个惯例，宪法——象征性渊源）可以在法律体系中存在的方式。这就是派生渊源和自主渊源之间的区别。派生渊源是指根据同一法律体系中另一法律渊源规定的要求而产生的法律渊源。事实上，一个渊源“源于”另一个渊源的概念需要一些阐述。这里的“源于”当然是指法律效力：渊源 S_1 规定了产生渊源 S_2 的条件——反过来说，如果渊源 S_2 是按照渊源 S_1 规定的要求产生的，那么它就是有效的。可以肯定的是，有效性的派生并不是 S_1 和 S_2 之间的直接关系。S_2 的有效性条件不是由渊源 S_1 本身确定的，而是由 S_1 所体现的变化规则确定的，③这些规则赋予去创造其他法律渊源的霍费尔德式（Hohfeldian）权力（权限），并规定正确行使这一权力的条件。正确行使霍菲尔德式的相关权力，即由适当的行为人通

① Kramer, M. 2018. H. L. A. Hart. *The Nature of Law*, *Polity*, Cambridge, 92 - 7. 也请参见 Hart, H. L. A. 1994. *The Concept of Law*, Clarendon Press, Oxford (1st ed. 1961), 111。

② 此外，渊源的法典化通常还包括明确引用的渊源之间的层级，这也对承认惯例起着约束作用。

③ 参见上文第二章第三节，关于法律渊源和法律规范的区别。当然，变化规则也是法律规范的一种。

过适当的程序行使权力，产生有效的（派生的）法律渊源。①更确切地说，相关的变化规则通常决定“谁”（即由哪个行为人负责生成、修改等特定渊源——实际上，一个渊源的运作往往需要多个行为人的共同努力）和“如何”（被授权的行为人为了创建、修改等特定渊源而遵循的程序）。②

变化规则这一概念本身表达这样一个概念，即某个特定渊源（即派生渊源）受法律体系的控制：由相关的法律体系决定是否创建该渊源、是否修改或销毁它——无论是通过减损还是废除的方式。③从这个角度来看，派生渊源是当代法律体系中法律渊源的典型案例，作为制度化的规范体系，法律的产生几乎完全由法律体系本身所规定。④

但法律体系并不总是对其渊源表现出完全或几乎完全的控制。就自主渊源而言，就缺乏这种控制。

自主渊源是指其产生不受法律体系变化规则的规定的渊源。它是由法律体系组成性地“挑选”出来的来源，无论是作为法典化的渊源还是作为基于实践的渊源（第三章第一节），其产生不受相关法律体系的规定。就自主渊源而言，法律体系纳入了一个其产生不受其直接控制的来源。法律体系对自主渊源的唯一控制只是决定是否使用这样的法源——法律体系通常缺乏创建自主渊源、修改它或取消它的权力（稍后我们将看到一个有限的例外）。⑤ 一个自主渊源某种程度上是自发产生的，它源于非官方机构的行为，或源于官方

---

① “所有授予立法权的法律［…］确定有效性标准”，参见 Raz，J. 1979. *The Authority of Law*，Oxford UP，Oxford，2009. 2，95。

② 文中提出的观点强调了将法律渊源与有权制定、修改和废除法律的机构和个人组成的团体（例如“立法机构”）相提并论的错误。“渊源”一词在这里是指那些使行为规则在客观上变得明确、统一，尤其是具有强制性，从而获得法律性质的机构，例如参见 Allen，C. K. 1964. *Law in the Making*，Clarendon Press，Oxford，7th ed，1；Waldron，J. 2009. “Can There Be a Democratic Jurisprudence?”，*Emory Law Journal* 58：687－91；Gardner，J. 2012. *Law as a Leap of Faith*，Oxford UP，Oxford，69。为了更好地理解这一点，请考虑以下几点：a）并非机构所做的一切都是法律渊源，只有它根据特定程序所做的事情才可能算作法律渊源（想想议会除了颁布法规之外可能实施的各种纯粹政治性质的行为）；b）一个机构可能通过不同的程序发布不同类型的法律渊源；c）一些渊源是由几个不同的机构共同努力产生的；d）一些法律渊源并非来自机构，许多自主渊源就是如此。

③ 正如文中所建议的那样，变化规则的概念可以有效地扩大到包括授权某些行为人在某一渊源被指控其产生过程中存在违规行为时予以取消的规则。毕竟，根据汉斯·凯尔森（Hans Kelsen）的观点，对立法的司法审查是“消极立法”中的一种做法。

④ “法律规范它自己的创造”，参见 Kelsen，H. 1945. *General Theory of Law and State*，Harvard UP，Cambridge，124。我在文中所说的“几乎完全”。这种限定一方面取决于这样一个事实，即正如我们即将看到的，除了派生渊源之外，法律体系通常还包含自主渊源；另一方面，即使是派生渊源，相关的变化规则也可能是不完整和不确定的，这使得法律适用机构必须完成和确定这些渊源的全部有效性条件。

⑤ 根据莱斯利·格林（Leslie Green）的观点，似乎受法律体系变化规则的限制是合法性的决定因素：“无论是法院还是立法者，都不能废除或修改交换法。其他社会规范，包括外国法律体系的规范也是如此。［…］虽然加拿大官员可以决定是否适用［墨西哥法律］，但他们既不能改变也不能废除［…］。同样，道德标准、逻辑学、数学、统计推理原则或英语语法，虽然在案件中都得到了适当的应用，但它们本身并不是法律，因为法律机关对它们只有适用的权力，而不是创造的权力”，参见 Green，L. 2003. “Legal Positivism”，*Stanford Encyclopedia of Philosophy*，§3。但是，如果文中概述的论点是正确的，那么并非所有法律渊源都会受到变化规则的限制。这一要求仅适用于派生渊源，而不适用于自主渊源。当然，也可以考虑习惯——包括司法习惯。有些成文宪法在法律上是不能修改的，即使是通过特殊程序也不行。

机构在其职权范围之外的行为。习惯法是自主渊源的典型案例。[①]大多数法律体系确实承认习惯法是法律渊源，但与此同时，它们并不规定其存在条件——事实上，大多数法律体系甚至没有定义什么是习惯法。

但是，习惯法的例子不应误导我们，使我们认为自主渊源在当代法律体系中只是微不足道的存在。事实上，在许多当代法律体系中，宪法本身就是最显著的自主渊源案例。碰巧的是，宪法是由一种不受管制的权力（即制宪权）建立的，这种权力没有正式归属于法律体系本身，而且出于逻辑原因，也不能归属于法律体系本身。正如我已经说过的，法律体系中没有任何权力授予规范能赋予制定宪法的权力。如果宪法是法律渊源，那么它只能是一个自治的渊源。[②]

（三）渊源和有效性

前面，我已经介绍了派生的法律渊源与法律有效性之间的联系，并预料到法律渊源的有效性可被称为“形式有效性”，而不是法律规范的“实质有效性”。[③]现在是时候仔细研究这些渊源的（形式）有效性了。

如果某一法律渊源是根据另一渊源确立的相关变化规则而产生的（且随后未被废除），则该渊源在形式上有效。有效性的这一层面被恰当地称为“形式的”，因为它通常与成功的“制定”或“起源”的考查相吻合，即要求不涉及渊源的内容或优劣，而是涉及该渊源的产生方式。现在，到目前为止的讨论表明，法律有效性（被理解为形式有效性）只适用于可以在特定法律体系中运作的渊源的子集——即派生渊源，其产生由法律体系本身通过其变化规则加以规定。相比之下，自主渊源在法律上是无效的（或者更确切地说，它们既不是有效的，也不是无效的），正是因为法律体系没有为它们的产生提供规则和程序——可以说，法律体系只是把它们挑出来。[④]自主渊源的存在完全取决于它们的效力。

---

① 自主渊源的其他好例子包括法律学术，相关的法律适用机构自发地将其用作正式的法律渊源。参见 Sacco, R. 1991. “Legal Formants：A Dynamic Approach to Comparative Law”, *American Journal of Comparative Law* 39：1－34，343－401；Shecaira，F. 2013. *Legal Scholarship as a Source of Law*，Springer，Dordrecht。

② 宪法的例子表明，至少有这样一种可能，即对于某些渊源来说，可能不存在创造它的变化规则，而存在修改它的变化规则。实际上，许多当代成文宪法虽然是由一种不受规定的权力（制宪权）创造的，但实际上确实包括了规范宪法修改程序的规则。有趣的是，像这样的案例仍表明，相关的自主渊源并不完全处于法律体系的控制之下。毕竟，修宪的权力通常不包括彻底废除旧宪法的可能性。

③ Guastini，R. 1996. “Fragments of a Theory of Legal Sources”，*Ratio Juris* 9：377；Pino，G. 2014. “Positivism，Legal Validity，and the Separation of Law and Morals”，*Ratio Juris* 27：207－8；Mackor，A. R. 2018. “What Is Legal Validity and Is It Important? Some Critical Remarks About the Legal Status of Soft Law”，in Westerman et al.（eds.）2018：127；Sandro，P. 2018. “Unlocking Legal Validity：Some Remarks on the Artificial Ontology of Law”，in Westerman et al.（eds.）2018：99－123.

④ 非常类似的分析思路，但使用的概念工具略有不同，参见 Kramer，M. 2009. “Moral Principles and Legal Validity”，*Ratio Juris* 22：46－7；Mackor，A. R. 2018. “What Is Legal Validity and Is It Important? Some Critical Remarks About the Legal Status of Soft Law”，in Westerman et al.（eds.）2018：126－7。

派生渊源只要符合另一个渊源确立的形式和程序要求（变化规则），它在形式上就是有效的。有效性是一个关系概念——它包含一个渊源 S_1 和另一个渊源 S_2 所确立的变化规则之间的关系；当这种关系发生时，S_2 就有资格“优于”S_1。当然，也可以对 S_2 提出有效性问题。也就是说，反过来，人们可能会质疑（相对）更优越的渊源是否符合另一个渊源所确立的形式和程序要求，等等。因此，在某个特定法律体系内运作的各种派生的法律渊源相互交错，形成一种链——有效性链。①由于有效性链显然与有效性和变化规则的概念相联系，派生渊源必然是有效性链（无论多么小）的一部分，相反，有效性链将只能由派生渊源组成。但有一个明显且不可避免的例外。出于逻辑上的必然性，任何有效性链的顶端只能有一个自主渊源——一个其产生本身不受法律体系规定的来源，否则有效性链就会陷入无限的倒退。因此，任何特定的有效性链都不可能不在其顶端包含一个自主渊源，一个既不有效也不无效的来源。换句话说，假设在有效性链的顶端可以找到的最常见的来源是宪法，那么宪法本身既不能被认定为有效，也不能被认定为无效。

有效性链的概念可能表明，法律体系总是有一个整齐和线性的等级结构——换句话说，在一个特定的法律体系中，最终只能找到一条有效性链，不管它有多长。②然而，情况并非如此。首先，我们没有理由认为一个法律体系只包括一条有效性链——在一个法律体系中可能存在数条不同的有效性链，每条有效性链都从同一个顶端出发；或者，可能存在许多彼此完全独立的有效性链，每条链的高端都有一个不同的自主渊源。③此外，在一个法律体系中，我们还可以找到完全游离于该法律体系的有效性链之外的渊源（当然是自主渊源）：这类渊源是完全独立的，可以说，它直接以官员所接受的承认惯例为基础。④

（四）引人深思之一

在结束本节之前，有必要简单说几句。

（1）我已经介绍了两对与法律渊源有关的独立概念：法典化的渊源与基于实践的渊源，自主渊源与派生渊源。这两对概念可通过一些有趣的方式结合起来。

---

① 有效性链的一些示例，请参见 Hart，H. L. A. 1994. *The Concept of Law*，Clarendon Press，Oxford（1st ed. 1961），107；Lamond，G. 2014. “Legal Sources，the Rule of Recognition，and Customary Law”，*The American Journal of Jurisprudence* 59：31。

② 这正是凯尔森关于阶层结构（Stufenbau）的观点，有时也被描述为法律体系的金字塔形象，参见 Kelsen，H. 1945. *General Theory of Law and State*，Harvard UP，Cambridge，ch. 5；哈特也提出了类似的观点，但应该指出的是，哈特的概念工具（承认规则）并不一定会得出法律体系最终可还原为单一的有效性链的结论，参见 Hart，H. L. A. 1994. *The Concept of Law*，Clarendon Press，Oxford（1st ed. 1961），107。

③ 对于这种可能性的不同解释，参见 Raz，J. 1979. *The Authority of Law*，Oxford UP，Oxford，2009. 2，95－6；Kramer，M. 2018. H. L. A. Hart. *The Nature of Law*，Polity，Cambridge，86－8。

④ 例如，根据肯特·格林纳沃特（Kent Greenawalt）的观点，在美国，最终的承认规则必定承认那些无法追溯到宪法的法律渊源，参见 Greenawalt，K. 1987. “The Rule of Recognition and the Constitution”，in Adler and Himma（eds.）2009：1－46。对于某些法律可以“自由浮动”的观点，也请参见 Kramer，M. 2009. “Moral Principles and Legal Validity”，*Ratio Juris* 22：44－61。

自主渊源既可以是法典化的渊源，也可以是基于实践的渊源。自主的和法典化的法律渊源的概念起初听起来可能有些奇怪，但实际上它在许多法律体系中都非常常见。实际上，一个特定的法律体系可以明确地赋予某物以法律渊源的地位（因此该渊源是法典化的），甚至可以规定该渊源相对于该法律体系其他渊源的适用条件，但同时避免对该渊源的产生进行规定（因此该渊源是自治的）。① （需要指出的是，在这种情况下，碰巧被明确选为法律体系的法典化渊源的自主渊源并没有因此获得形式上的有效性：相关渊源可能被法律体系的某些规范明确列为法律渊源，但其产生仍然不受该体系相应的变化规则的规定。）

另一方面，派生渊源必然是法典化的渊源。相关的法律体系包含变化规则以便产生特定渊源这一事实，使得该渊源不仅是派生渊源，而且是法典化的渊源。尽管如此，法典化渊源的派生地位可能会随着时间的推移而变得模糊。实际上，完全有可能的情况是，最初作为派生渊源而存在的某渊源，随后可能会被某个承认惯例挑选出来，从而赋予该渊源一种新的合法性存在。在这种情况下，该渊源目前的法律地位并非归因于最初的制定，即其"派生性"，而是直接归因于其官方承认。它仍将是一个法典化的渊源，但其派生特性将逐渐消失，它将更像一个基于实践的渊源。

这绝不是一个夸张的假设，而正是大多数当代宪法的情况：当然，宪法很可能是根据某种程序制定的，但是声称宪法的法律地位归因于制定行为本身，而不是持续存在的官方承认惯例，那就真的很奇怪了。②可以肯定的是，制宪权不一定是完全不受管制的权力——它当然可以制定自己的变化规则。制宪会议当然可以制定自己的议事规则，以便着手制定宪法文本。但这里重要的一点是，宪法作为法律渊源的合法性存在，绝不是以它是按照这些变化规则制定的这一事实为前提的。如果制宪权产生的宪法是有效的，即如果它通过适用法律的官员和整个政体的承认惯例来维持，那么制宪权就是成功的（它成功地制定了一部新宪法）。

（2）"有效性"并不等同于法律渊源的"存在"（或渊源在法律体系中的"成员资格"）。③有效性只适用于派生渊源，即在有效性链内的渊源。但一个法律体系不可能只包括派生渊源。既然一条有效性链必然终止于一个顶端的、自治的渊源，而这个渊源本身既不有效也不无效，那么出于逻辑上的必然性，任何法律体系都必然包含至少一个既不有效也不无效的渊源。

---

① 习惯法又是一个很好的例子。正如我们已经指出的那样，大多数法律体系甚至没有定义什么是习惯法，但同时却积极允许法律适用机构使用习惯法（见上文第三章第二节）。

② 参见 Greenawalt, K. 1987. "The Rule of Recognition and the Constitution", in Adler and Himma (eds.) 2009: 19。可以说，正是因为需要应对这种特殊性，拉兹才会说"宪法是自我验证的。它们之所以是有效的，是因为它们存在于并体现在它们国家的实践中"，参见 Raz, J. 2009. *Between Authority and Interpretation*, Oxford UP, Oxford, 348。

③ Guastini, R. 2000. "On Legal Order: Some Criticism of the Received View", *Ethical Theory and Moral Practice* 3: 267-8.

实际上，除了顶端（因而必然是自主的）渊源之外，法律体系通常还蕴藏着许多其他类型的自主渊源——同样，这些渊源“存在”或“属于”法律体系不是因为它们的有效性（它们既不有效，也不无效），而是因为它们的效力。因此，法律渊源可能存在于某个法律体系中，也可能属于某个法律体系，但不具有形式上的有效性。（实际上，我们很快就会看到，即使某个渊源是无效的，它也可能存在于法律体系中。）

（3）如果派生渊源是按照相关的变化规则产生的，则派生渊源是有效的。因此，未按照相关变化规则产生的所谓的渊源，实际上在形式上是无效的——实际上，它根本不是渊源。①它不能算作法律体系的渊源。

这似乎是正确的。但遗憾的是，现实中的法律体系要复杂一些。实际上，官员们有时确实会把某一法律渊源视为“有效”，即使它不符合相关变化规则所规定的所有要求——也就是说，官员们有时碰巧将实际上无效的法律渊源视为有效。换句话说，官员们有可能将法律体系的变化规则视为可废止的规则。

此前，我已经区分了基于符合变化规则的派生渊源的“形式有效性”与自主渊源的“效力”。（见第三章第二节）。事实证明，我们现在还有一种介于两者之间的更进一步的可能性。相关的承认惯例也可能赋予事实上无效的派生渊源以合法性存在——同样地，官方的承认惯例当然也可以剥夺形式上有效的渊源的合法性存在。②

当然，当变化规则确立时，它们通常对官员们的法律确认活动起到限制作用——这些规则往往代表着派生渊源确证的“常态”。而当相关程序体现在宪法等高级渊源中，这种限制作用就会变得更强。然而，除了偶然的文化因素外，没有任何东西能阻止官员们将实际上并未遵循相关变化规则的所谓立法行为视为有效。③

---

① “作为纯粹的概念问题，未能遵守有效行使霍菲尔德式法律创设权的条件必须是无效的”，参见 Waluchow，W. 2009. “Four Concepts of Validity. Reflections on Inclusive and Exclusive Positivism”，in M. Adler and K. E. Himma（eds.）2009：137。

② 对于这种可能性的各种解释，参见 Munzer，S. 1972. *Legal Validity*，Martinus Nijhoff，The Hague，42 – 3；Celano，B. 2002. “Giustizia procedurale pura e teoria del diritto”，in M. Basciu（ed.），Giustizia e procedure. *Dinamiche di legittimazione tra Stato e società internazionale*，Giuffrè，Milan：101 – 42；Schauer，F. 1995. “Amending the Presuppositions of a Constitution”，in S. Levinson（ed.），Responding to Imperfection. *The Theory and Practice of Constitutional Amendment*，Princeton UP，Princeton：156，160 – 1（专指宪法修正案）；Guastini，R. 2000. “On Legal Order：Some Criticism of the Received View”，*Ethical Theory and Moral Practice* 3：267 – 8；Waluchow，W. 2009. “Four Concepts of Validity. Reflections on Inclusive and Exclusive Positivism”，in M. Adler and K. E. Himma（eds.）2009：139 – 41；Grellette，M. 2010. “Legal Positivism and the Separation of Existence and Validity”，*Ratio Juris* 23：22 – 40；Lamond，G. 2014. “Legal Sources，the Rule of Recognition，and Customary Law”，*The American Journal of Jurisprudence* 59：41。

③ 在这里，实际后果可能确实是自相矛盾的。考虑以下情况。一项所谓的法规——PS，实际上是在违反相关变化规则的情况下制定的。因此，它受到形式无效性的影响。从表面上看，它甚至不应被视为相关法律体系的法规——它应该是“无效的”（见 fn. 48）。但是，事实证明，该法律体系的官员接受 PS；他们在其机构活动中定期使用它。因此，PS 在特定意义上“存在”。假设现在立法机关想要进一步干预由 PS 规定的主题事项，至少从理论上讲，即使 PS 是无效的，也有必要正式修改或废除 PS——也就是说，正式修改或废除一个至少在理论上不存在的渊源。

四、渊源及其作为理由

到目前为止，我一直强调官方的承认惯例的直接或间接作用，以便使某物构成法律渊源。但是，我们还需要更仔细地考虑一下这些承认惯例的内容——什么样的认可对于某物被视为法律渊源来说是必要的？换句话说，将某物视为法律渊源意味着什么？此外，我们必须考虑法律渊源在法律推理中是如何发挥作用的。我们得知，渊源是行动的理由。①但究竟是何种行动的理由——这些理由又是何种性质的？

这个问题可能会变得复杂，这不仅是由于“理由”概念的潜在复杂性，也由于我已经在第二章第三节阐述过的，法学术语中“渊源”和“规范”之间存在频繁和普遍的混淆。因此，这里首先需要厘清的问题是，“使用”渊源意味着什么——法律渊源为何种“行动”提供理由。本章概述的一系列概念将会有所帮助。

我在第二章第二节说过，法律渊源是法律体系的官员们在其法律确认活动中所使用的事实。我还在第二章第三节强调过，法律渊源不等同于法律规范——规范是通过解释确定的某个渊源的规范性内容。由于案件是通过将法律规范适用于案件的相关事实来裁决的，因此法律渊源本身不能作为裁决案件的理由。法律渊源并不直接提供案件的解决方案。需要对法律渊源进行解释，以便“找到”可能对当前案件有决定性作用的法律规范。②

因此，某物是法律渊源的这一事实是在解释过程中使用它的理由，以便从中提取适用于案件的法律规范。使用某个渊源意味着对其进行解释。这样，也只有这样，才是法律渊源提供理由的“行动”。③

现在我们来看看法律渊源可以提供哪些理由。

这里首先要注意的是，法律渊源是一个权威的理由。换句话说，如果某一事实构成法律渊源，那么不管其内容的优劣是什么，即不管它所传达的规范是否明智、正确、合理等，它都提供了理由（在上述意义上）。只要某个渊源提供理由，这些理由就不是来自它本身的优劣，甚至不是来自该渊源的产生方式的优劣（例如，立法机关的智慧，法院的公正）。④

---

① Raz, J. 1979. *The Authority of Law*, Oxford UP, Oxford, 2009. 2, 65 – 6；“法律是由合法当局制定或认可的法令，为其主体提供行动理由”，参见 Raz, J. 2009. *Between Authority and Interpretation*, Oxford UP, Oxford, 108。

② 文中的“可能”指的是一个显而易见的事实，即，即使经过解释，某个渊源可能仍然无法为当前案件提供解决方案。

③ 哈特非常清楚地阐述了这一点：“在成文法是法律的正式或合法渊源的体系中，法院在裁决案件时必须遵循相关成文法，尽管毫无疑问，法院在解释成文法语言的含义上留有相当大的自由”。参见 Hart, H. L. A. 1994. *The Concept of Law*, Clarendon Press, Oxford (1st ed. 1961), 294。

④ Gardner, J. 2012. *Law as a Leap of Faith*, Oxford UP, Oxford, 20 – 1；Shecaira, F. 2013. *Legal Scholarship as a Source of Law*, Springer, Dordrecht, 23 – 6. 这是对哈特最初将法律渊源视为“与内容无关的理由”这一观点的适当完善，参见 Hart, H. L. A. 1982. *Essays on Bentham*, Clarendon Press, Oxford, 259 – 61。实际上，相对于基于优劣的考虑，基于内容的考虑可能会很影响法律渊源的地位和运作。例如，法律渊源可以根据主题组织。通常情况下，特定的主题可能仅由或主要由某种渊源规定。想想刑法中的合法性原则，或者联邦制国家中多个渊源之间的权限分配。

(法律渊源的这个层面在一定程度上解释了“形式渊源”这一通常的标签。)此外，法律渊源的权威性特征要求法律渊源发挥排他性作用：当面对基于渊源的规范，即法律规范时，法律适用机构有理由搁置其他没有这种来源的规范，也有理由搁置那些处于较低级别来源的法律规范。(然而，应当注意的是，渊源是排他性理由这一事实并不意味着它们具有绝对的重要性。实际上，他们可能会被其他理由击败——被其他法律渊源，甚至是其他类型的理由击败。)

因此，一个渊源可以提供一种特定类型的理由（即权威性理由），以采取特定的行动(即解释渊源以提取规范)。但是，这些理由可以具有何种力量？它们如何影响法律适用机构的法律推理？在本文中，我使用了“法律上被要求”这一相当中立——实际上，几乎赘述的表述，以描述法律适用机构对法律渊源的立场。实现这种“要求”情况的最明显方式是以义务的形式：法律渊源是法律适用机构在其法律确认活动中必须参考的东西。当然，这解释了法律渊源的最典型情况。但仔细观察就会发现，情况并非总是如此。实际上，有些渊源似乎并不是绝对必须使用的。

因此，对上述情况的第一个有用的细化是区分“强制性”（或约束性）和“许可性”（或可选性）渊源。①

强制性渊源是指法律适用机构必须适用的渊源。无视强制性渊源会导致相关决定在法律上存在缺陷：相关决定是无效的，或被视为对相关法律适用机构处以某种罚款或责任的理由，等等。

另一方面，许可性渊源是指使用并非必需的渊源，其权重较低且可变。更确切地说，许可性渊源可以以不同的方式进入法律适用机构的决策过程。首先，它们可以作为与其他强制性渊源一起的贡献性理由：它们可以提高一项法律决定的说服力、可接受性甚至是优雅度，尽管这项法律决定无论如何都能仅根据现有的强制性渊源来达成。在这种情况下，可以在不影响相关法律决定的有效性的情况下忽略许可性渊源——只有当法律适用机构认为许可性渊源可以为法律决定提供额外的论证支持时，才会使用它。其次，只要相关的强制性渊源被证明是不确定的，或支持相互矛盾的结论，就可以使用许可性渊源。在这种情况下，许可性渊源通常会被用来在众多可能性框架内，使天平倾向于特定的决策结果，而这些可能性似乎同样被现有的强制性渊源所允许。第三，在没有强制性渊源的情况下，许可性渊源可能会出现。

但似乎“强制性”/“许可性”的选择还没有涵盖所有可能性的整个范围。实际上，

① 哈特提供了表现这种区别的各种方式，参见 Hart, H. L. A. 1994. *The Concept of Law*, Clarendon Press, Oxford (1st ed. 1961), 294; Gardner, J. 1988. “Concerning Permissive Sources and Gaps”, *Oxford Journal of Legal Studies* 8: 457-61; Green, L. 2009. “Law and the Causes of Judicial Decisions”, *Oxford Legal Studies Research Paper* No. 14/2009, available at http://ssrn.com/abstract=1374608 (accessed on 24 May 2021), §3; Waldron, J. 2012. *Partly Laws Common to All Mankind*, Yale UP, New Haven, 21, 61-2; Schauer, F. 2009. *Thinking Like a Lawyer*, Harvard UP, Cambridge, ch. 4。

有些渊源的使用并不完全是强制性的，但也不仅仅是许可性的。我们称它们为“可废止性渊源”。可废止性渊源是法律适用机构应该考虑的渊源，如果不这样做，就会导致一个无效的或在法律上错误的决定，除非为此提供强有力的理由。①

从法律论证的角度来看，强制性渊源、许可性渊源和可废止性渊源之间的区别非常明显。从这个角度来看，使用强制性渊源不需要被法律适用机构适当证成（其使用与往常一样）。相比之下，使用许可性渊源通常需要被法律适用机构适当地证成——例如参考加强整体决定的可接受性的需要，或者参考强制性渊源是不确定或不完整的，等等。最后，使用可废止性渊源并不需要证成，但法律适用机构需要承担适当的论证责任，以排除该渊源。

（一）引人深思之二

为了总结本节概述的论点，需要简单谈几点看法。

（1）一个渊源的变化强度（variable strength）与其决定案件结果的能力并不等同，甚至没有关系。正如渊源/规范的区别所表明的那样，只要强制性渊源的规范性内容被证明是模糊的、不确定的、不充分的或与其他法律规范相冲突的，那么这个强制性渊源可能根本不是案件的决定性因素。同样地，只要许可性渊源传达的是一个精确的规范，并且没有其他规范性考虑因素（例如强制性渊源传达的规范）适用于当前案件，那么许可性渊源很可能就是案件的决定性因素。

（2）强制性渊源、可废止性渊源和许可性渊源之间的区别完全是依情况而定的，也就是说，它取决于相关社会中普遍存在的承认惯例。当然，哪一种渊源可以发挥何种作用是视情况而定的，正如人们在特定的法律环境中可能找到的这些渊源的具体混合情况一样。例如，在某个特定的法律体系中，完全有可能只允许使用强制性渊源，或只允许使用许可性渊源。此外，强制性、可废止性和许可性渊源之间的区别可能会随着时间的推移而改变。例如，某个特定的渊源可能最初是作为一个许可性渊源出现的，但随着时间的推移，它的使用可能会变得越来越有规律，以至最终被认为是强制性的，或者至少是可废止的。同样，这完全取决于相关法律体系的官员所接受的相关承认惯例。官方的承认惯例最终确定渊源的规范性程度。

（3）到目前为止，我一直把法律渊源称为理由，并且我相当肯定地认为法律渊源就是理由。但这当然是有争议的，至少需要做出一些解释。事实上，我并不是说法律渊源本身就是行动理由，也不是说法律渊源具有内在的给予理由的权力，也不是说法律适用机构有

---

① 因此，可以区分“绝对的渊源”（强制性渊源），“应该的渊源”（可废止的，不完全强制的）和“可能的渊源”（许可性渊源），参见 Peczenik，A. 1989. *On Law and Reason*，Springer，Dordrecht，2008，261 – 4；Shecaira，F. 2013. *Legal Scholarship as a Source of Law*，Springer，Dordrecht，29 – 33；Bell，J. 2018. “Sources of Law”，*Cambridge Law Journal* 77：47 – 8。

使用法律渊源的固有义务——即使是强制性渊源也不是。作为一名法律实证主义者，我的观点恰恰相反——我认为法律并不具有固有的规范性，也没有遵守或适用法律的固有义务。因此，本节关于渊源作为理由的讨论应被理解为有条件的或观点性的讨论，即从已经假定了规范性观点（接受法律体系作为一个整体的观点）的官员的角度进行的讨论。①

五、官方趋同的范围与法律体系的存在

最后一点。我不仅说过，有些渊源直接基于法律适用机构所接受的承认惯例（基于实践的渊源），还说过这种惯例是最终支撑所有法律渊源的东西。因此，简而言之，法律体系的存在本身——以及它的形态和规模——最终取决于适用法律的官员的承认惯例。因此，就官方的承认惯例与法律体系的存在之间的关系，特别是为维持一个可行的法律体系所需要的那种官方趋同性，似乎只有以一些简短的建议来结束本文才是合适的。

不可否认，我们在这里面临一些严峻的挑战。一方面，官方惯例最终构成了法律体系的组成部分——以及法律体系本身。而这一点——即法律最终以一系列社会事实为基础的观点，比如官方惯例——是法律实证主义的基本原则。但另一方面，不能保证在一个法律体系中工作的各种官员在他们的法律确认活动中完全一致。实际上，官员们似乎在确认法律的方式上存在分歧：任何法律体系都充斥着相互对立的解释性准则；法学家们对在法律上有争议的正确结果存在激烈的分歧——当然，并不总是如此，但足以说明法律上的分歧是家常便饭。法律似乎既存在官方趋同，也存在官方分歧。是否有办法将法律分歧这一不争的事实与官方趋同是法律体系的终极基础这一观点相调和？

本章提出的论证在此可能会有所帮助。明智之初是要注意到，在一个法律体系中，可能涉及不同类型的法律分歧。官员们可能在许多不同的事情上存在分歧。至少，他们可能在以下方面存在分歧：

（a）法律渊源，既包括类型意义上的（在特定的法律体系中，什么应该或不应该被视为法律渊源），也包括实例意义上的（这真的是成文法的例子吗？这个先例还有效吗？）；

（b）为了从法律渊源中推导出法律规范而采用的解释性准则；

（c）法律渊源的具体解释，即确认可以从法律渊源中衍生出的法律规范；

（d）争议的具体结果（如何对特定案件或案件类型适用法律规范）；以及

① “渊源论要求，在法官有责任依法作出裁决的范围内，法官必须适用基于渊源的规范”，参见 Leiter, B. 2004. “The End of the Empire: Dworkin and Jurisprudence in the 21st Century”, *Rutgers Law Journal* 36: 176。也参见 Gardner, J. 2012. *Law as a Leap of Faith*, Oxford UP, Oxford, 36; “没有法律实证主义者认为，法律的体系有效性确立了其道德有效性，即法律应该被主体遵守或被法官适用”，参见 Green, L. 2003. “Legal Positivism”, *Stanford Encyclopedia of Philosophy*; Pino, G. 2021. “Normativity for Positivists”, in S. Bertea (ed.), *Contemporary Perspectives on Legal Obligation*, Routledge, London: 82–97。

(e) 法律体系的基本价值。①

现在，对于这些问题，我们既不应该期待达成完全一致，也不应该期待完全分歧。若是完全一致，那将是极为理想的局面；而普遍的分歧，则会导致法律体系的彻底崩溃。在现行的法律体系中，我们应当预料到官员之间会存在各种意见的交融与对立。此外，就上文所强调的不同要点而言，一致与分歧之间的辩证关系可以以不同的方式发挥作用。实际上，我们可以想象，上述列举的几点形成了一种逐步的规模。其中在某些点上可以预料到法律上的分歧，甚至可能程度颇深，但不至于危及法律体系的可行性；而在另一些点上，只有在达成共识，甚至是广泛的共识后，法律体系才能蓬勃发展。让我们来看看。

最初，法律体系很可能不会因为解释性准则这一层面上的分歧，以及法律体系的基本价值观的不同（分别为上述的 b 点和 e 点）而特别受到影响。确实，法律体系中的官员持有不同的价值观很正常——至少在当代多元化民主国家，这正是人们所期望的。同样地，法律适用机构诉诸不同的解释方法来进行法律确认，这也是正常的。有多种解释方法可用的这一事实并不一定影响法律体系的统一性，因为不同的解释方法常常会导致相同的判决结果，这是完全有可能的——实际上，这是一个显而易见的事实。②反过来，期望任何可行的法律体系就许多甚至大多数法律争议的具体结果达成相当程度的共识，③这可能是合理的，同时在能够从相关渊源（分别是上述 d 点和 c 点）中衍生出来的规范上也大致如此。实际上，在大多数可行的法律体系中，对这些问题存在广泛的共识——的确，很难想象，如果法律适用机构在这些问题上存在激烈的分歧，一个法律体系如何能够存续下去。④

最后，应该在认定法律渊源的层面上（上述 a 点）找到更广泛的共识。为了维持一个法律体系的良好状态——确实，为了使一个法律体系得以存在，对法律渊源的广泛趋同是必要的。⑤正是对渊源达成广泛共识，才有可能容纳其他类型的分歧。具体而言，正是对法律渊源的趋同，使得人们能够认为不同的官员正参与同一场游戏——尽管他们采取不同

---

① 安德里亚·多塞蒂（Andrea Dolcetti）和乔瓦尼·巴蒂斯塔·拉蒂（Giouanni Battista Ratti）对法律分歧进行了类似的阐述，参见 Dolcetti，A. and Ratti，G. B. 2013. “Legal Disagreements and the Dual Nature of Law”，in W. Waluchow and S. Sciaraffa（eds.），*Philosophical Foundations of the Nature of Law*，Oxford UP，Oxford：301 - 21。

② 关于这个现象，参见 Farber D. 1999. “Do Theories of Statutory Interpretation Matter? A Case Study”，*Northwestern University Law Review*，94：1409 - 44；Leiter，B. 2009. “Explaining Theoretical Disagreements”，*University of Chicago Law Review* 76：1215 - 50。

③ Kramer，M. 1999. *In Defense of Legal Positivism*，Oxford UP，Oxford，130 - 45；Leiter，B. 2009. “Explaining Theoretical Disagreements”，*University of Chicago Law Review* 76：1215 - 50.

④ 关于这方面的更广泛的论证，请参见 Kramer，M. 2007. *Objectivity and the Rule of Law*，Cambridge UP，Cambridge，ch2。

⑤ “每个社会的相关法律渊源都是由法律体系的官员的偶然实践确定的（称之为‘社会惯习命题’）”，参见 Leiter，B. 2018. “Legal Positivism about the Artifact Law. A Retrospective Assessment”，in L. Burazin，K. E. Himma，and C. Roversi（eds.），*Law as an Artifact*，Oxford UP，Oxford：7。

的解释策略。如果多个官员使用不同的渊源来裁决案件，那么就很难说他们实际上是在同一个法律体系中操作。只要官员们对一系列法律渊源的承认惯例趋于一致或有所交叠，我们就可以说法律体系存在的最低条件已经满足。我们已经触及了法律体系的基石。

当然，没有理由认为达成一致的法律渊源清单是静态不变的。承认惯例始终处于可变之中，① 尤其是因为这种惯例是不同官员之间权力斗争的领域，而这些官员参与法律体系可能受到不同基本价值观的驱动。我们也不应该期望任何法律体系都配备一份明确的法律渊源清单。承认惯例可能导致在法律渊源的认定上出现不确定性和不确定因素。这里不能指望有确切的公式。②

尽管如此，只要法律渊源存在一个趋同或交叠的官方承认惯例，也就是说，这种趋同使得官员能够朝着同一个方向寻找法律，我们就可以说这些官员是在同一个法律体系中操作的——实际上，我们也可以说，一个法律体系已经建立起来了。

---

① Raz，J. 1979. *The Authority of Law*，Oxford UP，Oxford，2009. 2，94. “什么被视为合法的法律渊源［…］是一个不断演变的实践的产物，在这个实践中，律师、法官、评论员和其他法律行为者以分散和非线性的方式逐步决定什么被视为合法渊源，什么不是，从而将以同样的方式决定什么被视为法律，什么不是”，参见 Schauer，F. 2009. *Thinking Like a Lawyer*，Harvard UP，Cambridge，81。

② 关于承认规则中的不确定性和开放结构，参见 Hart，H. L. A. 1994. *The Concept of Law*，Clarendon Press，Oxford（1st ed. 1961），147 – 54。也请参见 Vogenauer，S. 2006. “Sources of Law and Legal Method in Comparative Perspective”，in M. Reimann，R. Zimmermann（eds.），*The Oxford Handbook of Comparative Law*，Oxford UP，Oxford：885。

理论争议、法律实证主义与解释

[美] 丹尼斯·帕特森*著　沈烨娜**译

摘　要　由于未能给理论争议提供有效说明，因此法律实证主义是一种有缺陷的法律理论。这是罗纳德·德沃金提出的著名观点。这一观点将理论争议视作法律的一个核心特征，夸大了理论争议的价值，实际的法律实践已经表明哈特所提出的法律实证主义并不需要对理论争议进行说明。但与之相反，法律实证主义确实需要一个针对法律解释的合理说明。法律解释是哈特承认规则的一部分，完整的法律实证主义需要同时说明有效的法律渊源和有效的法律解释方法。就其地位而言，法律解释之于法律实践的作用值得肯定，但不能像德沃金那样将其视作根本，而有必要进一步明确其在法律实践中的适当定位。

关键词　理论争议　法律实证主义　解释　德沃金　哈特

一、引言

当前，关于罗纳德·德沃金所主张理论争议的相关论辩仍在继续。1986 年，“理论争议”的概念由德沃金在《法律帝国》一书中引入，但长期以来关注者寥寥。直至 2007 年，斯科特·夏皮罗指出，德沃金之于实证主义者没有说明理论争议的批评还没有得到回应。2009 年，布莱恩·莱特回应了夏皮罗，并以理论争议的名义对德沃金的主张进行了批判，同时提出了对德沃金有关“实证主义”的回应。近年来，一些批评者对莱特有关理论争议的批评提出了反对意见，也就莱特对德沃金实证主义的反驳提出了反对意见。争论仍在继续之中。

---

* 丹尼斯·帕特森（Dennis Patterson），罗格斯大学法律与哲学理事会教授、英国萨里大学法律哲学教授。原文载《法理》（*Ratio Juris*）2018 年第 3 期，第 260－275 页。

** 沈烨娜，女，浙江湖州人，华东政法大学刑法学专业硕士研究生，研究方向为刑法学、刑法方法论。

在本文中，我将主张并论证法律实证主义能够对德沃金的批判意见进行彻底回应。① 对于德沃金有关理论争议中心地位之主张及其实证主义之批判，尽管在学界已经有了诸多回应，但是还没有一个能够切中肯綮，其原因便在于实证主义的理论资源没有得到充分的利用。②

除了德沃金对实证主义的批判以外，还有一个严重的问题是理论争议是否仅仅是德沃金一般法理学的外在表现？如果要正确地理解这一问题，就需要考察理论争议和德沃金将法律作为一种解释实践这一观念之间的联系。虽然有些人认为德沃金的法律理论建立在一种难以置信的形而上学之上，③ 但毫无疑问，德沃金对法律解释的关注是法律实践中的一个重要进步。在他关于理论争议中心地位的论证中，德沃金将解释作为法律实践的一个基本特征。也正是由于他在对于法律性质的描述中突出强调了这一点，表明他过于夸大了解释的作用和重要性。④

二、德沃金对理论争议之观点

1986年，德沃金《法律帝国》一书中开始讨论法律的争议问题。这一讨论建构在法律命题和真理命题两大核心思想之上。⑤ 德沃金告诉我们，法律命题是“人们对法律允许或禁止或有权拥有的东西所做的各种陈述和主张”。他提供了这类命题的示例。其中包括：“法律禁止美国各州在宪法第十四修正案的意义范围内，拒绝给予民众以平等的保护”以及“法律要求Acme公司对约翰·史密斯在去年2月的工作中所遭受的伤害进行赔偿”。

德沃金认为法律命题或真或伪，其重要方面在于，它们是“成其为真”或“因其他命题而为真”的。⑥ 至少，德沃金认为这就是“每个人的想法”。因此，“加州的限速是每小时55英里”是一个真命题，只是因为加州立法机构已经颁布了相关的法规。正是立法机构通过法规的行为，促使关于速度限制的命题“成为”了真值。

律师们有时会对像加州限速法规这样的法规是否存在产生分歧。这是一种事实争议，

① 当我提到“实证主义”时，我指的是哈特《法律的概念》（2012年版）中的实证主义版本。本文提出的解释观点采用了哈特在《法律的概念》中提出的承认规则的概念。我将论证一种解释方法，这种方法符合哈特关于“承认规则”属于官员间社会实践的概念，并且建立在此概念之上。

② 正如读者将看到的那样，实证主义必须得到加强，特别是要增加一个与实证主义主要路线相一致的解释说明。这正是本文的意旨所在。我同意斯科特·夏皮罗的观点，他认为，当“解释方法论植根于社会事实”时，这一法律解释的说明就是实证主义的。

③ 关于在“使用自然种类作为法律和政治概念语义理论的基础”之背景下对这一点的讨论，参见Patterson 2006。

④ 正如我要说的那样，“解释是以理解为条件的”。(Tully 2003, 39) 同样参见Wittgenstein 2010, sec. 201：“这是一种掌握规则的方法，它不是一种解释，但表现在我们所谓‘遵守规则’和‘违背规则’的实际案例之中”。

⑤ 德沃金长期保有对法律命题性以及真理概念的研究兴趣。参见Dworkin 1977, 1：“甚至关于法律性质的辩论也是如此，它在法律哲学中占据了几十年的主导地位，从根本上说，它是语言哲学和形而上学的辩论。”

⑥ 有些人将这种法律根据的情形称为“关系”。参见Duarte d'Almeida 2016, 166：“因此，法律‘根据’这一概念是一个关系性的概念。”

可以通过寻求适当的成文法参考来解决。德沃金将这类争议称之为“经验争议”。而比经验争议更为重要的，便是德沃金所说的“理论争议”。这类争议不是关于事实的，而是关于他所称的“法律的真正依据”。与经验争议不同，理论争议不能通过参考成文法即“查看保存机构决策记录的文书”来解决，而需要更多的思考和论证。

德沃金认为，理论争议是法律实践的一个基本特征,① 由此指责法律实证主义“对于理论争议没有合理的说明”。那么，当律师们以可能被称为“理论”的形式产生争议时，他们争议的本质又是什么呢？德沃金认为，这种争议的本质是“法典和司法判决是否穷尽了相关的法律依据”。

德沃金用纽约的里格斯诉帕尔默案来说明他的观点。② 案件中，里格斯提出了这样一个问题，即一个毒死了他祖父的孙子是否还能在其祖父的遗嘱下受益？对此，法官之间针对如何解释《纽约遗嘱法》产生了分歧。多数法官认为，应当通过明确立法机关在面临这一问题时将会采取的措施来辨明法规的意旨。与此相反，持有异议的法官认为，由于《纽约遗嘱法》适用的必要条件已经得到满足，尽管该案中埃尔默犯了罪，但他也应该根据遗嘱获得遗产。

如前所述，理论争议在法律依据上存在分歧。法律依据决定了法律命题的真伪。当律师对法律依据存有异议时，他们的争论只在于法律中真理的性质，即律师们只是对法律命题真伪的构成持有不同意见。而德沃金的主张则十分简明：实证主义缺乏资源来解决有关法律依据的争论，因此，实证主义者对法律性质的解释不够充分。

里格斯案何以说明德沃金的主张呢？德沃金认为，对于实证主义者而言，理论争议“是一种幻觉”。实证主义者对于法律只有一种“普通事实”的看法。以下是德沃金主张的这种“看法”的主要方面：

> 1. 法律只是法律机构（如立法机构、市议会和法院）在过去所做的决定；
> 2. 法律问题总是可以通过查看保存机构决定记录的文书来回答；
> 3. 当律师和法官在理论上对法律是什么产生争议时，他们实际上是对法律应该是什么产生争议。他们的争议实际上是关于自负和忠诚的问题，而不是关于法律。

在论辩中，德沃金的反对意见是相当突出的。然而，正如我们将看到的那样，德沃金

① “为我们的示例案件辩论的各位法官和律师并不认为他们是在为边缘案件或边缘化的主张辩护。他们对立法和先例存在根本性的分歧；他们的论点表明，其分歧不仅在于埃尔默是否应该得到他的遗产，而且在于为什么任何立法行为，甚至交通法规和税率，都规定了每个人都同意的权利和义务；不仅在于麦克洛林夫人是否应该得到她的赔偿，而且在于过去的司法判决如何以及为什么改变了国家的法律。他们为“什么使法律命题不仅在边缘是真实的，而且在核心也是真实的”而争论。我们的示例案件被那些在法庭、教室和法律评论中进行争论的人理解为检验基本原则的关键案件，而非目的仅在于划定一些或多或少的任意界限的边缘案件。”（Dworkin 1986, 42－3）

② 115 N. Y. 506, 22 N. E. 188 (1889).

对实证主义处理理论争议的方法的质疑可能并不如它最初看起来那般有说服力。而他批判之持久力的部分原因便在于实证主义对此未能做出完整的回应。① 虽然实证主义阵营中还没有人提出这样的回应，但是这种回应确实是可行的。

三、德沃金对理论争议之定位

在转向实证主义对于理论争议的回应之前，我们需要回顾一下理论争议是如何在德沃金的一般法理学中作为一个问题而出现的。有关理论争议的论辩之所以能够继续下去，而且似乎没有穷尽，原因之一就在于德沃金巧妙地将他的论辩与实证主义结合了起来。众所周知，德沃金早期对哈特实证主义的批评在于哈特没有考虑到原则在司法裁决中的作用。正如哈特后来所承认的那样，就这一点来说，德沃金无疑是正确的。② 但对德沃金而言，不幸的是，他早期的批评被视为一种“有益的批评”，实证主义者能够很容易地适应这种批评。③ 因此，这一立场被称为“软实证主义”④ 或者“包容性的法律实证主义”，被认为是在没有对哈特的实证主义造成任何损害的情况下包容吸纳了德沃金的批判意见。

诚如杰拉尔德·波斯特玛所言，德沃金的一般法理学建立在两个关键概念上：解释和完整性。在这两个概念中，与理论争议的讨论最为相关的是解释。正如我所希望的那样，只有将解释作为基础，才会出现法律中的理论争议问题。也正因如此，德沃金他这一深刻

① 莱特的主张是一个很好的开端。但莱特没有阐述关于法律解释的实证主义说法。他只是说，像里格斯这样的案例表明，对于《纽约遗嘱法》并没有“事实”能够说明哪种解释是正确的。对此，我认为这是一个错误，它只是促使德沃金主义者继续批评实证主义没有关于理论争议的解释。

② Hart 2012，Postscript，259. “在我回复的这一节中，我考虑了关于我忽略了法律原则的批评的各个方面，我试图表明，无论这种批评中的什么理由都可以被容纳，而不会对我的整个理论产生任何严重的后果。但我现在当然要承认，我在书中对裁决和法律推理的话题说得太少了，尤其缺少对来自我的批评者所说的法律原则的论证。我现在同意，这本书的一个缺陷是，对原则的论述只是一带而过。”

③ Hart 2012，Postscript，259. “一些在我的作品中发现这一缺陷的批评家认为，这或多或少是一个孤立的错误，我可以通过将法律原则与法律规则一起作为法律体系的组成部分来弥补这一缺陷，他们认为我可以在不放弃或不严重修改本书任何主要主题的情况下做到这一点。”

④ 这是朱尔斯·L. 科尔曼倡导的立场，也是哈特在《法律的概念》的后记中认可的立场：“还有一个方面，德沃金曲解了我法律实证主义的形式。他把我的承认规则学说视为要求为识别法律所提供的标准，并必须只包括历史事实，因此是‘简单事实实证主义’的一个例子。但是，尽管我对承认规则所提供的标准的主要例子是德沃金所称的‘血统’问题，只涉及法律机构通过或创建法律的方式，而不涉及其内容，但我在这本书和我先前关于‘实证主义和法律与道德的分离’的文章中都明确指出，在一些法律体系中，如在美国，法律有效性的最终标准除了‘血统’之外，还可能明确地纳入正义原则或实质性的道德价值，而这些可能构成法律宪法限制的内容。在《法律帝国》一书中，德沃金将‘简单事实’的实证主义归给我，而忽略了我理论的这一方面”。（Hart 2012，247）“德沃金把‘简单事实实证主义’的学说归于我，他错误地把我的理论当作不仅要求（正如它所要求的那样）承认规则的存在和权威应取决于它被法院接受的事实，而且还要求（正如它所不要求的那样）该规则提供的法律有效性标准应完全由他称之为‘血统’事项的特定种类的朴素事实组成，这些事实涉及法律产生或采纳的方式和形式。这便存在一个双重错误。首先，它忽略了我明确承认承认规则可以纳入符合道德原则或实质性价值的法律有效性标准；因此我的学说是所谓的‘软实证主义’，而不是像德沃金所称的‘纯事实’实证主义。其次，我的书中没有任何内容表明，承认规则所提供的简单事实标准必须仅仅是‘血统’问题；相反，它们可能是对立法内容的实质性限制，如美国宪法第十六或第十九修正案中关于建立宗教或限制选举权的规定。”（Hart 2012，250）

的哲学主张不能成立。一旦我们让解释回到它应有的位置，理论争议的问题就会被解决。

正如其他人所观察到的那样，德沃金关于法律作为解释实践的理论，是德沃金关于解释在社会实践中作用的一般概念的一个特殊实例。① 德沃金把自己完全置于诠释学传统② 之中，他认为，为了理解一个物体或实践，我们必须解释它。③ 德沃金所说的"解释"是指将一个观点或目的强加于实践。④ 尽管德沃金对解释的论述中确实存在一个主体间的因素，但只有通过单个解释者的解释行为，才能确定实践的要点或者目的。⑤ 正如德沃金所说，实践中的每个参与者"都在试图发现他自己在维持和参与该实践中的意图，在这个意义上，他要找到自己行为的一个有目的的说明，以使自己对自己的行为感到满意"。

在《法律帝国》一书中，德沃金告诉我们，法律帝国"是由态度，而不是领土、权力或程序来定义的"。这种态度被德沃金形容为"自我反省，并针对最广泛意义上的政策"。更重要的是，德沃金继续将这种态度称之为"新教徒"。在寻找法律实践的要点时，解释的任务就是"将原则置于实践之上，以显示通往更好的未来的最佳路线，保持对过去的正确信仰"。

借由德沃金对解释在法律中作用的这一总结，让我们重新审视理论争议及其在德沃金一般法理学中的地位。法律实践的参与者通过确定一项原则来决定什么是法律，这个原则将法律资料（实际上是整个实践）置于其最佳位置。可以说，是这个以最佳方式来展现案例和法规的道德原则而不是单纯的一个案例或法规确定了法律命题的真实性。这一原则通过三个步骤的解释过程产生，⑥ 在最后一个阶段中解释者发现确定了一个她认为最能体现法律的原则。

鉴于德沃金赋予了理论争议以最佳地位，那么也难怪他会认为解释是法律和法律实践的一个核心特征。但是，我们也有理由质疑他的法律实践图景。尽管他提出了相反的主张，⑦ 但德沃金"法律作为一种解释实践"的主张并没有能够契合法律的细节层面。他通过从高度争议的案件入手，然后试图从中建立一个法律实践的图景来发展法律实践。然而

---

① "德沃金认为他的理论也适用于文学/艺术解释；事实上，对社会实践的解释在某些方面是以他认为的文学/艺术解释为模式的。"（Postema 1987，286 n. 6）事实上，德沃金甚至说，理解另一个人的讲话的行为本身就是一种解释的行为："最熟悉的解释场合就是对话，我们对它如此熟悉以至我们很难认识到它是这样的。实际上，我们会解释另一个人发出的声音或标记，以确定他说了什么。"（Dworkin 1986，50）

② 德沃金在《法律帝国》一书中提及了狄尔泰、伽达默尔和哈贝马斯。

③ "所有的理解都是解释"这一概念是当代哲学和社会科学中许多工作的核心特征。这一观点存在一个有趣的谱系，见于德贡布 1991 年的文章之中。

④ "建设性解释是一个将目的强加于一个对象或实践的问题，以使其成为它所属的形式或流派的最佳范例。"（Dworkin 1986，52）

⑤ "如果原始数据不能区分这些相互竞争的解释，每个解释者的选择必须反映他的观点，即哪种解释为实践提出了最多的价值、哪种解释在所有方面都表现最优。"（Dworkin 1986，52 – 3）

⑥ 参见 Dworkin 1986，65 – 8.

⑦ "完整的法律可以解释和证明简单案件和困难案件，同时还表明了它们难易的原因。"（Dworkin 1986，266）

事实是，大多数法律问题是没有争议的。① 为什么会如此呢？问题的答案必须从参与者的共识中找到。②

就困难案件和简单案件的区分而言，在困难案件中，法官似乎确实存在支持初步证据的理论争议案件的讨论。但对于简单案件而言，是否也是如此呢？德沃金认为简单和困难的案件并没有区别："简单案件只是困难案件的特殊情况"。然而，正如马修·克莱默所言，德沃金在《法律帝国》一书的开篇叙述了一些棘手的案件，但"这本身并不能说明法官在确定简单案件的法律时坚持不同的标准"。是什么让一个简单案件变得简单呢？根据德沃金的说法，这与在困难案件中发现的东西相同，即解释结果的趋同。简单案件之所以简单，是因为解释者通过理解使法律处于最佳状态的原则，从而得出了相同的结论。而实证主义者会说，简单案件容易处理的原因在于，律师们对于法律效力的标准达成了一致意见，在任何特定的案件中，这些标准的解释方法都没有任何疑问。

解决德沃金和实证主义之间论争的一个途径是，明确哪种理论最能解释法律事实。一个明显的事实在于，在法律体系中，人们对于法律是什么存在着广泛的共识。③ 为了说明这一点，实证主义者会指出这样一个事实：几乎所有的法律问题在由律师回答时都会回溯到相同的案例、法规和权威。正如哈特所认为的，官员的实践是法律实践的基础。正是共识的存在解释了为什么大多数法律问题是无可争议的。

在德沃金看来，理论争议可以在任何时候爆发。④ 依据他对简单案件的描述，这似乎是他一般法理学的直接推论。如果法律真的是一个将最佳的建设性解释强加给制度历史的问题，人们就会期待争议成为法律实践的一个常规特征。但事实并非如此。更糟糕的是，德沃金将他的法律理论作为一种解释工作，并与坚持客观道德真理存在的现实主义形而上学结合了起来。⑤ 这无疑是给一个简单解释的明确之处增添了更多的复杂性和难度。

德沃金有关理论争议在法律理论中占据核心地位之论点，很大程度上取决于德沃金对法律实践的一般概念。他的主张和论点在经验与概念之间摇摆。而实证主义者则拒绝接受德沃金的法律实践图景，因为在他们看来这并不符合事实。

重要的是，德沃金和实证主义者的分歧不在于某些法官或律师是否在"从事法律"，相反地，他们的分歧在于如何最好地描述法律实践。这就是法律哲学的本质。争论焦点在于确定何种实践图景最为合理、最为清晰。与之相较，有必要考察实证主义对于法律的描述，并从中寻求理论争议的定位。

---

① 参见 Endicott 2012，120："红色交通灯、所得税、销售合同下的缺陷商品退货权，其中任何一项都可能在特定情况下引起解释问题，但它们不需要这样做（事实上，它们被设计为不需要这样做，而且它们通常也不会这样做）。"

② Postema（1987，318－9）对此认定如下："共识的形式是共同的纪律以及共同世界实践经验的厚重连续性。"

③ 莱特提出："关于什么是法律的广泛共识仍然是正常运作的法律体系的最显著特征。"

④ 正是德沃金有关解释普遍性的主张，给他的理论带来了问题。

⑤ 参见 Dworkin 2004. This essay is reprinted in Dworkin 2006，140－86.

四、哈特实证主义之基础知识

哈特的法律论说广为人知，但为清晰起见，也为以后的讨论奠定基础，让我们再次阐明一下它的基本细节。

在《法律的概念》中，哈特对法律的阐述聚焦于现代法律体系的核心特征。哈特认为他对法律的阐述是"描述性的"。① 他所描述的是一个规则的条件，这个规则只能是法律规则而不能是其他类型的规则（如道德规则）。法律有效性的标准见于承认规则。哈特认为，"承认规则"是一种"社会规则"（官员的习惯规则/惯例），这意味着法律有效性的标准只是法律官员之间的主体间惯例问题，而这一惯例证明了立法机构、法院和其他官员的工作即"有效"法律渊源的法律地位。换言之，法律命题的有效性（德沃金所称的"法律依据"）完全依赖于法律体系中官员的不断认可。

承认规则有两大重要方面的内容值得反复强调。第一点是，承认规则确定了有效的法律渊源。尽管承认规则告诉我们什么是有效的法律渊源，但它本身既非有效亦非无效。简而言之，人们通过承认规则来获知那些可被称为"从属"法律规则的有效性标准。作为一项最终规则，"承认规则"只依赖于官员们正在进行的实践中所体现出的主体间共识。②

第二点更为重要，也更具争议性。除了确定法律渊源（如法规和先例）之外，承认规则还确定了采取这些渊源并利用它们来裁决案件的习惯方式。虽然如此，但承认规则并不是一个完整的裁决指南。承认规则确定了哪些是有效的法律渊源，它还包含了解释这些渊源以裁判案件的常规方法。然而，承认的规则并不是一种通用算法。换言之，并不是所有的法律纠纷都可以仅通过参考承认规则来解决。

承认规则提出了许多问题，部分系认识论问题，部分系形而上学问题。显然，承认规则规定法官有责任适用有效的法律规则，③ 但是，"正确适用"包括哪些内容并不总是十分明晰。任何对于承认规则的说明，都必须回答规则的有效性证明与它在裁决中的作用之间的关系这一问题。如今，这个问题的解答也将变得愈发清晰。

正如哈特本人所承认的那样，④ 由于德沃金指明了原则在处理困难案件中所发挥的重要作

---

① 哈特将《法律的概念》视为"描述性社会学"的一项工作。

② A. W. B. Simpson（1986，20）的说明最为合适："在这个意义上，普通法体系被恰当地定位为一个习惯法体系，即它由一个律师阶层所观察到的惯例和接受的观念组成，这些观念被他们用来指导在他们面前或由他们代表客户在其他情况下对争议进行合理的裁决。这些想法和做法的存在，只是因为它们在法律界被接受并付诸行动，就像习惯做法可以说是在一个群体中存在，因为它们被观察到，被接受为适当的行为形式，并随着群体成员的变化通过榜样和戒律传播。"当然，具有讽刺意味的是，在这一部旨在显示法律实证主义缺陷的作品中，竟然出现了对实际法律实践如此精彩的阐述。

③ 对哈特来说，遵循承认规则的"义务"并不是道德的功能。相反地，它确定了官员对承认规则的看法或者态度（哈特称之为"内部观点"）。

④ 参见 Hart 2012，Postscript，263. "我当然认为，从这种非结论性原则出发的论证是裁决和法律推理的一个重要特征，它应该以适当的术语为标志。德沃金提出并说明了它们的重要性及其在法律推理中的作用，他的贡献值得肯定，当然，我也没有强调它们的非决定性力量是一个严重的错误。"

用，他对哈特实证主义的早期批评被认为是“有益的”。德沃金曾说，原则进入法律不是凭借“血统”，而是出于“在行业中形成的适当感”。其后，事实也证明了这句话对于实证主义中包容性与排他性两大阵营的划分来说非常重要。由于承认哈特从未主张以严格的“血统”测试作为有效性的基础，这也为后来的包容性法律实证主义者吸纳德沃金的批评意见提供了条件。

当我们回顾德沃金《法律帝国》一书中提供的案例时，可以发现这种解读并不是不可信的。在里格斯案中，法律争议并不在于《纽约遗嘱法》的约束效力，相反地，争议在于该法规中的规则应当如何适用于本案中发现的不寻常情况。以此视角观察里格斯案，我们只需说，德沃金坚持认为，像里格斯这样的案件并不是对现有法律的修正，而是“对于已经正确理解的法律的改进报告”。在法官作出这些声明时，“换言之，声称新的声明是正确认识法律真正理由的基本要求，尽管这一点。此前从未被承认”。

五、理论争议之实践启示

德沃金认为，理论争议是法律的一个核心特征。他用里格斯案这样的案例来说明，法律与法律实践的深入理解必须从解释理论争议现象及阐释其在法律概念中的核心作用开始。但是，实际的法律实践表明现实并非如此。

在我们了解一致现象，特别是法律判决中的一致之前，我们无法真正理解法律中的一致。为了更有力地说明这一点，争议只能在判断普遍一致的背景下发生。① 因此，德沃金论说的出发点是错误的，② 这使得其结果大大夸大了理论争议的价值。

我首先认识到，正如布莱恩·莱特所说，“在整个系统中，对法律存在着大量而普遍的一致”。③ 对此社会学事实，我们应该如何加以解释呢？这种普遍存在的“判断上的一致”④ 有两个方面值得注意。其一，律师、法官和其他机构的官员对作为法律问题的案件达成一致。其二，他们是否因为同样的原因而达成一致。⑤

---

① Schauer 1985，407：“关于简单案件的理论，或者至少是一套见解，是发展处理困难案件的理论的首要一步。”Postema 1987，316：“那么，争议甚至包括实质性的争议，在一个具有共同意义的世界中也具有一席之地。”

② 我完全同意莱特在2009年提出的观点，即德沃金的理论展示出“一种奇怪的辩证结构”，他从几个有争议的案件开始，用它们来阐明法律更多的细节问题。

③ Leiter 2009，1227；重点在原文中。参见 Patterson 1999，92：“律师的许多工作不涉及任何种类的‘解释’或者‘理论’。”

④ 参见 Wittgenstein 2010，§242：“如果语言要成为交流的手段，不仅要在定义上达成一致，而且要在判断上达成一致（虽然这听起来很奇怪）。这似乎违背了所有的逻辑，但实际上并非如此。描述测量的方法是一回事，获得和陈述测量的结果是另一回事。但我们所谓的‘测量’部分是由测量结果的某种恒定性来决定的。”

⑤ 对这一论点的一个反对意见是：这个论点转向“数字计算”，因此它不可能是正确的。但这是个错误。主体间的共识不仅仅取决于数字。同样，Postema（1987，318－9）指出了其中的利害关系：“冲突总是以共识为前提，但在这种观点中，共识的形式并不是在一套离散的正式的、构成性的规则上达成协议，也不是在实践的行为‘数据’上达成协议。相反，共识的形式是共同的纪律和共同世界实践经验的厚重连续性。这种共识并不排除对解释的需要，也不保证解释的统一性。但它确实决定性地塑造了解释的构建和辩论的精神。那么，争论是可能的，甚至在我们可以称之为实践的‘宪法’层面，而不会危及整个实践（甚至可能是有益的）。它是可能的，因为有一个更深入和更广泛的经验和纪律的连续性。在这种连续性受到威胁或削弱的地方，实践本身就会受到威胁。”

存在大量社会学、学术和制度方面的证据来支持这样的主张：在绝大多数情况下，现有的法律几乎没有任何问题。当然，当我在这里谈及“案件”时，我指的并不是诉讼案件，因为这类案件在律师和法律相关官员回答“关于这个问题的法律是什么”这一问题的总数量中只占很小的一部分。任何为法律的全球不确定性辩护的人，都有一个巨大的社会学障碍来支持他们的主张。

之于第二点，哈特承认规则的一大论点在于它提供了一个“法律的测试”。但是，如果参与者应用不同的标准来得出相同的结果，那么任何测试都是不充分的。换言之，在判断中达成一致的前提必须是应用了相同的标准，这样承认规则才能完成哈特认为其应负的作用。

律师的日常工作表明，这一做法离不开厚重繁复的相互理解。① 仅以合同为例，合同解释便是从文本开始的。术语的普通含义被赋予了初步的权威。同样，从转让到税收和监管事项的各种规则都要参考法规。即使是备受争议的美国宪法也是如此，同样具有深刻的、具有解释性的结构。②

六、解释

虽然承认规则可以确定有效的法律渊源，但是这并不足以决定所有争议案件。③ 除了确定有效的法律渊源外，律师和法官还必须知道如何解释这些渊源，以决定什么是真的法律问题。哈特（就像他的追随者一样）从未讨论过这个问题，它是完整的实证主义法律解释体系中的缺失元素。而且，这不仅仅是完整实证主义对法律解释的问题，一旦我们知悉

---

① Postema 1987，318－9.

② 参见 Schauer 1985，403－4：“一旦我们认识到许多很少进行诉讼的宪法条款对美国公共生活的性质和方向有着深刻的影响，将这些条款排除在宪法理论家的关注之外就是反直觉的。这不仅仅是一个在律师和政治学家之间划分宪法理论领域的问题。宪法的结构性条款，包括（也许特别是）那些从未进入司法系统的条款，能够代表公众对于这部宪法和整个宪政的态度。相反地，这种态度也是宪法律师所处理的各种问题和争端中始终存在的一种考虑。关于国会对最高法院管辖权的控制、有选择地回避裁决的优点或缺点的争议，甚至更具体的实质性理论的设计，都不断考虑到司法机构与政治体、与政府其他部门之间的关系。宪政裁决存在于一个框架内，这个框架是通过接受宪法作为这个国家的宪法和治理工具而形成的。它验收的存在以及这个框架连接处裂缝的位置和严重性，都是这一文件的非诉讼部分的产物，与诉讼部分一样，甚至比诉讼部分要更多。宪法裁判与那些对于宪法的一般态度密切相关，但这些态度不一定是由裁判产生的，也不一定是裁判所特有的，因为在这个框架内维护和运作是法院的部分责任。宪法的非诉讼部分在许多方面仍然对裁决过程存在着重要影响，为了确定法学院和政治学系各自的地盘而在诉讼条款和定居条款之间人为地划清界限，就忽视了宪法裁决中的一个主要因素。”我将在下文中提出，尽管许多法律学说具有嵌入式的特点，但在理论上总是有可能需要解释的（即使是非常熟悉的法律）。

③ 莱特提到了这个问题，但却没有提供一个能促进实证主义立场的答案：“蒂姆·麦克勒姆向我提出了另一种实证主义的回应，即承认规则确定了法律的渊源，但并不在所有解释法律的方式中做出裁决。在此，我同意德沃金（以及夏皮罗）的观点：即这种朴素的承认规则概念不足以履行哈特最初设想的承认规则的功能，即消除一个特定系统中关于有效法律规范的一些（如果不是全部）不确定性。因此，我同意德沃金的观点（尽管这可能并不常见），即认为正式颁布的法规是法律渊源，对于解决不确定性的承认规则来说是不够的：承认规则有必要提供指导，说明法规颁布的哪些规范在法律上有效。当然，这可以通过内容中立的标准来完成：例如，立法机构的意图、文本的普通含义，等等。而且，这些内容中立的标准确实可以按等级排序，如一些渊源胜过其他渊源。但是，不解决理论争议问题的承认规则实际上并不足以支持一个正常运作的法律体系。”

法律解释的运作方式，理论争议的问题就会得到解决。①

案件事实驱动了解释的需要。在里格斯案中，案件事实便是立遗嘱人被他的孙子谋杀了。但为什么这个事实是一个驱动的事件呢？这一案件的多数意见不仅说明了“谋杀”引发解释的必要性原因，而且还表明了当前的法律如何释明“谋杀”的法律意义。换言之，我们需要解释，当法院试图接受谋杀案作为引发解释需求的事件的意义时，理解（即在正常情况下探查遗嘱的非反思性行为）是如何破裂的。

里格斯案的多数意见是一个复杂的理论论证。正如德沃金告诉我们的那样，该意见提到了普通法格言“任何人不得从自己的错误中获利”。但是，该意见不仅仅是对普通法格言的复诵。当我们在考察厄尔法官展示法律现状的方式时，我们就会发现为什么事实本身清楚地表明，对必要的法规进行直截了当的解读是完全不可能的。

多数人意见以经典的方式开始了法律和公平之间的区分。美国和英国的普通法体系都充分体现了这种区别，并且可以追溯到亚里士多德的著说。广泛而多元的经典作家的经典论说，之于公平在所有法律部门中的作用方面，应该会使每个受过教育的法律人在面对里格斯案的事实时体会到一种不安。

在展示了“任何人不得从自己的错误中获利”这一原则是如何以最一般的方式成为法律的构成特征（即法律和公平的区别）之后，厄尔法官接着展示了该原则在不同法律部门之间的影响。厄尔引用了遗嘱法和保险法的案例，为以下主张提供了有力的证据：无论是直接与之相关的先例（即遗嘱法），还是相关法律部门的先例，都支持例外地应用法规用语的普通含义。也就是说，厄尔提出了一个理论上的论点，大意是：除非有事实证明存在某种例外，否则有效的立法规定（这里是《遗嘱法》）的文字应当被赋予正常的效力和作用。简而言之，厄尔法官并没有改变法律，而是进一步澄清了它（通过指出一个基本且公认的法律原则）。

相比之下，格雷法官持有不同意见，他主张直接解读法规的文字。格雷提出，法院“受到严格法律规则的约束”②，并认为埃尔默不能因他的罪行而受到两次惩罚。在对格雷法官的巧妙反驳中，多数人意见指出，他回避了埃尔默是否有权根据遗嘱获得受害者财产的问题。该案中，法院面临的问题关键正在于这一问题，即该遗产是否能够归属于埃尔默。但是格雷法官似乎没有注意到他的错误。

里格斯案中法律的解释教给了我们什么呢？首先，显然，在没有谋杀立遗嘱人的复杂因素的情况下，《纽约遗嘱法》条文决定了案件的裁判（也就是说，这是一个简单案件）。

① 虽然这近乎猜测，但对理论争议论辩持久力的一个合理解释是，实证主义者根本未能对法律解释进行可信的解释。不熟悉法理学文献的人可能会觉得这种说法难以置信，但事实确实如此。蒂莫·麦克勒姆就提出了这一点。实证主义必须对如何在相互冲突的解释之间进行判断有所说明。若非如此，理论争议仍将是一个可行但待解决的解释性争议。

② Riggs v. Palmer [191] (Gray, J., dissenting).

在没有谋杀立遗嘱人的情况下，只有继承法律问题，埃尔默确实有权根据《纽约遗嘱法》的规定获得他祖父的财产。只有在继承的案件事实中加入了谋杀这一复杂性之时，律师才会对现有法律提出疑问。

厄尔法官是如何说服足够多的法官同事像他那样看待法律的呢？这个问题的答案涉及三大因素。首先，多数人的意见对于法律现状没有任何不利影响。我将这种解释规范称为"最小破坏性"①。换言之，本案对于埃尔默的裁决并没有使《纽约遗嘱法》中其他任何要素的效力受到质疑。其二，通过它的裁决，多数人表明案件结论与有关遗嘱法的其他一切事实是一致的。我将其称之为一致性。② 最后，该意见也表明了针对埃尔默的裁决如何与其他法律部门的类似决定相一致。我把这个方面称之为一般性。③ 综上所述，最小破坏性、一致性和一般性是多数人意见的三大方面，并促使该意见对于法律的解释比反对意见提供的解释更具说服力。④

我们从里格斯案中学习到了什么法律解释呢？我们学到的第一件事就是，实证主义的法律解释方法要比莱特提出的要多。莱特的主张，如果在某一特定案件中没有有效法律渊源方面趋同性的解释，那么就不存在有关命题真理性的事实。⑤ 但在我们得出这个结论之前，还需要进行更多的工作。

法律判断是来自不同时间、不同背景下对于相同评价方法的主体间应用，其结果亦是相同的。判断上的一致既是法律实践的核心事实，也是任何有关法律的描述都必须解释的最重要的社会事实。实证主义者关注法律的有效渊源，并正确地得出结论：有效性是主体间共识的一个功能。宪法是法律，是因为每个人都把它看作是法律。这种社会心理现象正是有效性的最佳诠释。如此，可能便是哈特将《法律的概念》描述为"描述性社会学"作品的意旨。

不妄言之，哈特及其追随者在确定法律解释方法的有效性条件方面还未尽全面。但是，正如同我们确定法律渊源那样，它的解释方式也有可能在运用有效法律渊源做出法律判断的过程中被确定。

有人可能会反对说，任何关于法律解释的事实都不能推导出对其有效性的主张。而里格斯案正说明了这种说法错误的原因。格雷法官单独提出了异议：为什么相较于他的意

① 参见 Ullian and Quine，66–7。也参见 Harman and。Thomson 1996，12："为了在自己的信仰中获得更大的一致性，对自己的观点做出最小的改变是理性的。"

② 一致性的概念是恰当的。参见 Condren 2014，148："在最一般的层面上，一致性指的是各部分相互联系以形成一个整体的方式；在类似的一般层面上，一致性的评价类别是对人们从文本的各部分及其相互关系的密切程度方面向文本提出的一系列问题的删减。"虽然德沃金坚持认为一致性是其法律理论的核心特征，但我们有理由怀疑这一点。参见 Raz 1995。

③ Ullian and Quine 1978，73："一个假说的适用范围越广，它就越具有普遍性。"

④ 虽然我承认还需要做更多的工作，但我确实认为里格斯案的意见足以确定实证主义解释论的基本轮廓。最小破坏性、一致性和一般性是人们在几乎所有的法律解释论中发现的三种解释规范。这三个规范在不同的法律部门会有不同的表达。但所有这三种规范都会存在，并且是法律的一个典型特征。

⑤ 莱特指出："现在我们假设，在里格斯案发生时，纽约法律体系中的官员并没有趋向于法定含义的反事实意图理论或普通含义理论。那么，根据实证主义的观点，并不存在关于哪种法律效力标准是正确的事实。"

见，多数意见得到了支持呢？如何解释这一点呢？我们又能从这个解释中学到什么呢？多数人意见对于纽约上诉法院的其他法官如此具有说服力，一定有其原因。① 对此，最佳答案就是多数人意见具备了获取绝大多数法官同意的特征。我认为，一旦确定了这些特征，解释问题就会如同确立有效法律渊源问题那般，存在于主体间的一致意见。这些解释方法与法律的有效渊源一样，都是承认规则的一部分。一个完整的实证主义的法律解释需要同时说明有效的法律渊源和有效的法律解释方法。这不仅是可能的，而且也是至关重要的。

基于有关实证主义观点的解释，可能会存在这样一个推断：法律的某些部分永远无法解释，可能会被认为是永久“恒定”的。对此，我并不认同。绝大多数（潜在的和实际的）法律问题都是可以被轻易回答的。只有在既定的法律背景下，才会出现解释的问题。但是，如果我们的理解所依据的事实和情况发生了变化，我们既定的期望总是能够被打破的。简而言之，法律中没有任何东西是永恒“无法解释”的。②

我们对于任何特定法律学说的既定理解都有可能遭受质疑。③ 法律的历史中充斥着曾经被视为法律景观之永久特征的学说和规则。我们可以承认解释在法律实践中的作用，但不能像德沃金那样将其作为根本。谈及解释，我们的目的并非限缩或夸大，而是要在我们对于法律实践的阐述中找到它的适当定位。正如我所论证的，得到了适当补充的哈特的实证主义，在这一方面较之德沃金的法理学更为完善。当然，德沃金对于法律中解释重要性的关注值得肯定，我们应该吸收采纳，而后确立解释在法律中的适当定位。

七、结论

美国伟大的逻辑学家和哲学家威拉德·范·奥曼·奎因曾针对信念和说服力说道：“我们通过对某人已经持有的信念的诉求，并结合这些信念，一步一步地诱导他产生更进一步的信念，直至我们最终想要灌输给他的信念得到灌输。”这很容易成为律师解释法律时发生的情况，也是一个可以建构法律实证主义解释的健全基础。

当然，法律中存在着争议，如果要有一个令人信服的理论争议主张来替代德沃金的观点，我们就需要说明如何解决解释上的争议。在本文中，我提出实证主义便能够得到这样的说明，并且，我们也在里格斯案等类似案件中看到了它的表现。尽管我已然确定了这一说明的基本轮廓，但后续工作依然任重道远。本文表明，这项工作可以以忠实于哈特对法律性质的描述并以其为基础的方式进行。

---

① 人们可能争辩说，这种共识在某种意义上是“意识形态”的，但人们应该在发现更简单的解释不可信之后才得出这个结论。

② 在此，塔利再次给出了启发：“重要的是，不要推断［……］必须有一批永远没有解释争议的常规用途。重要的是，不要推断［……］必须有一批永远无法解释争议的常规用途”。(Tully 2003，39)

③ Wittgenstein（1972，sec. 204，p. 28e）提出了一个总的观点：“然而，提供理由、证明证据是有目的的；但目的不在于某些命题立即让我们觉得是真的，换言之，这不是我们的一种观察；而是我们的行动，它位于语言游戏的底部。”

文本主义与立法意图

[美] 约翰·曼宁[*]著　谢何融[**]译

摘　要　探寻立法意图一直是司法裁判的核心目标，而立法意图又受到立法过程、文本的表述形式等因素的影响。在法律文本含义模糊的情形下，法院会结合国内立法历史来补充模糊的法定表述。然而，现代文本主义者对立法过程持不同看法，认为立法程序混乱不透明，使得具有偏好的立法者有机会干扰或阻止立法。因此，扩充或修改立法文本以服务于未明确表达的立法意图的努力，可能取代通过立法程序实现的立法妥协。不过，文本主义者更加关注最终的客观法律文本形式和内容，而不是立法者实际想要表达的意图，这对于实现裁判结论的客观性和确定性，限制司法裁判的恣意性大有裨益。

关键词　司法裁判　立法意图　文本主义

在美国历史的大部分时间里，最高法院坚定不移地宣称立法“意图”是联邦法律解释的试金石。①其逻辑依据在于：在一个基于立法至上的宪法体系中，法官作为国会的忠实代理人，必须尽可能准确地确定国会所用词语的含义。在此前提下，联邦法官长期以来认为，当一项法令含糊不清时，如果可能的话，解释者应该在该法案的内部立法历史中寻

* 约翰·曼宁（John F. Manning），哈佛大学法学院教授。

** 谢何融，男，江西樟树人，华东政法大学政府管理学院博士研究生，上海立信会计金融学院教师，研究方向为法政治学。

① 例如参见菲尔布鲁克诉格洛杰特案，《美国最高法院判例汇编》第421卷，第707页，第713页（1975年）（“我们的目标……就是确定国会的意图，使立法意志生效。”）；合众国诉美国卡车运输协会，载于《美国最高法院判例汇编》第310卷，第534页，第542页（1940年）（“在法规的解释中，法院的职能很容易说明，即解释语言，以便使国会的意图生效。”）；国际商会诉贝尔德案，载于《美国最高法院判例汇编》第194卷，第25页，第38页（1904年）。（“正如法院和权威人士经常说的那样，解释是为了确定立法意图，如果可能的话，是为了实现立法者的目的。”）

求澄清。[①] 因此，当提案人或委员会表达了对法案或法案所针对的危害的意见时，联邦法院通常会将其作为文本含义的论据。[②]因为像任何其他语言使用者一样，立法机关可能表达不准确，或是松散或特殊地运用语言，联邦法官长期以来认为，一项法令的语义细节无论多么清晰，当它与激发其颁布的明显精神或目的发生尖锐冲突时，就必须让步。[③]

在20世纪下半叶，这些原则——在这里被称为“古典意图主义”——反映了正统观念，至少在联邦法官中是这样。然而，20世纪末出现了一种被称为“文本主义”的竞争哲学，它对司法行为和学术写作都产生了相当重大的影响。如下所述，文本主义不容许简单定义的存在，在实践中却与一个基本命题相关，即法官必须寻求并遵守在语境中理解所颁布文本的公共意义（所有文本都必须如此）。因此，即使在含糊不清的情况下，许多文本主义法官通常拒绝将立法历史视为立法意图的“权威”证据。[④] 鉴于立法过程不可否认的复杂性，解释者根本无法知道必要的多数制定者是否知道或同意任何特定立法历史的内容。[⑤] 此外，文本主义者选择法律文本的文字而不是精神；同样，立法程序的错综复杂和不透明使他们不愿意将文本和目的之间的明显不匹配归咎于立法表述的失误，而不是始终存在的立法妥协的可能性。[⑥]

现代文本主义的主要倡导者——美国最高法院的斯卡利亚（Scalia）法官和美国第七巡回上诉法院的伊斯特布鲁克（Easterbrook）法官——经常用一个诱人但最终并不精确的命题来证明这些对古典意图主义的偏离：他们基于现实主义传统强调，多成员立法机关在

---

① William N. Eskridge, Jr.,“立法历史价值”，《芝加哥肯特法学院评论》第66卷，第365页，第369－370页（1990年）（“从历史上看，作为具体意图证据的立法历史是审查此类材料的主要理由。法院审查立法历史是因为它包含了主权立法机构命令的权威性声明。”）

② 例如，参见纽黑文教育委员会诉贝尔案，《美国最高法院判例汇编》第456卷，第512页，第526－527页（1982年）（“虽然一位立法者在辩论中所作的陈述可能不起控制作用，但参议员贝赫的言论，正如最终颁布的措辞的提案人的言论一样，是对法令解释的权威指导。”）；J. W. 巴特森公司诉合众国案，参见国家自动喷水灭火系统养老基金理事会，《美国最高法院判例汇编》第434卷，第586页，第591页（1978年）（注意到“权威委员会报告……直接集中在这里争论的问题上”，并“对国会的意图没有任何怀疑的余地”）；盖伊诉拉夫案，《美国最高法院判例汇编》第292卷，第25页，第38页（1934年）（“建议通过1916年修正案的众议院司法委员会的报告，确定这是国会的唯一目的”）；Daniel B. Rodriguez,“新法律程序的实质”，《加利福尼亚法律评论》第77卷，第919页，第931－932页（1989年）。

③ 例如参见瓦特诉阿拉斯加案，《美国最高法院判例汇编》第451卷，第259页，第266页（1981年）（“特定立法颁布的情况可能会使法院相信，国会并不打算让具有共同含义的词语产生字面效果。”）；特恩诉科罗拉多州公共利益研究集团公司案，《美国最高法院判例汇编》第426卷，第1页，第23－24页（1976年）（“在审阅了立法材料后，我们认为，很显然，依赖《联邦水污染控制法案》中‘污染物’定义中所包含的‘放射性物质’的简单含义，基本无助于我们理解国会是否打算使该法案包括对来源、副产品和特殊核材料的管理。”）

④ 参见 John Manning,“作为非授权主义的文本主义”，《哥伦比亚法律评论》第97卷，第673页，第684－689页（1997年）（讨论文本主义对立法历史使用的批评，并从司法意见中收集例子）。

⑤ 例如，参见威斯康辛公共调解员诉莫蒂尔案，载于《美国最高法院判例汇编》第501卷，第597页，第620页（1991年）（Scalia法官，在判决中表示赞同）［“最不可能的是，两院的许多成员在对法案进行表决之前阅读委员会报告的相关部分——假设（我们不能确定）这些报告在表决之前已经存在。”］

⑥ 参见 John Manning,“文本主义与规约的公平性”，《哥伦比亚法律评论》第101卷，第1页，第18－21页（2001年）（描述文本主义立场）。

任何有实质性争议的解释点上没有实际但未表达的“意图”；因此，法官必须放弃任何利用这种意图作为解释目的的借口。①相反，法院应该注意听“［法令］的文字在当时对一个熟练的文字使用者来说，思考同样的问题会有什么样的影响”。②因此，文本主义者渴望“像任何普通国会议员一样阅读［法令］文本的文字，并应用如此确定的含义”。③他们坚持认为，这样的方法并没有复制对国会真实意图的幻想性追求；相反，它更有可能抓住了“一种‘客观化’的意图——一个理性的人会从法律文本中收集到的、置于法学家主体其余部分旁的意图”。④

凯莱布·纳尔逊（Caleb Nelson）教授在一篇颇具洞察力的文章中提出，新文本主义者和古典意图主义者之间的差异可能不像现代文本主义修辞学有时暗示的那样巨大。⑤他认为，几个因素表明，事实上，主要的现代文本主义者确实关心国会的实际意图，而不是客观化的意图。几个例子足以揭示他的分析要点：首先，文本主义者拒绝内部立法历史，这是因为他们认为提案人或委员会的观点不能可靠地代表整个机构的意图。⑥第二，现代文本主义者有时会牺牲清晰的语义，以避免代笔人的错误，这种做法只有在寻求颁布机构的真实意图时才有意义。⑦ 第三，文本主义者有时甚至对立法意图进行“富有想象力的重建”，也就是说，在某些情况下，他们避开严密的文本注释，而是试图想象立法机关在特定情况下会如何在法庭中解决某个特定的解释问题。⑧ 这种考虑导致纳尔逊教授得出结论，文本主义者说得很好，但最终和意图主义者的想法一致，即探寻立法机关的主观意图是什么。他们只是对如何解读，或者更准确地说，如何粗略估计这种意图，有不同的

---

① 例如参见 Frank H. Easterbrook，“从公共选择的角度理解法律的一些任务”，《国际法律与经济学评论》第12卷，第284页，第284页（1992年）（“‘一个’意图的概念对一个人来说是虚构的，对一个机构来说是滑稽的。对这种抨击的寻求解放了解释者，他们可以将任何‘意图’归因于起草者，只要这些“意图”满足通过其他方式得出的目的。”）；Frank H. Easterbrook，“法规领域”，《芝加哥大学法律评论》第50卷，第533页，第547页（1983年），（“因为立法机构由许多成员组成，他们没有隐藏但可发现的‘意图’或‘设计’。”）；Frank H. Easterbrook，“法律解释中的文本、历史和结构”，《哈佛法律与公共政策杂志》第17卷，第61页，第68页（1994年）（“意图对自然人来说是难以捉摸的，对集体来说是虚构的”）；Antonin Scalia，“对法律行政解释的司法尊重”，《杜克法律杂志》，1989年，第511页，第517页（认为“寻求‘真正的’立法意图可能是徒劳的”）。

② Frank H. Easterbrook，“原始意图在法定解释中的作用”，《哈佛法律与公共政策杂志》第11卷，第59页，第61页（1988年）。

③ 奇索姆诉罗默案，载于《美国最高法院判例汇编》第501卷，第380页，第405页（1991年）（Scalia法官持异议）。

④ Antonin Scalia，“大陆法系中的普通法法院：美国联邦法院在解释宪法和法律中的作用”，《解释问题：联邦法院和法律》第3卷，第17页（Amy Gutmann编，1997年）。

⑤ 参见 Caleb Nelson，“什么是文本主义?”，《弗吉尼亚法律评论》第91卷，第347页（2005年）。

⑥ 参见 Caleb Nelson，“什么是文本主义?”，《弗吉尼亚法律评论》第91卷，第361－367页。

⑦ 参见 Caleb Nelson，“什么是文本主义?”，《弗吉尼亚法律评论》第91卷，第356页，第379－381页。

⑧ 参见 Caleb Nelson，“什么是文本主义?”，《弗吉尼亚法律评论》第91卷，第404－413页，例如，在决定是否“分离”一项法令中违宪的条款时，最高法院询问国会是否会在没有违规条款的情况下颁布该法令的其余部分；此外，最高法院对州法律所隐含的联邦先占权的处理方法，接近于与想象重建相关的分析方法。参见 Daniel J. Meltzer，“最高法院的司法被动性”，《最高法院评论》，2002年，第343页，第364－368页（认为与其默认的法定解释方法相反，最高法院在默示先占权案件中进行重要的解释性立法）。

预设。

那么，纳尔逊教授认为区分现代文本主义者和古典意图主义者的显著因素是什么呢？简而言之，他发现文本主义者更倾向于规则而不是标准。① 例如，文本主义者很快实施法定嵌入规则，反对不可避免的过度或不足包容性保证（基于意图的）例外主张。②他们热情地部署解释规则，特别强调更像规则的教规。③ 鉴于他之前的结论，即文本主义者寻求立法意图，他将他们倾向规则归因于一个隐含的判断，即遵循规则更有可能接近立法意图。（也就是说，文本主义者似乎认为，以意图的名义偏离明确的文本，通常会产生比坚持文本更多的立法意图错误，因此，反对基于意图的规则例外有力推定将防止更多错误，而不是保留更多的错误。④）类似地，基于规则的教规对他们的吸引力反映了一种隐含的信念，即这种教规准确地反映了国会的思维习惯；因此，它们的应用比逐案分析意图更能把握国会的真实愿望；随着立法起草者首先熟悉并考虑到可预测的解释准则，基于这种偏好估计准则的一致的司法部署将变得自我完善。⑤

本文将检验纳尔逊教授的核心论点，即与他们的一些花言巧语相反，文本主义法官确实关心立法意图。⑥如果他的意思是文本主义者认为立法多数派作为一个整体，对它所采用的词语拥有背景主观意图，我认为他的结论忽略了一个事实，即鉴于他们对立法过程的假设，文本主义者必然认为意图是一种构想。可以肯定的是，文本主义者试图设计建设性的意图，满足有意义地将法定意义追溯到立法过程的最低条件。这一点没有争议。在任何以立法至上为前提的体系中，忠实的代理人当然会在某种意义上寻求立法机关的预期意义，并且现代文本主义者也确实将自己置于这一传统中。但是，说他们只是通过其他方式实践意图主义，低估了文本主义者认识到立法过程的繁琐、混乱、路径依赖和不透明的特征与他们拒绝（也许言辞有些夸张）古典意图主义者对立法意图的理解之间的重要联系。

古典意图主义的特点是它倾向于将立法机关拟人化。在一些重要方面，意图主义者认为，对待立法命令可以而且应该像对待个人行为者的言论一样。也就是说，他们认为，立

① 参见 Caleb Nelson，“什么是文本主义?”，《弗吉尼亚法律评论》第91卷，第372－403页，例如，关于规则和标准之间区别的一般性讨论。参见 Isaac Ehrlich 与 Richard A. Posner，“法律规则制定的经济分析”，《法律研究杂志》第3卷，第257页，第258页（1974年）（提到“规则使决策者不再考虑与决策有关的一种或多种情况，而‘标准’一词指的是社会选择的一般标准，如效率或合理性）；Louis Kaplow，“规则与标准：经济分析”，《杜克法律杂志》第42卷，第557页，第559－560页（1992年）（“［一项］规则可能需要预先确定什么行为是允许的，只把事实问题留给裁决者。……一项标准可能需要把什么行为是允许的具体说明和事实问题留给待审法官。”）；Kathleen M. Sullivan，“高等法院，1991年时期——前言：规则和标准的司法正义”，《哈佛法律评论》第106卷，第58页（1992年）（“一项法律指令如果约束决策者以确定的方式对限定触发事实的存在做出反应，就类似于‘规则’。……一项法律指令如果倾向于将决策缩回将背景原则或政策直接应用于事实情况，就类似于‘标准’。”）

② 参见 Caleb Nelson，“什么是文本主义?”，《弗吉尼亚法律评论》第91卷，第381－383页。

③ 参见 Caleb Nelson，“什么是文本主义?”，《弗吉尼亚法律评论》第91卷，第391－392页。

④ 参见 Caleb Nelson，“什么是文本主义?”，《弗吉尼亚法律评论》第91卷，第381－383页。

⑤ 参见 Caleb Nelson，“什么是文本主义?”，《弗吉尼亚法律评论》第91卷，第389－393页。

⑥ 我对纳尔逊教授仔细分析的细节可能存在微小分歧，难以在一篇简短文章中充分阐述。

法多数派可以对其法定言论有连贯但明确的背景意图，这些意图可以用来澄清甚至改变熟悉相关社会和语言惯例的理性人在其他情况下会为语境中所选词语赋予的意义。相比之下，文本主义者否认国会除了复杂的立法过程的结果之外还存在集体意志，这制约了它将原始的政策冲动或意图转化为最终立法的能力。对他们来说，预期的意义从来不会未经筛选就出现；它必须经受住整个过程，其中包括委员会批准、互投赞成票、必要发言时间、受胁迫的阻挠议案通过、会议委员会、否决威胁等等。不管是好是坏，只有法定文本能够跨越所有这些障碍。因此，意图主义者认为立法机关具有连贯和可识别但未表达的政策意图，而文本主义者认为唯一有意义的集体立法意图是那些反映在最终法定文本的公共意义中的意图。

本文将概述立法意图的独特概念，这一概念来自文本主义者对立法过程的基本假设。第一部分将考察现代文本主义者对意图的潜在怀疑，从而为本文奠定基础。然后，本文将提出，尽管存在这种怀疑，文本主义者必然相信某种版本的立法意图，但这个版本完全不同于与古典意图主义相关的版本。尤其是，文本主义者关注“客观化的意图”——一个通情达理、熟悉适用的社会和语言惯例的人会为所颁布的词语赋予的含义。第二部分将考察纳尔逊教授主要依赖的规则和标准之间的区别。虽然文本主义者在实践中可能对规则有所偏好，但第二部分将提出，理解文本主义的关键不是这种偏好；相反，文本主义建立在一个直接的信念上，即忠实的代理人必须把规则当作规则，把标准当作标准。文本主义者认为，鉴于立法过程的复杂性，我们必须尊重国会发言的一般性水平；对他们来说，立法妥协反映在所产生的文本细节中。因此，他们赞同这样的一般原则，即使立法将与产生它的明显背景意图或目的之间形成尴尬的关系，表面上看文本也不应存在具体文本的隐含延伸或一般文本的例外。

在详细阐述这一分析之前，我先要提出两点警告。首先，纳尔逊教授文章的大部分内容深思熟虑地从两位主要文本主义法官的著作和意见反映的司法实践中，挑选出文本主义的定义。我将假设他们的某些实践与依赖古典意图主义的主观意图，而不是他们认可的客观意图，保持一致。[①]与其关注文本主义司法实践是否存在内在一致性，我将试图证明客观化立意图的构想来自文本主义的立法过程理论。换言之，我将从相反的方向来处理这个

① 事实上，在以前的文章中，我认为文本主义者对荒谬主义的依赖很难与他们对立法过程的基本理论以及他们随后对客观立法意图的强调相一致。参见 John F. Manning，“荒谬主义”，《哈佛法律评论》第 116 卷，第 2387 页，第 2419 – 2431 页。我保留了这样一个问题，即如果仅限于文本本身揭示了明显的印刷错误，而不是未能足够谨慎地表达政策目标的情况，真正的“代书人错误”学说是否可能与文本主义相一致。参见第 2459 页，注 265。如果文本本身揭示了某个明确无误的转录错误，而不是表达错误，我建议纠正代书人错误可能不会有扰乱幕后“立法交易”的潜在风险，此类交易涉及应该以何种确切方式阐明特定法定政策。参见第 2460 页，注 265。这篇简短的文章并不是更明确地为文本主义者解决代书人错误学说的适当性。当然，人们可以提出某个似是而非的案例，即使是这种有限的学说也与现代文本主义背后的意图怀疑主义不一致。参见 John C. Nagle，“文本主义者的例外”，《法律学术问题》，第 2 – 4 页（2002 年 11 月），无论这个问题或其他关于特定文本主义实践的边缘问题的适当解决方案如何，似乎值得从文本主义者关于立法机关如何运作的陈述概念中分离出基本的解释框架。

问题，而不是从文本主义实践推理到理论。第二，在这样做的同时，我将把注意力集中在文本主义者对于牺牲法律的文字以换取其精神这一做法的厌恶上，只少量讨论有关立法史的争论。虽然立法史的争论更多地涉及某些意义证据的可接受性，但文字和精神之间的冲突提出了关于解释本质的更广泛的问题。此外，正如我在以前的文章中所讨论的，文本主义者对立法历史的立场涉及复杂的问题，这些问题并不完全符合主观与客观立法意图的问题。①有了这些限定条件，我接下去将转向文本主义者的立法意图概念。

一、立法至上和立法意图

作为一个政治理论问题，如果背后不存在立法意图的潜在概念，任何植根于立法至上和忠实代理人理论相关前提的判断概念都难以理解。正如约瑟夫·拉兹（Joseph Raz）所解释的那样："除非假定任何人或机构制定的法律就是他们意图制定的法律，否则赋予他们制定法律的权力是没有意义的。"②他特别强调：

> 若要假定立法者所制定的法律不符合立法者的意图，我们必须假定当立法者通过任何一项立法时，他无法预测他所制定的是什么法律。但如果是这样的话，

---

① 现代文本主义者拒绝依赖立法历史，并不是基于他们对主观意图和客观意图的区分。如下所述，文本主义者认为，客观意图来自熟悉适用的社会和语言惯例的人在语境中阅读文字的方式。由于最高法院假定"国会在了解我们法定解释的基本规则的情况下进行立法"，麦克纳里诉海地难民案，《美国最高法院判例汇编》第498卷，第479，第496页（1991年）。最高法院依赖立法历史的长期做法可能表明，熟悉适用惯例的理性立法者会把立法历史视为适当的意义来源，不亚于既定的解释准则。因此，文本主义者必须超越主观或客观的意图概念，为他们反对立法史提供依据。在以前的文章中，我提出文本主义者对立法历史的反感可以更好地解释为反对立法自我授权的宪法规范的反映。两院制和提案是宪法结构的重要组成部分，旨在检验派系影响，促进谨慎和审议，并引发公众讨论。参见 John F. Manning，"宪法结构和对代理规则之代理解释的司法尊重"，《哥伦比亚法律评论》第96卷，第612页，第649－650页（1996年）。为了防止规避这一程序，最高法院一贯禁止国会为自身的构成机构、代理人或成员保留授权。参见地铁华盛顿机场部门诉飞机噪声治理公民协会，《美国最高法院判例汇编》第501卷，第252页，第275－277页（1991年）（"MWAA"）（认为国会议员个人不得在行使授权的法庭任职）；鲍舍诉希纳案，《美国最高法院判例汇编》第478卷，第714页，第726页（1986年）（认为国会不得保留罢免行使授权立法权的官员的权力）；移民局诉查达案，《美国最高法院判例汇编》第462卷，第919页，第944－959页（1983年）（宣布一院立法否决无效）。如果现行的解释规则使国会能够制定模糊的法规，同时将政策细节分包给自身的构成机构或成员，那么授权就变得非常有吸引力，并且反对这种做法的重要结构性激励就受到影响。参见Bowsher，《美国最高法院判例汇编》第478卷，第755页（Stevens法官赞同）（"如果国会可以自由地将其决策权委托给它的某个构成机构或代理人，它将能够规避'宪法中精心制定的限制'。当国会将立法权授予行政部门或独立机构时，这种危险——逃避宪法约束的国会行动——将不复存在。"（引用Chadha，《美国最高法院判例汇编》第462卷，第959页）。近年来，一些文本主义者为他们不愿意相信内部立法历史而辩护，理由是这实际上将权力从整个机构转移到委员会或提案人手中，根据既定的司法实践，这些委员会或提案人能够产生特别"权威"的立法意图表达。纳尔逊教授认为，只有当文本主义者认为委员会报告或提案人声明的内容实际上没有反映整个立法机构的理解时，反对自我授权的规范本身才是相关的。但是，即使在立法历史中发现的对含义的阐述可能反映了一些更广泛的理解，人们仍然可能希望坚持对此以一种格式——法定文本——来加以表达，这种格式受制于两院制和陈述的完整宪法程序。只有这样，人们才能确信，委员会报告或提案人声明中表达的规范不仅反映了假设的立法多数派的观点，而且也反映了能够经受住繁琐复杂的颁布过程的立场。

② 参见 Joseph Raz，"解释中的意图"，《法律的自主性：法律实证主义论文集》，第249页，第258页（Robert P. George 编，1996年）。

立法机关的成员是谁有什么关系？他们是不是民主选举产生？他们是否代表国家的不同地区，或人口中的不同阶层？他们是成人还是儿童？精神正常还是精神错乱？因为他们最终制定的法律并不代表他们的意图，所以他们的意图是愚蠢的还是明智的，是偏袒的还是公正的，是自私的还是公益的，并没有什么区别。

……

……立法的概念意味着将对法律的权力委托给个人或机构，这意味着将对法律或其某一方面的发展的自愿控制权委托给立法者。①

古典意图主义当然从类似的前提出发。②但按照最高法院的传统做法，它在一个关键方面完善了这一基本理念。与现代语言理论的一个重要分支一致，古典意图主义者强调意义取决于说话者实际想要传达什么。③ 从这个意义上说，古典意图主义者对待国会就像他们对待个体说话者一样：如果一个人使用某个具有多种潜在含义的术语，那么在特定场合使用的该术语的真正含义取决于说话者的意图。④ 因此，当一项法令的措辞留下模棱两可的余地时，意图主义者发现应该检验该法令的内部立法历史，以便对国会议员的“意图”获得进一步证据。⑤更重要的是，因为人们经常说话随意，当环境表明一个人没有很好地

---

① 参见 Joseph Raz，“解释中的意图”，《法律的自主性：法律实证主义论文集》，第 258 - 259 页，第 265 - 266 页。

② 例如参见 T. Alexander Aleinikoff，“更新法定解释”，《密歇根法律评论》第 87 卷，第 20 页，第 22 - 25 页（1988 年）（将意图主义与立法至上联系起来）；Philip P. Frickey，“从沉睡到酷热：法定解释中理论的复兴”，《明尼苏达法律评论》第 77 卷，第 241 页，第 251 - 252 页（1992 年）。

③ 一般参见 Steven Knapp 与 Walter Benn Michaels，“反对理论”，《批判性调查》第 8 卷，第 723 页（1982 年）（阐明基于意图的意义理论）。近年来，古典意图主义的杰出捍卫者主要依靠这种语言哲学来支持他们的研究方法。参见 Larry Alexander 与 Saikrishna Prakash，“‘你说的是英语吗？’——为什么意图自由解释不可能”，《圣地亚哥法律评论》第 41 卷，第 967 页，第 974 - 978 页（2004 年）（解释说话者意图对意义推导的中心地位）；Paul Campos，“欲望的模糊对象：诠释学和自主法律文本”，《明尼苏达法律评论》第 77 卷，第 1065 页，第 1089 页（1993 年）。

④ 例如，Alexander 教授和 Prakash 教授指出，“猫”（cat）一词可能意味着“‘家养虎斑猫’‘任何猫科动物’或‘爵士音乐家’”。如果在特定场合使用这个词的人告诉读者，“他正在为他心爱的虎斑猫写一首颂歌”，那么这个意图就解决了这个意思，所以“‘猫’在这里的意思是虎斑猫”。一个令人信服的类似例子不是基于现代语言理论，参见 Frank E. Horack，Jr.，“以立法意图的名义”，《西弗吉尼亚法律杂志》第 38 卷，第 119 页，第 120 页（1932 年）（“当 X 说‘今天早上来了一大捆 bills’，你知道 X 收到了什么吗？……Y 只对了解 X 试图传达什么意思感兴趣。”）。

⑤ 例如，参见纽黑文教育委员会诉贝尔案，《美国最高法院判例汇编》第 456 卷，第 512 页，第 526 - 527 页（1982 年）（“虽然一位立法者在辩论中所作的陈述可能不起控制作用，但参议员贝赫的言论，正如最终颁布的措辞的提案人的言论一样，是对法令解释的权威指导。”）；J. W. 巴特森公司诉合众国案，参见国家自动喷水灭火系统养老基金理事会，《美国最高法院判例汇编》第 434 卷，第 586 页，第 591 页（1978 年）（注意到“权威委员会报告……直接集中在这里争论的问题上”，并“对国会的意图没有任何怀疑的余地”）；盖伊诉拉夫案，《美国最高法院判例汇编》第 292 卷，第 25 页，第 38 页（1934 年）（“建议通过 1916 年修正案的众议院司法委员会的报告，确定这是国会的唯一目的”）；Daniel B. Rodriguez，“新法律程序的实质”，《加利福尼亚法律评论》第 77 卷，第 919 页，第 931 - 932 页（1989 年）。

表达他或她的意图时，听众必须调整他们的理解。①出于同样的原因，意图主义者坚持认为，当颁布的文字未能抓住立法机关的明显目的时，法官应执行法律的精神而不是文字，正如立法整体的主旨、导致其颁布的危害、类似法规中表达的政策以及任何其他可能阐明颁布政策的情况所揭示的那样。② 因此，古典意图主义理论的前提是，解释者应该试图确定立法多数派将如何处理这样一个问题，即颁布文本的公平意义要么没有解决，要么解决的方式没有充分反映立法机关的明显目标。③

像古典意图主义者一样，文本主义者在忠实代理人框架内工作；他们认为，在我们的政府体系中，联邦法官有责任（在宪法范围内）尽可能准确地确定和执行国会制定的指令。④ 在这方面，纳尔逊教授和我意见一致。但文本主义者否认立法机关有任何隐藏在所采用词语的合理含义背后，但不同于此类合理含义的共同意图；也就是说，他们认为人们不可能说出此类机关作为一个整体，实际上曾经计划（或者更准确地说，本来会计划）解决一个文本未明确或令人满意地解决的政策问题。文本主义者继承现实主义传统，不相信

---

① 最近的法律学术根据语言语用学的见解，系统地为文本和有目的的解释辩护，语言语用学是语言学的一个分支，旨在解释人们在会话环境中使用语言的方式。例如参见 Geoffrey P. Miller，“语用学和解释的准则”，《威斯康辛法律评论》第 1990 卷，第 1179 页（将某些意图主义准则与语言语用学的前提联系起来）；M. B. W. Sinclair，“法律与语言：语用学在成文法解释中的作用”，《匹兹堡大学法律评论》第 46 卷，第 373 页（1985 年）。尤其是，这种法律学术建立在 Paul Grice 的研究基础上，他认为典型的对话是合作的，而交流的规范应该反映这一前提。参见 Paul Grice，《词语研究》第 26 卷（1989 年）。从这一点出发，Grice 提出了各种准则来实施这一“合作原则”。这些常识性的谈话规范包括：“根据需要提供信息”（数量）；“努力使你做出真实贡献”（质量）；“相关”（关系）；以及“避免表达模糊”（方式）。Miller 教授和 Sinclair 教授依靠 Grice 的见解来证明这种强烈目的性的解释是正确的，这种解释反映在最高法院传统上重精神轻文字，以及长期以来解释文本以避免荒谬结果的做法中。

② 例如参见瓦特诉阿拉斯加案，《美国最高法院判例汇编》第 451 卷，第 259 页，第 266 页（1981 年）（“特定立法颁布的情况可能会使法院相信，国会并不打算让具有共同含义的词语产生字面效果。”）；特恩诉科罗拉多州公共利益研究集团公司案，《美国最高法院判例汇编》第 426 卷，第 1 页，第 23－24 页（1976 年）（“在审阅了立法材料后，我们认为，很显然，依赖《联邦水污染控制法案》中‘污染物’定义中所包含的‘放射性物质’的简单含义，基本无助于我们理解国会是否打算使该法案包括对来源、副产品和特殊核材料的管理。”）

③ 例如，参见合众国诉克林格案，《联邦判例汇编》第二辑，第 199 卷，第 645 页，第 648 页（第二巡回法庭，1952 年）（博学的汉德法官）（“尽管我们可能会退缩，但我们所做的和必须做的是，尽我们所能把我们自己投射到说话者的位置上，并把他们会如何处理具体情况归咎于他们。”），由赞成和反对票数相等的法院根据法庭判决，《美国最高法院判例汇编》第 345 卷，第 979 页（1953 年）；Richard A. Posner，“法定解释——在课堂上和法庭上”，《芝加哥大学法律评论》第 50 卷，第 800 页，第 817 页（1983 年）（“被要求解释法规的法官的任务是……富有想象力的重建之一。法官应该尽他所能去思考立法者的想法，想象他们会如何希望法令适用于律师的案件。”）。

④ 参见 Frank H. Easterbrook，“法律解释中的文本、历史和结构”，《哈佛法律与公共政策杂志》第 17 卷，第 63 页（“我们应该是忠实的代理人，而不是独立的委托人。”）；Frank H. Easterbrook，“最高法院 1983 年任期——前言：法院和经济体系”，《哈佛法律评论》第 98 卷，第 4 页，第 60 页（1984 年）（“法官必须是政治部门的忠实代理人。他们执行不是由他们做出的决定。”）

支配个人意图的前提会较好地转化为一个复杂的、多成员的立法过程。[①] 正如一位作者所说，国会是“他们”，而不是“它”[②]，立法政策只有通过繁琐而高度复杂的立法过程才能成为法律。

因此，文本主义者援引公共选择理论的经济学和博弈论洞见[③]，强调法律经常反映的是相互竞争的利益集团可能达成的任何交易，而不是专心致志的多数派完全原则性的政策判断。[④] 此外，曲折且基本上不透明的立法程序使得法官很难（如果不是不可能的话）追溯促成颁布文本最终措辞的所有步骤。[⑤] 法案“必须经过整个过程”，包括“委员会、发言时间的争夺、因其他成员想要达到一些不相关目标而做出的妥协、法案的通过、否决权的出现等等”。[⑥] 立法结果必然取决于各类（或至少是非实质性）因素，如提出备选方案的顺序。[⑦]没有一个问题是独立考虑的；事实上，立法者经常战略性地选择他们的措辞，以便消除分歧，使法案顺利通过。[⑧]战略性投票——包括跨越不同实质性领域为达成某种交易而相互投赞成票的做法——通过在法案形成过程中引入额外非实质性和不可追踪的考虑因素，使问题进一步复杂化。[⑨] 基于这些因素，伊斯特布鲁克法官（Judge Easterbrook）认为“一个法院——即使是一个知道每个立法者的完整偏好的法院——不可能说出整个机

---

① 文本主义者含蓄地以法律现实主义者 Max Radin 颇有影响力的研究为基础。参见 Max Radin，“法定解释”，《哈佛法律评论》第 43 卷，第 863 页（1930 年）；另例如参见 William N. Eskridge，Jr.，“新文本主义”，《加利福尼亚大学洛杉矶分校法律评论》第 37 卷，第 621 页，第 651 - 652 页，第 870 页，第 870 - 871 页（1990 年）（将现代文本主义与法律现实主义联系起来）。众所周知，Radin 教授怀疑一个多立法机构能否在一个法令本身没有明确解决的问题上有一致的具体“意图”。（“立法机关的意图在任何真正的意义上都是不可发现的，这几乎是从命题陈述中立即得出的推论。数百名［立法者］每个人心中都有完全相同的确定情况的可能性……微乎其微。”Radin 教授进一步争辩说，即使存在一些未表达的立法意图，立法程序也太不透明，难以恢复；唯一可用的证据是“［数百名立法者］的外部言论或行为，几乎在所有情况下，唯一的外部行为都是极其模糊的默许行为，这可能存在数百种动机。”

② Kenneth A. Shepsle，“国会是‘他们’，而不是‘它’：作为矛盾修饰法的立法意图”，《国际法律与经济评论》，第 12 卷，第 239 页（1992 年）。

③ 关于公共选择理论最清晰的叙述，一般参见 Daniel A. Farber 与 Philip P. Frickey，《法律和公共选择：批判性介绍》（1991 年）。

④ 参见 William N. Eskridge，Jr.，《动态法规解释》，第 26 - 27 页（1994 年）（提到现代解释理论假定“一些法规只不过是幕后交易”，因此“实际的甚至传统的”立法目的或意图很难恢复）；Courtney Simmons，“揭露目的的修辞：最高法院和立法妥协”，《埃默里法律杂志》第 44 卷，第 117 页，第 130 - 131 页（1995 年）。正如 Easterbrook 法官所说：“如果（给定的法定结果）是无原则的，这就是妥协方式。法律是向量而不是箭头。尤其是当你看到利益集团之手时。”

⑤ 文本主义的这一方面依赖于 Kenneth Arrow 等人发展的社会选择理论。Arrow 的社会选择理论用博弈论的洞见来解释政治行为。参见 Kenneth J. Arrow，《社会选择和个人价值观》（第二版，1963 年）；参见 Duncan Black，《委员会和选举理论》（1958 年）。

⑥ Frank H. Easterbrook，“原始意图在法定解释中的作用”，《哈佛法律与公共政策杂志》第 11 卷，第 64 页。

⑦ 参见 Frank H. Easterbrook，“法规领域”，《芝加哥大学法律评论》第 50 卷，第 547 - 548 页。立法者通常一次考虑一项提案．……额外选择只能按顺序考虑，这使得决策顺序至关重要。很容易表明，控制议程的人可以操纵选择，以便立法机关采纳只有少数人支持的提案。

⑧ 参见 John F. Manning，“荒谬主义”，《哈佛法律评论》第 116 卷，第 2408 - 2419 页。

⑨ 参见 Frank H. Easterbrook，“法规领域”，《芝加哥大学法律评论》第 50 卷，第 548 页

构会对某个它实际上没有考虑的提案怎么做。”①因此，如果一项法案的最终形式在很大程度上取决于这些不同的程序特质，文本主义者就认为，试图重建立法多数派对任何有严重争议的解释性问题的实际但未表达的意图，是异想天开。

我在其他文章中详细评估了文本主义依赖公共选择理论的优缺点。② 就目前的目的而言，重要的一点是，虽然文本主义者对立法过程的看法要求他们拒绝古典意图主义者对立法机关的拟人化处理，但这绝不需要全盘拒绝任何有用的立法意图概念。为了满足立法至高无上的要求，人们不需要像古典意图主义者那样相信，一个多成员的立法机关具有类似人类的能力，可以对法规中使用的词语形成专一但未表达的意图。相反，正如拉兹教授所解释的，立法至高无上的要求只要求立法者打算颁布一项将根据流行的解释惯例进行解码的法律。如果是这样的话，那么社会至少可以把每个立法者的意图归因于“说出一个人在特定的环境下通常会被理解为在说的东西”。③或者正如知名哲学文本学家杰里米·沃尔德伦（Jeremy Waldron）所言：

> 粗略地说，投票支持（或反对）像“任何车辆不得进入任何州立或市政公园”这类条款的立法者是基于这样的假设：（如果该条款获得通过）这些话对他的意义与它们对那些人的意义是一样的……这种假设在立法过程中普遍存在，表明法律在多大程度上依赖于语言、构成语言的共同惯例以及惯例所包含的意图的互惠性。④

这些前提充分反映了斯卡利亚大法官和伊斯特布鲁克法官对“客观化意图”的承诺。这一概念基于这样一个认识，即法官应该像任何熟悉适用社会习俗的理性人一样阅读法定文本。将这种客观化意图归因于立法者，为文本主义者让他们对其通过的任何法律负责，尊重其细节，无论他们是否（单独或集体地）存在任何实际意图，提供了一种可理解的方式。

从这个意义上说，文本主义可以被理解为对辨别立法指令的最可靠（或者最不可靠）方式的判断。⑤ 如果一个人不能准确地确定机构作为整体会如何处理文本中具体说明甚至错误说明的问题，那么也许最好的办法就是估计处于立法者地位的理性人会如何阅读实际通过的文字。当然，尽可能准确地解读立法机关指令的愿望让文本主义者与古典意图主义

---

① 参见 Frank H. Easterbrook，“法规领域”，《芝加哥大学法律评论》第50卷，第547－548页（因为立法机构由许多成员组成，他们没有隐藏但可发现的“意图”或“设计”。每个成员可能有也可能没有设计。然而，机构作为整体只有结果。）因此，“最终结果可能是任意的（例如群体疲劳的函数），或者是由决策的具体体制特征（例如关于动议表决顺序的规则）决定的”。

② 参见 John F. Manning，“荒谬主义”，《哈佛法律评论》第116卷，第2415－2416页。

③ 参见 Joseph Raz，“解释中的意图”，《法律的自主性：法律实证主义论文集》，第269页。

④ Jeremy Waldron，“立法者的意图和无意立法”，《法律与解释》，第329页，第340页（Andrei Marmor 编，1995年）。

⑤ 参见 Caleb Nelson，“什么是文本主义？”，《弗吉尼亚法律评论》第91卷，第353－354页。

者有了一些共同点。① 然而，说文本主义只是其他方式的意图主义，可能会模糊重点，即对于文本主义者来说，意图是一种构想；它并不取决于这样一个结论，即假设的立法多数派实际上同意通情达理、熟悉相关公约的人会附加到颁布文本上的可能含义。在文本主义者援引它的程度上，立法意图是一个分析框架，旨在满足多成员机构进行有意义交流的最低条件，而不涉及法官、行政人员和公众的实际意图，这些人形成了一个在语境中解码语言的共享约定社区。

为了强调客观化意图的建设性本质，注意到现代文本主义者不是字面主义者是有帮助的；他们不仅仅寻找单词和短语的“普通含义”。相反，他们强调相关语言社区（或子社区）的共同理解和实践。②我在以前的文章中已经更全面探讨了这一立场的含义。③ 就目前而言，值得注意的是，文本主义者因此想知道“熟练的、客观合理的用词者”会如何理解法定文本④，这种方法需要确定“说话者和目标受众共有的假设”。⑤因此，在语境中的适当地方，文本主义者寻找技术意义，包括专业律师子群体共有的专业内涵和实践。⑥文本

---

① 正如 Nelson 教授所指出的，现代文本主义者的这种印象得到了加强，尽管只是少量加强，因为当传统阅读反映出明显的荒谬或代书人的错误时，他们愿意背离已颁布文本的明确含义。参见 Caleb Nelson，“什么是文本主义?”，《弗吉尼亚法律评论》第 91 卷，第 356 页，第 378－380 页；另参见联合银行诉沃拉斯案，《美国最高法院判例汇编》第 502 卷，第 151 页，第 163 页（1991 年）（Scalia 法官在判决中表示赞同）（“既然这里不存在‘代书人的错误’产生荒谬结果的争论，法令的明文本应使这一诉讼变得不必要且不可维持。”）；克尔诉帕克特案，《联邦判例汇编》第三辑，第 138 卷，第 321 页，第 323 页（第七巡回法庭，1998 年）（Easterbrook 法官）（“法院应该执行实际颁布的语言——只要法令内部不矛盾或不荒谬。”）

② 参见大陆罐头公司诉芝加哥卡车司机案，《联邦判例汇编》第二辑，第 916 卷，第 1154 页，第 1157 页（第七巡回法庭，1990 年）（Easterbrook 法官）（“你不必是路德维希·维特斯坦根或汉斯·格奥尔格·伽达默尔，也能知道成功的交流取决于不同社区共享的意义。”）；另参见 Ludwig Wittgenstein，《哲学研究》，第 134－142 页（G. E. M Anscombe 译，第三版，1953 年）（强调从相关语言社区内的实践和互动中获得意义）。

③ 参见 John F. Manning，“荒谬主义”，《哈佛法律评论》第 116 卷，第 2456－2476 页；参见 John F. Manning，“文本主义与规约的公平性”，《哥伦比亚法律评论》第 101 卷，第 108－115 页。

④ Frank H. Easterbrook，“原始意图在法定解释中的作用”，《哈佛法律与公共政策杂志》第 11 卷，第 65 页；另见 Chisom 诉 Roemer 案，《美国最高法院判例汇编》第 501 卷，第 380 页，第 405 页（1991 年）（Scalia 法官持异议）（“我们要像任何普通国会议员一样阅读该文本，并应用如此确定的含义。”）。

⑤ Frank H. Easterbrook，“立法史告诉了我们什么?”，《芝加哥肯特法律评论》第 66 卷，第 441 页，第 443 页（1990 年）。

⑥ Nelson 教授挑衅性地提出，如果文本主义者仅仅根据流行的社会和语言惯例来阅读文本，那么他们实际上应该是目的主义者，因为当文本主义出现时，目的主义长期以来一直代表着法定解释的流行模式。参见 Caleb Nelson，“对曼宁教授的回应”，《弗吉尼亚法律评论》第 91 卷，第 451 页，第 455－457 页（2005 年）。我认为，这一论点最终证明得太多了。正如我在以前的文章中详细论证的那样，现代文本主义最终建立在几个源自宪法结构的规范前提之上。例如，参见 John F. Manning，“荒谬主义”，《哈佛法律评论》第 116 卷，第 2434－2454 页（依靠立法与审判的宪法分离、两院制和陈述的要求以及现代理性审查的前提，来质疑对其他无条件的法定文本作出例外的司法实践）；参见 John F. Manning，“作为非授权主义的文本主义”，《哥伦比亚法律评论》第 97 卷，第 70－78 页，第 706－731 页（解释了文本主义者对立法历史的反感，认为这是反对立法自我授权的宪法规范的一个功能）。这些结构性规范中最突出之处在于，通过采用有效的绝对多数要求，两院制和陈述的立法程序赋予了政治少数派阻止立法或坚持妥协作为同意的代价的特别权力。至少在现代文本主义出现之前，在联邦法官采用的强有力的形式中，目的主义通过将精神置于法律条文之上，来威胁任何由此产生的立法妥协的完整性——也就是法令的明显背景目的，而不是从通过的文本中考虑的精确细节。如果接受这种分析框架，文本主义者就会在规范的基础上恰当地拒绝目的主义，即使目的主义确实构成了一种先前建立的解释模式。否则，这就等于说，文本

主义者为普通法术语赋予其全部的普通法内涵；[①]他们以既定的普通法惯例补充了原本不加限定的文本，如果这种惯例传统上与法所涵盖的主题事项有关；[②]他们应用了足够完善的解释准则，包括宽恕规则等实质性准则。[③]

文本主义者没有建议的是，从贸易实践、普通法、建筑技术规范等中提取的技术含义必然反映实际（即主观）对多人立法多数派的理解。[④]以“巴比特诉大俄勒冈社区甜蜜家园案”[⑤]为例，在该案中法院解释了《1973 年濒危物种法案》（“ESA”）中的一项条款。该条款规定“在美国或美国领海内捕获（take）任何［濒危］物种”都是非法的。[⑥]争论的焦点是当被告通过改变濒危物种的栖息地而间接伤害濒危物种时是否发生了“捕获”。法院遵从内政部长的解释，即栖息地的改变属于该法案的范围，并指出 ESA 广义地将“捕

主义者必须将一项公约视为每一项具体妥协的一部分，该公约指示法院在有充分理由这样做的情况下忽略该妥协的确切条款。我们只能开玩笑地说，接受此类公约满足了现代文本主义者的宪法义务，以保护在两院制的立法过程中和陈述中形成的具体妥协。正如我之前按照类似的思路论证的那样：如果最高法院适用某个背景惯例，规定“法官应适用一项法令的社会意义，除非他们能想到做同样事情的更好方法”，这个惯例在某种意义上将是每一项立法交易的基础。但它可以被更准确地理解为将允许法院无视通过立法程序达成的具体协议，并在两院制和陈述的范围之外达成新的平衡。

① 莫斯卡尔诉合众国案，《美国最高法院判例汇编》第 498 卷，第 103 页，第 121 页（1990 年）（Scalia 法官持异议）。

② 例如参见 Young 诉合众国案，《美国最高法院判例汇编》第 535 卷，第 43 页，第 49－50 页（2002 年）（“入门级法律规定，时效期限‘通常受公平收费的约束，除非收费与相关法规的文本不一致’。必须假定国会根据这一背景原则起草时效期限。”［引用欧文诉退伍军人事务部案，《美国最高法院判例汇编》第 498 卷，第 89 页，第 95 页（1990 年），以及合众国诉贝格利案，《美国最高法院判例汇编》第 524 卷，第 38 页，第 48 页（1998 年）］；布罗根诉合众国案，《美国最高法院判例汇编》第 522 卷，第 398 页，第 406 页（1998 年）（“刑事禁令通常不适用于执法人员的合理执法行动。”）；Frank H. Easterbrook，“洞穴探险者的案例：回顾”，《哈佛法律评论》第 112 卷，第 1913 页，第 1914 页（1999 年）（认为否则不合格的刑事法规推定受制于既定的普通法辩护）。但是比较合众国诉奥克兰大麻买家合作社案，《美国最高法院判例汇编》第 532 卷，第 483 页，第 490 页（2001 年）（Thomas 法官）（“请注意，联邦法院是否有权承认法令没有规定的必要性辩护，这是一个悬而未决的问题。”）。

③ 例如参见 Antonin Scalia，“当代法律分析的各种谣言”，《判例汇编》第 40 卷，第 581 页，第 583 页（1990 年）（赞同宽恕规则作为一种解释规则，这种规则通过长期使用已经获得了“规定性的有效性，因为立法机关在选择其语言时大概已经考虑到了”。）

④ 他们也不能。沿着这些思路，考虑一下 Posner 法官对法律界普遍使用的一些建筑技术准则的毁灭性批评。参见 Richard A. Posner，“法定解释——在课堂上和法庭上”，《芝加哥大学法律评论》第 50 卷，第 805－817 页，特别是，他认为大多数准则都出错了，“因为它们把国会视为无所不知”，这“始终是不切实际的假设，尤其是在处理立法过程时”。例如，Posner 法官引用了“法规的每一个字都必须被赋予意义的准则；法令中的任何内容都不能被视为多余”。他认为，这一规范与立法起草的现实相矛盾。同样，他指出，不赞成默示废除早期立法的“流行准则”基于一个明显的假设，即“每当国会颁布一项新法规时，它就梳理美国法典，寻找与新法规潜在的不一致之处，当它发现一个不一致之处时，就明确地废除这种不一致之处”。正如他所指出的，这种想法是非常不现实的。然而，这样的准则在客观化意图的文本主义理论下是可以理解的。正如 Easterbrook 法官所说，解释准则是有意义的，“作为现成的规则，为立法者免除预测所有可能的解释问题并为其立法解决方案的成本”。Frank H. Easterbrook，“法规领域”，《芝加哥大学法律评论》第 50 卷，第 540 页。如此理解，准则之所以有价值，不是因为它们抓住了立法机关的主观意图，而是因为它们代表了使交流成为可能的相互可用的背景惯例的子集。

⑤ 《美国最高法院判例汇编》第 515 卷，第 687 页（1995 年）。

⑥ 《美国法典》第 16 卷，第 1538（a）（1）条（1994 年）。

获”定义为“骚扰、伤害、追逐、狩猎、射击、伤害、杀死、诱捕、捕获或收集”① ——至少其中一些定义肯定包括栖息地改变的间接影响。

斯卡利亚法官认为，在异议中，在野生动物法中，“捕获”是“一个艺术术语”，因而“描述了对特定动物（而不是动物种群）直接和故意（而不是间接和意外）实施的一类行为（而不是不作为）”。② 尽管异议者承认该法的定义部分宽泛地定义了“捕获”，但是他们强调，根据普通法传统将“捕获”等同于直接行为而不是间接行为，该定义中的任何内容都无法回避法院对所列举的禁止行为清单的解读。③ 有趣的是，他不仅通过在标准词典中定位“take”的技术含义，还通过检验（对普通读者来说）不明显的来源来确定这一传统，例如19世纪最高法院的裁决、黑石的评论、实施候鸟条约的法规以及管理北极熊保护的条约。④ 他的观点似乎非常令人钦佩地抓住了技术含义，但也强调了一个事实，即当文本主义者将相关语言社区的合理成员（这里是律师或野生动物爱好者）的理解归咎于立法者时，他们并不打算描述立法者在投票支持一项法案时实际知道什么。万一立法者对“捕获”的任何有意义的含义有任何实际意图，我怀疑许多人事实上知道、也不同意斯卡利亚大法官引用的资料中所反映的专门法律含义。

因此，虽然文本主义者确实关心拉兹教授所描述的在精微意义上的“立法意图”，但通过其他方式暗示他们是古典意图主义者掩盖了这样一个事实，即文本主义者拒绝古典意图主义最重要的前提，即大多数立法背后隐藏着某种有意义的可识别的政策判断，这些判断由立法多数派共享，但在通过国会许多筛选程序的公开文本意义中未得到精确表达。文本主义者关注立法过程的最终产品，正如熟悉适用惯例的理性人在语境中阅读已颁布文字的方式所反映的那样。⑤由于立法谈判的支离破碎、曲折且往往隐蔽的性质，文本主义者

---

① 《美国法典》第16卷，第1532（19）条。

② 巴比特案，《美国最高法院判例汇编》第515卷，第718页（Scalia法官持异议）。

③ 巴比特案，《美国最高法院判例汇编》第515卷，第718页。Scalia法官因此解释说：该法对“捕获”的定义确实略微扩展了该词（这并不罕见），以明确它不仅包括完整的捕获，还包括捕获的过程，以及习惯上与该过程等同或伴随该过程的所有行为（“骚扰、伤害、追逐、狩猎、射击、伤害、杀死、诱捕、捕获或收集”），并且从而包括此类企图。

④ 巴比特案，《美国最高法院判例汇编》第515卷，第717－718页（Scalia法官持异议）{除其他外，讨论了吉尔诉康涅狄格州案［《美国最高法院判例汇编》第161卷，第519页，第523页（1896年）］中“take”的使用；William Blackstone，评注＊411；《候鸟条约法》，《美国法典》第16卷第703条（1988年及1989年第五项补充）（2004年修订）；以及《北极熊保护协定》，1973年11月15日，第1条，《美国协定》第27卷，第3918页，第3921页，T. I. A. S. 第8409号}。

⑤ Easterbrook法官特别清楚地表明了这一立场。例如参见NBD银行诉贝内特案，《联邦判例汇编》第3辑，第67卷，第629页，第633页（第七巡回法庭，1995年）（Easterbrook法官）（“国会抽象的意图并不重要；问题是它所颁布的法律意味着什么。”）；利文斯顿重建承包商诉R. R. 退休委员会，《联邦判例汇编》第二辑，第970卷，第295页，第298页（第七巡回法庭，1992年）（Easterbrook法官）（“当然，国会不会颁布‘意图’……；它制定的文本可能与提案人的期望不同。”）；大陆罐头公司诉芝加哥卡车司机案，《联邦判例汇编》第二辑，第916卷，第1154页，第1157页（第七巡回法庭，1990年）（Easterbrook法官）［“法令的文本才是法律，而不是立法者的私人意图。只有文本在提议、修改、通过并获得总统签署（或两院三分之二赞成票）的复杂过程中幸存下来。”］。

认为这样的结构是解释者所能做的最佳结果——客体化意图为忠实的代理人提供了最合理的方式（如果不是唯一合理的方式）。最后，这一信念在很大程度上反映了规则和标准之间的区别，但并不完全符合纳尔逊教授建议的方式。因为现代文本主义者对法定一般性水平的研究方法，强化告知其方法的不同过程假设，我接下去将转向对这个问题的简要考虑。

二、立法谈判和法定一般性水平

文本主义的一个中心原则是，解释者必须尊重文本表述立法政策判断的一般性水平——也就是说，法官应该把规则当作规则，把标准当作标准。具体来说，尽管文本主义者认为在含糊不清的情况下查阅法令的明显目的或政策是合适的（前提是它来自立法史以外的来源）①，但他们抵制为了使文本更符合其明显的背景目的，而改变法令的明确语义含义。② 这种过程选择

---

① 例如，参见国家税收抵免合伙公司诉哈夫利克案，《联邦判例汇编》第3辑，第20卷，第705页，第707页（第七巡回法庭，1994年）（Easterbrook法官）（“了解规则背后的目的可能有助于法院解读含糊不清的文本，但首先必须存在一些含糊之处。”）；Antonin Scalia，“司法对法律行政解释的尊重”，《杜克法律杂志》，1989年，第511页，第515页（“当然，法院为选择一种特定的解释而给出的最常见的理由之一是，另一种解释会产生‘荒谬的’结果，或与法令的理由或目的不太一致的结果”。）Nelson教授合乎情理地认为，在存在歧义的情况下，这种对明显目的的依赖是文本主义确实植根于古典意图主义的证据。参见Caleb Nelson，“什么是文本主义?”，《弗吉尼亚法律评论》第91卷，第354－356页。这一结论虽然看似合理，但并不一定来自文本主义者的实践。首先，目的不一定反映立法者在立法史上的主观理解；相反，文本主义者经常从诸如法令的总体主旨或结构等来源推断立法意图。例如，参见哥伦布市诉我们的车库和清障车服务公司案，《美国最高法院判例汇编》第536卷，第424页，第450页（2002年）（Scalia法官持异议）（提到“在存在争议的法规的文本和结构中寻求先发制人的目的”（引用CSX运输公司诉伊斯特伍德案，《美国最高法院判例汇编》第507卷，第658页，第664页（1993年））；宾夕法尼亚惩治局诉耶思奇案，《美国最高法院判例汇编》第524卷，第206页，第212页（1998年）（“法规的标题……只有在阐明某些含糊不清的词语或短语时才有用。”（原件第一、第三和第四次修改）（引用列车乘务员工会诉巴尔的摩与俄亥俄火车公司案，《美国最高法院判例汇编》第331卷，第519页，第528－529页（1947年））；合众国诉福斯托案，《美国最高法院判例汇编》第484卷，第439页，第449页（1988年）（认为《公务员制度改革法》中不利人事行为的不可复审性“不仅来自法定语言，而且来自……法定计划的结构”）。第二，文本主义者可能把明显的总体目的，作为在不确定性情况下适当的司法行为理论，而不是作为识别主观立法意图的方式来依赖。Scalia大法官这样写道：“如果第一次呈现给我们的法定术语含糊不清，我们会将其解释为包含那种允许的意义，它最符合逻辑、最容易地融入先前和随后颁布的法律主体中。”西弗吉尼亚州医院大学公司诉凯西案，《美国最高法院判例汇编》第499卷，第83页，第100页（1991年）；参见福斯托案，《美国最高法院判例汇编》第484卷，第453页（描述了“协调随着时间推移颁布的许多法律，并使它们在结合中变得‘有意义’的经典司法任务”）。与古典意图主义者相反，文本主义者以这种方式解决歧义，“不是因为精确的通融意义肯定符合立法者的想法……，而是因为［司法机构］的职责是从法学家的语料库中找出有意义的东西，而不是胡说八道”。凯西案，《美国最高法院判例汇编》第499卷，第100－101页。关于更有力地支持Nelson教授观点的对比陈述，参见Frank H. Easterbrook，“立法史告诉了我们什么?”，《芝加哥肯特法律评论》第66卷，第443页（“因为法律本身没有目的或精神——只有作者是有感觉的——从辩论中挖掘话语的语境可能是必要的，就像我们从阅读整个意见中了解一项主张的局限性一样。”）。充分探索在存在歧义的情况下文本主义者依赖明显背景目的的精确基础，是另一项研究的主题。

② 例如参见约翰逊诉合众国案，《美国最高法院判例汇编》第529卷，第694页，第723页（2000年）（Scalia法官持异议）“我们的义务是尽可能实现法令文本公平规定的一般国会目的——仅此而已。”；默滕斯诉休伊特协会案，《美国最高法院判例汇编》第508卷，第248页，第262页（1993年）（“对法令‘基本目的’的模糊概念不足以克服其文本中关于所考虑的具体问题的措辞”）；罗斯诉罗斯案，《美国最高法院判例汇编》第481卷，第619页，第644页（1987年）（Scalia法官部分同意并赞同判决）（批评最高法院假定“在明显的国会目的的基础上限制明文的广泛权力”）。

所反映的潜在适合性问题一直困扰着成文法的解释。无论法律的框架多么精确，相对于其表面背景目标而言，法律有时会过于包容或包容不足。① 当手段和目的之间出现足够戏剧性的不匹配时（或者更准确地说，似乎出现了这种不匹配），古典意图主义者将这种分歧归因于立法疏忽。② 古典意图主义者认为，法官有可能确定集体政策判断，如果立法多数派希望制定法令以避免所选词语的不精确性，他们就会得出集体政策判断。因此，他们愿意调整立法表述的一般性水平，以使政策的文本表述更符合大多数人在面对确切问题时的期望。③ 相比之下，文本主义者将法令的不协调归因于存在许多不同否决点的立法程序的（不可知的）急迫情况。他们认为，抹平法令中的粗糙边缘可能会打乱任何复杂的谈判，而这些谈判导致了法令术语的现有形式。④ 因此，对于文本主义者来说，尊重一般性水平保留了精心设计的过程，在这个过程中，不同的把关者可能会阻止或减缓立法或要求妥协作为同意的代价。

"西弗吉尼亚大学医院诉凯西案"⑤也许是这条分界线最明显的例子。根据《美国法典》第42卷第1988条（2000年），在某些类型的民权诉讼中，胜诉的原告有权获得"合

---

① 参见Bernard W. Bell，"没有立法意图的立法史：法定解释的公共论证方法"，《俄亥俄州立法律杂志》第60卷，第1页，第94－96页（1999年）（讨论一般性问题）；Frederick Schauer，"法定解释和简单意义的协调功能"，《最高法院评论》，1990年，第231页，第236页（"当决策者根据……具体指令得到指示时，这些指令相对于其背景理由来说，必然实际上或潜在地包含不足和过度。"）。

② 正如Posner法官因此所写到的：［法官们在内心深处意识到，当他们称法规的含义为"简明的"时，他们所指的表面清晰对于解释是危险的立足点。他们知道法规是有目的的话语，语言是编码目的的不稳定媒介。他们知道包括美国国会在内的立法机构经常匆忙立法，没有充分考虑他们的话语在新环境中的潜在应用。弗里德里希诉芝加哥市案，《联邦判例汇编》第二辑，第888卷，第511页，第514页（第七巡回法庭，1989）。

③ 这样做的案例不胜枚举。例如参见公民诉美国司法部案，《美国最高法院判例汇编》第491卷，第440页，第452－454页（1989年）；加利福尼亚联邦储蓄与贷款协会诉格拉案，《美国最高法院判例汇编》第479卷，第272页，第284页（1987年）；安德森兄弟福特公司诉巴伦西亚案，《美国最高法院判例汇编》第452卷，第205页，第222页，注20（1981年）；联合钢铁工人诉韦伯案，《美国最高法院判例汇编》第443卷，第193页，第202页（1979年）；特恩诉科罗拉多公共利益研究集团公司，《美国最高法院判例汇编》第426卷，第1页，第10页（1976年）；联合住房基金会公司诉福尔曼案，《美国最高法院判例汇编》第421卷，第837页，第849页（1975年）；国家木制品制造商协会诉NLRB案，《美国最高法院判例汇编》第386卷，第612页，第620页，注4（1967年）；合众国诉公共事业局案，《美国最高法院判例汇编》第345卷，第295页，第315页（1953年）；约翰森诉合众国案，《美国最高法院判例汇编》第343卷，第427页，第431页（1952年）；国际码头工人工会诉朱诺号云杉公司案，《美国最高法院判例汇编》第342卷，第237页，第243页（1952年）。

④ 例如参见拉各斯代尔诉沃尔弗林集团案，《美国最高法院判例汇编》第535卷，第81页，第93－94页（2002年）（"像一项重要立法中的任何关键术语一样，在有争议的条款中，［相关］数字是具有明显但不同利益的团体之间妥协的结果。……法院和行政机关必须尊重并实施这种妥协。"）；阿图兹诉班尼特案，《美国最高法院判例汇编》第531卷，第4页，第10页（2000年）（拒绝考虑各种"政策论点"，同时接受法院认为的"对文本唯一允许的解释——据我们所知，这可能忽视了作为立法妥协一部分的问题中一方或另一方的政策关切，这种妥协使法律得以颁布"）；另参见昂卡尔诉无业游民离岸服务公司案，《美国最高法院判例汇编》第523卷，第75页，第79页（1998年）（"政治禁令往往超越主要的邪恶，以涵盖相当相似的邪恶，最终来管理我们的，是我们的法律规定，而不是立法者的主要关切。"）；布罗根诉合众国案，《美国最高法院判例汇编》第522卷，第398页，第403页（1998年）（注意到"这一真实情况，即政治禁令往往超越要被消除的确切邪恶的范围"，并且解释说"我们的做法不是也不可能是将一项法令的非限定性语言限制在国会试图补救的特定邪恶上——甚至假设有可能从法令文本本身以外的东西中识别出这种邪恶"）。

⑤ 《美国最高法院判例汇编》第499卷，第83页（1991年）。

理的律师费”。在凯西一案中，胜诉的原告试图收回作为其诉讼费用的一部分的参与协助准备诉讼和在审判中作证的专家费用。当然，在现代文本主义下，人们不能说这件事以“专家费”而实际上不是“律师费”的结论开始和结束。至少人们需要考虑“律师费”这个词是否为一个不仅仅包括律师计费时间的行业术语。正如在法律职业中使用的那样，该术语实际上可能包含许多对陈述至关重要的项目，如律师助理服务、秘书服务、信使、复印、法律数据库费用等等。①因此，这个有效短语存在一个潜在歧义，必须通过考虑语境来解决。

斯卡利亚法官在凯西一案中为法院提出的意见认为，语义语境是决定性的，证明了一个理性人会在语境中使用相关语言。他的意见强调了这样一个事实，即无数其他费用转移法规——有些是在1988年修正案之前颁布的，有些是在1988年修正案之后颁布的——明确规定“律师费”和“专家费”是单独的追偿项目。② 根据明示其一即排斥其他准则，“一般假定国会有意或有目的地对特定法定语言进行完全不同的纳入或排除”。③因此，法院认为，相关的“法定用法毫无疑问地表明，律师费和专家费是不同的费用项目”。④ 尽管承认由此产生的对用法的强调使1988年修正案的政策与类似的费用转移法规的政策不一致，但法院解释说，解释法规以促进政策一致性是一种允许的司法职能。在这种情况下，“法定术语……是模棱两可的”。⑤ 当对语义语境的考虑清楚地指向一个特定含义时，法院强调：“我们的职能不是消除明确表达的政策不一致，也不是对不同的国会选择区别对待的主体一视同仁。”⑥ 简言之，在赋予“律师费”一词以含义时，斯卡利亚大法官倾向于国会的既定用法，而不是国会政策中的论点，以确定法定背景中的哪些要素是决定性的。

然而，对于古典意图主义者来说，这个问题无法用一个清晰的使用模式来终结；人们仍然有必要根据政策目标来衡量“律师费”一词，而政策目标显然是大多数人制定具体立法的基础。在凯西案的反对意见中，史蒂文斯（Stevens）大法官因此批评最高法院“戴上厚厚的语法学家的眼镜，忽视了国会目的的现有证据和先前案例的教导”。⑦特别值得一提的是，他的理由是如果胜诉的原告可以追偿合理的“律师费”，那么拒绝原告为专家追偿类似费用是没有意义的，因为专家的服务只是为律师时间提供了更低成本的替代方案。⑧而且，由于法院先前承认胜诉的原告可以根据1988年修正案追偿律师助理费用和其

---

① 参见密苏里州诉詹金斯案，《美国最高法院判例汇编》第491卷，第274页，第285－286页（1989年）（认为除了可收费的律师费之外的各种项目，包括律师助理费，都可以作为律师费的“传统”要素追偿）。

② 参见凯西案，《美国最高法院判例汇编》第499卷，第92页。

③ 罗素诉合众国案，《美国最高法院判例汇编》第464卷，第16页，第23页（1983年）［引用合众国诉黄金波案，《联邦判例汇编》第二辑，第472卷，第720页，第722页（第五巡回法庭，1972）］。

④ 凯西案，第92页。

⑤ 凯西案，第100页。

⑥ 凯西案，第101页。

⑦ 凯西案，第113页（Stevens法官持异议）。

⑧ 凯西案，第106－107页（Stevens法官持异议）。

他代理费用，不允许追偿使法律代理有效所需的专家费用，这肯定会显得颇为武断。①此外，没有人质疑国会颁布1988年修正案是为了推翻法院在阿列斯卡管道服务公司诉荒野协会案中的判决②，该判决驳回了联邦法院在某些联邦案件中转移诉讼费用的普通法做法。因为阿列斯卡案之前的制度改变了律师费和专家费，史蒂文斯法官认为可以公平地推断1988年修正案的目的是恢复原状。③最后，尽管异议没有提到这一点，因为国会在几乎所有其他重要的费用转移法规中都规定了专家费用的追偿。人们可能会认为，把1988年修正案解读为莫名其妙背离国会政策偏好的明显模式，颇为武断。④

简而言之，文本主义者认为，对确保颁布所需的任何立法交易，使一项法规的语义细节与其明显使自身具有活力的策略更加一致的冲动——这种冲动是古典意图主义的基础——都构成太大的风险。⑤ 换言之，他们认为合理的读者标准提供了最好的、事实上也是唯一有意义的、认真对待一个有许多曲折的立法过程的方法；这让最感兴趣甚至是最外

---

① 参见凯西案，第107－108页（1990年）（Stevens法官持异议）（“允许报销这些其他类别的费用，但不包括专家证人费用，既是武断的，也违背了激发1988年修正案费用转移条款的广泛补救目的。”）。

② 《美国最高法院判例汇编》第421卷，第240页（1975年），

③ 凯西案，《美国最高法院判例汇编》第499卷，第108－111页（Stevens法官持异议）。此外，推翻阿列斯卡案并全额追偿诉讼费用的目的得到了两院委员会报告的支持。

④ 参见T. Alexander Aleinikoff与Theodore M. Shaw，“不一致的代价：对简单意义的评论，西弗吉尼亚大学医院有限公司诉凯西案，以及法定解释的正当程序”，《范德比尔特法律评论》第45卷，第687页，第704－705页（1992年）。

⑤ 虽然与目前对现代文本主义和古典意图主义的比较有些脱节，但值得注意的是，文本主义者对法令文字的偏好并不取决于客观和主观意图之间的区别。相反，引发文本主义的立法程序关注点更加深入。在这方面，将文本主义与另一种对古典意图主义的后现实主义回应——哈佛法学院Henry Hart和Albert Sacks创立的法律程序学派——进行对比是有帮助的。参见Henry M. Hart，Jr. 与Albert M Sacks，《法律程序：法律制定和适用的基本问题》，1378－79页（William N. Eskridge，Jr. 与Philip P. Frickey编，1994年）；另参见William N. Eskridge，Jr. 与Philip P. Frickey，“法律程序的形成”，《哈佛法律评论》第107卷，第2031页（1994年）（讨论法律程序材料的战后强大影响）。与现代文本主义者非常相似，Hart和Sacks赞同忠实代理人理论，同时拒绝接受“法院的职能是确定立法机关对争议事项的意图”的观点。（承认我们制度中的解释者必须“尊重立法机关作为社会主要政策决定机构的地位，只受《宪法》的限制”）。同样像现代文本主义者一样，Hart和Sacks提出了一个客观而非主观的标准来阅读立法机关的工作成果。尤其是在考虑了各种解释资源（包括法定文本、解释准则和任何相关立法历史所揭示的一般目的）之后，解释者要问“‘理性人合理地追求合理的目的’将如何解决法令所解决的问题。即使人们不知道颁布法律的多成员立法机关的主观意图，也可以试图将理性人在周围情况下会持有的政策偏好归因于立法机关。当然，这种方法试图建立一个客观的结构，不亚于试图建立询问一个理性文字使用者“会如何阅读适用于手头问题的法令”的文本主义者策略。Frank H. Easterbrook，“原始意图在法定解释中的作用”，《哈佛法律与公共政策杂志》第11卷，第65页。此外，与文本主义相反，法律程序学派聚焦于理性的政策制定者，颇具吸引力地预先假定，解释者可以尊重立法至上的背景宪法规则，同时也使成文法更加连贯而理性。正如Radin教授在一篇有助于构建法律程序方法、颇有影响力的文章中所解释的那样，我们说立法机关“被认为一丝不苟地选择了措辞，因为每一个字都与已知的事实直接矛盾，并在法院与法规的关系中注入了不适当因素”。Max Radin，“一种简短的法规方式”，《哈佛法律评论》第56卷，第388页，第406页（1942年）。正如我在以前的文章中更详细地解释的那样，现代文本主义者认为，依靠“理性的政策制定者”来强加法律一致性，低估了尊重从混乱而不透明的立法过程中出现在文本中、往往无原则的妥协的重要性。参见John F. Manning，“荒谬主义”，《哈佛法律评论》第116卷，第2390页，第2434－2454页。正如我所说，这种信念植根于宪法结构。通过颁布立法强加有效的绝对多数要求，宪法授权的两院制和提交的立法程序赋予了政治少数派阻止立法的非凡权力，或者更重要的是，坚持妥协作为同意的代价。此外，先前讨论过的现行立法实践中固有的程序性障碍又加强了这一趋势。文本主义者认为，至少当一项法令在语境中清晰时，以牺牲语义细节为代价强加连贯的政策，可能会冲淡少数人宪法赋予的迫使多数人接受聊胜于无的特权。

围的立法行为者有许多机会来阻止、减缓或重塑明显得到大多数人支持的倡议；这强调了多数派的立法需要妥协，以此来确保法案的通过鉴于与人类预见的失败或起草技巧的失误无关的原因，这种过程的结果很可能看上去很尴尬。因此，对于文本主义者来说，任何试图在本来看起来存在不合适问题的法定文本上叠加连贯性的行为，都有可能令人不可接受地破坏导致其产生的谈判过程。

最近的一个案例犀利地说明了这种更肯定的文本主义立法程序的正当性。在巴恩哈特诉西格蒙煤炭公司案中①，法院执行了嵌入在明确的法定文本中的规则，尽管它要求得到一个理性人根据法令潜在的目的肯定会认为荒谬的结果。为了解决一系列集体谈判协议强加的煤炭行业退休计划的潜在破产问题，国会颁布了《1992 年煤炭行业退休人员健康福利法案》。②该法案对两类企业规定了缴费要求：第一，对“签署经营者”——以前签署过任何养老金协议的煤炭经营者；第二，对“关联方”——与签署经营者享有特定形式商业关联关系的公司。③ 在巴恩哈特案中，社会保障专员要求被告煤炭公司承担责任，该公司既不是签署经营者，也不是关联方，而是签署经营者的权益继承人（因为收购了签字者的采矿资产）。尽管该法案明确规定了关联方利益继承人的责任，但没有对签署经营者本身的权益继承人做出此类规定。④运用法定解释的既定原则⑤，最高法院推断，“当国会希望在……法案中规定继承人责任时，就会明确地这样操作”。⑥因此，根据该法案，签署经营者的权益继承人对退休人员的养老金不承担责任。

社会保障专员作为负责实施该法案的官员，认为这种解释产生了荒谬的结果。具体而言，法院的解读免除了直接继承人对签署人受益人的任何责任，同时将这种责任强加给“签署经营者附属公司利益的更远关联继承人”。⑦ 事实上，如果签署煤炭经营者与某家乳品厂有关联（因此该乳品厂是“关联方”），并且如果两家公司随后将其资产分别出售给不同的买方，该法案就将把签署人退休人员的财务责任分配给乳品厂的继承人，而不是签署人的继承人。⑧

---

① 《美国最高法院判例汇编》第 534 卷，第 438 页（2002 年）。

② 《美国法典》第 26 卷，第 9701 - 9722 条（2000 年）。

③ 《美国法典》第 26 卷，第 9701（c）（2）条（2000 年）。特别是，这项法令规定，“如果一个人”属于下列类别之一，则该人“应被视为签署经营者的关联方”：受控企业集团［第 52（a）条所指］的成员，包括上述签署经营者；与该签署经营者共同控制的行业或企业［根据第 52（b）条厘定］；或在煤炭行业的某家企业中被认定为与签署经营者拥有合伙权益或合资企业的任何其他人，但前提是该企业雇用了合格的受益人，但本条款不适用于其唯一权益是作为有限合伙人的人。

④ 《美国法典》第 26 卷，第 9701（c）（2）（A）条（2000 年）［“关联方还应包括第（i）、（ii）或（iii）条［“关联方”定义］中描述的任何人的权益继承人。”］。

⑤ 罗素诉合众国案，《美国最高法院判例汇编》第 464 卷，第 16 页，第 23 页（1983 年）［引用合众国诉黄金波案，《联邦判例汇编》第二辑，第 472 卷，第 720 页，第 722 页（第五巡回法庭，1972）］。

⑥ 巴恩哈特案，《美国最高法院判例汇编》第 534 卷，第 452 - 453 页。

⑦ 巴恩哈特案，第 459 页。

⑧ 巴恩哈特案，第 465 页（Stevens 法官持异议）。

尽管法院没有否认这一结果的古怪之处，但它并没有试图从与该法案有关的任何公共政策的角度来证明这一法定区别的正当性。相反，法院直接依赖可能产生有关结果的程序性考虑：

> 围绕该法案颁布的谈判讲述了利益集团、国会和总统之间立法斗争的典型故事。事实上，这项立法未能缓解许多利益相关方之间的紧张关系。其精心设计的形式反映了试图将条款拉向不同方向的高度利益相关方之间的一种妥协。因此，任何个别条款的改变都可能破坏整体。一项将责任分配给签署经营者继承人的法案很有可能无法通过立法程序。在委员会加价期间，在两院的讲台上，在参众两院联合会议期间，或在与总统的谈判中达成的交易，不是我们可以判断或猜测的。①

因此，法院认为必须尊重立法程序的实际结果，至少在文本明确的情况下如此。②

同样，在某种意义上，公平地说，文本主义的这种肯定的理由属于对意图主义传统的某种理解，因为它基于这样一种概念，即执行法规的明确语义代表了最好的（如果不是唯一的）保存产生最终文本的不可知立法交易的方法。事实上，文本主义可以说渴望实行存在于意图主义背后的那种冲动本身的一种强化形式；就是说，它试图确保仅归于整个机构的政策判断是那些反映在（合理的）唯一一个通过了立法过程中许多复杂程序障碍的文本中的判断。③尽管如此，将这种基于过程的关注称为意图主义，至少在其经典意义上，是低估了关于该理念的一个基本现实：古典意图主义预先假定国会能够拥有有意义、可恢复的意图，这些意图偏离了颁布文本的合理含义中所表达的意图。现代文本主义者认为，寻找这种可知、可识别的立法意图是空洞的，除非它已经通过商定文本的

---

① 巴恩哈特案，第461页。

② 巴恩哈特案，第461页。（“我们的作用是解释国会颁布的法令的语言。该法令不包含相互冲突的条款或含糊不清的语言。”）。

③ 虽然对这个问题的扩展处理超出了本研究的范畴，但在本文的结尾值得注意的是，一个类似的前提可能是文本主义者众所周知的厌恶赋予立法史决定性权重的基础，即使是在文本模糊的情况下。他们不愿意相信委员会报告和提案人声明中的含义表达，因为他们明确表示，这种表达没有扫清宪法和两院规则规定的颁布障碍；因此，它们不能准确地反映在立法过程中实际可以达成的协议。正如Easterbrook法官所解释的：这种担忧“是政治性的，而不是认识论或诠释学的。（文本主义者）担心，如果法官不仅关注法案本身，还关注国会议员个人所说的或许有意影响司法解释的看法，那么宪法要求法案在成为法律之前运行的挑战将被规避。”赫尔曼诉森科姆电缆协会案，《联邦判例汇编》第二辑，第978卷，第978页，第982页（第七巡回法庭，1992年）[引用中部各州养老基金诉巴尔特女士食品公司案，《联邦判例汇编》第二辑，第960卷，第1339页，第1346页（第七巡回法庭，1992年）]；另参见Frank H. Easterbrook，“原始意图在法定解释中的作用”，《哈佛法律与公共政策杂志》第11卷，第64页（“如果我们今天就一系列问题对国会进行民意调查，并找出它的观点，这些观点会成为法律吗？当然不会。它们必须贯穿整个过程——而过程是立法的本质。”）；Frank H. Easterbrook，“立法史告诉了我们什么？”，《芝加哥肯特法律评论》第66卷，第445页（“法律与立法者民意调查结果的区别在于，法律通过了一系列艰难的程序障碍，要么以三分之二的票数通过，要么获得了总统的签署。”）。

复杂过程进行了筛选。①

三、结论

多年来，最高法院实行一种意图主义形式，这种形式的前提是法官能够有意义地识别国会“有意”但没有充分表达的政策判决。根据这一假设，最高法院可以自由运用国内立法史的内容来补充模糊的法定表述，更重要的是，纠正不可避免的法定适用性问题，而不会认为自己违反了立法至高无上的宪法前提。对于理解立法过程，现代文本主义者所采用

① Nelson教授在我的论点中发现了“一些内在的矛盾”：第一，文本主义者怀疑国会在任何有严重争议的解释问题上有未表达但有意义的意图；第二，文本主义者严格遵守国会制定其指令的一般性水平，因为这样做保留了立法背后任何不可知的交易。参见Caleb Nelson，“对曼宁教授的回应”，《弗吉尼亚法律评论》第91卷，第452－453页。然而，这种明显的矛盾是基于这样一种明显的假设，即只有当立法多数派以某种方式主观地意识到并有意识地接受其内容时，国会才能达成协议。这一前提既不是由逻辑必要性决定的，也不是由立法程序的实际现实决定的。相反，现代文本主义者认为，立法是一系列复杂交易的最终产物——这些交易经常发生在幕后，并以无法追踪的方式塑造法定语言。参见John F. Manning，“荒谬主义”，《哈佛法律评论》第116卷，第2409－2417页（讨论现代文本主义背后的立法程序假设）。管理立法的程序——第一条第7款的两院制和提交要求所规定的程序，以及立法通过的自治规则所规定的程序——在立法道路上设置了许多精心设计的障碍。当然，文本主义者并不怀疑立法过程中各个把关点有知觉的行为者经常做出有意识的措辞（以及政策）选择——通常是清除高程序障碍所需的未记录的妥协。最终，立法机关作为整体，对任何成功清除了所有必要障碍的文本进行投票赞成或反对，包括使该文本通过委员会、争取发言时间、进行修订、在潜在或实际的阻挠议事中幸存下来、走出会议，以及考虑总统否决的可能性。例如，参见Frank H. Easterbrook，“原始意图在法定解释中的作用”，《哈佛法律与公共政策杂志》第11卷，第64页（讨论程序性障碍对立法的影响）；Kenneth A. Shepsle与Barry R. Weingast，“委员会权力的制度基础”，《美国政治学评论》第81卷，第85页，第89页（1987年）。为了产生规范上有吸引力的文本主义版本可能希望保留的有意义的妥协，立法多数派只需要在投票时有这样一种意图，即接受相关行为者使用制定立法的程序设法达成的任何文本交易。立法多数派不需要进一步的主观理解和意图来接受潜在交易的每个细节。我应该进一步指出，上述结论并没有（正如Nelson教授有时可能提出的）迫使文本主义者得出结论，立法机关投票完全不知道立法的内容。与我对文本主义的解释形成对比的是，Nelson教授写道：“在制定法案的国会议员理解自己在做什么和法官认为他们已经做了什么之间将存在某种联系，肯定是值得期待的。”Caleb Nelson，“对曼宁教授的回应”，《弗吉尼亚法律评论》第91卷，第454页，第457页。他补充说，许多立法者所做的不仅仅是“简单地投票支持一项法案的措辞（无论可能是什么），目的是根据流行的惯例（无论可能是什么）来解释措辞”。虽然解决立法者在投票赞成或反对一项法案时实际上知道什么这一本质上的经验性问题超出了本文的范围，但我可以欣然接受这样的论点，即立法多数派可能确实对一项法案的广泛政策目标存在共识。（事实上，这一假设可以解释文本主义者在含糊不清的情况下愿意依赖明显的目的。）为了便于讨论，人们甚至有可能接受这样一种观点，即一些立法者有时会试图掌握一项法令中至少一些重要条款的措辞。然而，以强烈的方式关注这些可能性的做法，低估了作为现代文本主义根源的意图怀疑主义。如果我们研究某个普通复杂的联邦法规的许多技术条款（更不用说社会保障法或税法的条款了），我们就很难假设“立法多数派”可靠地分享主观政策意图或对详细应用问题的理解，特别是在困扰法规解释者的棘手案件中。在这个层面上，Radin教授肯定有理由怀疑这样一种可能性，即“一个给定的确定因素，即诉讼问题，不仅会存在于所有［立法者］的头脑中，而且肯定会被所有人选定为［法定］可确定因素应该缩小到的目前限度。”Max Radin，“法定解释”，《哈佛法律评论》第43卷，第870页。如果Radin教授的直觉是正确的（正如文本主义者所认为的那样），那么知道国会“意图”的共同意义可能没有什么实际作用，至少当相关文本细节在语境中是清楚的时候。产生最终文本的立法谈判过程总是会对大多数人共同的总体目标感加以限制。为了使由此产生的改进被接受为产生立法的交易的必要部分，文本细节的确切含义不需要存在于大多数人的头脑中。如上所述，在这一层面上，唯一必要的——而且似乎可以恢复的——集体意图是采用这样一项用于讨价还价的文本的意图，该文本将根据公认社会和语言惯例被解释。正如Radin教授所写的那样，这种情况的进一步可能性，即立法多数派主观上也知道并打算认可该文本的一系列共同的具体阐述，是“微乎其微”的。

的假设使得这些做法更难以维持。立法程序混乱不透明；它让那些有强烈甚至极端偏好的人有无数机会来减缓或停止立法，并坚持以妥协作为同意的代价。出于不可知的原因，任何特定法规的精确措辞可能对其通过至关重要。因此，以服务于真正但未明确表示的立法意图为名来扩充或修改文本的努力，有可能取代通过复杂、依赖路径的立法程序实际达成的任何协议。这套立法程序假设不仅定义了现代文本主义，而且使其与长期以来主导法院成文法的古典意图主义传统具有了质的不同。

没有纯粹的文本主义立场

[美] 斯坦利·费什[*]著　陶然[**]译

摘　要　本文深入探讨了法律解释中文本主义立场的局限性，并强调了在理解和解释文本时考虑作者意图的重要性。首先，作者意图在文本理解中是不可或缺的角色。其次，在法律解释实践中，文本的含义不仅仅是由其直接的字面意思构成的，而是需要综合考虑语境、作者目的、文本产生的历史背景等多重因素。并且，即使是文本主义者也难以完全排除对作者意图的考虑的情况，尤其是当文本含义模糊或有多重解释时。最后，文本解释中作者意图的具有核心地位，呼吁在法律解释乃至更广泛的文本解释领域采取一种更加全面和深入的理解方式。

关键词　法律解释　文本主义　作者意图　语境考量

一

几年前，在我驾车送父亲回公寓的路上，我们接近了一个交通灯已经变红的十字路口。他说："通过这个灯。"

他的意图是什么？当时，我没有把他理解成在告诉我"不要停车，直接冲过去。"相反，我理解他是在叫我"灯一变绿就开过去，不要左转或右转"。我是怎样得出这个解释的？许多人给出的回答可能是，我舍弃了平显的或字面的含义（meaning），代之以一个相符于我认为是其意图（intention）的含义。我推测，我父亲的意思不可能如其所言——他不可能是在指示我违法——因此我迅速（几乎不假思索）地选择了一个"更合理"的意思。这种理解符合主流语言哲学标准中的区分，即句子意思与言说者意思的区分：语句基于词汇项和句法结构而具有的含义，与言说者可能有意但未能达成的含义两者之间的区

* 斯坦利·费什（Stanley Fish），纽约叶史瓦大学法学院客座教授，主要研究解释理论和法律解释。本文发表于2005年《圣地亚哥法律评论》的第42卷第2期。摘要和关键词为译者所加。

** 陶然，男，安徽宣城人，华东政法大学法律学院博士研究生，研究方向为法理学、法律方法论。

分。因为这些是可区分的实体（至少按照标准观点来看），它们是能够分离的；当它们分开时，人们可以说，正如在当前例子中可能表述的那样："我父亲说的是X，但他的意思是Y；他的话从字面上理解是一回事，但他的目的是表达另一回事。"这样，我的所作为可以被描述为一种选择行为：在停下车等绿灯时，我选择了回应我父亲的目的性含义——他的意图——而不是其语句的字面含义；再者，这种选择之所以可用，是因为有可能在两者之间作出区分。

我相信斯卡利亚大法官（Justice Antonin Scalia）对这种关于我的推理的叙述不会有任何问题——要记住，这不是我本人的叙述，而是某类哲学家会 提出的叙述——但我相信他会抑制把那种推理方式应用到法律解释领域的任何努力。正如他在《解释的问题》中所宣称的那样，我们的政府是基于法律（即书面文本）的政府，即法治政府，而不是人治政府。因此，"基于立法者的意图而不是立法者所公布的内容来确定法律的含义"，① 本质上是不民主的。"我们所探求的对象"② 是"所言之内容"，而不是"所欲之意图""人们或许有任何他们所愿的意图；但唯有他们所制定的法律才具有约束力。"③ 对于斯卡利亚来说，这不仅是民主原则的问题，也是保障法律稳定性和可预测性的问题：文字是具体的，可检验的，而意图则不然。因为意图不具体，所以它们对于那些可能试图以解释之名重写法律的法官来而言，不足以构成充分的约束。

> 将意图作为解释的对象的实际危险在于，在追求未明确表达的立法意图的幌子下，甚至是在自我欺骗之下，法官实际上可能会追求自己的目标和欲望……当你被告知不是基于立法机构所述之内容，而是基于其所欲之意图作出裁决时，你确定立法机构意图的最佳方法是问自己一个明智且聪明的人应当意欲何为；这无疑会引导你得出结论，即法律的含义应该是你认为其应当为之意……④

因此，尽管斯卡利亚可能认同我的选择，即偏向我父亲的意图而非它字面上的话语（这是他的表述而非我的），它会认为如果我作为一名法官，在法律字面解释和制定者意图（来源不明）之间做出同样的选择是错误的。

在斯卡利亚大法官和其他自诩为文本主义者的论证中，这个问题总是被建构为——在某些实际可获得的东西（文本及其固有含义）与某些缺失且推测性的东西（作者的意图）

---

① Antonin Scalia, *Common – Law Courts in a Civil – Law System: The Role of the United States Federal Courts in Interpreting the Constitution*, in A MATTER OF INTERPRETATION: FEDERAL COURTS AND THE LAW 3, 17 (Amy Gutmann ed., 1997).

② Antonin Scalia, *Common – Law Courts in a Civil – Law System: The Role of the United States Federal Courts in Interpreting the Constitution*, p16.

③ Antonin Scalia, *Common – Law Courts in a Civil – Law System: The Role of the United States Federal Courts in Interpreting the Constitution*, p17.

④ Antonin Scalia, Common – Law Courts in a Civil – Law System: The Role of the United States Federal Courts in Interpreting the Constitution, p17 – 18.

之间做出选择；考虑到问题的这种表述，选择他所推崇的方法似乎是合理且审慎的。但是这种选择真的可行吗？我认为并非如此，尽管它在常识上颇具吸引力。首先，要存在选择，任何选择，就必须有可区分的实体可供选择。在此中情境下，必须存在一种文本含义——句子固有的含义——可以选择遵循或背离；只有如此，这种文本含义才可被选择或被反对。那么，当我理解我父亲的话为，“等灯变绿后直行，不要转弯”时，我反对了哪种文本含义？文本主义者可能会回答，我反对了“闯过这个灯”的字面含义，即通过简单解析词语得出的含义：“‘闯过’这个命令加上它的宾语‘这个灯’。”但如果我这样理解我父亲的话，并不是因为我听到了他的话忽视了他发言时的任何意图，而是因为，我基于一种与我为了理解他让我直行不转弯而必须假设的意图不同的意图听到了这些话。这里的问题是，我父亲用这些词是出于两种可能的目的中的哪一种（可能还有更多）？这是那些话本身无法回答的问题，因为如果它们能够回答，就不会存在问题和解释上的争议了。意图不能与含义分离，也不能被视为与之相冲突。选择不是在我父亲所说的内容和他的意图之间，而是在对他意图的两种不同阐释之间。他是意图（打算）给一个如此书呆子般的儿子指路，让他无法自信地知道自己的方向，还是他意图（打算）指示那个儿子违反法律，也许是因为他迟到了一个约会，也许是因为他突然感到胸口疼痛，或者也许是因为他喜欢公然蔑视权威并享受冒小风险的刺激？

但是，文本主义者可能会争辩说，其中一个意图在语言中被编码，并且仍然是可以在特殊情境下偏离的基本文本确定的意图；在没有特殊情境下，“闯过这个灯”意味着它字面上的意思：即闯过这个灯。实际上情况并非如此。假设我们重新构想我父亲发言的时刻，将其放置于一段对话结束时，在那段对话中，我问他，“如果你迟到了一个约会或感到不适，或得知有紧急情况，你会在红灯处停下来还是闯过去？”如果他接着回答说，“闯过这个灯”，我既不会将其理解为给我指引，也不会将其看作是鼓励我行非法行为之事，而是将其理解为他在对我说，“在你描述的情况下，我会做这个选择；我会闯过这个灯。”我不会将“闯过这个灯”听作是一个命令，而是作为对我的问题的回答，并且我会立即、直接地以这种方式理解。单纯作为词语，‘闯过这个灯’没有确定的含义，无论是作为命令还是其他。一旦这些词在某个意图的假设下被理解，它们就会获得某种含义，而这个含义将随着为它们设定的意图而变化。

文本主义者可能还会反驳：他或她可能会说，在我重构的场景中，“闯过这个灯”的词义是由言语上下文决定的，即由我对我父亲的提问所决定的。毕竟，上下文也是更多的文本，不正是这个扩展的文本决定了我在父亲回答时会理解的内容吗？不正是文本最终限制了含义吗？但是，如果再进一步展开这个场景，我可能误解了父亲对我假设性问题的回答；他可能在我提问的时候突然感到剧烈的疼痛，并指示我闯过红灯（我可能误解了他，从而将他置于危险之中）。或者他可能做白日梦，根本没听我说什么，他可能在最后一刻才惊醒，提醒我目的地就在正前方，而不是左侧或右侧。我坚持我的立场：单凭文本，无论其多么冗长复杂，永远无法生成含义，而意图，无论是假设的、发现的还是揭示的，总是可以改变原本存在的含义；这不是因为所说的被所意图的取代，而是因为对所意图的一个理解已经被另一个理解所替代。

如果没有任何意图在场呢？在那种情况下，不仅不存在含义；也没有理由去寻找含义。也就是说，如果我确信我所观察或听到的不是由任何意图所驱动，我会将其视为非，而是随机符号——类似于测试字体时随意输入的‘垃圾’字符——或者只是噪声、清喉咙的声音。反之，如果我父亲发出的声音被视为有意义的，，被视为语言，那是因为我认为它们是出自一个有目的的存在，一个能够拥有并且此刻就具有意图的存在。究竟是哪一个意图是我必须弄清楚的（他是意味着 x 还是意味着 y?）；我无法弄清楚的，甚至无法开始弄清楚的，是他的话语意味着什么，与他在说这些话时可能持有的任何意图无关。当我尝试解读这些话语时，当我听到这些声音作为话语时，当我将它们视为语言时，我就会假设存在某种目的——给出指示、发布命令、敦促迅速行动、鼓励违法行为——在这种目的的照耀下，这些声音成为话语并获得了含义。单独的话语，没有赋予它们生命的意图，就没有力量，没有语义结构，也尚未成为语言；当有人告诉你（正如文本主义者总是会告诉你的那样），他或她能够在脱离意图的情况下解释话语，然后（得意扬扬地）做到这一点时，他或她实际上所做的是在不自知的情况下假设了一个意图。像“闯过这个灯”这样的字母和空格序列没有固有的、字面的或简单的含义；它只有在不同意图的假设下才会显现的（无数的）含义。斯卡利亚赞同地引用了杰克逊法官的话：“我们不去探究立法者的意图；我们只问这个法案的含义是什么。”① 我的观点是，如果你不想了解意图，那你也不想了解含义。它们不仅仅是密不可分（像过去的爱情和婚姻一样）；它们本质上是一体的。

这个特定的问题还有至少一个可能的转折点。假设我确信父亲告诉我的是在红灯处停下来，然后直行，但我决定，为了恶作剧或为了强调语言的某种论点，我选择了直接闯过去。我知道他的意图（在“知道”的唯一相关意义上；我对此很有信心），但我选择行为好像他有另一个意图。如果他责备我，我可能会回应说，“但那正是你用那么多话告诉我的。”也就是说，我可以暂时成为一个不诚实的文本主义者，尽管我非常清楚，不仅仅是他的话，而是他的话作为意图的载体，才产生了特定的含义。我们在这里看到，因为不是单独的话语，而是作为意图符号的话语才具有含义，从而开辟了一个空间，在这个空间中，有意愿的人可以赋予他人的话语一个他知道说话者或作者并未持有的意图。这种可能性常常被管理员所利用。比如说，我是一位院长，收到了一个委员会主席的信，该委员会负责提交一份报告，其发现将指导我的学院未来五年的方向。信上写道：“亲爱的费什院

---

① Antonin Scalia, *Common－Law Courts in a Civil－Law System*: *The Role of the United States Federal Courts in Interpreting the Constitution*, p23. （转引自 OLIVER WENDELL HOLMES, COLLECTED LEGAL PAPERS 207 (1920)（转引自 Schwegmann Bros. v. Calvert Distillers Corp., 341 U.S. 384, 397 (1951)（Jackson, J., concurring)).

长，我在此辞去有光明未来委员会主席的职位。我之所以采取这一行动，是因为没有额外的办公空间让我存放机密材料和进行面试，我无法完成这项工作。正如您所知，我已多次请求这样的空间，但我没有收到积极的回应。此致，约翰·史密斯。”假设在我的任期内收到过许多这样的信（实际上确实如此），我知道至少有一半是策略，意图并非辞职，而是讨价还价或勒索。假设史密斯教授出于我所知的个人和职业原因，并不真的想辞职；他真正想要的是谈判。这一刻，我处于有利位置。因为单凭话语无法传达含义，含义会随着分配给话语的不同意图而变化，话语无法拒绝被分配的意图（如果它们能够这样做，它们就包含或体现了含义），无论多少话语，多明确的表述，都无法确保话语免受你分配的意图影响（像“我愿意讨论这个问题”这样的附言不能提供足够的保护），即使我知道他的“此致”是虚假的，如果我愿意，我完全可以接受史密斯教授的辞职；如果他后来抗议说，辞职不是他的本意，我可以面不改色（但心中狡黠）回答：“但那正是你的话所说的。”

请注意，如果话语真的具有固定或相对固定的含义，这种策略对我将不可行；因为那样的话，话语可以被压迫，直到它们产生一个会在语言事实上阻止我的含义；话语本身就会排除我试图赋予的含义。当然，在这个例子中或在任何其他情况下，话语可以阻止我，例如，如果我所赋予的意图没有得到必须批准的人的认可，或者如果我精神能量不足，就看不透首先想到的意图的含义，或者如果意图是由公共公式指定的，比如我在拍卖会上随意举手，结果买下了一头粉红色的大象。然而，在所有这些情况中，阻止我的不是话语，而是某个经验情境的偶然特征。从理论上讲，没有什么能阻止任何一串话语成为任何意图的载体。维特根斯坦的著名之问：“我能说‘bububu’并且意思是‘如果不下雨我就去散步’吗？”① 答案是肯定的。当然，你可能不会通过说‘bububu’来传达那个含义（或任何其他含义）；但是传达含义的失败并不意味着它不是有意的；而且，虽然传达的成功往往取决于其他人和环境的偶然因素，但只要你不是精神病患者，无法形成意图，意图的成功是确定的。维特根斯坦将这个例子呈现得好像很极端，但实际上它完全正常；他的问题与“你能说‘是’而意思是‘不是’吗？”或者“你能说‘我猜是这样’而意思是‘绝对不是’吗？”没有区别，在这两种情况下，答案都是肯定的。

二

这一切最终证实了本文标题的断言：不存在文本主义立场。文本主义的立场不存在，因为没有候选人可以代表那些想要成为文本主义者的人进行辩护。像斯卡利亚这样的文本主义者会声称，他的候选人是文本，含义可以通过观察词汇项（lexical items）的组合（按照标准字典的解释）和语法结构来解码，在模糊或不明确的情况下，还可以借助立法

① LUDWIG WITIGENSTEIN, PHILOSOPHICAL INVESTIGATIONS: THE ENGLISH TEXT OF THE THIRD EDITION 18e (G. E. M. Anscombe trans., 1973).

历史或司法先例。但正如我一直在辩论的，词汇项和语法结构本身不会产生任何含义——它们甚至不会被视为词汇项和语法结构——直到它们被看作是由某个有意图的主体产生。一段含义一开始就清晰明了的文本，其实是一个已经假设了意图背景的文本，它的清晰稳定性总能被设计用来的论点所动摇，这些论点旨在置入另一种意图背景（以及另一种明确的意义）。意图的设定或假设优先；拥有含义的文本的事实才是次要的。简而言之，文本并不独立；它完全是一个衍生实体——在它能够作为文本出现之前，必须先有其他东西（一个激活的意图）到位——作为一个衍生实体，它不可能是意义的来源或所在地。同样，也不存在一个中间立场，即文本是意义的部分来源，其余部分由一些意图、一些历史和一些背景补充。这是“多元主义”或“综合”方法①，但它由于与纯粹的文本主义同样的原因而失败：没有自身身份或属性的东西（除了由形状和空间制成的物理属性），可以被连续地占有的东西，不是某物，而是一种载体，它不能对含义的某部分负责，就像它不能对所有意义负责一样。你不能以一个非实体为基础，建立一种方法——即文本这个概念，它既不能产生也不能约束任何东西，甚至在缺乏信息和激活精神的情况下也无法存在。

正是因为词语本身既不能产生也不能限制含义，它们无法解决关于话语或写作含义的争议。在弥尔顿研究领域，最持久的争议（几乎不太可能结束）是关于“两手引擎”（two - handed engine）这个短语在《莱西达斯》第 130 行的意思是什么：“但那两手引擎在门口/准备好了，一击即逝，不再击打。”② 非弥尔顿研究者可能会惊讶，甚至震惊地发现，为了解开这个谜，已经牺牲了大量墨水和成卷的电脑纸。字典、动物志、议会记录、神学卷宗、司法程序、中世纪寓言、皇家声明——这些以及许多其他‘资源’都被搜寻过以寻找线索。但线索是什么呢？不是线索来解释短语的意思，而是线索来确定众多解释中的哪一个（每一个都得到广泛研究的支持）可以令人信服地通过某种证据链与弥尔顿所想的联系起来。给短语赋予一个含义并不难，如果那个含义是被某人有意打算的；难的是向所有人（或几乎所有人）满意地证明，这个或那个正是弥尔顿（而不是字典的编纂者、动物志的作者或教父）在写这首诗时所想的。即使他本意是让“两手引擎”的含义模糊或不明确，那也是一种意图，至少在原则上是可以弄清楚的。成功的证明不会通过审视大量历史材料来实现；因为无论材料多么广泛，无论从每个角度研究得多么透彻，它们都不会揭示出“两手引擎”的含义。成功（至少暂时）将随着其中一些材料被构建成关于弥尔顿意图的论证，这个论证有助于说服其他为替代意图构建案例的人退出该领域，并说“你说得对。”

我在括号中提到，这个特定的争议可能永无定论。这不是一个理论性的观点，也不是关于语言固有模糊性的观点（语言本身既不具有固定性也不具有模糊性；这两种说法都属

---

① 对于多元主义方法，参见 Kent Greenawalt, *A Pluralist Approach to Interpretation*: *Wills and Contracts*, 42 SAN DIEGO L. REV. 533（2005）. 对于综合方法，参见 Samuel C. Rickless, *A Synthetic Approach to Legal Adjudication*, 42 SAN DIEGO L. REv. 519（2005）.

② MILTON's LYCIDAS 6（C. A. Patrides ed. , 1961）.

于文本主义），而是一个基于经验的观点。已经过去350多年了，“两手引擎”仍然是一个谜，而且可能会一直如此（尽管你永远无法确定）。毫无疑问，弥尔顿有他的意图，如果我们能够理解，我们就会知道“两手引擎”的意思，但这个问题存在已久，我们可能永远无法弄清楚。然而，在文学研究领域，这种情况实际上是可以接受的，甚至是值得庆幸的。四十多年来，我一直在尝试理解《失乐园》① 的含义，没有人会在我身边拿着秒表催我必须在下周、下个月、明年或下个千年之前完成这项任务。事实上，我通过发表中期报告而在职业上获得回报；如果我偶尔改变一次、两次，甚至十次对《失乐园》含义的看法，我只需发表我的新观点，并在我的简历上添加另一项成就。正如那位先生所说，如果你能得到这份工作，那真是太好了。

但在某些领域，这种情况是无法容忍的——争议必须迅速解决，因为如果不解决，整个事务就会陷入停顿——法律就是其中之一。也就是说，法律从业者通常没有“足够的世界，足够的时间”② 去寻找作者（在宪法、最高法院判决、法律等情况下的作者们）的含义。事实上，有人在他们身上拿着秒表，他们必须继续前进，并得出某种确定的结论。正是法律工作与文学工作（或日常家庭生活的工作）之间的这种差异，解释了为什么本卷的几位贡献者开始时承认，文本意味着作者（或作者们）打算它意味着什么的论点是有力的，甚至可能是真实的，但他们随后继续表示，这种观点是不完整的、贫乏的或无益的。因此，肯特·格林诺华特（Kent Greenawalt）承认，意图论者“可以提供一个不违反社会事实和相关价值观的严格的意义和解释的账户”③（我不知道价值观与此有何关系），而阿德里安·韦尔米厄（Adrian Vermeule）谈到了意图论的“直观吸引力”④；但两人都迅速抛弃了意图论，转而进行他们认为更有成果的探究。格林诺华特和韦尔米厄似乎在提出含义的替代理解——对文本意味着什么的问题的替代答案——但事实上他们正在放弃含义的主题，或者说，将其融入对法律工作如何以及应如何进行的讨论。

值得赞扬的是，塞缪尔·里克莱斯（Samuel Rickless）非常直白地指出：

> 许多人默认法官的适当职能是解释法律，即阐释其意义……这有一定道理：阐释含义当然是法官在裁决时应该做的部分工作。但法官的终极职能是裁决，也就是解决法律纠纷，而有许多纠纷不能，也不应该，仅通过诉诸含义的阐释来解决。⑤

---

① JOHN MILTON, ENGLISH MINOR POEMS, PARADISE LOST, SAMSON AGONISTES, AND AREOPAGITICA 93 - 334（Encyclopedia Britannica, Inc. 1952）.

② ANDREW MARVELL, *To his coy Mistress*, in ANDREW MARVELL 24, 1.1（Frank Kermode & Keith Walker eds., 1990）.

③ Kent Greenawalt, *A Pluralist Approach to Interpretation: Wills and Contracts*, 42 SAN DIEGO L. REV. 533（2005）., p536.

④ Adrian Vermeule, *Three Strategies of Interpretation*, 42 SAN DIEGO L. REV. 607（2005）.

⑤ Samuel C. Rickless, *A Synthetic Approach to Legal Adjudication*, 42 SAN DIEGO L. REv. 519（2005）., p521.

换句话说，这个“含义”的问题虽然有趣且有时相关。但归根结底，我们必须完成研究工作，而寻找含义的过程可能因为不确定性而无助于此；或者因为它产生荒谬的结果，而与研究工作本身完全相悖。举个后一种情况的例子，里克莱斯提到立法者制定了“公园内禁止车辆”的规定，但他们实际意图“公园内禁止车辆”的意思是“城市内禁止狗。”① 他断言，“法官认为该法规意味着禁止狗进入城市，但不禁止车辆进入公园，这显然是错误的。”② 这话有一定道理，但也不尽然。从公共政策角度来说，这一判断可能是错误的，而且它可能会导致一场公关灾难，因此在政治层面上是错误的，但从解释角度来看，并非如此。如果被证明制定规则的人实际意图的是“公园内禁止车辆”即“城市内禁止狗”，那么这就是该规则的含义。（所有语言都类似于密码，我们在这里面临的不是普通字面含义与密码含义之间的紧张关系，而是两种不同形式的密码含义之间的紧张关系，其中一个由更广泛的公众共享。）你可能由于种种原因决定无法接受这种含义，并采取行动将其搁置；但你应该清楚你在做什么：你是在拒绝规则的含义，以便你可以合理地应用它（听起来很有趣，不是吗?）；也就是说，你将在一定程度上证实里克莱斯的观点，即在某些情况下，纠纷不应该“通过诉诸含义的阐释来解决。”③

格林诺沃尔特也表达了相似的观点，他宣称许多法官在裁判时“从不试图确定文本的确切含义”，并补充说，通常“以这种方式进行是可取的”。④ 维尔缪勒解释了为什么这可能是可取的。寻找文本的含义（他称之为“最大化意图主义”）⑤ “忽视了为了寻找立法意图证据而进一步探索的直接成本和机会成本”。⑥ 他解释道，最大化者可能会“被一大堆相互矛盾的证据搞得晕头转向”⑦，从而做出混乱且不准确的决定。更好的做法是拥有一个“限制性的资源集”——一个预先确定的用于寻找和发现含义的资源集——这样解释者就可以预知寻找含义的工作可以限定在那个集合内。维尔缪勒将这种策略称为“优化意图主义”⑧。优化意图主义者“采用一个停止规则：如果进一步搜索的预期收益小于成本，就不再深入搜索”。⑨ 他总结说，这样的规则“为考虑少于所有可能反映立法意图的信息提供了

① Samuel C. Rickless, *A Synthetic Approach to Legal Adjudication*, 42 SAN DIEGO L. REv. 519 (2005)., p521 - 522.

② Samuel C. Rickless, *A Synthetic Approach to Legal Adjudication*, 42 SAN DIEGO L. REv. 519 (2005)., p522.

③ Samuel C. Rickless, *A Synthetic Approach to Legal Adjudication*, 42 SAN DIEGO L. REv. 519 (2005)., p521.

④ Kent Greenawalt, *A Pluralist Approach to Interpretation: Wills and Contracts*, 42 SAN DIEGO L. REV. 533 (2005)., p537.

⑤ Adrian Vermeule, *Three Strategies of Interpretation*, 42 SAN DIEGO L. REV. 607 (2005)., p613.

⑥ Adrian Vermeule, *Three Strategies of Interpretation*, 42 SAN DIEGO L. REV. 607 (2005)., p613 - 614.

⑦ Adrian Vermeule, *Three Strategies of Interpretation*, 42 SAN DIEGO L. REV. 607 (2005)., p614.

⑧ Adrian Vermeule, *Three Strategies of Interpretation*, 42 SAN DIEGO L. REV. 607 (2005)., p614.

⑨ Adrian Vermeule, *Three Strategies of Interpretation*, 42 SAN DIEGO L. REV. 607 (2005)., p614.

一个理由”。① 这样的规则不仅仅是这样：它为在情况变得太艰难或太昂贵时放弃寻找含义提供了一个理由；而且人们不禁怀疑，如果这种理由的背后计算——效率应该凌驾于弄清楚法律含义——被直截了当地表达出来，是否会受到欢迎。维尔缪勒在他的文章结尾说，他希望“让解释者和解释学的学生意识到，最大化风格不是不可避免的，它代表了在当地决策策略中的一种特定选择。”② 实际上，它代表了在解释和进行成本效益分析之间的选择。遵循维尔缪勒推荐的方向作出选择的人不再是解释者，因为他或她不再对“这个文本意味着什么?”这个问题感兴趣，而是用“我们能用这个文本做什么?”这个问题替代了它，其答案是“我们喜欢的任何事情或我们认为好的事情。”斯卡利亚担心寻找意图的过程可能使解释者的愿望合法化。③ 他应该更担心的是，当这种搜索被提前终止时，留给“解释者”（实际已经不再是解释者）的是自由地决定如何最好地得出反映其政策偏好的结论。④

我并不是在反对所谓的停止规则的使用。这些规则并不罕见——再次记住，如果你在拍卖会上举手，即使那不是你的意图，你也已经买下了粉红色的大象——并且人们常常辩称，如果想维持法律的稳定性和可预测性，这些规则是必要的。我的重点是，停止规则不是解释规则，而是告诉你何时应该停止解释的努力并让其他事物接管的规则。我完全愿意承认，在某些情况下（也许很多情况下），寻找意义要么困难到使系统陷入瘫痪，要么会破坏法律应该实现的目的，坚持寻求含义将是荒唐的。我只是想说，承认指定含义的难度，或者在某些情况下根本不关心意义的不明智，并不改变“文本的含义是什么?”这个问题的答案，即文本的含义是由其作者所意图的含义；如果是这样的话，一个没有作者意图的文本没有含义，因为它不是文本。

---

① Adrian Vermeule, *Three Strategies of Interpretation*, 42 SAN DIEGO L. REV. 607 (2005)., p614.

② Adrian Vermeule, *Three Strategies of Interpretation*, 42 SAN DIEGO L. REV. 607 (2005)., p628.

③ Antonin Scalia, *Common-Law Courts in a Civil-Law System: The Role of the United States Federal Courts in Interpreting the Constitution*, p17-18.

④ 在一次私下交流中，维尔缪勒教授坚称他并没有放弃寻找意义，来转而进行成本/效益分析。相反，他表示，优化者将“比极大化者更准确地捕捉到意图”。这只有在维尔缪勒所指的极大化者是指那些即使确信已经找到了意图的证据后仍会继续寻找证据的人时才有意义；他之所以这样做，正如维尔缪勒所观察到的，是因为他相信“任何来源原则上都是可以接受的”。我的回答是，这样的人不会从事解释工作，而是在进行理论化。也就是说，他坚持理论观点认为，一个人所持的任何信念都可能被下一个转角等待的证据所颠覆，因此，在找到并考虑了每一个可能的证据之前，没有任何信念是足够安全的。简而言之，按照英国诗人埃德蒙德·斯宾塞的话来说，解释是“无尽的工作”。EDMUND SPENSER, THE FAERIE QUEENE bk. IV, canto xii, stanza 1, 1.1 (A. C. Hamilton ed., 1977). 这样的解释者不会有捕捉意图不如极大化者准确的风险。相反，由于他的理论立场，他永远不可能达到意图变得清晰的地步。说解释可以在新信息的光下随时被修正，这只是关于解释历史的一个经验事实。而说目前未知但理论上可以在某个模糊的未来发现的证据，应该悬挂在确定言语或书写意图的经验努力之上，这是另一回事。这再次体现了解释与理论化之间的差异。这意味着，不存在极大化的意图主义者，或者更准确地说，表现为极大化意图主义者的人根本不是意图主义者，而只是（糟糕的）理论家。没有了极大化和优化意图主义者之间的区别，我们就只剩下意图主义者；也就是说，那些正在寻找意图证据的解释者。他们决定寻找或不寻找的地方将取决于他们认为他们所寻求的证据可能被发现的地方。一个意图主义者很可能决定在立法历史中不太可能找到证据，并且能够提供认为如此的好的经验理由。但是，如果不咨询立法历史的原因是类似“进一步搜索的预期效益小于成本”的话，那么这位解释者就不再是一名解释者了，因为那不是一个与确定意图的命令相关的解释理由，而是源自企业中盛行的政治和经济条件的理由。

三

沃尔特·西诺特-阿姆斯特朗（Walter Sinnott-Armstrong）通过一个假设的例子阐述了这一观点。他假设闪电击中了一棵树“并在树上留下了可能被解读为‘停止’[①]的痕迹”。他进一步假设多年来“驾驶员在接近该十字路口并看到这棵树时经常停车”，某天，一个驾驶员没停车（我们应该说他‘闯过了树’吗?），他的车被另一个依赖于这种停车惯例的驾驶员撞上。[②]随后发生了一场审判，法院“判决给被另一位没在树边停车的驾驶员撞到的驾驶员赔偿，并且这一决定在上诉中被维持。”[③]西诺特-阿姆斯特朗得出的结论是，首先，这一判决并非“明显错误”，其次，这一系列事件“显示树上的痕迹具有法律上可执行的文字含义。”[④]但这两点应该分开来考虑。判决是否错误是一个独立于闪电产生的痕迹是否有意义的问题。例如，人们可以争辩说，依赖模式和围绕它产生的期望足以使第二个驾驶员因不谨慎甚至鲁莽行事而承担责任。人们可以进一步争辩（尽管这可能有些牵强）维护一种习俗是有社会利益，即使没有正面的法律依据，也可以这样认为，即“公开可获得的”[⑤]文字含义——即使那些含义不存在——对于法律的可预测性是必要的；也就是说，必须考虑到社群中的每个人都把闪电产生的痕迹当作形成了一个词的事实。但最终，当然，它们并没有。充其量，它们类似于一个词——没有意图的代理形成它们——如果法院基于许多人的社群行为就好像痕迹有意义这一事实做出决定，那么它们的决定将是基于一个错误——这些痕迹没有意义；它们只是随机的痕迹——而法院所执行的不是痕迹的文字含义，而是许多人认为它们有意义这一错误。（执行一个错误的想法并不像听起来那样奇怪；这就是体操运动员保罗·哈姆被允许保留他的金牌时所发生的情况。）[⑥]如果法院这样判决，它不会对含义和意图之间的一般解释性问题发表任何看法——法院在处理法律，而不是语言哲学——它可以在从未对痕迹是否意味着“停止”发表意见的情况下做出其决定。这一法律问题——我们是否应该执行这种行为模式，并因此给长期存在并产生效果的错误赋予法律权重？——与我们在会议上争论的问题完全不同：文本的含义是什么？如果法院像西诺特-阿姆斯特朗猜测的那样行事，它将会完全做维尔缪勒的优化解

---

① Walter Sinnott-Armstrong, *Word Meaning in Legal Interpretation*, 42 SAN DIEGO L. REv. 465 (2005).

② Walter Sinnott-Armstrong, *Word Meaning in Legal Interpretation*, 42 SAN DIEGO L. REv. 465 (2005)., p474.

③ Walter Sinnott-Armstrong, *Word Meaning in Legal Interpretation*, 42 SAN DIEGO L. REv. 465 (2005)., p474.

④ Walter Sinnott-Armstrong, *Word Meaning in Legal Interpretation*, 42 SAN DIEGO L. REv. 465 (2005)., p474.

⑤ Walter Sinnott-Armstrong, *Word Meaning in Legal Interpretation*, 42 SAN DIEGO L. REv. 465 (2005)., p488.

⑥ 体操运动员哈姆被允许保留他在2004年夏季奥运会上获得的金牌，尽管奥运会裁判在评分时犯了错误。该决定在体育仲裁法庭的仲裁中被最终确定。有关法院详细决定的信息，请参见 http://www.tas-cas.org/en/pdflyang.pdf（最后访问于2005年4月23日）。

释者所做的事情——完全绕过含义问题，基于它认为对其任务更为核心的价值观——效率、稳定性、可预测性——做出决定。

西诺特－阿姆斯特朗可能会回应说（正如他在他的论文中所做的那样），他的假设展示的是，含义的问题是由解释者社群而不是任何作者的意图来确定的：即使没有人有意为之，只要那些遇到它们的人对含义达成一致，痕迹也可以获得含义："赋予痕迹含义的是社群对它们的理解方式，而不是它们产生的方式。"① 这可以被称为"解释者（或读者）决定"原则，它在文学中经常出现。例如，理查德·舒斯特曼（Richard Shusterman）坚持认为，"确保含义必要的意图可能属于文本的读者（或整个解释社群），而不是其原始的'历史作者'。"② 他认为，这一立场得到了文本接受史的支持，这种史中，文本的含义的确定在后续世代的读者的手中经历了反复的修订；舒斯特曼说，是这些读者的意图，而不是作者的意图"继续引导和塑造理解……远远超出了作者的控制。"③ 随着这种理解的改变，文本的"属性和含义"也在变化，实际上，"解释和知识总是在改变它们占据的对象。"④ 雷蒙德·W·吉布斯二世（Raymond W. Gibbs，Jr）简洁地表达了这一点："读者（和听者）经常……超越了作家（或说话者）的意图。"⑤

作为一个经验事实，这当然是真实的：文本接受史提供了大量证据，显示同一文本被赋予了截然不同的含义；而且人们可以说这些含义"超越了"作者可能的意图含义。问题在于："超越"是否意味着努力确定含义的失败——我们试图找到预期的含义但超越了它——还是"超越"表明了一个成就，在这个成就中，作者狭隘的意图被克服，以迎合读者的解放？是"超越"作为在某些情况下弄清楚作者意图的难度，而不幸地发生的结果，还是当读者们在他们最有创造力时所做的事情，大胆地走到前所未有的解释者所去的地方？显然，西诺特－阿姆斯特朗、舒斯特曼和吉布斯会选择第二种替代方案，其中，"超越"是一个目标和一个荣耀。但这肯定不是那些努力推翻先前的解释并提出新解释的读者的动机。这样做的读者相信他或她最终发现了文本的真实含义，即作者意图的含义。如果不是这样，后续的解释者就不会费心争辩说先前的阅读是错误的，或者为对立解释所提供的证据是不具说服力的，或者新的证据终于解决了谜题。如果目的只是比上一个家伙更有创意，为什么不直接开始，跳过所有那些费心争辩和展示呢。整个过程，以及"相同"文本的概念，只有在每个人都在追求某个东西时才有意义。西诺特－阿姆斯特朗、舒斯特曼和吉布斯误解了一个经验上的困难——即当许多解释者尝试了很长时间后，往往很难确定

① Walter Sinnott－Armstrong，*Word Meaning in Legal Interpretation*，42 SAN DIEGO L. REv. 465（2005）.，p475.

② Richard Shusterman，*Interpreting with Pragmatist Intentions*，in INTENTION AND INTERPRETATION 167，169（Gary Iseminger ed.，1992）.

③ Richard Shusterman，*Interpreting with Pragmatist Intentions*，p173.

④ Richard Shusterman，*Interpreting with Pragmatist Intentions*，p173.

⑤ RAYMOND W. GIBBS，JR.，INTENTIONS IN THE EXPERIENCE OF MEANING 261（1999）

文本的含义——将其视为一个议程——为一个文本想出尽可能多的含义的奇怪议程。实际上，如果那是你的目的，为什么要停止取消证据和争论呢？你也可以取消文本本身，这正是你在假设解释总是改变其对象（而且这是件好事）；因为在这个假设下——即“读者决定”原则的假设——重点不是正确理解（如果只是因为没有更多的“它”了），而是提出一个符合你当前目的和需求的解释。

有人可能会反对，认为最终，“读者决定”的立场和拉里·亚历山大（Larry Alexander)、史蒂文·纳普（Steven Knapp)、沃尔特·本·迈克尔斯（Walter Benn Michaels）以及我提出的意图主义之间并没有太大区别。我们反复强调，意图主义仅仅是对一个问题（文本的意义是什么？）的正确回答，而不是一种方法。明确你追求的是意图，并不能在你面对解释特定文本的任务时提供任何优势。你仍然需要确定意图是什么，而这种确定往往会涉及纠纷。在纠纷中，通过提供关于激发文本的意图的不同描述，解释者将给出文本的“属性和意义”的不同描述。那么，随之而来的历史——一种修订和重新特征化的历史——是否看起来非常像舒斯特曼描述的，作为文本“理解和解释”的“持续且有争议的构建”的历史？① 可能会，但即使这两种历史——一种由寻求作者意图的人占据，另一种由相信他们有权利（且有义务）超越作者意图的解释者占据——在事件上相同，只有第一组的成员，才能为参与这一事业并赞成或质疑他人的发现提供理由（除了寻求乐趣之外的理由）；只有那些寻求作者意图的人才会有一个目标，这个目标会赋予他们的努力意义和方向。

这就是为什么尽管在方法论上没有提供明确的指导，意图主义的立场仍然非常重要。（它不告诉你该做什么；它只告诉你你正在做的是什么。）相信意图是他或她试图确定的东西的人，会对每一条可能的证据提出一个问题：这是否让我更接近于发现我所寻求的对象？相信其他事物的人则没有问题要问，因为他或她的搜索要么没有对象，要么有太多对象，且无法区分它们。当一切都说完做完后，对于“文本的含义是什么？”这个问题只有一个连贯的答案。文本的含义不能意味着其读者所理解的含义，因为那样解释游戏就没有规则（也没有胜利的可能性），并且会变成 H. L. A. 哈特所嘲笑的“裁判员自由裁量”游戏的一个实例。② 正如我们所见，文本的含义也不能仅仅意味着单独文字本身的含义（这是文本主义的立场，实际上不可能持有的），因为如果没有意图的假设，文字本身（实际上并不是文字；记得那棵被闪电击中的树）不意味着任何东西。文本的含义也不意味着词典告诉我们关于它所包含的词语的内容，因为词典给我们的是先前使用这个词语的说话者的意图的记录，是可能的和多重意义的记录，没有任何方法指定哪一个是正确的（即预期的）含义；（而且，下一个使用者很可能扩展使用范围——这常常是词汇变化发生的方

---

① Richard Shusterman, *Interpreting with Pragmatist Intentions*, in INTENTION AND INTERPRETATION 167, 169 (Gary Iseminger ed., 1992), p173.

② H. L. A. HART, THE CONCEPT OF LAW 142 (2d ed. 1994).

式——以一种需要修订词典的方式。）文本的含义也不是当时的习惯所规定的，因为习惯没有意图，它们也不创作文本。文本的含义也不意味着普通的、理想的或合理的解释者会理解的词语的含义，因为他们中的任何一个也没有创作文本，而且任意宣布他们中的任何一个为作者将等同于重写，而不是解释。只剩了下一个候选者和对这个问题的一个答案：文本的含义意味着其作者意图它表达的含义。

如果文本的含义确实意味着其作者意图，那么关于法律解释应该如何进行的许多辩论就会变得不那么紧迫，并成为一个错误可能对整个学科有多么强大影响的证明。以约翰·曼宁（John Manning）的论文《文本主义和法规的公平性》① 为例。一旦你意识到，在曼宁看来，他的标题涵盖了解释的两种真正选择，你就知道（或者至少我知道）接下来的127页中不会有任何理论价值。曼宁在第二段的第一句话是，“文本与目的之间的问题一直困扰着法规解释法……”② 不，它没有。如果正在进行的是法规解释（记住，它不一定是），那么根据定义，那些从事其中的人正在试图弄清楚法规的目的。困扰（如果这是用词）法规解释的是那些以不同方式描述其操作和命令的人之间的争议，但这些差异并没有，实际上也不可能，转化为不同的解释方式，因为只有一种方式。曼宁复述的历史不是（正如他所认为的）不同解释选择的兴衰史——没有解释选择，尽管有不同的、非选择性的方式来追求确定意图的任务，而这些方式正是解释所必要的——而是关于解释的不同讨论方式的兴衰史。当他报道说“‘明确意义’规则最终取代了作为英格兰手册法中的法规公平性”③ 或者早期“马歇尔法院开始转向忠诚代理理论作为法规解释的主要宪法基础”，④ 他是在报道解释理论理解的转变，而不是其实践的转变。现在理论理解也有其历史，学者可能会认为讲述法规解释被如何描述的变化故事是值得他和我们花时间的。但我们不会从这样的故事中学到解释是如何做的——我们已经知道了；是通过指定或寻找意图来做的——或者应该如何做。（我们也已经知道了。）“明确意义”规则可能在手册中取代了寻找目的，但因为“明确意义”规则无法遵循——没有脱离目的的意义，目的不能单从词语中推断出来——那一事实根本没有任何解释上的利益。如果我们认为曼宁的论文提供了不同时期不同解释者在寻找意图时所到之处的证据，那么解释上的利益可能会回到他的论文中；因为那时我们将会了解到不同策略，来进行唯一可以被认为是解释性的任务，即试图弄清楚某个有目的的代理人的意图。

四

现在是时候总结了，我将借助娜塔莉·斯托尔贾（Natalie Stoljar）的一篇论文来做这

---

① John F. Manning, Textualism and the Equity of the Statute, 101 COLUM. L. REV. 1（2001）.

② John F. Manning, Textualism and the Equity of the Statute, 101 COLUM. L. REV. 1（2001）., p4.

③ John F. Manning, Textualism and the Equity of the Statute, 101 COLUM. L. REV. 1（2001）., p55.

④ John F. Manning, Textualism and the Equity of the Statute, 101 COLUM. L. REV. 1（2001）., p86.

件事。斯托尔贾教授在审视法律解释的各种方法时，提到了针对意图主义的一些常见反对意见。首先，她提到了“认识论上的反对”:[①] 因为意图的证据“往往是模棱两可的、不完整的或模糊的，解释者很难提供令人信服的理由来证明某种解释确实符合作者的实际意图。”[②] 但这并不是对“文本意味着其作者意图的含义”这一论断的反对，而是对确切确定那种意图可能非常困难的抱怨。如果这一论断是正确的，那么在实践中的困难只是经验性困难，且完全不会削弱意图主义。

正是这样，意图主义论断既不受经验证据的挑战，也不依赖经验证据。它与经验证据无关；其力量是概念性的，不是从经验中得来的。这是一个难点，我们可以从约翰·罗尔斯的《政治自由主义》[③] 中获得一些帮助来进一步阐述它。在讲座Ⅱ中，罗尔斯重述了他关于公民身份概念的基本要素。其中最后一个是“公民具有合理的道德心理学”;[④] 也就是说，他们“有能力获得正义和公平的概念，以及按照这些概念要求行动的愿望。”[⑤] 罗尔斯并不是说，作为一个经验事实，公民实际上具有任何这样的愿望。相反，他的意思是，那些认同他所称的“政治概念”的人必须行动得好像他们有这样的愿望，必须假设——就像扮演角色一样——他们具有政治自由主义框架所归因给他们的心理学。简而言之，这种心理学，就像“原初立场”一样，是理性的人工制品和伎俩。（在这里，罗尔斯跟随康德，他宣称，在由对所有人的自治的正式命令组织的国家中，公民的内在道德状况是无关紧要的，因为在那个国家中，即使是魔鬼也会按照命令要求行事，因此尽管他们自己并不愿意，也会做正确的事。）这就是为什么罗尔斯称他的心理学为“哲学的，而不是心理学的”:“它不是起源于人类本性的科学，而是一种概念框架，用于表达某种政治概念的人和公民理想。”[⑥] 也就是说，罗尔斯的道德心理学不是对问题“人们实际上如何行为?”的回答——这是心理学本身的典型问题——而是对问题“如果基本的政治概念框架要完整且合理，必须预设（即归因于）什么样的行为模式?”的回答。这个问题的答案，正如他在文本后面所说的那样，“认知心理学中缺乏解释并不重要”,[⑦] 因为重点是概念上的连贯性，而不是对观察到的行为的忠实度。

意图主义论断也是如此。断言解释行为总是且必然是确定意图的行为，并不是对问题“解释者的头脑中发生了什么?”的回答——这个问题将需要对脑波、认知过程、制度实践等进行研究。相反，它是对问题“什么情况必须成立——我们必须预设什么——如果像协

---

① Natalie Stoljar, Survey Article: *Interpretation, Indeterminacy and Authority: Some Recent Controversies in the Philosophy of Law*, 11 J. POL. PHIL. 470, 479 (2003).

② Natalie Stoljar, Survey Article: *Interpretation, Indeterminacy and Authority: Some Recent Controversies in the Philosophy of Law*, 11 J. POL. PHIL. 470, 479 (2003).

③ JOHN RAWLS, POLITICAL LIBERALISM (1993).

④ JOHN RAWLS, POLITICAL LIBERALISM (1993)., p86.

⑤ JOHN RAWLS, POLITICAL LIBERALISM (1993)., p86.

⑥ JOHN RAWLS, POLITICAL LIBERALISM (1993)., p86 - 87.

⑦ JOHN RAWLS, POLITICAL LIBERALISM (1993)., p120.

议、分歧、错误、纠正和修订这样的概念要有任何意义?”的回答。意图主义论断不会因为列举了解释者在寻求意图时面临的经验性困难（如多个作者、很久以前写的文本、非人格机构的作者等）而受到挑战或被推翻。如果对问题“文本的意义是什么?”的其他回答被证明与像协议、分歧、错误、纠正和修订这样的概念在理性上是兼容的，那么意图主义论断将会受到挑战，甚至被推翻。但这还没有发生，我怀疑它永远不会发生。

斯托尔贾提出的第二个常见的反对意见，她称之为“不存在的反对”,① 是第一个反对意见的近亲。这个反对意见提到，在像立法机构这样的团体中，“组成多数派内的个体可能有不同的目的和意图。应该如何将个体意图结合起来，形成一个可以合理地被认为是立法‘背后’的团体意图?”② 以某种方式提问，这个问题将意图与动机混淆；尽管不同的立法者可能出于不同的动机支持一项立法，但他们可以集体形成将该立法纳入法典的意图。但假设不同的立法者对立法的词语有不同的解读——例如词语是‘canard’，一些人投票支持“鸭子”，另一些人投票支持“虚假故事”。那么会怎样呢？正如 J. L. 奥斯汀（J. L. Austin）可能会说的，这实在令人遗憾，因为这样你就有了两个文本和两个含义，没有办法将它们统一起来，你必须找出另一种方法来处理。然而，这将是一个不寻常的情况；在大多数情况下，多作者的文本对解释者来说并不构成特别的问题。即使是那些提出“不存在反对”的理论家，也愉快地将克纳普和迈克尔斯视为拥有单一的意图。或者，以佩里·奥沙内西（Perri O’Shaughnessy）为例，她是流行悬疑小说的畅销作者。在她书籍的封底内侧，披露了“她”实际上是一对姐妹。③ 然而，书前面的简介，由那些肯定知道内情的人撰写，谈论的是奥沙内西的成就和奥沙内西的情节；为书作推荐语的作家们，也知道内情，对一位作者实现的意图表示赞扬。但如果发现其中一位姐妹打算写一部直白的侦探小说，而另一位打算写关于反恐战争的寓言，而且她们在手稿在她们之间来回传递时，都不知道对方的意图呢？那么，你又一次有了两个意图和两个文本和两个含义，评论家们将不知道该评论什么。这确实是一个困境，但这并不会质疑文本意味着其作者意图这一事实。

文章中还提到了另一种可能性：不是两个人有不同的意图，而是一个人有不同的意图。斯托尔贾称这为“不确定性反对意见”:④

即使在最简单的案例中，比如解释单一作者的当代文本，作者往往同时具有

① Natalie Stoljar, Survey Article: *Interpretation, Indeterminacy and Authority: Some Recent Controversies in the Philosophy of Law*, 11 J. POL. PHIL. 470, 479 (2003)., p479.

② Natalie Stoljar, Survey Article: *Interpretation, Indeterminacy and Authority: Some Recent Controversies in the Philosophy of Law*, 11 J. POL. PHIL. 470, 479 (2003)., p479.

③ 可以在她们的网站上找到关于这对姐妹作家的传记。详见 http://www.perrio.com（最后访问于2005年4月23日）。举个例子，参见佩里·奥沙内西的作品《隐私入侵》（1996年）。

④ Natalie Stoljar, Survey Article: *Interpretation, Indeterminacy and Authority: Some Recent Controversies in the Philosophy of Law*, 11 J. POL. PHIL. 470, 479 (2003)., p479.

几种意图。例如，作者可能同时考虑了特定的条款应用示例，比如允许种族隔离，以及一个更广泛的目标，比如确立平等原则。①

然而，这样的作者实际上不是有两种意图，而是一种：允许种族隔离的意图；并且他们在假设种族隔离和平等是兼容的情况下持有这种意图。（当然，这是普莱西案中的多数意见。）② 人们可以争辩说，他们认为如此是错误的，因为种族隔离在定义上与平等原则相矛盾；但这将是对他们拥有的单一意图导致推理的争论，而不是关于他们是否拥有这种意图，或者他们是否拥有两种意图的争论。作者能否有矛盾的意图，并用同样的词语作为两者的载体吗？当然可以，但在这种情况下，我们会说作者“意见分歧”，每种观点产生自己的文本和自己的含义。简而言之，就像之前提到的写悬疑小说的姐妹一样，但这次是在一个人的头脑中。③

我确信还有更多谜题值得思考，还有更多巧妙的假设设计出来，用以旨在展示文本的含义可能超出、不足或不同于作者所意图的含义。但是话说到这里就够了，毕竟生命短暂，时间飞逝，我必须结束我的论述。在这里，最后再一次强调，也作为记录，我的观点是：

- 文本的含义是作者意图的含义。
- 没有意图就没有含义。
- 不存在所谓的文本主义立场，因为意图先于文本；没有意图，就没有文本。
- 在意图含义、习惯含义、词典含义和普通人、异常人或理性人所赋予的含义之间，没有选择的空间，只有在不同的假设意图之间作出选择。词典和习惯没有意图；你所解释的文本不是普通人、非凡人或理性人所创作的。
- 如果你不是在尝试确定意图，那么你不是在解释；但有时候，解释可能不是你想做的事情（尽管在做其他事情之前，你应该确定你有充分的理由）。
- 读者的意图，除了确定意图之外，不应当被视为解释，而应被视为重写。
- 上述所有内容都不构成一种方法。知道你在追求意图并不能帮助你找到它；你仍然需要寻找证据并进行论证。而且，即使你认为自己追求的是其他东西，如果你真正在进行解释，这种想法也不会成为你的障碍；因为那时你实际上是在寻求意图，即使你说你不是。
- 解释不是一个理论问题，而是一个经验问题，因此，所有关于解释本质的辩论都应该停止。（尽管这样的机会很渺茫！）

就是这样。祝你有美好的一天。（我说这句话意味着什么呢？）

---

① Natalie Stoljar, Survey Article: *Interpretation, Indeterminacy and Authority: Some Recent Controversies in the Philosophy of Law*, 11 J. POL. PHIL. 470, 479 (2003)., p479.

② Plessy v. Ferguson, 163 U. S. 537, 551 – 52 (1896).

③ 参见 THE THREE FACES OF EVE (Twentieth Century Fox 1957); Sybil (NBC television broadcast, 1976).

先进法律信息平台的架构与评估*

［希腊］C. 亚历克索普洛斯［希腊］E. 卢基斯
［奥］S. 维尔卡尔**著　赖　韬***译

摘　要　法律对经济和社会的正常运作至关重要，但随着现代经济社会所面临的问题日益复杂，法律也因此不断变化并愈发繁复。这让人们难以了解某一特定主题相关的法律适用。经济活动的国际化、全球化以及超国家组织（如欧盟）的发展，更要求人们持续监控多个国家的相关法律以获取法律信息，上述困难将因此进一步增加，现有的国家法律信息平台无法满足上述复杂的要求。因此，需要开发更先进的法律信息平台并明确其架构和功能，该平台是欧洲研究计划“Many Laws”的一部分，是针对用户的需求而开发的。该平台能够利用现有的开放法律信息来源，在各国及欧盟的法律中，对特定主题的法律文件进行高级搜索和检索，还能对法律文件进行自动分析，并识别它们之间的各种关系。利用扩展后的技术接受模型（TAM）对这一法律信息平台进行的评估，证明了该平台新功能的有用性和易用性，以及对国内和国际法律工作效率提升所做出的积极贡献。

关键词　法律信息　法律信息学　开放数据　数据经济　技术接受模型

* 本译文系2018年度国家社科基金重大项目“新兴学科视野中的法律逻辑及其拓展研究”子课题“基于大数据的智能法律检索”（项目号18ZDA034）的阶段性研究成果。

** C. 亚历克索普洛斯（Charalampos Alexopoulos），爱琴海大学信息和通信系统工程系的高级研究员和兼职教授，主要在信息系统，软件工程和信息科学方面从事与电子政务和开放数据相关的研究。E. 卢基斯（Euripidis Loukis），爱琴海大学信息和通信系统工程系信息系统教授，主要在电子政务和私营部门信息系统领域从事研究。S. 维尔卡尔（Shefali Virkar），维也纳经济与商业大学公共管理与治理研究所助理教授，主要研究人工智能在促进信息获取和支持决策方面的潜力。原文标题为“Architecture and Evaluation of an Advanced Legal Information Platform——Enhancing Productivity of Modern Legal Work”，载《知识经济期刊》（Journal of the Knowledge Economy）2023年，原文链接 https：//doi. org/10. 1007/s13132 – 023 – 01415 – 5。该文属“知识共享许可协议 4. 0”（the Creative Commons Attribution 4. 0）下的开放获取内容，相关链接参见：http：//creativecommons. org/licenses/by/4. 0/。

*** 赖韬，男，江西赣州人，华东政法大学法律方法论专业硕士研究生，研究方向为法律方法论。

引 言

法律对经济和社会的正常运转至关重要，因为其确定了规范企业、政府机构和个人行为以及调整各主体之间关系的规则。① 经济发展委员会指出，法律规定了涉及个人、企业和其他组织可为或不可为的具体标准或指引。② 它是政府用来干预市场经济的三大机制中最重要的机制，必须与其他两大机制相适应。③ 法律包括各种不同类型的官方法律文件，如法律、法案（即新法律提案，由议会处理并最终通过或否决）和法院判决，旨在为公民、企业、政府和社会组织制定“游戏规则”，确保市场中存在充分竞争，避免对经济产生负面影响的垄断局面，“创造公平竞争环境”，并降低新竞争者的“进入门槛”。④ 法律对于解决市场经济中经常出现的“市场失灵”也有重要作用。而且在宏观层面，法律对于引导市场经济朝着正确的社会价值和目标发展，促进经济产出在社会中的公平分配，保护环境和促进可持续增长，以及保护消费者、工人和投资者的权益等方面也非常重要。⑤ 此外，法律对于引入新技术和基础创新也至关重要，以便促进新技术发展、应用、实现其效益最大化、减少其负面影响和潜在风险（例如，欧盟委员会于 2021 年 4 月提出的关于欧盟人工智能监管框架的新提案）。

现代经济社会所面临的问题和挑战日益复杂多变，为应对这些问题和挑战而制定的法律也因此变得愈发广泛、层级复杂，并且不断变化和发展。因此，涉及某一特定主题的法律往往有好几部（条），它们之间相互关联、相互参照，有时甚至相互冲突。这就使得公司和行政部门，以及律师和公务员个人难以正确了解当前适用于某一特定主题的法律，以及为了应对特定情况或解决特定问题而必须遵守的特定规则。要追溯相关法律随时间的演

① Malyshev, N., Regulatory Policy - OECD Experience and Evidence, *Oxford Review of Economic Policy*, Vol. 22, No. 2, p. 274 - 279 (2006); OECD, *Regulatory Policy and Governance: Supporting Economic Growth and Serving the Public Interest*, OECD Publishing, 2011; Lodge, M., & Wegrich, K., *Managing Regulation: Regulatory Analysis, Politics and Policy*, Red Globe Press, 2012; Committee for Economic Development, Regulation and the Economy: The Relationship and How to Improve It, Committee for Economic Development, Arlington, USA (2017); OECD, *OECD Regulatory Policy Outlook* 2018, OECD Publishing, 2018; OECD, *OECD Regulatory Policy Outlook* 2021, OECD Publishing, 2021.

② Committee for Economic Development, Regulation and the Economy: The Relationship and How to Improve It, Committee for Economic Development, Arlington, USA (2017); 经济发展委员会是一个极具影响力的公益性、以企业为主导的公共政策组织，为美国面临的关键问题和挑战提供分析和解决方案。

③ Committee for Economic Development, Regulation and the Economy: The Relationship and How to Improve It, Committee for Economic Development, Arlington, USA (2017); 其他两大机制指：货币政策，即中央银行为实现宏观经济政策目标，如价格稳定、充分就业和稳定的经济增长而采取的行动，财政政策，即政府的税收和支出政策。

④ OECD, *Regulatory Policy and Governance: Supporting Economic Growth and Serving the Public Interest*, OECD Publishing, 2011; OECD, *OECD Regulatory Policy Outlook* 2018, OECD Publishing, 2018; OECD, *OECD Regulatory Policy Outlook* 2021, OECD Publishing, 2021.

⑤ Committee for Economic Development, Regulation and the Economy: The Relationship and How to Improve It, Committee for Economic Development, Arlington, USA (2017).

变（因为在法不溯及既往的情形下，往往需要知道过去某个特定时期适用的法律是什么）就更加困难了。经济活动的全球化、国际化，再加上国际组织的发展，使这些问题变得更加复杂，因为个人和组织需要持续监测多个相关国家以及国际组织的相关法律，了解与其活动有关的各种法律问题。

欧洲联盟（欧盟）是最重要的超国家联盟之一。欧盟的主要愿景是建立一个运作良好的数字化单一市场，在这个市场中，欧洲公民可以自由流动，并与欧盟其他成员国的公民进行贸易往来。① 数字化②转型是这项事业的核心，是提高经济效率和竞争力、赋予公民权利和促进商业交易的一种方法，其目的是促进经济发展。③ 与此同时，快速数字化也带来了严峻的挑战，需要为此制定有效的法规，并与法律体系内其他法规相衔接。④ 为了最大限度地利用欧洲单一市场带来的效益并降低潜在风险，私人、企业和政府等主体需要全面了解规范其行为的指令、章程和法规。换言之，要建立一个运作良好的数字单一市场，让欧洲公民能够在其中生活、工作和利用新的商业机会，一个重要的先决条件就是能够不受限制地获取规范他们在本国和欧盟其他成员国行为的法律和政策文件。根据欧盟委员会在线提供的信息，⑤ 该规范既可以是由“立法行为”产生，即按照条约规定的立法程序通过的，也可以是由“非立法行为”产生，即欧盟组织按照一套特殊规则通过的。欧盟初创条约，也被称为欧盟基本法，是欧盟成员国之间具有约束力的协议，其规定了欧盟机构的目标、规则和决策程序，是欧盟法律的基石。⑥ 欧盟次级法律源自初创条约中规定的原则和目标，旨在对其进行详细阐述。这类包括：

（i）法规：自动、统一适用于所有欧盟国家的法规，无需进行转换

（ii）指令：规定了某一领域的目标并须转化为国家法律的立法

（iii）决定：就某一特定事项具有约束力的声明

（iv）建议：不具约束力的声明，允许欧盟机构就特定事项发表意见

（v）授权法案：具有法律约束力的法案，允许修改立法法案的非实质性部分

① European Union，Shaping Europe's Digital Future - Factsheet，（2020 年 2 月 19 日），https：//ec. europa. eu/commission/presscorner/detail/en/fs_ 20_ 278（最后访问于 2023 年 2 月 1 日）.

② 译者注：此处数字化指各种行业和组织的数字化，侧重于基于数字化技术进行的组织流程和业务流程的数字化。

③ Schmidt，C.，& Krimmer，R.，How to Implement the European Digital Single Market：Identifying the Catalyst for Digital Transformation，*Journal of European Integration*，Vol. 44，No. 1，p. 59 - 80（2022）.

④ Troitiño，D. R.，The European Union Facing the 21st Century：The Digital Revolution，*TalTech Journal of European Studies*，Vol. 12，No. 1，p. 60 - 78（2022）.

⑤ European Commission，Types of EU law（2023），europa. eu［https：//european - union. europa. eu/］（最后访问于 2023 年 3 月 17 日）.

⑥ European Commission，Types of EU law（2023），europa. eu［https：//european - union. europa. eu/］（最后访问于 2023 年 3 月 17 日）.

(vi) 实施法案：具有约束力的立法，旨在为实施欧盟立法创造合适的条件。①

欧盟及其成员国制定的不同类型的法律导致出现了一个复杂、多层级和多语种的欧洲法律体系。因此，在这种欧盟背景下参与国际活动的组织和个人在很大程度上面临着本导言部分第二段中提到的法律发现方面的困难：他们必须监测与他们利益相关的广泛、复杂和不断发展的法律，包括（a）他们开展活动/合作的所有成员国的法律，以及（b）欧盟的法律（如欧盟法规和指令）。目前，他们上述所需的法律文件中有很大一部分以数字或机器可读的格式向公众提供；然而，这些法律文件仍然分散在多个欧盟和国家的数据库中，其中许多对于普通用户来说是未知的或无法访问的。② 因此，人们并不总是能立即获取并正确理解这些多样的法律文件。

上述情况对通过先进法律信息学技术，为这一高度困难和复杂的现代国际法律工作提供技术支持提出了相当复杂的要求。准确的法律信息检索对于促进社会中不同主体获取法律文件非常重要。③ 为此，许多国家已经开发了“第一代”法律信息平台，提供支持查询和检索法律文件的基本功能。然而，使用这些平台往往只能访问特定国家法律数据中与特定主题相关的法律，而不支持获取更复杂法律信息的更高级功能。为此人们近期开展了大量相关研究，以进一步开发更先进的“第二代”法律信息平台，从而提供更先进的功能（“以往的相关研究”部分简要回顾了其中最具代表性的研究工作），以提高困难、复杂且日益国际化的现代法律工作的效率。由于“第一代”法律信息平台（其中大部分由政府拥有和运营）已经提供了大量文本形式的公开法律信息，如简单的法律条文、法案、法院判决，以及一些简单的元数据。因此现在的主要研究挑战是，如何利用这些“开放法律大数据”来开发新型法律数字工具和服务。这也是对“数据经济”发展的重大贡献，“数据经济”是利用现有的数据（尤其是公共部门的开放式大数据，可能与私营企业的开放式或封闭式大数据相结合）创造经济价值，尤其是通过开发新产品和服务创造经济价值。④

为了应对这些挑战，并满足从多个国家和国际法律体系中获取法律信息的复杂需求，

---

① European Commission, Types of EU law (2023), europa. eu [https://european-union. europa. eu/] (最后访问于 2023 年 3 月 17 日).

② Alexopoulos, C., et al., Analysing Legal Information Requirements for Public Policy Making, Proceedings of the International Conference IFIP EGOV - CEDEM - EPART 2020, Springer Verlag, 2020, p. 95 - 108; Virkar, S., et al., A User - Centred Analysis of Decision Support Requirements in Legal Informatics, *Government Information Quarterly*, Vol. 39, No. 3, (2022).

③ Virkar, S., et al., A User - Centred Analysis of Decision Support Requirements in Legal Informatics, *Government Information Quarterly*, Vol. 39, No. 3, (2022).

④ Commission, E., *Communication from the Commission to the European Parliament, the Council, the European Economic and Social Committee and the Committee of the Regions - "Towards a thriving data - driven economy"*, European Commission, 2014; Commission, E., *Communication from the Commission to the European Parliament, the Council, the European Economic and Social Committee and the Committee of the Regions - "Building a European Data Economy"*, European Commission, 2017.

欧洲 Many Laws 项目①开发了一套以用户为中心，可以提供下列信息并将其可视化的服务：（a）为公民、律师、企业和行政部门提供跨国家和多语言的法律信息，（b）对法律信息进行高级增值分析：比较不同国家有关特定主题的法律，提供相关法律的演变过程，法律之间联系和冲突的识别，对欧盟指令进行转换等等。上述拟议的解决方案基于一个由适当环境支持的平台，该平台可用于语义注释链接开放式法律大数据（Big Open Linked Legal Data（BOLLD）。

本文旨在描述和评估 Many Laws 这一先进法律信息平台，并评估该平台能在多大程度上满足经济活动国际化、全球化，以及国内和国际法律日益复杂所带来的法律信息获取需求，以及能在多大程度上提高现代法律工作的效率。本文首先重点描述了先进法律信息平台的架构。随后，在对成熟且广泛使用的技术接受模型（TAM）② 进行扩展的基础上，对该法律信息平台进行了评估。

本文由五个部分组成。"以往的相关研究"的部分简要回顾了以往的相关法律信息平台的研究。拟议的先进法律信息平台在"先进法律信息平台的架构和功能"的部分中进行了描述。评估方法和数据见"先进法律信息平台的评估方法和数据"这一部分，"评估结果"部分介绍了评估结果。最后的"结论"部分总结了我们的研究结论，并提出了今后的研究方向。

一、以往的相关研究

近年来，为了开发先进的法律信息平台，满足现代国际法律工作日益复杂的法律信息需求，人们进行了许多尝试。由于经济活动的国际化和全球化，尤其是在要求极高的欧盟背景下，这种需求变得越来越必要和重要（如前面引言所述）。为此，我们搜索了欧洲法律信息学领域相关研究计划的项目数据库，以便找到过去十年中启动的项目。这些项目的主要研究目标与支持欧盟的国际法律工作有关，涉及多个成员国的国内法以及欧盟法（例如法规、指令）。我们发现了五个相关项目：EUTHORITY、EUCASES、OPENLAWS、ONE－LEX 和 MIREL。我们首先从项目官方网站或 CODIS 欧盟研究成果库官网获取相关的项目原始摘要，以及项目的主要目标和成果，然后概述每个项目所依赖的主要技术。

① Alexopoulos，C.，et al.，Evaluating Second Generation Cross－Country Open Legal Data Infrastructures Using Value Models，In Proceeding of Electronic Participation：13th IFIP WG 8.5 International Conference，Springer International Publishing，2021，p. 180－197.

② Davis，F. D.，Perceived Usefulness，Perceived Ease of Use，and User Acceptance of Information Technology，MIS Quarterly，Vol. 13，No. 2，p. 319－339（1989）；Turner，M.，et al.，Does the Technology Acceptance Model Predict Actual Use? A Systematic Literature Review，*Information and Software Technology*，Vol. 52，No. 5，p. 463－479（2010）；Marangunić，N.，& Granić，A.，Technology acceptance model：A literature review from 1986 to 2013，*Universal Access in the Information Society*，Vol. 14，p. 81－95（2015）.

（一）Euthority：欧盟法律系统中的冲突与合作

EUTHORITY 项目①调查了欧盟法律体系中国内法院与国际法院之间的冲突与合作模式，其主要目标是了解在何种情况下国内法官必须或不必与国际法院所施加的权力合作。由于欧洲法院无权推翻国家法院的判决，因此该法院的影响力取决于国家法院是否愿意受理案件。该项目试图记录分析决定国内高级法院（即最高法院和宪法法院）对欧盟法律以及与欧洲法院“法律一体化”的立场的因素。项目研究人员还试图收集有关欧盟国家不同法院（28 个成员国的 68 个国家最高法院和宪法法院）的机构特点和对法律一体化的应对数据并进行分析。为此，研究人员对欧盟多级司法机构内部的战略动态进行建模，利用博弈论模型分析欧洲法院与国内法院和政治家之间的战略互动。研究人员还创建了一个司法数据集，或称 DJR（domestic judicial response）数据集，包含那些涉及宪法原则的裁决，以及有关“初步参考程序”（初步参考程序用于国内法院将欧盟法律问题提交给欧洲法院的情形）的分析。此外，一项名为“欧盟法律晴雨表”（EU Law Barometer）的调查正在开展中，该项目试图汇总数百名欧盟法律专家对 28 个成员国法院的决策行为和态度的意见，以及根据从律师和相关从业人员处收集的数据，帮助评估各国法院对欧盟法律的态度。研究人员还开发了相关的可视化和分析工具，包括一些可视化指标，如欧盟法律语料库（EU Law Corpus）、欧盟议题关注度图（EUSSUE）、欧盟法院图以及转介率和跨国经济活动图。

为实现该项目目标（调查和深入了解欧盟法律一体化的程度，以及欧盟成员国国内法院与欧洲法院之间的合作与冲突情况）而主要开发和使用了以下技术：用于法律大数据采集和分析的文本挖掘技术，以及用于模拟欧盟司法机构动态的结构性数据组件技术。研究人员依靠文本挖掘工具从机构数据库中收集数据，依靠数据挖掘技术进行数据分析，并依靠网络应用组件向用户提供相应法律信息。从欧盟的各种司法数据源（如法院网站）获取法律大数据是该项目的核心内容。在对各种法律数据源进行抓取后，会生成多个法律数据集。司法数据集汇集了高等法院及其组织结构的信息，而相应的国内司法回应（DJR）数据集则对有关欧盟法律与国内法律之间关系的国内判决的理论内容进行了编码。文本挖掘和机器学习技术则进一步帮助进行法律文件分析。该项目将实证方法与机器学习方法相结合。该项目进一步分析了欧盟司法机构的组织结构，以及国家地方法院与欧盟法律体系之间的冲突与合作。

（二）Eucases：欧盟及其国家的判例和法律与开放式数据集的链接

EUCases② 研究项目的主要目标是开发一个独特的泛欧法律和判例的网络链接平台，

① EUTHORITY，Conflict and Cooperation in the European Union Legal System，https：//www. law. kuleuven. be/euthority/EN（最后访问于 2022 年 6 月 18 日）。

② EUCASES，Project：Linking Legal Open Data in Europe，http：//www. eucases. eu/start. html（最后访问于 2022 年 6 月 18 日）。

利用先进的语义和结构分析技术将多语种的法律开放数据转化为开放式链接数据。该平台重新利用并整合丰富了欧盟和各国立法和判例法门户网站的法律文件，以及开放获取的理论著作。为了丰富上述法律文件，该项目特别开发了一系列创新性数据分析和语言技术组件。该项目平台提供将欧盟法律和判例与六个欧盟成员国（奥地利、保加利亚、法国、德国、意大利和英国）的法律和法院判决链接起来的服务。基于该项目平台开发的 ConsumerCase 和 EULinksChecker 两项服务旨在协助法律专业人士完成各种法律任务，同时也用以证明其项目基础概念的可行性。ConsumerCases 在线服务可提供多国语言的国家法院判例集，并且将这些判例与消费者保护领域的欧盟和国家法律及理论相关联。EULinksChecker 在线服务可在编辑或浏览文书时，通过识别和建立与法规之间的联系，为法律专业人士提供交互式帮助。

该项目开发的在线服务的目标用户包括法律专业人士（法官、律师等）和开放式法律信息数据的提供者/出版商。该项目利用了最先进的自然语言技术（Natural Language Technologies）。项目所需的数据是从相关机构的门户网站收集的，然后利用各种合作伙伴或开源的语言技术和本体模型（ontologies）进行完善，最后以 XML 开放链接数据的形式发布，并附带 RDF 元数据和法律本体模型，以方便访问、导航、多语种搜索和重复使用。具体而言，项目工作最初从上述六个试点国家所适用的欧盟法、国家法和判例法（高等法院和上诉法院）相关门户网站上下载和处理可用的法律文件，以及开放获取的理论著作。获取到的数据通过以下方式完善：以法律 XML（legal XML）形式自动构建相关法律和判例法文件、将法律文本进行分类、标注本体模型与相关词条之间的联系。然后，该系统通过以下设计使得相关数据更易于访问：通过使用多语言的法律本体模型对这些数据进行导航、通过案例摘要添加元数据、根据 EuroVoc2 词库对文件进行分类，以及提供其他语言检索的自动翻译从而协助跨语言检索。项目完成时，EUCases 平台提供了将欧盟法律和判例法与六个欧盟成员国的法律和判例相互链接的服务。

EUCases 项目的主要目标是获取法律大数据，从试点国家抓取法律和判例数据，这是数据分析和链接过程的第一步。为实现项目的上述目标，该项目开发了几种分析工具。在链接构建方面，使用了标识符以及用于链接、元数据提取的工具和案例注释的工具。在语义互联的构建方面，从 Eurovoc 词库、相关教学大纲本体、多语言访问和法律分类等方面进行区分和关联。链接的开放数据集以 RDF 图表示，并使用 SPARQL 查询语言进行查询。法律文件已在法律 XML（legal XML）模式通过 Akoma Ntoso 架构进行编码。通过各种项目技术提供的主要功能包括：按主题、文本类型、国家和司法管辖区浏览相关法律和判例；通过各种复杂的搜索条件进行搜索；以及用户在不丢失上下文的情况下检索提及特定条款的所有法院判决的列表。

（三）Openlaws：开放法律数据搜索引擎

Openlaws① 是一项以法律数据为中心的创新型云服务，展示了“大型开放法律数据”的概念。该项目的愿景是帮助各类用户包括公民、企业用户和法律专家，更轻松地查找法律信息，所有可用信息都根据用户偏好进行整理，并可共享。为此，该项目与 EUR – Lex 数据库进行链接从而获取英国、荷兰和奥地利的法律数据。该项目所涵盖的信息包括法律、判例、相关法律文献和法学专家的解释。Openlaws 开发团队的主要目标是将欧盟各成员国的法律数据库相互连接起来。Openlaws 服务包括同时在多个数据库中对法律、判例、相关法律文献和法学专家解释进行检索，并将不同法律文件之间的关系可视化。该项目所提供的另一项服务有助于整理搜索过程中发现的任何法律内容，并共享包含检索到的法律信息的文件夹。该项目的衍生公司 Openlaws 有限公司免费提供部分服务，同时还提供基于订阅的高级服务。

该项目提供的免费服务包括以下内容：（i）访问有关特定领域或生活场景的法律汇编，（ii）搜索奥地利和欧洲法律，（iii）为用户提供内容保存并与其他文件连接的功能，（iv）书签工具，可保存最重要的法律，供用户快速查阅，（v）一个可定制的界面，形成用户的个性化主页，（vi）在法律和判决之间建立相互联系的工具，以便用户更快地找到相关结果，（vii）方便突出法律重要部分以及对法律和判决发表评论的工具。在高级版的服务中，还提供了一些额外功能，如个人法律图书馆、登记用户管辖权变更的通知功能以及版本比较功能。高级用户可以管理相关协议和承包者，并创建和管理群组，通过这种方式，群组中的任何人都可以访问所需的内容和通知。最后，该项目还提供可视化功能，帮助用户了解法律和相关判决之间的关系。

（四）One – lex：可执行格式的欧洲法律本体

ONE – LEX（Ontologies for European Laws in EXecutable format）项目②旨在为欧洲法律的信息统一提供原则性支持，以促进成员国、欧盟以及其他国家或国际组织相关法律信息的获取、整合和再利用。该项目的重点是根据新兴语意网的理念和框架，制定法律信息表述和结构化的共享或互操作标准，以便通过基于互联网的技术实现法律信息的获取、交流、处理和整合。具体而言，ONE – LEX 项目的既定目标有两个方面：首先，该项目旨在研究与法律信息各方面相关的标准，以应对实际应用中涉及的各种问题，然后开展法律知识体系的研究。为此，该项目提出了法律文件和数据的结构化方法，研究了应对法律变化的方法，并试图定义和应用法律文本的概念分类，从而建立丰富且可执行的法律知识数字化呈现方式。其次，该项目旨在构建从理论到技术层面以及从理论到组织层面的研究。

---

① OPENLAWS，Innovative Rechtsinformation，https：//info. openlaws. com（最后访问于 2019 年 11 月 21 日）。

② EU Publications Office，Final Activity Report Summary – ONE – LEX（ontologies for European laws in executable format），https：//cordis. europa. eu/project/rcn/84253/reporting/es（最后访问于 2022 年 6 月 18 日）.

由于该项目是一个纯理论研究项目，其主要成果是一套研究框架。ONE－LEX 项目的主要范围是研究法律知识体系和制定可互操作的法律信息标准。该项目从法律信息的不同方面对该标准进行了研究：法律文件和数据的结构化方式、如何处理法律变更以便明确识别相应的文本修改、定义和应用法律概念及分类，以及构建丰富的法律知识的可执行表征（executable representations）。ONE－LEX 还研究了基于标准的文本管理程序如何支持立法过程的各个阶段。其为法律信息开发了丰富的、可执行的表征，并为研究法律规范和法律概念之间的联系提供了一个框架。

（五）Mirel：法律文本的挖掘与推理

MIREL 项目①旨在建立一个国际和跨部门的网络，以确定一个正式的架构，开发用于挖掘和推理法律文本的工具。其目的是将法律文本转化为规范的表述，然后可用于规范查询，验证合规性以及作为决策支持的一种形式。MIREL 既要应对概念方面的挑战，如法律不同的解释在文本挖掘和推理中的影响，也要应对运算方面的挑战，如处理法律大数据以及复杂的合规性问题，其在法律本体和 NLP（自然语言处理）解析器研究领域之间架起了一座桥梁。MIRE 项目没有提供任何原型成果，因此，讨论的项目成果包括公开可用的交付成果，以及与主要研究成果相关的出版物。此外，该项目还提供了两个演示器以及其他相关网站和专利资料。

MIREL 的主要目标是在法律信息学和大数据之间建立联系。该项目的次要目标是为法律文本的挖掘和推理开发最先进的 NLP（自然语言处理）工具。MIREL 项目旨在开发一个研究框架，以便对大型法律数据库进行有效管理和语义推理。因此，该项目开发了用于挖掘和推理法律文本的各种工具。此外，该项目还开发了将法律文本转换为规范化表述的工具，这构成了 MIREL 架构中构建数据组件的基础。MIREL 项目正在使用 LKIF－Core 本体模型，该本体模型是在 ESTRELLA 项目②的支持下开发的。

（六）项目分析与比较

本节将对这些项目进行分析和比较。在表 1 中，我们可以看到每个项目的目标以及创建法律数据平台时使用的法律数据来源、方法和标准的主要特征。我们的分析和比较表明，这些项目开发的法律信息平台基础架构之间既有许多不同之处，也有许多相似之处。他们创建的解决方案提供不同的功能，并基于不同的方法，这些法律数据平台之间的差异之处可相互补充。

这些项目的主要动机是应对欧洲和各国法律体系的复杂性和多层次性所带来的挑战。

① Mirel Project，Mirel：Mining and Reasoning with Legal Texts，http：//www. mirelproject. eu（最后访问于 2019 年 11 月 21 日）。

② ESTRELLA，http：//www. estrellaproject. org（最后访问于 2019 年 11 月 21 日）。

这些挑战也导致大量法律文件数据不断产生，而在线发布的法律文件数据数量也成倍增长。这是信息技术进步以及欧洲和其他地区开放数据运动趋势日益增强的直接结果。然而，散布在互联网上大量文本数据中的相关法律信息也变得愈发难以查找，即使是专业用户也无法轻易利用文本挖掘工具等技术从大数据库中提取所需数据。

通过对上述具有代表性的欧洲研究项目的分析，我们可以清楚地看到，以NLP（自然语言处理）和ML（机器学习）为主要技术的法律信息服务正在进入一个新的发展时期。然而，为了开发更完善的“第二代”先进的法律信息平台，满足高度复杂的国际法律工作的需要，并大幅提高其效率，还需要在这一领域开展广泛的补充研究。上述项目基于不同的本体模型（ontological）方法，这些方法都是为创建链接式法律数据而开发的。

这些项目是互补的，且它们涵盖了相应国家和欧盟的法律语料库以及国家和欧盟法院的判决。在大多数项目中，全欧盟范围内的相关解决方案正在开发之中，这些解决方案利用欧盟成员国的不同法律数据来源以及欧盟法律，并且旨在为包括公民在内的不同目标群体提供法律信息服务。其中一个项目还提供先进的Web 2.0功能，即用户也可参与生成相应内容，例如对法律信息进行评级、自我注释、讨论。

表1　对项目主要内容的总结

项目名称	项目目标	项目主要特点
EUTHORITY	研究欧洲联盟法律体系中国内法院与国际法院之间的融合、合作与冲突模式	• 有一个工具可提供先进的和可视化的服务，包括法律相似性和冲突的识别、绘制欧盟议题关注图以及转介率和跨国经济活动图。 • 涵盖多国法院判决和欧盟法律语料库。 • 应用NLP技术。 • 支持多种语言。 • 创建关联法律大数据：DJR（国内司法回应）数据集。 • 不提供开放数据。 • 没有法律数据的应用标准。
EUCases	开发一个独特的泛欧法律和判例的网络链接平台，在语义和结构分析的基础上，将多语种法律开放数据转化为开放式链接数据。该平台重新利用并整合来自欧盟和各国立法和判例法门户网站的法律文件，以及开放获取的理论著作。	• 有一个工具可提供先进服务，包括将欧盟法律和判例与六个欧盟成员国的法律和法院判决链接起来；提供多国语言的国家法院判例集，并且将这些判例与消费者保护法领域的欧盟和国家法律及理论相关联；在编辑或浏览文书时，通过识别和建立与法规和之间的联系，为法律专业人士提供交互式帮助。 • 涵盖多国法院判决和欧盟法律。 • 未应用NLP技术。 • 支持多种语言。 • 创建了关联法律大数据。 • 不提供开放数据。 • 在法律数据方面没有应用标准，但与不同的本体模型方法有联系。

续表

项目名称	项目目标	项目主要特点
Openlaws	帮助不同用户群体（公民、企业用户和法律专家）更轻松地查找法律信息。	• 有一种工具可提供先进和可视化的服务，包括基本功能和高级（Web 2.0）功能；相关性的可视化图表和比较。 • 涵盖多国法院判决和欧盟法律语料库。 • 应用 NLP 技术。 • 不支持多种语言。 • 创建关联法律大数据：DJR（国内司法回应）数据集。 • 不提供开放数据。 • 没有法律数据的应用标准。
ONE – LEX	为欧洲法律的信息统一提供原则性支持，即促进成员国、欧盟以及其他国家或国际组织相关法律信息的获取、整合和再利用。	• 提供一套关于法律知识体系和制定可互操作的法律信息标准的研究框架。 • 丰富、可执行的法律信息表示方法以及研究法律规范与法律概念之间关系的框架。 • 没有提供可用的工具，因此无法演示或测试高级功能。 • 研究并提出了针对链接法律数据的法律信息结构标准。 • 支持多语言方法的审查以及从不同来源获取不同类型的法律数据。
MIREL	建立一个国际和跨部门的网络，以确定一个正式的架构，开发用于挖掘和推理法律文本的工具。	• 用于法律文本挖掘和推理的最新 NLP 工具。 • 对大型法律数据库进行有效管理和语义推理的研究框架。 • 没有提供可用的工具，因此无法演示或测试高级功能。 • 不适用任何标准。

尽管如此，这些努力都没有满足现代“国际”法律工作对法律信息的全方位要求（如“引言”所述），即在开放性方面提供大型的、相互链接的、开放式法律数据（BLOLD）（因为它们没有提供开放数据）。此外，尽管它们正在提供先进的服务，但没有一家正在开发完整的端到端（end – to – end）法律信息服务。

在本文下面章节中，我们将描述并评估一个先进的多语种法律信息平台，该平台正在填补上述空白：它提供了 BLOLD 以及支持欧盟背景下极具挑战性的国际法律工作所需的完整功能，这些工作需要访问、比较和链接多个成员国的国家法律以及相关欧盟法律。

二、先进法律信息平台的架构和功能

（一）设计方法

为了设计这一先进法律信息平台的具体功能，我们在希腊和奥地利与 20 位受访者进行了深入的半结构式访谈，其中有13位受访者在希腊议会工作或与议会合作，7位受访者来自奥地利公共部门或是法律工作者。这些访谈旨在：（a）调查希腊和奥地利获取和使用法律信息的模式；（b）深入了解受访者对本国和欧盟其他成员国，以及欧盟层面的法律信息需求。

（二）先进法律信息平台的架构

拟议的先进法律信息平台基于一个新颖的高级架构，该平台部署了NLP（自然语言处理）微服务，以提供对法律信息的端到端（end-to-end）自动分解和语义注释，进而用于提供链接开放式法律大数据（BLOLD）和相关高级服务。相关流程的基本要素如图1所示。其中，包括从相关国家法律信息源（如希腊国家印刷局、希腊法律门户网站、奥地利联邦法律信息系统以及欧盟出版局的EUR-Lex网站）初步检索法律文件；对预处理后的文件进行高级处理（文本挖掘、语义注释和转换）；经过处理和注释的文件将存储在基础服务设施中，以便提供一系列先进的法律信息服务；最后，所创建的链接开放式法律大数据（BLOLD）可以通过欧洲数据门户网站自动获取。

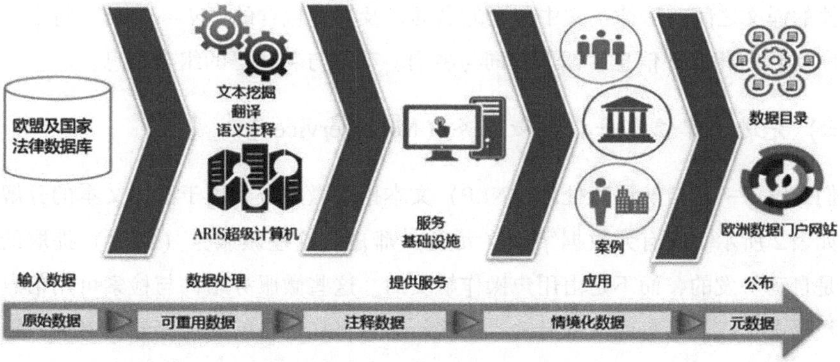

图1 创建链接开放式法律大数据及相关服务的自动化流程（来源：作者）

为了实现这些目的，该平台在结合主要法律信息标准的基础上，使用了一种新颖的本体模型（ontological）来处理BLOLD，并提供了一套文本挖掘微服务，用于法律文件的分解和语义标注，为已开发的法律数据架构提供反馈信息，并在此基础上提供了一套先进的前端服务。ManyLaws的元数据模式基于三个标准本体模型，每个本体模型描述不同类别的文本元素：

数据目录词汇表（DCAT）（https：//www. w3. org/TR/vocab-dcat-3/），其中包括从欧洲数据门户获取数据集所需的所有基本必填字段（如标题、关键词、法律文件主题、地点、描述等）。

欧洲法律标识符（ELI）（https：// eur – lex. europa. eu/ eli – regis ter/ about. html），它是由欧盟国家和机构共同倡议开发的，目的是以标准化格式在线提供法律信息，以便跨国界访问、交流和重复使用；它包括法律信息的网络标识符（URIs）技术规范，规定如何描述法律信息的元数据，以及以机器可读格式交换法律信息的特定语言，同时还便于描述法律与欧盟指令之间的相关性；使用 ELI 是为了标注法律文件中包含的所有参考资料（之间的相互关系），还因为越来越多的欧洲国家正在使用 ELI 来描述法律文件。

Akoma Ntoso（AKN）（http：// www. akoma ntoso. org/？page_ id = 27），这是一项关于议会、立法和司法文件在其整个有效期内的表述和描述的国际标准；它可用于涵盖法律通过和公布所需的所有支持性议会文件和步骤。并且，AKN 还采用更灵活的方式来展示法律文件的结构，包括其有效期的要素。

此外，Many Laws 还增加了一些元素以便跨国搜索与特定术语相关的法律条款。这些 Many Laws Platform Extra（MLEXTRA）（Many Laws 平台额外）元素被用于涵盖之前的本体模型/词汇表未涉及的数据。这些元素特别包含：两部法律之间、两部法律的条款之间、法律的译文之间、法律正文中包含的名词以及其中包含的“N – grams”特征（N 个词的连续序列）的相似性信息，即形容词与名词、动词与名词等的组合信息。

（三）先进法律信息平台的微服务（Microservices）

我们开发了一套自然语言处理（NLP）文本挖掘微服务，用于法律文本的分解和语义注释，如表 2 所示。所有元数据字段（元素）都是由这些微服务（组件）提取的，这些微服务是自动触发的，而不是由用户操作触发的。这些微服务组件与检索可用信息或从检索到的数据中生成新信息的流程有关，这些新信息将在准备就绪后存储在 XML 或 RDF 文件中。这些微服务组件以固定的时间间隔定期运行，其内容也经常更新，其可以连接到任何可用的数据源，检索可用的数据，大多数情况下是 pdf 格式的数据。以希腊的相关数据获取为例，使用网络爬虫从希腊国家印刷局（Greek NPO）获取希腊法律。检索到的数据（PDF 文件）被存储在预处理存储库中；每当存储一个新文件时，就会触发语义注释流程对获取到的新数据文件进行处理。语义注释流程基于 RapidMiner 数据挖掘方案和 Hadoop 分布式计算框架集群。Hadoop 集群用于对海量数据进行并行处理，以便在适当的时间内处理完成。具体到希腊的数据处理而言，Hadoop 用于从法律文件中提取所有必要的元数据，并将这些元数据注释为 rdf 或 xml 格式的语义（基于 Many Laws 的元数据模式）。元数据的语义注释完成后，Hadoop 会立即将所有待翻译数据传输到 e – Translation DSI（由欧盟委员会提供的在线机器翻译服务）。此外，需要注意的是，法律之间往往存在“主动”和“被动”两种关联：一方面，我们可以让法律 A 影响（例如修改、废止等）法律 B，这是一种主动型关联；另一方面，我们可能需要能轻松地回答诸如法律 B 受哪些其他法律影响的问题，这是一种被动型关联，这需要捕捉法律B受法律A影响的反向联系。

鉴于欧盟以及各成员国发布的法律数据总量巨大，且使用多种语言，上述数据处理分析需要巨大的算力，这超出了简单的台式计算机的能力，因此有必要使用超级计算机（HPC）进行处理。

表2 NLP（自然语言处理）文本挖掘微服务（在超级计算机中运行）

服务名称	说明
标题提取	它提取法律文件的标题。
编号提取	它提取法律文件的编号和出版年份。
文本分解	它将法律文件的正文分解为条款、段落等。
提取N－grams特征	它能抽取法律文件中的“常用词”（如the、of等），并生成其N－grams特征（N个词的连续序列）。
提取关键词	它提取关键词，并将其与EUROVOC分类词典的第三级和第四级关键词进行比较，最终生成法律文件的关键词。
相关性提取/计算	它可提取/计算一个法律文件与其他法律文件之间的相关性。
主题提取/计算	它将N－gram与EUROVOC分类词典的第一级和第二级中的词汇进行比较，找出最常见的主题。
公布日期提取	它可以提取法律文件的公布日期。
被动相关性识别	它可以读取所有为奥地利和希腊法律文件生成的xmls（可扩展标记语言）因为拟议的先进法律信息平台的首批试点应用是在奥地利和希腊进行的，并通过被动相关性更新必要的xmls。

（四）先进法律信息平台的用户服务功能

最后，该平台提供了一套先进的前端用户服务功能，旨在满足经济活动国际化、全球化背景下相应法律工作多变且复杂的需求。作为Many laws项目①的一部分，以下用户服务功能是通过分析用户的需求而确定的：

1. 在多个欧盟成员国的法律（包括欧洲法律或指令）中并行搜索与特定主题/术语相关的法律文件。这是通过将用户查询的搜索词实时翻译成适当的法律词汇来实现的；即将用户提交的查询请求中包含的搜索词实时翻译成相应语言或某些选定语言，然后提交给相应的（国家和欧盟）法律数据库，最后从相关法律数据库中检索并向用户提供相应的结果。

① Virkar, S., et al., A User－Centred Analysis of Decision Support Requirements in Legal Informatics, *Government Information Quarterly*, Vol. 39, No. 3, (2022).

2. 将从上述法律数据库中检索到的这些法律文件翻译成英文；使用 e-Translation DSI（由欧盟委员会提供的在线机器翻译服务）为法律自动生成英文译文（这被定性为非官方译文，但结果表明其“质量”良好），并提供给使用者。

3. 不同语言的用户界面（该门户网站目前有三种不同的语言：英语、希腊语和德语，但必要时可添加新的用户界面语言），但这指的是用户界面中的一般功能选项的语言，如菜单、过滤器名称和图表图例，而不是法律数据的内容。

4. 对同一国家法律体系中的相关法律进行比较分析；包括将不同法律之间的联系、支持、冲突等关系进行文本数据可视化。

5. 所有法律文件的时间线分析。该功能可直观显示特定国家法律的发展、演变情况和现状，并介绍在特定时间点对其做出的各种修订，包括法律草案和决议。

6. 基于图表的可视化方式，显示特定法律与其他法律之间不同类型的关系（如“修订”“废止”“引用”）。用户可以查询所选法律与其他法律之间关系的可视化关系形式。这种可视化形式最初显示用户所选法律与其他法律之间的所有不同类型的关系；然后，用户可以选择只关注和显示某些其感兴趣的类型的关系，以避免信息接受过载，用户可以下载这些关系数据（所选法律与其他法律之间的所有关系均可导出为 csv 文件，以便进一步处理），也可跳转至特定的相关法律。

7. 可视化图形的编辑功能（见前面的功能6），包括如果用户发现关系图形中不需要的节点，可以将其删除。

8. 欧盟指令与国家法律之间关系的可视化；该可视化以图表形式展示了一项具体的欧盟指令及其与各种国家法律之间的关系。

9. 计算欧盟指令转化为国内法律的程度；这提供了特定欧盟指令与选定国内法（旨在将欧盟指令转化为国内法）之间相似性的百分比。

10. 提供法律的汇编版本：提供特定时期法律的权威汇编。

11. 相关立法在立法程序上的进展和演变：对于每项法律，提供议会相应程序的进展和演变情况，并以表格形式展示该法律已完成的所有立法程序和步骤。

12. 手动注释工具。该功能旨在收集专家用户，对该平台自动文本挖掘、注释过程的反馈意见，从而进行有益的“专家采购（expert-sourcing）”；具有编辑角色的用户可以报告上述对法律数据自动处理过程中的错误之处。

13. 公众意见情绪分析服务。针对每项法律，我们都会创建一个专门的表格，对法律在公开征求意见（公众审议）过程中对其提出的意见进行分析。

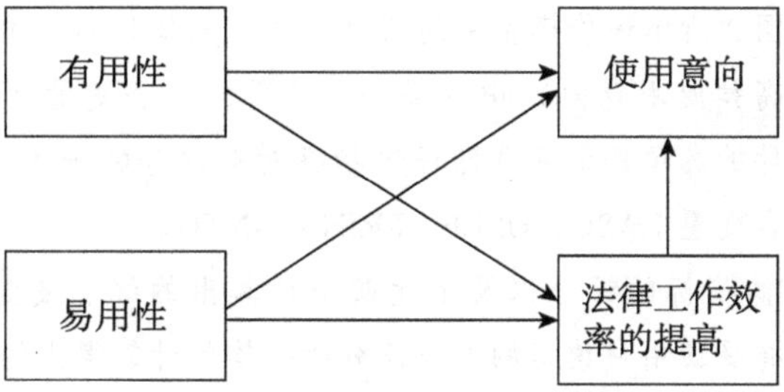

图2 评估模型（改编自TAM）

三、先进法律信息平台的评估方法和评估数据

（一）评估方法

为了评估前文“先进法律信息平台的架构和功能”中描述的先进法律信息平台，我们开发了评估一种方法，该方法基于成熟且广泛使用的技术接受模型（TAM）。① 根据TAM，使用新技术（如新信息系统）的态度最终决定了使用新技术的意向和实际使用情况，而使用新技术的态度主要取决于新技术的两个特征：感知到的“易用性”（潜在用户认为使用新技术只需付出极少努力的程度）和感知到的“有用性”（潜在用户认为使用新技术将提高其工作绩效的程度）；而且感知到的易用性会对感知到的有用性产生积极影响。我们对TAM进行了扩展，增加了运用该法律信息平台进行法律工作时可感知到的效率提升。因为如“引言”部分所述，评估使用这种先进的法律信息平台能在多大程度上提高现代法律工作的效率是非常重要的（因为与过去相比，现代法律工作变得更加困难和复杂），这也是本研究的一个主要目标。我们的评估模型如图2所示。

考虑到前文“先进法律信息平台的架构和功能”中描述的先进法律信息平台所提供的具体功能（可用于衡量其感知到的有用性），以及其主要目标（可用于衡量其所带来的法律工作效率的提高）我们为该评估模型的四个构件（感知到的易用性、有用性、法律工作效率的提高和使用意向）中的每一个构件确定了一套评价问题（也是评价指标），以便通过较为全面可靠的方式对该平台进行评估；并且根据这些评价指标编制了一份评估问卷，供该平台用户填写，评估问卷见附录。

通过该问卷从平台用户那里收集到的评估数据要经过进一步处理，包括以下四个步骤：

① Davis, F. D., Perceived Usefulness, Perceived Ease of Use, and User Acceptance of Information Technology, MIS Quarterly, Vol. 13, No. 3, p. 319 – 339 (1989); Turner, M., et al., Does the Technology Acceptance Model Predict Actual Use? A Systematic Literature Review, *Information and Software Technology*, Vol. 52, No. 5, p. 463 – 479 (2010); Marangunić, N., & Granić, A., Technology acceptance model: A literature review from 1986 to 2013, *Universal Access in the Information Society*, Vol. 14, p. 81 – 95 (2015).

(i) 计算出图2所示评价模型中的四个构件（感知到的易用性、有用性、法律工作效率的提高和使用意向）中的每一个构件的综合变量（每个构件的综合变量等于各自构件的各项评估问题即评价指标对应评分的平均值）；这样，就得到相应的四个综合变量EASU、USEF、PRIN和INTU。

(ii) 每项具体指标的评分以及上述四个计算出的综合变量中的每个变量，都是以该平台所有受访用户填写的相应评分的平均值计算得出的，这样就可以总体评估用户对该平台所有上述（四个构件及相应评估指标）方面的看法。

(iii) 计算感知到的易用性和有用性这两个构件各自的每个指标（每个评估问题的评分）以及相应的综合变量（EASU、USEF综合变量）与法律工作效率的提高和使用意向的综合变量（分别为PRIN和INTU综合变量）之间的相关性（皮尔逊相关系数）；这样就可以评估用户对各项指标和综合变量（EASU、USEF中的指标及综合变量）对该平台提高法律工作效率程度的总体看法，以及其对用户今后使用该平台的意向的影响和重要性。

(iv) 此外，还需计算法律工作效率的提高这个构件的综合变量（PRIN综合变量）及其每个指标与用户未来的使用该平台的意向这一综合变量（INTU综合变量）之间的相关性。这样就可以评估用户对平台所提供的帮助和支持，以及提高其法律工作效率的作用对他们今后使用平台的意愿的影响和重要性。

（二）评估数据

Many Laws项目在第一个原型产品的评估期间以及后续共举办了四次在线研究研讨会。每次研讨会的目的都是通过促进性讨论，收集参与者关于法律信息使用情况的数据，以及他们对相应信息平台功能的看法，然后再对该项目开发的原型产品进行实际演示，该研讨会主要参考Storvang等人的做法。① 每次研讨会的形式相同，持续80分钟，分为四个不同的部分。第一部分让参与者填写一份简短的调查问卷（10分钟）；第二部分由研讨会主持人演示该项目原型产品（25分钟）；第三部分由研讨会参与者对该项目平台系统进行实时测试（25分钟）；第四部分由参与者根据他们使用该系统的体验填写一份调查问卷（20分钟）。

每场研讨会有25名与会者，他们来自ManyLaws平台的主要目标群体，即公务员、法律职业人士、法律研究人员、其他研究人员、商界人士和第三部门（社会组织）参与者。共有100名参与者登记参加研究，并通过目的性抽样和随机抽样相结合的方式选出了20名参与者，邀请他们参加四场会议中的任何一场，其余参与者则自愿参加各场。

① Storvang, P., Mortensen, B., & Clarke, A. H., Using Workshops in Business Research: A Framework to Diagnose, Plan, Facilitate and Analyze Workshops, in P. V. Freytag & L. Young Eds., *Collaborative Research Design: Working with Business for Meaningful Findings*, Springer, 2018.

为收集有关该平台的评估数据，研讨会向参与者发放了一份由两部分组成的调查问卷，该问卷通过谷歌表格在线进行管理，以便在短时间内获得尽可能多的答复。问卷的第一部分在产品原型展示之前分发，目的是了解参与者的个人情况，并询问他们有关法律信息的使用情况。问卷的第二部分在产品原型演示之后进行，旨在收集参与者对系统使用体验的反馈意见，其中包括附录中提供的评估问题。为了遵守知情同意的标准伦理研究实践①，参与者在开始填写问卷前收到了一套在线指南，详细说明了他们参与研究的条款以及未来对其数据的处理方式。研讨会主持人口头重复了这些指导原则，参与者只有在勾选表示理解研讨会目的并愿意参与的选项后，才能开始问卷调查程序。

在现有的研讨会参与者中，共有 80 人全身心地参与了原型系统的试点测试，并对原型提供了反馈意见，这体现在他们完成了问卷的两部分。这 80 名参与者中其中绝大多数是公务员（44%）；其次是非法律研究人员（16%），然后是商人（15%）和法律职业人员（14%），少数参与者自称是法律研究人员或不同类型的学生。就年龄而言，约 34% 的参与者年龄在 45 – 54 岁之间，约 50% 的参与者年龄在 25 – 44 岁之间。其余参与者的年龄从 18 岁到 74 岁不等。在所有参与者中，有一半以上（52. 5%）自称是信息与传播技术的高级用户，约 30% 自称是中级用户。约 70% 的试点用户表示，他们应用法律信息主要是出于专业目的，其中大部法律信息分是在线上（46%）或同时在线上和线下（54%）找到的。最后，很大一部分参与者表示，他们每天花大约 30 分钟来搜索法律信息（42. 5%），而其他参与者则表示，他们每天花 1 – 2 小时（27. 5%）或 2 小时以上（14%）来完成同样的工作。

四、评估结果

表 3 第三栏显示了用户对四个综合变量（USEF、EASU、PRIN 和 INTU）以及每个变量的所有单项指标的平均评分。我们可以看到，该平台的总体有用性被评定为中等至高等，更接近于高（USEF 综合变量的平均值为 3. 781）；所有 12 个有用性指标都是如此，这些指标与该平台提供的主要功能相关。其中，CAP2（检索特定法律或法律文件）、CAP3（获取法律或法律文件相应语言的准确译文）、CAP4（比较同一国家关于同一主题的法律）和 CAP1（在不同欧盟成员国的法律中搜索关于特定主题的法律信息）的平均评分最高（分别为 3. 988、3. 900、3. 875 和 3. 863）。相反，CAP12（获取相关公众意见数据）和 CAP11（报告不准确信息和手动注释文本）得到的用户平均评分最低（分别为 3. 450 和 3. 588），有必要特别强调改进和增强该平台的这些功能。因此，对拟议的先进法

① Perrault 和 Keating 将其定义为“……告知参与者研究过程的潜在风险，并征得他们参与研究的同意。” See Perrault, E. K., & Keating, D. M., Seeking Ways to Inform the Uninformed: Improving The Informed Consent Process in Online Social Science Research, *Journal of Empirical Research on Human Research Ethics*, Vol. 13, No. 1, p. 50 – 60 (2018).

律信息平台的评估数据，总体上证明了其上述新功能的有用性。

在易用性方面，我们可以看到，对易用性的评价从中等到高等不等，更接近于高（EASEU综合变量的平均值为3.784）；所有4个易用性指标都是如此，其中EASU2（系统界面友好，易于查看的评分最高3.925）。因此，对拟议的先进法律信息平台的评估数据，总体上证明了其上述新功能的易用性。

该平台对于法律工作效率的提高被评估为中等至高的程度，更接近于高（PRIN综合变量的平均值为3.750），其两个指标（PRIN1和PRIN2）获得了相似的评分。因此，对拟议的先进法律信息平台的评估数据证明，该平台对欧盟范围内国家级法律工作以及国际级法律工作的效率提高做出了积极贡献。

最后，用户未来使用该平台的意向被评估为中高水平（综合变量的平均值为3.512）；但是，各指标的平均评分之间存在明显差异。第一个指标INTU1获得了最高的平均评分（4.150），这意味着用户再次使用该平台的意愿很高。然而，第二个指标INTU2的平均评分（2.850）却低得多，这意味着用户为再次使用该平台而支付订阅费的意愿为中低水平，更接近低。不过，用户在与其他类似的法律信息平台相比选择该平台的意愿（INTU3）为中高水平，接近中等水平，即愿意在其他类似法律信息产品中选择该平台。

表3的第四栏和第五栏分别显示了各相应综合变量及其单项指标分别与法律工作效率提高的综合变量（PRIN），以及用户未来使用该平台的意向的综合变量（INTU）之间的相关性（皮尔逊相关系数）。我们可以看到，有用性的综合变量（USEF）与法律工作效率提高的综合变量（PRIN）在统计意义上有很强的正相关性（相关性为0.647），有用性的综合变量（USEF）与使用意向的综合变量（INTU）的相关性更强（相关性为0.727）。因此，我们可以得出结论，平台的有用性对平台用户所认为的法律工作效率的提高和未来的使用意向有很大的影响。在有用性的具体单项指标中，CAP3（获取法律或法律文件相应语言的准确译文）、CAP6（评估欧盟指令转化为国内立法的程度）、CAP4（比较同一国家关于同一主题的法律）和CAP1（在不同欧盟成员国的法律中搜索关于特定主题的法律信息）对平台用户认为的法律工作效率提高的影响最大/最重要（相关系数分别为0.559、0.557、0.541和0.539）。同时，CAP4（比较同一国家关于同一主题的法律）和CAP12（获取相关公众意见数据）对未来使用意向的影响/重要性最大（相关系数分别为0.772和0.637）。

此外，我们还可以看到，易用性的综合变量（EASU）与法律工作效率率提高的综合变量（PRIN）在统计意义上具有很强的正相关性（相关系数为0.612），EASU与使用意向的综合变量（INTU）的相关性更强（相关系数为0.692），但都略低于有用性综合变量（USEF）的相应相关系数。因此，我们可以得出结论，平台的易用性对平台用户所认为的法律工作效率的提高以及他们未来使用平台的意向都有很大的影响/重要性。在易用性的单项指标中，EASU3（所提供的结果是可以理解的）对平台用户所感知的法律工作效率

表 3　评价指标和综合变量的平均评分及相关性

综合变量/指标/	说明	平均评分	与 PRIN 的相关性	与 INTU 的相关性
USEF		**3.781**	**0.647****	**0.727****
CAP1	在不同欧盟成员国的法律中搜索关于特定主题的法律信息。	3.863	0.539**	0.547**
CAP2	检索特定法律或法律文件。	3.988	0.426**	0.529**
CAP3	获取法律或法律文件相应语言的准确译文。	3.900	0.559**	0.484**
CAP4	比较同一国家关于同一主题的法律。	3.875	0.541**	0.772**
CAP5	比较不同国家关于同一主题的法律。	3.813	0.512**	0.603**
CAP6	评估欧盟指令转化为国内法律的程度。	3.813	0.557**	0.603**
CAP7	评估不同法律之间的冲突、差异或依赖关系。	3.700	0.417**	0.523**
CAP8	追溯某一法律的演变过程。	3.813	0.462**	0.487**
CAP9	获取描述上述有关法律比较和评估信息翔实的可视化图表。	3.838	0.551**	0.421**
CAP10	获取不同类型的与议会立法相关的数据。	3.738	0.499**	0.533**
CAP11	报告不准确信息和手动注释文本。	3.450	0.484**	0.613**
CAP12	获取相关公众意见数据。	3.588	0.486**	0.637**
EASU		**3.784**	**0.612****	**0.692****
EASU1	很容易找到我需要的信息。	3.688	0.423**	0.560**
EASU2	系统界面友好，易于查看。	3.925	0.442**	0.538**
EASU3	系统提供的输出/结果是可以理解的。	3.788	0.573**	0.462**
EASU4	系统提供的功能符合法律专业人员的工作实践和思维。	3.738	0.416**	0.539**
PRIN		**3.750**		**0.692****
PRIN1	提高您在执行涉及本国法律的各种法律任务时的工作效率。	3.748		0.654**
PRIN2	提高您在执行涉及欧盟及其他成员国法律的各种法律任务时的工作效率。	3.752		0.532**
INTU		**3.512**		
INTU1	我想再次使用该系统。	4.150		
INTU2	我愿意为再次使用该系统而支付订阅费。	2.850		
INTU3	与其他类似的法律信息平台产品相比，我会选择该系统。	3.538		

**表示明显相关

的提高具有最强的影响/重要性（相关性为0.573），EASU1（很容易找到我所需要的信息）对未来使用意向具有最强的影响/重要性（相关性为0.560）。最后，法律工作效率提高的综合变量（PRIN）与未来使用意向的综合变量（INTU）在统计意义上具有很强的正相关性（相关性为0.692）。因此，用户认为该平台为提高法律工作效率所提供的协助和支持的程度，对其未来使用意向具有很大的影响/重要性。用户对于该平台对于提高涉及本国法律的各种法律工作的效率（PRIN1）和未来使用意向综合变量的相关性（相关性为0.654），强于该平台对提高涉及欧盟及其他成员国法律的工作效率（PRIN2）和未来使用意向综合变量的相关性（相关性为0.532）。

五、结论

法律对经济和社会的运行至关重要，因为它规定了规范企业、政府机构和个人行为的规则。因此，企业、政府机构和个人绝对有必要充分了解与其活动相关的法律。然而，由于法律的高度复杂和不断演变（以应对现代社会和经济所面临问题和挑战的复杂变化），以及经济活动的国际化和全球化（这就要求了解和不断监测许多国家以及如欧盟等国际组织的法律），这项工作变得愈发困难，成本也愈发高昂。已经开发出“第一代”国家法律信息平台，为应对上述困难提供一定帮助，这些平台仅提供从特定国家的法律文件库中检索与特定主题相关的法律文件的基本功能。然而，它们无法满足经济活动全球化以及现代国家和国际法律日益复杂对法律工作提出的复杂要求。有鉴于此，人们开展了大量研究，旨在开发更先进的“第二代”法律信息平台，以满足上述要求，提高复杂且艰巨的现代法律工作的效率。

本文首先介绍了五个相关法律信息平台项目的主要内容及其技术运用，然后介绍并评估了作为泛欧洲“Many Laws”项目一部分而开发的先进法律信息平台。该平台可从多个不同国家以及欧盟的法律数据库中对特定主题的相关法律文件进行高级搜索和检索。该平台还支持对法律文件进行翻译和高级处理，以识别其相似性、差异性、冲突和其他关系。该平台可将所需信息以精确直观的可视化形式呈现，以提高现代复杂法律工作的效率。欧洲Many Laws项目的最终目标是为开发先进的第二代法律数据电子基础设施提供技术基础和工具，使每个人都能以可定制、成体系和易于处理的方式获得跨国和多语种的法律信息，并对其进行必要的处理和分析，使其成为可实际管理和有实际效用的信息。实现这一目标在欧盟法律背景下尤为重要，因为这有助于近乎无障碍地使用欧盟与不同成员国的法律，从而促进欧洲的一体化。

对该平台的评估基于扩展的技术接受模型（TAM），评估使用的数据来自参与上述项目评估研讨会的平台用户通过调查问卷所反馈的信息。通过评估得出的结论是，用户对该平台的有用性和易用性以及为提高法律工作效率提供的协助和支持的评价从中到高不等（更接近后者）。他们的反馈表明，该平台的功能和易用性已达到较好的程度；但仍有进一步改进的空间。此外，评估还揭示了该平台的一些具体功能（如提供获取相关公众意见的数据，以及报告不准确信息和手动注释文本的功能）需要特别关注并加以改进。最后，用户将来再次使用该平台的意向很高，但对为再次使用该平台而支付订阅费的意向仅为中下水平（更接近后者）。总体而言，本次评估证明了拟议的先进法律信息平台所构建新功能的有用性和易用性，以及它们对提高国家和国际法律工作效率的积极贡献，特别是在欧盟内部。

受访用户感知到的有用性和易用性，与受访者对该平台提高法律工作效率的评价和未来使用该平台的意向有很强的相关性（超过0.600），因此上述两方面对受访者使用该平台的意向有很大的影响。此外，评估结果还揭示了该平台对未来使用意向影响最大的一些具体功能（如比较同一国家关于同一主题的法律和获取相关公众意见数据的功能）；以及该平台对于提高法律工作效率影响最大或最重要的一些具体功能（如在不同欧盟成员国的法律中搜索特定主题的法律信息、获取相应的法律或法律文件的准确译文，获取欧盟指令转化为国内立法的程度，以及比较同一国家关于同一主题的法律）。

本文的研究内容对理论和实践都具有重要意义，特别是对于开发第二代先进法律信息平台而言。本文拟议的第二代先进法律信息平台能够应对现代社会以及经济国际化、全球化背景下所提出的复杂要求，并能在国家和国际法律工作中，尤其是在要求极高的欧盟背景下，大幅提高法律专业人员在执行复杂任务时的工作效率。特别是，其提供了几种新颖的高级用户服务功能，以及利用NLP（自然语言处理）技术和ML（机器学习）技术进行文本挖掘以及自动分解和语义注释，并通过超级计算机（HPC）实现这些功能的技术解决方案。在实践中，这项研究开发了一个高效的新型法律信息平台，该平台基于公认的标准（如关于法律文件元数据的标准），提供一套完整的端到端（end－to－end）法律信息服务，支持（a）在许多不同国家的法律以及欧盟法律中广泛而有效地搜索关于特定主题的法律文件，以及（b）对这些法律文件进行“深层”处理，从而能够识别它们之间的相似性、差异性、冲突和其他关系等。拟议的先进法律信息平台对活跃在现代全球化经济环境中的组织和个人都意义重大。

我们研究的主要局限性在于，首先，对拟议的先进法律信息平台的评估主要是基于80人反馈的有效数据，这些人属于几个不同的用户群体：公务员、法律职业人员、法律研究人员、其他研究人员、商人和社会组织的参与者。因此，有必要让更多的人参与进来，对平台进行进一步的评估，然后对参与的每个用户群体进行更有针对性的调研（因为需要了解每个群体的不同的需求、背景和思维）。这将有助于确定不同用户群体对平台提供的不同功能的看法和评估数据的异同之处。第二个局限是，对该平台的评估仅采用了定量方法（基于问卷的调查）；因此，有必要用定性方法（如针对不同群体以及进行访谈）对定量评估进行补充。第三个局限是，对拟议的先进法律信息平台的评估仅基于技术接受模型（TAM），因此有必要基于其他框架和一般基础理论进行进一步评估（如DeLone和

McLean 提出的信息系统成功模型）。①

附　录

<u>易用性（EASU）</u>

您在多大程度上同意或不同意以下说法？（用李克特五点量表回答：1＝非常不同意，2＝不同意，3＝中立，4＝同意，5＝非常同意）

EASU1：很容易找到我需要的信息

EASU2：系统界面友好，易于查看

EASU3：系统提供的输出/结果是可以理解的

EASU4：系统提供的功能符合法律专业人员的工作实践和思维

<u>有用性（USEF）</u>

该系统为开展以下工作提供了全面的功能（用李克特五点量表回答：1＝非常不同意，2＝不同意，3＝中立，4＝同意，5＝非常同意）

CAP1：在不同欧盟成员国的法律中搜索有关特定主题的法律信息

CAP2：检索特定法律或法律文件

CAP3：获取法律或法律文件相应语言的准确译文

CAP4：比较同一国家关于同一主题的法律

CAP5：比较不同国家关于同一主题的法律

CAP6：评估欧盟指令转化为国内法律的程度

CAP7：评估不同法律之间的冲突、差异或依赖关系

CAP8：追溯某一法律的演变过程

CAP9：获取描述上述有关法律比较和评估信息翔实的可视化图表

CAP10：获取不同类型的与议会立法相关的数据

CAP11：报告不准确信息和手动注释文本

CAP12：获取相关公众意见数据

① DeLone, D. H., & McLean, E. R., Information Systems Success: The Quest for the Dependent Variable, Information Systems Research, Vol. 3, No. 1, p. 60－95 (1992); DeLone, D. H., & McLean, E. R., The DeLone and McLean Model of Information Systems Success: A Ten－Year Update, *Journal of Management Information Systems*, Vol. 19, No. 4, p. 9－30 (2003); DeLone, W., & McLean, E, Information Systems Success Measuremen, *Foundations and Trends in Information Systems*, Vol. 2, No. 1, p. 1－116 (2016).

法律工作效率的提高（PRIN）

总体而言，该系统在多大程度上为以下方面提供了实质协助助和支持（用李克特五点量表来回答：1＝完全没有，2＝很小程度，3＝中等程度，4＝较大程度，5＝很大程度）

PRIN1：提高您在执行涉及本国法律的各种法律任务时的工作效率

PRIN2：提高您在执行涉及欧盟及其他成员国法律的各种法律任务时的工作效率。

使用意向（INTU）

您在多大程度上同意或不同意以下说法？（用李克特五点量表回答：1＝非常不同意，2＝不同意，3＝中立，4＝同意，5＝非常同意）

INTU1：我想再次使用该系统

INTU2：我愿意为再次使用该系统而支付订阅费

INTU3：与其他类似的法律信息平台产品相比，我会选择该系统

法律方法基础理论

一般法理学与部门法哲学之间的关系
——对于一些误解的澄清

吴　彦*

摘　要　部门法哲学到底是一种怎样的研究？它与一般法理学之间到底是怎样的一种关系？本文通过对目前所流行的两种看法——一种看法认为部门法哲学是一般法理学在部门法中的应用，另一种看法认为部门法哲学是部门法的哲学升华——的检讨，试图给出一种更为恰当的有关部门法哲学的理解，亦即部门法哲学是广义道德哲学中与一般法理学并立的一个分支。

关键词　部门法哲学　一般法理学　道德哲学　人类生活形式

一、引言：为什么要关注部门法哲学？

"部门法哲学"或"部门法理学"① 是一个20世纪90年代在中国法学中被构造出来的概念。②

---

* 吴彦，男，浙江绍兴人，同济大学法学院副教授、法哲学研究中心主任，博士生导师，主要研究方向为法哲学与政治哲学。

① 尽管有学者在"法哲学"和"法理学"之间做了这样或那样的区分（比如周永坤：《部门法哲学还是部门法理学?》，载《法律科学》2008年第1期），但是笔者在这里将主要循沿当代法哲学的基本用法（尤其是哈特、拉兹和菲尼斯的用法），并不准备在法哲学与法理学之间作刻意的划分。因此，笔者在这里是在一种相同的意义上交互使用"部门法哲学"与"部门法理学"这两个词语的。但是，出于汉语法学界的使用习惯，笔者主要沿用"部门法哲学"这一用法。

② 在汉语法学界，"部门法哲学"研究最有力的倡导者应该是张文显教授，他对于部门法哲学的讨论，可参见张文显："部门法哲学引论：属性与方法"，载《吉林大学社会科学报》2006年9月。当然，在英美学界，并没有一个特定的称谓来专门指称这样一些对于部门法的哲学研究，他们或者在法哲学或法理学名目之下简单地将之冠以"诸领域"（Areas of Law）或"具体理论"（Special Theory）［以区别于法律的一般理论（general theory）］这个称号，或者是用"侵权法的哲学基础""刑法的哲学基础"等称谓。牛津大学出版社出版有一套"法律的哲学基础系列"（Philosophical Foundations of Law），其中就包括这些部门法的哲学基础的讨论。当然，晚近一些学者也开始使用"special" legal philosophy或"particular" legal philosophy这样的称谓来表示与我们所讲的"部门法哲学"一样的东西，并且在有些学者看来，这样一种部门法哲学的或具体法哲学的研究是晚近法哲学发展的三个主要特征之一，参见John Tasioulas（ed.），*The Cambridge Companion to the Philosophy of Law*，Cambridge University Press，2020，p.3。

这个概念一方面对应于部门法的研究，以表示一种对于部门法所预设之前提或所立足之基础的研究，亦即所谓的部门法的哲学基础或哲学前提的研究；另一方面则对应于一般法哲学的研究，一般法哲学关注一般意义上的法（the law in general），而部门法哲学则关注具体的部门法，比如家庭法、环境法、刑法、国际法等等，探讨与它们相关或内在于它们的哲学问题。这样的一种基本界定一直延续至今，被我们所普遍地接受。然而，尽管我们一直有关于部门法哲学的提法且一直有关于部门法哲学的倡导，认为这方面的研究很重要，但是几十年过去了，整个部门法哲学的研究仍然青黄不接，我们仍然维持着一种旧有的研究状况：法理学者很少涉足部门法，而部门法学者也很少涉足法理学，由此，作为一门介于法理学和部门法之间的学问，双方学者都没有深入介入其中，多数学者或者只是偶尔涉足，或者只是浅尝辄止。当然，造成这样一种研究状态的原因有很多，比如整个法理学的基础研究在过去十多年内有明显的退化迹象，从而导致部门法哲学的研究在尚未形成气候的时候就自然地消亡了；另一方面则是人们普遍认为部门法哲学的研究就是着眼于具体问题的研究，部门法哲学无非就是一般法哲学或一般法理学的一种具体运用或具体应用而已，因此，当晚近人们把研究重点转向具体的现实问题时，往往就认为自己是在作部门法哲学的研究，然而，当我们进一步追索这些问题背后的更深层次的问题及其基本预设的时候，多数学者又感觉到一种理论上的无力感，由此，部门法哲学的研究就在这样一种“误解”和“无力感”之中裹足不前。

当然，本文并不旨在检讨造成我们眼下部门法哲学研究现状的各种因素，这样的一种“现状”检讨在很大程度上可以交由知识社会学或社会心理学。我在这里所关注的主要是造成我们眼下这样一种困境的其中一个因素，那就是围绕着部门法哲学这门学科的性质所抱持的一些普遍的误解，这些误解在很大程度上把我们对于部门法哲学的研究带入了一条死胡同，或者说误置了部门法哲学研究的基本方向，从而影响了我们的研究进路。正是在这个意义上，本文的思考将着眼于下面这一问题，那就是：“到底什么是部门法哲学?”“部门法哲学的研究到底是怎样的一种研究?”进一步讲就是：它与那与之相关的两类学问——一般法理学和部门法学——之间的关系到底是什么?

当然，本文对于上述问题的回答主要从检讨和批判开始。亦即检讨我们眼下普遍持有的有关部门法哲学的两种基本误解。我把第一种误解称为“应用误解”，亦即认为部门法哲学是一般法哲学或一般法理学的一种应用，也就是将法的一般理论运用到具体部门法中去所获得的一些结论。正是因为是一种应用，所以在他们看来，部门法哲学的研究要以对一般法哲学或一般法理学的研究为前提。然而，正如我在下面将要指出的那样，这是把部门法哲学“降级”了，亦即把它降格为一般法理学的一个分支，当然，这在很大程度上与我们使用的“部门”一词有关，所谓的“部门”会很自然地被理解为是某个更一般的类的一个“分支”。然而，部门法哲学与一般法哲学的关系只是一种“受限”的平行关系，也就是说，部门法哲学对于其各自不同领域内的问题的看法，尽管一方面受到有关

“一般法”的思考的约束，但是在另一个更重要的维度上，是独立于一般法理论的思考的，也就是说，这两种思考并不是一种隶属的关系，而是一种平行的关系，亦即它们并行而存在，且共同隶属于一种更大的学问，那就是广义上的“道德哲学”（或“伦理学”）或一般意义上的“实践哲学”。

第二种误解与第一种误解相伴而生，或者可以被看成是第一种误解在另一个维度上的推论，那就是，既然部门法哲学是一般法哲学在部门法中的应用，那么就部门法这个角度来看，部门法哲学就是部门法的一种哲学上的“升华”，亦即用哲学的方法或方式来理解和研究部门法。我把这个误解称为“升华误解”。就这个误解来讲，其根本性的错误在于把部门法哲学的研究对象限定于“部门法”，然而，尽管部门法哲学的研究对象的确受到教义性学说的影响，比如刑法哲学的研究，其中一部分问题的确关注某个特定法体系的某些特定刑法教义的哲学问题，比如刑法中的因果关系、未遂理论，共犯理论，但同时，部门法哲学在更重要的方面则关注更深层次的或更一般化的问题，比如刑法中的“惩罚”与“刑法限度（犯罪化)”，家庭法中的“家庭”及“婚姻”的性质。也就是说，部门法哲学实际上主要不是关注“部门法”的，而是与部门法一样关注部门法所关注的一般对象，诸如上面所提及的惩罚、犯罪、家庭、婚姻、契约、财产。在这个意义上，部门法哲学的研究必然要深入到对于人类生活的各种不同形式的研究，并且这种研究是一种一般性的哲学研究，亦即对于它们的性质、可能性及其规范的研究，在这个意义上，部门法哲学的对象完全超出了部门法的范围，而进入人类生活（个人生活及社会生活）的诸形式之中。下面，我就先从对第一个误解的检讨开始。

二、部门法哲学并非一般法哲学的应用

（一）法哲学范围之缩限——一个思想史的考察——从法哲学到一般法理学

在具体进入对于这个问题的检讨之前。我们有必要作一个思想史的回顾，这种回顾可以帮助我们理清我们在思考这个问题时所循沿的一些线索。这是一段有关法哲学范围之缩限的历史。我们现在所理解的一般法哲学或一般法理学，就其概念的源头来讲，源于19世纪，是19世纪实证主义法学以潜在且无形的方式对我们产生影响的其中一个表现。所谓的一般法理学（general jurisprudence），指的是一种与特殊法理学（particular jurisprudence）相对的学问。特殊法理学是对于“某个特定法律体系”（诸如英国的法律体系或德国的法律体系）的研究，而一般法理学则是对“一般法律”（law in general）的研究，或者说是对于“法律本身”（law itself）的研究。① 另外，从实证主义法学的基本规划看，就其所关注的核心对象来讲，不是自然法（natural law），而是实在法（positive law）。因此，这样两种限定——一种是“一般性”的限定，一种是“实在法”的限定——所产生

① 参见 John Austin，*Lectures on Jurisprudence*（*Fifth Edition*），Revised and Edited by Robert Campbell，p. 31。

的一个必然结果便是：法理学研究的真正对象被界定为“一般实在法”（positive law in general），而不是某个特定法体系（比如英国或德国）的实在法，后者是法教义学所研究的对象。①

当然，这样一种限定有其独有的优势。因为人类知识的扩展在很大程度上有赖于新领域的发现以及对该领域的深挖细耕。尽管传统法学并没有忽视对实在法的讨论②，甚至有时还花费巨大的篇幅来讨论它③。但是他们对于实在法（人法）的讨论主要是把实在法看成是一个与其他议题相并行的议题，尤其是把它置于“国家”这个议题之下，因为实在法就其最显见的方式来讲就是国家所制定和颁行的一种法律。④ 所以在这个意义上，一般实在法的概念是不可能在那个体系中出现的。因此，一旦人们把视线转至“实在法本身”，亦即将其任务限定在这个原本被作为一个子议题予以讨论的对象之上，且将其标示为法理学研究真正应该关注的对象，那么，“一般实在法”的概念便应运而生，伴随这一概念之生成的必然是其研究范围的缩限，而这必将导致某些特定的后果：（1）将研究的对象从法律所规范的对象——诸如财产、契约、家庭、国家等——转至（实在）法律本身；（2）从而把对于这些对象的研究驱逐出一般法哲学/一般法理学的研究领域，将之“挤至”政治哲学或道德哲学的研究领域。换言之，那些原本被作为法哲学研究的对象，在经过实证主义法学的“洗礼”之后，被整个地驱逐掉了，法哲学家们也自然地认为，他们的核心考虑对象是法律本身，或实在法本身，而不是那些林林总总的各种人类现象：财产、契约、婚姻、家庭、国家等等。

因此我们可以看到，在实证主义法学浮现出来并逐渐在整个法学中占据支配性地位之前，人们对于法哲学之轮廓的基本理解完全是另一副模样。这样的理解在很大程度上可以在康德和黑格尔的著作中看到。⑤ 并且我们在很大程度上可以通过他们的著作来判断18至19世纪人们对于法哲学之总体轮廓所抱持的一些基本看法。

---

① 比如凯尔森在《纯粹法学》一开头就说道：他的理论是一种“涉及实在法本身的理论，而不是涉及某个特定法秩序的理论，是一般法学说，而不是对某个特定国内法或国际法规范的解释。”（Hans Kelsen，*Introduction to The Problems of Legal Theory*，Oxford University Press，1992，p. 7.）关于法教义学、一般法理学和法哲学的关系的界定，可参见 Robert Alexy and Ralf Dreier，“The Concept of Jurisprudence”，*Ratio Juris*，Vol. 3 No. 1 March，1990，pp. 1 – 13.

② 比如阿奎那在他的整部《论法律》中，就花了比其他议题更多的篇幅来讨论“人法”，参见 S. T. I – II. Q95 – 97. 对于这样一段历史的详尽考察，可参见 John Finnis，“The Truth in Legal Positivism”，in John Finnis，*Philosophy of Law*（*Collected Essays*：*Volume IV*），Oxford University Press，2011.

③ 比如苏亚雷斯的《论法与作为立法者的上帝》，参见 Suarez，*Selections from Three Works*，Liberty Fund，2015.

④ 在古典世界，主要有三个词语来表示这样一种法的观念：一个是“civil law”（市民法），这是最早被加以使用的一个概念，主要出现在罗马法中，对应于“自然法”和“万民法”，指的是在罗马国内适用的或适用于罗马人的法；第二个是“human law”（人法），人法主要在中世纪使用地比较多，以对应于并非人所制定的法，比如永恒法、自然法、神法；第三个就是“positive law”（实在法），第三个词语应该出现的最迟。

⑤ 可参见康德的《法权学说》和黑格尔的《法哲学原理》的整个篇章布局及其所讨论的议题。这与我们现在的一般法理学所涵盖的讨论议题是完全两样的。

首先，法哲学是对各种人类生活之正当形式的考察。这里主要包括两点，一个是法哲学所关注的对象，这个对象不是单个人的内心活动，也不是一群人内部相互之间的心灵关系（比如一个家庭内部的情感关系或者是一个政治共同体内诸公民的爱国情操），而是人与人之间的外部行为关系，也就是说，通过这些外部行为，一个人可以通过他的行动而影响另一个人。① 第二点是法哲学关注的维度，法哲学所考察的是人类生活的正当形式，也就是它们在“法权上”应该是什么样子的。换句话说就是，这样一种考察不是对于人类生活之“纯粹的理想形式”的考察，而是对其“在法权上的理想形式”的考察，比如对于家庭的考察，法哲学并不直接关注理想意义上的家庭是什么样的，而是关注家庭“在法权上”应该是什么样子的，尽管这样一种纯粹理想意义上的考察构成了一种专门的法哲学研究的前提和基础。

其次，实际上，与我们现在的一般法理学研究不同，在古典的法哲学概念中（尤其是在康德和黑格尔的法哲学中），对于我们现在所谓的“部门法哲学”的考察构成了法哲学最核心的内容。我们可以看看康德的《法权学说》和黑格尔的《法哲学原理》，它们对于一般法权概念的论述几乎只占全书篇幅的十分之一甚至二十分之一，而其余的论述几乎都是分配给我们现在所考察的那些被归于部门法哲学的内容的：财产、契约、家庭、国家、惩罚、国际法。在古典思想家看来，对于这些主题的考察既不是一种次要的考察，也不是纯粹以对于一般法权的考察为前提，而是本身就构成了一种完整的法哲学研究的一部分。在这里，法律本身，不管是“一般实在法”或者是“一般法”从来都没有占据法哲学思考的全部。因此，对于我们现在所讲的那些部门法哲学的内容，在这些思想家看来，其本身就是法哲学的一个有机的部分。在他们那里，并没有严格的有关一般法哲学与部门法哲学的区分。法哲学无非就是对于各种人类生活之正当形式的考察。

再次，在古典法哲学中，对于“一般实在法”的研究，不是把它们放在前面加以讨论的，而是放在国家法这个领域内加以讨论的。“实在法”不过就是国家的一种立法活动产物而已。它们的主要功能就是为了弥补自然法（或一般性的法权原则）的不足：不管是规范的细节上，还是它的强制力上。因为在实证主义法学兴起之前，法哲学的核心对象是“Recht/Jus”（法权），而这个法权并不来源于任何“现实的立法”，而是来源于（1）人类生活形式本身的性质，或者是（2）人类生活形式所致力于的目的（托马斯主义式的），或者是（3）实践理性对于人类生活形式本身的规划或规定（康德式的）。总之，无论采取哪种立场，“法权”（Recht）都是超越于“现实立法”之上并为之提供指引的，它为任何“现实的立法”提供了标准和尺度。② 在这个意义上，我们可以说，对于法权的考察，

① 参见康德在《法权学说》中对于“Recht”的第一个限定：“法权，首先只涉及一个人格对另一个人格的外在的、确切地说就是实践的关系，如果他们的行动作为行为能相互影响的话。”（KGS 6：230）

② “可以设想一种全然包含实证的法则的外在立法；但这样一来，就必须有一种自然的法则先行，它为立法者的权威提供根据”（KGS 6：224）。

实际上是与我们现在所讲的道德与政治哲学的考察紧密相关的。实证主义法学的兴起，将其关注的重点转至实在法之后，在很大程度上把这样一种考察排除出了法哲学的领域之外，而将之交给了道德哲学和政治哲学。

（二）部门法哲学作为一门与一般法理学并行的学问

这样一种历史的考察，也让我看到了两种不同的法哲学，一种是古典意义上的“广义”上的法哲学，这种法哲学的观念在康德、黑格尔那里体现得尤为明显，它几乎囊括了我们现在在道德哲学和政治哲学中讨论的大部分问题。另一种则是实证主义法学兴起后逐渐形成的“一般法理学”的概念，这是一种“狭义”的法哲学概念，它把原本那种广义上的法哲学完全抛弃掉，将所有那些不处在“实在法”领域之内的问题都交付给了道德哲学和政治哲学。因此，它极大了缩限了法哲学思考和研究的范围。因此，如果我们说存在一门把部门法哲学作为“部门”来加以看待的一般法哲学的话，那么这种一般法哲学就是古典意义上的广义上的法哲学，而不是我们现在所讲的一般法哲学或一般法理学。这样一种广义上的法哲学所讨论的那个一般法不是“一般实在法”，而是一种“一般意义上的法权”。而它对于“法权”（Recht）的整个讨论——既包括对一般法权的讨论，也包括对于法权所涉足的所有那些具体领域的讨论（诸如家庭、财产、国家等）——其所囊括的领域实际上扩展到了当代英美哲学中规范伦理学或一部分应用伦理学中大部分的问题。

由此我们可以说，如果我们在一种狭义的意义上来理解“法哲学”或“法理学”，亦即把它理解为一种“一般法理学”（general jurisprudence）的话，那么部门法哲学就不可能是这种法理学或法哲学的一个“部门”，而只能是与之并列的一门学问。之所以是并列的，就在于它们所讨论的议题——诸如婚姻、家庭、财产、惩罚、国家——与一般法理学所讨论的议题——一般实在法——处于同一个层面上，而不具有任何隶属的关系。我们甚至可以说，如果我们把实在法理解为是“国家”这一特殊的存在物所制定和颁布的东西的话，那么我们甚至可以将一般法理学理解为是一般国家学说的一个分支。

当然，我在这里讲部门法哲学与一般法理学是并立的，并不等于说它们之间没有任何关联。而只是说它们之间不是“隶属”或“应用”的关系。相反，它们之间的真正关系应该是一种“受限”的关系，亦即有关部门法哲学的研究受制于一般法理学对于一般法的研究。恰如前面业已指出的那样，部门法哲学的研究包含着多个不同的层次：一个是对其所规范的对象（诸如财产、契约、家庭）的性质和目的的研究，这是一种最基础的哲学的研究，其目的主要在于理解这些事物本身的性质，因为既然我们要用法律来规范这些事物，那么我们首先必须清楚这些事物本身是什么，它们的存在所致力于的目的是什么，这个层次的研究我们也可以将之看成是一种形而上学的—人类学的研究；第二个层次则是一种规范性的研究，或者说是一种规范伦理学的研究，其回答的主要问题是法律所规范的这些事物到底应当是什么样的，比如财产是否应该被私有化？财产本身其存在到底是被用来

"占有"的，还是被用来"使用"的？等等。对于这些问题的回答，实际上构成了一种有关财产的规范性的研究；第三个层次则是一种更具体的立法法理学的研究，比如就财产这个问题来讲，如果我们说财产应当私有化，那么，我们必然需要对之给出一些更具体的私有化的制度方案，怎么样的一些制度安排更能展现我们在思考财产时为财产这一存在所赋予的那些功能或目的。一般法理学与部门法哲学实际上主要是在最后一个层次上对部门法哲学的思考构成"约束"，也就是说，在这个层面上，一般法理学的思考可以被"应用于"部门法哲学。而就前两个层面上的思考，部门法哲学实际上完全超出了一般法理学的范围，而进入纯粹哲学（形而上学—人类学）和规范伦理学的范畴。当然，这样三个层次的划分并不是绝对的或者说是可以被真正地和严格地分开来进行的，毋宁说这样的划分只是为了思考上的便利而已，实际上，部门法哲学的研究必然同时会触及这三个层次上的问题。

三、部门法哲学并非部门法的哲学化或升华

（一）部门法哲学与部门法学的关系

人类知识的增进，其必然的结果便是知识的分化。"学科"就是如此逐渐生成的。学科的形成有其合理性，因为人的精力总是有限的，他不可能对所有人类知识都了如指掌，并在所有这些知识领域都能获得推进式的突破，人类知识的增进有赖于整个人类群体在其各自专研的领域对于各自所擅长的话题的推进，因此，学科的分化不可避免；但是，世界不是一个个分立的领域，而是一个统一体，就对"人"这样一种存在者的研究来讲，我们可以从极不相同的学科——形而上学、物理学、生物学、心理学、人类学、社会学、政治学等等——分别对之进行研究，所有这些学科都可被看成是我们理解"人"这样一种存在者的不同维度：与所有存在物相共享的形而上学研究；与所有占据空间的物体相共享的物理学研究；与所有生物所共享的生物学研究；以及人所独有的社会学和政治学研究。① 因此，我们要真正"理解"一种事物，我们就必须从该事物所归属的所有那些维度出发对之作总体性的把握。因此，学科的过度细化尽管为知识的扩展提供了条件，但同时也弱化了我们对于事物的总体性理解和把握。

法学，作为一门学科，在最初的时候并没有如此精细的划分，民刑最初是不分的，法律的制裁最初都是通过粗糙和野蛮的方式。② 然而，随着人们对于事物的理解的加深，民法逐渐从刑法中独立出来，制裁也相应地变得温和，再后来，随着商业活动的发展，从民法中又逐渐衍生出商法的观念，并最终也独立出来，20 世纪在反思资本主义的背景下，在"契约法"的领域中，又分化出一种兼具公法性质的劳动法观念，所有这些都使得法学

① 相关的说法，可参见吴彦：《心智与政治秩序》，商务印书馆 2023 年版，第 56－60 页。

② 参见 Kelsen, *General Theory of Law and State*, Harvard University Press, 1945, p. 50.

的整个学科在不断地精细化，各个部门法领域在面对复杂的社会变迁而逐渐形成其各自独有的一些问题、原则和规范。这些分化，在很大程度上加强了对于我们人类生活的精细化规范。但与之同时产生的一个后果就是，学科相互之间的沟通变得越发困难，民法学者对刑法问题变得越来越陌生，宪法学者对民法问题的理解也可能不得要领。当然，这样的境况并不能说是一件纯粹的坏事。但是，就任何一门学科来讲，尽管精细化和专门化是它的一种必然趋势，但与之同时它还必须要理解它所从事的这样一种研究的性质以及其所着眼于的目的。过度专业化的视野往往会让我们丧失对于其所关注的对象的整体性把握，而这样一种整体性把握对于“立法活动”来讲却极为关键。因为“立法”所着眼的不是“现成的”或“过去的”事物，而是“未来的”事物，它更需要一种整体性的把握。① 而要形成这样一种整体性的把握，哲学的工作就不可避免，就哲学本身的活动来讲，其中一个很重要的工作就是从总体上来把握事物。而要形成这样一种总体性的把握，我们就必须将我们的思考回溯至一个更基础的原点。换言之，我们的思考就不能着眼于业已形成的那些实在法，而必须回溯到它的前提和基础。也就是说，部门法哲学的研究就是要重新将我们对于这些对象——财产、契约、家庭、国家等——的思考返回到其“前提”和“预设”上去。哲学活动的本质就是返回到“原点”或“起始点”，并从这一起始点来思考“总体”。正是在这个意义上，我们可以说，部门法哲学与部门法学的关系并非一种“升华”的关系，而更是一种追寻其前提的关系，它为部门法学提供的不是一种“指引”，从而可以将之“应用”于部门法，而更是一种“理解”，从而为我们更好地理解部门法提供基础和前提。

（二）例证：刑法哲学与刑法

在此我们可以具体地来看一下刑法哲学的研究。首先，刑法哲学的研究其主要的目的并不在于要为刑事立法或刑事司法提供“指南”或为其提供“辩护”。相反，它的目的在根本意义上是为了对那些进入刑法领域的事物——主要来讲就是犯罪和刑罚——提供“理解”，从而为未来可能的立法和司法提供前提和基础，更一般地讲就是，为之提供可资运用的思考资源。当然，这样的一种“理解”也可能由社会学或心理学提供，在这个方向上，我们发展出了所谓的犯罪学（Criminology），其中就包括对于犯罪行为的心理学和社会学的研究。然而，刑法哲学的主要目的并不旨在在“犯罪是如何发生的”及“如何预防犯罪”这个层面上提供“理解”，而是在一个更深层次或更具前提性的面向上提供“理解”，亦即：（1）我们应当对哪些行为用“惩罚”这样一种手段予以回应？（2）我们创制

① 当然，当代分析哲学对于哲学的性质及活动的理解刚好与之相反，他们更注重“分析”和“区分”，从而更强调“清晰性”，然而大陆哲学却更偏爱对于事物的总体性把握，相关的说法可参见［德］赫斯勒：“道德、政治与自然法：赫斯勒访谈录”，载吴彦、黄涛主编《法哲学与政治哲学评论》（第一辑），华东师范大学出版社2016年，第149－150页。

惩罚这样一种机制的目的何在？换言之，我们用这样一种暴力手段来应对那些被我们视为是应当予以禁止的行为（亦即犯罪）在何种意义上有其正当性？另外，对于那些被我们视为是“犯罪”的行为出于哪些条件而应当负担责任，其根据在哪？这也产生了刑法哲学所关注的三个主要议题：一个是刑法的界限问题，亦即犯罪化（criminalization）问题，第二个是惩罚（punishment）的问题，第三个则是责任（responsibility）的问题。①

前两个问题实际上都处在（广义）道德哲学思考的范围之内，亦即我们用“惩罚”这一手段到底用来回应哪些行为？我们使用“惩罚”这一手段到底是为了什么，是为了获得一个好的结果（减少犯罪率或者是让罪犯重新变成正常公民），还是这样做是罪犯所“应得”（deserved）的；所有这些问题都处在我们的广义道德哲学所讨论的范围之内；其所给出的答案在很大程度上依赖于道德哲学对于相似问题的回答：一种回答着眼于行为本身之性质，其所给出的答案在伦理学上我们将之称为义务论（deontology），而在刑法哲学中我们则通常将之称为报应论（retributivism），另一种回答则着眼于行为的后果，其所给出的回答，在伦理学上被称为后果主义（consequentialism），而在刑法哲学上根据不同的目的又可细分为一般预防论、特殊预防论、复归论等等。② 但无论如何，我们可以看到，刑法哲学，无论是就其考虑的问题还是就其给出的答案，都不是由刑法直接提供或是通过哲学思考而将之提升到某个层次。相反，刑法哲学的思考直接受惠于伦理学或道德哲学的思考。有关惩罚的问题甚至同时也是目前应用伦理学（Applied Ethics）的一个核心话题之一。③

再者，就第三个问题来讲，就不仅涉及道德哲学或伦理学，而更是与某些基础性的哲学问题相关，一个是自由意志问题，另一个是行动问题。前一个是一个形而上学问题，后一个则是晚近在分析哲学中逐渐形成的行动哲学（The Philosophy of Action）问题，亦即对于人类行动的理解，包括意志、行动中的认知，等等，所有这些实际上都构成了刑法有关责任之界定的前提和基础。④ 因此就刑法哲学来讲，我们不仅要研究某些规范伦理学问题（犯罪化和惩罚），我们还需要研究某些形而上学问题和行动哲学问题，而所有这些实际上其与哲学的关联要更甚于与刑法教义学之间的关联。

总而言之，部门法哲学不是把部门法作为对象进行的一种哲学思考，而是把我们思考

① 晚近出版的一本讨论 Antony Duff 刑法哲学的论文集实际上很好地把握到了这三个主要方面，参见 Rowan Cruft，Matthew Kramer and Mark Reiff（eds.），*Crime，Punishment and Responsibility：The Jurisprudence of Antony Duff*，Oxford University Press，2011.

② 有关惩罚理论的一般性概览，可参见 Thom Brooks，*Punishment：A Critical Introduction*（*Second Edition*），Routledge，2021.

③ 比如 Peter Singer 编的《布莱克威尔伦理学指南》第 32 章所讨论的就是“犯罪与惩罚”，参见 Peter Singer（ed.），*A Companion to Ethics*，Wiley – Blackwell，1991；另外还可参见 David Oderberg，*Applied Ethics*，Blackwell，2000，第 4 章讨论的是“死刑”。

④ 相关的研究可参见 Michael Moore，*Act and Crime：The Philosophy of Action and Its Implications for Criminal Law*，Oxford University Press，1993.

的视线回溯至部门法学的“前提”和“预设”（pre - supposition），亦即回溯至部门法学所关注的那些人类事务（human affairs）① 的性质、目的及其结构的研究，亦即进入真正的哲学的研究。

四、部门法哲学是（广义）道德哲学中与一般法理学并行的一个分支

在澄清了部门法哲学与一般法哲学（一般法理学）以及部门法学的关系之后，我们有必要在一个更宏大的视域中来看部门法哲学所处的位置以及它与相关的其他一些学科之间的关联。由此我们才能更清楚地看到假如我们要真正深入地研究部门法哲学的话，我们到底应当同时去关注和研究其他哪些领域。

首先，就人类的整个知识门类来讲，我们大致可以将之分为三个大的领域②：一个是理论哲学的领域（theorical philosophy），理论哲学研究的是事物的实然状态（what it is），亦即回答“这是什么，为什么是如此这般而不是那般”这一问题，理论哲学又包括两个部分，一个是逻辑学，其所考察的是人类思维的结构，另一个是自然哲学，其所考察的是物质及其活动的结构。第二个领域是实践哲学的领域（practical philosophy），与理论哲学相对，实践哲学研究的不是事物的实然状态，而是事物的应然状态（what it ought to be）。第三个领域是技艺的领域（art），尽管技艺与哲学的实践部分一样，都指向未曾存在的事物，但实践哲学所关注的是“行动”（action），其所着眼的是道德，而技艺所关注的则是“制作”（making），③ 其所着眼的是纯粹的手段，它不带有任何道德的成分，只关注如何更有效地达致其预定的目的。在这个意义上，法哲学就其整个的理论关切来讲属于实践哲学，亦即属于一个关涉人类行动的道德领域。在这个道德领域，我们还可将之分为两个部分，因为人类行动可以是只涉及个人的，比如个人德性的培养，也可以是关涉到他人的。所以，就只涉及个人的那部分道德，我们也可以将之称为个体伦理学（狭义上的道德哲学），而那部分关涉于他人的道德，我们则可将之称为（广义上的）政治哲学。就广义上的政治哲学来讲，它就是涉及政治共同体内诸要素的道德哲学，其中包括法律、军事、家庭等等。④ 因此，（广义上的）法哲学是政治哲学的其中一部分。而这种广义上的法哲学则包括了我们现在所讲的一般法理学，其关注的是一般实在法，还有我们在这里讨论的各个门类的部门法哲学。大致的图示可见图 1，据此我们可以更为清晰地看到部门法哲学在整个人类知识谱系中的位置。

---

① 该术语取自亚里士多德的“he peri ta anthropina”，参见 Aristotle，*Nicomachean Ethics*，X. 9：1181b15.

② 有关人类知识的划分，笔者主要循沿亚里士多德—托马斯主义的自然法传统，尽管没有采纳菲尼斯的四种秩序类型的提法，而且把第一种秩序和第二种秩序放在了一起，但总体来讲，我在这里所采纳的这个划分与他的那个划分是相一致的。

③ 行动与制作的区分是亚里士多德哲学的一个基本区分，相关的考察和论述可参见 Mortimer Adler，*Aristotle for Everybody*，Collier Books，1991.

④ 更详尽的论述可参见 John Finnis，*Aquinas*，Oxford University Press，1998，pp. 20 – 22.

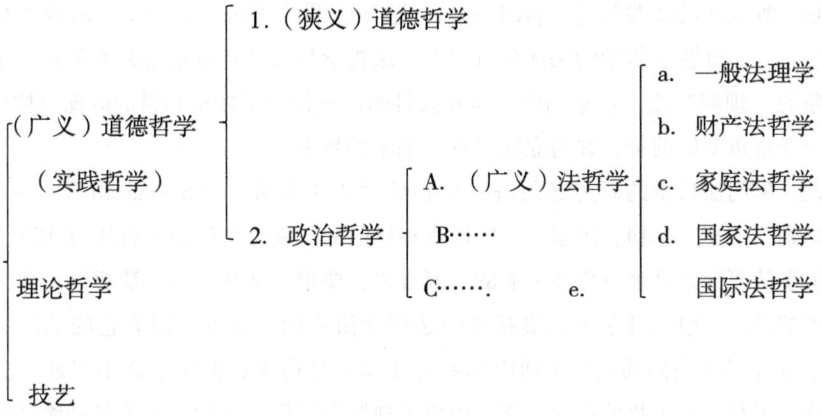

图1

五、结语：部门法哲学到底是怎样一种研究？

基于上面的澄清，我们可以看到，部门法哲学，如果就其研究的领域和范围来看，实际上并不构成一般法理学的“部门”，所以“部门”一词从某种意义上来看是不恰当的。如果它是一个“部门”的话，那也只是我在上面所讲的那种广义上的法哲学的部门，或者是我们现在所谓的“规范伦理学”的一个部门，而且就某些部门法哲学（尤其是刑法哲学）来讲，某些形而上学的研究（尤其是自由意志的研究）甚至构成了它的前提。在这个意义上，部门法哲学所延伸出的触角实际上完全超出了一般法理学的范围。那么，部门法哲学到底是怎样的一种研究呢？

首先，部门法哲学研究，其目的并不着眼于“司法”，甚至也不直接着眼于“立法”，而是着眼于对于我们所研究的那些对象的“理解”（understanding）。正是在这个意义上，我们才将之称为“哲学性”的研究。哲学的一个基本品性就是对于“前提”和“预设”的不断地追索，它要不时地检讨我们的“前提”和“预设”，从而往一个更原初的“原点”上回溯。正是在这个意义上，哲学性的研究（亦即法哲学）与一种教义性的研究（亦即法教义学）刚好是对立的（这种教义性的研究就是康德所讲的那种“独断论”（dogmatism），也就是说，教义性的研究必须首先去接受一些前提，把它们看成是不容置疑或不予置疑的；由此我们可以看到，法教义学，首要的任务就是要接受一个特定法体系的现行实在法；没有这一前提和这样一种接受，就无所谓法教义学，所以法教义学永远都是“反哲学”的。而这种意义上法教义学，其主要的着眼点或功用就在于司法，亦即为司法活动提供一个精确的指引。因此，一种法教义学的昌盛，或其昌盛能够给我们带来福祉，必须有一个基本的前提，那就是其所预设的那个前提——亦即这个法体系的现行实在法是一套“好的”“正当的”法律。其次，部门法哲学的研究不仅不致力于“司法”，同时也不主要致力于“立法”。立法，不仅需要哲学的考量，而且需要各种经验的考量，它需要的是一种立法的实践智慧（prudentia），这种所谓的立法学是广义上的政治哲学的一部分，但它并不处在法哲学的关注焦点之上，法哲学的关注焦点永远都聚集在对于其所关注的对象的“理解”之上：它们的性质及其目的。这种对于性质和目的的探讨构成了立法学的一个非常重要的前提，并为立法设置了基本的界限。

因此，部门法哲学的研究必须进入对各种“人类事务”（human affairs）——财产、契约、婚姻、家庭、惩罚、国家——的性质和目的的研究。这样的一种研究实际上与道德与政治哲学的研究是高度重叠在一起的。概言之，要更好地从事部门法哲学，研究一般法理学是不够的，一般法理学无法囊括部门法哲学研究的丰富性，因为它的关注焦点只是“法律”，而不是在我们的人类生活中那些与法律一样构成我们生活之不可或缺之部分的那些事物。正是这些事物的存在，真正构成了独属于我们人类的（而不是动物性的）生活的特异性。在这个意义上，我们可以说，我们的法学家要保有一种深刻的见识就必须具备一种对于人类事务之性质与目的的哲学性理解。

再访“法律解释规则”：概念廓清与意义探寻

孙自豪[*]

摘　要　法律解释规则的研究，首先需要回答“法律解释规则是什么”的问题。从性质上看，法律解释规则是一种对解释者的思维活动起到规范和指引作用的思维规则。它既区别于立法者所创设的法律规范，又并非单一的法律解释方法。它比解释原则更具确定性和操作性，比解释技术更具体系性和规范性，比解释指南更具指令性和行动性。在法律适用的舞台上，解释规则能够为法律解释提供正当的理由；置身于繁芜的解释规范与解释方法之中，解释规则能够为解释者提供确切的思维路径指引；有助于规范解释者的思维活动，限制其主观、恣意的解释行为。法律解释规则的以上特征决定了其更符合法治建设的需求。

关键词　法律解释规则　法律解释原则　法律解释方法　思维规则　行为规则

法律解释规则的研究源自法律解释学研究的实践转向，产生于支撑日益精细化的阐释论证和逐渐肆意化的价值判断的实践需求。在过去十年的法律解释规则研究中，尽管已有成果对法律解释规则的含义、性质、意义甚至某些具体解释规则的实践应用展开过相关讨论，但从整体上看，我们似乎还是很难回答“法律解释规则是什么”的问题。一方面，有关法律解释规则的性质讨论较为分散，解释方法与解释规则的区分并不明晰；另一方面，相关的用语表达未经专门梳理，易导致理解上的分歧。作为法律解释体系中的一个基本理论单位，法律解释规则之“规则”到底表现为何种概念指向？解释规则与解释方法、解释原则等概念之间存在何种区分？解释规则的意义从何彰显？这一连串的追问，关系着法律

---

* 孙自豪，女，山东淄博人，华东政法大学法律学院法律方法论专业博士研究生，研究方向为法律解释学。

解释规则的理论拓展深度，影响着解释规则实践效用的发挥。法律解释规则的研究，有必要展开一次概念和意义上的理论“回访”，为深入法律解释规则的运用提供更为清晰的概念框架。

一、问题的提出

从当前的研究进展来看，“法律解释规则”这一概念的界定主要从三个方面展开，分别面临着不同的困境：

其一体现为行为规则与思维规则的性质区分，正如梁慧星在其《民法解释学》中所提到的：“法律是一个高度抽象化、概念化的行为规则体系。”① 一直以来，“法律是行为规范的总和”的观念在法律人的脑海中根深蒂固，“规则”一词仿佛可以直接与“行为规范”的概念画上等号。而随着法律适用活动的日益复杂，这一传统的法律观在司法实践中慢慢显露出其弊病，有学者逐渐认识到，行为规范的指涉不足以调整思维活动中的判断和选择，“法治不仅需要行为规范的规制，还需要思维规则的指引”②。法律解释作为一种典型的思维活动，需要相应的解释规则（思维规则）加以指导和约束。

其二是对解释规则与解释方法的关系界定，在现有的解释规则讨论中，研究者们往往基于各自的研究背景，从法律解释方法的角度来理解解释规则的意义内涵，其中最为常见的是将二者相等同，③ 或者将法律解释规则作为法律解释方法的运用规范及运用顺位来理解。④ 这样一

---

① 梁慧星：《民法解释学》，中国政法大学出版社2000年版，再版序言。

② 陈金钊：《探究法学思维的基本姿态——尊重逻辑、塑造法理、捍卫法治》，载《浙江社会科学》2020年第7期，第39页。

③ 例如杨铜铜认为“法律解释方法”与“法律解释规则”实际上指的是一回事，都是指法律解释所要借助的工具，只不过大陆法系一般称为法律解释方法，而在英美法系中一般称为法律解释规则；但宋保振却持不同观点，他认为在大陆法语境下，法律解释规则并非解释方法的代名词，而是解释方法的运用标准，应当从实践角度理解和界定。在杨铜铜后来关于法律解释规则的专门研究中，他又提出“法律解释规则与法律解释方法之间存在区别，法律解释规则不是纯粹意义上的英美制定法解释规则，也非欧陆制定法解释方法”的观点。参见杨铜铜：《大陆法系法律解释方法分类考察》，载陈金钊、谢晖主编：《法律方法》（第17卷），山东人民出版社2015年版，第98－111页；参见宋保振：《类案裁判中的法律方法运用》，载陈金钊、谢晖主编：《法律方法》（第31卷），研究出版社2020年版，第184页；参见杨铜铜：《论法律解释规则》，载《法律科学（西北政法大学学报）》2019年第3期，第16页。

④ 据考证，国内研究中首次正式出现“解释规则”的讨论是在梁慧星教授1993年发表的《论法律解释方法》一文中，梁教授在文中提出“运用各种解释方法时应遵循的大致规律，称为解释规则”，他借鉴了台湾学者王泽鉴所提示的“运用各种解释方法之注意事项”和黄茂荣先生的“解释因素之相互关系”，总结出六条法律解释的大致规则。这意味着，解释规则已经开始以解释方法运用规律或运用顺位的身份进入学界视野。在其之后，孙笑侠教授发表了《法解释理论体系重述》一文，根据其所重建的完整的法解释理论体系，法解释一般规则（即法律解释规则）是从各种解释方法中抽象出来的对解释方法规律的认识，构成了法解释方法论的主要内容。随后，张志铭教授基本沿用了梁慧星教授关于法律解释规则的观点，认为法律解释规则所要回答和解决的问题即各种法律解释方法之间是否有某种位阶关系可据以决定它们的适用顺序，并指出直到这时才有少数学者提起法律解释规则问题并加以研究。参见梁慧星：《论法律解释方法》，载《比较法研究》1993年第1期，第62－64页；孙笑侠：《法解释理论体系重述》，载《中外法学》1995年第1期，第17－18页；张志铭：《当代中国的法律解释问题研究》，载《中国社会科学》1996年第5期，第68页。

种不加区分的定义方式可能带来的直接后果是，“法律解释规则”在内容上承载了太多的语义指向而使其明确性大大减损，因此在笔者看来，有必要对两者之间的关系进行重新定位。

其三与其说是法律解释规则概念界定方式中的一种，不如说是当前法律解释规则研究中一个亟须应对的难题，即“解释规则”相关的用语辨析，语词上的混乱和不统一是开展解释规则概念研究所面临的首要障碍。对于“法律解释规则”的概念理解，学界分歧不只存在于上文所指的与“法律规则”和“法律解释方法”的区分，学者们在法律解释相关的理论论述中，往往也会使用一些近似于“解释规则”的用语表达（如解释原则、解释指南、解释技术等）。此外，西方经典方法论著作中还有一大批相似表达也在影响着国内学者的研究，例如拉伦茨《法学方法论》中的“解释标准”、克莱默《法律方法论》中的“解释因素”、卢埃林《普通法传统》中的“解释原则”、马默《解释与法律理论》中的“解释准则”等等。不难看出，这些语词的表述似乎都与“解释规则”存在某些方面的语义关联，然而目前还欠缺关于这一问题的专门梳理。试问，法律解释学中为何会出现这么多相似的概念表述？仅仅是由于文本翻译的差异，还是因为这些表述所指的内容之间本身便存在着某些差别？它们彼此之间存在什么样的关联？对以上问题的解答关系到法律解释规则研究甚至是法律解释学研究的根基和脉络。在尚未对“法律解释规则”形成清晰的概念情况下，去讨论任何应用问题都将是徒劳。

此外，意义问题是研究法律解释学必须首先回答的最重要的问题之一，对该问题的深入思考会引发我们对许多法律概念和理论的重新认识，也会促使我们对当下的研究对象和研究进程进行深刻的反思。在过去三十年的法律解释学研究中，各种解释理论层出不穷，我国法律解释的理论并不是不受重视，法律工作者们围绕着有关议题已经形成了相对清晰和充分的阐述，并初步建构了包括各种法律解释方法在内的解释方法体系。但令人费解的是，数量庞大的研究成果中，能够真正应用于司法实践的高质量的法律解释理论却凤毛麟角，本应最贴近司法实践的解释方法也难以满足解释实践的需求，解释的过程中缺少了一种确定了的、作为法官共同的同意接受和承认遵守的标准和检验他们之间解释技术运用是否恰当的共同尺度。因此，考虑到法律解释规则本身所具有的实践性和形式重要性，有必要对法律解释规则的意义进行重申与强调。

对“法律解释规则”的概念与意义进行“回访”，从而为其确定一个可被广泛接受的概念表达，是展开其他研究的逻辑起点，也是讨论解释规则应用问题的前置条件。本文中，笔者欲从法律解释规则的性质界定、相关用语辨析和意义探寻三个方面来切入探讨，即通过回答法律解释规则“是什么”和“不是什么”正反两个问题来对法律解释规则的概念形成较为周全的认识。

二、法律解释规则的性质界定

对于法律解释规则的性质，国内方法论学界众说纷纭，存有较多意见分歧。从“法律解释规则”语词运用的总体思路来看，更多地是一种“无意识”地运用，大致可以总结为如下四类概念指向：其一是指法律规范中的适用性规则，即有关解释的条文规定，常见于立法法或私法规范中的适用条款，例如《立法法》“适用与备案审查”章节中的“新法优于旧法”“特别法优于一般法”等适用规则，以及《民法典》中关于意思表示的解释、合同条款的解释、格式条款的解释等具体的解释规定；① 其二是从实践意义上的“法律解释方法”出发，认为法律解释规则即法律解释方法，如梁治平教授提出的实用层次的“法律解释的方法论”所关注的法律解释方法与技术，这种观点认为，实践层次的法律解释方法与法律解释规则之间并不具有明确的界限；② 其三是在第二种概念指向的基础上，从更加具体和微观的角度来强调法律解释方法的实践应用性质，主要体现为法律解释方法的“遵循准则”③“运用规范”④“运用位序”⑤ 等几种不同的表达；第四类是从宏观原理层面进行的定位，将“法律解释规则”作为一种区别于解释方法或解释准则的独立的法律概念，最为典型的是陈金钊教授所倡导的将法律解释规则理解为“法律思维规则”或

---

① 以《民法典》第498条格式条款的解释规则为例，法律规定，对格式条款的理解发生争议的，应当按照通常理解予以解释。对格式条款有两种以上解释的，应当作出不利于提供格式条款一方的解释。格式条款和非格式条款不一致的，应当采用非格式条款。

② 参见梁治平：《解释学法学与法律解释的方法论——当代中国法治图景中的法解释学》，载梁治平编：《法律解释问题》，法律出版社1998年版，第91页。同样持此观点的还有孔祥俊法官，在他看来，法律解释都是遵循一定的规则或者方法的，因此法律解释方法也称法律解释规则，即按照什么样的方法解释法律，或者运用哪一种解释更能得出最为恰当的法理含义。参见孔祥俊：《法律方法论：法律解释的理念与方法》，人民法院出版社2006年版，第721页；孔祥俊：《法律解释方法与判解研究》，人民法院出版社2004年版，第253页。

③ 例如王夏昊教授用“法律解释规准”来表达法律解释方法的规范性质，他认为法律解释方法或规准实质上就是指示或指导法官或法律适用者如何解释法的渊源的指针、标准或准则；刘飞认为解释规则是解释主体用以解释成文规范的基本准则，适用解释规则的首要目的在于以完善的解释技术实现适法公正。参见王夏昊：《论法律解释方法的规范性质及功能》，载《现代法学》2017年第6期，第6页；刘飞：《公法规范解释方法的研究课题》，载《法学研究》2012年第4期，第14页。

④ 将法律解释规则作为法律解释方法“运用规范”定义的观点基本沿袭了王利明教授和张文显教授的定义模式，一种是单独论述各个法律解释方法的运用规范，通常表现为“某某解释规则”（如文义解释规则）的结构，例如王利明教授在《法学方法论》中详细列举了包括文义解释、体系解释、当然解释、反面解释、目的解释、限缩和扩张解释、历史解释、社会学解释以及合宪性解释在内的十种解释方法的具体运用规范；另一种是作为所有法律解释方法共同适用的运用规范，即一般意义上的、作为法律解释方法运用规范的“法律解释规则”，例如张文显教授在其主编的《法理学》教科书中，将法律解释规则界定为“从各种解释方法中抽象出来的，法律解释方法意义上的一般规律”。参见王利明：《法学方法论》，中国人民大学出版社2012年版，第381页；王利明：《法律解释学》，中国人民大学出版社2011年版，第112－168页；张文显主编：《法理学》（第3版），法律出版社2007年版，第256页。

⑤ 将法律解释规则作为法律解释方法“运用位序”的观点也表现为有区别的定义描述方式，其一是将这种位序直接称作排序（多体现在黄砚丽、梁治平的作品）；其二是一种更为宽泛的定义方式，认为“法律解释规则”是指各种法律解释方法之间的适用关系，主要表现为解释方法运用的排位，以及关注并讨论顺位运用的条件和不同顺位之间的解释方法如何互为补充、如何综合把握等（例如孔祥俊、吴庆宝、刘治斌等学者的作品）；其三是一种关于法律解释规则的“运用顺位说”，尽管其定义描述的也是各个法律解释方法间的排位及其综合运用问题，但在定义的表达上，使用的却是类似于“解释方法运用规范说”的“法律解释方法运用规律”（梁慧星）、“解释方法之注意事项”（王泽鉴）以及“解释因素之相互关系”（黄茂荣）等的措辞。参见吕芳：《“法律解释规则”：概念解读与用语辨析》，载陈金钊、谢晖主编：《法律方法》（第15卷），山东人民出版2014年版，第165页。

"法官职业操守"的观点。[①] 对法律解释规则性质的不同理解说明了存在对其进行性质界定之必要，这对正确认识法律解释规则具有根本的重要性。

（一）法律解释规则区别于纯粹的法律（行为）规则

长期以来，美国法学家富勒关于"法律是一项使人类行为服从于规则之治"的法律观得到了很多人的认同，除此之外，他还将规则的存在评价为一套规则系统显而易见的首要素质和开展法治的逻辑前提。[②] 而以往的研究及实践经验告诉我们，人们普遍将"规则之治"理解为法律（行为）规则的治理，但是从法治思维与法治方式的治理进路来看，将规则仅仅局限于法律（行为）规则是不全面的。成就法治事业的"规则之治"不仅包括调整人们行为活动的法律行为规则（制度性规则），还包括规范和指引人们思维活动的思维规则。思维规则区别于纯粹的法律（行为）规则，它们之间的不同之处在于：从产生方式上看，法律规则是由处于官方位置的机构按照法定程序制定的，具备权威的要素，即所谓的实在法，而思维规则更多来源于法律职业群体的思维过程，是由特定国家的法律职业共同体的人们所接受或承认的；从形式上看，思维规则并不具备法律规则所应具备的假定条件、行为模式和法律后果等结构组成要素，因而其对规则适用者和适用对象均不具有法律规范意义上的约束力，而是更多地体现了司法对思维规则的尊重和援引。

法律解释规则即是一种对解释者在解释活动中的思维运作起到规范和指引作用的典型思维规则。除此之外，还有法律发现规则、法律修辞规则、法律论证规则、法律推理规则等各种基于法律方法的思维规则，它们有时也被统称为法律解释规则，属于广义的解释规则范畴。而本文所研究的对象是作狭义理解的法律解释规则，即与法律发现、法律修辞、法律推理等存在并列关系的思维规则；[③] 它调整或限定解释者解释法律规范文本的行为或活动，限定或确定解释者的解释程序。[④] 因此，对于法律解释活动来说，法律解释规则是一种存在于解释者思维层面的程序性的约束和限定。通过对解释者解释过程中的思维活动予以指引，能够使法律解释免于纯靠法律规则决断而带来的机械司法，有利于促进法律解释行为的统一性和法律解释结果的可预测性、确定性，从而保证法律解释结果及其所支持

---

① 参见陈金钊：《法律解释规则及其运用研究（上）——法律解释规则的含义与问题意识》，载《政法论丛》2013 年第 3 期，第 8 - 9 页。持该种观点的还有吕芳，在她看来，"法律解释规则"应被理解为"法律适用过程中操作具体法律解释方法和综合运用不同法律解释方法时应当遵循的基本思维准则"。参见吕芳：《"法律解释规则"：概念解读与用语辨析》，载陈金钊、谢晖主编：《法律方法》（第 15 卷），山东人民出版 2014 年版，第 171 页。

② 富勒指出，法律制度的目的是一种很有分寸的、理智的目的，即使人类行为服从于一般性规则的指导和控制……将这种目的赋予法律似乎是一种无害的自明之理。参见［美］朗·富勒：《法律的道德性》，郑戈译，商务印书馆 2005 年版，第 170 - 171 页。

③ 参见陈金钊：《法律解释规则及其运用研究（上）——法律解释规则的含义与问题意识》，载《政法论丛》2013 年第 3 期，第 107 页。

④ See Aulis Aarnio, *The Rational as Reasonable*, D · Reidel Publishing Company, 1986, pp. 95 - 96.

的法律决定或法律判断是理性的。①

在这里需要特别说明的是，法律解释规则虽然在产生方式上区别于法律规则，但却不可将二者的区分与是否具备成文法的规范形式直接联系起来。尽管现有法律规范中绝大多数是关于人们如何行为的法律行为规范，法律思维规则通常存在于规则适用者的思维活动及裁判经验之中。但必须注意的是，法律解释规则亦有其成文法规范的存在形式，即不具有司法强制力的调整性规范，② 例如上文提到的立法法及私法规范中的适用条款。也就是说，上文所提到的那种将法律解释规则界定为法律适用规范的定义方式（即界定法律解释规则的第一种概念指向）是十分片面的，法律解释规则包括但不限于法律规范中的适用性规则。

（二）法律解释规则并非单一的法律解释方法

法律解释方法概念的使用肇始于萨维尼最初提出的文法、逻辑、历史与体系的法律解释四要素，拉伦茨对其进行了更为精炼的概括，更是就萨维尼有意无意所忽略的解释方法的位序问题给出了直接的回答。③ 也正是从那时起，人们对法律解释方法的探索不再局限于某一种方法内部，开始转向各种方法之间的联结与协调运作，这在一定程度上促进了法律解释方法的运用，强化了其实践意义。对我国法律解释方法的影响在于，解释方法的概念开始不断向外延伸，由理论走向实践、由抽象走向具体、由静态走向动态，逐渐催生了我国语境中的“法律解释规则”概念。因此提到法律解释规则，人们自然会想到对法律解释方法的研究，这种理解是有道理的，通过法律解释方法来理解法律解释规则也是一种非常常见的定义方式（即上文所总结的界定法律解释规则的第二、三种概念指向）。但笔者认为，将法律解释规则简单等同于“法律解释方法”是失之偏颇的（第二种概念指向），即使不做根本性的区分，法律解释方法与法律解释规则之间还是存在一些差别，“解释方法是一种独立于事件之外的方法，而解释原则是针对事件而发展出来的解决问题的规则。”④ 也就是说，法律解释方法是解释者证成其法律判断的导向，而法律解释规则是证成过程中的要求，法律解释所依赖的方法与方法适用的规则是两回事，不能将两者混同，但两者存在密不可分的联结关系。

张志铭教授曾通过对法律解释方法的相关用语进行分类，解读了“法律解释方法”的四重基本含义（括号内是每一含义对应的用语）：1. 法律解释方法是法律解释操作的可

---

① 参见王夏昊：《论法律解释方法的规范性质及功能》，载《现代法学》2017年第6期，第8页。

② 调整性规范的概念与构成性规范相对，构成性规范是指它所针对的行为或活动在逻辑上依赖于这些规范，即所有制度赖以存在的制度性规范，而调整性规范则指它所针对的行为或活动在逻辑上独立于这些规范，只限定或调整行为、决定人们应该如何行为或活动，而不决定或创立行为或活动本身。参见王夏昊：《论法律解释方法的规范性质及功能》，载《现代法学》2017年第6期，第6页。

③ 参见程雷：《刑事诉讼法律解释方法的顺序规则初探》，载《中国刑事法杂志》2018年第1期，第29页。

④ 吴庚：《宪法的解释与适用》，台湾三民书局2004年版，第566页。

行路径（解释的路径、方式或方法等）；2. 法律解释方法是法律解释操作所应该遵循的准则（解释的准则、规则、规范、标准、原则、指令、预设或格言等）；3. 法律解释方法是法律解释操作结果——法律解释论点或主张——的形态（解释论点）；4. 法律解释方法是支持法律解释论点或主张的理由（解释的理由、论据、根据、前提、要素、因素、渊源等）。① 根据张教授的说法，这四种基本含义在实践中经常需要“合而为一”来对待，即在表达上是可以相互置换的，在含义上是相互隐含、内在关联的，明示其一即蕴含其他三种。所以部分使用者在一些场景中通常也不会对以上术语表达作进一步区分。但不能否认的是，从理论上来说，以上四种含义是有所区分的，分别对应的是法律解释方法的四种“面相”（即解释路径、解释规范、解释论点和解释理由），且各自回应了法律解释操作中解释的可行路径、解释活动的规范、解释结果的形态以及解释结果的理由四个方面的问题。② 而我们所讨论的“法律解释规则”仅针对这四种基本含义中的一个方面，即解释活动的规范问题来展开，其旨在解决的问题范围限于进行解释活动应该遵循什么样的准则或规则，法律解释规则既不能提出解释主张或论点，也不能说明为什么要作出该种解释。

因此，单就法律解释规则与法律解释方法的性质区分，笔者倾向于认同上文所总结的界定法律解释规则的第三种概念指向，将法律解释规则作为法律解释方法的下位概念，将其界定为法律解释方法运用的规则，只不过需要对“遵循准则”“运用规范”“运用位序”等不同表达方式进行重新梳理。“遵循准则”“运用规范”等用语重在强调法律解释规则的规范性质，主要指具体解释方法的运用准则及其相互关系；而“运用位序”则特指法律解释方法运用中的位阶关系，主要用来解决不同的解释方法之间如何选择、协调以及适用的问题，也是法律解释规则中最常见和引起最多讨论的方面。

（三）法律解释规则的思维性本质

科学认识在很大程度上依赖于判断，而判断以区分为前提。经过上文的区分，我们可初步形成一个判断，即法律解释规则是一种区别于法律（行为）规则的思维规则（即界定法律解释规则的第四种概念指向），它并非单一的法律解释方法，而是解释方法运用的一个方面，既包括具体解释方法运用的准则及相互关系，也包括不同解释方法的运用位序。然而，若想要形成对法律解释规则的科学认识，则还需要结合法治中国的司法背景去探究其思维性本质。

“法治国家或法治社会在本质上是法律思维方式的存在和体现，这是我们把法律思维

① 参见张志铭：《法律解释学》，中国人民大学出版社 2015 年版，第 46 – 47 页。

② 具体体现为：（1）解释的可行路径问题——以什么方式、从什么角度进行解释或者说提出解释主张或论点；（2）解释活动的规范问题——进行解释活动应该遵循什么准则或规则；（3）解释结果的形态问题——提出什么样的解释主张或论点；（4）解释结果的理由问题——为什么要作出这样的解释。参见张志铭：《法律解释学》，中国人民大学出版社 2015 年版，第 46 页。

及其思维规则当成法律方法论研究重心的最主要理由。"① 与陈金钊教授的观点相呼应，卡尔·施密特教授也曾强调过法学思维方式②的重要意义："一个特定的民族在一段特定的时间中，究竟是实践哪种法学思维方式的问题，极具影响性，且在某一特定思维类型的支配下，可以连结到对该民族的精神性与政治性支配。"③ 因此，从该意义出发，我们可以认为，作为一种典型的法律思维规则，法律解释规则足以影响到我国现阶段的司法秩序和整体性的法治进程。

法律方法论站在维护法治的立场上寻找实现法治的思维路径，因而结合我国的司法实践，法律解释规则的思维性本质主要有三方面的体现：第一，法律解释规则坚持的是一种规范论的法学思维模式。关于法学思维模式的类型，施密特以"法"究竟是指规则、决定或者秩序为依据，将法学思维方法区分为规范论、决定论与具体秩序论等不同类型。④ 基于法律解释规则根据法律进行思维的规范性属性，因此我们合理地认为，法律解释规则坚持的是一种规范论的思维模式，这种思维模式决定了解释规则拥有非个人性与客观性，尊重规则和程序，反对任意与专制，迥然不同于决定论的个人性的恣意，以及秩序中所蕴藏的封建性、阶层性或其他多元主义特性，因此更加呼应了人们向来所期待的法治而非人治，更加契合法治思维的要求和法治中国的实现方式。第二，法律解释规则遵循的是逻辑思维规则。"逻辑上的正确，也就是无矛盾性，不仅是所有学科的基本前提，同时也是每一个理性对话的前提。"⑤ 从法律思维遵循逻辑思维规则的角度看，逻辑既是法律的组成部分，也是法律解释规则的必要维度。"不遵循逻辑规则的思考属于带伤的思考，"⑥ 难以在追求实现法治的社会中推进，而"逻辑可以思维方式固化法律的意义，确保法律意义的安全性，使明确的法律得到贯彻实施；在法律实施的过程中，通过法律思维的逻辑推理方法对法治进行强有力的捍卫。"⑦ 换句话说，实现法治要求我们将逻辑规则当成法律思维必须遵循的规则，因而法律解释规则遵循逻辑思维规则，反对非理性的思维方式。第三，法律解释规则是一种简约易把握的职业思维规则，来源于法律人长期思维经验的总结。解释者对法律规范进行解释的过程是一个演绎推理的过程，也是一个塑造法律思维的过程。

---

① 陈金钊、吕玉赞：《聚焦思维规则的法律方法研究》，北京大学出版社 2020 年版，第 91 页。

② 关于"法律思维"与"法学思维"的区分，范进学教授曾进行过专门研究，根据范教授的考查，在我国 2012 年党的十八大报告以党的文件的形式提出"法治思维"之法学思维范畴之前，"法律思维"一直是我国法学思维的一种"范式"概念范畴，且已被中国学者们普遍采用，因而"法律思维"就是中国学者研究法学思维的基本范式。基于此，本文对"法律思维"与"法学思维"的概念不作区分。参见范进学：《论中国特色法学思维体系的基本范式》，载《法学》2020 年第 1 期，第 16 页。

③ [德] 卡尔·施密特：《论法学思维的三种模式》，苏慧婕译，中国法制出版社 2012 年版，第 9 页。

④ 参见 [德] 卡尔·施密特：《论法学思维的三种模式》，苏慧婕译，中国法制出版社 2012 年版，第 45 – 46 页。

⑤ [美] 劳伦斯·索伦：《法理词汇：法学院学生的工具箱》，王凌皞译，中国政法大学出版社 2010 年版，第 124 页。

⑥ 陈金钊：《带伤的思考及法律方法矫正》，载《探索与争鸣》2020 年第 8 期，第 45 页。

⑦ 陈金钊、吕玉赞：《聚焦思维规则的法律方法研究》，北京大学出版社 2020 年版，第 103 页。

在该过程中，法律解释规则发挥了重要的指导与规范作用，能够使法律人的思维更加顺畅，构建针对个案的法律思维。这种思维性规范主要来源于法律人的职业生涯经验，并通过法律人思维的职业性和专业化得以展现。也正是基于这个原因，不少法律方法论学者呼吁，法律方法论应当由复杂、抽象的理论研究转向对法律解释规则的概括、总结以及必要的阐释，将其转化为简约、有效的适用规则以方便实务法律人的实践运用。

三、“解释规则”相关的用语辨析

概念与语词的关系是基础理论研究中一个经常被忽视但却对认识事物至关重要的内容。概念的一端连结于我们对事物本身性质的理解，另一端连结于概念的表现形式，即语词的表达。语词或用语是概念的最终形式或最明确的形式。然而，在法律解释规则的研究中，中国学者们在提到有关“解释规则”的用语时，存在一定的“信手拈来”现象，在实际使用中也往往将一些类似的概念不加区分地加以使用。这加深了对解释规则的理解上的分歧，阻碍了对其形成统一认识的进程，对“解释规则”相关的用语进行区分和辨析尤为必要。

（一）解释规则比解释原则更具确定性和操作性

法学界有关原则与规则的区分由来已久，自德沃金提出规范在性质上可以被区分为原则与规则以来，绝大多数法学家都接受了这一区分。法律解释规则作为一种具有规范意义的内容，不可避免地会与法律解释原则产生一定的语义关联，而事实证明，对二者进行区分也有一定的现实必要。早在20世纪90年代，孙笑侠教授就已关注到这一问题，他认为必要性问题是法律解释问题的源头，因而解释原则应当从解释的必要性中去寻找，且“法解释的原则与法解释方法上的规则应当区别开来，法解释原则是关于解释总体性（解释目的意义上的）的指导原则，是对一国法解释的一般规律的归纳，而法解释方法的规则是关于方法这一局部问题（解释方法意义上的）中的指导性原则，它是对解释方法的规律的认识。”①

就二者形式上的区分，主要体现为概括性、操作性以及确定性方面有所差异，对法律适用者来说，规则是一种确定性指令，因而法律解释规则具有较强的确定性和操作性，能够为法律解释活动提供直接的路径指引；而法律解释原则作为一种价值性指引，涵盖范围较广、概括性更强，例如葛洪义教授总结的合法性、合理性、法制统一、历史与现实相统一的法律解释原则，② 台湾学者林诚二笔下的专门性解释、进化性解释、一致性解释和目的性解释等原则，③ 以及杨仁寿先生所指的妥当性、现在性、创造性、社会性等法律解释

---

① 孙笑侠：《法解释理论体系重述》，载《中外法学》1995年第1期，第15－16页。
② 参见葛洪义：《法律方法讲义》，中国人民大学出版社2009年版，第185－190页。
③ 参见林诚二：《民法总则》，中国政法大学出版社2008年版，第49页。

之指导理念，① 可以看出，解释原则的表达更为抽象，比解释规则存在着更大的不确定性，因此只能为法律解释提供宏观、间接的支持。基于形式意义上的指导价值，魏治勋教授对传统法律解释理论中的体系、历史、目的与合宪性解释方法进行了辩驳与重构，声称与其将其称为解释方法，远不如称作“法律解释的方法性原则”更为恰当。原因在于这四种“解释方法”本身并不是能够直接指导法律适用的方法，这些“解释方法”的运用恰恰需要更具体的解释方法，而且其基本要求也需要体现在更具体的解释方法中。② 魏教授的这种界定方式很好地概括出了这些所谓的“解释方法”所具有的原则属性与方法意蕴，从而体现出这些方法性原则（体系性原则、目的性原则、历史性原则、合宪性原则）在理论与操作上的引领、指导、判断甚至矫正功能；同时也从侧面揭示出“更具体的解释方法”（即本文所指的解释规则）对于法律适用的重要意义。

人们对解释规则的需求来源于法治意识形态所达到的细腻程度，随着西方法律解释技术的大量涌入，以及中共二十大报告提出的坚持全面依法治国、推进法治中国建设的新要求，我国的法治发展逐渐走向细腻已经成为一种趋势。在这种情境下，仅靠法律解释原则已经不能满足实现法治全过程的要求。此时，对法律解释规则的需求便浮出水面。但是，需要厘清的是，我们推崇法律解释规则并不是要否定解释原则，二者在法律解释中起着不同的作用，且存在密切的联系。一种观点认为，法律解释规则是更细化的法律解释原则，解释规则一般都是符合原则的、可以使用的准则，因此每一法律解释原则之下应当有更多的解释规则。③ 例如合宪性解释方法须在依职权行使和合宪性推定的原则下适用，而在合宪性推定的解释原则下还须遵循一定的解释规则，即应当尽可能通过解释，让一个法律文本能够生效或有效，从而“尽量让事情得以更好地进行”。④ 另一种观点更进一步地认为，法律解释规则产生于解释原则的具体应用，正是由于原则欠缺可操作性，于是在实践应用中催生了具体的解释规则。以致远法官对系统解释法的分析为例，他在文中共列举了三项解释原则与数十项具体的解释规则，且解释原则与解释规则之间存在相对应的关系，如系统解释法的内部连贯原则下有文理规则、表述统一规则、同类规则、逻辑法则、例外规则等具体的解释规则。⑤ 解释规则与解释原则的关系告诉我们，解释原则的适用具有初步或初始性，其功能在于使解释规则合理化，而不在于颠覆解释规则。解释原则作为一种高于解释规则的价值理念，对解释规则的含义起着固定作用。因此，我们必须像认真对待解释

---

① 参见杨仁寿：《法学方法论》（第2版），中国政法大学出版社2013年版，第133－135页。

② 魏治勋教授对“法律解释的方法性原则”的界定是，指贯穿于各种法律解释方法的过程并对运用这些法律方法得出的解释结论予以衡量以判断其合理性和正当性与否的那些基础性原则。参见魏治勋：《法律解释的方法性原则——对四种法律解释方法性原则之方法属性的辩驳与重构》，载《人大法律评论》2016年卷第3辑，第124－148页。

③ 参见陈金钊主编：《法律方法教程》，华中科技大学出版社2014年版，第122页。

④ 参见孔祥俊：《法律解释方法与判解研究》，人民法院出版社2004年版，第382页。

⑤ 参见致远：《系统解释法的理论与应用（下）》，载《法律适用》2002年第3期，第48－52页。

规则那样来对待解释原则，只有这样才能为法律解释规则的操作提供正当、合理的理由，也只有这样才能形成关于法律解释的完整理论。

（二）解释规则比解释技术更具体系性和规范性

法律解释活动离不开解释技术，相较解释规则，甚至解释技术具有更直接的作用。正如法国技术哲学家雅克·埃吕尔（Jacques Ellul）所言“司法要素需要的是一位明了技术原理，能够解释规则、法律术语，以及推演结论和发现答案的方法的优秀技师”。① 可见，技术对于法律适用活动具有重要意义，显然一位解释技术娴熟的法官更容易切中解释问题的要害。然而，技术在司法过程中的使用也伴随着巨大的风险，极易导致机械司法的后果。所以雅克·埃吕尔后来又补充道：“法律人有着某种顾虑，他们无法做到从法律之中完全剔除正义而又不使良知感受痛楚。”② 这一形容隐晦地表达了技术与规则之间的关系，即技术的使用伴随着规则的约束，如果人们可以任意进行法律解释便也不再需要解释技术。法律解释技术作为法律解释实际操作中能够解决问题、达到目的的手段，需要在法律解释规则的要求下恰当运用。魏治勋教授将解释规则称作“解释方法的操作技术规则”，便旨在倡导通过合规则的解释技术达致司法正义。③

所以，对于法律解释规则与法律解释技术的区分，我们一般是从两者之间的联系及其互动展开的。主要体现在：其一，从法律解释的过程来看，法律解释规则在一定意义上是对法律解释技术的凝练。所谓技术是一种在规则、目的与手段之间寻求平衡关系的艺术，因而从总体上看，法律解释技术是一种在践行法律思维规则的要求下、以实现法治、公平正义、权利与自由为目的的法律解释专业的技能或学问。在具体的解释活动中，解释技术只是为揭示解释规则而进行的举例说明，它可以外化为“法律人经验”的表现形式，但却最多只能是法律人职业生涯经验的组成部分，很难被上升到解释规则的高度。④ 因而法律解释规则较解释技术更具体系性，法律解释技术的表现之一即是对解释规则的恰当选择和对法律规则的熟练运用。其二体现在规范性上，法律解释活动是一种不确定状态下的裁判决策技术活动，其不确定性包括了法律规则的适用是可选择的、每个案件都有自己的特殊性以及每个解释者都有自己的价值判断等多种情况。就该不确定状态而言，法律解释技术的适用并不具有一般性和普遍性，某一案件中使用的解释技术只是下一个案件中可能会用到的经验，并不能完全模仿；在错综复杂的案件中，解释者必须审时度势，专注于案件事实的每一个有法律意义的细节，由此找出巧妙解决问题的实施方案。而解释规则却有所不同，规则是思维形式的一般性概括，因此解释规则的规范性更强，适用范围更宽，一旦解

---

① ［美］博西格诺等：《法律之门》，邓子滨译，华夏出版社 2002 年版，第 53 页。
② ［美］博西格诺等：《法律之门》，邓子滨译，华夏出版社 2002 年版，第 53 页。
③ 参见魏治勋：《文义解释的司法操作技术规则》，载《政法论丛》2014 年第 4 期，第 64 页。
④ 陈金钊、吕玉赞：《聚焦思维规则的法律方法研究》，北京大学出版社 2020 年版，第 95 – 96 页。

释规则予以确定下来，就确定了某一类问题的专门解释路径。从该意义上来说，技术和规则都是严格法治的产物，只不过解释规则考察的是职业法律人的经验，解释技术则考验的是法律人的智慧以及能力。两者之间的联系告诉我们，所谓技术就是巧妙地运用规则，而非死板地使用规则。要想运用解释技术以衍生法律解释的智慧，我们首先要做到的是对法律规则和法律解释规则的熟练掌握，即所谓熟能生巧；其次是不能生搬硬套别人运用过的法律解释技术，那属于东施效颦。①

（三）解释规则比解释指南更具指令性和行动性

与上述两种区分情况不同，法律解释规则与法律解释指南之间的区别更为明显，不少作品中已经有了对二者进行甄别的意识。以美国学者詹姆斯·安修为例，他不仅指出："法院和学者们一直在谈论'解释的准则'和'解释的规则'，但怂恿人们机械地恪守这些刻板的准则并不能圆满地完成充实宪法规范内容的任务。因此，把本章内容（指其著作《美国宪法解释与判例》中的第二章）看作是有助于宪法解释的指南更为恰当。"② 而且还在其作品中详述了五十项经常用于世界上大多数法院宪法解释之中的解释指南。我们姑且不论詹姆斯·安修对"法律解释规则"概念的理解是否"正确"，因为即使是在英美法系内部，不同国家基于不同的立法背景和法制传统，也会存在制度上或理解上的差异。美国的法官和律师对规则的理解普遍抱有"指南"观念的倾向，而与其相对，几乎所有的英国律师和法官都坚守较为严密和形式化的规则概念。③ 有学者用"可供选择的指南"和"必须恪守的指令"来形容解释指南与解释规则的区别，意在强调两者在约束力上的不同，解释指南是指导性的，而解释规则是指令性的。④ 与其相似，陈金钊教授对法律解释规则是"思维规则"的性质界定也是从其强制力的角度出发的，只不过在陈老师看来，法律解释规则只对人的思维产生约束力，对规则适用的主体而言，解释规则仅具有规劝性，而不产生制度规则所具有的强制力。

当然，从部分学者的论述中我们也可以窥得解释规则与解释指南的关系。正如齐佩利乌斯所言："在考虑各项解释论据的优先次序问题上，最重要的指导思想是，对解释论据的选择应以尽可能合乎正义地解决问题为依据，也就是说，要以这一问题为指导，即在这些公认的解释规则'尚可认为具有正当性的'解释方案中，哪一方案能够导致（对问题）最合乎正义地解决。"⑤ 在这里，笔者倾向于认为，齐佩利乌斯笔下的"解释方案"就是我们所说的解释指南，它并不存在某种为理性所要求的严格的规范性，而只是代表了某一

---

① 参见陈金钊主编：《法律方法教程》，华中科技大学出版社 2014 年版，第 124 页。

② ［美］詹姆斯·安修：《美国宪法解释与判例》，黎剑飞译，中国政法大学出版社 1994 年版，第 5 页。

③ P. S. Atiyah and Robert S. Summers, *Form and Substance in Anglo – American Law: A Comparative Study of Legal Reasoning, Legal Theory, and Legal Institutions*, Oxford University Press, 1987, p. 88.

④ 参见桑本谦：《法律解释的困境》，载《法学研究》2004 年第 5 期，第 5 页。

⑤ ［德］齐佩利乌斯：《法学方法论》，金振豹译，法律出版社 2009 年版，第 89 页。

价值立场下可供参考衡量的方案选择。因为尽管法律解释是以有限理性的形式展开的，但不同的解释方法也常常会留下一个开放的决定空间，也即进行不同选择和评价的可能性。在这种意义上，解释指南常常只是起到“概念指引”的作用；借助解释指南，可以概念性地建构和展开有关不同解释路径的讨论，并由此使所要解决的解释问题获得具体的、概念性的形式。但是，解释问题并不因此就得到完全的解决，解释指南虽然可以被引入法律解释的轨道，但却并不一定导向正确且符合正义的解释结果，而解释规则代表着一种路标的符号，它会在合适的时间和地点告诉我们应当向左转还是向右转。① 也就是说，解释规则超越了解释指南，某一解释指南必须能经受法律解释规则的检验，才获得相应层面的正当性，进而被认可，成为规范化的法律解释结论。②

四、法律解释规则的意义探寻

为应对复杂多变的客观世界，大量的法律规范应运而生，但众多的法律规范在纷繁复杂的现实案件面前却显得左支右绌。法律解释规则的意义便体现于此。正是由于解释规则所具有的思维性、规范性、确定性、操作性等特征，使得解释规则在法律适用的舞台上发挥着愈发重要的作用。它不仅为法律解释活动提供了确切的思维路径指引，同时也为解释者的恣意解释行为提供了有效制约，为法律解释提供了正当理由，越发成为解决法律解释运用难题的关键。法律解释规则研究的意义就在于，其寻求的是法律解释理论的实践智慧，追求的是为司法实践服务的能力。

（一）法律解释规则能够提供确切的思维路径指引

法律解释学是各种法学理论中最贴近司法实践的理论，迄今为止，法律解释学最重要的学术贡献在于，为司法实践提供了一份包含文义解释、体系解释、目的解释、历史解释、社会学解释等各种解释方法在内的方法清单。然而，现实情况比想象中复杂得多，解释方法的适用在司法实践中遇到了各种难题：一是各种解释方法之间的界限非常难以确定；二是解释方法本身是否具有确定性值得怀疑，实践中运用相同解释方法得到不同解释结果的现象比比皆是；三是如何确定各种解释方法之间的运用顺序的问题难以解决。由此，法律解释方法在实践中被认为“回答解释的疑难问题的能力并不比日常生活格言解决日常生活问题的能力更大”③。在拉德布鲁赫看来，要想使法律解释学实现功德圆满并真正具有方法论意义，前提条件是要发展出一套关于在何种情况下选择何种解释方法的规则

---

① Ludwig Wittgenstein, *Philosophical Investigations*, G. E. M. Anscombe., trans, Wiley - Blackwell, 2009, p. 201.

② 参见戴津伟：《实质法律解释的逻辑规制》，载《济南大学学报（社会科学版）》2018 年第 6 期，第 23 页。

③ ［美］理查德·波斯纳：《法理学问题》，苏力译，中国政法大学出版社 1994 年版，第 313 页。

指引。① 而在法律解释规则的诸多功能中，最根本的价值功能莫过于为法律解释活动提供了确切的思维路径指引，帮助法律人恰当、准确地理解、解释和运用法律。② 相较于法律解释方法，法律解释规则是一种对法律解释基本原理和思维进路或内在机理的具体化和操作化表述，被看作是解释者用于得出解释结论的形式性依据的来源，其确定性和可反复适用性决定了法律解释规则的适用极具成本效益和效率。③ 具体而言：

其一，法律解释规则的形式性为解释活动提供了有章可循的操作规则。法律解释方法未能发挥其实践效用，究其原因在于法律解释学的理论研究未能显示出其回应实践的能力，理论研究者们所追求的是一种精致复杂的解释方法，而面对实践中并不那么"规整"的待决案件，实务法律人从内心深处渴望的是一种简单明了、规定具体的操作规则。"规则的含义被描绘成一条无尽的路轨，领悟其含义就是在思想上把自己连接到这条路轨上。"④

其二，法律解释规则的确定性增强了解释活动和解释结论的可预测性和可计划性，指引和方便了解释结论的发现。主要体现在：一方面，法律解释规则作为一种知识，以前见的方式嵌入解释者的脑海，帮助解释者理解、解释和运用法律；另一方面，作为一种劝导性的思维规则，法律解释规则引导解释者判断、推理、解释、发现、论证对个案的裁判规范，其在法律规范和待决案件之间架起了思维联系的桥梁。

其三，法律解释规则的一般性使思维过程变得简洁高效，掌握法律解释规则可以使法律人更加便捷、有效地开展工作。一般性是规则的一大特性，法律解释规则也具有一般性，其优点是用简约的解释规则调整相似的同类解释问题，旨在处理各种不同的可能出现同一解释问题的情形，因而具有反复适用性，能够显著提高法律适用的效率。将法律解释规则固定下来的直接意义在于，把解释者查找和选择解释方法的信息成本降到最低，省去了多数不必要的循环论证程序，同时排除了解释者随便创制思维规则所带来的烦恼，有效地避免了解释混乱与解释争议，这在一定程度上节约了思考论证的成本，使得法律人井然有序且高效地从事法律解释活动成为可能。因而，对法律解释规则及解释方法的这种形式性和简约化的需求，并不是要求其越细致越好，而是希望能够充分发挥其思维导引优势，根本目的在于方便实践中的运用。

---

① 拉德布鲁赫曾嘲讽道："为强迫沉默的法律开口说话，所有用来刑讯逼供的解释方法都任由法律工作者支配：文学解释、扩张解释、限制解释、类似的推论（类推）、反证；可惜就缺少一个能够列出何处应使用何种方法的规则了。"参见［德］拉德布鲁赫：《法学导论》，米健、朱林译，中国大百科全书出版社1997年版，第106页以下。

② 参见吴庚：《宪法的解释与适用》，台湾三民书局2004年版，第252页。

③ 参见陈林林：《法律方法比较研究——以法律解释为基点的考察》，浙江大学出版社2014年版，第30页。

④ ［美］马丁·斯通：《聚焦法律：法律解释不是什么》，载［美］安德雷·马默主编：《法律与解释：法哲学论文集》，张卓明、徐宗立译，法律出版社2006年版，第59页。

（二）法律解释规则能够为法律解释提供正当理由

只要有卷帙浩繁的法律，在将其适用于日常生活或者用于解决争端时就需要解释，也就需要选择在个案中最佳的解释，最佳解释也许就是在这种情况下唯一正确的解释方法。可见解释与适用的关系是清楚的，即对法律的解释为其适用方式提供了正当的理由，而解释本身因此也必须是正当的，[①] 其正当性主要来自法律解释规则的支持。法律解释规则从不同角度为法律解释提供了正当理由：

其一，作为一种形式性依据，法律解释规则提供了支撑法律判断的根据、论据和理由，[②] 解释者把握和遵守解释规则能够获得恰当选择解释方法的基础，为解释的结果提供正当化的依据。解释实践中，由于解释方法存在多样性的特点，解释者在解释方法的选用中也存在较大的主观性和灵活性，因而经常出现运用不同的解释方法得到不同解释结论的情形，解释方法往往根据解释结论而被选择，沦为解释结论的附属物，被认为只不过是对文本的补充的事后注脚。然而，法律解释并不会消除所有的"选择需求"，解释方法的选择也不能是随意的和任意的，必须有适当且合理的理由，解释者通常（或者说，必须）依赖于一定的解释规则。而一旦我们认识到解释规则的普遍性和重要性，我们就可以更清楚地了解自己和对方在一些特定案件中的做法；我们将会有更多的、更易处理的资源，用于从任何一个法律文书可能具有的许多含义、目的和意图中提炼出最佳选择。从该意义上讲，法律解释规则是一种"运作性依据"，其内容是指示行动类型的依据，这些依据内含了"应当与不应当"的规范性要求。[③]

其二，从价值层面来看，具有拘束效力的法律解释规则对法律条款和法律价值在实践中的落实具有不可忽视的作用，[④]"有效的解释规准（解释规则）反映了价值判断，更重要的是，要求法官在适用它们时进行价值判断。"[⑤] 以文义解释规则和系统解释规则为例，文义解释规则的价值体现在保障法律的安全性，其要求法官在文义解释方法的基本精神之下利用这些解释规则去发现法律的真实含义，同时也为文义解释方法的适用设定了各种限制、约束和规范。[⑥] 系统解释规则追求的价值则是法律的恰当性和连贯性，具体体现为体系性、逻辑性、一致性和整体性等特征，目的在于解决法律解释实践中明确显现的或非明

---

① 参见孔祥俊：《法律解释方法与判解研究》，人民法院出版社2004年版，第267页。

② 参见吴庚：《宪法的解释与适用》，台湾三民书局2004年版，第252页。

③ 参见陈林林：《法律方法比较研究——以法律解释为基点的考察》，浙江大学出版社2014年版，第30页。

④ 陈金钊：《"法律解释权"行使中的"尊重和保障人权"》，载《政治与法律》2019年第1期，第67－79页。

⑤ William N. Eskridge, Jr.,"The New Textualism and Normative Canons", *Columbia Law Review*, vol. 113, no. 2, 2013, pp. 531－552.

⑥ 参见致远：《文义解释法的具体应用规则》，载《法律适用》2001年第9期，第9页。

确显现的矛盾或冲突。① 法律解释规则的这种形式性依据的支持和对实质性价值的追求，“合力”为实践中的法律解释提供了正当理由，不仅指示着解释者在解释活动中有所凭靠、有所遵从、有所束缚，还使得法律的诸价值透过解释活动有所实现、有所彰显。

（三）法律解释规则有助于限制解释者的恣意行为

从方法论的角度来看，法律解释活动向来是法律活动的基干。由职业法律人构成的“解释共同体”是从事解释活动的主要群体，尽管该共同体已经具备了扎实的专业基础和职业的技能素养，但“毫无疑问和不可避免的是，解释活动除了有‘认知’的因素，还有较大的评价余地，法官并不是没有思想的‘自动涵摄机’，个案的‘公正结果’的实用主义考量以及法官的个性特点，都是影响裁判结果的不可忽视的因素。”② 从该意义上来说，解释者在解释活动中据以展开解释的不是书本上的方法和规则，而是其在日常的解释活动中日积月累所形成的经验判断。司法经验的非成文性、解释者对经验理解的个体差异性以及应用司法经验的偏差性等局限性的存在，导致司法经验存在不统一、不确定甚至风险大等特点。为了尽可能避免个体经验对法律解释的影响，减少武断和偏见的可能，有必要引入法律解释规则来限制解释者的恣意行为。与经验判断不同的是，法律解释规则的规范功能体现在其非人格化，主要从三个方面对解释活动发挥作用：

其一，法律解释规则将解释者的思维“绑架”在逻辑的理性之中，指引和约束着解释者的思维走向，有助于规范思维活动的前后一致性。实践中经常被人们忽略但值得警惕的是，立法者与司法者的思维活动有较大差异甚至呈现相反的走向。相较于立法者旨在将错综复杂的社会关系概括为简约抽象的法律规范的抽象化思维，司法者的思维走向是一种将抽象的法律具体化为判决或裁定的过程，③ 法律解释的过程即是利用解释规则规制解释者的思维走向、实现法律规范具体化的过程。在这个过程中，法律解释规则规范性和规定性的特点，在很大程度上克服了不重视形式逻辑的思维倾向，保证了解释者的解释活动在正确的逻辑轨道上运行。

其二，法律解释规则能够为他人评判解释行为、检验解释结果的对错提供标准，由此实现对思维过程和结果的纠偏功能，避免错误，规范解释结论的证立。法律解释规则为司法裁判提供了一系列可操作的形式性规则和程序规则，本身带有程序性的功能作用，不仅使得解释者在从事法律解释之时有合理的规则可循，而且为公众提供了约束解释者规范性选择的审查标准，提高了解释者解释行为的责任和透明度，对于克服因法律解释的主观性而可能带来的混乱和冲突，以及实现法律的诸价值都有积极的意义。

---

① 参见致远：《系统解释法的理论与应用（下）》，载《法律适用》2002年第3期，第48页。

② ［奥］恩斯特·A. 克莱默：《法律方法论》，周万里译，法律出版社2019年版，第16－17页。

③ 参见陈金钊：《法律解释规则及其运用研究（上）——法律解释规则的含义与问题意识》，载《政法论丛》2013年第3期，第109页。

其三，法律解释规则是对司法经验的进一步总结，凝聚了法律实践者的共同智慧，已经逐渐成为一种法律职业道德守则。对于从事一线司法裁判活动的法官而言，能否正确地运用法律解释规则达至正当的司法裁判结论，不仅是司法工作对其提出的基本的职业要求，而且是一位职业法官自身专业素质和理性能力的直接体现。① 可以说，科学合理的解释规则的形成加深了人们对法律解释规则的认同与遵守，促使法律解释共同体在获取解释结论的路径上达成了更多共识，某一解释结论是否依据严格的解释规则得出，直接决定了该结论的妥当性和说服力。如此一来，解释者尤其是法官的解释行为有了形式逻辑的依循、有了程序和标准上的监督、有了职业共同体的认同，总体上影响的是我国法律适用的质效和司法裁判的公信力。

五、结语

对法律解释规则的概念廓清和意义探寻能够为其应用研究提供可靠的现实必要性和理论可行性的证成。通过梳理已有的界定方案并对其中存在的分歧进行分析，可以明确：法律解释规则是一种在法律解释活动中对解释者的思维活动起到规范和指引作用的思维规则，它所坚持的是一种规范论的法学思维模式，遵循的是逻辑思维规则，来源于职业法律人长期思维经验的总结。解释规则虽有“规则”之名，但却不能等同于立法者所创设的法律规范。即使部分法律解释规则以法律规则的形式呈现，而它也只是不具有司法强制力的调整性规范，仅具有规劝性。在与法律解释方法的关系界定上，解释规则并非法律解释方法，而只是法律解释方法的一个方面，它是法律解释方法的操作规则和运用规范，属于解释方法的下位概念，既包括各种具体解释方法的运用条件及其规范，也包括不同解释方法之间的互动及其位阶关系。对法律解释规则的重视，在很大程度上能够克服不重视形式逻辑的思维倾向，避免思维过程中的神秘主义，将有助于推进公开透明、公平正义的法治建设。

① 参见魏治勋：《法律解释的原理与方法体系》，北京大学出版社 2017 年版，第 173 页。

法秩序矛盾的类型与化解路径

黄　辰*

摘　要　法秩序冲突表现为制定法技术矛盾、规范矛盾、价值矛盾、目的论矛盾以及原则矛盾。目的论矛盾具有不可调和性，应是法秩序矛盾的是否真实存在的判断标准。法秩序统一原则作为基本立场值得被提倡。在法秩序统一原则的视角下，立法上可通过立法主体协调统一，减少立法目的论矛盾发生的概率。建立立法理由书制度明确立法目的，缓解新法条与部门法之间的立法目的紧张关系。司法上应采取法律与司法解释一元说，通过立法目的对司法解释的适用范围进行限制，以期减少法秩序目的论矛盾的不利影响。

关键词　法秩序矛盾　法秩序统一原则　民刑交叉　司法解释

一、法秩序矛盾的类型

德国学者卡尔·恩吉施提出"法秩序的统一性要求排除出法规范之间的矛盾，排除法规范之间的矛盾要求违法判断的统一性"立场之后，法秩序的矛盾渐渐地被学界所重视。相比生活中的普通矛盾，法秩序的矛盾具有显著的规范性与价值倾向性，各国法秩序矛盾会因法律传统、习惯风俗而有所差异。在认识法秩序统一性之前，有必要详细了解我国现行法秩序内部究竟存在着什么样的矛盾。按照恩吉施教授的分类，大致有以下五大矛盾：①

（一）制定法技术的矛盾

社会物质生活载体的不断更迭，社会分工的不断细密，给刑法立法者的规则表达带来

---

* 黄辰，男，河南郑州人，河南财经政法大学刑事司法学院副教授，法学博士，最高人民检察院研究基地河南财经政法大学司法案例研究院研究员，研究方向为刑法学。

① ［德］卡尔·恩吉施：《法学思维导论》，郑永流译，法律出版社2008年版，第199－205页。

了诸多困难。[①] 一般存在于法律术语的不统一之中。例如，《公务员法》中的公务员与《刑法》中的公务员的概念就不是那么一致，《刑法》中公务员概念的范围大大地高于前者。[②] 在《刑法》第八章贪污贿赂罪中，退休的公务员以及始终都不具有国家行政编制的"村官"等，也可以被视为国家工作人员。又如，民法与刑法关于近亲属的范围认知也有显著不同。在民法中近亲属包括配偶、父母、子女、兄弟姐妹、祖父母、外祖父母、孙子女、外孙子女为近亲属。[③] 在刑法中近亲属是指夫、妻、父、母、子、女、同胞兄弟姐妹。[④] 一般认为，为了配合法律规范的行为指引作用，法律术语应当务必力求清晰明确，模糊的法律术语将使国民无所适从，"法律概念需要其内容的固定性和其边界的清晰性"。[⑤] 但显然事实并非如此，立法者经常在不同意义上使用同一概念表达方式。除公务员、近亲属以外的法律术语还有"占有""财产权""公众""公共空间""过失"等概念。

理论界将不同部门法对同一法律术语理解不一致的现象，称为"法律概念的相对性"。作为不可避免的现象，"法律概念的相对性"产生于各个部门法之间体系的、目的的不同。纯粹的"词语解释"必然受到体系的和目的的解释的限制。比如过失作为民事和刑事归责的共同要素，在民法与刑法之中的具体意义并不相同，刑法考虑如何确定刑罚责任，而民法则更多地考虑如何确定损害补偿。在医疗事故中，医生很可能因没有刑法意义上的过失而避免刑事追责，却往往在民事诉讼中被判定为具有民事过失而损害赔偿责任。

（二）规范矛盾

当某一行为一面被禁止另一面却又被允许，或者在同一部门法内抑或不同部门法之间一会儿被禁止一会儿又被命令时，该行为的法律评价也同时在合法与违法之间左右摇摆，致使行为人陷入两难的处境。这种情况被称之为规范矛盾。[⑥]例如，当上司命令枪杀俘虏时，士兵则面临着绝对遵照上级命令的义务和遵守刑法规范的义务之间的冲突。学界以法秩序具有统一性为基本立场，创设了一系列规范矛盾化解方案。这类规则有：特别法优于一般法（Lex specialis derogat legi generali）、上位法优于下位法（Lex superior derogate legi inferiori）、新法优于旧法（Lex superior derogate legi priori）。恩吉施认为，前述冲突解决规则，仍然无法完全回避规范冲突问题。例如，当新的下位法与旧的高位法产生冲突时，究竟适用上位法优于下位法，还是适用新法优于旧法，或者可能涉及特别法优于一般法，

① 冷必元：《论行业技术标准对空白罪状的补充》，载《河南财经政法大学学报》2023 年第 5 期，第 78 页。

② 《公务员法》第 2 条规定："本法所称公务员，是指依法履行公职、纳入国家行政编制、由国家财政负担工资福利的工作人员。"而《刑法》中的公务员不仅包括具有国家行政编制的人员，还包括行政委托关系的人员。

③ 《民法典》第 1045 条。

④ 《刑事诉讼法》第 108 条第 6 款。

⑤ [德] 卡尔·恩吉施：《法学思维导论》，郑永流译，法律出版社 2008 年版，第 90 – 91 页。

⑥ 陈少青：《法秩序的统一性与违法判断的相对性》，载《法学家》2016 年第 3 期，第 17 页。

并非自命的问题。虽然如此，恩吉施仍主张，应尽量避免规范矛盾，单一且明确的规范有利于指引国民的行为，若某行为在一部法律中被评价为违法，那么该行为应在全体法秩序中被判定为违法。①

值得注意的是，对于恩吉施教授所提出“新的下位法与旧的高位法产生冲突”的问题，至少在刑法领域，我国《立法法》也已经给予了明确的答案。根据《立法法》确定的法律保留原则，有关犯罪和刑罚事项只能由法律制定，而在我国法律体系中，涉及犯罪和刑罚的事项，主要规定于《刑法》之中，因此，基本不存在“恩吉施所谓的新的下位法与旧的高位法产生冲突”的问题。即使对于非刑事法的法律规范，《立法法》第五章确立的“适用与备案审查”制度，确立了法律、行政法规、地方性法规、自治条例和单行条例、规章等不同位阶法律规范的由层级关系。同时由于“不抵触”原则的贯彻与适用，当“新的下位法与旧的高位法产生冲突”时，其所面临的应首先是下位法无效的法律后果。即使在同一位阶法律规范中，遇到旧的特规定与新的普通规定产生冲突时，应《立法法》第105条、第106条确定的不同的情况，由相应制定机关或上级机关裁决。② 总而言之，“规范矛盾”在我国法律体系中只有在存在论上才有意义，刑法中的“规范矛盾”即使存在，基本不会溢出刑法之外。

（三）价值矛盾

所谓价值矛盾，就是在法律秩序内部，立法者因不能一贯实施一种价值所产生的矛盾。例如，2015年德国增设了《刑法》217条“业务性促进自杀罪”，将以促进他人自杀为目的，业务性地向其提供、创设或介绍机会的行为规定为犯罪。这次立法旨在禁止死亡帮助社团的活动、遏制有组织的自杀帮助行为，并未否定自杀参与行为原则上不具刑事可罚性的传统立场。尽管如此，该条规定仍然激起了德国学界的普遍反对。③ 这是因为，传德国的共犯理论是一个以正犯为中心的刑事归责体系。由于传统上，德国对于自杀行为的刑法价值判断就是不认为其是犯罪，既然自杀行为不具有可罚性，基于共犯从属性原则，那么与之关联的帮助、教唆行为也不构成犯罪行为。显然2015年的“业务性促进自杀罪”与传统的不处罚自杀帮助行为的德国刑法价值存在矛盾。

① 陈少青：《法秩序的统一性与违法判断的相对性》，载《法学家》2016年第3期，第17－18页。

② 《立法法》第105条：法律之间对同一事项的新的一般规定与旧的特别规定不一致，不能确定如何适用时，由全国人民代表大会常务委员会裁决。行政法规之间对同一事项的新的一般规定与旧的特别规定不一致，不能确定如何适用时，由国务院裁决。第106条：“地方性法规、规章之间不一致时，由有关机关依照下列规定的权限作出裁决：（一）同一机关制定的新的一般规定与旧的特别规定不一致时，由制定机关裁决；（二）地方性法规与部门规章之间对同一事项的规定不一致，不能确定如何适用时，由国务院提出意见，国务院认为应当适用地方性法规的，应当决定在该地方适用地方性法规的规定；认为应当适用部门规章的，应当提请全国人民代表大会常务委员会裁决；（三）部门规章之间、部门规章与地方政府规章之间对同一事项的规定不一致时，由国务院裁决。根据授权制定的法规与法律规定不一致，不能确定如何适用时，由全国人民代表大会常务委员会裁决。”

③ 王钢：《德国业务性促进自杀罪评析》，载《比较法研究》2016年第5期，第178页。

在我国刑法中也存在相同的价值矛盾。我国刑法分则以犯罪客体为标准划分的各个类罪名，往往按照刑法需要保护的程度，进行了前后的顺序排列，以表达刑法对于各个不同客体之间的保护轻重的态度。宏观上，国家法益大于社会法益，社会法益大于个人法益；微观上，生命法益大于人身法益，人身法益大于财产法益。法定刑的轻重也往往按照侵害法益对象的不同有所加减。我国刑法之中的价值矛盾在于：一方面，通说承认贪污贿赂罪为贪利型犯罪，一面又在法定刑上设置了死刑的刑种选择。死刑的设置使得财产法益的重要性凌驾于生命法益之上。即便认为贪污贿赂罪不仅仅是贪利型犯罪，其中存在着的“权钱交易”亦是一种侵害公职廉洁性的犯罪，死刑的设置没有什么不妥。但是这种观点却无法解释在教育刑、预防刑已经成为主流的刑罚价值观的当下，明明可以用自由刑、剥夺公职等处罚措施就可以有效防范其再犯可能性，却仍在用死刑对其进行威吓，这既不人道又不经济，还有违反罪责刑相适应原则的嫌疑。不过对于“价值矛盾”的问题，恩吉施认为，价值矛盾本质上是基于制定法规定产生的矛盾，不能通过司法的方式排除。基于罪刑法定的刚性限制，在很多情况下，不得不容忍这种冲突。值得庆幸的是，我国立法者已经注意到前述价值冲突，并通过立法的方式予以完善。这表现为《刑法修正案（八）》与《刑法修正案（九）》已经废除了22中刑名的死刑，其中不乏传统的财产犯罪，例如盗窃罪、集资诈骗罪等。这些传统的财产犯罪的死刑废除，意味着其法定最高刑为自由刑，标志着我国刑法价值的理性回归。而且，通过立法方式解决价值冲突的方案，避免了违反罪刑法定的风险。此种消除“价值矛盾”的做法，值得肯定。

（四）目的论矛盾

目的论矛盾是立法者制定出特定的规范来谋求达到一定的目的，但存在其他规范使得该目的无法达成，发生目的论矛盾的情况比较罕见。在我国，目的论矛盾表现比较突出的是正当防卫制度。我国《刑法》与《民法典》均确定了正当防卫制度，然而民法和刑法在正当防卫限度的认定上存在冲突。① 刑法以明显超过必要限度、造成重大损害为符合正当防卫的必备要件，反观民法则以超过必要限度、造成不应有的损害为正当防卫的成立条件。之所以民法与刑法关于防卫制度的规定有所反差。一方面是由于民法和刑法在法律归责时，对行为人客观要求、损害后果的轻重程度等实际判断标准并不统一；② 另一方面则是因为《刑法》第20条③与《民法典》第181条设定防卫制度的目的不同。就刑法而言，

---

① 《刑法》第20条第2款：“正当防卫明显超过必要限度造成重大损害的，应当负刑事责任，但是应当减轻或免除处罚。”而在《民法典》第181条规定：“因正当防卫造成损害的，不承担民事责任。正当防卫超过必要的限度，造成不应有的损害的，正当防卫人应当承担适当的民事责任。”

② 参见“法学本科专业多学科课程间交叉渗透的研究与实践”课题组：《法学专业课程交叉渗透的教学模式探究——以刑法课程为例》，载《海峡法学》2015年第4期，第108页。

③ 《刑法》第20条第1款：“为了使国家、公共利益、本人或者他人的人身、财产和其他权利免受正在进行的不法侵害，而采取的制止不法侵害的行为，对不法侵害人造成损害的，属于正当防卫，不负刑事责任。”

刑法设立防卫制度更多的是一种刑事政策的考量。为了鼓励公民与犯罪分子作斗争的刑事政策目的的实现，离不开在防卫程度上有所降低，进而保证一般的防卫行为不被视为是防卫过当。就《民法典》而言，其设立防卫制度的目的显然是在规范私力救济行为。对于私力救济的空间进行适当挤压，能够有效地凸显出民事法律规则的定分止争的法律效果。因此防卫行为的成立范围被限制在一个较小的空间内。也许观点认为，《刑法》第21条规定的紧急避险制度也是一种目的论矛盾。即行为人实施了紧急避险的行为，虽然不承担刑事责任但要承担一定民事责任。[①] 然而，认为紧急避险制度是目的论矛盾的观点有待商榷。这是因为，民法责任既可能是赔偿责任也可能是补偿责任，赔偿与补偿是两个被严格区分的概念，补偿并不以民事违法为前提，因此实际上紧急避险造成的法律后果是民事上不违法，刑事上也不违法，不符合目的论矛盾的基本特征。综上所述，目的论矛盾主要体现在一边鼓励一边限制、一边合法一边违法、一边保护一边不保护的法秩序矛盾，才是法规范应当避免的主要矛盾。

（五）原则的矛盾

“法律原则是指规定或隐含在法律中，作为法律规则产生的依据，其效力贯穿所归属法律的一切活动中，表达了所归属的法律的精神和根本价值倾向的指导思想。”[②] 而所谓的原则矛盾，就是在所属法律中一个法律原则并没有被一以贯之，而且在适用的过程中，出现了与之截然相反的法律效果。目前，我国刑法科学体系，已基本形成责任主义原则、罪刑法定、法益保护三大原则鼎立之势，三大原则共同贯彻整部刑法典，源源不断地为刑法教义学提供充足的原动力。尤其是责任主义原则，发挥着限制处罚之刹车功能。传统责任主义认为，“没有故意或过失的行为，不得作为犯罪处罚”。在我国《刑法》第16条的规定中，并不存在所谓的严格责任。所有犯罪的成立必须具有过失或者故意主观的罪过形式。同时故意与过失行为的责任具有显著不同，应在量刑中予以区别，两者并不能混同或互相转换。责任主义在我国刑法中的贯彻的典型例子便是《刑法》第232条故意杀人罪与第233条过失致人死亡罪。两罪皆具有故意或过失的主观罪过形式，并且做到了法定刑上的轻重之别。虽然就结果而言，行为人都是造成了被害人的死亡，但由于故意与过失之间不能混同，如何定罪量刑应根据行为人的主观罪过进行司法判定。

那么责任主义是否已经在我国刑法中贯彻实施了呢？答案显然是否定的。《刑法》第247条规定：“致人伤残、死亡的，依照本法第234条（故意伤害罪）、第232条（故意杀人罪）的规定定罪处罚。”对于该条规定的性质，理论上有两种观点：一种观点认为该规

---

① 《民法典》第182条：因紧急避险造成损害的，由引起险情发生的人承担民事责任。危险由自然原因引起的，紧急避险人不承担民事责任，可以给予适当补偿。紧急避险采取措施不当或者超过必要的限度，造成不应有的损害的，紧急避险人应当承担适当的民事责任。

② 董玉庭：《论法律原则》，载《法制与社会发展》1999年第6期，第66页。

定是注意规定。因为刑讯逼供的本来就是故意犯罪，对于造成被刑讯逼供人死亡（伤残）的结果，已经与故意杀人罪（故意伤害罪）无异，因此提示法官适用故意杀人罪（故意伤害罪）；另一种观点认为该规定是法律拟制。在刑讯逼供的过程中，行为人往往对于被逼供人的死亡（伤残）结果持否定的态度，因而“致人伤残、死亡的”是典型的过失行为，但在已经造成了严重的后果之情况下，立法者规定按照相应的故意犯罪论处，是立法者将过失拟制为故意。笔者认为，两种观点皆与责任主义原则相矛盾。首先，我国刑法规定的“致人死亡”的条款既包括间接故意乃至直接故意杀人，还包括过失致人死亡，情况比较复杂，不可一概而论。注意规定的观点忽视了刑讯逼供行为中的过失，与责任主义原则相违背。其次，根据责任主义的要求，过失与故意的责任轻重并不相同，不能随意地把过失犯罪的法定刑与故意犯罪的法定刑等量划齐。

二、坚持法秩序统一立场是化解矛盾的前提

（一）法秩序统一立场的提倡

据上述对我国法秩序矛盾类型的梳理，我们不难得出“矛盾”普遍存在于法秩序中的结论。那么，当面对法秩序中存在的诸多“矛盾”时，我们坚持何种基本立场，无疑将决定立法与司法的运行样态。当认为法秩序应当具有统一性，那么这些矛盾就应当被缩小和限制；当认为法秩序统一是伪命题时，我们只能容忍这些矛盾。

在我国《立法法》第5条从实体法的角度对法秩序统一理论作了背书。① 因此，认为法秩序不具有统一性，无疑是法学家对自我责任的放弃。作为法律所追求的终极目标之公平正义，并不是仅仅通过法官、检察官、律师等主体单纯适用法律的方式就可以达到，还需要法学家们对那些看似矛盾的、不合理的法律法规从公平正义的角度进行调和、柔软化，以期减少这些矛盾，达到法律所追求的终极目标。② 人们很难想象一个充满矛盾的法律秩序，能够给人们带来公平与正义。公平、正义的实现，离不开法秩序统一立场的全面展开。

法律规范是善良国民的行为准则，同时也是治理社会的最有效之方法。各部门法之间往往分工明确、搭配合理，共同营造出稳定的法律秩序，同时也成就了国家在法律秩序上的人格化。③ 一旦良好的法律秩序被突然出现的各种矛盾扰乱，法律将无法承担起指导公民行为的基本功能，届时人类社会将陷入混乱的绝望之中。因此，以调和各种矛盾为目的的法秩序统一原则作为公理被大家所接受。④

① 《立法法》第5条：立法应当符合宪法的规定、原则和精神，依照法定的权限和程序，从国家整体利益出发，维护社会主义法制的统一、尊严、权威

② 黄辰：《涉违禁品财产犯罪的刑法教义学研究》，载《华东政法大学学报》2021年第5期，第182页。

③ ［奥］凯尔森：《法与国家的一般理论》，沈宗灵译，中国大百科全书出版社1996年版，第203页。

④ 陈少青：《法秩序的统一性与违法判断的相对性》，载《法学家》2016年第3期，第16页。

（二）不可调和的目的论矛盾

在法秩序统一立场的前提下，我们应当如何认识上述的五种矛盾呢？理论上，在法秩序统一的立场下，法律应在各部门法之间、各部门法内部无“矛盾”地运行，但现实中由于各部门法被分成不同的法域，并被赋予了不同的作用分工，矛盾的存在貌似不能够避免。其实，法秩序统一性对于上述五种矛盾的耐受力并不相同。在不同的法域以及不同的作用分工下，允许某些矛盾的存在与法秩序统一性并不冲突。换言之，有些矛盾法秩序统一性在特定情况下是可以被允许，有些矛盾是无论如何也无法被法秩序统一性所包容。本文认为，能否回避目的论矛盾，是法秩序统一性的试金石。因为，在任何情况下都不应当允许目的论矛盾的存在。

首先，是否会导致目的论矛盾，是法秩序矛盾能否被法秩序统一性所容许的判断标准。换言之，即使承认某一矛盾的存在，在不会导致目的论矛盾的情况下，也可以容忍。同一术语在不同法域里面的阐述有所不同，并非难以接受的事实。例如，财产概念在民法与刑法中就有很大的差别，前者一般指合法财产，后者则可能包括一些非法财产。在法秩序统一原则看来，这种法律概念的不一致，在不产生目的冲突的前提下可以被允许。众所周知，在我国民事法律中，因为1994年《婚姻登记管理条例》的规定，事实婚姻已经退出了民事合法行为的保护范围，沦为一种同居关系。事实婚姻在民法上得不到任何保护和救济。然而在刑法领域中却要面临同时具有两个事实婚姻的情况下是否构成重婚罪的诘问。反对者认为，事实婚姻中没有“配偶”只有同居人，因此该情况不构成重婚罪。然而，在我国司法实践中，同时与多人形成事实婚姻关系，构成重婚罪早已成为共识。① 这是因为，在法秩序统一看来，无论是民法中不保护事实婚姻，还是刑法中对两个以上的事实婚姻以重婚罪定罪处罚，都是从保护“一夫一妻制”的立法目的进行的判断。综上所述，这种刑法上纳入处罚，而民法上将其推出保护范围的法概念相对性，由于在目的论上保持了法律效果的一致，因此法秩序统一性能够在目的论一致的范围内容许制定法技术的矛盾的存在。

其次，价值矛盾与目的论矛盾实际上是表里关系。所谓价值矛盾，实际上就是一种评价的矛盾。该矛盾突出体现在对于一个较轻的犯罪，施加了一个比其更重的犯罪还要严重的法律后果，或者与之相反。与此同时，目的论矛盾则体现为一边不保护一边保护的情形。目的论矛盾与价值矛盾之间的表里关系，更多地体现出“因果关系”的特征，即目的论矛盾引起了价值矛盾的发生。例如，不法原因给付中，行为人因其行为构成不法原因给付，因其对所交付的财物不再具有返还请求权，其利益不再被民法所保护，此时，如果认为该不法原因给付物能够成为财产犯罪侵犯对象，则造成了一种民法不保护而刑法保护的

① 参见刘宪权：《刑法学名师讲演录》（分论第2版），上海人民出版社2016年版，第634－635页。

状态。这种状态造成的直接后果就是，把一个本该属于单纯的前置法上的违法行为，或者一个刑法的未遂行为，认定为侵占罪或诈骗罪之既遂。符合化轻罪为重罪的价值矛盾特征。可以说没有目的论上的矛盾，就不会有价值上评价的矛盾。

最后，法律原则能够在法律的目的统摄下表现出方向性，发挥法律原则的指引功能。一般来讲，法律原则具有指引法律规则的属性，要求其能够贯彻整个部门法，指导各个法律规则的适用。在司法适用中，法律原则具有弥补制定法的不足，保障个案公平、适应时代的发展的积极功能，对法律在实践中平稳的运行具有重大意义。另外，因为法律原则的内涵高度抽象、外延极度宽泛，每个原则的内涵是通过相关的其他原则来予以确认的，原则成为一个互相支持的信念网络。因此，基本上是不存在两个原则的矛盾的。所谓的法律原则矛盾，实际上就是法律原则与法律规则的矛盾。① 正如上文中所提到那样，在转化犯的情形，责任主义原则的矛盾本质上是适用故意杀人罪的规则处罚还是适用过失致人死亡罪的规则处罚的问题。刑法目的论的引入，能够使得那些只有范围，没有冲突的原则，表现出一定的方向性，进一步发挥原则指引规则的功能。例如，刑诉逼供的行为人致他人死亡，以故意杀人罪定罪处罚是否违背责任主义原则，并不能仅仅依靠责任主义原则来进行判断。还需要根据刑讯逼供罪转化犯的立法目的来进行判断。这是因为，责任主义仅告诉我们犯罪的成立需要有故意或过失的主观责任，同时量刑时故意犯罪的刑事责任要重于过失犯罪的刑事责任。但就行为人刑诉逼供致人死亡而言，刑讯逼供是故意，致人死亡可能是故意也可能是过失。当致人死亡的主观罪过形式表现为故意时，此时刑讯逼供的刑事责任已经无法满足刑法对生命法益的保护目的，因此将其纳入故意杀人罪的定罪处罚范围符合责任主义原则的基本要求；反之，如果致人死亡的主观罪过形式表现为过失时，无论多少个过失叠加也不能转化为故意犯罪，过失致人死亡的刑事责任，足以满足刑法对于生命法益的保护的目的，将其强制认定为故意杀人罪才属于违反责任主义原则，应当排除《刑法》第247条致人死亡以故意杀人罪定罪处罚的法律规则适用。总而言之，现实中并不存在原则矛盾的问题，所谓的原则矛盾可以转化为法律原则与法律规则的适用问题。

综上所述，法律概念（制定法技术矛盾）只要不造成法律目的论矛盾便可以被允许；原则矛盾与规则矛盾可以互相转化且法律原则能够在法律的目的统摄下表现出方向性，通过发挥法律原则的指引功能的方式，消除相应的矛盾；而价值矛盾与目的论矛盾为表里关系，法律目的是价值矛盾产生的原因。总之，在五类法秩序矛盾类型中，目的论矛盾是法秩序统一原则所绝对禁止矛盾类型。

三、消解目的论矛盾的路径

目的论冲突基本上是立法者制度的法律所致。因此，从根源上讲，消解目的的论冲突

① 关于法律原则之间不存在冲突的观点，可详细参考王琳：《论法律原则的性质及其适用——权衡说之批判与诠释说之辩护》，载《法制与社会发展》2017年第2期。

应当从立法的维度展开。具体而言，可以通过以下几个途径，尽可能规避目的论冲突。

（一）立法主体协调统一

"立法"作为一项制定规则的理性活动，在建设法治国家的过程中发挥着基础性作用。[①] 我国现行立法体制框架确立于1982年《宪法》。经过多年的法治建设经验积累与2023年的新《立法法》的再次优化，形成了"统一而又分层次的立法体制"。层级上主要分为中央立法与地方立法两个层级（中央立法与地方立法的二元立法体制的利弊不在本文的讨论范围，本文所指的立法如无特别说明则仅指中央立法）。以刑法为例，1997年刑法制定以来，中国经济发展便驶向了快车道，随之而来的环境污染、互联网管理、金融犯罪、恐怖主义犯罪等新风险也接踵而至。为应对新挑战刑事立法理应作出回应。至今，刑法典罪名数量由原来的413个增至469个。[②] "立法作为一项带有意向性的政治活动，承载着特定的政治和社会目的，所以立法应当能够实现其想要实现的目的，遵循手段—目的理性。"[③] 因此，在应然状态下，制定、修改法律的主体为全国人大及其常务委员会，单一主体制定的各个法律不应当产生保护与惩罚、支持与反对的立法目的论矛盾。但是实然状态下，单行法立法时常采取立法主体多元化方式，部门立法替代统一立法，法律渊源众多，规范适用紊乱。同时，由于单行法常常追求自成体系，容易造成法律之间可能发生冲突和矛盾。[④] 美国经济学家萨缪尔森提出"合成谬误"（Fallacy of composition）这一概念，即每个部门或者相关参与者在决策时皆具有理性判断，但却造成系统上的倾覆效果。以此代指那些对于部分来说是对的，但对于整体而言却不一定是对的事情。

以常见的刑法修正案制定过程为例，刑法修正中增减的法条有相当大的部分属于立法交叉领域，往往涉及多个潜在的立法主体。然而，立法实践中，潜在立法参与主体并不能有效地参与到立法过程，全国人大法工委各处室与国务院各部委在涉及规范衔接的"草案制定""征求意见""立法审议"等立法过程中，因立法主体缺乏协调统一，极易造成立法目的论矛盾。法条之间的法条立法目的论矛盾与部门法之间的部门法立法目的论矛盾。其中法条立法矛盾又可分为单一部门法内的内部法条立法目的论矛盾与跨部门法的外部法条立法目的论矛盾。比如由归真堂"活熊取胆"事件引起的《野生动物保护法》与《中医药法》之间的立法目的冲突就是部门法立法目的论矛盾。"帅英骗保案"所引起的原《保险法》第54条第1款与《刑法》第198条第1款第1项之间的冲突就是外部法条立法

---

① 谭波、赵智：《习近平法治思想中立法理论的立场指向与思路》，载《河南财经政法大学学报》2022年第3期，第1页。

② 黄辰：《论折衷刑法观：安全与自由的平衡》，载《青少年犯罪问题》2021年第2期，第17页。

③ 叶会成：《立法法理学的类型与意义——立法学学科性质的反省》，载《法制与社会发展》2021年第6期，第39页。

④ 王利明：《论〈民法典〉实施中的思维转化——从单行法思维到法典化思维》，载《中国社会科学》2022年第3期，第13页。

目的论矛盾。一般而言单一部门法的内部法条立法矛盾，由于其立法主体较为单一，不易造成矛盾。

立法目的是立法行为的根本动力，立法主体通过法律目的的选定，塑造法律的内容，构建法案的结构。在法秩序统一原则下，立法目的论矛盾必须被化解与消除。针对部门法之间的部门法立法目的论矛盾，可适当采取同类单一部门法法典化的方式进行避免。统一的法典立法意味着单一的立法主体，融通的立法目的，这些足以有效避免立法目的论矛盾。针对外部法条立法目的的矛盾，推动多主体联合参与规范衔接立法，能够有效地减少单一主体有限理性导致的认知偏差，降低立法目的论矛盾的发生概率。

（二）建立立法理由书制度明确立法目的

就立法活动而言，立法所创制的法律必须既能够有效融入现行法律体系，又能够避免部门法之间冲突。法律的完整性、体系性和融惯性是立法活动追求的最终目的。然而，实然层面立法抵触与冲突的现象在部门法之间时有发生。例如，针对证券审验机构实施虚假陈述所造成的损失，对应的法律责任条件与类型居然有三种不同的规定。《证券法》最为严格，其规定无论是否有过错皆承担连带责任。《民法典》较为合理，其规定故意的场合下承担连带责任，过失的场合仅承担负有责任部分的赔偿责任。《公司法》《注册会计师法》《律师法》则较为宽松，仅规定在具有过错的场合下应当承担赔偿责任。之所以存在这样的立法目的论矛盾冲突，一方面是由于前述立法潜在主体未有效参与立法过程导致的立法冲突；另一方面则是由于各部门法立法时间的先后顺序不同立法理由书制度未建成所致。

规范层面上，现行《立法法》第19条已经规定了一些立法过程中的立法者说明义务。① 然而，规定仅仅要求立法机关对法律草案进行必要性、可行性等情况进行说明，并未明确提及立法理由或者立法理由书的具体内容。虽然在一定程度上，立法理由书制度的缺失并不影响各个学者对于立法目的的探究，但是由于立场与视角的不同极容易造成对同一法律条文产生不同的立法目的解释。②

立法理由书制度的缺失，直接导致了立法过程中立法理由不明，立法理由过于抽象，立法理由与立法说明混同等问题。③ 在此背景下，立法目的论矛盾冲突就在所难免。在将来的立法理由书制度完善的过程中，应将立法目的作为必须说明的内容加以规定。在此需要注意的是，立法目的论矛盾不同于其他矛盾，保护与惩罚两个目的始终是对立的。“两

---

① 《立法法》第19条规定：“向全国人民代表大会提出的法律案，在全国人民代表大会闭会期间，可以先向常务委员会提出，经常务委员会会议依照本法第二章第三节规定的有关程序审议后，决定提请全国人民代表大会审议，由常务委员会向大会全体会议作说明，或者由提案人向大会全体会议作说明。”

② 参见秦彪、张民安：《〈民法典〉空间所有权制度研究》，载《河南社会科学》2021年第3期，第75页。

③ 参见李光恩：《我国立法理由说明的现状检视与制度完善》，载《法律方案》2020年第1卷，第181－182页。

个目的是无法求得协调的，只能择其一端。两个目的可能并存，但不可能存在协调，只可能存在角力。"① 具体到一个条文的立法目的上，应尽量仅选择一个目的，不能蛇鼠两端人为造成司法上适用的混乱。将来立法理由书制度的完善，首先应在《立法法》中明确确立立法理由说明制度。其次，应尽量采取"因为""由于""理由是"等词汇，清晰表达立法理由与立法结论之间的关系，优化立法说明的表达结构。再次加强对立法（草案）理由的审议评估，重视草案的修改理由。最后立法理由按照规范化要求撰写成完整详细的立法理由书予以公布。②

（三）立法目的与司法解释冲突排除路径

虽然《立法法》第119条明确规定司法解释应当符合立法目的、原则和原意，但是由于司法实践需求的多样性往往面临遵循与突破的两难抉择。③ 在我国司法解释存在有一定的历史必然，在那个百废待兴的年代，本着"有总比没有好"的考量，早在1981年，全国人大常委会通过了《关于加强法律解释工作的决议》，为两高进行司法解释提供了合法性依据。四十多年来，司法解释"自始扮演了指引裁判的角色，具有规定细致、操作性强、极富时效性等特定，能够在司法亟需之时发挥其应有作用，填补制定法稳定性有余、灵活性不足的缺憾，在审判工作中具有很强的实用性，因而得到各级法院及审判工作者的普遍采用。"④ 因此，我们绝对不应该否认司法解释具有极强的"法律性"特征。⑤

司法解释一般有"解释""规定"和"批复"三种形式，在其诞生伊始便被贴上了实务的标签。然而，有限的法条与实务的需求之间往往存在巨大的鸿沟，具有"法律性"特征的司法解释与立法目的的紧张关系时刻存在。例如，在刑法领域，《刑法》第25条明确规定，共犯是两人以上共同故意的行为。换言之，共犯的存在范围应仅在故意犯罪的罪名中成立。但是2000年最高人民法院《最高人民法院关于审理交通肇事刑事案件具体应用法律若干问题的解释》第5条便规定作为典型过失犯罪的交通肇事罪也能以共犯论处。该司法解释突破了共同犯罪条款的立法目的。在民法领域，原《合同法》第73条规定了代位权，就其立法目的而言，代位权应是为了保护债权人的利益而设立，同时为了适当保护债务人的利益而添加了例外条款。⑥ 对《合同法》中例外条款的范围，最高法院出台的

① 邓子滨：《中国实质刑法观批判》（第二版），法律出版社2017年版，第213页。

② 参见李光恩：《我国立法理由说明的现状检视与制度完善》，载《法律方案》2020年第1卷，第192－194页。

③ 参见龙宗智：《立法原意何处寻：评2021年最高人民法院适用刑事诉讼法司法解释》，载《中国法学》2021年第4期，第248－249页。

④ 姚辉、焦清扬：《民法典时代司法解释的重新定位——以隐私权的规范为例证》，载《现代法学》2018年第5期，第68页。

⑤ 黄辰：《涉违禁品财产犯罪的刑法教义学研究》，载《华东政法大学学报》2021年第5期，第185页。

⑥ 原《合同法》第73条明确规定，因债务人怠于行使其到期债权，对债权人造成损害的，债权人可以向人民法院请求以自己的名义代位行使债务人的债权，但该债权专属于债务人自身的除外。

“关于适用《中华人民共和国合同法》若干问题的解释（一）”第12条进一步细化了代位权的适用范围,①其本意是适当限制代位权保护债务人的权利。不曾想到实践中，出现医院为了抢救交通事故中受重伤的债务人，而产生了巨额的医疗费用，却因为该司法解释第12条的限制无法向保险公司行使代位权的困境。②若在审判中适用该司法解释第12条，则必然对医院进行救死扶伤的行为的否定。若不适用则必然对司法解释的权威造成极大的损害。立法目的与司法解释的冲突所造成的影响，直接关系到司法实践中个案正义的实现。因此，如何对立法目的与司法解释冲突排除路径探究就成为当务之急。

传统观点认为，立法与司法解释具有效力上的位阶关系，司法解释不能越俎代庖。所以，基于《立法法》119条的规定，应构建四点限制：第一，解释对象是审判工作中具体应用法律问题；第二，解释应当主要针对具体的法律条文；第三，解释需符合立法的目的、原则和原意。第四，需要针对《立法法》第48条第二款的场景向人大常委会提出议案并报备。但由于目前我国并未建立起相应的司法解释审查机制，《立法法》119条所规定的司法解释限制基本处于失效的状态。③如此一来，便有学者直接将司法解释视为习惯法④或者“法官之法”,⑤将传统观点的立法与司法二元说，改良为法律一元说，将对司法解释的限制转化为立法的限制问题。本文认为，这种观点在司法解释审查机制尚未建立的今天有一定的合理性。大部分的司法解释还是能够在立法目的的指导下，准确填补空白，细化法律适用，建立裁判规范。司法解释本身的“法律性”不言而喻，实践中的适用范围与效力范围基本上与法律并驾齐驱。因此，当司法解释与立法目的相一致时，法秩序不存在目的论矛盾；当司法解释与立法目的不一致时，法秩序存在目的论矛盾，应当对该司法解释的适用范围与效力范围加以限制。承认司法解释具有法律拟制的效果，一方面可以与法律一元说相契合；另一方面还可以将与立法目的论矛盾的司法解释法律效果，限定在特定的范围内，防止其触发结构性的法律风险。例如，上述规定交通肇事罪在特定条件下成立共犯的司法解释条款，因其与共犯法律条文相冲突，宜将其认定为法律拟制。这意味着过失犯罪中应且仅有交通肇事罪才有可能在特殊条件下存在成立过失共同犯罪的可能，其他过失犯罪不存在共犯成立问题。

---

① 《中华人民共和国合同法》若干问题的解释（一）第12条：专属于债务人自身的债权，是指基于扶养关系、抚养关系、赡养关系、继承关系产生的给付请求权和劳动报酬、退休金、养老金、抚恤金、安置费、人寿保险、人身伤害赔偿请求权等权利。

② 参见杭州市萧山区第二人民医院诉天安保险公司、徐利光代位权案，绍兴市中级人民法院（2009）浙绍民终字第293号民事判决。

③ 参见苗炎：《司法解释制度之法理反思与结构优化》，载《法制与社会发展》2019年第2期，第103页。

④ 姚辉、焦清扬：《民法典时代司法解释的重新定位——以隐私权的规范为例证》，载《现代法学》2018年第5期，第73–77页。

⑤ 钱炜江：《论最高人民法院司法解释的定位与限制》，载《甘肃政法大学学报》2021年第5期，第43–56页。

四、结语

经过改革开放四十多年的高速发展，如今的中国形象愈加多元。农业中国、工业中国以及后工业中国三种形象在同一时空下共存。社会需求的多元对立法与司法提出了更高的要求。在立法活性化的今天，频繁的改旧立新，势必会造成法秩序的紧张关系。法秩序矛盾中的其他矛盾，我们可以通过合理解释以及设定适用条件的方法加以化解，但保护与惩罚、支持与反对的目的论矛盾则无法加以调和。生活中时常听到“小孩子才做选择题，成年人全都要”的话语，处处彰显着成年人处世之道的“大智慧”。对于某一事项，立法固然可以任性地在保护与支持之外，追加惩罚与反对的立法目的，但是司法实践往往就是单项选择题，对该保护的进行惩罚正义就会消失，对该惩罚的进行保护正义就会缺席。因此，立法过程中保持立法目的的单一与明确，是避免法秩序矛盾的根本方法。

个人信息商业化利用中的基本权利冲突及解决路径*

李 好**

摘 要 司法实践中，围绕个人信息的保护和利用，出现了一系列冲突和纠纷。信息主体认为数字企业平台未经自己同意即利用个人信息的行为侵害了自己的个人信息权，个人信息权通过宪法解释可以被证成为基本权利，信息主体得以基本权利的国家保护义务功能向国家提出请求保护的要求。当国家对“企业——公民”的私法关系进行介入时，平台对于经其处理的信息所享有的基本权利意义上的财产权，同样也要求国家不得对其进行干预，由于国家的介入，二者之间产生了基本权利冲突。基本权利冲突具有抽象性，传统的基本权利冲突的解决模式难以解决。应从基本权利冲突的三层主体入手，即信息主体对于其信息利益进行让渡、国家将公共利益纳入考量以及商业主体对其经济利益进行限缩的方式，对冲突进行平衡。

关键词 基本权利冲突；法律解释；国家保护义务；公共考量

一、引言

习近平总书记在党的二十大报告中指出，“加快发展数字经济，促进数字经济和实体经济深度融合”。可以看出，随着数字经济发展战略深入实施，数字经济对于社会发展具备越来越重要的作用，数字经济已成为我国产业链安全和发展的坚实支柱，其可以引领并支撑经济社会的发展，推动市场经济的快速进步。数字中国建设成为推进中国式现代化的

* 本文系教育部人文社科研究青年基金项目“人类辅助生殖技术风险的法律规制研究”（22YJZH190）的阶段性成果。

** 李好，女，天津宝坻人，吉林大学法学院博士研究生，研究方向为法理学、宪法学。

应有之义和必然选择。当前，诸多数字企业平台通过利用个人信息来开展商业活动，这种行为可以称之为个人信息的商业化利用。① 个人信息商业化利用的典型场景是政府在行使职权、执行公共事务时所公开的信息，被各种互联网企业平台收集、处理并投入使用。企业对于此种公开个人信息的利用，在实践中层出不穷，成为现实生活中的一类影响较为重要的争议类型。以实践中的已公开裁判文书为例，有企业将"中国裁判文书网""北大法宝""聚法案例"等网站所公布的、由法院公开审理并生效的司法裁判文书下载下来，并纳入企业平台自己所建立的商业数据库，进行第二次传播和利用。事实上，像这样大多数公开的裁判文书中，往往详细载明当事人的基本资料信息，这些基本资料中会涉及涉案人员的身份信息。为了避免当事人详细的个人信息被恶意利用，一些裁判文书会对某些个人信息进行去标识化处理，但当对这些做了标识化处理的个人信息进行简单的附加数据的比对会发现，有心者依然可以识别出特定自然人个体。②

现实中，由于企业平台利用个人信息而与信息主体产生纠纷的案例比比皆是。例如，在一起劳动争议案件中，原告牛某某发现案件的裁判文书被公开后，一家运营企业信用信息查询软件的公司将该裁判文书录入其公司数据库，供网络用户查询使用，导致牛某某在该软件搜索自己名字时，上述裁判文书成为首个搜索结果。牛某某认为上述企业扩大了其诉讼信息的散布范围，导致其难以再就业，应删除上述信息并赔偿其损失。③ 我国香港地区也出现了此种类型的纠纷，企业平台建设自己公司的商业数据库，将网络上公开的司法裁判文书、企业登记与破产信息纳入数据库之中，并将一些行政执法案例列举在其公司网页上，同时附上相关的司法裁判文书的链接。行政机关认定这些再次利用行为不再属于初始公开目的的范围内，不符合信息主体的合理期待，从而构成侵害个人信息。④ 此外，苏州和北京也曾出现过两起案件事实类似的诉讼，两个案件中的原告不约而同地要求被告公司将载有其个人信息的裁判文书从其设立的网站中移除，然而，两个案件尽管在事实上大致相同，得出的判决结果却不尽相同。苏州和北京的两个法院对于两起案件给出了完全相反的判决结果。⑤ 苏州法院的判决倾向于对个人信息的保护，强调应当保护个人其信息控制权，而北京法院作出的判决却倾向于保护司法公开的价值以及公众知情权、监督权等公共利益，类似的案件却得出了截然不同的判决结果，这引起了业内的广泛关注。

可见，当前实务界并没有设立一个统一的标准用来解决司法实践中所产生的关于信息

① 参见王磊：《个人数据商业化利用的利益冲突及其解决》，载《法律科学》2021年第5期，第90页。

② 参见张新宝、昌雨莎：《已公开裁判文书中个人信息的保护与合理利用》，载《华东政法大学学报》2022年第3期，第8页。

③ 参见蒋琳：《企业利用公开的个人信息侵权吗？法官：应考虑各方利益平衡》，载 https://www.163.com/dy/article/FLAJO95C05129QAF.html，最后访问时间：2024年3月30日。

④ Office of the Privacy Commissioner for Personal Data Hong Kong，Report No. R13－9744，13 August 2013.

⑤ 伊某与苏州贝尔塔数据技术有限公司人格权纠纷案，江苏省苏州市中级人民法院（2019）苏05民终4745号民事判决书；梁某与北京汇法正信科技有限公司网络侵权责任纠纷案，北京市第四中级人民法院（2021）京04民终71号民事判决书。

利用的纠纷，法官的自由裁量导致类似案件产生不同判决结果。在个人与数字企业平台产生此类冲突时，国家为使个人免受数字企业平台利用个人信息带来的侵害，履行积极保护义务，帮助个人抵御个人信息处理中的风险，防止个人的人格尊严受到减损。① 然而，国家在追求个人信息保护、对数字企业平台采取措施时，往往会侵害企业对于经过其处理的信息的财产权。如何实现个人信息利用与保护的平衡，成为重要议题。

既往直接以“个人信息商业化利用中的基本权利冲突及解决”作为论题的研究不多，鲜少有学者将个人信息利用与保护之间的冲突上升到基本权利的层面。大部分讨论聚焦于个人信息商业化利用中可能会出现违法收集信息、泄漏涉及隐私的信息、数据垄断等单一角度。② 本文试图将此类冲突上升为宪法意义上的基本权利冲突。构成基本权利冲突要求相冲突的权利均属于宪法意义上的基本权利，本文通过宪法解释证成个人信息权属于实证法意义上具有基本权利属性的公法权利，并且，平台对于经其处理的信息所享有的基本权利意义上的财产权。在双方基本权利相互对立的情况下，为了消除这种对立，国家公共权力被要求介入时，基本权利冲突就发生了。宪法是最高法，基本权利属于最高法价值，我国的法律秩序均由宪法统领，只有用基本权利冲突理论对实践中的该种现象进行分析，并在理论上提出解决方案，才能为各部门法指明立法、司法和执法的方向，从而在实务中寻求统一的解决方案。

二、个人信息商业化利用中基本权利冲突的样态

两个或数个主体所享有的宪法意义上的基本权利相互对立，其中一个主体在行使其基本权利时会侵害到另一个主体的基本权利，③ 也可以说，一方若想实现自己的基本权利，必然会导致另一方基本权利的牺牲，此时，双方难免会产生冲突和纠纷，在这种私人间的基本权利相互对立的情况下，为了消除这种对立，国家公共权力被要求介入时，基本权利冲突就发生了。换言之，宪法基本权利具有双重性质，即主观权利和客观法，其主观权利属性允许个人可以按照自己的意志向国家提出作为或者不作为的要求，代入到基本权利冲突中，冲突的双方主体都享有基本权利，其基本权利均具备主观权利属性，因此，双方主体都有要求国家保护自己权利、排除对方妨碍的权利，此时，就产生了基本权利冲突。

判断是否存在基本权利冲突，首先要明确冲突的双方所主张的各自享有的基本权利是否为宪法意义上的基本权利。判断一项权利是否为基本权利，要查明该项权利是否被宪法

① 参见秦倩：《个人信息保护权利基础的体系性理路》，载《宁夏社会科学》2022 年第 5 期，第 74 页。

② 参见汪晓华：《企业数据财产权与用户个人信息权益之冲突与协调》，载《西南民族大学学报（人文社科版）》2020 年第 10 期，第 93 – 97 页；王磊：《个人数据商业化利用的利益冲突及其解决》，载《法律科学（西北政法大学学报）》2021 年第 5 期，第 89 – 100 页；刘岩、宋吉鑫：《大数据伦理问题中的权利冲突及法律规制》，载《辽宁大学学报（哲学社会科学版）》2018 年第 6 期，第 123 – 130 页；程啸：《论大数据时代的个人数据权利》，载《中国社会科学》2018 年第 3 期，第 102 – 122 页；等等。

③ 参见张翔：《基本权利冲突的规范结构与解决模式》，载《法商研究》2006 年第 4 期，第 94 页。

基本权利章节或其他条款明文规定，倘若其能够体现在宪法文本中，那么该项权利就属于基本权利。若根据上述步骤发现，该项权利并未被宪法文本明确规定，那么就要分析其能否通过宪法解释被证成为基本权利，通常要判断该项权利的特质是否符合宪法文本规定的其他基本权利所要求的内在价值等。其次，明确双方行为是否落入基本权利的保障范围，基本权利冲突的保障范围，又称基本权利的构成，是指哪些事项属于基本权利的保障事项。① 一方当事人的某个行为，只有在落入基本权利的保障范围时，才有可能与其他基本权利产生冲突。两个基本权利主体的行为都在各自所主张的基本权利的保护范围之内，是成立基本权利冲突的首要前提。② 要确认某人行使基本权利的行为是否落入宪法规定的或者通过宪法解释得出的基本权利保护范围内，不能脱离宪法文本规定，应当首先对相关宪法基本权利规范进行文义分析和解释，其次探究其发展历程、所具备的深刻内涵和特质，同时联系宪法体系内的其他规范条款，从而作出妥善的界定。

因此，若要分析本文所要讨论的个人信息权与企业财产权之间的冲突是否构成基本权利冲突，首先要确定，个人信息权和财产权是否属于宪法意义上的基本权利，其次，则要就个人请求国家保护个人信息权的行为与企业商业化利用个人信息的行为是否落入宪法基本权利保障范围内进行讨论。

（一）作为基本权利的个人信息权

在数据库的使用多次引发隐私危机的社会背景下，为防范自动化处理技术给个人尊严带来的风险，将个人信息权列为基本权利已成为大势所趋。目前，全球已有三十多个法域将个人信息保护列为基本权利。③ 有的国家直接将个人信息保护写入成文宪法，最典型的如《欧盟基本权利宪章》第8条规定了“个人信息受保护权”，④ 其将个人信息受保护权认定为一种基本人权。⑤ 更多国家通过宪法解释将个人信息保护纳入基本权利范围，典型如美国的信息隐私权与和德国的信息自决权。⑥ 可见，个人信息权作为一项宪法基本权利，在域外不同地区，已经有了不同程度的进展。

在我国，2021年11月1日起施行的《个人信息保护法》第一条规定中增加了“根据宪法，制定本法”的规定，这表明了《个人信息保护法》的法源在于《宪法》，而非在于《民法典》。增加这一规定的原因要追溯到全国人大常委会第二十八次会议，会上提请通

---

① 参见张翔：《基本权利冲突的规范结构与解决模式》，载《法商研究》2006年第4期，第96页。

② 参见王锴：《基本权利冲突及其解决思路》，载《法学研究》2021年第6期，第40页。

③ 参见王锡锌、彭錞：《个人信息保护法律体系的宪法基础》，载《清华法学》2021年第3期，第12页。

④ 参见王锡锌、彭錞：《个人信息保护法律体系的宪法基础》，载《清华法学》2021年第3期，第12页。

⑤ 参见朱振：《捍卫权利模式——个人信息保护中的公共性与权利》，载《环球法律评论》2022年第1期，第25页。

⑥ 参见赵宏：《从信息公开到信息保护：公法上信息权保护研究的风向流转与核心问题》，载《比较法研究》2017年第1期，第41页。

过了："我国宪法规定，国家尊重和保障人权，公民的人格尊严不受侵犯，公民的通信自由和通信秘密受法律保护。制定实施本法对于保障公民的人格尊严和其他权益具有重要意义。据此，拟在草案第一条中增加规定'根据宪法'制定本法。"此外，全国人大宪法和法律委员会在《个人信息保护法》草案审议报告中的表述为："建议在草案二次审议稿第一条中增加规定'根据宪法'制定本法。"

由此可见，个人信息权属于实证法意义上具有基本权利属性的公法权利。① 立法机关认为，个人信息权不仅仅作用于私领域，不能只从民事权利的角度来理解该项权利。应当将个人信息权定位至基本权利高度，使其同样能够在关于公共生活的公领域发挥作用。个人信息权的宪法规范基础为人权条款、人格尊严条款。

1. 人权条款

我国的宪法文本规定了专门的基本权利章节，而个人信息权并未被列举于其中，因此若想证成个人信息权为一项基本权利，不能从宪法文本中找到直接根据。尽管个人信息权未被宪法明文规定，但是个人信息权的内容丰富，其所承载的价值也十分多元，其内涵往往与宪法中的其他基本权利条款具有异曲同工之妙。1965 年美国联邦最高法院所发生的 Griswold 案中，法官首创了晕影理论，美国宪法上的隐私权就是通过该理论被作为基本权利而推定成立。② 晕影理论的概念可以概括为，已经被列举在宪法文本上的各个明示权利相互之间存在"射程范围"，这些范围也可被称为各项权利的伴影之交互重叠处，由此，可以推导出宪法文本的结构和逻辑中所隐含的权利。也就是说，宪法中，除了已被明确列举的权利外，尚存在着不被察觉的权利，这些权利并不处于宪法文本中，而是隐含性的、边缘性的，它们与宪法已经确立的具体基本权利条款的内容存在契合之处，因而，可以通过基本权利的体系证成这些边缘性权利的存在。

由于成文宪法已经定型，个人信息权并未在宪法中被明确列举，可以通过宪法解释扩宽宪法基本权利条款的外部边界，将个人信息权列入基本权利范围，从而发挥个人信息权作为基本权利保障宪法实施的作用。在中国，有宪法条款可以发挥弥补基本权利保护漏洞、填补基本权利列举空白功能的，如 2004 年入宪的"人权条款"。"人权条款"作为宪法基本权利的一般条款，是其他基本权利条款的来源，其所内涵的价值可以作为一种容纳未列举基本权利的理论基石。③ 然而，人权条款并不能作为证成未被列举基本权利的"万金油"，不能称为容纳所有基本权利的容器，其抽象性的特点难以提供具体价值指引。其可以作为一种解释标准，但是对于未列举基本权利的个人信息权的证成和解释，需要在人

① 参见孙平：《系统构筑个人信息保护立法的基本权利模式》，载《法学》2018 年第 4 期，第 67 – 80 页。

② 参见姚岳绒：《论信息自决权作为一项基本权利在我国的证成》，载《政治与法律》2012 年第 4 期，第 72 页。

③ 参见姚岳绒：《论信息自决权作为一项基本权利在我国的证成》，载《政治与法律》2012 年第 4 期，第 72 页。

权条款之外，寻找其他的宪法规范基础。①

2. 人格尊严条款

人格尊严条款被规定于我国《宪法》第38条之中，当前学界多数学者主张将“公民的人格尊严不受侵犯”作为证成个人信息权的宪法基础。② 人格尊严属于宪法上的一般人格权，是作为具有独立个人意志的公民所享有的受尊重的权利。人的尊严处于基本权利体系中的核心地位，是人与生俱来的固有利益，这起源于康德以人为目的的法哲学思想。康德曾说：“人不能将自己或他人作为别人使用的手段，而应当将自己作为目的，以人性内在的自我价值去实现‘人的尊严’。”③ 康德的理论为人的尊严进行了严密的法哲学论证。人与动物的不同就在于人是自由的行为主体，具有“自尊”意识。人的尊严不仅仅是一种苍白的理论，更是一种可以用来指导法律的标准。数字社会秩序往往通过个人的数字身份进行构建，将个人尊严作为个人信息权的宪法规范依据是有意义的。④ 将个人信息权上升为基本权利，使人得以抗衡泛滥的数字技术所带来的威胁，从而维护人的尊严是必要之举。

（二）与个人信息权相冲突的财产权

企业在对个人信息进行收集、分析、处理整合后，经由其处理的信息会产生财产性价值，企业对于信息的利用和交易活动最终的目的是获取利益，因此，其行为可能落入宪法财产权的保护范围。当信息主体主张其个人信息受到企业行为的侵犯而诉诸诉讼时，由于国家在司法层面的介入，基本权利冲突就发生了。然而，企业能否成为基本权利主体，其能够主张基本权利的界限如何，其行为是否当然落入财产权的保障范围？

1. 企业能否成为基本权利主体

商事主体是能以自己的名义从事商事行为、具有独立法律人格的组织形式。然而我国宪法将基本权利主体仅仅限定于公民。⑤ 那么，法人能否主张基本权利呢？域外公法理论对于此问题的观点是颇为一致的。德国《基本法》第19条第3项规定，“基本权利依其性质对本国法人亦有效力，但依其本质适用为限”。⑥ 日本学界和实务界也秉持和德国同样

① 参见汪庆华：《个人信息权的体系化解释：兼论〈个人信息保护法〉的公法属性》，载《环球法律评论》2022年第1期，第71页。

② 参见张新宝：《论个人信息权益的构造》，载《中外法学》2021年第5期，第1150－1151页；高富平：《论个人信息保护的目的》，载《法商研究》2019年第1期，第107页；王锡锌、彭錞：《个人信息保护法律体系的宪法基础》，载《清华法学》2021年第3期，第24页。

③ ［德］康德：《批判力批判》（下册），韦卓民译，商务印书馆1964年版，第144页。

④ 参见付新华：《个人信息权的权利证成》，载《法制与社会发展》2021年第5期，第129－131页。

⑤ 参见范建、王建文：《商法学》，法律出版社2009年版，第32页。

⑥ 秦奥蕾：《〈德国基本法〉上的公法人基本权利主体地位》，载《郑州大学学报（哲学社会科学版）》，2012年第6期，第47页。

的观点，基本权利依其性质适用于法人，法人享有基本权利的程度不能同于自然人。① 此外，美国宪法第 14 修正案通过后尤其是自 19 世纪 80 年代以来美国联邦最高法院逐渐将宪法的保护扩大适用于公司，使得公司成为某些宪法基本权利的主体。

对于企业法人等市场主体在我国宪法上是否具有基本权利地位，是存在争议的。我国在 1988 年通过的宪法修正案第 1 条将私营经济纳入宪法的保护范围，《宪法》第 11 条也明确国家应当保护非公有制经济，此外，第 13 条对公民的合法私有财产的保护进行了相关规定。可以看出，在我国的宪法文本中，对于经济相关的基本权利主体，几乎采用的都是“公民”一词。这是不是意味着，我国的宪法财产权只保护公民呢？事实并非如此，在现代宪法的背景之下，法人可以成为基本权利的主体。韦伯曾经对于主观权利与客观法的内容及其关系提出过具体的阐释。韦伯认为，现代社会以个人为本位，个人是社会的基本单位。随后，现代化过程中的世俗化和个体化使得个人得以从家庭、宗教、行会等的精神枷锁中解放，从而具有独立意志和行为自由。过去个人被作为社会组织、团体中不可分割的组成部分，社会组织、团体的行为也被看作是组成其的“个人”的行为。现在社会组织、团体尽管区别于自然人，但由于其社会功能和角色定位在法律上颇类似自然人，因此本身开始具有人的人格特质，因此其也开始被拟制成“人”（即“法人”）了。② 事实上，赋予法人基本权利主体地位非常重要，这有利于促进我国市场经济发展。应当对法人的经济权利给予宪法层面的保护，赋予法人和其他组织“基本权利的主体”的地位，在基本权利主体的抽象概念下，对法人等组织可以享有何种权利、其享有权利与自然人享有权利的差异、公法人是否享有基本权利等进行法教义学上的建构。③ 法人虽然是一种人的集合体，但作为基本权利的特殊形态，也属于一种个体的存在，尽管对其权利保障的结果间接地有益于法人组织中的个人，但保障其基本权利的直接主体并非那些个人，而是作为个体形态而存在的法人本身。因此，法人可以作为宪法权利的特殊主体存在。④ 法人能否成为基本权利主体，取决于其所主张的所享有的基本权利的性质。有一些权利由于自身的性质，难以为法人所享有并行使，如生存权、文化教育权利、人身自由、政治权利等，这些权利自身具备的特性决定了只有自然人才可以享有。除此之外的经济方面的自由权利如财产权等可以由法人享有。

2. 企业利用个人信息的行为能否落入财产权的保障范围

社会经济权利，是指宪法所保障的有关经济活动或经济利益的权利，为公民提供实现

---

① 周雷：《营业自由作为基本权利：规范变迁、宪法依据与保护范围》，载《中国法律评论》2020 年第 5 期，第 113 页。

② 高鸿钧：《权利源于主体间商谈——哈贝马斯的权利理论解析》，载《清华法学》2008 年第 2 期，第 7 页。

③ 张翔：《基本权利的体系思维》，载《清华法学》2012 年第 4 期，第 31 页。

④ 林来梵：《从宪法规范到规范宪法》，法律出版社 2001 年版，第 183 页。

其他基本权利所需要的物质上的保障。① 该项权利来自传统宪法学中所提出的“经济自由”，属于基本权利中自由权的范围。自由权是一项非常重要的权利，是保障人的尊严的主要依据。自由权的主要内容包括人身自由、经济自由、精神自由，我们所要讲的并不是公民人身上的自由权，而是法人进行经济活动时候的自由，也就是说，该种经济自由可以保证具有独立身份资格地位的法人根据自己的意志在经济活动中自由行为，排除国家或其他私人、组织的侵害和阻碍，从而获取经济价值。② 经济自由是宪法基本权利的主要组成部分，其具体的内涵包括财产权和营业的自由等有关经济活动的自由和权利两大块。

（1）营业自由

目前，企业营业自由权与财产权的划分问题上适用一个通用标准，即营业自由保护营业活动本身，而财产权保护营业活动的结果。③ 企业利用个人信息的行为可以落入营业自由的保障范围，而企业在对个人信息进行收集、分析、处理整合后，经由其处理的信息会产生财产性价值，企业对于信息的利用和交易活动最终的目的是获取利益，因此，其行为也可能落入宪法财产权的保护范围。目前，我国宪法文本中不存在“经济自由”“营业自由”的概念，因此难以将营业自由作为独立的基本权利来看待。④ 想要证成营业自由基本权，需要从我国宪法已明确列举的条款中寻找其规范基础，依据宪法文本，财产权条款可以导出营业自由。从对于宪法文本和判决的解释中的可以得出，营业自由可以宪法财产权作为其宪法依据，因此，可直接从财产权角度证明企业行为的正当性。

（2）财产权

在宪法上，财产权以保护公民和法人组织的财产为主要内容，其本质为一种行为自由权，指人们具有独立于国家的意志，享有自主追求幸福的自我决定权、自由发展人格的自我实现权以及私人自治、排除公权力干扰和控制的权利。⑤ 财产权作为基本权利产生于人民反对国家干预的过程之中。与民法意义上的财产权不同，宪法财产权的双方主体不全是私人，而是国家作为其中一方当事人。宪法财产权主张，国家权力是对公民、组织所享有的正当私有财产的最大侵害来源，宪法财产权可以体现出公民——国家在宪法秩序中的关系，其设立目的就是防范来自国家对私有财产的侵犯。

宪法财产权的目的是为权利主体的自由提供经济保障，财产权显而易见地包含经济利益相关的内容，因此，首先应当审查待判断的权利是否包含经济利益相关的内容。如果该权利并没有体现出经济价值，那么，该项权利就不构成财产权。⑥ 宪法财产权的核心是抵

① 林来梵：《从宪法规范到规范宪法》，法律出版社 2001 年版，第 352 页.

② 参见李累，余平：《经济活动的自由与财产权》，载《学术研究》2004 年第 10 期，第 59 页。

③ 陈征：《国家从事经济活动的宪法界限》，载《中国法学》2011 年第 1 期，第 102 页。

④ 参见周雷：《营业自由作为基本权利：规范变迁、宪法依据与保护范围》，载《中国法律评论》2020 年第 5 期，第 104 页。

⑤ 参见李累、余平：《经济活动的自由与财产权》，载《学术研究》2004 年第 10 期，第 61 页。

⑥ 参见谢立斌：《论宪法财产权的保护范围》，载《中国法学》2014 年第 4 期，第 132 页。

御国家的侵害，个人信息经由信息处理者收集整合为数据后产生财产性价值，财产权保护的就是企业通过利用个人信息进行营业活动所创造的数字资源财富，同时，其不仅是保障数字财产免受剥夺，同时也要保障其免受价值流逝。《个人信息保护法》认为个人信息处理者可以自主决定处理信息的目的、方式，也就是说，企业平台对于其所进行的个人信息利用行为具有自主决定权，当然对经过处理后的具有财产性价值的个人信息享有所有权，重要的是，当国家为了保护信息主体而对企业经营活动进行不当监管或者干预时，企业可以主张自己行使财产权的行为受到了限制。因此，其行为落入宪法财产权保障范围。

保护企业平台的经济自由，即保障其处理、利用个人信息的营业自由和对于经过处理后的信息产生的财产性价值免受国家侵害的财产权，有利于对个人信息保护与个人信息流通之间的关系进行平衡，从而促进其双方的良好发展，避免现行个人信息保护法秩序的运行过度偏向于“保护”而遏制了“发展”，从而能够更为精细、准确地确定个人信息的法律保护强度。

三、基本权利冲突产生的原因及具体表现形式

宪法所保障的主体具有多元化、多层次的特征，其范围非常宽泛，各种利益与价值均在其保护范围之内，因此，不同主体对于其基本权利的主张之间难免会产生对立的现象。基本权利的本质的不同，其表现形式也不尽相同，有些基本权利冲突的发生是显而易见的，日常生活中，往往有人在扩散自己的言论时，很有可能涉及他人的隐私，当后者诉诸救济渠道时，言论自由与人格尊严之间冲突就发生了，这种冲突是时常发生的。此外，一些基本权利的冲突是隐含的，表面上人们很难想到某些基本权利之间会产生冲突，这些冲突只有在具体实践中才可以观察到。例如本文所要讨论的财产权与个人信息权的冲突，最初人们可能很难联想到这二者之间会发生冲突，但是如果具体到个人信息利用问题上，出现企业的财产权与用户的个人信息权之间的冲突，就不足为奇了。此时，国家的立法与司法在衡量个人信息的商业化利用的限度时，就是在解决宪法层面的基本权利冲突问题。本文认为，基本权利冲突产生于基本权利双重性质中的客观价值秩序，其与权利冲突的本质区别在于国家的介入。

（一）基本权利冲突的理论基础——客观价值秩序

基本权利在德国宪法学理论中被认为具有双重性质，即“主观权利”和“客观法”。主观权利对应的是国家对基本权利的消极义务，其具有防御权的功能，该功能可以维护个人免受国家的恣意干涉，公民可以要求国家不干涉基本权利所保护的利益，当公民的利益被国家侵犯时，可以请求停止侵害，简言之，主观权利是请求国家不作为的权利。从我国宪法第 35 条至第 40 条以及第 47 条均可以推导出主观权利的防御权功能。客观法指基本权利可以用来直接约束国家公权力，也可以被称为客观价值秩序，基本权利不仅仅是个人

所具有的得以向国家提出请求的权利，还是基本法所确立的一种“价值秩序”，这一秩序为各国立法机关建构国家各种法律制度的原则提供依据，同时，客观法也可以作为一种上位指导原则，为一国行政人员、司法人员在执行和解释法律时指明方向。① 1958 年德国发生了一起著名的案件，名为吕特案，在此案中，德国联邦宪法法院发布的判决书中这样写道：“基本权主要是人民对抗国家的防卫权，但在基本法的各个基本权规定中也体现了一种客观价值秩序，被视为宪法上的基本决定，有效地适用于各个法律领域。”客观价值秩序包括国家积极保护义务的内容。

根据基本权利的双重性质理论，宪法上的国家义务分为消极保护义务和积极保护义务。② 国家消极保护义务来自基本权利主观权利面向的防御权功能，国家积极保护义务来自基本权利主观权利面向的受益权功能和客观法面向的客观价值秩序功能。国家消极保护义务包括请求国家不对基本权利进行侵犯的不作为义务，如当今社会信息技术发达，国家也掌握了成熟的信息处理技术，当国家可以利用数字技术对公民的个人信息进行处理时，对其行为进行一定的防御和约束是十分需要的，因为国家需要给予公民最大限度的自由和尊重。③ 国家积极保护义务指国家具有在物质上进行给付以及采取积极措施以防止公民的某项基本权利被其他私主体侵害的义务。当作为信息主体的个人主张其权利受到信息利用方的侵犯时，事实上其是主张了个人信息权所具有的国家积极保护义务功能。基本权利国家保护义务是在国家对权力的垄断的意义上产生的。国家具有强制力，其对于权力具有一种天然的垄断能力，当公民的基本权利遭到来自其他私主体侵犯的时候，需要向强有力的国家寻求保护。此时，国家履行国家积极保护义务的表现形式就是通过事前立法、事中作出行政行为、事后提供司法诉讼途径来对公民的基本权利提供保护，排除第三人的侵犯，如国家通过设立《个人信息保护法》，在《民法典》中规定与个人信息保护相关的条款等立法活动，为个人信息处理活动和个人信息保护提供了可供参考的规范条款。

由于国家对个人信息权具有保护义务，因此当信息主体主张其他私主体如数字企业平台不当利用其个人信息从而干预其数字人格主体性时，国家应当采取措施，限制数字企业平台的不当操作；然而，国家在采取措施对数字企业平台进行监管、限制等措施时，也应当考虑到数字企业平台也属于基本权利主体，其也享有部分经济类如财产权和经营自由等基本权利，在此意义上，平台的基本权利同样享受免于国家过度干预的国家消极保护义务。

构成基本权利冲突的理论基础即基本权利客观价值秩序，当基本权利作为客观价值时，其性质发生了变化。此时，基本权利作为一种客观价值秩序被赋予了内在的价值属性，不同的基本权利价值具有多样性，此种情况下，基本权利规范体系中的价值之间难免

① 参见张翔：《基本权利的双重性质》，载《法学研究》2005 年 3 期，第 25 页。
② 参见陈征：《基本权利的国家保护义务》，载《法学研究》2008 年第 1 期，第 51 – 52 页。
③ 参见张翔：《个人信息权的宪法（学）证成》，载《环球法律评论》2022 年第 1 期，第 66 页。

会产生竞争性，使得各种基本权利之间表现出紧张的样态，从而产生基本权利冲突。

（二）基本权利冲突产生的直接原因——国家的介入

权利冲突是一种普遍的社会现象，某一私主体享有某种法律权利，该权利允许该私主体作出某种行为，而另一私主体也享有某一权利，此权利要求前者不可以作某种行为，此时，二者之间的权利冲突就产生了；而基本权利冲突与权利冲突不同的关键要素是国家的介入，基本权利冲突就是指某一公民的基本权利受到侵犯时，其要求国家积极保护自己权利的行为（此时国家为了保护该公民所主张的权利，可能会采取限制另一公民的行为），与另一公民的基本权利要求国家不得限制、干涉自己行为之间的冲突。简言之，当私权利之间发生冲突的时候，倘若国家公权力试图介入二者之间以解决争端，这种冲突就会上升至宪法层面，由权利冲突转化为基本权利冲突。① 权利冲突可以通过冲突双方私下进行协商解决，然而解决基本权利冲突需要的是国家公权力主体履行消除冲突的义务。

宪法作为最高法，基本权利属于最高法价值，同时，一国的法律秩序由宪法统领，下位法有义务在立法中贯彻这些价值，由此产生了基本权利在私人之间适用的结果，本应由个人向国家主张的基本权利演变为私人间的相互竞争，此时，国家再进行介入，形成了以个人——国家——个人的三方关系为框架的基本权利冲突。关于宪法的基本权利条款能否在私人之间发生冲突时被援引从而进行司法判断或裁判的问题，基本权利的第三人效力理论可以给出答案。基本权利第三人效力是指基本权利不仅可以拘束人民与国家之间的公法关系，也可以拘束人民与人民之间的私法关系，也就是可以对国家和人民之外的第三人产生效力。② 学界普遍认为，尽管宪法中的基本权利条款属于公法领域的法律条款，但是其对于私法领域产生的问题同样存在规范效力。只是此种效力究竟属于直接效力还是间接效力却存在争议，目前，学界存在“直接效力说”和“间接效力说”两种观点。“直接效力说”并未得到学界的普遍接受，该说法主张当私人之间发生权利冲突时，属于公法领域的宪法基本权利条款能够直接适用于普通的私法领域。私人之间发生冲突并需要付诸普通诉讼时，往往并不需要优先考虑私法上的救济，而是可以直接将二者之间发生的权利冲突演变为基本权利冲突。然而，不少学者反对这种观点，认为这种方式过度扩大了基本权利冲突的范围，从而有损宪法权威性。间接效力说主张当公民之间产生私权利冲突时，不应当直接将其视为基本权利冲突，因为私法上存在许多救济渠道，应当优先将冲突诉诸普通诉讼，当下位法可以解决私权利冲突时，便没有必要再将宪法上的基本权利条款适用其中。而当法官穷尽私法救济的各种渠道依然无法解决冲突时，此时可以援引宪法基本权利，采用宪法解释的技术将基本权利的效力通过私法条款表现出来，也可以引用私法上的原则条款。

---

① 参见徐振东：《基本权利冲突认识的几个误区——兼与张翔博士、马岭教授商榷》，载《法商研究》2007年第6期，第36页。

② 参见张翔：《基本权利的规范建构》，法律出版社2007年版，第51页。

（三）个人信息权与财产权冲突的表现形式

宪法所保障的主体具有多元化、多层次的特征，其范围非常宽泛，各种利益与价值均在其保护范围之内，因此，不同主体对于其基本权利的主张之间难免会产生对立的现象。基本权利的本质的不同，其表现形式也不尽相同，有些基本权利冲突的发生是显而易见的，日常生活中，往往有人在扩散自己的言论时，很有可能涉及他人的隐私，当后者诉诸救济渠道时，言论自由与人格尊严之间冲突就发生了，这种冲突是时常发生的。此外，一些基本权利的冲突是隐含的，表面上人们很难想到某些基本权利之间会产生冲突，这些冲突只有在具体实践中才可以观察到。例如本文所要讨论的个人信息权与财产权之间的冲突，最初人们可能很难联想到这二者之间会发生冲突，但是如果具体到个人信息利用问题上，出现企业的财产权与用户的个人信息权之间的冲突，就不足为奇了。

本文所主张的个人信息权与财产权的冲突主要表现为信息主体与信息利用方之间的利益冲突，即企业基于其商业目的希望能够对于可公开获取的个人信息进行自由利用的行为与信息主体基于其个人信息的私密性而希望自己能够掌握、控制自身个人信息的流通、用途的期待之间的冲突。此外，信息主体与信息利用方之间还存在未经信息主体同意而违法利用其个人信息、通过算法滥用个人信息等利益冲突问题，尽管这不在我们的讨论范围，但是也可以看出，信息主体与信息利用方的冲突表现形式十分多样，与其相关的问题也非常复杂。如何在不损害信息主体利益的前提下保障信息的自由流通，从而促进商业经济更好发展已经成为学界和实务界面临的重要课题。

四、基本权利冲突的传统解决模式

基本权利冲突的传统解决模式分为两部分，分别为基本权利冲突形成前的解决模式即程序预防，以及基本权利冲突形成后的解决模式，这一部分包括权利位阶理论、实践调和原则、比例原则。传统解决模式尽管给基本权利冲突的解决提供了很多可以参考的宏观方向，但也存在其局限之处。

（一）程序预防

程序预防是指在基本权利冲突发生之前，提前安排前置程序，从而将基本权利的发生消灭在萌芽状态。① 立法机关履行保护义务，对其可以及时预测到的即将发生的基本权利冲突进行提前介入，有效的介入行为包括设置适当的程序机制，对生活中明显存在关联、易发生冲突的基本权利进行相关规定和限制，尽最大努力阻止基本权利冲突发生。以我国专利法中所设立的优先权制度为例，该制度就是一种程序设计，其目的是避免申请专利时

① 参见王锴：《基本权利冲突及其解决思路》，载《法学研究》2021年第6期，第45页。

可能发生的冲突。又如，为避免言论自由与名誉权发生冲突，可以作出相关惩罚性规定，让发表言论者充分了解其盲目发言后所产生的相关法律风险。假如发表言论者因相关的惩罚性规定停止了发表言论或者打消发表言论的念头，放弃行使其言论自由权，也就避免了基本权利冲突的发生。然而，面对个人信息权和财产权的冲突，程序预防难以起到应有的作用，个人信息权与财产权的冲突往往是难以预测的，因为立法者很难在立法时预见到这两种看似并无关联的权利会产生冲突。因此，需要转向其他解决模式。

（二）权利位阶理论

权利位阶指的是在一个权利体系中，不同的权利根据其价值的不同存在先后关系。目前，学界对待权利位阶存在三种观点，即肯定说、否定说和类型说。肯定说支持权利位阶的存在，其认为，不同的权利之间根据其所具备的价值不同，必然存在一种先后关系，有的权利具有优先性，有的权利排位靠后，每一个权利存在固定的位置；否定说认为，各项权利之间是平等的，不存在也难以存在位阶，因为权利位阶的顺序往往需要通过立法来确定，然而立法是面向未来的，其具有一定的局限性，其划定的固定权利顺序不可能永远都是正确的；[①] 类型说认为，权利是存在位阶的，只不过权利的位阶存在类型化的特点，权利位阶中各项权利的位置并不是绝对的、固定不变的，不同情形下各项权利的顺序可能会有所变化，简言之，需要具体情况具体分析。[②] 本文认同第三种观点，首先，如果承认权利之间是平等的，那么权利冲突发生时，两个权利都不会相互退让，那么问题就无法得到解决。其次，不论是国外还是国内，宪法文本都没有对基本权利的优先顺序作出过明确性规定，权利位阶仅仅只是一种理论上的论证，并非以分析宪法文本为基础的法解释学论证。

一般而言，基本权利位阶的决定性作用往往只体现在较为抽象、普遍的层面上，如体现在基本权利规范的冲突之上，然而，基本权利冲突所要解决的并非这些抽象、普遍层面上的问题，基本权利所要解决的核心问题往往体现在具体的微观层面，具有其独特性和个别性。以本文企业财产权与个人信息权为例，个人信息权的宪法规范基础之一为人格尊严条款，当前，我国围绕"人格尊严"能否成为我国基本权利的核心和最高位阶的基本权利展开了讨论，多数学者认为，基本权利位阶应当围绕人格尊严而建立，所要讨论的权利越接近人的尊严，其就具有靠前的位置，然而，还有观点认为，"人格尊严"相关的宪法条款在我国宪法基本权利一章中并非排在最前位置。事实上，理论界与实务界并没有建立起统一的判断来标准人格尊严到底是不是最高位阶的价值。倘若按照大多数人的观点，人格尊严就是具有最高价值的基本权利，个人信息权显然比财产权更加贴近人格尊严条款，其

① 参见王克金：《权利位阶、权利平等抑或权利边界》，载《长白学刊》2010年第4期，第86页。
② 参见王锴：《基本权利冲突及其解决思路》，载《法学研究》2021年第6期，第45页。

价值位阶更高，如果抽象处理，则企业商业化利用个人信息的行为应受严格监管。不过，严格限制企业行为是否会阻碍其正常经营和营利，从而影响我国市场经济的发展？

（三）实践调和原则

实践调和原则往往是被视为用来解决基本权利冲突问题的重要参考和规则。实践调和原则要求，当两项基本权利进行考量时，不得因为维护一方的整体利益而忽视另一主体的基本权利使其成为前项权利的牺牲品，即双方权利没有先后、优劣之分，应当将双方所主张的相互冲突的权利进行一种最优意义上的平衡，从而使双方都可以达到圆满、和谐的状态。① 当不同主体之间存在两项或数项基本权利冲突的情况下，不完全遵照权利位阶理论，将某一项权利归为其他权利的上位序列为理由，扩大该项权利的效力，排除其他权利。应当在不限制或者剥夺相互冲突的基本权利固有属性和本质内容的前提下，尽可能调和基本权利，以保证其效力的合理化。② 如黑塞所言："在解决基本权利冲突的问题时，不应当仅仅进行一种抽象性的利益衡量，而是应当尽最大可能确保宪法所保障的权利均能得以实现从而避免牺牲一方的基本权利以实现另一方的基本权利的情况出现。毋宁宪法统一性原则规定了一项最优化任务：为双方利益划定边界，从而确保双方均能发挥最佳效力。"③ 简单来说。实际调和原则必须对所有基本权利所保护的法益进行相互协调，从而保证其均获得实现，该原则可以对基本权利作出限制，但是绝对不能对部分基本权利作出超出必要限度或者完全剥夺保障的决定。④ 在个案中，法院必须致力于不同基本权利的调和。

然而，一些情况下，国家可能难以对某些冲突的权利之间进行调和以达到圆满状态。当个人信息权与财产权的冲突无法调和，在个案中应优先考虑个人信息权还是财产权？在个案中应当如何衡量个人信息权受到损害的强度以及与其冲突的财产权所蕴含的宪法价值？

（四）比例原则

比例原则是许多国家行政法上的重要原则，最早是18世纪末德国警察行政法领域的产物，二战后逐渐统领德国公法领域，成为"公法之皇冠原则"，比例原则之于公法，就像诚信原则之于私法。比例原则是一种对于国家权力和公民权利之间目的和手段的一种考量，强调国家在作公权力行为时，要在目的与手段之间进行衡量，不能为了目的不择手

① 参见陈征：《宪法自由权与平等权冲突的解决途径》，载《浙江社会科学》2014年第12期，第82页。

② 参见权宁星：《基本权利的竞合与冲突》，韩大元译，载《外国法译评》1996年第4期，第78页。

③ 参见柳建龙：《论基本权利冲突》，载《中外法学》2021年第6期，第1437页。

④ 参见蓝宗煌：《跟踪采访之基本权利冲突研究》，高雄大学2013年硕士学位论文，第116－117页。

段，必须作出均衡的选择。① 比例原则的分支包括适当性原则、必要性原则和狭义比例原则。适当性原则又称妥当性原则，指的是国家机关采取的手段必须能够或者有助于达到其所想要达到的目的；必要性原则又称最小侵害原则，指必须在一切能够达到法律目的的适当手段中选择对公民权利损害最小的那一个；狭义比例原则是指国家权力所采取的措施必须与其所要达到的目的相称，即其实现目的所能得到的利益不能小于或等于其行为所损害人民的利益。

比例原则要求国家为保护一方的基本权利而对另一方主体的基本权利进行的限制必须与其所要保护前者基本权利的目的之间合乎比例，既要考虑对被保护的基本权利的保护是否充分，也要考虑对于被限制的基本权利的限制是否过度，换言之，比例原则是给国家行为提供一个界限，强调对权力的保护程度和限制程度的问题。比例原则存在两个内核，一是审查不足禁止原则和过度禁止审查原则。审查不足禁止，强调的是国家对于一项基本权利的保护仅仅需要达到最低保护限度，但是虽然国家提供的保护只需要达到最低限度就具备合宪性，但是面对一项基本原则的保护，国家不能不作为或者作为了但是程度不够。过度禁止审查原则强调，当国家保护一项基本权利时，不能对该项基本权利的保护程度过高而对另一方的基本权利进行超过最大限度的干预。比例原则与实践调和原则的不同之处在于，比例原则强调的是解决方式合理甚至可以忍受即可，而实践调和原则强调的是解决方式必须达到最佳。

还有学者提出具体规定优先于概括规定的解决模式，该解决模式强调，由于宪法文本中的基本权利是立法者基于社会实际情况认识到这些权利具有重要性而被列举其中的，所以，当基本权利发生冲突时，优先保护被明确列举在宪法基本权利章节的权利。② 这种说法是具有局限性的，因为立法具有落后性，其文本难免有空白和缺陷，立法时所列举的权利并非永远固定、不会更新的，我国宪法文本中并未涵盖所有重要的基本权利，甚至是生命权这样重要的基本权利都未被明确规定于其中。当生命权和游行示威发生冲突时，是否要根据具体规定优先于概括规定的原则？

五、基本权利冲突的新型解决路径

由于基本权利冲突是一种十分抽象的价值层面或原则层面的冲突，除实践调和原则中的个案衡量论外，很难给出具体的解决路径，其他传统的基本权利冲突的解决模式也都具有高度理论化的色彩。本文试图从基本权利冲突的三层主体方面提出一种平衡基本权利冲突的方案。由于基本权利冲突发生于国家——个人——平台三方主体之间，个人信息利用与保护之间的基本权利冲突应当从国家、企业平台和个人三个方面进行解决。

---

① 参见张翔：《基本权利冲突的规范结构与解决模式》，载《法商研究》2006 年第 4 期，第 98 页。

② 参见张翔：《基本权利冲突的规范结构与解决模式》，载《法商研究》2006 年第 4 期，第 98 页。

（一）信息主体利益的部分让步

个人信息控制论起源于欧洲和美国，其主要内容为，在基本权利层面，个人对其个人信息享有控制权。① 这里的个人信息是一种可识别具体个人（仅指自然人）的信息。② 个人可以通过个人信息在社会中与他人建立关联、体现自己独一无二特征，同时，社会也可以通过个人信息去识别不同个体，以及了解这些个体在社会中开展活动的情况。个人信息所具备的最关键的要素即“可识别性”，可识别性指的是，一个特定的个人可以被人们根据与该特定个人相关的信息来认知、识别或了解，与该特定人相关的信息一般是其专门特有的或者能够体现出其个人属性、特点、特质的信息。

然而，将个人信息权确立为基本权利以及个人信息所具有的“可识别性”，并不当然意味着信息主体对个人信息具有绝对的支配权和控制权，信息主体对于个人信息的支配仍然需要受到宪法其他基本权利的限制。以姓名权为例，法律赋予个人自由命名和使用名字的权利，但却不包括对于姓名的支配和控制，人们并不能阻止别人使用和自己一样的名字。信息主体不能以个人信息控制论作为其主张个人信息权应受保护的理由，应将部分个人信息由个人控制让渡于社会控制，从而促进国家、企业、个人之间对于个人信息利用与保护的平衡与发展。

（二）国家对于公共利益的考量

国家应当从个人信息的公共性出发，提倡对于个人信息的公共利用。个人信息具有公共性，是社会交往行动以及经济发展的必要资源。其关乎社会公共利益，不应当完全由信息主体控制和支配。③ 在不损害人格尊严的前提下，将个人信息保护与利用的逻辑从控制论转化到公共论，可以避免对于个人信息的过度保护，从而促进数据流通与技术创新。尽量减少对于信息主体与利用者之间冲突的干预，没有了司法的介入，将基本权利冲突还原为普通的权利冲突，将对抗回归为协调，更有利于社会自治，经济自由发展以及增强个人的法律意识。

（三）企业平台经济利益的限缩

信息主体虽然对于个人信息不能进行全方位的控制与支配，但不得不承认的是，个人信息的性质首先是私人的，其次才是公共的、共享的。个人只有融入社会，其信息才会具有公共性。对于个人信息的利用与保护，还是应当以保护为主，利用为辅。此观点来源于《个人信息保护法》的条文，可以看出，该法中对于个人信息保护的条款远远多于个人信

---

① 参见高富平：《个人信息保护：从个人控制到社会控制》，载《法学研究》2018年第3期，第88页。
② 参见高富平：《论个人信息保护的目的》，载《法商研究》2019年第1期，第94页。
③ 参见高富平：《个人信息保护：从个人控制到社会控制》，载《法学研究》2018年第3期，第93页。

息利用的条款，且对于个人信息利用的规定都较为模糊。

事实上，个人与平台之间的权力存在不对称结构，对于个人信息利用的规定若过于宽松，将个人信息的公共性放大，难免会导致个人信息滥用的情况发生。企业应采取以人为本的价值理念，对其商业经济的发展进行一定的让渡，将信息主体真正地当成三方关系中的“主体”，以免造成信息主体对于其个人信息遭到滥用、侵犯时产生不安、恐惧的心理，有利于避免社会冲突的发生。

六、结语

本文从个人信息商业化利用与个人信息保护的冲突入手，揭示了这种现象背后的逻辑事实上属于宪法意义上的基本权利冲突。两个或数个主体所享有的宪法意义上的基本权利相互对立，其中一个主体在行使其基本权利时会侵害到另一个主体的基本权利，一方若想实现自己的基本权利，必然会导致另一方基本权利的牺牲，此时，双方难免会产生冲突和纠纷，在这种私人间的基本权利相互对立的情况下，为了消除这种对立，国家公共权力被要求介入时，基本权利冲突就发生了。个人信息商业化利用的主体是互联网企业平台，而请求个人信息保护的主体是公民，公民实际上享有个人信息权，而个人信息权虽未被宪法明文列举为基本权利，但是可以通过对其他宪法条款如人权条款、人格尊严条款进行解释，从而证成个人信息权属于宪法意义上的基本权利。互联网企业平台的行为也同样落入基本权利保护范围。平台也可以突破传统法学的枷锁，成为基本权利的主体，其行为应当落入财产权的保障范围。

与传统的基本权利冲突的抽象解决模式相比，从基本权利冲突的三层主体即国家——个人——平台之间提出解决方案，即信息主体对于其信息利益进行让渡、国家将公共利益纳入考量以及商业主体对其经济利益进行限缩，以全新的角度对基本权利冲突进行分析和解决，有利于达到个人信息商业化利用与保护的平衡，促进社会全面发展。

边界与越界：波斯纳实用主义审判理论慎思

陈艳风*

摘　要　波斯纳的实用主义审判理论倡导一种“向前看”的审判风格。重视后果，强调经验和事实，拨开道德迷雾，是理解这一理论的三个核心维度。实用主义审判进路有其特定的适用范围，并非放之四海而皆准，其主要适用于美国普通法上诉审中的部分疑难案件。即便是在美国，实用主义审判也不是常规性的，法条主义的内核依然坚实。实用主义审判试图严守它的边界和分寸，重视后果但也尊重往昔，并不固守经济学帝国主义。法律经济学“良心”的失落，对道德以及道德哲学充满偏执的批判，是实用主义审判理论的两个主要越界之处。波斯纳语境下的法条主义与实用主义皆非本质主义的。中国司法应实用主义地对待实用主义，在严守法条主义的同时，可将实用主义司法决策模式作为一种特殊情形下的规则性补充。

关键词　波斯纳；实用主义；审判理论；法条主义；法律经济学

一、问题的提出

波斯纳是公认的“彻头彻尾”的实用主义者。“要放逐实用主义，则一定失败，因为它无法放逐。努力放逐实用主义的唯一后果会是令法官比今天还不坦诚。”① 法律实用主义的核心是实用主义司法。作为一名法官，波斯纳倡导的是一种实用主义的司法决策风格。在他看来，实用主义审判的主张是基于美国法律的需要和特质，描述和洞悉美国法官行为的最佳术语是“实用主义”。实用主义审判不可避免，“美国法官命中注定是实用主义者”。②

---

* 作者简介：陈艳风，男，湖北天门人，洛阳师范学院法学与社会学院副教授，主要研究方向为法理学。

① ［美］理查德·A. 波斯纳：《法官如何思考》，苏力译，北京大学出版社 2009 年版，第 228 页。

② ［美］理查德·A. 波斯纳：《法官如何思考》，苏力译，北京大学出版社 2009 年版，第 245 页。

对于实用主义审判理论，波斯纳颇为自满。在他看来，实用主义审判体现了法官的坦诚与自觉，避免了法律人的自以为是，同时也彰显了法官的实践理性，这些都是它的“美德”。外界对于实用主义审判的评价，呈现两极分化的态势，既不乏忠实的拥趸，同时也非议众多。以格雷、萨摩斯、麦金尼斯、拉帕波特等为代表的赞同者认为，实用主义审判理论是迄今为止最为正确的理论之一，是法律人理应采用的最佳职业理论。而以罗蒂、史密斯、德沃金、卢班、塔马纳哈、索罗、莫里斯等为代表的反对者看来，为了掩盖真实的判决意图，实用主义审判选择工具性地对待立法和先例；由于缺乏判定最佳后果的精细标准，实用主义审判在形式上是空洞的。① 其中尤以波斯纳的宿敌德沃金的批判最为激烈。在《法律帝国》中，德沃金用较多的篇幅对实用主义火力全开。在他看来，“老练的”实用主义者极力掩饰对法条和判例的轻视，并将之视为一种自以为高明的审判策略，这种“高尚的谎言”实则是对整个社会的欺骗。② 不同的声音使实用主义审判理论尴尬地徘徊于“平庸”与“最优”之间。

值得注意的是，波斯纳直言，实用主义是美国本土哲学，不大可能在其他国家适用；在中国的制度结构和法律文化中，实用主义风格的审判并不可取，更好的选择是保持法条主义的司法进路。③ 在法治中国建设和司法改革创新的背景之下，实用主义审判是否适合中国的学术论争，其重要性得以更加凸显。在笔者看来，比选择和表态更为重要的是，首先要正本清源，全面和辩证地理解波斯纳实用主义审判的内涵，消除历史地累积其上的各种误解。只有洞悉实用主义审判理论的科学内涵，特别是其边界与越界之处，方能更为理性地看待它的借鉴意义，而非盲目地排斥或无条件地接纳。实用主义审判不是纯粹的学理问题，亦关涉重大的实践关切。理论的正本清源之后，终究要回归法治中国建设和司法改革创新的实际。面对实用主义审判，中国司法的选择和应对，亦是本文的关切所在。

正是基于如上的问题意识和关切，本文首先从三个核心维度探析波斯纳实用主义审判理论的内涵，在此基础上，基于实用主义哲学、经济学以及道德哲学的理论视野，指出其“边界”和“越界”之处，澄清累积其上的诸多误识。本文认为，实用主义审判理论在适用范围、理性对待先例、警惕“经济学帝国主义”等方面保持了克制，严守边界，但也失落了道德和经济学的“良心”，存在越界之处。在理论的正本清源之后，对于如何面对实用主义审判的问题，本文的建议是，在严格适法的前提之下，我国司法应对实用主义审判保持开放的姿态，引入一种“形”“神”兼备的实用主义审判进路。这是一种积极且有益的尝试。

---

① 参见张顺：《后果主义审判：源流、思维特征与理论定位》，载《北方法学》2019 年第 2 期，第 96—98 页。

② 参见［美］德沃金：《法律帝国》，李常青译，中国大百科全书出版社 1996 年版，第 139—140 页。

③ 参见［美］理查德·A. 波斯纳：《法律经济学与法律实用主义》，陈铭宇译，载《北大法律评论》编辑委员会主编：《北大法律评论》（第 11 卷），北京大学出版社 2013 年版，第 6—7 页。

二、实用主义审判理论的三个维度

波斯纳所喜好的实用主义是一种实践性的处理问题的进路，是一种强调行动和改进的哲学，它的兴趣不在于纠缠“这究竟是什么”，而在于“这究竟有什么用”。如果说是霍姆斯让实用主义登上法学的舞台，波斯纳则是实用主义审判理论的集大成者。霍姆斯和波斯纳这两位杰出的实用主义法官主张，应在个案审判中融入实用主义哲学，司法审判模式应该是“向前看”的。经由波斯纳系统阐述的实用主义审判理论，实际上是一种基于对多元法律后果进行权衡和取舍的法律发现技术。

波斯纳的实用主义审判理论是一个十分宏大的思想体系，涵盖的内容包括但不限于经济学、道德理论、实用主义哲学、心理学、心智理论、历史学、政治理论等。但是，我们可以看到，波斯纳实用主义审判理论的展开并不均衡，而是有所偏重。总体来看，对于历史学、法律心理、心智理论等因素，波斯纳并未给予持续性和系统性的观照，而更多地将关注的目光投向“后果主义”“道德批判”和“法经济学”。据此，我们可以从三个核心维度来探析实用主义审判的内涵。

（一）看重司法审判的系统后果

“法律的生命从来不是逻辑；一直都是经验。”① 霍姆斯在《普通法》中的开篇名言，开门见山地表明了他的法律实用主义立场。他认为，基于对后果的直觉的裁判比基于法律推理的裁判更有利于法律的发展和进步，尤其是在疑难案件中，这一点体现得更明显。②霍姆斯之后的杜威在哲学上丰富了实用主义审判理论，主张法官应将关注的目光投向法律后果的预测与分析，并据此来形塑法律，这是一种比常规的三段论推理更具前瞻性的司法决策模式。③ 波斯纳则指出，实用主义司法决策模式的核心是，要重视判决可能造成的系统后果，“以及因此而来的基于后果而不是基于概念和一般性做出政策判断的倾向”。④

1. 拒绝“机械司法”，将后果作为指引和约束

实用主义审判是“向前看”的，“向前看”的关键是法官必须高度敏感于审判的制度性和实质性后果，在相互竞争的政策之间审慎权衡。无视后果的审判是任性的！在法官的审判行为中，后果是一个重大的指引和约束。尤其是在疑难案件中，对后果的预测和系统考量尤为重要。“法条主义不是一件可以套在法官身上的紧身衣。”⑤ 再精细的逻辑论证也

---

① ［美］小奥利弗·温德尔·霍姆斯：《普通法》，冉昊、姚中秋译，中国政法大学出版社2006年版，第1页。

② 参见［美］小奥利弗·温德尔·霍姆斯：《普通法》，冉昊、姚中秋译，中国政法大学出版社2006年版，第1—3页。

③ 参见赵敦华：《现代西方哲学新编》（第二版），北京大学出版社2014年版，第101—104页。

④ ［美］理查德·A. 波斯纳：《法官如何思考》，苏力译，北京大学出版社2009年版，第217页。

⑤ ［美］理查德·A. 波斯纳：《法官如何思考》，苏力译，北京大学出版社2009年版，第231页。

要接受真实世界的检验。无视后果，仅仅满足于适用现成的法律或先例的“机械司法”，这种司法决策模式既没有挑战性，也不负责任。法官应工具性地审视法律规则或先例，必须承担起“偶尔的立法者”的角色，而不是自足于做一个循规蹈矩的规则适用者。拒绝直面真实世界的错综复杂，这其实是在逃避司法者的政治和司法责任。在实用主义的意义上，那些在总体上能带来最佳效果的司法决定才是合理的、最优的决策。实用主义者将关注的目光投向实践的后果，而非纠缠于有关法律教义的精细的逻辑或语义分析。在两种可能结果的比较中，在两种利益价值并非异常不同的情况下，如果一个结果造成的竞争性利益牺牲相对较小，这个结果就是总体上更优的。①

2. 拒绝“死磕”先例，直面司法的错综复杂

波斯纳认为，一个务实的法官不能死抠法律字眼，或是“死磕”先例，他思考的应该是“事”而不是“词”，应能发现和承认法条主义的局限。法官一定要关注审判的系统后果，而非执着于探寻一个在逻辑上完美无缺的“正确”结果。

“注重后果会产生一种规训力，会弱化直奔情绪性判断去的那种冲动。它会推动法官，在律师和社会科学家的支持下，去系统地调查后果。”② 对于理性的裁断者来说，作为一种事实的规则，只是裁断的一个约束条件或指南，而非必须遵守的指令。法官必须从形式主义的泥淖中解脱出来，直面司法的错综复杂。尤其是在疑难案件中，往往要求得多元利益和价值的平衡，如果法官能够娴熟地运用实用主义的思维把问题变通，做出一个明智的司法决策就容易得多。法律并非一个“图腾”，而只是一种道德和政治信念重重约束下的社会实践。理性的法官应以后果来倒逼和审视自己的思考。平庸的、有惰性的法官有一种“向后看”的倾向，总想发现本质，而拒绝拥抱经验的洪流，他对法律的后果既不关心，也没有能力关心。“最好的司法作者大多是现实主义者，而不是形式主义者；形式主义来回折腾却一直黯淡无光；我不认为这只是个偶然事件。”③

（二）重视事实和经验

实用主义的世界是一个经验的、事实的、权衡的、“向前看”的世界。波斯纳一再强调，实用主义审判思考的是“事”而不是“词”。不同于分析哲学家和法条主义法官对形式逻辑的迷思，实用主义者的兴趣在于强硬的事实，基于事实预测和比较分析可能的法律后果。

1. 拥抱事实和经验的洪流

波斯纳直言，重视事实和经验的实用主义仍是概念主义或形式主义的“解毒剂”。重视后果既是一种实用主义的倾向，也是一种捕获和分析事实的能力。“仅根据构成某规则

① 参见［美］理查德 · A. 波斯纳：《法官如何思考》，苏力译，北京大学出版社 2009 年版，第 221 页。
② ［美］理查德 · A. 波斯纳：《波斯纳法官司法反思录》，苏力译，北京大学出版社 2014 年版，第 141 页。
③ ［美］理查德 · A. 波斯纳：《波斯纳法官司法反思录》，苏力译，北京大学出版社 2014 年版，第 405 页。

的语法之结构和语词之含义，人们不可能安全适用一条规则；你必须有一种感知(sense)，这条规则究竟与何有关。”① 一个理性的法官，必须有能力运用社会科学的洞见，调动一切可能的知识和条件，去捕获尽可能多的有助于后果预测的经验和事实。“知识上的偏食只会导致‘弱智’。”② 在波斯纳看来，与现实主义一样，实用主义审判应捕获丰富的经验和事实，“要追溯法律原则的实际后果，要在相互竞争的政策之间保持平衡”。③ 哲学实用主义者喜欢讨论“语言是否反映实在”之类的问题，而波斯纳“感兴趣的是作为一种倾向的实用主义，它喜欢把政策判断基于事实和后果，而不是基于概念主义和通则”。④ 实用主义意味着“具体地、实验性地、不带幻想的考察问题”，始终对事实和经验保有炽热的好奇心。⑤

2. 捕获法律的经济学特性

在捕获经验和事实的诸多方法中，波斯纳最为看重、运用得最为娴熟的无疑是法律经济学。自《法律的经济分析》之后，波斯纳就致力于用法律经济学来阐释和整合整个法律理论。在波斯纳那里，如果没有了法律经济学，使法学成为一门科学只能是一种空想。“经济学想象的个体并非一个‘经济人’，而是一个实用主义者。”⑥在普通法的成长中，经济学进路“看来扮演了一个重要角色”。⑦

在波斯纳看来，尽管除了效率这个基本目标之外，司法活动还有其他潜在的目标，但它们都不过是财富最大化的不同说法而已。普通法的逻辑就是经济学的逻辑，缺乏效率的司法决策无疑会加大社会成本，财富最大化理应成为普通法法官裁判的指南。“即使法官不那么信奉效率，但是，即使从定义上看，他们缺乏效率的决定也比有效率的决定更能使得社会成本增加。”⑧ 在分析人类行为的诸多工具中，经济学总是最直白而富有成效的，“在成本和收益问题上，个体会选择最适合其目的的方法”。⑨ 基于此，波斯纳断言，“最好是把普通法解说为一种推动效率的努力”。⑩ 经济学的成本收益衡量，极大地方便了法官的后果预测和比较。一旦捕获了法律的经济学特性，法官就可能做出更有效率的司法裁断。⑪

---

① ［美］理查德·A. 波斯纳：《波斯纳法官司法反思录》，苏力译，北京大学出版社2014年版，第139页。
② ［美］理查德·A. 波斯纳：《超越法律》，苏力译，中国政法大学出版社2001年版，第240页。
③ ［美］理查德·A. 波斯纳：《超越法律》，苏力译，中国政法大学出版社2001年版，第451页。
④ ［美］理查德·A. 波斯纳：《道德和法律理论的疑问》，苏力译，中国政法大学出版社2001年版，第263—264页。
⑤ ［美］理查德·A. 波斯纳：《法理学问题》，苏力译，中国政法大学出版社2002年版，第580页。
⑥ ［美］理查德·A. 波斯纳：《超越法律》，苏力译，中国政法大学出版社2001年版，第19页。
⑦ ［美］理查德·A. 波斯纳：《正义/司法的经济学》，苏力译，中国政法大学出版社2002年版，第115页。
⑧ ［美］理查德·A. 波斯纳：《法理学问题》，苏力译，中国政法大学出版社2002年版，第450页。
⑨ ［美］理查德·A. 波斯纳：《超越法律》，苏力译，中国政法大学出版社2001年版，第632页。
⑩ ［美］理查德·A. 波斯纳：《正义/司法的经济学》，苏力译，中国政法大学出版社2002年版，第102页。
⑪ 参见［美］理查德·A. 波斯纳：《法理学问题》，苏力译，中国政法大学出版社2002年版，第451页。

（三）拨开道德迷雾

“向前看”的实用主义审判模式，重视经验和事实，主张在精细的法律经济学分析中权衡和取舍后果，这就注定了对道德以及道德哲学的不友好。

1. 道德哲学辜负了法律

道德哲学可能为法律提供些什么？道德哲学家有什么用？对此，波斯纳深表怀疑。“道德词汇在很大程度上是一种副现象或是打嘴仗，并且实际上很虚伪。”① 对于法律来说，道德哲学的基本价值是批判性的，一旦遭遇现实的错综复杂，“道德哲学则辜负了我们”。② 在道德问题的前沿阵地，道德哲学没有解决道德两难的钥匙。“无论是道德决疑术，还是从道德哲学的经典文本推论，无论是仔细分析，还是反思性平衡，或者综合这些工具，都既无法制伏狭隘的自我利益，也无法制伏道德直觉。”③ 道德哲学的方法还很孱弱，不足以解决非议巨大的道德论争，也没有能力为司法决策提供坚定的基础。“道德理论不能解决道德两难，就像数学不能把圆变成方一样。”④ 在波斯纳眼中，如同文学一样，道德哲学什么也证明不了，至多也就丰富了我们的道德情感。在法律的领地，充斥着太多庄严的道德废话。

2. 道德哲学欠缺一种“事实感”

在波斯纳看来，有关道德或伦理的分歧，实则是关于事实的分歧；知识的外延扩展的越大，道德的分歧就越少，甚至会出现道德的聚合。道德或价值纷争，大多可以化约为事实问题。道德哲学为什么在实践层面很少作为？波斯纳认为，最根本的原因是道德哲学家既缺乏动力、也没有能力去把控必要的事实和细节。要解决道德争论，必须吃透每个具体两难的特点。道德理论既缺乏捕获事实和细节的能力，也难以从经验事实中获取有说服力的检验结论。对于事实和细节的把握越粗糙，道德争议就越激烈。如果没有坚硬的事实可以依赖，人们就会退守到直觉和个人经验的保护区。“他们精心编织的论证是一些珠丝，无法推动道德直觉的岩石。”⑤ 道德辩论是泼出去的水，流向四面八方，只能加深而不是沟通分歧。在波斯纳看来，道德辩论难以达至道德共识，这就是道德哲学没什么用的关键因素。

波斯纳以人工流产为例。他认为，人工流产的争议之所以如此激烈，是因为我们对有

---

① ［美］理查德·A. 波斯纳：《道德和法律理论的疑问》，苏力译，中国政法大学出版社 2001 年版，第 7 页。

② ［美］理查德·A. 波斯纳：《法理学问题》，苏力译，中国政法大学出版社 2002 年版，第 435 页。

③ ［美］理查德·A. 波斯纳：《道德和法律理论的疑问》，苏力译，中国政法大学出版社 2001 年版，第 8 页。

④ ［美］理查德·A. 波斯纳：《道德和法律理论的疑问》，苏力译，中国政法大学出版社 2001 年版，第 37 页。

⑤ ［美］理查德·A. 波斯纳：《道德和法律理论的疑问》，苏力译，中国政法大学出版社 2001 年版，第 93 页。

关人工流产及其可能的后果的认知太匮乏。道德的判断是非道德的。在人工流产的问题上，如果我们了解的足够多，相关的道德论争就不会存在。“如果我们知道人工流产的数量与人工流产的合法化或非法化没有共变关系，或者在很大程度上没有共变关系，那也会结束这一辩论；至少也会减少辩论的激烈程度。”① 由于缺乏对事实的了解，在道德直觉面前，展示再多的道德话语都无济于事。“科学话语趋向于合流，道德话语则趋向于分流。”② 道德问题只有化约为事实问题，才能有令人信服的答案。

总之，波斯纳实用主义审判理论的主旨在于，为了防止法律中的经验问题被道德遮蔽，必须致力于消解道德理论对法律所施加的“障眼法”，并最终走出法律迷失的“歧途”。

三、“克制的实用主义”：实用主义审判理论的边界

实用主义审判是对法条主义或形式主义的纠偏，而不是彻底的反叛。波斯纳强调，在司法审判实践中，逻辑的重要性不言而喻，他并非简单地拒斥形式主义。“我拒绝的是那种夸大的法律形式主义，它认为法律概念之间的关系才是法律和法律思想的精髓。”③ 在波斯纳看来，形式主义法官为了凸显法官这一职业的神圣性，往往倾向于刻意营造法律的神秘。“对任何事都要有节制（moderation），包括在节制问题上。”④ 波斯纳所主张的实用主义是有分寸感的，更精确地说，它是一种“克制的实用主义”或“温和的实用主义”，而非放纵的实用主义。

（一）实用主义审判进路有其特定的适用范围

不论是在地域上，还是在适用的程序方面，实用主义审判必须严守自己的边界。波斯纳提醒，实用主义带有浓重的美国气味，在其他国家极有可能水土不服。法官来源的多样性，道德和政治的多元化，个人主义盛行，这些因素共同造就了美国司法实用主义审判的空间。即便是同属英美法系的英国，由于法律传统和制度结构的差异，一直恪守法律形式主义的传统，强调法官对法的忠诚，实用主义审判在英国没有合适的土壤。波斯纳直言，大陆法系构成了司法风格的另一个极端，是最不适宜实用主义司法的区域，实用主义风格的司法部门并不适合中国。

实用主义审判在适用程序上有严格限定。极具美国特色的实用主义审判针对的只是普通法上诉审中的部分疑难案件。“普通法”“上诉审”“疑难案件”的叠加约束，在很大程

① ［美］理查德·A. 波斯纳：《法理学问题》，苏力译，中国政法大学出版社2002年版，第439页。
② ［美］理查德·A. 波斯纳：《道德和法律理论的疑问》，苏力译，中国政法大学出版社2001年版，第74页。
③ ［美］理查德·A. 波斯纳：《法理学问题》，苏力译，中国政法大学出版，2002年版，第568页。
④ ［美］理查德·A. 波斯纳：《法理学问题》，苏力译，中国政法大学出版社2002年版，第575页。

度上限定了实用主义审判进路的适用空间，实用主义审判即便是在上诉审中的用武之地也非常狭窄。退一步讲，即便波斯纳推崇的实用主义审判进路存在有失分寸的地方，由于在适用上的多重制约，造成的影响也是有限的。在其他诉讼程序中，在常规案件中，适用先例做出判决仍是美国的司法主流。实用主义的反叛性，以及可能的负面影响，被人为地夸大了。在一些特殊案件中，法官确实是事实上的“空隙立法者”，做出的司法决定可能会重塑法律。“这些判例不仅是最重要和最有意思的案件，而且也是最具挑战性的。”① 这些“最重要”“最有意思”“最具挑战性”的案件，在上诉审案件中所占的比重毕竟是微小的。

（二）实用主义审判同样关注先例和往昔

实用主义审判理论不能等同于“后果论”，同样关注往昔和先例。实用主义风格的审判尊重后果，仅仅是因为后果对司法决策具有重要的指导意义。法官不会为了盲目追求所谓的最佳后果，而做出可能引发众怒的判决，“因为众怒本身也是重要的后果因素”。② 理智的实用主义法官考量的是司法裁断可能造成的系统后果，而非仅仅是只顾眼前个案的特事特办的短视后果，实用主义审判并非完全不具有确定性。“恪守先例起到了重要的功能，但说到底，先例，并因此往昔，都是实用主义者的仆人而非主人。”③ 实用主义审判珍视与往昔的关联，但仅限于这种关联性能帮助法官处理眼下和未来的问题。先例也好，法律传统的内在价值也好，都是法官所珍视的，但如果有足够好的理由要求切断与往昔的关联，法官也应毫不犹豫。

有批评者论辩说，法律实用主义无视文本和教义的约束，放任法官随心所欲地审判，把法官变成了“宽松的立法大袍”。在他们看来，法律实用主义对待法律的态度太工具性，容易诱发法律人尤其是法官的知识惰性，进而滋生对法律的玩世不恭。波斯纳不认同这样的评论。在他看来，法律人必须重视法律的专门术语、逻辑和推理方法，以及数百年间法律职业开发与承续的资源和技巧。“在通向超越这些东西的道路上，他必须学会这些东西。”④ 与法条主义法官一样，实用主义法官也是在内在和外在双重约束下进行司法作业，必须遵从司法游戏的特殊规则。更确切地说，实用主义法官是一个“规则实用主义者”。理智的实用主义审判不会无视规范要求，而是会周全地考量“规则实用主义”的要素，会主动屏蔽对某些后果的考虑，不会为了个案正义而牺牲法的稳定性价值。“说得直白些，实用主义法官同样将法的一般性、中立性和可预测性视为相当重要的社会善品，只是与形

① ［美］理查德·A. 波斯纳：《波斯纳法官司法反思录》，苏力译，北京大学出版社 2014 年版，第 125 页。

② 张顺：《后果主义审判：源流、思维特征与理论定位》，载《北方法学》2019 年第 2 期，第 98 页。

③ ［美］理查德·A. 波斯纳：《波斯纳法官司法反思录》，苏力译，北京大学出版社 2014 年版，第 225 页。

④ ［美］理查德·A. 波斯纳：《波斯纳法官司法反思录》，苏力译，北京大学出版社 2014 年版，第 229 页。

式主义法官维护的方式有所差异而已。”[①] 以裁判的长远性、系统性后果为考量要素的司法决策模式，才是真正的实用主义风格的审判。

先例、制定法或法律的内在价值，在波斯纳看来，这些都是知识的宝库，无视它们是愚蠢的。一个无视法的稳定性、粗暴地违背先例的判决，通常也不会产生好的后果。不溯源规则的源头，就难以探寻规则的目的和范围。先例、制定法以及法律传统“同时又是一些路标，法官必须小心，不要毫无理由地湮灭了或黯淡了这些路标，因为也许人们正在依赖着它们”。[②] 法官不是在白板上书写。在司法决策的过程中，为了做出结果最佳的选择，法官必须考察先例、制定法、法律文献以及其他正统法律文献。“向前看”绝不意味着轻慢先例、历史和传统。先例很重要，但其重要是出于一些实用主义的理由，而非对往昔的某种义务。

（三）实用主义审判并不固守“经济学帝国主义”

在波斯纳那里，经济学与实用主义理论在法律的分析中具有同构性，这是他偏爱经济学的一个理由。但偏爱归偏爱，理性归理性。波斯纳直言，相较于自然科学，经济学还很薄弱，法律经济学当然也不可避免地分享了经济学的弱点。在芝加哥大学暑期培训班的专题演讲中，波斯纳指出了现代经济学中的两个深层次问题。一是过度抽象化和数学化的问题。现代经济学家往往有意无视不确定性，只因它无法被量化和准确测度，因而难以被经济学的分析技巧进行便捷化处理。与此相关的第二个问题是，伴随着经济学的模型崇拜，越来越多的经济学家逐渐远离了与经济活动相关的第一手经验。[③] 波斯纳一再提醒，法律经济学秉持的是一种“相当特别意义上的”理性人假设，它所提供的财富最大化标准还不能作为绝对的行动指南。

在波斯纳的学术谱系中，我们也可以看到，经济学的地位呈逐渐下降的态势。在1973年的《法律的经济分析》中，年轻的波斯纳毫不掩饰“经济学中心主义”的学术野心，意图用微观经济学的基本原理来彻底革新一度统治美国法学界的形式主义法学。自1981年履职联邦上诉法官后，波斯纳的学术风格经历了从“学院派”到“务实派”的转变，他逐渐意识到“经济学中心主义”严重脱离现实，实际上是另一种意义上的形式主义和概念主义。在1995年的《超越法律》中，波斯纳表明了他的法理学态度：任何单一学科的视角都难以捕获法律的复杂性，在法律的分析中，光有经济学的进路是远远不够的。此时的经济学，已没有了“一支独大”的优越。在2008年的《法官如何思考》中，波斯纳

---

① 张顺：《后果主义审判：源流、思维特征与理论定位》，载《北方法学》2019年第2期，第98页。

② ［美］理查德·A. 波斯纳：《道德和法律理论的疑问》，苏力译，中国政法大学出版社2001年版，第280页。

③ ［美］理查德·A. 波斯纳：《法律经济学与法律实用主义》，陈铭宇译，载《北大法律评论》编辑委员会主编：《北大法律评论》（第11卷），北京大学出版社2013年版，第12页。

直言，在疑难案件中，对于上诉法官和最高法院法官来说，最为重要的是实用主义的政治考量。① 可见，在波斯纳的学术谱系中，经济学的地位不断下滑，直至完全被实用主义收编！

四、失落的良心与道德：实用主义审判理论的越界

面对批评和质疑，波斯纳适时修正自己的观点，试图尽力严守实用主义审判理论的边界。但不得不说，至少在法律经济学和道德批判这两个方面，实用主义审判理论越界了。

（一）失落的“法律经济学良心”

尽管波斯纳一再为法律经济学进行看似温和的辩护，提醒人们作为一种分析工具的法律经济学不是基础性的，存在很多弱点。我们也确实可以看到，在波斯纳的学术谱系中，经济学的影子呈逐渐淡化的趋势。但另一方面，在实用主义审判理论中，我们依然不难看出波斯纳对法律经济学的过度倚重。

1. “赢者通吃”的市场伦理

波斯纳的法律经济学理论认为，在个体层面，如果一个个体无法支付对价去获取他想要的物品，那么“这就是说，没有支付能力作支持的欲望是站不住的，这种欲望就既不是出价也不是要价”。② 在社会层面，“谁没有足够的挣钱能力来支撑哪怕是最低的像样的生活水平，他对资源配置就没有发言权，除非是他们构成了那些有财富者的效用函数的一部分”。③ 这就是说，如果你是净社会产出为负的弱者，你就无权占有任何生活资料。在市场分配机制中，穷人是没有发言权的。如果穷人的道德权利主张总是被关照，甚至给予和富人同等对待，这就是没有认真对待人与人之间的差别。波斯纳甚至断言，这样的主张看似冷酷无情，实则与主流的伦理系统并不冲突！强者豪揽一切，弱者淘汰出局，这是一种典型的“赢者通吃”的市场伦理。波斯纳无视市场的阴暗面，其所秉持的“赢者通吃”的市场伦理可能会让穷人陷入更加悲惨的境地。波斯纳的财富最大化理论彰显了“适者生存”的社会达尔文主义精神，暴露了极为冷酷无情的一面，是一种“价高者得”或“有钱人说了算”的市场伦理。波斯纳一方面坦陈他的法律经济学理论确实“很刺激现代人的情感”，但另一方面却又极力为之辩护，认为这一理论与主流的伦理系统并不矛盾。这样的辩解本身就自相矛盾，毫无说服力。法律面前人人平等的理念意味着，法律平等看待法律主体，法律不偏向强者就是对弱者的一种保护。在任何时代和社会中，都会有弱者的存在。如何面对弱者，是衡量一国法律是否具备以人为本的道义精神的重要标尺。“在现

① 参见艾佳慧：《单向度或互动的法律经济学》，载《北大法律评论》编辑委员会主编：《北大法律评论》（第11卷），北京大学出版社2013年版，第67—68页。

② ［美］理查德·A. 波斯纳：《法理学问题》，苏力译，中国政法大学出版社2002年版，第446页。

③ ［美］理查德·A. 波斯纳：《正义/司法的经济学》，苏力译，中国政法大学出版社2002年版，第76页。

代社会，法律必须对弱者予以保护，这既是法律的本质要求，也是法律的使命所在。"① 在司法实践中，在道德层面上，我们很难接受这种"赢者通吃"的市场伦理，在法治文明日益彰显的今天，财富最大化几乎不可能成为指导司法审判的一般性原则。或许波斯纳应该听一听经济学家的善意提醒："当主流经济学家关于市场的理解一次次地违背大众的朴素情感和道德直觉时，或许经济学家确实应该反躬自问，到底是世界错了，还是自己所选择的理论透镜出了问题。"②

以波斯纳的"效率违约论"（theory 0f efficient breach）（又称"有效违约"）为例。波斯纳的"效率违约论"源于霍姆斯的契约选择理论，它的基本含义是：当合同的一方因违约带来的收益高于己方以及他方履约的预期收益，违约就是一个理性的选择。只要违约能促进社会总体福利的增加，它就是正当的，无需对其道德发难。从一种互动博弈的经济学视角来看，"'效率性违约'背后不仅隐藏着一个难办的司法技术难题，长期而言更隐含着一种诚实信用的市场伦理可能因此破坏的风险"。③ 作为一种描述性的经济理论，"效率违约论"建立在狭隘的个人理性基础之上，以"效率"为导向，忽视弱者尊严，价值目标激进且单一，具有重大的道德和伦理缺陷。如果任由"效率违约论"宰制法律经济学，极易诱发交易中的机会主义行为，增加交易成本，市场的阴暗面将被无限放大。波斯纳郑重提出的"效率违约论"，以财富最大化的单一目标诠释正义，实际上是在刺激和鼓励功利性违约，公然挑战"契约应当遵守"的法律伦理。波斯纳牌号的法律经济学理论试图调和自由、效用以及平等等诸多伦理原则的努力，并未成功。对于波斯纳来说，目前最为重要的，是把价值判断和伦理思考重新引回法律经济学，直面市场的阴暗面，找回法律经济学失落的"良心"。

2. 实用主义审判理论的贫困

除了"良心"上的失落，从方法论层面来看，实用主义审判理论对于"法官如何思考"的法律经济学回答也太过单一和苍白。司法审判是一个复杂而隐秘的决策过程，司法历史、心理学、思维科学，以及非理性因素、直觉因素等都是法官做出判断时需要考量的因素。这些因素波斯纳虽有所论及，但着墨甚少，未给予系统性关注，以至被法律经济学的强烈光芒所遮蔽。波斯纳的司法决策模型仍是以法律经济学为绝对主线，将法律经济学的理性分析发挥到极致，严重忽略了理性之外的感性因素。"如果轻视司法决策中的感性因素，以理性选择模型为基础的法律经济学分析将失去坚实的理论根基。"④ 法官的一顿早餐就可能影响他的判决（贝卡利亚），这足以说明司法裁判中不可避免的感性色彩。即

① 胡玉鸿：《法律如何面对弱者》，载《政法论丛》2021年第1期，第29页。

② 汪毅霖：《经济学的良心与市场的阴暗面》，载《读书》2023年第6期，第10页。

③ 艾佳慧：《单向度或互动的法律经济学》，载《北大法律评论》编辑委员会主编：《北大法律评论》（第11卷），北京大学出版社2013年版，第77页。

④ 张昱琦：《法官如何思考：波斯纳司法决策理论的经验与批判》，载欧阳本祺主编：《东南法学》（第5辑），东南大学出版社2022年版，第262页。

便是法官，也不能永远保持客观理性。而这正是波斯纳的法经济学理论在回答“法官如何思考”问题上的局限。

法律经济学擅长把混乱如麻的道德疑难案件化约为一个可以用微观经济学原理来分析的社会科学问题，使法律争议变得简洁而明晰。在实用主义审判中，波斯纳更多考量的是基于成本—收益分析的财富最大化维度，政治维度和社会维度的观照则相对匮乏，而这两个方面实则需要更为审慎的权衡和取舍。盲目追随经济学必然会导致法律人的自负——基于经济学的财富最大化原则和成本收益分析，可以设计出一套最有利于人类福利的法律制度，可以支配社会经济活动。对于财富最大化的迷思，反映了一种超级理性主义，极有可能滑向彻底的非理性主义。在波斯纳的学术谱系中，法律经济学的影响和比重呈现不断弱化的趋势，直至被实用主义收编。可能波斯纳自己也已经意识到，单一的经济学进路已经难以捕获法律的复杂性，过度倚重法律经济学的实用主义审判理论日显贫困和薄弱。波斯纳的实用主义审判理论涉及多元化的理论和视域，看似宏大深厚，但实则太过“偏食”，一直在反复炒法律经济学和道德批判的冷饭。而且必须指出的是，波斯纳所建构的经济学模型片面追求财富最大化，价值目标太过单一，忽视了利他主义、外部道德成本、个人偏好等重要的经验要素。

（二）过激的道德理论批判

1. 道德与法律的“两清”

波斯纳虽然声称自己并非坚持极端的怀疑论，是一个“柔性道德怀疑论者”，但实际上却对道德以及道德哲学进行了极为激进和彻底的批判，完全看不到柔性的色彩。波斯纳颇为不满的是，当今的法律科学依然供奉着太多花哨又无用的道德“圣杯”，在他看来，这些道德话语是使法学成为社会科学的最大“障眼法”。

波斯纳承续霍姆斯的实用主义主题，一以贯之地强调要把法律从道德理论这个重大的神秘制造者中拯救出来。在追求功利和实用主义的价值框架下，道德哲学的“无用”表象遭到波斯纳的无情奚落。在波斯纳眼中，道德是法律中最大的一块“杂质”，严重侵蚀法学的科学性，只有将道德从法律中驱逐出去，才能保有法律的实证和科学本色。他主张，实用主义、经济学和自由主义应该联合起来，构成强有力的光束，驱散附着于法律之上的道德迷雾。

“实用主义是一种方法，一种进路，或一种态度，而不是一种道德的、法律的或政治的公式，因此，它不解决任何道德或法律的分歧。”① 波斯纳不屑于借助任何道德理论来论证法律的正当性，试图让法律与道德彻底“两清”，这是一种极其天真的幻想！“法律

① ［美］理查德·A. 波斯纳：《道德和法律理论的疑问》，苏力译，中国政法大学出版社 2001 年版，第 VIII 页。

的规范和运作从来不仅仅来自社会的逻辑，同样要寻求政治和道德的合法性。”① 衡量法律的标尺，不能缺少道德的刻度。在上层建筑的诸多社会现象中，法律与道德的联系颇为紧密，法律无法做到道德无涉。有了法律的道德之维，法律的正当性才有所附丽。如果彻底抽空了法律的道德底色，法律将变得面目可憎。波斯纳对法律“科学性”的追求必然会陷入一种“纯思的幻象”。不论从法治实践的现实来看，还是从分析的逻辑来看，波斯纳的道德批判都是站不住脚的。

2. 法律经济学的道德救赎

作为一个实用主义者，波斯纳认为，道德理论最大的缺陷是欠缺一种“事实感”，道德哲学家只是在批判道德理论问题上是专家，一旦与现实短兵相接，就败下阵来。在波斯纳看来，既然道德哲学指望不上，那就把法律中的道德争议化约为事实问题，运用社会科学尤其是经济学的方法来解决道德难题。这种做法无疑是不现实的。一方面，道德问题并不能简单地化约为事实问题，道德争议仍然需要道德理论的出场。另一方面，对事实和细节的掌控并不能自动消除道德分歧。法学的社会科学化程度再高，对经验和事实的把控能力再强，也无法消除所有的道德两难。“与宗教信仰一样，道德信仰也是根植于人们的内心情感（甚至受控于人类的遗传基因），而情感对于论证并不敏感。”② 以同性恋歧视为例。医学证据早已表明，同性恋偏好没有精神病例存在，是一种区别于大多数人的“自然的”性取向，不需要矫正或治疗。早在1990年，世界卫生组织就正式将同性恋从疾病名册中去除。但是，这样的科学事实仍然不能消除某些偏执者对于同性恋的道德歧视。他们对于同性恋的歧视根植于坚硬的道德直觉，再多的科学事实也难以消解。

经济学本身就脱胎于哲学，法与道德是上层建筑中最具规范性的要素，不论是经济学分析，还是法律的思考，都无法放逐道德理论。作为两种不同的行为规范，法律与道德既相辅相成，又相互制约。“经济学家要学习现代哲学的谦卑，改变经济学包打天下、无所不能的傲慢，这对经济学的进步十分重要。”③ 实用主义审判理论试图消解或悬置道德问题的努力是徒劳的。法律经济学的救赎之路，是从包括道德哲学在内的哲学中汲取营养。这既是法律经济学的救赎之路，当然也是实用主义审判理论的救赎之路。颇为反讽的是，波斯纳一方面对道德哲学展开无情的批判，但另一方面，他也不得不承认，他的法学理论确实受惠于一些经典的哲学论说。

总之，波斯纳实用主义审判理论“边界”与“越界”的共存，体现了其学术谱系的矛盾之处，可视为另一种意义上的理论与实践的背离。

---

① 周占生：《被“驱逐”的正义——凯尔森纯粹法学探赜》，载《中国社会科学报》2016年7月18日，第7版。

② 桑本谦：《理论法学的迷雾——以轰动案例为素材》，法律出版社2015年版，第92页。

③ 马传景：《经济学的贫困与救赎》，载《读书》2022年第4期，第18页。

五、结语：中国的选择与应对

是否真如波斯纳法官所言，我国的制度结构和法律文化比较特殊，不宜采用实用主义的司法决策模型？对于这个问题，笔者认为应实用主义地看待。在普通法的语境之下，"实用主义判决"和"形式主义判决"之争不过是上诉审法官处理疑难案件时的两种不同处理方式而已。① 法条主义与实用主义都不能作本质主义的理解，都是在具体语境之下的便宜选择。就像笔者在前文强调过的，实用主义审判是对法条主义或形式主义的"纠偏"，而非彻底的"反叛"。将实用主义和法条主义或形式主义对立起来，是对波斯纳实用主义审判理论的误解。在很多时候，法条主义本身就构成一种实用主义策略。

一方面，我国正处于社会的转型期，各种矛盾和疑难案件频发，将实用主义审判进路适度引入我国司法实践是一个积极的尝试；另一方面，学界有关实用主义或后果主义审判理论的研究已经相对成熟，可以为我国的实用主义审判尝试提供学理支撑。在法治中国建设的当下，"如何追本溯源、实现真的实用主义由此成为实用主义法哲学对中国司法的意义所在"。② 这种以后果为导向的司法哲学，值得我们重视和借鉴。笔者管见，我国司法实践在考虑借鉴实用主义审判模式时，需至少注意如下几个方面。

首先，我国的法治建设还处于发展阶段，法条主义仍是司法审判的主流模式，一味推行实用主义并不可取。早在1997年，"依法治国，建设社会主义法治国家"被写入宪法。这里首先要解决的问题是，依法治国依的是什么"法"？刘作翔提醒，在中国这样一个制定法传统比较浓郁的国家，应严格依照宪法和《立法法》来确定所依之"法"，切不可实用主义地对"法"做出"灵活"的理解。③ 法律至上，珍视规则，这是法治社会的基本特质。强调司法裁判的严格适法模式，并非"致命的自负"（哈耶克），而是法治中国建设的现实国情使然。在法治中国建设的初步阶段，法律的核心逻辑依然是适用规则的逻辑，具体到司法审判领域，尤其要强调对法的权威的尊崇，特别是法官对法的忠诚，这也是对司法裁判的最低限度的要求。正是在这个意义上，在司法审判中，一味推行实用主义审判并不可取，法条主义仍应是我国法官司法决策过程中最为理想的模型。"我们目前的法律生活中真正缺少的不是'法'抑或'良法'，甚至也不是法的'方法'，而恰恰是法的存在的权威性、至上性，尤其是司法者对此的体认，是司法者忠诚于法的立场和信念。"④ 如果在依法裁判上可以任性地划开口子，"灵活"地理解和适用法律，必然会使诸多

---

① 艾佳慧：《单向度或互动的法律经济学》，载《北大法律评论》编辑委员会主编：《北大法律评论》（第11卷），北京大学出版社2013年版，第81页。

② 许可：《卡多佐的实用主义司法哲学与审判技艺》，载陈金钊、谢晖主编：《法律方法》（第10卷），山东人民出版社2010年版，第53页。

③ 刘作翔：《"法源"的误用——关于法律渊源的理论思辨》，载《法律科学》（西北政法大学学报）2019年第3期，第4–5页。

④ 周占生：《法的渊源：一种本体论辩说》，载《河南社会科学》2012年第8期，第23页。

“法”外因素登堂入室，既破坏了法的权威性和稳定性，又会导致司法腐败的产生。

在法治相对成熟的美国，在普通法的司法实践中，法条主义仍是常规案件中使用最频繁、最具说服力的司法决策模型。即便是美国最高院这样的政治性法院，法条主义的内核依然坚实。只是在普通法上诉审的部分疑难案件中，实用主义审判在受约束的前提之下，才可能有狭窄的用武之地。

其次，在特殊个案中，实用主义审判可以作为一种解决个案的高度例外的规则性补充。任何一个国家的法律都不可能完美无缺，我们对良法的追求永远在路上。在复杂万端的现实领域，疑难案件不断涌现，法律的自洽性面临挑战。在司法实践中，成文法不敷应对的情形一定存在，这是不能否认的经验事实。“法官并非司法机器上的一颗没有生命和灵魂的螺丝钉。”① 尤其是在疑难案件中，不宜过于压制法官的自由裁量权，偶尔突破法条主义的束缚，适度引入实用主义的审判决策模式是一种积极而有益的尝试。诚如学者于明指出的：“强调中国的法官坚持法条主义，仅仅是就一般的情况而言，但如果面对特殊的难题，在排除不正当干涉的情况下，通过合法程序的审判做出一个更符合社会效果的判决，同样可以被视作是一种‘理智’且有益的实用主义审判。”②

我国一直存在案多人少的结构性矛盾，在遵循依法裁判的严格适法模式的前提之下，适度引入实用主义审判，对于减轻司法负担、提升司法效率、解决执行难、拓展社会正义，不无裨益。实用主义审判重视实践和经验，“直击问题的核心，从问题的核心出发提出解决方案”，能够“灵活而高效地解决问题，提高司法审判的效率和公信力”。③ 实用主义审判重视后果、以解决纠纷为目的的“向前看”的特质与我国司法追求的目的并不矛盾，甚至是契合的。事实上，实用主义审判思维在我国司法实践中是实际的存在的，这是无可否认的经验事实，与其放任和批判“判决修辞”（事后粉饰的理由），不如直面实用主义审判的实存。但值得注意的是，实用主义审判并非无法无天的“特别审判”，不能免于法律规则和程序的规制。即便是在作为高度例外的实用主义审判中，法官也应保有坚实的法条主义内核，尊重法的权威，在确保法的稳定性的前提之下，再进行“向前看”的实用主义思考。总之，在我国的司法实践中，引入实用主义审判进路要做到“形”“神”兼备，既要有规则的指导，又要有权衡利益和价值的能力。

再次，从我国的司法实践来看，尤其是在“能动司法”的语境之下，在一些判决书的背后，我们同样可以看到法官法条之外的政治和社会层面的考量，这其实就是一种隐含的实用主义思考。“法条主义者其实是躲在深闺里的实用主义者。”④ 从一定意义上说，严格

---

① 陈虎：《实用主义审判：一种结果导向的判决理论——读麦考密克〈法律推理与法律理论〉》，载张海燕主编：《山东大学法律评论》（第4辑），山东大学出版社2007年版，第233页。

② 于明：《法条主义、实用主义与制度结构——基于英美的比较》，载《北大法律评论》编辑委员会主编：《北大法律评论》（第11卷），北京大学出版社2013年版，第25页

③ 何丽琼、朱贤柱：《实用主义审判不可避免吗》，载《天水行政学院学报》2019年第3期，第52页。

④ ［美］理查德·A. 波斯纳：《法官如何思考》，苏力译，北京大学出版社2009年版，第339页。

的依法审判刚性特质有余而柔性操作不足，难以回应转型期法治中国建设的现实需求，可以将调判结合与人民陪审制作为实践实用主义审判的有效路径。① 司法最为基础的功能就是适用法律，解决纠纷。中国正经历前所未有的社会转型，司法被赋予更加多元化的功能和期待。在应然的层面上，在保有对法的忠诚的前提下，只要控制得当，我们甚至鼓励法官在具体案件中审时度势地进行实用主义思考，这对于弥补司法中形式主义、法条主义的不足，寻求依法审判与案结事了之间的理性权衡，进而实现法律效果和社会效果的统一，是十分有益的。一直以来，我国的司法审判都存在“庭审虚化”、判决书说理不够充分等问题，“法官如何思考”的法官决策思维领域长期被忽视。目前推出的“以审判为中心的诉讼制度改革”，试图在制度上促进“庭审实质化”，让法官这个隐匿的个体浮出水面，进而消解严格适法模式的僵化之处，在这方面，实用主义审判理论可以提供一些导向和方法。

① 参见岳彩领、杜月秋：《从依法审判到案结事了——审视当下中国实用主义司法哲学观》，载《学海》2014 年 2 期，第 145—150 页。

法律语言的语用学

[美] 安德瑞·马默*著　刘霈羲**译

摘　要　本文旨在探讨法律语境中交际的一些主要的语用面向。本文认为，在一些关键面向，法律语言的语用学的独特性在于，其涉及日常会话语境中通常不会存在的考量。特别是在日常会话语境中通常得到解决的某些规范性考量，在法律案件中却没有得到解决，而且可能引起争议。另一方面，本文还认为，仔细区分语言使用的各种语用面向能够使我们对语用充实的类型作出一些概括，这些类型既可以构成，也可以不构成，法律表述实际确定内容的一部分。

关键词　法律语言；语用；语境

在大多数标准情形下，法律的内容等于相关法律权威所传递的内容。然而，语言学家和语言哲学家们早就注意到，语言交际的内容并不总是完全取决于所说内容词句的含义。语义和句法是表达交际内容的基本载体，但所表达的内容常常由其他因素在语用上进行充实。① 关于这些问题的新近文献愈加清楚地表明交际内容语用决定因素的泛在，它们在决定什么是成功的交际中往往发挥着至关重要的作用。因此，我们在解释语言使用的语用面向所面临的问题，在法律中也会出现。本文的目的便是探讨法律所表达的内容的一些语用学方面的问题。我们会看到，在一些例子中，法律语言的语用是独特的，有时具有独特的问题性。探讨这些问题是本文的目的之一。但是我认为我们可以做得更多：一旦我们在语

---

* 安德瑞·马默（Andrei · Marmor），美国康奈尔大学教授，研究方向为法律语言学、法哲学。这篇文章中所提出的一些看法，已经用一篇短得多的、更具些许初步性的版本发表在 *Analisi e diritto* 研讨会上，题为“法律说了什么？制定法语言中的语义和语用”。非常感谢斯科特·索姆斯（Scott Soames）对本文的早期文稿所做的详细评论。本文产生于在2006年秋天的一个研讨会，十分感谢斯科特，不仅因为从他那里学到的所有东西，还因为他关于这些议题有影响力的论著。

** 刘霈羲，男，黑龙江哈尔滨人，华东政法大学法学理论专业博士研究生，研究方向为法理学、法律方法论。

① “语用充实”（pragmatic enrichment）这一术语由斯科特·索姆斯创造。

言使用的不同语用面向中做出了必要区分，而且看到了这些不同范畴在法律语境中是如何出现的，那么我们就能够对语用充实的类型作出一些概括，这些类型可以构成，也可以不构成，法律表述实际确定内容的一部分。

语言使用的语用面向通常与两个关键理念相关：第一个理念指涉语境在理解交际行为的内容时所起的主要作用。第二个理念是关于已经说出或断言的内容与仅仅是隐含或暗示的内容之间的区分。① 然而，重要的是不要将以下两个议题混淆：无论是否有进一步的隐含内容（implicated content），语境对于我们理解已断言内容的能力有着关键作用。反之亦然：通常情况下，所蕴含的内容依赖于语境，但是这并非必然；有些情况下，隐含内容同语境并不是特别相关。

一般来说，说话者表达交际内容——超出他们通常所说的内容——的能力取决于两个主要因素：相对丰富的且作为会话双方共同知识的语境背景，以及，适用于会话互动的某些规范。我将试图说明这两个特征在法律语境中是特别成问题的。然而，有些情况下，隐含内容在所使用的表述中进行了语义上的编码。我将论证，这种隐含内容通常会形成法律内容的一个组成部分。

一、语义内容和断言内容

为了方便起见，我们规定“言语”代表任何言辞交际场合，无论它是口头的还是书面的。我们需要对言语场合可能表达的三个层次的内容作出最基本的区分，即：说话者所说的内容（what has been said by the speaker）；* 说话者所断言的内容（what has been asserted by the speaker）；以及在特定语境中言语所隐含的内容（what has been implicated by the speech）。这三类内容可以形成说话者在言语场合所表达的完整的交际内容。由于文献中使用的术语没有统一，我们在这里规定：说话者在言语场合所说的内容是由所说句子的句法和语义决定的。这种内容通常包括所用词语的字面意义和句子的句法结构。② 两者基本都是由相关语言规则决定，这些规则决定了语词和句子的意义。

发言实际断言的内容往往超出所说的内容。在这些情形中，所断言的内容并不完全由所说句子的意义（和句法）确定/解释。当断言的是一个描述性陈述时，那么所断言的内容就是说话者所表达的命题。当言语的类型不同时，如提出问题或发出警告，那么所断言的内容就不是命题，而是与所做言语行为的类型相对应的其他类型的内容。法律话语通常

① 语言使用的语用学的第三个话题是涉及语言的言语行为（speech act）面向。我将很大程度上忽略言语行为的面向，因为它与我们当前考虑不是特别相关。

* 为了符合汉语表达习惯，在法律语境中，有时将其译作“明示（的）内容”；在日常会话情形中，本文仍然用“所说（的）内容”这一表述。——译者注

② 我当然不是说我们所能发现的区别仅仅只有这几个。事实上，可能出于各种目的，语言哲学家可能需要比我在这里引用的更多更精细的区分。这些术语通常也不是完全按照我在这里使用它们的方式来使用的。文献中的术语既不是不完全一致的，这些区分也不是没有争议的。

不包括描述性陈述。法律规范规定行为方式、赋予权利、科予义务等。简言之，法律的内容一向是规定性的内容。一个悬而未决且颇具争议的问题是，规定性话语到底是不是命题？我不想卷入这场争论。因此，我将使用“规定性内容”（prescriptive content）一词来代表法律言语实例所断言的内容，至于该内容到底是不是命题，尚未定论。

现如今广泛存在的情况是，所断言的内容并不完全由所说的内容确定。首先，在一组情形中，为了确定话语所指的特定对象是什么，语境因素是必要的。最明显和常见的情形是纯指代词和指示词。当在言语中使用纯索引词（如“我”“现在”“今天”“明年”）时，我们所表达的内容是所用语词的字面意义和言语情境的一些客观特征（如言说的时间和/或地点、谁在说话，等）所构成的内容要素的组合。指示词（如“他”“他们”“这”等等）在功能上是否大体与纯索引词类似，在文献中则存在一些争论。① 我们没有必要深究这些争论。然而，无论对指示词的最佳解释是什么，当说出含有指示词的句子时，所断言的内容显然取决于相关的意图和语境因素，正是这些因素决定了句子的指称。②

当然，现如今法律文本的表述中可能会出现索引词、指示词等。然而，正是因为人们广泛地认识到，使用这些词会使句子的内容极大地依赖于语境，所以法律表述通常会尽量避免使用它们。例如，如果法律需要设定一个期限，那么它会用一个具体日期来表达该期限，而不会用“下周”或“明年年底”这种说法。当然，也有例外，而且通常是不幸的，因为这种情况下，法律所表达的内容的确非常依赖于语境。我们下面会详细看到，在法律案件中，语境通常是不清晰的。

但是，也有其他类型的情形，在这些情形中，所断言的内容并不完全取决于所说的话。下面是一些常见的例子：③

(1) 医生在检查枪伤时告诉病人：“别担心，你不会死的。”显然，医生并没有断言病人永远不会死，而只是不会死于这种特定的枪伤。

(2) 我晚上到家后，我的妻子问我：“你吃过饭了吗？”显然，她是在问我今晚是否吃过饭，而不是问我过去是否吃过饭。

(3) 一个年轻人要喝一杯，酒吧服务员对他说：“对不起，您一定21岁

---

① 参见 Kaplan，David. 1989. Demonstratives. An Essay on the Semantics，Logic，Metaphysics，and Epistemology of Demonstratives and Other Indexicals. In *Themes from Kaplan*. Ed. J. Almog，J. Perry，and H. Wettstein，481－563. Oxford：Oxford University Press. 也参见 Soames，Scott. 1987. Direct Reference，Propositional Attitudes and Semantic Content. *Philosophical Topics* 15：44－87.

② 另一种需要情境知识来理解所谈对象的常见情形涉及所有格的归属（possessive ascriptions）。例如，假设一位演讲者说：“我刚读完约瑟夫的书。”现在，“约瑟的书”这个表述既可以指约瑟夫写的书，也可以指属于约瑟夫的书，甚至可以指一本内容关于约瑟夫的书。在正常情况下，这些选项之间的选择通过在会话所处的相关阶段的语境以及各方的先前知识而变得清晰。

③ 所有这些都是对巴赫1994年出版的专著以及索姆斯即将出版的专著所讨论的例子的微小改动。参见 Bach，Kent. 1994. Conversational Impliciture. *Mind and Language* 9：124－62. 也参见 Soames，Scott. Forthcoming a. Interpreting Legal Texts：What is，and What is not，Special about the Law. In Scott Soames，*Philosophical Essays*. 1：*Natural Language*：*What It Means and How We Use It*. Princeton，N. J.：Princeton University Press.

了。”显然，酒吧服务员断言顾客至少21岁，而不是正好21岁。

正如我们所看到的，说话者所断言的内容不同于说话者所说的内容的情形多种多样。言语的断言内容通常是由会话各方所共有的语境因素决定的。语境背景通常是相当普遍的，且为某一群体所共有，而有时它对于会话各方/语境又是非常特定的。在很多情况下，当说话者的交际有意义时，我们就能够领会说话者所断言的内容；即，在这样的背景下——特定的言说阶段以及相关方事先了解——所断言的内容将如何对会话产生相关作用。

这里，我们需要解决的问题是，在法律的语境中，法律的规定性内容是否可能与法律明示的内容有所不同。我们将一项立法作为法律言语的范例。下述实例会呈现这一议题的问题性。在著名的“圣三一”案①中，相关的国会法案规定，禁止为劳工移民美国提供便利。这项法律的目的是试图减少廉价的非熟练劳工的涌入，而在当时，这被视为是对美国劳动力市场的主要吸引力。但是，法律的相关部分被表述为禁止“任何形式的劳工或服务”的输入。这个案件中，一位高级牧师被从英格兰请来担任圣三一教堂的教长，而问题在于，该法案到底是禁止该种劳工的输入，还是只禁止体力劳工的输入。法院认为，在该法案中，“劳工（labor）”一词的使用确实仅限于体力劳工，而不适用于牧师。我们不应在这份判决的具体理由（其中一些相当模糊）这里耽搁。问题在于，在这样的案件中，认为法院仅仅是确定国会言语的规范性内容是否有意义。此外，该内容不完全由“任何形式的劳工或服务”这一相关语词的语义含义决定这一事实也并不一定对它不利。那么，这是否就像日常会话情形那样，断言的内容与明示的内容有所不同呢？

这一判决的批评者指出质疑该可能性的两个主要事实。首先，人们很难接受该法案所包括一列明确的例外（演员、艺术家、讲师、歌手和家庭佣人）。通常情况下，当法律规定了一般规范并附加了明确的例外时，除非这些例外是作为示例被制定（或建议）的，否则它们就是排他性的。② 第二，也是更重要的，是人们注意到，国会对这一特定问题进行了讨论。一些国会议员建议在该法案中使用了“体力劳工（manual labor）”这一表述。但是，当该法案在下一届国会会议上投票时，这一议题却没有再度出现。这种情况摇摆不定的原因不难猜测。从该立法的背景可以清楚地看出，它的目的是阻止廉价的非熟练劳工的涌入。但同样清楚的是，国会在过于明确地聚焦廉价劳工时，一定会在些许程度上感到不安。明确地宣布该法律的目标是廉价的体力劳工的输入，这在政治上一定是非常不合宜的。

现在，你可能认为我只是在指出一个熟悉的问题，即在确定立法意图时遇到的困难。好吧，在这些案件中，这当然是问题的一部分，但这不是和我们问题相关的情境的主要特

① *Rector*，*Holy Trinity Church v. U. S.*，143 U. S. 457（1892）.

② 关于这一内容的更多论述，参见下文。

征。我们重新思考日常会话的情形。当所断言的交际内容与言语的语义内容不同时，对相关会话方通常会很容易发现这一点。当病人听到医生告诉他，“别担心，你不会死的”，他不会想到医生是在向他许诺永生。当我的妻子问我吃没吃过饭时，我也的确不会想到她是在问我过去是否吃过饭。我认为，在这一点上，存在一个普遍的经验：当听者在特定的会话语境中明显地感觉到说话者不能完全断言他所说的东西时，后者通常也能够成功地表达出与他所说内容不同的断言内容。

作为比较，我们看一个不那么明显的情形，即说话者可能不能完全表达出他所说内容的意义。假设一下，当我的妻子晚上回到家时，我问她：“你吃过黑莓吗？”这里，我很有可能问我的妻子过去是否吃过黑莓，而我也有可能问她今天早些时候是否吃过黑莓。我心里想的是哪一种并不明显，如果我的妻子让我澄清一下，这也不会让人感到奇怪。现在，当然有可能以这样一种方式来填充语境，从而使我们双方都明白我所问的内容。但接下来，我们必须假设一个更为充分的语境，从而使会话的内容更为明显。我们都了解这种充分语境的缺席，我的妻子完全有理由问：你到底是什么意思？这就清楚地表明，我没有成功地断言与我所说内容不同的内容。

现在，你们明白我的方向了。圣三一的案例和后一个例子相似。国会在说禁止为“任何种类的劳动力或...”的输入提供便利时，很显然并没有明确规定它所说的是什么。如果这样的提问——“当你说到‘P’时，你到底是什么意思”——是恰当的，那么我们会明确表示，这不仅仅是一个所表达内容与其语义内容不相同的情形。充其量我们只能说，该言语所断言的内容并不完全清楚。

“讨论圣三一案，我选了一个困难的例子”这样的抱怨是合理的。其他案件可能会简单得多。下面我将提到这样一个案件，尽管该案是虚构的，但正是在该背景下索姆斯进行了细致的讨论。[①] 他考虑了朗·富勒（Lon Fuller）所提到的关于乘客在火车站睡觉的著名寓言：假定我们碰到一个法律，它规定了“在任何火车站睡觉都是一种轻罪［…］。”现考虑这样一种情形，一名乘客在凌晨3点等待一列晚点的火车时，坐在长椅上睡了几分钟。我们会认为这名乘客违反了法律规定吗？无疑，这看上去并不是一个合理的结果。索姆斯考虑了一种可能，即法律所规定的内容并不完全是法律的明示内容。法律明示，在火车站“睡觉”是一种违法行为。但是，事实上，这一条例的规定性内容还是有些不同；该条禁止试图将火车站当作睡觉的场所或类似的地方。

基于这种考虑，索姆斯正确地认为：“在我看来，这种分析‘是一种延伸（stretch）’。”[②] 他解释道：“人们可以想象到，立法者确确实实认为他们自己断言了一个能够达致可欲结

① Soames, Scott. Forthcoming a. Interpreting Legal Texts: What is, and What is not, Special about the Law. In Scott Soames, *Philosophical Essays*. 1: *Natural Language*: *What It Means and How We Use It*. Princeton, N. J.: Princeton University Press.

② Soames, Scott. 1987. Direct Reference, Propositional Attitudes and Semantic Content. *Philosophical Topics* 15: 17.

果的在脉络上特别充分的语境，但是人们也可以想象到，他们并没有对这件事进行太多思考［…］。”换句话说，即使在这种相对简单的情形中，语境也不够充分，不足以清晰地表明立法机关本没有意指/断言它明示的内容。同样可能的是，立法机关表达了某些内容，该内容在有些情形下是清楚的，而在另一些情形下却没有被过多地考虑；当存在需求时，立法机关总是可以仰赖其他主体——如法院和行政机关——来明确法律进一步的具体内容。除此之外，还要注意的是，还存在其他可以获得合理结果的其他解释性选项，也就是说，不去进行“立法机关所规定的内容与它明示的内容不同”这种假设。例如，将在长椅上打盹几分钟当作“睡觉”的边缘情形（borderline case）是合理的；或者，人们可以适用“法不干涉琐事之教义”——某些违法行为显著轻微到不应用法律对其进行强制，这种情形显然就是这样。

你可能仍然认为，肯定存在立法机关所规定的内容并不完全是它明示的内容的情况。也许有，我们不能排除这种情况，但我认为这种情况是非常罕见的。使得日常会话的各方表达的内容与他们所表达的意思不完全相同的一个基本面向在于，日常会话通常是一种合作性活动。在日常会话中，考虑到对话所处的阶段以及相关各方先前的背景知识，为了促进对话，我们通常会假设一个旨在为会话作出相关的贡献的言语实例。然而，立法并不是日常会话。我后面将详细解释，立法是一种典型且复杂的策略性行为。考虑到立法的策略性特质，立法机关的规定性内容与它明示的内容明显不同的这样的情况似乎不太可能。

二、隐含内容

在给定语境中，一个表述所实际断言的内容未必穷尽了特定的言语环境下所交际的所有内容。通常还有进一步内容，它们只是被说话者隐含，但是并非完全被他断言。我们将这种内容称作话语的“隐含内容”。P 在语境 C 中的隐含内容可以被定义为：在特定语境 C 中，说话者以说出 P 的方式表达自己的想法，并且听者也希望知道所表达的想法。这些是发言者都会知道的。我们可以认为，说话者表达的想法是他/她在特定情况下交际内容的一部分，如果说话者事后（*ex post*）明确地否认上述内容，那么一个理性的听者立即就会认为他是令人费解的、虚伪的、有时甚至是完全不诚实的。

言语实例所隐含的内容主要有三种情形：会话含义（conversational implicatures）、语义编码含义（semantically encoded implications）（有时被称为惯习含义）以及预设（presuppositions）。这三种类型的区分在法律案件中是相当重要的；它们涉及可以被假定为法律的一部分的那类隐含，这些区分会产生不同的结果。因此，我们必须仔细地研究这些不同的情形，并仔细地注意它们之间的不同。格赖斯“会话含义”的概念可能最为著名，并且在某些方面具有典范性，所以我们从这里开始。

（一）会话含义

我简要地回顾一下格赖斯关于含义（implicatures）的一些主要观点。① 我认为，他主要的洞见是，我们能够理解超出语义/断言内容的表述内容，② 是由于两种因素的结合：适用于相关言语情境的一般会话规范，和特定语境知识——其由说话者和听者在话语情境中所共享。在通常的会话情境中，当言语的主要目的是信息的合作性交换时，某些一般准则是适用的。格赖斯很有益地列出并分类了这些日常会话准则，其基本内容如下：

（1）数量准则——你的会话要尽可能地提供所需要的信息，即，不要说得太少也不要说得太多；

（2）质量准则——不说你自知是虚假的话，也不说缺乏足够证据的话；

（3）关系准则——你说的话要与会话相关；

（4）方式准则——避免模糊；避免多义；简明扼要；井井有条。③

如上，这些适用于日常会话的准则旨在促成信息的合作性交换。这些准则是直接实例化了交际互动的特定功能或目的的规范，这些准则也促进了这些功能的实现。④

下一步由含义（implicatures）的概念引入。给定所适用的会话准则，如果某一内容不是说话者实际断言的一部分，但是这一内容却隐含在特定的言语情境中他所说的内容中，那么这一内容就是说话者的隐含内容（implicated by a speaker）。换句话说，在语境 C 中，说话者 S 通过说出 p 而隐含 q，当且仅当：

（a）S 遵守了语境 C 中相关的会话准则；

（b）给定所适用的会话准则，为了使得 S 在语境 C 中所说的 p 有意义，我们假定 S 的意思（或意图）是 q；

（c）S 相信/假定他/她的听者不仅能够认识到条件 b，还能够认识到 S 知道他们能够认识到条件 b。⑤

---

① Grice, Paul. 1989. *Studies in the Way of Words.* Harvard, N. J.: Harvard University Press.

② 确切地说，会话含义以外的问题是有些许争议的。格赖斯尤为典型地谈到了明示的内容（what is said）和所隐含的内容（what is implicated）之间的区别；大概，通过"明示的内容"，格赖斯列入了断言的（而不仅仅是语义的）内容。然而，斯科特·索姆斯认为，大量断言内容也在一定程度上取决于会话的语用特征，包括含义。参见 Soames, Scott. Forthcoming b. Drawing the Line Between Meaning and Implicature – and Relating both to Assertion. In Scott Soames, *Philosophical Essays.* 1: *Natural Language: What It Means and How We Use It.* Princeton, N. J.: Princeton University Press.

③ Grice, Paul. 1989. *Studies in the Way of Words.* Harvard, N. J.: Harvard University Press. p. 28.

④ 某些特定的惯习场景很有可能会改变相关的并且应当被遵循的准则。例如，作为剧场惯习的一部分，一些常规的会话准则会暂停，这是由戏剧表演的性质和目的所决定的。

⑤ 显而易见，最后一个条件实际上是相当有问题且有争议的。考虑到使用选言命题的含义，格赖斯自己意识到了一个严重的问题。参见 Soames, Scott. Forthcoming b. Drawing the Line Between Meaning and Implicature – and Relating both to Assertion. In Scott Soames, *Philosophical Essays.* 1: *Natural Language: What It Means and How We Use It.* Princeton, N. J.: Princeton University Press.

举一个格赖斯的例子，思考这样一个情境：X 站在他没有油汽车边上，向路过的当地人 Y 求助。Y 知道后说："隔壁的村子有一个加油站。"此时，实际上 Y 并没有说过加油站是开着的而且有油卖。但是考虑到会话准则（例如：相关性、不说你自知是虚假的话，等等），我们很自然地会认为这就是由 Y 所说内容隐含的。考虑到情境以及适用的会话准则，Y 表达了该内容。①

正如格赖斯自己所强调的，会话含义主要有两个基本特征：

> (1) 会话含义总是可以取消的。在我们的例子中，说话可以加上，"但我不确定加油站是否开着。"——在这种情况下，含义将被明确取消。通常来说，可取消性（cancelability）是会话含义的一个基本特征。
>
> (2) 会话含义非常具有语境特定性；它们并非依照语言规则惯习地确定。总有一些对格赖斯学说的推论，引导我们去分析含义的内容；一些故事只有讲出来才能使之清晰。

然而，第二个条件需要被限定。除了常规的会话含义，格赖斯还确定了一类情形，将其称为"广义的会话含义"。他举例如下：

> 任何使用"X 今晚会见了一位女士"这一句子的人通常会隐含，这个人所会见的不是 X 的妻子、母亲、姐妹或甚至是柏拉图式密友。类似地，如果我说"X 昨天走进一所房子并在前门里发现了一只乌龟"，过了一会儿后说这所房子是 X 自己的。我的听者通常会感到惊讶。②

广义的会话含义指的是，所使用的表述通常会隐含特定的内容，除非该隐含内容被明确取消。说话者可以说，"X 今晚会见了一位女士。"然后立即加上，"我想知道这位女士是不是 X 的妻子。"在这里，含义被后一句话明确取消了。现在，格赖斯想表明的似乎是置于未取消的情形下，也就是说，若某人说"一个 A"却没有指明这是谁的 A，这个表述通常会隐含他不知道这是谁的 A，或者他认为指明这是谁的 A 同语境无关。否则，说话者就不会遵守量的会话准则（不要说得太少）。类似地，当说话者说"我昨晚在一辆车里坐了一个小时。"，他隐含了那不是他自己的车。但是，这样的隐含可以通过补充说"我喝得实在太多了，也有可能我是坐在自己的车里"来取消。

换句话说，广义会话含义是由自然语言中某些标准化表述的语义特征——即一般性（generality）——和会话准则所适用的特定语境共同创造的。形式为"一个 A"的表述在语义上是这样的，它们产生了某种类型的预期；给定具体的言语情境中所适用的会话准则，这一预期通常会产生含义。

① Grice, Paul. 1989. *Studies in the Way of Words.* Harvard, N. J.: Harvard University Press. p. 32.

② Grice, Paul. 1989. *Studies in the Way of Words.* Harvard, N. J.: Harvard University Press. p. 32

但是，广义的会话含义情形应当与另一种熟悉的情形区分开来，在这种情形中，某种含义被频繁地使用，以至它实际上成为一种惯用表达，该种惯用表达的惯习意义（conventional meaning）与所用语词的字面意义有些许不同。熟悉的例子有：“你有时间么?”——通常并不用来表示关于占有的问题，而是用来询问听者现在几点了；或者，类似地，“你能把盐递给我吗?”——用来提出请求，而并不用来询问听者他或她做某事的能力。此时，我们可以相当似真地推测，这些地道的表达产生于会话含义在自然语言中被反复使用。但是，它们长期以来已经获得了某种惯习意义，该种惯习意义不再是含义问题；现在这些表达的使用完完全全是惯用的，它们的惯习意义与所用语词的字面意义有些许不同。简而言之，这些不再是含义。①

最后论及的是真实性理念（the idea of truthfulness）：真实性并不意味着，仅当蕴含内容为真且/或说话者认为其为真时，含义才会产生。相反：确切地说，在一定程度上，含义的产生是由于在日常会话中说话者不会说他/她认为是假且/或与会话无关的东西，这种情形下含义可能会被滥用。说话者可以断言某事物真且隐含他所知道的某事物为假。例如，思考一下这个例子：史密斯先生去一家医院，在向一位护士询问一些情况时，自称是“Dr Smith。”碰巧的是，史密斯的是哲学博士。这位护士后来知道了这个小细节，难道不会感到非常惊讶和恼火吗？或者思考一下这个例子：你打电话给另一所大学的一位同事，打听你们部门的一位应聘者。作为回复，你的同事告诉你：“是的，我知道他，他真的是一个了不起的家伙，太棒了!”后来你才知道，你的同事只提到了候选人的品性，而没有提他的学术成果，而碰巧，候选人的学术成果非常令人失望。就像上一个例子中的那位护士一样，你当然会感到受骗了。正如我们所看到的，在这两个例子中，断言的内容都为真，只有含义为假。

含义（implicatures）是否在确定法律的内容方面扮演着某种角色，现在是该解决这个问题了。再一次，我将以立法语境为范例开始我的讨论。稍后我将介绍一些其他情形，在这些情形中，结果可能会有所不同。

一般来说，语用含义需要（至少）三个条件：

（1）具有某种交际意图的说话者。

（2）至少在某种程度上被共同知晓的会话语境，也就是说，说话者和听者所共有的会话语境。

（3）一些适用于相关的言语情境的会话准则。

在立法情形中，我想说，所有的这些条件——尽管大多数情况下，第三个——都是相

① 例如，参见 Bach，Kent，and Robert M. Harnish. 1992b. *Linguistic Communication and Speech Acts*. Cambridge，Mass.：MIT Press. p. 173. 塞尔（Searle）将这些情形称为“惯常使用的间接言语行为”（conventionally used indirect speech acts），参见 Searle，John. 1979. *Expression and Meaning*. Cambridge：Cambridge University Press. pp. 36 – 43.

当有疑问的。我将依次解释这三个条件。

1. 交际意图

第一个条件的问题是众所周知的，在此不赘。法律情形中的说话者通常是议会或一些其他的立法机构，它们可能由成百上千的人组成。我们知道，将交际意图归于一个集体机构产生了一些必须解决的概念性问题。由于我在其他地方①对此进行了详细的阐述，我不想在这里重复。我只想说，我并不认为将意图归于一个集体机构所产生的概念性问题是无法克服的。一群人可以共有某种意图，这样，在某些情况下，该意图就理所当然地归属于这群人。无论如何，在此我将抛开这些概念性问题。我马上将探讨一些关于确定交际意图——其可以建立在含义的基础上——相关种类的具体问题。

2. 会话语境

立法语境通常比常规的会话情景更加隐晦，主要有三个原因。首先，存在信息不足的问题。可以说，法官和诉讼当事人不是立法会话的当事人，他们不得不依靠辅助来源收集相关信息。这些辅助来源的可靠性在不同的法律文化和法律实践中存在相当大的差异，并且随着具体情况的不同会发生很大的变化。然而，即使信息可以充分获取，仍然存在两个主要问题，即会话从何处哪里开始，甚至会话方是谁，都存在一些固有的不确定性。在日常会话中，当言语的目的是信息的合作性交换时，语境是相对封闭的，可以说，它的边界是由会话情境决定的。一个立法法案的会话情景通常更加开放得多，没有清晰的边界。我们知道事件在哪里结束，即法案的投票通过，② 但是我们往往不太知道故事从哪里开始，以及背景的范围应该有多大。并且，谁是这个会话的参与者可能也不是很清楚。我们只应该包括立法者吗？这似乎太局限了；一个立法法案通常是立法机构和其他政治主体——如行政机关、各种委员会、游说团体以及其他试图影响新出台的法律的选民——复杂互动的结果。这里的主要问题不在于情境的复杂性，而在于没有明确的相关标准。诚然，一些法律文化可能有某些规则或惯习，这些规则或惯习在一定程度上决定了相关标准。例如，某法律体系可能有某条规则或惯习，该规则或惯习表明游说行为应该被排除在考量之外，此外，作为一个法律问题，游说行为也不应该成为理解立法的会话背景的一部分。但是通常来说，即使某些法律文化已经形成了有关这些议题的规则，可是在这些法律文化中有关上述的相关标准仍有许多悬而未决的问题。

3. 会话准则

我认为，这是主要的困难所在。格赖斯理论中有关会话含义的准则适用于日常会话，

① Marmor, Andrei. 2005. *Interpretation and Legal Theory*. 2nd ed. Oxford: Hart. chap. 8.

② 事实上，即便如此，也不总是那么清楚的。在美国，一个有趣的例子就是国会税收联合委员会的所谓的“蓝皮书”，它提供了对税收立法的立法后解释，这几乎被认为是对立法的权威解释。尽管不是很明显，但另一个例子可能也是存在的，即著名的“切弗伦学说（Chevron doctrine）”，它规定了要极大地遵从行政机构对法规的解释。此外，显而易见的是，如果你想到大陆法系，你可能会想到法律论文和法律教科书对于法律内容的概括性理解的重大贡献。简言之，即便问题是会话在哪里结束，也不是那么容易回答的。

而日常会话的参与者的目的是信息的合作性交换。但法律情形很不一样。一项法律的制定不是信息的合作性交换。因此，如果格赖斯理论中的某些准则可能不适用于立法，我们不应该感到惊讶，而且，更成问题的是，如果适用于立法的准则是存在的，具体是哪些准则通常也是不清楚的。差异的主要原因在于立法是一种典型的“策略性行为”。事实上，情境复杂得多：立法至少包括两个会话，也就是说，不只是一个会话。① 在立法过程中，立法者之间会有一个内部会话，然后，这种内部会话的结果是立法者和制定法主体之间的另一个会话。通常，内部会话在本质上是具有策略性的。它当然没有遵守合作性互动这一格赖斯理论的准则。此外，当我们审视立法者和法律主体之间的会话——该会话通常由法院来促成，我们很难忽视会话的策略性本质，正是该本质产生了相关言论。法院愿意将这种策略性互动的哪些方面看做是相关的，这必然是一个规范性问题，并且是一个注定有争议的问题。让我举一些熟悉的例子来论证这些观点，然后试图得出一些一般性结论。

立法最为人熟悉的面向便是，它几乎总是妥协的结果。妥协往往在于我称为“默认的不完整决定”，这种决定有意留下某些悬而未决的议题。这与集体性机构存在的问题密切相关：

（1）X明示“P”，意在隐含Q；

（2）Y明示“P”，意在隐含非Q；

（3）X和Y集体行动，意在使得明示“P”的集体性言语中对Q的隐含保持一种悬而未决的状态。②

现在，问题是被强调的“意在”常常并不那么明确；事实上，典型情形是冲突且不相容的意图、希望、期望等其中之一。（即，X和Y都意在——或希望，或期望——他们的意图胜出）。③

我们来思考一个典型的例子。

假设提出一项法案，对机动车的碳排放施加一些新的限制。假设有100名议员。通常，该法案是由特别关注环境和全球变暖危险的一群立法委员发起的。假设我们这群人称作“绿党（greens）”，它由20名立法委员组成。为了通过这项新的法案，绿党需要至少其他31名立法委员（我们称之为“中间派立法委员”）的支持，他们中的很多人可能对环境议题没有那么强烈的感觉。事实上，他们中的大多数人可能相当不愿意给汽车业施加更多负担。因此，为了获得通过该法案所需的多数，绿党必须有策略地采取行动。他们必须说服中间派立法委员支持该法案，尽管他们最初不愿意这样做。通常，绿党可以通过两种方式做到这一点，并且通常是两种方式的结合，即，或是给中间派立法委员一些回报

---

① 我们马上会看到，有时不止两个会话。在有些情形中，立法者意图向不同受众传达不同信息。

② 这种理念并不新鲜，许多作者已经注意到了这一点。

③ 其中，德沃金已经注意到了这一点。Dworkin，Ronald. 1985. A Matter of Principle. Cambridge，Mass.：Harvard University Press. p. 48 – 51.

（例如，他们为中间派立法委员更关心的其他法案投票），或是修改所提议的法案以迎合那些不太热心的支持者的关切。在后一种情形中，我们通常会看到对最初提出的法案进行一些修改，通过协商和妥协使其表述方式发生变化。然而，正是在这种妥协的本质上，各方能够达成一致，因为他们可以运用默认的不完整决定这一机制。也就是说，对立各方会有意将法案的某些表述留给相互冲突的解释，希望他们所支持的解释最终能够胜出。

显然，这种情况的问题是，不同的立法委员群体可能会涉及不同且不相容的内容，而究竟哪一内容应当胜出还远不清楚。如果你审视一下法案的发起者所隐含的内容，也就是我们案例中的绿党，那么你可能会使少数人的意图生效；毕竟，我们假设的是绿党没有足够的票数来通过该法案。另一方面，如果你遵循中间派立法委员的意图，那么你就会使那些并不真正关心该法案的目标且往往对其知之甚少的人的意图生效（注意，他们也是少数人）。[①]用格赖斯的话说，这里的问题具有双重性：谁是会话的相关方，以及会话各方应该被允许做出何种贡献，具有固有的不确定性。

然而，策略性的行为并不局限于立法者之间的内部对话。例如，思考一下这些情形，立法机构可以说是有意用多种声音表达。一般来说，在法律的制定中，立法机关试图向公众传达一种信息，而向政府机关或法院传达另一种信息。梅尔·丹·科恩（Meir Dan - Cohen）对一些刑事辩护作了详细的研究，其中他解释了这种现象及其基本原理。[②] 举一个例子，来说明这种立法上的模棱两可的基本原理，以刑法中对胁迫的辩护为例。这是一个成问题的辩护：一方面，威慑的考量会削弱对该辩护的承认；我们不想鼓励人们屈服于威胁，也不想鼓励人们出于恐惧或性格上的弱点而实施犯罪。另一方面，出于人类同情心的考量，要求承认这样的辩护。惩罚某人在遭受极大威胁时实施的行为是不体谅人的、几乎是不人道的，特别是当我们知道在同样的情况下我们自己也会屈服于威胁的时候。现在，这是一个严重的冲突，但它可以有某种解决方案：法律可能给人这样的印象，它不承认胁迫是一种辩护，或者只有在极端恶劣的情况下它才会允许这种辩护；但与此同时，在公平和同情心的需求下，法律可以指示法院允许这种辩护。正如丹·科恩论证的那样，在普通法中这或多或少是实际发生的。而且这是相当有意义的。

我希望你能看到，在许多立法语境中，运用这种机制的诱惑是巨大的。立法者可能希望创造这样的印象：他们在做一件事——例如，严格限制竞选资金捐款——但实际上却在做相反的事——允许这些捐款自由但不太透明地流动。在这些情形中，我们看到的几乎是矛盾的含义：从一个角度审视，立法者隐含着一件事，但从另一个角度审视，它隐含着另

---

① 参见 Rodriguez，Daniel B.，and Barry R. Weingast. 2003. The Positive Political Theory of Legislative History：New Perspectives on the 1964 Civil Rights Act and its Interpretation. *University of Pennsylvania Law Review* 151：1417 - 542.

② 参见 Dan - Cohen，Meir. 2002. Decision Rules and Conduct Rules：On Acoustic Separation in Criminal Law. In Meir Dan - Cohen，*Harmful Thoughts. Essay on Law*，*Self*，*and Morality*，37 - 93. Princeton，N. J.：Princeton University Press.

一件事。此外，正如刚刚提到的两个例子所表明的，没有一个通用政策可以适用于所有情形。在有些情形中，如胁迫的例子，立法者的含糊其词（double - talk）是很有意义的，并且可能在道德上是值得赞扬的。在其他情形中，如竞选资金的例子中，模棱两可是相当可疑的（在这里，你可能记得一个隐含内容可能为假或是欺骗性的，即使其被断言为真）。

请允许我停下来做一番评估。我试图证明，不同于常规的会话语境，在立法语境中，存在着一种非合作性的交际形式，而在常规的对话环境中，会话双方旨在达成信息的合作性交换。立法过程的相关行为主体为了克服缺乏初步合作这一问题，会采取策略性行为，而立法过程本身会被该策略性行为困扰。然后，一旦我们知道了这个过程的结果，确定哪些方面与确定立法言语的内容有关，哪些方面应当被忽略，就会变得很困难。所有这些让人怀疑，我们是否能够清楚地理解哪些是适用于这些立法言语情境的相关的格赖斯准则。

假设我在这一点上是正确的，就出现了下面的问题：如果格赖斯所指出的会话准则并非必然适用于立法言语语境，那么有没有其他可替代的规范？我们可以想出能够适用于立法言语情境的那种策略行为的会话准则吗？我认为这个问题很难回答。答案部分取决于对立法在法律体系中作用的规范的理解，即道德—政治的理解，部分取决于法院事实上遵循的解释性实践。我试图解释这两点。

抽象地说，该观点是这样的：有人可能会认为，正如我们从日常会话的基本合作目标中得出适用于日常会话准则的结论，我们也应该能够从这种交互性互动的性质和目标中得出适用于立法言语准则。正如我们之前提到的，格赖斯会话准则是会话的一般目的的规范实例化，该会话则被视为是信息的合作性交换。立法是一种不同的会话。难道我们不能仅仅观察这种会话的主要目标，然后得出一些实例化这些目标的有关会话准则吗？也许我们可以用一种类似于竞争性博弈的方式来思考这个问题。竞争性博弈的目的不是信息的合作性交换：游戏表现了某种形式的策略性行为。然而，博弈的规则通常决定什么是博弈的重点，一个人需要展示什么样的技巧和能力才能进入博弈并在博弈中胜出。① 通常来说，我们可以从博弈目的中得出一些结论，即关于博弈中不同形式的行为，其中一些被允许，另一些则不被允许。以国际象棋为例，既然它是一种智力竞赛，我们应该能够得出结论，国际象棋选手在比赛中不允许使用肢体恐吓作为战术的一部分。② 然而，在其他游戏中，例如拳击甚至足球，肢体恐吓是完全能够接受的。换句话说，我们可以仅仅从博弈的性质及其一般目的中得出“选手应当可以采取的行动”这一规范结论。我们是否可以把这个类比扩展到立法，并尝试推导出一些基本上能够实例化我们这一观念——立法是一种什么样的“博弈”——的会话准则呢？

---

① 我在即将出版的书的第2章对此进行了更详细的阐述。参见 Marmor，Andrei. Forthcoming. Social Conventions：From Language to Law. Princeton，N. J.：Princeton University Press.

② 德沃金细致讨论这种实例。参见 Dworkin，Ronald. 1977. *Taking Rights Seriously*. London：Duckworth. chap. 3.

原则上，这应该是可能的。然而，问题在于，任何关于“博弈”性质的观念，即使它的内涵丰富得足以产生我们所追求的那种规范性的结论，也注定是有争议的。在相关政治制度中，对于立法机构和审判机构之间的适当分工，人们往往有相当不同的道德—政治观念。例如，关于立法意图在制定法解释中的角色，有着众所周知的争论。有些法官认为，只要立法机关对于法律制定目的，甚至法律适用方式的意图是可辨别的，法院就必须尊重这些意图并使之生效；另一些法官则否认这一点，认为法院不应热衷于立法机关在制定法律时的意图或目的。现在，这只是这种观点的个例，这种观点反映了立法机关在，比如，宪政民主制度中的制度作用的更深层次的争论。我们是否应当考虑以及在多大程度上考虑某政法机关在解释其指令时的特定意图，仰赖于某人对此类政法机关的合法性以及道德—政治上的基本原理的看法。① 而这些观点往往是有争议的。

在这里，争议要素是相关的，因为格赖斯所指出的那种会话规范，只有在相关会话各方实际上遵循它们且知晓它们的情况下，才能发挥它们产生含义的作用。如果我们不能确定说话者是否遵循了相关的会话准则，我们就不能确定他的言语在特定的会话语境中隐含了什么（如果存在隐含内容的话）。因此，如果会话各方对他们将会遵循的会话准则持有不同的看法，那么就不可能推断出他们的言语隐含了什么（如果存在隐含内容的话）。

现在，这就把我们引向我所提到的第二点，它大体由此而来：随着时间的推移，法院实际遵循的制定法解释规范可能部分地决定了立法的会话准则。在遵循关于法院解释制定法语言的方式的特定规范时，法院可能为立法语境创造出某些种类的格赖斯准则。例如，法院听取制定法历史的证据的意愿程度会在一定程度上决定有关立法含义规范的相关性。可以这么说，这些规范会在一定程度上决定什么算作是立法者与法院之间会话的相关贡献。因此，在某种程度上，并且在很大程度上取决于法院的解释文化，一些格赖斯准则甚至可能出现在立法语境中。注意，这些准则的可靠性关键地取决于法院的解释实践随着时间的推移的实际一致性。如果法院未能一致地坚持相关的解释实践，立法者就不会有明确的信号来说明什么算作是立法者与法院之间会话的相关贡献，也因此，不可避免的，不会有明确的信号来说明什么算作是立法者之间会话的相关贡献。

对此，一种思考的方式也许是想象立法机关和法律主体之间存在着一种基本上是由法院的解释实践产生的“声音过滤器”；一些关于立法过程的事实通过了过滤器，另一些则没有。只要立法者知道会话背景的哪些面向会通过声音过滤器，那么他们就会意识到他们能对会话做出什么贡献，也就是说，他们会意识到，什么只能被蕴含，什么需要被断言。但是，如果立法机关不能清楚地知道什么是通过了过滤器，立法者传达他们未明确表达的信息的能力就会大大降低。

① 我在2005年出版的书的第8章对此进行了更详细的阐述。参见 Marmor, Andrei. Forthcoming. Social Conventions: From Language to Law. Princeton, N. J.: Princeton University Press.

从这里可以得出的一般结论是，在确定立法言语的交际内容时，不能经常仰赖会话含义。但是，在其他法律语境中，结论可能会有所不同。在这里，我想到两个主要例子。第一，即使在立法领域，含义也可能在行政规制领域发挥更大的作用。立法规制通常是由专门机构完成的。行政机构往往有一个明确规定的一般政策，他们试图通过他们的规章制度实施该政策。可以这么说，这通常会使法律言语的语境背景和合作性本质足够清楚，从而使得含义在确定相关规制的内容时发挥作用。

思考这两个例子：假设一项市政规章要求咖啡馆和餐馆有“干净且维护良好的室内洗手间”。毫无疑问，考虑到该要求的语境，这项规章会隐含洗手间必须实际上对顾客开放使用。一家餐馆的洗手间无可挑剔，但却始终上锁，那么它就不符合这项规章，即使餐馆确实有着“干净且维护良好的室内洗手间”。假设这样的例子可能会有许多。然而，它们却将被限制在某些法律领域，这些法律领域的规制有着明确且被广泛认可的目的，该目的在当时的情况下不太会引起争议。简言之，情况同合作性互动的格赖斯范式越接近，含义就越有可能发挥它们在日常会话中的作用。

也许更有争议的是，会话隐含在确定合同义务的内容时发挥的重要作用。人们可能会认为，与立法不同，合同一般被认为是一项合作性的经营活动。通常，合同关系的各方旨在从他们之间的约定性承诺的合作性交换中获利。这似乎使我们更有理由假定合同当事人承诺了在他们的明确允诺中所隐含的内容。此外，许多合同是在具体的商业语境中达成的，在这些商业语境中，商业交易的各方通常共有同一个丰富的语境背景。在这种情况下，作为商业习惯，相关当事人可能清楚地知道，在明示 P 时通常会隐含 Q，此时，将这种含义视为相关合同当事人通过明示 P 而作出的承诺的一部分是有意义的（除非这种含义被明确取消）。无论如何，此处我的目的不在于论证情况就是这样；一个人如何看待含义在合同领域中可能发挥的作用取决于他/她所偏好的合同法理论，而这些理论又是颇具争议的。我当然不打算在这里提供任何一种。我只是想说明一种可能性，即含义在合同中可能发挥不同于其在立法语境中发挥的作用，这取决于某人对合同法的基本原理的看法。然而，无论如何请注意，含义在不同的法律语境中可能发挥的作用仰赖于规范性考量；也取决于某人对相关法律领域的规范性基本原理的看法。①

最后，让我谈一谈广义会话含义的作用。请记住，所用表述的某些语义特征和会话情景中特定的语用决定因素相结合，共同产生了广义会话含义。更准确地说，语言中的一些表达在被说出时，说话者通常会有一个含义，除非该含义被说话者或会话情境中的其他语境特征特意取消了。我不确定这样的例子是否有很多，不过可以肯定的是这样的例子确实是有一些的。也许在法律语境中，人们最熟悉的例子是法定例外情形的使用。假定法律写

---

① 含义在合同法中的作用的肯定性看法自然会从这种理论中产生，例如，将合同视为道德允诺的一种形式，或至少与道德允诺等量齐观，就像 Shiffrin 在 2007 年出版的书中所捍卫的那样。参见 Shiffrin, Seana. 2007. The Divergence of Contract and Promise. Harvard Law Review 120：708 – 53.

着“所有X都应当φ，除非X是F、G或H。”“除非”的意义通常隐含了这些例外情形是排他性的（即所有不是F、G、H的X都应当φ）。注意，这样的隐含总是可取消的。立法机关可以很容易地表明它不认为所列出的例外情形是排他性的。现在，可能合理的结论是，在没有任何这样明示的情况下，使用“除非”隐含着不允许其他例外。但现实却是，即便是这一保守结论也不一定符合法律现实。至少在普通法传统中，法官通过各种制定法解释教义找到了规避这些结论的方法。“圣三一案”的司法判决就是一个很好的例子。诚然，法官倾向于忽视这种含义，并不意味着这类含义不存在；法官倾向于忽视它们原因在于，他们怀疑立法者没有能力预先确定制定出的一般性规范的所有可能合理的例外情形。但是这再次证明了一个事实，立法机关和法院之间的商谈不一定是合作性的，两者的分工是道德—政治上的争议性问题。

（二）语义编码含义

格赖斯提到，一些含义可能具有惯习性，也就是说，它们遵循所用语词的意义。[①] 我在其他地方用一定的篇幅讨论了为什么我不认为惯习必然被包含在内，[②] 但这无关大局；本质问题仍然是，即一门自然语言中有许多表达式在其语义意义上存在着某种含义。[③] 在这些情况中，说话者仅凭借她所言说的语词（在特定句子中）就承诺了某一内容，而不问具体的会话语境。思考下面的例子：

（1）“X是A但也是B”——隐含了，X既是A又同时是B在某种程度上是让人惊讶或很感兴趣的，等等。

（2）“甚至X都能A”——隐含了（a）除了X之外，还有其他的能够A，以及（b）在相关主体中，X是最不可能A的。

（3）“X戒掉了A”——隐含了X在这之前规律性地做过A。

（4）“X去年春天从纽约搬到了洛杉矶”——隐含了X在这之前在纽约居住过。

（5）“X设法发现了A”—— 隐含了发现A涉及（或，被认为涉及）某种努力或困难。

所有这些情况都例证了同一现象，即（在所说的句子中）某一内容被隐含为所用词语字面意义的必不可少的一部分。此外，请注意格赖斯对会话含义所附加的两个条件在这里都不适用：（1）—（5）的隐含内容是不能被说话者取消的，也无需任何推导、无需讲述任何关于会话具体语境的故事，也可以说，关于我们是怎么走到这一步的。隐含内容只

---

① Grice, Paul. 1989. Studies in the Way of Words. Harvard, N. J.: Harvard University Press, p. 24 - 6.

② 这就是为什么我不把这些情况称为“惯习含义（conventional implicatures）”的原因，参见Marmor, Andrei. Forthcoming. Social Conventions: From Language to Law. Princeton, N. J.: Princeton University Press, chap. 5.

③ Karttunen, Lauri, and Stanley Peters. 1979. Conventional Implicature. Syntax and Semantics 11: 1 - 56.

构成相关语词字面意义的一部分；它在语义上被编码于相关表达的字面意义中。①

然而，提醒一下，请注意语义编码含义不一定来自单个语词的意义；在某些情况下，不同类型的句子使用的同一个语词却隐含了不同的内容。例如，比较这两句：

(6)“约瑟夫也在那个房间里。”

(7)“如果约瑟夫去开会，系主任也会在那儿。”

在这两个例子中，“也”一词的使用都显然隐含了一些内容，但（6）中的内容与（7）中的内容不同：在（6）中使用“也”这一单词，隐含了是除了约瑟夫以外，还有其他人在那个房间里；在（7）中使用“也”这一单词，隐含了约瑟夫不是系主任。② 然而，得承认的是，这个例子是有问题的；有些人可能倾向于从语用而非语义的角度来解说隐含内容的不同。对此，在这里我不想过多讨论，只想指出一种可能性，即同一个语词可能隐含不同类型的内容，这取决于所说句子之类型。

然而需要指出的是，在所有这些例子中，隐含内容——尽管语义上被编码了——并不构成明确的断言内容的一部分。它是一种承诺，并且必然来自所使用的语词，但却不明确是断言内容的一部分。这里的相关内容只是被隐含的，而不是被完全断言的，主要是因为隐含内容并不明确。假设 *S* 说：“*X* 是个政客，但他很诚实。”“但是”一词的使用显然隐含了 *S* 相信/假设政客一般不是很诚实，或者，诚实的政客是有些令人惊讶的（或者也许仅会令听者惊讶），或者其它诸如此类的意思。然而，*S* 并没有完全断言这一点。可是，一些这样的内容显然是被隐含的：当面对一个对隐含内容的明确否认，我们会感到有点不舒服。假如我们向 *S* 提出澄清的要求：“你是说政客通常不是诚实的人吗?”然后，*S* 回应说：“哦，不，我没有这么说。”好吧，千真万确，*S* 没有这么说，但我们也会感到 *S* 的否认有些虚伪；就是感觉不对。

在上一节中，我认为，含义在法律语境中的作用顶多是不明确的。现在我想讨论的是，对于有关法律表述语义上被编码了的隐含内容，可以得出相反的结论。但是在试图提出做出这一论证之前，我需要进行一个重要的澄清。我的论证当然不是，说话者对于其所言在逻辑上或其他方面包含的所有内容都进行了承诺。坚持认为“我们通常会承诺我们已经隐含了在这个或那个场合我们所言中包含的一切”毫无意义，不管怎么说都是如此。当然，不管怎么说，几个世纪以来所有使用和表达算术公理的人都不能被认为承诺了哥德尔

① 请注意，即使某表达是被嵌进去的，相关的隐含内容仍然存在；例如，这些陈述：“X 戒掉了 A 不是真的”或“X 没有戒掉 A”，或有条件的陈述“如果 X 戒掉了 A，他会过得更好”与“X 戒掉了 A”具有相同的隐含内容，即 X 做过 A 并具有某种规律性。

② 这个例子——尽管并不完全是它的关键——摘自索尔·克里普克（Saul Kripke）一场演讲的一篇尚未发表的稿件：“*Presupposition and Anaphora: Remarks on the Formulation of the Projection Problem*”（Searle, John. 1979. Expression and Meaning. Cambridge: Cambridge University Press.）

定理的真理，尽管我们现在知道，哥德尔定理就是由这些公理所包含的。①

说话者通常承诺了由他们所说表达式的语义特征所（明显且清晰）蕴含的内容。在语境C中，说“p”会明显且清晰地蕴含某一内容q，当且仅当：“p”的语义意义通常蕴含q并且试图否认该含义的努力会使得任何一名理性听者（在语境C中）感到困惑、虚伪或不诚实。如果这是正确的，那么似乎可以非常直接地得出结论，即语义编码含义通常会构成法律内容的一部分。如果对此有任何疑问，可能会涉及隐含内容的相对不确定性。正如我们在上面所指出的，这里所考虑的这种表达式隐含内容在一定程度上并不明确。通常来说，明确这类内容依赖于语境。然而，通过使用这类表达，我们所获得的在语义上被编码的信息是相当具体的，并且即使它留下了一些不明确的内容，被编码的信息也足以产生影响。例如，如果一个发言者断言，“即使是约翰，也能通过这个考试”，那么这个发言者显然承诺了以下内容：（a）在某个相关的参考群体中，除了约翰以外，还有其他人可以通过考试；以及（b）在该群体中，约翰是最不可能通过考试的人之一。当然，我们需要一些语境背景来知道什么是这里的相关的参考群体。在这方面，这一内容在语义上是不够明确的。但是，不管这一话语的特定语境如何，这句话中“即使”（even）一词的使用包含了（a）和（b）在语义上的其他内容。而且这一内容并不是可取消的：想象一个发言者说了“即使约翰也能通过考试，毕竟，他是最好的学生”——这会是一句让人困惑的话；很难想象在一个语境中它能说得通。

一般来说，如果在一个法律语境中，存在语义上被编码的隐含内容，很难想象它不被看作是构成法律所决定的内容（what the law determines）的一部分。在法律的内容由法律所言（what the law says）所决定的范围内，这一内容必须包括在语义上被编码的隐含内容。然而，需要承认的是，区分如下两者并不总是那么容易，一是仅仅由所用表达式的语义所产生的隐含内容，二是那些语用因素也在其中发挥作用的隐含内容。例如，思考说话者S说了如下语句：

（8）“所有是F的X（复数）都应Φ。”

可以很明显地感觉到，在说（8）时，说话者S承诺了“可能存在一个不是F的X”这一内容。该内容是（8）中的语义上被编码的隐含内容吗？不完全是。（8）所隐含的大体是如下内容：根据的S所知，（在这一话语的语境中）可能存在一个不是F的X。为什么会这样呢？大概是因为，S以其他的方式违反了数量准则（“别说得太少”）。如果S已知所有X都是F，那么他的话语很弱地表达一个命题，可以说，他的话语所说的太少了。因此，我们可以有把握地从话语（8）中得出结论，即对说话者来说，可能存在一个不是F的X。但是这一隐含内容在一定程度上依赖于格赖斯的数量准则，它是由言语的某些语

① 更确切地说，哥德尔定理不仅由公理所包含，而且由集合论和其他一些有关算术的真理所包含。我将这个一例归于斯科特·索姆斯。

用特征产生的。我认为，我们在这里所拥有的是一些被编码在所用表达式中的信息，这些信息与说话者遵守数量准则的假定共同产生了某种含义。大体上，这是广义会话含义的一种情况。

（三）语用预设

除了特定语境中会话上隐含的内容，以及所说语词意义所隐含的内容外，很多时候，特定的话语只有在说话者根据其听者共享的背景知识预设了某内容的情况下才有意义。换句话说，预设所包含的内容实际上并非被断言的，但为了使断言内容有意义，预设包含的内容需要被认为是理所应当的。要么是会话参与者们已经共享了这类内容，要么是听者们为了会话的目的愿意接受这类内容。然而，有趣的则是那些我们可以从话语本身推断出预设的情况。索姆斯对话语预设的定义如下：

> 一个话语 *U* 预设了 *P*，当且仅当一个人可以从 U 合理地推断说话者 *S* 接受 *P* 并且认为 *P* 是没有争议的，要么是因为
>
> (a) *S* 认为 *P* 在 *U* 被说出的时候就已经是会话背景的一部分了；或因为
>
> (b) *S* 认为会话参与者们准备将 *P* 毫无异议地添加到背景中。①

然而，请注意，这个定义包括了预设内容在所说表达中语义上被编码的情况，以及那些不属于这种情况的话语。

考虑下述例子：

(1)“是简打碎了花瓶。”

预设：有人打碎了花瓶。

(2)“比尔后悔对他的父母撒谎。”

预设：比尔［认为他］对他的父母撒了谎。②

(3)“约翰的妻子明天要去听音乐会。”

预设：约翰已经结婚了。

(4)“共和党人和参议员乔投票支持该法案。”

预设：参议员乔不是共和党人。

(5)“约瑟夫今晚不来。”

预设：本来预计约瑟夫今晚会来。

(1)—(3) 和 (4) &(5) 之间似乎有一个重要的区别在于将每句话和对预设的否

① Soames，Scott. 1989. Presupposition. In Handbook of Philosophical Logic. Ed. D. Gabbay and F. Guenthner，vol. 4，573. Dordrecht：Kluwer.

② 我认为一个主体有可能对 *P* 感到后悔，即使 *P* 没有实际发生；然而，如果主体不认为 *P* 发生了，那么他就不可能对 *P* 感到后悔。

定并列（juxtaposing），我们很容易看到这一点：

(1a)“是简打碎了花瓶。”&没有人打碎了花瓶。

(2a)“比尔后悔对他的父母撒谎。”&比尔并不认为他对他的父母撒了谎。

(3a)“约翰的妻子明天要去听音乐会。”&约翰没有结婚。

(4a)“共和党人和参议员乔投票支持该法案。”&参议员乔是共和党人。

(5a)“约瑟夫今晚不来。”&本来预计约瑟夫今晚不会来。

所有这些情况的共同点是，如果对预设进行否定，比如（1a）—（5a），就会给人一种明显的感觉，即这句话将没多大意义。然而，在前三种情况下，话语将不会有意义，因为对该话语预设的否定将会与该话语的断言内容发生某种矛盾。① 不可能是简打碎了花瓶，而没有人打碎它；不可能是约翰的妻子要去纽约，而约翰没有妻子，等等。② 然而，请注意，在例（4a）和（5a）中不包含这一矛盾。对（4）合取其预设之否定作出断言将会很尴尬，但并不矛盾。对（5 a）来说也是如此。造成这种尴尬的事实是，如果预设是为假，就很难理解说话者是如何说出他所说的句子的，因为假的预设对会话没有任何作用。

我并不是说索姆斯话语预设的定义包容性过强（over - inclusive）。有许多合理的理由将这些情况放在一起考虑。③ 然而，就我们现在的目的而言，关注那些在所说句子的意义中没有语义编码的预设可能是有益的。我们已经讨论了隐含内容语义编码的情况，并且认为这种隐含内容通常会构成法律的一部分。我认为同样的考量也适用于关于语义编码的预设。即使这些语言现象有些不同（并且我不完全确定它们是否不同），它们具有基本的共同点：隐含/预设的内容是不能被说话者取消的。正如我们前面所看到的，法律隐含中不可取消的内容通常会构成法律的一部分。

在上面的定义中，索姆斯指出了预设的一个有趣的语用面向，即顺应现象。当说话者在特定会话中说出一个句子时，说话者通常会假定其中有一些内容已经为他的听者们共享，也因此该内容不需要被断言。然而，有时话语所包含的预设会将一些先前没有被会话当事方共享的信息添加到会话背景中。在这种情况下，说话者的行事则基于这一假定：他的听众愿意将预设内容无异议地添加到他们的共享背景中。例如，思考（3）这句话：很有可能这句话的听者在当时并不知道，或者可能直到现在都不知道约翰已经结婚了。前面说过，如果说话者愿意说出（3），这是因为他会假定听者愿意将这一信息毫不费力地添加到她的背景知识中；因此，现在她知道约翰已经结婚了，并且她愿意在会话中将这一信息添加到她的背景知识中。

① 这些矛盾是否一定会削弱说话者表达至少部分为真的事物的能力，这一问题将在下文讨论。

② 我不知道什么才是合适的语义理论，可以把我们从“约翰的妻子...”带到“约翰有一个妻子”，或者从“X 做过 φ”到“φ 发生过”等等；我只是假定有这样一种理论。

③ 最重要的一个，大概是投射（projection）的问题，即哪些结构允许话语继承其构成要素的预设。

然而，在法律案件中，可能不会有如此顺利的顺应。我以著名的田纳西流域管理局诉希尔案（*TVA v. Hill*）来说明这个问题。① 这是一个关于田纳西河谷大坝建造的极其复杂的诉讼案件。环境组织希望停止水坝的建设，声称这违反了濒危物种法案，会危及一种叫做蜗牛镖的小鱼的栖息地。② 然而，结果却是，在环境问题引起公众关注后的很长一段时间里，国会竟然仍在一些拨款法案中继续资助大坝的建造。现在，人们会认为，如果国会为某一项目的建设拨款，那么预设的则是该项目由此得到了法律授权。尽管如此，最高法院判决，这些拨款法案不能表明，面对强烈的环境反对意见时国会居然还授权了该大坝的建造。实际上，法院基本上拒绝顺应拨款法案的预设内容所传递的信息。我认为，这就是使法律中的语用顺应比日常对话中的语用顺应更成问题的原因：由于预设内容不是法律断言内容的一部分，则法院可以选择拒绝承认这种预设内容的有效性。正如田纳西流域管理局诉希尔案中展示的那样，当话语预设并不是法律语言在语义上所隐含的那种预设时，法院来说很容易拒绝承认这一预设内容的有效性。

这就引出了我想在这里考虑的最后一个问题，这个问题似乎与许多法律案件尤其相关，即话语的预设内容被证明为假。我认为，预设是错误的是否一定会削弱所说陈述的真实性，现在尚无定论。有时，正如（1）和（2）两句话所示，如果预设错误，那么话语也不可能为真。然而，有时预设错误会削弱一部分断言内容，但不一定影响其主要部分为真。说话者能够成功地断言一些基本是真的东西，即使该话语的相关预设错误。例如，思考（3）这句话："约翰的妻子明天要去听音乐会。"正如我们所看到的，它的预设是约翰已经结婚了。假设事实是说到的那位女士——我们姑且称她为简——并不是约翰的妻子，因为约翰和简并没有结婚。这是否一定意味着说话者没有主张一些真实的东西呢？不一定。如果说话者和听者都理解该话语指称简，那么说话者就成功地说了一些基本是真的东西，即简明天要去听音乐会。③

同样，考虑下面这个法律实例——假定有一条规则规定：

（a）除非 *X* 以其他方式进行特别授权，所有人在情况 C 中都得克制不 φ。

现假设指涉"*X*"的法律机构已经被废除，并且现在不存在这样的法律实体（或许它从来就没存在过）。换句话说，规则（a）预设了某个并不存在的法律实体的存在。因此，我们可以明确地说该预设是错误的。这是否会削弱（a）的主要内容呢？是否我们不得不认为法律不要求人们在情况 C 中克制不 φ 吗？我认为不一定。

---

① 437 U. S.（1978）153.

② 在这个案件中，最讽刺的一点是，在最高法院代表环境保护主义者做出停止建造大坝的裁决后，结果却是蜗牛镖竟然根本不是濒危物种，它的栖息地比诉讼中所设想的要多样化得多。

③ 这是一种众所周知的情况，通常在限定摹状词（definite descriptions）和直接指称（direct reference）的语境中进行讨论。例如，参见 Soames，Scott. 1987. Direct Reference，Propositional Attitudes and Semantic Content. Philosophical Topics 15：44－87.

据我所知，预设的真实性可能会影响法律结果的情况大多数都发生在合同语境中。在合同关系中，在某些预设的背景下交换承诺和承受义务的情况并不少见。此外，当履行期限届满，预设可能被证明是错误的。通常来说，这会使一方当事人履行合同义务的成本比合同订立时所预期的要高得多。复杂的法律教义已经演化到能够处理这类情形，这里我不试图总结它们。然而，我认为法律人是对的，即认为语言学的考量并不能解决这些法律问题。从语言学的角度来看，法律人是对的，即认为预设的错误并不一定会削弱法律承诺。是否应该这样，仍然是一个法律规范性的问题，并可能需要根据不同类型案件的是非曲直来解决。

让我说明一下为什么我这样认为。在通常情况下，当说话者说出了一个等同于承诺的表达时，该断言仅通过其话语本身就使其成立。如果我说："我保证今晚去你的聚会"，或者，基本上相同的，"我今晚会去你的聚会"，我已经表达了一个承诺。这一表达的断言内容是作出承诺，因此，单凭这句话本身就是真的。通过说我作出了有关承诺我就已经作出了有关承诺，这是真的，因为（通常情况下）说什么就是什么（saying so is what makes it so）。[①] 然而，该断言的真实性本身并不能解决任何道德或法律问题；它既不一定解决我是否应当遵守承诺的问题，也不一定能解决事实上我是否打算这样做的问题。这两个问题是独立的问题，它们与断言的真实性无关。因此，承诺的断言内容仍然基本上是真实的即使该承诺的相关预设（假定其存在）是错误的，这一事实并不会真正解决任何法律相关的问题，即，在那些情况下说话者是否应该信守承诺。对此可能有一个例外：承诺的预设内容明显错误到一下子使这个承诺变得荒谬，例如，"我向你保证我将飞到火星"。那么在这种情况下，相关预设（在这个例子中则是我可以飞到火星）的错误可能会削弱该承诺陈述的真实性。然而，更准确地来说则是，在这种情况下，最好是务实地说，说话者未能成功作出某承诺。这只是说话者不能被认为已经断言了他所说的话的其中一种情况。然而，除了这种不寻常的情况，一般说来，相关预设的错误并不会削弱通过作出某承诺来进行断言的内容的真实性。但同样，这并不能解决任何关于承诺人是否应该信守承诺相关规范性议题。

三、结论

让我简要地总结一下我试图在这里建立的结论。从语用学的角度来说，存在两种主要的情形，其中，法律语境不同于日常会话语境。首先，在日常会话语境中，通常很明显的是，断言内容不同于所说内容。我认为，在法律语境中，语境背景通常不够丰富，不足以

① Lemmon，Edward J. 1962. On Sentences Verifiable by Their Use. Analysis 22：86 – 9. 也参见 Bach，Kent，and Robert M. Hamish. 1992a. How Performatives Really Work：A Reply to Searle. Linguistics and Philosophy 15：93 – 110. 在我即将出版的书的第五章，我更加详细地为这一观点辩护。Marmor，Andrei. Forthcoming. Social Conventions：From Language to Law. Princeton，N. J.：Princeton University Press.

使这一现象发挥它在我们日常会话中通常发挥的作用。关于会话含义在法律中可能发挥的有限作用，也得出了相似的结论，但理由不同。会话含义在法律语境中往往是不可靠的，因为没有明确的和不会引起争论的规范来确定什么是对交际情景的相关贡献。会话含义在法律语境中往往是不可靠的，因为不存在这种明确且无争议的规范，这些规范确定了什么才是对于交际情境的相关贡献。我们还看到，在这方面法律语境并不统一，含义在有些法律语境中可能比在另一些法律语境中发挥着更大的作用。类似的结论是，会话含义在法律中作用有限，但理由不同。

最后，我认为，断言内容和隐含内容之间的区别并不总是由语境因素决定的。在有些情况下，特定内容是隐含着的，这是由于所用表达式的语义特征决定的。就像在日常会话中一样，在法律语境中语义编码含义和/或预设也是相关的。从所用表达式的意义中衍生出的交际承诺通常是法律规定内容的一部分，即使隐含内容并不完全由法律话语的意义来明确指出。

规则与修辞

[加] 布鲁斯·麦克劳德*著　胡杨树**译

摘　要　麦克劳德先生认为，正义决策中规则的角色常常被形式主义者和现实主义者都误解了。修复修辞学在法律以外领域的地位表明，对法理学有一个新颖而有用的洞察：法官既不是机械地执行法律的"命令"，也不是随意行使主观偏好。他们参与一个由法令和先例的"意愿"结构化的辩论过程，并致力于说服他们预期的受众。麦克劳德以加拿大最高法院在亨特诉南汉新闻公司案中的理由为例，说明这种修辞结构化论证的理念。法院需要解释新的《加拿大权利与自由宪章》第8条，该条禁止"任意搜查或扣押"。他认为，尽管法院无法以任何先前固定的规则定义"不合理"，但它并非被迫行使随意和主观的偏好。只有通过法院的修辞义务来分析，才能最好地理解这一决定。

关键词　修辞学　论辩　听众　规则

一、引言

修辞学的认可地位正待改变。修辞学经常被用作贬义词，例如"华而不实的修辞学"或"修辞学并非现实"。但如今在学术圈中，修辞学正在经历一场小规模的复兴。修辞学的复兴打破了逻辑对推理模式的垄断。修辞学研究的重点正在从形式命题的实质转向辩论过程本身的社会过程。①

法学理论可以从修辞学的新转向中受益。通过将法律视为辩论过程，新修辞学在现代

---

* 布鲁斯·麦克劳德（BRUCE MCLEOD），加拿大奥斯古德霍尔法学院法学博士。原文刊于 *Osgoode Hall Law Journal*，Vol35，305－330（1985），原题为 RULES AND RHETORIC。

** 胡杨树，男，江苏徐州人，华东政法大学法学理论专业硕士研究生，研究方向为法律方法论。

① See S. Toulmin，*The Uses of Argument* 1958，S. Toulmin，*Human Understanding*，vol. 1 1972，C. Perelman & L. Olbrechts－Tyteca，*The New Rhetoric*：*A Treatise on Argumentation*，trans. J. Wilkinson & P. Weaver 1958，and J. Habermas，*Communication and the Evolution of Society*，trans. T. McCarthy 1979.

法理学的两大极端——形式主义和现实主义——之间开辟了一条中间道路。[①] 无论是法律作为规则体系的形式主义模型，还是现实主义对法律规则的摒弃，都未能将司法决策视为说服的行为。通过修辞分析，法官对受众的说服义务成为焦点，将司法决策置于前台。尽管法官在决定特定问题时扮演了主观角色，但法规仍然发挥着重要作用，因为法官对特定决定的意愿仍然受到法令和先例的劝告影响。

肯尼斯·伯克（Kenneth Burke）的工作阐明了法律作为修辞的运作方式。[②] 演讲者和听众之间认同的共同点会影响演讲者对话题的处理。在法律上，法官通过认同听众来说服听众的修辞义务具有实际的法律后果。这一点在宪法法学中表现得尤为明显。在亨特诉索瑟姆案中，[③] 加拿大最高法院被要求确定《加拿大权利和自由宪章》中“不合理”一词的含义，以防止不合理的搜查或扣押。[④] 在没有先例可循的情况下，法院以一种非武断的方式，通过使用特定的私权修辞和洛克自由主义，得出了明确的法律结论。

接下来，我将首先概述修辞学复兴的哲学基础。在第二部分中，我将论述从哲学角度恢复修辞学对法律概念的影响。最后一部分通过审视加拿大最高法院在亨特案中的修辞维度，说明修辞分析如何应用于个案判决。

二、修辞学的复兴

修辞并不总是被视为一种艺术。往好里说，它是一种空洞的修饰，往坏里说，它是一种虚伪的操纵手段。在历史上，当修辞学与逻辑和辩证法的古老结合解体时，修辞学的地位也随之降低。近期，对理性主义各种主张的重新考虑导致了对理性和修辞之间分离的重新审视。本节将首先追溯修辞学、逻辑学和辩证法在历史上的分崩离析，然后论证如何更好地理解它们内在的统一性。

亚里士多德将修辞学定义为：“在具体案例中发现可用的说服手段的能力。”[⑤] 他的定义并未将修辞学等同于说服艺术本身：“它的功能不是严格说服，而是在给定情况中发现可用的说服手段。”[⑥] 它与辩证法有着内在的联系，亚里士多德将辩证法定义为以一个命题反驳另一个命题的论证技巧。他将修辞学描述为“在一方面是辩证法的一种分支，在另一方面是那种可以称为政治伦理学的研究的一种分支”。[⑦]

在亚里士多德看来，逻辑并不是独立于辩证法之外的。从明确的前提中演绎出明确结

---

① H. L. A. Hart, *The Concept of Law*, 1961, p. 135.

② K. Burke, *A Grammar of Motives and A Rhetoric of Motives*, 1962, p42.

③ Hunter v. Southam Inc., 1984 2 S. C. R. 145.

④ “每个人都有不受无理搜查或扣押的权利。” *Constitution Act*, 1982, Pt. I, (hereinafter referred to as the Charter) s. 8.

⑤ Aristotle, *The Rhetoric*, trans. L. Cooper, 1932, p. 7.

⑥ Cope, *An Introduction to Aristotle's Rhetoric*, 1867, p28.

⑦ Aristotle, *The Rhetoric*, trans. L. Cooper, 1932, p. 7.

论的三段论证就在辩证法中发生。事实上，亚里士多德认为辩证法的主要功能是辨别真正的三段论与伪三段论之间的区别。

因此，修辞学和逻辑在辩证法中有着共同的基础。修辞学的三段论——亚里士多德称之为“概略”——不如逻辑或真正的三段论那样具有决定性，但区别仅在程度上。亚里士多德将修辞学、辩证法和逻辑学融为一体，坚持论证优先于形式逻辑的命题，从而保留了修辞学在话语中的重要作用。修辞学的消亡始于这一基本统一被打破之时。

虽然回过头来看，亚里士多德修辞学概念的消亡在柏拉图的苏格拉底对话中已有预示，但这一过程实际上始于近代理性主义的兴起。在古代和中世纪，修辞学一直是所有学问不可或缺的一部分。彼得－拉姆斯（Peter Ramus）在16世纪的著作中切断了辩证法与修辞学之间的联系。他将修辞学定义为雄辩和华丽地使用语言的艺术。拉姆斯修辞学是一种放弃在演讲者－听众框架内任何发明可能性的修辞学，并最终似乎否认了人际沟通在知识生活中扮演任何必要角色的过程。在拉姆斯修辞学中，对话和交流本身因此成为暗示中的纯粹麻烦。辩证法成为一种发现逻辑真理的技巧。这样，陈述的有效性就不受现在轻浮的修辞艺术的影响。

笛卡尔进一步推进了这一过程，将逻辑与修辞学和辩证法都切断了。他强加的真理标准是确定的明显知识。如果对任何命题的有效性存在疑虑，那么该命题必须是错误的。如果存在两种相互矛盾的命题，至少其中一种必须是错误的。

根据笛卡尔的说法，命题的真理内容，是依附于个体思维主体或“我思”所获得的观念。听众或受众已经消失。逻辑的确定性是唯一的标准，并与应用于个人思想行为的规则相一致。修辞学和辩证法已被淘汰。

实际上，逻辑与话语的分离使政治、社会、道德和宗教领域的讨论陷入非理性。当形式逻辑越来越像纯数学时，其他领域的讨论却被视为“纯粹的伪概念”。佩雷尔曼和奥尔布莱希茨泰特卡认为，在这些话语领域摒弃非法律技巧，“就会在生活的所有重要领域为暗示和暴力敞开大门”。

哲学的正式标准与日常生活实践之间存在着巨大的分歧，这一分歧延伸到哲学家自己的私人生活中。例如，笛卡尔并未允许确定和明显的知识标准影响他的道德意图。他的道德意图是：“遵守我的国家的法律和习俗，始终保持我自幼就受到上帝恩宠而信仰的宗教，以及在其他一切事务中遵循社区中最明智和最温和的做法。”①

正如大卫·休谟坦然承认的：“哲学家不会忽视这一优势；但一离开他们的书房，他们立即融入他们的粗俗和自然的观念中，与其他人混为一谈。”②

尽管这种实际上的不一致性可以被看作是伴随哲学敏锐度的不重要的新奇之物，但图

① R. Descartes, *Discourse on Method*, trans. L. Lafleur 1956 at 22 - 23.

② D. Hume, *A Treatise of Human Nature* 1969 at 266.

尔敏提出了不同的观点："实际上，这可能只是一种简单的谬误的结果，即未能在逻辑理论中描绘出逻辑实践要求的所有区别。"

对修辞的理性主义观点在逻辑上是难以接受的，因为形式逻辑本身无法生成其前提。形式逻辑是从固定的前提到确定的结论。然而，如果讨论者在前提上不能达成一致，逻辑就无法发挥作用。在这一点上，他们必须进行辩论以建立一组初始前提。格拉西认为，逻辑无法产生前提，这表明修辞演讲的优先性。由于最初的想法必须来自"比喻"或"想象"（而不是证明性的过程），因此修辞必须优先于逻辑。

对于逻辑与论述的严格分离的最后一项反对意见源于哲学家对语言和语言学的新兴趣。对思想含义的探求越来越多地集中在语言中词语的使用上。因此，逻辑的传统问题正在重新与修辞学和辩证法的传统关注相整合。

例如，图尔敏在实际语言实践中寻找意义基础的做法使他重新回到被忽视的论述领域。他认为特定概念的有效性需要对其相关话语领域进行先验经验评估。这样的评估涉及：

"在人类理解的社会历史矩阵中，精确定位理性评估和批评找到其操作领域的点……我们概念的知识权威在理解本身的经验矩阵中找到了最终的来源。"①

佩雷尔曼也回到了对交际实践的经验性研究。他将其修辞方法的起源描述为一种洞察力，即规范的概念在规范性话语的过程中得到了最好的研究。和图尔敏一样，他用"解释充足性"的标准取代了笛卡尔式的知识确定性。在这个模型中，概念的有效性更多地涉及辩论效力，而不是抽象的客观正确性。

逻辑、辩证法和修辞学的过度刚性分离已经开始淡化。在拉姆斯和笛卡尔在逻辑和修辞学之间挖掘的沟渠之外，人们已经可以看到和解的最初迹象。对交际社会基础的新兴趣表明人们对论述过程的关注正在重新加强。修辞分析的传统焦点，如"说服手段"和"听众"，不应再被视为可疑的对象。

三、修辞学与规则的作用

关于法律本质的讨论往往基于对规则在法律中的作用的两种相互矛盾的解释：形式主义和现实主义。从修辞学分析中得出的对这两个学派之间辩论的新视角将法官解释为辩论的代理人，其众多说服手段包括但不限于法律规则。从修辞学分析出发，对这两个学派之间的辩论有一种新的看法，认为法官是辩论的代理人，他的许多说服手段包括但不限于法律规则。从修辞学的角度来看，法律可以被描述为一种论证的实践，由成文法和判例的告诫性动机构成，并追溯地以说服听众的责任为条件。

---

① C. Perelman & L. Olbrechts – Tyteca, *The New Rhetoric*: *A Treatise on Argumentation*, trans. J. Wilkinson & P. Weaver 1958 at 281.

形式主义和现实主义这两个学派有许多不同的名称。虽然很少有学者绝对支持这两种理论中的任何一种，但大多数都受到了这些微妙而持久的关于法律思考方式的影响。形式主义者将法律视为一套规则体系。正如形式主义者所理解的那样，在任何具体案例中，法官的任务是确定适用于给定事实情况的适当单一规则，然后将其应用。而超出规则选择过程的司法自由裁量被视为司法立法。此时法官追求的标准是裁判的正确性。现实主义者认为规则并非现成可得。法律很少有统一的声音，冲突的规则是不可避免的。这种内在的法律权威的矛盾心理迫使法官依靠自己的主观能动。司法自由裁量成为法律的全部，一些现实主义者将其等同于对个人、社会和政治价值的司法行使。

这两种观点都提供了重要的见解。现实主义者正确地认识到法律的不确定性。形式主义者正确地认识到法官并非仅是行使主观偏好。现实主义者认为“机械应用的规则是虚构的”。而形式主义者回应说：“但法官受规则约束。”两种模型都无法容纳对方的基本主张。

从现代修辞学的角度来看，这两种法学派的分歧是可以协调的。修辞学否定孤立表达形式真理，而是重新强调了交际互动的主导地位。因此，司法理由提供了分析的起点，而不是某种理想化的规则体系。判决被分析为一种辩论说服的行为。检验有效性的标准不是正确性，而是说服力。规则在其中扮演着中心角色，作为说服的工具，事实上是法律说服的典型工具。

哲学家马丁·海德格尔（Martin Heidegger）提供了一种有助于现有论证的思维隐喻，因为它阐明了司法决策的过程。① 他将思考比作制造的行为，并提出了这一过程的两种不同模型。在第一种或“手艺”模型（craft model）中，思考被类比为创造某物的行为，就像一个家具匠的手工艺一样。需要手的技巧，需要设计和目的。第二种或“工业”模型（industrial model）将思考比作工厂生产。按钮被按下，杠杆被拉动。手动移动，但缺乏设计。生产过程的目的内嵌在机器本身中。

形式主义者对司法决策采用了思维的工业模型。法官的愿望被消除。法律的目的嵌入在法律规则中。法官只需应用这些规则。修辞学模型更倾向于将法官看作是制作家具的工匠。然而，与现实主义模型不同的是，法律规则并没有被否定。法律规则是司法工艺的工具和材料的一部分。由于法律表述明确的情况很少出现，法官必须在矛盾的规则中进行选择。法官还必须考虑其他因素，如原则、公共政策或正义。像熟练的工匠一样，法官必须根据自己的最佳判断设计和组成决定。

新修辞学的主要倡导者海姆·佩雷尔曼（Chaim Perelman）提出了对“工业模型”司法推理的批判。他这样做是为了与凯尔森著名的“法的纯粹理论”形成对立。② 在佩雷尔

① M. Heidegger, *What is Called Thinking*? 1968 at 16.

② C. Perelman, “La Theorie Pure Du Droit et L’Augmentation” in Law, State, and International Legal Order: Essays in Honor of Hans Kelson 1964. See also H. Kelson, *Pure Theory of Law*, 1967.

曼看来，凯尔森的形式主义理论忽略了论证的两个重要贡献：它首先忽略了将特定规则应用于复杂的事实情境中的论证，其次忽略了建立法律体系基本前提的论证。根据佩雷尔曼的观点，凯尔森试图消除法律中所有非积极性的因素是失败的，因为法官必须在做出决定时进行自愿和规范性的选择。

在现代法律制度中，法官有义务作出判断并为其决定辩护。他有义务作出判断并进行辩论，就好像他所适用的法律制度没有缺点和矛盾一样。为了避免司法不公，法官必须将缺陷和矛盾视为表面的，而不是从系统中清晰地得知他应该如何进行以达到结果，即期望他作出的合理的决定。

纯粹机械地应用规则所造成的空白和矛盾迫使法官进行辩论。整个过程的每一步都依赖于决策和意愿的行为，这些行为"不是基于法律，而是由政治或道德考虑来证明"。

凯尔森的理论也未能证明法律体系基本前提的起源：基础规范（*la norme fondementale*）[①] 就像讨论者在前提上无法达成一致，形式逻辑将失效一样，法律实证主义在其基本前提上保持沉默。因为凯尔森排除了论证的必要性，他的理论无法解释司法判决的最终权威。这种论证涉及使用政治或道德考虑。

上述第一种"手艺人"模型的比喻表明法官赋予司法结果设计和目的。这一动机是修辞方法的核心。[②] 肯尼斯·伯克（Kenneth Burke）将修辞定义为"打动人的演讲"。[③] 然而，然而，法官只把部分动机内容带到具体的判决中。判决的另一个主要部分则是由法律规则提供。规则的作用是指导性的，法官必须在其与其他相互冲突的动机之间取得平衡。它们更适合被理解为"愿望"而不是"命令"。

伯克对话语"语法"和"修辞"层次的区分有助于澄清这一点。"语法"反映了构成修辞领域基础的深层结构或原则。它们为随后的"行动"提供了一个动机基础或"场景"。在做出裁决时，法院会在"本质化"和"比例化"语法策略之间做出选择：

本质化的策略将是选择宪法中的某一条款或其他条款，并根据它来判断一项措施。比例策略需要一个更为复杂的程序，因为法院将根据宪法中的所有愿望（wishes）来审视这项措施。也就是说，法院会注意到，有关立法可能会与某些愿望完全无关，或者完全满足一个或一些愿望，又或者和其余愿望相矛盾。法院的判断将通过参照这一总体方案来合理化。其目的是明确陈述一种比例原则。

如果我们在这些语法策略中加上说服听众的修辞责任，那么本质化策略将是这样工作的：某一具体案件所提出的问题可能是由司法人员自由裁量的，直到可以说有一条规则或只有一条规则起支配作用，然后将其视为决定性的。结果将被呈现为由公正的仲裁者应用的公理法规的不可阻挡的正义。这是从修辞分析角度看待的司法推理的"工业模型"。它

① Hart, *The Concept of Law* 1967 at 102.

② D. Fogarty, *Roots for a New Rhetoric* 1968 at 72.

③ K. Burke, *A Grammar of Motives and a Rhetoric of Motives* 1962 at 565.

抑制了语法和修辞之间的区别，并将法律的情境设定框架等同于法律本身。它通过夸大规则的决定能力来掩盖司法自由裁量权的复杂性。

比例策略本身只是宪法文件条款解释的规则。然而，这一文件不能构成整个场景，因为它本身是在特定场景中制定并通过随后的各种变化的场景中持续存在的法令。在每个场景中，动机框架都会有所不同。因此，法官必须求助于规则之外的一套考虑因素，这些考虑因素为宪法中其他模糊或相互冲突的条款提供了依据。伯克将其称之为“宪法背后的宪法”。

根据伯克的观点，法官必须参考一些在整个社会普遍存在的价值体系，因为法院有义务说服他们的听众。这一结论直接源于他的修辞学理论的核心，即认同概念。在伯克看来，修辞在演说者与观众建立实质性的“认同”时具有说服力。在修辞演讲中，演说者的利益必须与观众的利益“同质”。同质性的信条，无论是明示还是暗示，对于任何生活方式可能都是必要的。因为在古老的哲学中，实质是一种行为；而一种生活方式是一种共同行为，在共同行为中，人们拥有共同的感觉、概念、形象、思想、态度，使他们同质。这种演讲者和听众作为一体存在的同质认同过程是说服的本质。

伯克的修辞概念是动态而非静态的。演说者和观众的利益从未完全相同。相反，说话者把它们区分开来是有目的的：“修辞的标志之一是利用它来获得这样或那样的优势。”这种获得优势的功能并没有将修辞还原为工具性言论的地位，因为认同必须在一定程度上包含演说者和观众的利益。

在社会中，修辞充当不同社会阶层的一种“求爱”工具。修辞有助于确定他们不同的利益，从而克服社会不平等的尴尬，同时实现有利的事情。在这个过程中，修辞既确定了整个社区的同质性基础，又同时实现了社会的等级制度。这些对‘识别’概念的修辞限制在棘手的宪法案件中具有相关性，在这些案件中，文件条款本身在动机上是不完整的，法官必须表达出促使文件出台的超宪法价值。具体的价值观将由法官选择，但这个选择受到他们说服观众的责任的制约。

修辞手段的司法运用受到观众性质的调节。可用的说服手段显然会因观众而异。在选举活动期间发表的有关税收政策的政治演讲与在教室里发表的有关税收政策的学术讲座几乎没有共同之处。即使我们假设是同一演讲者，并且要传达的信息相同，采用的说服手段也是需要被调整以最好地说服不同的观众。

在发布法律决定方面，哪个观众是相关的？答案不能局限于任何一个单一的群体。首先，法官必须面向当事人及其律师。每个法官还必须面向更广泛的法律社区。执业律师必须得到关于决定理由的明确陈述，以评估未来争端可能的各种结果。分别在不同司法管辖区的法官、法学家和立法者也可能是观众的一部分。同样，法官必须面向可能在上诉中审查决定的上级法院。上诉法院在回应下级法院时必须明确指示未来决定的可能模式。在特殊情况下，各级法官可能超越法律界，面向广大公众。

法律规则的性质与法律受众的概念相关。法律规则在司法修辞的领域内发挥作用。在这个辩论的领域中，法官有时采用本质化策略，有时采用比例策略。无论如何，他们都必须受到成文法和先例约束。区别不在于成文法和先例对塑造司法结果的影响。相反，区别在于不同法官选择用哪种修辞来说服他们的观众。

修辞形式主义的主要原因可能是希望显得公正：形式主义被称为“司法辩护机制”，因为它是一种修辞风格，可以掩盖法院判决的真正依据，同时使法院看起来似乎是在公正行事，而不考虑其判决的后果。① 显得公正的司法义务具有实质的法律后果。例如，反对行政偏见的规则关注的是外表。即使在真正公正的情况下，公众对偏见的担忧也会压倒公正。再举一个例子，法官在司法审判过程中要受到司法中立原则的限制。对抗制的司法构造激励人们进行最充分的辩论，从而最接近真相。然而，即使法官进行司法干预能确保更好地揭示事实，他也不得干预。司法公正的表象比更大的真实性更可取，因为它能保证裁决具有最强的道德力量和可接受性。② 在这两个例子中，公正的外观超过了真正公正或更多相关事实的更直接关切。法院关注的是确保判决在公众心目中的合法性。这些法律规则源于对受众的关注。

然而，形式主义修辞并不一定要抹去法官在希望实现特定结果方面的作用。当然，法官必须对争端各方保持公正，对有利于一方或另一方的特定结果不闻不问。然而，司法公正所发挥的合法化功能允许司法偏袒作为法律裁决。事实上，法官有义务说服他人这是一个好的裁决。司法无私不必与司法不利益相混淆。

形式主义修辞的推动力来自对清晰表达的需求，而不是显得公正的愿望。司法使用规则的语言，是因为他们的观众乐于使用这种语言。下级法院希望从上级法院的决定中获得可预测性。执业律师需要法律要求和许可的最清晰陈述。最终，这种对清晰度的需求是由大众提出的。哈耶克认为，社会的“自发秩序”是普通法的基础。如果每一个意见分歧都必须通过诉讼解决，司法体系无疑会面临崩溃。法律是面向整个社会的。尽管法官的决定和立法需要律师将其翻译成非法律人的具体问题的具体答案，但这一信息是针对所有人的。对于这个观众，对司法决定中许多因素进行修辞性复杂的评估是毫无意义的。法官的目标必须是陈述清晰的理由，以避免最大数量的潜在争端进入法庭。法官有责任说服这些观众他或她的决定的正确性，鼓励使用本质化规则的修辞。

形式主义与现实主义争论之外，修辞学的关切为法律理论提出了新问题。③ 修辞学将法官重新引入论证的领域。它要求根据法律规则在司法判决中的使用情况来解释法律规则

① M. Gold, “The Mask of Objectivity: Politics and Rhetoric in the Supreme Court of Canada” 1985 7 Supreme Court L. Rev. 455 at 504.

② J. Fleming, *Civil Procedure* 1965 at 5.

③ W. Lehmann, *Rules in Law* 1984 at 72. 雷曼也试图在现实主义和形式主义之间找到一个中间地带，他的解决方案基于法官对“善”的直觉。我所概述的方法提供了更为具体的分析工具（如说服手段、听众和认同），用以解释司法判断力如何受到限制以及法官的直觉如何形成。

的性质，而不是反过来。就像从海德格尔那里借来的比喻中的木匠一样，法官被赋予了目的和设计的权力。在法律“动机”的宇宙中心，法官有责任实施法律规则的“愿望”，并与各种观众建立修辞上的共鸣。虽然这涉及对明显超法（政治、社会或道德）价值的考虑，但并不要求司法的专断。法官必须尽量实现法律规定和先例的重叠和可能冲突的“愿望”。毕竟，他们必须说服他们的法律观众，并向更广泛的公众提供可允许和不允许行为之间的最清晰的界定。法律规则只是修辞手段中的一种。①

四、亨特诉索瑟姆公司一案的裁决“不合理”

在讨论加拿大最高法院最近对亨特诉索瑟姆一案的判决时，我们可以看到修辞方法在案例分析中的优势。在这个案件中，法院被要求确定《宪章》第8条中“不合理”一词的含义。第8条规定：“每个人都有免受不合理搜查或扣押的权利。”很难想象还有比“不合理”更开放的标准了。正如迪克森法官所指出的，这个语词缺乏具体性，并且没有上下文可以从中得出语词的精确含义。“显然，无法通过查词典或参考法定解释规则来确定‘不合理’的含义。”严格地说，法院没有可以依赖的先例。在这种情况下，法院不能仅仅适用一项固定规则，因为这种固定规则并不存在。

在没有明确规则的情况下，如何做出法律裁决呢？像逻辑学家那样？法官发现演绎推理在这里没有帮助。相反，必须求助于论证。

最高法院对亨特一案的裁决是将修辞置于规则之上的实践。② 法院公开采用了目的性方法解释《宪章》权利。③ 仅仅“目的性”并不能解释最高法院的结果，因为它未能解释宪法不同且相互冲突的目的。法院对目的的选择，即保护个人隐私权，是通过使用洛克自由主义术语所构建的修辞识别来解释的。这种关于私权的修辞在法院对签发符合宪法的搜查令所规定的“事先授权”和“合理且可能的理由”的检验中产生了实际的法律后果。彻底的修辞形式主义既无法得出也无法解释这些结果。第二节中概述的修辞方法显示了亨特案的判决理由是如何通过动机修辞来构建的。

该案最初由索瑟姆公司向当时担任调查与研究主任的劳森·亨特提起诉讼。索萨姆公司要求法院下令制止和阻止联合调查处特工进一步搜查《埃德蒙顿日报》办公室和扣押其财产。

在艾伯塔省女王法庭，索瑟姆的临时禁令申请被驳回。法官卡瓦纳（Cavanagh J.）

---

① 从规范性的角度来看，这一分析表明，法官应当对法律采取更为坦率的修辞方法。因为在具体案件中，法律本身根本不可能轻易地将自身归结为明确的检验标准和规则。任何法官如果在不可能的情况下，费尽心机去硬性陈述法律，既不利于法律，也不利于正义。See，F. A. Hayek，supra note 59 at 117 and also S. Toulmin，*Equity and Principles* 1982 at 17. 这并不是建议法官不顾法律条文而适用法律精神——因为法律条文是司法判决中唯一真正不可或缺的依据。笔者只是想要表明如果不顾法律条文而适用法律精神，对相关受众可能缺乏说服力。

② 虽然本案的范围仅限于宪法裁决，但修辞分析的优点应适用于更广泛的判例法。

③ 这个裁判与不列颠哥伦比亚上诉法院在哈米尔案（R. v. Hamill）中采用的方法形成了鲜明对比。

对宪法问题采取了纯粹的形式主义方法。他区分了一些美国判例法，这些判例法后来在狭隘的层面上得到了最高法院的热烈支持。他反复提到被质疑的搜查符合《联合调查法》的法定条款，暗示符合法规削弱了违宪指控的效力。①

然而，阿尔伯塔上诉法院发现原告的第8条权利已经受到侵犯。不同的结果源于普罗斯法官在他的决定理由中采取了更加公开的修辞策略。普罗斯法官引用了桑基勋爵的著名格言，即宪法是一棵能够生长和扩展的活树，因此应该得到广泛和宽松的解释。普罗斯法官还引用了威尔伯福斯勋爵的言论，即宪法是独特的，需要其自身的解释原则，以避免法条的冷淡。② 普罗斯法官在解释第8条时，更加注重自由和民主社会的一些基本原则。这些假设将法院的关注点从其遵循"由议会通过和明确的语言"义务（这在艾伯塔女王法庭对原告的决定中起了决定性的作用）转向了其作为"公民隐私权的守护者"的角色。上诉法院关于宪法权利的修辞反映了与女王法庭的修辞形式主义相反的结论。

加拿大最高法院维持了上诉法院的决定。迪克森法官代表一致同意的法院撰写判决书，他同样引用了桑基勋爵和威尔伯福斯勋爵的名言。他补充说，美国首席大法官约翰·马歇尔在"麦库洛克诉马里兰州"一案作为先例，具有很强的说服力。法院宣布打算采用一种广泛的、有目的的分析方法，根据宪法文件的更大目标来解释其具体条款。

这种目的性方法对案件结果的影响是重大的。对宪法的整体目标进行分析，宪法第8条旨在通过限制政府权力来保护个人权利的意图。因此，法院必须通过关注"对搜查或扣押对象的影响，而不仅仅是其促进某些有效政府目标的合理性"来确定"不合理搜查或扣押"的含义。这反过来又要求法院界定第8条所要保护的利益的确切性质。法院发现，宪法的目标包括对合理隐私期望的保护。这个实体权的概念，后面我将论证它是从修辞学上衍生出来的，它产生了第8条的法律内容。法院采用的目的性方法决定了其法律结论。它促使法院在支持搜查的有效性之前，既要求事先获得搜查授权（在可行的情况下），又要求有合理和可能的理由表明有可能发现证据。在确定搜查或扣押的合理性时，法院已将重点从搜查或扣押在推进政府有效目标方面的合理性转移到其对搜查或扣押对象的合理或不合理影响。如果"不合理"是根据政府目标的重要性和有效性来评估的，那么事后对搜索令的授权就足够了。但如果宪法的最终目的是保护隐私，那么在可行的情况下需要进行先前的司法授权。

在授权搜查之前，必须满足一个最低标准，迪克森法官将其规定如下："经宣誓确定的合理和可能的理由，相信已经发生了犯罪行为，并且在搜查地点发现了证据"。尽管第8条的明文条款并没有明确的制定授权搜查的标准，但是法院拒绝了"有理由相信搜查可能会发现相关证据"的较低标准。理由在于："这将使天平严重偏向于国家，并限制了个

① 坦率的修辞方法可能会因超越法律而被上诉法院驳回。由于索萨姆对第8条的质疑是前所未有的，卡瓦纳法官谨慎地坚持了形式主义的修辞。

② Minister of Home Affairs v. Fisher, 1980 at 329.

人抵抗的权利，只能对最严重的侵犯进行抵抗。加拿大的法律和政治传统指向了一个更高的标准。”因此，合理和充分理由的较高法律标准源于目的性方法和第8条的更高目标。

更具体而言，也是论点的核心，这些法律标准源于加拿大法律传统和政治修辞。在亨特诉索瑟姆案中确立的宪法上有效的搜查或扣押的重要检验标准，不能纯粹参照目的性方法来解释。这些检验标准并不是统一适用单一原则的结果，即宪法文件的具体条款必须根据其更广泛的目标来解释。宪法的更大目标不能简化为保护公民免受国家的侵害。正如迪克森法官本人在谈到宪法时所指出的那样：“宪法的功能是为合法行使政府权力提供一个持续的框架，并在与权利法案或宪章相结合的情况下，为个人权利或自由提供不懈的保护”。这里有两个功能，一个构成合法政府行动的框架，第二个保护个人权利。然而，当法院评估第8条的更大目标时，宪法的主要“构成”功能已被遗忘。法院选择将所有注意力集中在宪章本身更大的目标上。目的论方法无法解释法院为何将宪章文件与宪法的其他条款分开，也无法解释法院为何偏好第二项宪法职能而排斥第一项职能。

因此，本案的结果以及法院赋予第8条的法律意义必须源于其他方面，即法院对第8条目标的修辞界定。目的性方法以规则的形式（一种解释规则）出现，充当修辞认同的工具。事先授权以及合理和可能的理由这两项具体的法律检验标准源于法院对私人权利的修辞。迪克森法官认为，第8条的目的是“保护个人隐私不受国家无理侵犯”。迪克森法官在恩蒂克诉卡林顿案中发现了这一权利的表达：“人进入社会的伟大目的是保护他们的财产。除非出于整体的利益而已被剥夺或缩小，否则在所有情况下这一权利都是神圣和不可通达的。”① 卡姆登勋爵的声明源自君主立宪制的伟大理论家约翰·洛克的著作。用洛克自己的话说：“因此，人们结成邦国并将自己置于政府之下的最重要的目的是保护他们的财产。”法院对财产权的修辞唤起了洛克式自由主义的超宪法概念。②

正如上述引文所示，洛克的社会契约理论构想了个体谨慎地走到一起，成立社会并建立政府，以保护他们的财产。洛克式的个人与政府的并列，加上政府充其量是一种必要的邪恶的暗示，在迪克森的观点中反复出现。宪章的明显意图是在可行的情况下优先考虑个体免受国家干预的权利，以维护其通过这种干预推进其目的的国家利益。必须评估在特定情况下，公众不受政府干涉的利益是否必须让位给政府侵犯个人隐私的利益。这里术语的修辞用法很重要：“公众”并不与“政府部门”等同使用。相反，“公众”的良好内涵与“政府侵犯个体隐私的权益”相对立。读者更可能将自己与“公众”和“个体”等同起来，而不是与“侵入”的政府。因此，“公众”和“个体”在修辞上被等同为第8条保护的受益者。这种私人权利的修辞——逻辑上优先于国家的利益——对迪克森法官来说是有效的，因为它回溯到与约翰·洛克有关的超宪法价值观。在当代加拿大，这种宪法背后的

① J. Locke, *The Second Treatise of Government* 1952 at 71.

② 实体性隐私权源于私有财产权的修辞。

宪法构成了同质认同的主要依据。通过利用这一共同的同一性来源，法院促使其听众接受其关于第 8 条具体含义的法律结论。

在亨特诉索瑟姆案中，最高法院的广泛修辞与不列颠哥伦比亚上诉法院在哈米尔案（R. v. Hamill）中采用的方法形成了鲜明对比。哈米尔在审判中被无罪释放，因为证据是在一项协助令下获得的。初审法官认为，《宪章》第 8 条使这种形式的无证搜查无效。上诉法院撤销了初审的无罪判决。上诉法院采用的论证方法是有启发性的。通过引用埃斯蒂（Estey J）在上加拿大律师协会诉斯卡平克案（*Law Society of Upper Canada v. Skapinker*）中的判决理由，埃森（Esson J. A.）法官写道：那个案件的问题与本案完全不同，但最高法院解决问题的方法具有启发意义。① 在第 483 页，代表法院发言的埃斯蒂法官说："首先，让我们以尽可能明确的语言强调，本院在这一上诉中面临的问题不是要求加拿大公民身份作为律师资格的先决条件是否符合这个社区的利益。相反，唯一的问题是《律师协会法》第 28（c）条是否与《加拿大权利和自由宪章》第 62（b）条不一致。"最终，那个案件的问题是通过对宪章中使用的词语进行分析而解决的，而不是依赖于法院对法律的主观看法。法院从埃斯蒂法官的话语中得出的教训使其致力于一种本质化的、形式主义的策略。任何非文本考虑因素都被贴上了"主观"的标签。

引用斯卡平克案中的判决理由在哈米尔案中起到了纯粹的修辞作用。它为一个非规则确定的结果赋予了一种基于规则的权威外观。正如我所主张的，第 8 条的内容是高度开放的。关于什么是确定"不合理"的标准，不存在固定的规则。表面上符合宪章权威的说法是没有根据的，因为有关规则的内容尚未确定。

实际上，法院从未说明"不合理"可能意味着什么。虽然法院承认"任何与宪章不一致的法律都不能成立"，但法院尊重议会对第 8 条可能要求的程序的意见：议会应当决定，初步确定存在合理理由的决定是由有权签发搜查令的司法、准司法或行政人物作出，还是由警官作出。议会应当决定在要求搜查令的一般规则下应当作出哪些例外。在我看来，法院规定搜查令必须获得，除非不可行，是行使宪章未废除的议会权限。这种拒绝考虑第 8 条规定可能内容的做法将削弱法院作为"公民隐私权监护人"的义务。尽管这个决定严格来说没有违反法律的字面意义，但它没有在法律的精神下解读法律的字面意义。哈米尔案中的法院没有充分发挥宪章的精神和意图。

亨特对索瑟姆公司案中最高法院的判决展示了修辞学在宪法裁决中与规则的关系。在第 8 条中确定"不合理"含义的过程不能参照任何先前的规则。如果在这种情况下使用形式主义的修辞，就无法履行产生法律规则具体适用意义的司法责任。作为一项解释规则，最高法院在亨特案中采用的目的性方法不能解释案件的结果。然而，作为修辞的载体，它表明法院在这项表面上纯粹理性的工作中引入了具有普遍说服力的私权概念，而这些概念

---

① Law Society of Upper Canada v. Skapinker, 1984 1 S. C. R. 357.

正是司法决策的基础。

五、结论

修辞学作为一门严肃的研究学科的回归有望有利于对法律的理解。法律实践主要是一种卓越的论证实践，即“在特定案件中发现可用的说服手段”。在法律理论中，将法律描述为一种辩论领域表明了在受规则束缚的形式主义和对规则怀疑的现实主义之间存在着中间地带。规则可以被看作是一套说服的工具。法官在作出决定时，会从法规和判例的有益建议中进行选择。然而，规则并不能穷尽法官的说服手段。社会需要明确表达的检验和标准并不能证明将棘手的案件简化为狭窄的形式主义法律是合理的。

宪章对不受无理搜查或扣押的保护的确体现了采取一种更坦率的修辞方法。修辞形式主义不足以解释宪法。亨特诉索瑟姆公司案判决的修辞学表明了法院如何同时运用规则和修辞来履行其司法责任。

司法问题专论

论在线诉讼争点型审理方式的构建*

丁朋超**

摘　要　在线诉讼相较于传统诉讼方式而言，其在提升审判效率、降低诉讼成本方面具备显著优势。但是，因其审理方式仍借采传统之庭审理念，其制度功效与互联网时代司法之集中效率化、争点化、突袭性裁判防止等命题背离。选用争点型审理方式能够克服既存问题，亦能够提升在线诉讼的审理质效。坚持协同主义、采选相对诉讼标的理念及坚持阶段构造原则是争点型审理方式的理论内涵。明确在线诉讼争点型庭审方式的主导主体、确定适用范围、划定审理效力应是在线诉讼争点型审理方式的制度构建要点。

关键词　在线诉讼；审理方式；争点整理；一贯性审查；重要性审查

以互联网技术为依托的全新时代被称为“互联网时代”，人们的生活方式在互联网时代已发生重大变化。随着网络用户规模的扩大和在线支付比例的持续攀升，① 涉网络民商事纠纷的比例亦呈现不断上升的态势。② 早在十多年前，德国学者 Peter Gilles 就预言，“电子诉讼将以极不平衡的程度波及法庭诉讼程序，包括诉讼形式、法律人和诉讼当事人

* 本文系广东省哲学社会科学规划项目“互联网法院庭审制度优化研究”（GD20XFX08）、教育部人文社会科学研究青年基金项目“证券特别代表人诉讼激励机制研究”（23YJC820008）、2023 年广东省研究生教育创新计划项目（2023SFKC_ 034）之阶段性研究成果，并受广东财经大学民商法学创新团队（2021WCXTD016）资助。

** 丁朋超，男，河南焦作人，广东财经大学法学院副教授，研究方向为诉讼法学、司法制度。

① 关于网络用户规模的增长，可参见《中国互联网络信息中心（CNNIC）：第 51 次中国互联网络发展状况统计报告》，载 https：//www. cnnic. net. cn/n4/2023/0302/c199－10755. html，最后访问日期：2023 年 5 月 20 日。关于在线支付比例的攀升，可参见《中国人民银行：2022 年第三季度支付体系运行总体情况》，载 http：//www. pbc. gov. cn/zhifujiesuansi/128525/128545/128643/index. html，最后访问日期：2023 年 5 月 20 日。

②《北京第四中级人民法院：互联网民商事审判年度报告（2020－2021）》，载 https：//www. sohu. com/a/516635201_ 121123759，最后访问日期：2023 年 5 月 20 日。

的行为方式以及复杂多样的诉前程序、诉中程序和诉后程序”。[①] 为满足互联网时代人们对民事司法公正、高效、便捷、多元解纷的现实需求，近年来，人民法院主动适应时代之发展要求，回应人民群众，稳妥有序地推进完善案件在线审理机制。尤其在新冠肺炎疫情防控期间，在线诉讼大显身手，实现了“审判执行不停摆，公平正义不止步”之制度效果。[②] 问题是，虽然在线诉讼能够给予当事人时间和空间上的便利，但是，在线诉讼的庭审方式设计并未体现其特殊性和便利性，现有规则更多体现为对传统线下诉讼庭审方式的复制照搬，如何在在线诉讼的语境下优化其庭审方式，则是需要重点考量的重要课题。本文聚焦于在线诉讼审理方式的既有问题，并在新型庭审理念的指引下，提出在线诉讼争点型审理方式的基本构想。

一、互联网时代在线诉讼庭审方式之检视

依据《人民法院第五个五年改革纲要（2019—2023）》的文件精神不难发现，“探索构建适应互联网时代需求的新型管辖规则、诉讼规则，推动审判方式、诉讼制度与互联网技术深度融合”是其重点改革内容。自 2018 年以来，最高人民法院先后制定印发《关于互联网法院办理案件若干问题的规定》《民事诉讼程序繁简分流改革试点实施办法》《关于新冠肺炎疫情防控期间加强和规范在线诉讼工作的通知》以及《人民法院在线诉讼规则》（以下简称《在线诉讼规则》），用于指导相关法院开展在线诉讼实践。

通过比对前述司法解释文件即不难发现，互联网时代在线诉讼应坚持以人民为中心，法官在当事人的协助下，通过庭审发现案件真实，并排除案件的疑点，使当事人得到公正且信服的判决。[③] 换言之，在线诉讼作为互联网时代便利当事人诉讼、实现纠纷便利解决的一般命题，该命题应符合案件真实发现的要求，并集中化、快速化地予以解决，也即集中效率化命题；互联网时代在线诉讼意味着案件审理应以争议争点为引领，当事人可根据业已划定的争议焦点进行举证、质证和辩论，也即争点化命题；互联网时代在线诉讼还意味着法官心证的形成应让当事人在庭审阶段知晓，倘若当事人辩论对象与法官心证形成的依据存在偏差，应尽快修正，防免当事人对裁判结果的预期与法官的裁判结果发生错位，也即突袭性裁判防止命题。那么，现有之在线诉讼庭审方式是否可以契合这一命题要求呢？答案显然是否定的。通过检视现有制度规定和司法运行现状不难发现，我国现有在线诉讼庭审方式与互联网时代的三则命题存在不可调和的张力。

---

① 张陈果：《德国民事诉讼程序电子化及其合法化与“E—民事诉讼法”之特殊规则》，载《民事程序法研究》2007 年第 1 期，第 308 页。

② 刘峥、何帆、李承运：《〈人民法院在线诉讼规则〉的理解与适用》，载《人民司法》2021 年第 19 期，第 33 页。

③ 参见唐应茂：《司法公开及其决定因素：基于中国裁判文书网的数据分析》，载《清华法学》2018 年第 4 期，第 35 页。

（一）互联网时代集中效率化命题与在线诉讼审理方式阶段进行现实的张力

互联网时代集中效率化命题的一般要求是某一案件应在较短时间、集中化的予以解决，显然庭审时间是重要的考量指标。从应然层面而言，庭审时间应符合法官发现真实的要求，在在线诉讼审理过程中，法官应透过庭审厘清当事人的争执内容及涉及的法律关系，并在排除心中疑点的情况下，就该纠纷作出符合公正要求的裁决。

但是，由于《在线诉讼规则》并未涉及庭审审理方式的更新，故在线诉讼庭审规则仍适用《民事诉讼法》关于庭审方式的固有规定。通过比对不难发现，我国《民事诉讼法》的立法者在程序设计时，将法庭调查和法庭辩论进行人为的分离（我国民事诉讼法第一百三十八条规定的是法庭调查内容，而第一百四十一条则对法庭辩论做了单独规定），不仅导致庭审过程阶段化和断层化问题较为突出，也不利于庭审的流畅推进，由此招致了学者的强烈批评。① 基于法庭调查和法庭辩论分别进行的固有弊端，加之多数使用在线诉讼进行审理的民事案件并未重视运用既有技术进行应有的争点整理，且法官在庭审过程中查明、排除案件疑点的方法和手段欠缺，“直接导致了法官在争点模糊的情况下审查了大量没有必要审查的证据，法庭辩论的宝贵时间被挤占”。②

在该审理方式的统摄下，民事在线诉讼审理始终面临如下不可调和的张力：其一，在线诉讼庭审对效率的追求与现实庭审时间过长的张力。庭审的效率化追求应是指法官的开庭时间应控制在合理的区间范围之内，但实践中，我国在线诉讼民事案件庭审通常要花费一两个小时的时间，超过两个小时的庭审也不在少数。③ 其二，在线诉讼庭审保障当事人辩论权的要求与现实当事人辩论时间不足的张力。作为充分展示当事人攻击防御方法的重要场域，庭审过程应始终契合保障当事人辩论权的要求，但实践中当事人的辩论时间往往呈现异常紧张的样态，换言之，当事人发表辩论意见的时间并不充足，据笔者统计，当事人辩论时间基本维持在十分钟左右，超过半个小时的并不多见。

上述两组张力带来的直接后果就是我国在线诉讼的庭审质量和效率不尽人意，法官经过开庭审理后，对本案涉及的事证无法获得清晰的心证、依然无法排除内心的疑点。那么，被我国在线诉讼司法实践不断重复使用的庭审方式为何会出现这些问题？据学者考证，目前我国所采用的庭审方式是“断章取义抄自苏联，但我们从未搜索到我们与苏联庭审程序联系方面的研究资料，这么重要的一项制度来自何方都不清楚，被我们糊里糊涂运用了几十年”。④ 也由此，当前在线诉讼庭审方式人为阶段划分的现实表象无法回应互联

① 参见张卫平：《法庭调查与辩论：分与合之探究》，载《法学》2001年第4期，第44-46页。

② 章武生：《我国民事案件开庭审理程序与方式之检讨与重塑》，载《中国法学》2015年第2期，第66页。

③ 《广州互联网法院：上海菲狐诉霍尔果斯侠之谷等著作权权属、侵权纠纷案》，载 http://tingshen.court.gov.cn/live/3907479，最后访问日期：2023年5月20日。

④ 章武生：《个案全过程新论》，复旦大学出版社2020年版，第5页。

网时代所要求的集中化和效率化命题，且在现有制度框架下也很难予以克服。

（二）互联网时代争点化命题与在线诉讼审理方式散漫化现实的张力

互联网时代争点化命题讲求的是庭审过程应围绕争点推进；法官应围绕争点进行审理，当事人应围绕争点进行举证、质证和辩论。因为，“整理争点对于诉讼而言，就有如在海上航行船舶的指南针，没有指南针的船舶将在大海中漫无目的地漂流，没有进行争点整理即进行审判将没有效率”。① 在争点整理的引领下，法官在审理案件之前即可将与本案无关的杂质予以祛除，法官仅需审理与本案争点相关的事实、证据和法律，由此实现审理对象的纯化，避免庭审时间的过度冗长，实现审判效率和质量的双重提升。

但在我国在线诉讼的实践中，法官并没有利用在线诉讼的既有技术手段（指当事人需依据在线平台指引预先提交相关书面材料）为争点整理提供的便利，法官亦未引导当事人在审理过程中依据争点指引进行举证、质证和辩论。在这一现实语境下，法官在案件审理过程中散漫化问题较为突出，法官思维跳跃式的庭审提问以及当事人在辩论过程中“答非所问”“东拉西扯”构成了我国在线诉讼的审理“实况”，这显然与集中审理的理念格格不入。同时，由于未重视争点对案件审理的引领作用，直接导致了“法官在争点模糊的情况下审查了大量没有必要审查的证据…造成相当比重的复杂案件审理终结后事实仍然不清等不良后果”。② 在此语境下，显然无法实现或者回应纠纷一次解决的制度追求，对互联网时代争点化命题的践行也就可想而知。

（三）互联网时代突袭性裁判防止命题与在线诉讼审理方式突袭性裁判频发现实的张力

在德国，突袭性裁判被称为“司法之癌”，可见突袭性裁判对司法的危害程度。③ 互联网时代突袭性裁判防止的命题即是为了避免该危害的发生，通过法官阐明和心证公开等制度的设计，能够实现突袭性裁判的防止。当前，在我国在线诉讼司法实践中，采用的仍然是传统的庭审方式。在该方式下，由于欠缺疑点排除技术或方法，即使经过一轮甚至几轮的庭审，法官依然无法获得确定心证，开庭审理排除法官内心疑点之功能不能得到有效彰显。同时，由于我国现有民事诉讼法及相关司法解释并未施加法官心证公开的义务，当事人对法官通过开庭审理形成心证的预期受阻，其仅能在事后通过裁判文书获知法官的心证，这显然又为关系案的发生培植了可能的空间。对于那些需要关照的案件，法官采用的最简单、最直接的办法即是选取对关照方有利的证据，从而做出对关照方最有利的判决，

---

① ［日］岸盛一、横川敏雄：《新版事实裁判》，有斐阁1987年版，第26－27页。

② 章武生：《我国争点确定机制和庭审方式的反思与重构》，载《人民法院报》2016年7月15日，第5版。

③ 参见杨严炎：《论民事诉讼突袭性裁判的防止：以现代庭审理论的应用为中心》，载《中国法学》2016年第4期，第266页。

这就是典型的突袭性裁判。

有疑问者系，依据审级规则，倘若不服该判决，当事人仍可向上一级法院提起上诉或者向上一级法院或本级法院申请再审，以实现对也已发生的突袭性裁判之纠正。事实上，由于考核机制、错案追究机制的存在，加之法官间同行因素的影响，二审及再审法官最简便的办法即是继续进行突袭性裁判。面对此种情形，没有精力和能力折腾的当事人只能认栽，而有能力的当事人则会选择不断申诉或者上访。在如此两种情形下，当事人对裁判的接受度必然处于较低水平，当事人申请法院强制执行比例连年攀升的实际即是对该问题的最直接反映。①

二、在线诉讼应选择争点型审理方式的理念内涵

一如前述，由于《在线诉讼规则》并未触及在线诉讼审理方式之革新，实践中依然套用旧有之审理方式，由此导致在线诉讼庭审现实与互联网时代集中效率化命题、争点化命题和突袭性裁判防止命题的冲突。依据前文分析亦可发现，倘若仍然坚持既有之庭审理念，则前述冲突依然无法克服。由此，笔者认为，在线诉讼应抛弃旧有的庭审理念，改采新的且是符合互联网时代在线诉讼特质的庭审理念。考虑到笔者已专门撰文讨论过在线诉讼庭审理念之选择问题，② 故下文将以此为基础，重点阐述争点型庭审理念所应坚持的理念内涵。

（一）在线诉讼争点型审理方式应坚持协同主义

通说认为，民事诉讼模式是对民事诉讼体制及其运行特征的综合性表述，体现一国民事诉讼的宏观样式，是体现国家意志的民事诉讼规范所确立的法院与当事人在民事诉讼中的地位及相互关系的概括。③ 其内容表现为法院与当事人之间的诉讼关系以及权利义务的配置和适用，同时受民事诉讼目的和民事诉讼价值观的支配。④ 依据法院和当事人诉讼配置的不同，可将民事诉讼的模式简略归类为当事人主义的模式和职权主义的模式两大类，其中，辩论主义是当事人主义的核心要义。

大陆法系国家辩论主义主要包含以下三则命题，"第一，作为法院裁判依据之主要事实，以当事人主张者为限，当事人未在辩论中主张之事实，法院不得作为裁判的依据；第二，当事人一方主张之事实，另一方没有争执予以承认的，该方当事人无须举证，法院直

---

① 据最高人民法院工作报告显示，2015 年执行比例上升 37%，2016 年上升 33.1%。强制执行申请比例高说明案件的自动履行率比较低，也说明了当事人对裁判的可接受度低。

② 参见丁朋超：《中国大陆互联网法院庭审制度之理念选择与制度完善》，载《月旦法学杂志》2020 年第 7 期，第 198－202 页。

③ 参见张卫平：《民事诉讼模式的历史分析——以外国民事诉讼模式为素材》，载《河南省政法管理干部学院学报》2000 年第 4 期，第 3－4 页。

④ 参见张卫平：《民事诉讼法（第四版）》，中国人民大学出版社 2019 年版，第 7 页。

接予以认定并作为裁判的依据；第三，认定争议事实所需要的证据，由当事人提出，原则上法院只能就当事人提出的证据进行调查，不允许法院依职权自行收集证据”。① 前述三命题最贴合辩论原则的本来面目，故学界一般将之称为古典的辩论主义。然若固守古典辩论主义之原本样态，则在实践中容易导致当事人之一方的武器不平等，且容易导致对当事人程序利益保障之不足，故部分国家透过施加法院之阐明义务、法院可依职权调查证据等方式，将古典辩论主义三命题中的第三则命题予以突破，变更后的主义类型即被称为修正的辩论主义。② 实质上，修正的辩论主义已逐渐成为世界通行的做法，我国《民事诉讼法》也遵循此项主义，相关庭审制度也以此为基础进行搭建，在线诉讼庭审方式亦全盘移植适用。

问题是，《在线诉讼规则》已施加当事人较多的诉讼促进义务，例如，依据《在线诉讼规则》第九条、第十一条、第十三条及第十四条之规定，当事人应提交电子化材料，且可在诉讼平台直接填写录入起诉状、答辩状、反诉状、代理意见等诉讼文书材料，并要求采用同步或异步的方式进行在线举证、质证，同时法院应就前述材料进行审核并确定下一步的具体操作。由此可见，当事人选用在线诉讼的方式参加诉讼时，应在法院的指引下于诉讼的前端完成既定操作任务，协力法院共同完成事证资料的认定工作，该项流程显然与协同主义相匹配。所谓协同主义，是指整个诉讼程序应该是在法官与当事人相互合作下，以追求实现真实为目标所进行的程序。显然，在在线诉讼过程中，既不是绝对由法官一方来发现案件事实，也不是由当事人一方来支配诉讼，实则是通过当事人与法官两方或三方协同的方式达到实现实体真实的判决。此部分规定显然就是协同主义的具体表现。由此，在在线诉讼争点型庭审方式构建的过程中，坚持协同主义应是制度设计的逻辑必然。

（二）在线诉讼争点型审理方式应坚持相对的诉讼标的理念

从诉讼标的理念发达史角度观察，德国经历了从旧诉讼标的向新诉讼标的（二分肢说）的发展过程；日本开始逐渐摆脱体系性的诉讼标的理念，“相对的诉讼标的理念开始占据主流地位”。③ 我国台湾地区的“民事诉讼法”关于诉讼标的的规定实际上经历了从“旧诉讼标的—新诉讼标的—诉讼标的相对化”的过程，下文将以我国台湾地区立法对诉讼标的态度演进为例进行分析。

我国台湾地区在2000年由邱联恭教授主导修订新“民事诉讼法”，而该法通过第199条及199条之一的修正，积极地扩大法官阐明义务的范围，“此两条的规定，已经远超传统上认为阐明之作用在于缓和、补救辩论主义之缺点的见解，所守备的地位及所发挥作用

① 杨严炎：《民事诉讼法基本原则之重塑》，载《上海政法学院学报》2005年第3期，第74－76页。

② 参见姜世明：《修正辩论主义与协同主义之时代论争》，新学林出版有限公司2017年版，第3页。

③ 陈杭平：《诉讼标的理论的新范式——“相对化”与我国民事审判实务》，载《法学研究》2016年第4期，第170页。

的层面已远超事实的主张及证明的活动”。① 而就阐明义务的扩大与诉讼标的理论间的互动关系而言，第 199 条明确规定了审判长不仅应就当事人事实上的陈述进行阐明，同时也应就“法律上的观点”为阐明，而这又可被解释为新法采行新诉讼标的理论的依据。此外，新法第 255 条的修正以扩大承认原告于请求之基础事实同一时，则可以不经过被告的同意自由地进行诉之变更、追加的规定，也可以作为新法采纳旧诉讼标的理论的依据。但是，如果新法采取新诉讼标的的理论，那么，本属于同一请求基础事实，提出不同的实体法请求权基础的主张，性质上属于法律上攻击防御方法的转换，并非属于诉的变更追加，此时，也就无需经过被告的同意，新法增加第 255 条的规定也就失去了其存在的意义。值得注意的是，虽然第 255 条对原告为诉之变更追加的规定抱持宽松的态度，但是在其“请求之基础事实同一”的定义上存在分歧，但在实务运作当中，已经足以救助旧诉讼标的理论的缺点。② 由此可见，在我国台湾地区“民事诉讼法”上的表述是模糊的，也即，新法的修正有意在形成创造性的模糊，有意识地不明文采取新诉讼标的理论或旧诉讼标的理论，不仅在理论上具有相当的说服力，在实践中也具有积极的意义。其一方面表现在新法借由增列 199 条之一的规定，将法院阐明义务的范围进一步地扩张至诉讼标的的层面，原告自己可以选择“旧诉讼标的理论下的实体法请求权”或者“新诉讼标的理论下之受给付之地位”作为其诉讼标的。另一方面，在相同的理念及原则下，似乎也没有理由禁止原告提出以一定的“纷争事实”作为其请求法院裁判的诉讼标的。由此多数学者认为台湾地区新“民事诉讼法”在诉讼标的的立法态度上，抱持相对论的立场。

本文认为，虽然统一诉讼标的理论依然占据不容忽视的地位，但随着协同主义理念的提出和纠纷的一次性解决原则的确立，采用统一的诉讼标的理论似乎已经不太符合争点整理程序的要求。因为，在协同主义理念下，法官和当事人在某一案件审理过程中共同协作，能够实现案件的真正解决，一味坚持统一诉讼标的理念，若当事人选择了错误的请求权基础，其很可能需要面临数次的诉累，这在追求效率的现代社会显然已不太合适。另一方面，由于缺乏法律的专业训练，在没有聘请律师的场合，当事人往往并不能完整地提出诉讼主张，即使案件进行了争点整理，当事人可能因为没有被给予妥适的增加或变更诉讼请求的机会而对裁判结果心生不满，纷争事实群也可能被随之扩大。如果采用相对的诉讼标的理念，以当事人提出的纷争事实作为对象，不刻意找寻与实体法上权利的对接，尽可能地扩大诉讼标的的涵摄范围，这反而有利于该纷争事实的解决。从域外的制度发展来看，在争点整理程序下坚持一种相对的诉讼标的立场也是具有现实的可能的。

（三）在线诉讼争点型审理方式应坚持阶段构造原则

我们知道，依据诉讼程序的推进阶段，可以将诉讼程序框定在“起诉——判决”的范

---

① 邱联恭：《口述民事诉讼法讲义（一）》，元照出版有限公司 2015 年版，第 109 页。
② 参见邱联恭：《争点整理方法论》，三民书局 2001 年版，第 87 页。

围之内，诉讼程序开始于当事人的起诉，终止于法官的判决，在线诉讼也不例外。而将争点纳入“起诉——判决”的诉讼框架时，我们实际上又可以将这一诉讼过程再进行细分。依据确定争点的时间基准，我们可以将“起诉——确定争点”这一阶段称为诉讼程序前阶段，而将“确定争点——判决”这一阶段称为诉讼程序后阶段。

依据英国学者的论断，“英美法系的民事诉讼将审判程序分为审前程序和审理程序两个阶段，其审前程序功能在于为庭审做准备…而大陆法系则不同，大陆法系的审前准备程序实际上是庭审程序的延续，其承担着部分庭审的功能”。① 同时，在争点整理程序引领的庭审程序构造中，其应遵循“争点确定之前不得调查证据”的制度要求。也就是说，审判过程实际上被划分成了两个功能区，每个功能区所承担的工作对象是不相同的：在诉讼程序前阶段，法官和当事人应协力进行争点整理，依据争点整理的应有方式进行争点归纳和证据调查等；在诉讼程序的后阶段，主要是在法官的主导下进行疑点的排除，帮助法官形成确定的心证。因此，笔者认为，由于每个阶段的诉讼任务和工作对象存在不同（分工不同），应将在线诉讼程序阶段划分为诉讼程序前阶段和诉讼程序后阶段。

1. 在线诉讼程序前阶段的争点整理程序内容

由于在线诉讼程序前阶段处于“起诉—确定争点”的阶段，因此，该阶段实际上囊括了从在线送达到争点整理在内的一切工作，并应对相关问题进行一一解决。易言之，在在线送达起诉状后，法官首先面临的争点即是案件的管辖问题、追加当事人问题；在审查当事人诉讼请求阶段，则需要注重当事人诉讼请求的“一贯性”（Schlüssigkeit）和“全面性”（Erheblichkeitsprüfung）的审查（也有称之为诉的合法性审查和诉讼主张的明确）。② 在涉及诉讼标的问题时，对于诉讼标的变更和追加问题予以审查和判断；在组织当事人在线进行证据交换时，则需要对当事人证据的提出能力予以判定。在案件进入保全阶段，则凸显的争点就是保全的必要性问题等等。显然，在诉讼程序前阶段的工作量其实是比较大的，制度的内涵比较丰富。

2. 在线诉讼程序后阶段的争点整理程序内容

在在线诉讼程序后阶段，也就是“确定争点—判决”的阶段，此阶段的任务主要是帮助法官查明事实，并形成正确的心证从而正确地适用法律，作出使当事人信服的裁判以彻底解决民事纷争。从功能上观察，此阶段的任务是在承接上阶段内容的基础上的进一步推进。易言之，在遵循“争点整理后才能调查证据”制度要求之前提下，法官应在本阶段进行证据调查（当然，这一阶段也可以放到前一阶段一并解决，用以提升在线诉讼审理的效率）；对随着庭审凸显出来的争点再进行二次的归纳；促进当事人协商工作（主要指促成和解和当事人调解的达成等）的实现等。由于本阶段直接服务于判决，因此，法官应当在

① ［英］乔洛威茨：《民事诉讼程序研究》，吴泽勇译，中国政法大学出版社2008年版，第127－129页。
② 参见丁朋超：《论集中审理的实现路径》，载《中德法学论坛》2020年第2期，第90－91页。

该阶段扮演较为积极的角色，法官对当事人的提问应当占据庭审的多数时间（德国法官庭审发言时间约占到70%左右，我国台湾地区的法官在庭审中的发言约占到60%左右），同时应控制当事人的发言时间。那些认为法官在庭审阶段应当完全保持中立的看法显然是不准确的，因为庭审的过程就是排除疑点的过程，任由当事人无的放矢的发言，反而不利于发现案件的真正。以我国目前的在线诉讼庭审为例，稍微复杂一点的案件，庭审时间动辄三四个小时，庭审虽然保证了当事人充分辩论的权利，但是，三四个小时的庭审结束后，法官仍然无法形成确定的心证，这也就为突袭性裁判的发生埋下了隐患。

另外，值得特别强调的是，依照成文法国家的法律规定，对某一案件的审理实际上是遵循着法律的构成要件展开。因此，在第二阶段的庭审过程中，法官也应当遵循“诉讼标的—事实—证据—法律”的要件内容展开，方法当然可以多样，具体如下图所示：

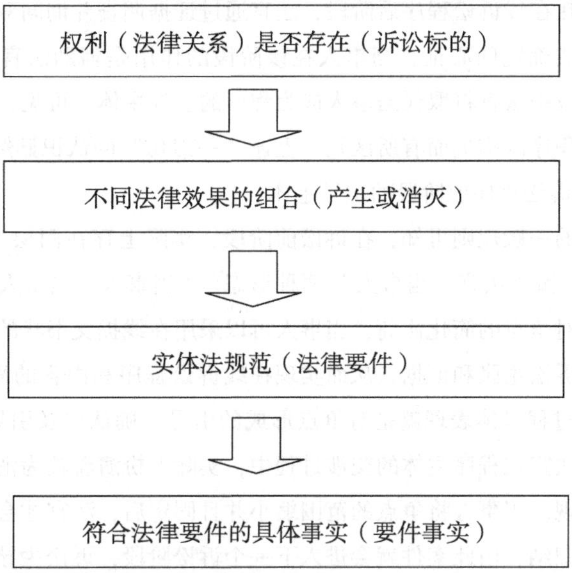

三、在线诉讼争点型审理方式的具体设计

依据前文对在线诉讼程序阶段的划分，在线诉讼程序前阶段的主要功能在于对案件所涉及的争点进行整理、限缩和固定，可以认为，在线诉讼程序前阶段实际上是争点整理程序发挥作用的“主战场”，因为经过争点整理程序后，相关案件事实及证据材料被一一贴上封条等待进入庭审，那些没有被贴上封条的诉讼材料则被过滤，这一方面实现了庭审审理对象或目标的明确化，另一方面也实现了审理质量和效率的提升。也因此，有学者将该阶段的争点整理程序称为“前置性整理程序”。① 就程序内容而言，下文将就程序主体定

① 参见黄湧：《复杂案件审理中争点归纳模式的比较》，载《人民司法（应用）》2016年第1期，第37－38页。

位、适用范围以及程序效力等进行具体构建。

（一）明确在线诉讼争点型庭审方式的主导主体

在民事在线诉讼中，诉讼主体的构成无外乎当事人和法院两种，程序推进亦应在“法院——当事人”这两个主体划定的区间范围内来回游走，不得逾越。那么，在争点整理程序中，谁应当扮演程序的主导主体则是需要首先厘清的问题。从笔者检索到的资料来看，多数学者认为当事人应当在争点整理程序中扮演主导角色。① 笔者认为，坚持当事人在争点整理程序中扮演主导角色的认识并不准确。依据笔者在前文中对程序阶段的划分方法，在在线诉讼程序前阶段，除了法院应当审查并处理程序性事项以外（在线送达、管辖权异议等），协商简化争点实际上构成了该程序阶段的主要内容，显然当事人在该阶段扮演着主导角色；但是，在在线诉讼程序后阶段，法官通过证据调查并询问双方当事人，从而实现疑点的排除和形成确定的心证，当事人在该阶段的作用是辅助法官认定事实和适用法律。因此，在该阶段中法官将取代当事人成为程序的主导主体。可见，对主体角色的划分应当依据在线诉讼程序的推进而有所区别，上述“一刀切”的认识显然是不准确的。

1. 当事人应是诉讼程序前阶段的主导主体

依据在线诉讼的一般规则可知，在诉讼前阶段，实际上存在两层主体间的交涉过程：“当事人—当事人”和“法官—当事人”两种形态。“当事人—当事人”主体间的交涉过程的具体表现则是对争点的简化协商，当事人可以采用在线提交书状的方式协商并简化争点，祛除不必要的诉讼主张和证据，从而实现在线诉讼程序和内容的简化；“法官—当事人”主体间的交涉过程具体表现就是对争点形成的引导、确认以及引导当事人试行和解、进行调解。显然，法官在程序主体的交涉过程中，实际上扮演着较为消极的角色，这也是司法中立的具体体现。当事人将争点的范围缩小并且固定后，法官才会接手案件，对案件的争议焦点再进行归纳，由此案件就会进入下一个诉讼阶段，诉讼主导主体也就随之发生转变。

2. 法官应是诉讼程序后阶段的主导主体

从我国2015年颁布的民事诉讼法司法解释第226条和228条的规定可以看出，我国立法“将法官作为争点归纳的唯一主体，法官的诉讼行为构成争点归纳的全部内容”。进而有学者进一步断定，我国民事诉讼模式有向职权主义模式回归的趋势。② 笔者不赞成这种看法，因为诉讼模式的转变实际上牵涉到诸多制度的安排，对现行某一制度的安排并不能实质性地改变当前的诉讼模式；况且，在现有“案多人少”的现实困境下，要求法官进行争点的归纳实际上是对现有庭审方式的优化和改良，在这种程序性的改良过程中，更需要

---

① 参见赵泽君：《民事争点整理程序研究》，中国检察出版社2010年版，第143－153页。

② 参见黄湧：《民事审判争点归纳》，法律出版社2017年版，第23页。

当事人的充分参与、需要当事人进行争点的简化和证据的协商等。所以，这种转变不是向职权主义的转变，而是向当事人主义的进一步推进和对修正辩论主义的坚持。

根据我国《民事诉讼法》司法解释的规定，法官是争点归纳的唯一主体，那么，在当前民事在线诉讼中是否也就不存在当事人争点归纳的土壤呢？事实并非如此。《民事诉讼法》司法解释第226条后半段的“并就归纳的争议焦点征求当事人的意见”就是法律承认当事人参与争点归纳的有力证据。依据前文对诉讼阶段的划分，争点整理实际上是前后诉讼阶段划分的依据。在诉讼前阶段，当事人扮演程序的主导角色。而在争点整理这一基准点时，法官开始接管经过前阶段所形成的诉讼资料，在诉讼资料中，不仅包括了当事人提出诉讼请求、事实及证据等，还包括当事人对争议的协商简化材料。尔后，法官再依据上述材料进行争点的进一步整理。所以，实际上法官整理争点的过程就是在确认当事人参与争点整理的过程，同时在确认后，仍应当“就归纳的争议焦点征求当事人的意见”。可以看出，在争点归纳的诉讼行为上，实际上仍然存在“法官—当事人”互动的形态，只是法官在这个过程中处于主体地位。

那么，在在线诉讼“争点整理——判决”阶段，法官的主体地位是否仍然应当坚持呢？毫无疑问，这种假设仍然是成立的。在该诉讼阶段中，主要任务是帮助法官查明事实，并形成正确的心证从而正确地适用法律，作出使当事人信服的裁判以彻底解决民事纷争。因此，法官在本阶段不应当仅仅扮演着“听讼者”的角色，而是应当扮演较为积极的角色，充分发挥法官的能动性，对案件所涉及的事实问题、证据问题以及法律问题进行一一查明，从而形成确定的心证。从此面向观察，法官对当事人的提问应当占据庭审的多数时间。事实上，域外庭审中法官在庭审过程中积极发问并行使阐明已经是通行的做法。例如，德国法官庭审发言时间约占到70%左右，日本法官在庭审过程中占据的时间约有60%，我国台湾地区的法官在庭审中的发言约占到60%左右。① 反观我国，可能受制于司法中立的观念影响，法官在在线诉讼庭审中多数处于“正襟危坐”姿态，在庭审中发问的频率并不高，偶有发问者，其发问的时间也显得极为仓促。在某些简单案件中，法官可以不通过庭审中高频率的发问而仅凭审判经验就可以解决，但在多数案件中，不通过长时间的发问，法官可能很难弄清楚案件的真正问题，同时也无法真正实现疑点的排除。因此，笔者认为，注重并发挥法官主导地位的主要方法可以通过增加法官在在线诉讼庭审时的发问时间来实现，法官在争点整理程序的支撑下，应将发问时间起码提高至占整个庭审时间的50%，通过较高频次的发问实现对案件疑点的排除。

（二）确定在线诉讼争点型庭审方式的适用范围

所谓在线诉讼争点型庭审方式适用的范围，是指在线诉讼争点型庭审方式应当适用于

① 该数据是依据笔者抽取的德国、日本及我国台湾地区的庭审笔录及庭审录像整理所得。

哪些案件，排除何种案件适用的问题。现有《在线诉讼规则》第三条在不区分案件简易或复杂的前提下就在线诉讼的适用范围进行了简单罗列，规则内容亦未就该问题予以提及。对于争点整理程序应当适用哪种案件的问题，在已有的研究中，已经形成了基本一致的看法，即民事争点整理程序应当适用于“案件较为复杂、争议较大、分歧较多及证据较多的案件…而简易程序应当原则上予以排除”。① 笔者基本赞同这种观点，但仍认为有继续深化研究的必要。

在判断案件是否属于复杂案件，我国民事诉讼法及其司法解释给出了一个判定的标准，即：当事人人数众多、证据较多、涉及法律关系较多。根据这种标准，部分省份也制定了符合本省实际的复杂案件认定标准，例如，江苏省认为，所谓民事复杂疑难案件应当符合所列九种情况的任何一种都可称之为疑难复杂案件，浙江省也制定了相应的规则。

笔者认为，依据上述标准进行疑难复杂案件的划分固然有其合理性，但是在以争点整理程序引领的集中审理主义下，这种认定标准未必妥当。原因如下：其一，在争点整理程序下，经过双方当事人的争点协商简化，再经过法官的争点整理，实际上围绕争点进行举证、质证和辩论的诉讼材料已经很少，如果仅仅依据证据资料的多少判定案件是否属于疑难复杂案件，显然会出现前后矛盾的情况；其二，根据所涉及法律关系的多少作为判定的标准也欠妥当。虽然主张涉及的多数法律关系可能成为复杂案件的显性标准，但这种标准显然也存在局限性。如果当事人的诉讼主张欠缺“一贯性”（Schlüssigkeit），例如，当事人同时主张了五种法律关系，但所提供的证据并不能支持任何一项诉讼请求，此时当事人的诉讼主张即欠缺一贯性，法官可以直接作出驳回诉讼请求的判决。再如，如果存在请求权竞合或者诉的客观合并的情形，此时，法官只需要进行相应的阐明就可使案件简单化、明了化，该类案件也就称不上复杂、疑难。

至于应如何判断案件是否属于复杂疑难，笔者认为，可以在保留我国已经确立的认定标准的同时，添加进一些程序性的筛选技术，保证进入程序中的案件属于疑难复杂案件。依据案件审理的一般规律，笔者将这种筛选技术路线概括为“确定本案诉讼标的——原告主张的一贯性审查——被告抗辩的重要性审查”。为清晰展示此种筛选技术，笔者在下文采用具体案例方式，分阶段予以具体说明。②

① 赵泽君：《民事争点整理程序的合理性基础及其建构》，载《现代法学》2008年第2期，第108－109页。

② 为保证行文的简洁性，图标案例的设定前提均是以在线诉讼方式提出。

图三　在线诉讼复杂案件的筛选技术

序号	技术	示例	方法内涵	本案判断
a	确定本案诉讼标的	甲诉请乙返还A物，理由略为：乙向甲借用A物，约定半年后返还，目前尚未归还。乙抗辩：甲非本物所有权人，其无权请求。	“甲是否为所有权人”是否为争点？法院是否应行调查？显然，甲为所有权并非争议焦点，该诉讼标的应当是所有物返还请求权。	法官并不需要对甲是否为所有权进行审查。
b	原告主张的一贯性审查	甲诉请乙返还借款10万元，理由略为：乙从甲处借走10万元，请法院主持公道，命他返还借款。	原告主张一贯性审查，是指假定原告所主张之事实为真，可否推论出其主张的实体权利。如有不足，法官应通过释明要求其补正，否则驳回其诉讼请求。	本案中，诉讼标的为借款返还请求权，诉讼标的特定。但甲的主张无法足以区分此笔借款与他笔借款之不同，原告主张一贯性审查不予通过。法官应要求其明确，该主张是金钱交付，还是还款合意约定等。
c	被告抗辩的重要性审查	甲诉请乙返还借款10万元，理由略为：乙于2022年7月1日向本人借款10万，约定半年后还款，现已超过约定还款时间，乙尚未还款，请法院判乙返还该笔借款。乙抗辩：我已还钱。	被告抗辩的重要性审查，是指如果被告所提出之抗辩事实（假设为真）是否能阻碍原告权利之行使。	本案中，原告主张可通过一贯性审查，被告因所提“我已还钱”的简单抗辩无法帮助法官判断抗辩是否成立，故不能通过重要性审查。假设，被告抗辩“已于2023年元旦通过银行转账的方式，向甲账户300XX转款10万元”，则被告的抗辩即课满足重要性要求。

通过图三示例及分析不难发现，法官通过“确定本案诉讼标的——原告主张的一贯性审查——被告抗辩的重要性审查”的筛选方法，能够尽速判定该案的难易程度，对于简单案件，则可不适用争点整理程序予以解决，而将真正属于疑难复杂的案件驱进争点整理程序之中。

需要说明的是，可能受案件特殊情况或筛选技术掌握娴熟程度的影响，依据上述筛选方法判定的疑难复杂案件可能会随着后续程序的推进而呈现简单案件的特质，例如，经过上述筛选方法后，某个案件的争议焦点有数个、法律关系也呈现复杂样态，但通过法条竞合或通过法官阐明的方法，可将前述争点或法律关系予以尽速排除，此时，该类案件即可归类为简单案件，显然也没有再进行争点整理程序的必要。

（三）划定在线诉讼争点型庭审方式的效力

1. 在线诉讼争点型审理方式的对人效力

（1）争点型审理方式对当事人的效力

经过争点整理程序后，争点得到固定，相应的与争点相关的事实、证据和法律也被予以固定，当事人应当围绕争点进行举证、质证和辩论。从这些特征可以看出，争点整理实际上发挥了对当事人行为的主导作用，当事人应当受该程序的约束，从而体现出约束性的效力。这种约束性的效力的呈现面向可归纳为：其一，当事人在在线诉讼中，应当遵守经过争点整理程序限缩后的案件争点，除非遇有法律允许的情况，否则不得对争点再进行增减；其二，当事人应当就案件的争点进行举证、质证和辩论，其不需要也不准许就与争点不相关的事实或证据发表看法；其三，当事人应发挥对程序的协力义务，与法官共同推进案件围绕争点尽快解决。这涉及当事人对事实主张应当予以具体化，否则，将导致无意义或者虚无的抗辩；也涉及当事人的真实陈述义务，否则，当事人一方或双方都将虚假陈述导入庭审，庭审发现真实的功能也就无法得到应有的发挥；涉及当事人应根据法官的指挥，在控制的时间范围内以直接的、明确的方式进行答辩等；同时还涉及当事人应当在庭审之前提交答辩状及相关证据，否则，这样会不断削弱和冲击整理程序的功能，导致对于未提交证据的予以失权效对待等。

（2）争点型审理方式对法官的效力

经过争点整理程序后，争点得到固定，相应的与争点相关的事实、证据和法律也被予以固定，此时，法官应当引导当事人围绕争点进行举证、质证和辩论，同时控制庭审时间和庭审信息，保证庭审能够高质量地运行，并能够得到充分的心证。由此可以看出，争点确定后，法官一方面在于把控庭审，一方面在于经过庭审达到对疑点的排除，形成充分的心证。

首先，就庭审的把控而言，法官应主要集中在两个层面的把控。其一是对在线诉讼庭审信息的把控。由于庭审时应结合业已在系统提交的证据材料，引导当事人围绕争点进行举证、质证和辩论，因此，对于与庭审无关的信息应及时的制止，从而达到排除的效果。例如，某一案件的争点是电子合同是否无效，此时，应当围绕合同无效的事由（违反法律规定、无权代理等）进行引导，至于合同衍生的其他的问题，则应不予审查。其二是对庭审的时间予以把控。当前我国在线诉讼庭审存在的最大问题就是庭审时间过长，不能形成有力的心证，这与域外经验存在质的差别。由于案件的很多材料已经经过争点整理程序的裁剪，案件已经相当瘦身，此时，再采用之前的时间控制方式（例如不对时间进行控制等）显然已经不合时宜。那么，在争点整理程序引领的在线诉讼审理过程中，法官可以对庭审各个阶段的时间予以限缩，例如，由于当事人已经通过系统平台进行了庭前的书状答辩以及案件协商，当事人陈述部分就不需要过多的时间，此时，当事人发言的时间可控制在三分钟之内，其仅需要简要陈述即可。对整个庭审的时间应当控制在40－50分钟之内，并且法官的发问应当占据较多时间（约50%）等。

其次，通过庭审达到对疑点的排除，形成确定的心证，避免突袭性裁判的发生。为了达到这一效果，法官在庭审的发问时间应予以提升。同时，法官应当注重对案件的心证公开。① 因为在心证公开的情况下，一方面可以让当事人知晓法官的内心想法，进而有针对性地进行攻击防御。另一方面，也可以避免不必要的缠讼，促使调解、和解等多元化纠纷解决机制的功能发挥。当然，法官的这种心证公开可以是暂定性的公开，可以采用商量性的语气，例如，“我对这个案件存在如下看法，如果不当你们可以指出来，我们再一起讨论”，从而引导当事人助力排除法官内心的疑点；也可以是模糊性的心证公开，例如，“对这个案件我感觉被告的主张并不能成立，被告能不能再进一步主张，如果无法再补充主张，法官内心可能会倾向于支持原告”；或者，“原告的请求我可能无法全部支持，需要回去核算后再决定”等。总之，通过心证公开的方式，实现对内心疑点的真正排除。

2. 在线诉讼争点型审理方式的对事效力

广义上的民事争点整理程序的对事效力指对案件所有资料所产生的程序上及实体上的效力。当然，由于在争点整理过程中，法官和当事人不会将程序问题和实体问题、法律和事实问题分得泾渭分明，多数情况下，对案件的整理都呈现出法律和事实、程序和实体交融的特征，因此，在讨论对事效力时，笔者也不可能将这些问题非常明确地进行划分讨论。但承认这些特征的存在并不等于说就无法对该问题进行系统的、有针对性的且类型化的讨论，我们仍然可以从中找到讨论对事效力的起点，这一起点就是“法官在争点确定之前不得调查证据”。

（1）“法官在争点确定之前不得调查证据”对事实问题的效力

法官在争点确定之前不得调查证据，是指法官应当在经过争点整理程序之后，围绕争点进行证据的调查。坚持这一方法并不等于说在争点确定之前，法官就不能调查任何证据，而是指法官至多对证据进行形式意义上的审查。当然，当事人提供证据的目的是证明其所要主张或反对的事实，由此可见，事实实际上变成了争点整理程序第一个裁剪的对象。通过在线平台，某一个案件系属于法院后，首先摆到法官面前的即是原告的起诉状，在起诉状中承载的诉讼请求以及事实和理由实际上已经向法官描绘了一个系争案件的事实版本，我们姑且将其称之为事实1.0版本；经法院在线送达起诉状后，被告会通过在线系统提交答辩状，② 进而再向法官描述一个与系争案件的事实版本，该版本可能与事实1.0

---

① 参见吕玉赞：《如何寻找“裁判理由”：一种系统化的操作》，载《东方法学》2020年第3期，第106－107页。

② 需要说明的是，我国民事诉讼法并没有规定被告应当提交答辩状，在实践中，被告通常是当庭提交答辩状，这对民事庭审的推进造成了较大困扰，因此我国多数学者呼吁民事诉讼法应建立被告的强制答辩制度。具体可参见黄忠顺：《论应诉管辖制度的解释模式》，载《法商研究》2017年第3期，第81－93页。

版本相似，也可能存在重叠，也可能与事实1.0版完全不同，我们姑且称之为事实2.0版本。此时，法官在综合事实1.0版本和事实2.0版本的基础上，经过进一步筛选，将明显矛盾和无关的内容予以剔除（属于形式上的筛选），形成法官认知范围内的事实3.0版本。此时，事实3.0版本将会进入争点整理程序再进行进一步裁剪，由于争点整理程序实际上是对案件事实争议的聚焦，所以，经过该程序后，事实3.0版本实际上被划分成了若干个争议焦点进入法庭，我们姑且称之为事实3.0+版本。当然，在进入程序之前的版本并不会被法官和当事人抛弃，此时，前三个版本扮演着辅助者的角色，一旦发现事实3.0+版本存在不确定或缺失的地方时，之前版本的事实将会帮助法官和当事人重新审视和添加内容。从上述描述我们可以看出，事实上，经过争点整理程序后的事实问题经过裁剪后进行了一系列的瘦身，并且被予以一一的固定（除非出现特定情况否则不能更改）。由此可见，“法官在争点确定之前不得调查证据”对事实问题的效力体现在缩减系争案件的事实和固定系争案件的事实。

（2）“法官在争点确定之前不得调查证据”对证据问题的效力

一如前述，争点整理程序的作用之一即是对证据的固定，法官在争点确定之前不得调查证据显然具有同样的功效，对经过争点整理程序的证据具有固定的效力。法官在争点确定之前不得调查证据暗含的意思之一就是排除与争点审理无关的证据进入法庭，这与古典的辩论主义要求的法官应尽可能地审查当事人提交的证据显然不同。因为在古典的辩论主义下，法律并不对当事人的证据提出予以限制，因此在实践中，当事人会尽可能多的提出证据，一个稍微复杂点的案件的证据动辄上百页，为了查明事实，法官会将大量的时间花费在审查证据的“三性”上，这也就导致了庭审时间的过度冗长，案件审理的要点并不集中。而在经过争点整理程序的案件中，大量与争点无关的证据将会被排除出法庭，法官和当事人仅需要围绕事先所拟定的争点进行证据上的举证、质证和辩论，这样庭审的时间也就会大幅度的压缩。笔者曾以中国庭审公开网上的在线诉讼案例为对象进行比对研究，结果发现，上传到庭审公开网上的稍微复杂的案件，开庭时间动辄三四个小时，而其中庭审的大量时间都消耗在了对证据的审查，法庭辩论的时间被大幅度压缩，作为观众的笔者在看完视频后根本无法形成心证，显然这种庭审是不成功的。与之形成鲜明对比的是，在笔者所在单位与合作法院联合拍摄的以争点整理引领的新型在线诉讼示范庭审中，法官对相类似的案件所花费的时间仅为40分钟，法官在庭前引导双方当事人采用书面的方式对证据予以质证，仅将在质证过程中有疑问的证据放到法庭审理，因此在40分的庭审中，审查证据花费的时间仅为12分钟。庭审结束后，作为观众的笔者即形成了明确的心证，这种庭审显然是成功的。由此可见，争点整理程序对证据的效力除了上述的固定证据外，也可以实现对证据的直接瘦身，防止大量无关证据进入法庭审理当中。

值得讨论的问题是，法官在争点确定之前不得调查证据是否会对法律问题产生效力？笔者认为，对法律问题的整理实际上是一个小概率事件，大部分案件可能不存在对法律问题的争执。当然，经过争点整理程序后，对事实和证据进行整理后，可能会牵涉到法律问题的讨论。① 而这一讨论显然可以被包含在对事实和证据问题的效力探讨范围之内，因此，笔者不拟对该问题再行赘述。

四、结语

保证法律的严格落实，把“纸面上的法”变为“行动上的法”，是我国健全高效法治实施体系的必然要求。随着我国在线诉讼制度的确立，人们对于司法诉讼更加数字化、网络化、便捷化的期待正在逐步实现，但现有审理方式似乎不能满足提升审判效率、降低诉讼成本之要求。本文从检视既有在线诉讼审理方式出发，在归纳现实问题的基础上，提出我国在线诉讼应采用争点型审理方式，并围绕程序主体定位、适用范围以及程序效力等内容提出了初步的制度构想，期待为我国在线诉讼制度的完善和制度价值的落实提供参考。此外，在线诉讼争点型审理方式还应包括整理技术的规范、证明责任的分配等议题，对这些议题的讨论将是笔者今后关注的重点。

① 参见吕玉赞：《如何寻找“裁判理由”：一种系统化的操作》，载《东方法学》2020 年第 3 期，第 102 页。

比较法视野下司法判例的运用及其对指导性案例的启示

刁岚松*

摘　要　两大法系司法判例在司法裁判中表现为法律解释、法律论证、法律适用例证及判例推翻四种运用方法。司法判例在司法裁判中多元化运用方法可为我国指导性案例司法应用所借鉴，其前提在于大陆法系司法判例和我国指导性案例的相似性与指导性案例运用于待决案件裁判的逻辑性要求；为正确运用指导性案例，需要履行指导性案例运用与偏离的备案审查和偏离报告义务；作为裁判理由的指导性案例多元化方法的运用，有利于递进实现以下目标：增强司法裁判法律规范命题的融贯性、确保司法裁判结论的正确性、维护司法裁判法律适用的统一性。

关键词　司法判例　多元化方法　指导性案例　司法运用

最高人民法院出台的规范性文件《〈关于案例指导工作的规定〉实施细则》（2015 年 6 月 2 日），只规定指导性案例在待决案件中作为裁判理由引述。但对于作为裁判理由的指导性案例如何在待决案件中运用及其具体运用方法，该文本并未作出规定，司法实践中运用得也比较随意。本文通过对两大法系司法判例运用方法的实证考察，概括了司法判例运用的四种方法，并以此为借鉴提倡指导性案例司法运用方法的多元化，以期提高指导性案例司法运用的灵活性，增强司法裁判的说服力和权威性，促进法律适用的统一性。

一、司法判例的运用及理由

对于判例法传统的英美法系，在待决案件中遵循先例是司法基本原则和基本方法，因

* 刁岚松，男 安徽郎溪人，南京大学法学院博士研究生，研究方向为法理学。

此英美法系运用先例裁判案件是常态化的，在此不必赘述。而作为成文法的大陆法系，无论德国和法国，还是继受德国法的日本，司法判例在待决案件中的运用也是普遍存在的。据德国法学家阿列克西等对10卷判决的研究，发现公开的判决中引用判例的比例极高，① 这种情形在其他高级法院的案例汇编和学术期刊中也基本如此。在法院五个分支（普通法院、行政法院、劳动法院、社会法院以及财税法院）中，大多数法院都是自我引证，即引用自己先前的判决。在引用其他法院判决时，联邦宪法法院判决被引用最多。② 被引用的判例既有单个判例，也有系列判例；被引用的系列判例按照时间顺序从前到后依此排列。有时候，引用判例只是为了增加说服力，并不对其进行详细讨论。③ 在德国，尽管法官并无援引判例的法定义务，但实际上，德国法院在判决案件时都乐意援引判例，尤其是联邦法院系统，更会比较频繁地援引本法院先前所作的判例。④ 甚至有研究认为，在法律实践中，德国判例的约束力与英美判例的约束力之间只有量的差别，并无质上的差别。⑤

之所以如此，相关研究给出了以下主要理由：一是德国联邦宪法法院曾经指出，裁判说理的充分性是遵循判例的主要原因。⑥ 二是德国将判例视为是对制定法条文的具体解释和例证，法官在裁判说理时可以通过遵循判例来证明自身对制定法条文理解的正确性，也可以通过区分、偏离和修正判例来证明提供对制定法条文的新理解。⑦ 三是法官对自身信誉的高度重视。四是审级制度的内在约束。五是德国法院的判决权威性极高，即使是本院先前做出的判决，法官也不会轻易去推翻。⑧ 六是在实践中，下级法院通常会遵循上级法院的判例，否则它们的判决极有可能在上诉中被推翻。⑨

以上概括的几点更多的是形式上的理由。在本文看来，德国司法判例被普遍遵循的实质上的理由，乃是建基于其发达的法教义学之上，因为德国司法裁判一般都会结合司法判例运用法教义学进行论证，形成“司法判例+法教义学”论证模式，而司法判例又是运用

---

① 《联邦宪法法院判例集》（BVerfGE）第83-92卷中的235个判决中有228个判决引用了判例，占比97.02%；《联邦普通法院民事判例集》（BGHZ）第119-128卷中的420个判决中有417个判决引用了判例，占比99.29%；《联邦普通法院刑事判例集》（BGHSt）第31-40卷中的715个判决中有686个判决引用了判例，占比95.94%；《联邦行政法院判例集》（BVerfwGE）第87-96卷的522个判决中有509个判决引用了判例，占比97.51%；《联邦劳动法院判例集》（BAGE）第65-74卷的416个判决中更有406个判决引用了判例，占比97.6%；《联邦社会法院判例集》（BSGE）第65-74卷的482个判决中有473个判决引用了判例，占比98.13%；《联邦财税法院判例集》（BFHE）第168-177卷的1216个判决中有1190个判决引用了判例，占比97.86%。参见［德］罗伯特·阿列克西、拉尔夫·德莱尔：《德国法中的判例》，高尚译，载《中国应用法学》2018年第2期，第136页、137页。

② ［德］罗伯特·阿列克西、拉尔夫·德莱尔：《德国法中的判例》，高尚译，载《中国应用法学》2018年第2期，第136页、137页。

③ 何家弘主编：《外国司法判例制度》，中国法制出版社2014年版，第196页。

④ 雷磊：《论德国判例的运用方式》，载《国家检察官学院学报》2022年第3期，第55页。

⑤ 何家弘主编：《外国司法判例制度》，中国法制出版社2014年版，第167页。

⑥ 何家弘主编：《外国司法判例制度》，中国法制出版社2014年版，第180页。

⑦ 雷磊：《论德国判例的运用方式》，载《国家检察官学院学报》2022年第3期，第56页。

⑧ 最高人民法院课题组：《关于德国判例考察情况的报告》，载《人民司法》2006年第7期，第11页。

⑨ ［德］托马斯·魏根特：《德国刑事程序法原理》，江溯等译，中国法制出版社2021年版，第134页。

法教义学知识和方法的典范，以此增强裁判的说服力和权威性。司法判例在待决案件中与法教义学的有机结合，不仅提高了司法裁判的学理性，同时也提升了司法判例的现实地位。

二、司法判例运用方法之考察

一般认为，司法判例运用的目的是为了解决或者辅助解决待决案件中的法律问题，其中包括实体问题和程序问题；无论如何，在待决案件中运用司法判例助力作出合法、正确的裁决终究是法院的一项职能和职责所在。司法判例运用方法的主要任务是为司法判例能够作为裁判权威性理由服务的。

国内学者对大陆法系和英美法系司法判例研究已经不同程度地涉及其运用方法类型。例如，高尚博士在其专著《德国判例使用方法研究》附件二“判决对判例的引用”中对德国联邦宪法法院第“BVerfGE126，170，”号判决的合并审理判决对判例引用作了详尽的分析。经统计该判决援引判例55次，该研究分别从判例“引用的作用”和“用以说明的问题”① 两个方面对判决援引判例作了阐释，虽未从法律解释、法律论证和适用法律例证的三个角度进行归纳总结，但从中我们可以发现司法判例运用的三种类型。诚如作者所言，判例在联邦宪法法院上述判决中发挥了解释、示范和统一裁判尺度的重要作用，② 当然其中还包括作者未加以讨论的法律论证型运用。又如，邓矜婷博士在研究美国司法判例适用制度中所讨论的先例的适用、先例的规避、推翻过程中，同样涉及了先例扩大适用与限制适用、先例的具体化适用中的法律解释、法律推理等问题。③

在国外学者方面，典型的如，麦考密克在其著作《法律推理与法律理论》中也阐述过遵循先例之法律解释、法律论证、法律例证以及先例的推翻等问题。④

鉴于英美法系遵循先例的传统，在运用司法判例方面具有更多的经验，下面尝试对两大法系运用司法判例进行比较研究，以获得值得借鉴的方法类型。通过考察大陆法系和英美法系的判决案例发现，两大法系在待决案件裁判中运用司法判例已是常态化，且运用形式灵活多样。以下选取两大法系运用司法判例的典型判决进行考察，以探析两大法系司法判例运用方法上的共性及其对我国指导性案例司法运用的启示。

（一）案例的选取

为了进一步考察两大法系司法判例运用方法之共性，本文试借助两大法系典型裁判案

---

① 参见高尚：《德国判例使用方法研究》，法律出版社2019年版，第261－280页。

② 高尚：《德国判例使用方法研究》，法律出版社2019年版，第176页。

③ 参见邓矜婷：《美国的司法判例在制度》，载何家弘主编：《外国司法判例制度》，中国法制出版社2014年版，第89－97页。

④ ［英］尼尔·麦考密克：《法律推理与法律理论》，姜峰译，法律出版社2005年版译本。

例予以说明。

1. 在大陆法系选用 2006 年德国最高联邦法院判决的“足球博彩案”（BGH，Urteil vom 15. 12. 2006 - 5 StR181/06 = BGSHt51，165ff.）予以阐释。该案涉及的主要问题是诈骗罪中的欺骗行为与财产损失。限于篇幅，本文只讨论该案判决援用判例认定被告人欺骗行为部分。

该案简要案情：① 被告人 A. S. 在足球博彩中，采用支付高额酬金的方式贿赂裁判和球员，授意他们通过黑哨和消极比赛的方式操纵足球比赛结果，从中获取博彩利益 117 万欧元，造成庄家财产损失约 200 万欧元。

地方法院判处被告人构成诈骗罪，判处其 2 年 11 个月的有期徒刑。

被告人上诉至联邦最高法院。法院判决，被告人的上诉不能改变（地方法院）判决结果。

2. 在英美法选择案例“马萨诸塞州诉博威尔案”（*Commonwealth v. Powell*）。② 该案争议焦点为：假称所持为真枪威胁被害人交付财物，但实际上持有的是假枪的行为，是否构成抢劫罪中的持械抢劫？

案件事实为：1998 年 1 月 16 日夜晚，被告人瓦尔特 L 博威尔在一家便利店里以一把仿制枪冒充真枪威胁收银员交付财物，并在收到钱后逼迫对方与自己离开商店一段距离之后才放行。三天后被告人被抓获。初审法院判定被告人成立持械抢劫罪。之后被告人提起上诉。2001 年 2 月 22 日，马萨诸塞州最高法院宣布维持原判。

（二）法律解释型的运用

在大陆法典法前提下，司法判例本身即是对制定法的解释和具体化适用的产物。那么，其形成的解释结论能否在待决案件中运用，首先取决于待决案件与司法判例的案件事实构成要件上的类似性。制定法条具体内容一般以“假设 + 后果”模式进行表述，并不会列明案件事实的构成要件，构成要件乃是经由法学建构的法教义知识组合而成以便利指导司法实践。比如，刑法上的定罪三阶层、二阶层犯罪论；民事法律关系认定中的主体、客体和内容，行政法关于抽象行政行为、具体行政行为的区分，等等。因此，司法判例与待决案件事实构成要件上存在相似性是其能够被援用的必要条件，也即只有建立在案件事实构成要件相似性基础上的司法判例对制定法的解释适用才可能援用于待决案件。其次某制定法条文中不确定法律概念或者一般条款的具体化在经由文义、体系、历史、目的等解释方法做出适切、正确的解释后（经由法教义规整）适用于司法裁判并形成司法判例，再结合制定法规定运用于类似待决案件作出类似裁判。例如，德国《刑法》第 263 条对诈骗罪

① 参见王钢：《德国判例刑法（分则）》，北京大学出版社 2016 年版，第 249 - 259 页。

② 参见符天祺：《“马萨诸塞州诉博威尔案”（*Commonwealth v. Powell*）》，载江溯主编：《美国判例刑法》，北京大学出版社 2021 年版，第 476 - 482 页。

作了规定，[①] 但该条在适用时需要对“虚构事实或者歪曲、隐瞒真相”进行解释。德国“足球博彩案”裁判中援用了“赌马案”（BGHSt 29，165，167）对法条中的“隐瞒真相”作了解释——“若在签订博彩合同时，隐瞒了‘操纵竞猜事项的投注者以使自己获利’这一事实，即构成诈骗罪，因为对操纵行为的隐瞒就是以默示的方式进行欺骗”——认定了被告人 A. S. 的行为构成诈骗罪。

在判例法国家，法院的判例不仅仅是在结论上具有指导意义，更多的时候，法院意见中的判决依据将为之后的案例提供规范指引。[②] 在遵循先例原则下，无论是判例结论上的指导意义，还是判决依据上的规范指引，都需要借助于某种链接与待决案件发生关联。其中的链接方法就是法律解释和法律论证。在普通法系，司法先例普遍存在对判例法规则进行解释后援用于待决案件的裁判，“只要能够对先例中的裁判规则进行一种与判决结论相一致的重述，并且与诉讼所包含的那些原则上的论辩理由相符，法官就将接受并采用‘解释’先例的方法，这一方法的使用，将使案件的争点变得明晰，使可欲的裁判规则浮出水面。”[③] 比如，“马萨诸塞州诉博威尔案”被告人博威尔是否成立持械抢劫罪？首先要回答的是博威尔持有的仿制枪是否为危险武器？法庭定义了“危险武器”——包括本身具有引起严重伤害或死亡的性质的物品，也包括以让人合理地相信会引起严重伤害或死亡的方式使用或者展示的物品。之后通过列举 7 个先例对危险武器作出了具体解释，从而认定被告人持有的仿制枪属于“危险武器”，其持仿制枪抢劫行为构成持械抢劫罪。

（三）法律论证型的运用

法律论证规则作为人类共同的法律思维规则，广泛地运用于两大法系司法裁判中。法律论证的基本逻辑结构在大陆法被区分为内部证成和外部证成，而在英美法则称之为一阶论证和二阶论证。内部证成对应于一阶论证，外部证成则等同于二阶论证。内部证成是演绎的，也即运用司法三段论之大前提、小前提和结论结构形式。大、小前提明确、无争议的简单案件运用内部证成即可获得结论；当出现大前提不确定的疑难案件时，就需要运用外部证成进行论证，也即麦考密克所谓的——在没有法律规则，或者有规则但其意义并不清楚的情形下，需要对制定的新规则，或者对现有规则的解释成具有可接受性的——二阶论辩。[④] 法律论证虽然不反映法律决定形成的真实过程，但对法律决定具有三个方面的重要影响，一是以看得见的方式将非理性的决定理性化，促成法律决定的正当性。二是促进

---

① 该条规定，以使自己或第三人获取非法财产利益为目的，通过虚构事实或者歪曲、隐瞒真相引起或维持认识错误从而损害他人财产的，构成诈骗罪。

② 杨贝：《法庭意见、论据与论证——析美国最高法院对劳伦斯案的裁决》，载《环球法律评论》2014 年第 4 期，第 141 页。

③ ［英］尼尔·麦考密克：《法律推理与法律理论》，姜峰译，法律出版社 2005 年版，第 215 页。

④ 参见［荷］伊芙琳·T. 菲特丽丝：《法律论辩导论——司法裁决辩护理论之概览》（原书第二版），武宏志、武晓蓓译，中国政法大学出版社 2018 年版，第 139 页。

法律决定的一致性。三是成为一种理性的争议解决机制，形成的法律决定具有可接受性。①

援用司法判例对待决案件进行裁判，在两大法系是比较常见的现象。一般而言，司法判例援用的场域主要发生在内部证成的大前提以及外部证成对大前提、小前提的确定性论证。

大陆法上，利用司法判例对不确定法律概念的解释或者已形成的裁判规则，辅助制定法运用演绎推理对待决案件作出裁判；英美法则可以直接运用司法判例作为演绎推理的大前提进行裁判。其共同的前提是需要运用类比推理得出案件事实构成要件的类似性。在此情形下作出的裁判是演绎推理。

下面仍以上述司法裁判援引的司法判例为例对法律论证型援用加以说明。1. 在德国"足球博彩案"裁判中，有学者援用"事后投注案"（BGHSt 16，120），② 质疑"认定投注者在签订体育博彩合同时就同时表示自己没有操纵体育竞赛结果的见解"，其-认为，上述对投注者在实施签订合同行为的同时也推断其作出了某种表意行为的认定，只是一种毫无根据的"主观臆想"、虚构和擅断，是将不作为不恰当地诠释为积极的作为。法庭从两个方面对质疑作出否定性论证认为，一方面，司法界和学术界都广泛承认，实现德国《刑法》第263条第1款意义上的欺骗（文义解释论证）可以通过两种途径，一是明示的表达，也即有意的虚假陈述；二是默示的方式，也即根据社会一般观念可以被理解为默示陈述的误导性行为。而这里的默示方式所表达的内容推断受制于以下两个要求，一是一种存在于参与交流者相互间显在的事实上的预期；二是这种预期又必须与相应领域或行业内的一般观念以及具体场合中适用的法律规范紧密相关。③ 可见，对参与者交流中默示表达内容的断定，原则上也需要结合社会一般观念（后果主义论证）及法律规定。若非特殊情形，法官原则上可以基于广泛接受的、通过一般社会观念以及法律规定所确定的预期推断默示交流内容。这一做法并非对他人表述内容的"虚构"。提出缔结合同的要约，原则上就是默示的表示，没有出于自己的利益故意地操纵相应的合同对象。④ 遗憾的是，在这一部分的论证中，法庭并没有否定"事后投注案"的裁判结论。只是认为"足球博彩案"

---

① 参见杨贝：《法庭意见、论据与论证——析美国最高法院对劳伦斯案的裁决》，载《环球法律评论》2014年第4期，第144页-145页。

② 该案是德国联邦最高法院1961年的判决。该案主要事实是：行为人让在法国观看赛马的朋友在比赛结束后立即将比赛结果通过电话告诉自己，然后马上向身处柏林的庄家就该场比赛的结果投注。由于庄家的信息渠道数分钟之后才会提供比赛的结果，行为人成功地利用这短暂的时间差赚取了奖金。在该案判决中，联邦最高法院认为在订立博彩合同时，合同双方都没有默示地表示比赛结果尚不确定、自己也不知道结果如何，因而否定行为人通过默示的表达构成作为的欺骗。同时，行为人又没有向庄家说明真相的义务，也不构成不作为的诈骗，因此联邦最高法院最终否定行为人构成诈骗罪。参见王钢：《德国判例刑法（分则）》，北京大学出版社2016年版，第263页。

③ Tröndle/Fischer aaO.；Hefendhl aaO Rdln. 88；Tiedemann aaOS. 316. 转引自王钢：《德国判例刑法（分则）》，北京大学出版社2016年版，第253页。

④ 王钢：《德国判例刑法（分则）》，北京大学出版社2016年版，第253页。

的论证与“事后投注案”裁判并不矛盾。但是，鉴于体育博彩合同总是以博彩对象或者说比赛结果的不确定性为前提，行为人在知道比赛结果之后才投注时，构成博彩要素以及博彩合同的成立基础实际上已经不复存在，① 继而根据论证，完全可以认定“事后投注案”被告人在提出订立博彩合同要约时，就同时违背事实地默示自己仍然不知道比赛结果，博彩的胜负依旧取决于偶然，从而构成诈骗意义上的欺骗。② 另一方面，“足球博彩案”中博彩公司工作人员被欺骗非由被告人不作为所致，而系其通过作为的默示欺骗方式而为。在这一部分论证中，法庭根据行为人积极身体举动所表达的意义，区分了作为与不作为的默示欺骗。③ 认为当行为人的意思表示中已经存在着欺骗行为时，法官原则上应当考察其是否——特别是基于合同的签订——由于作为而构成犯罪，而不应从不作为的角度考虑行为人是否应当受到处罚。④ 通过对“事后投注案”先例的否定性论证，进一步确证了“足球博彩案”的裁判结论。

在此可以对上述部分判决内容作进一步梳理概括成一个简要的论证基本逻辑结构：这部分论证涉及两个大前提：“其一，博彩合同的要素规定；其二，订立博彩合同也包括默示方式，且根据一般社会观念，采取默示陈述误导性行为进行默示性欺骗成立诈骗罪”；小前提是“被告人违背了博彩合同的要素规定，且在默示陈述中具有误导性行为”；结论为“被告人的行为是欺骗行为，构成诈骗罪”。

2. 在美国“马萨诸塞州诉博威尔案”中辩方援引 *Commonwealth v. Howard* 案⑤辩解：“被告人博威尔持有的假的武器或者玩具武器并不能被认定为持械抢劫中的危险武器。”针对这一辩解，法院首先对被援引的先例作了分析。法院认为，被告人持有某物是构成持械的必要条件，当他并未持有某物却对被害人声称有武器，还不足以满足这个条件（大前提）。被告人 *Howard* 仅仅是声称有武器，但事实上没有武器（小前提）。结论是：被告人 *Howard* 不构成持械抢劫。而被告人博威尔在案中却持有仿制枪，并且对被害人进行了威胁，满足了大前提的必要条件，因此被告人博威尔构成持械抢劫罪。法院根据成文法结合辩方援引的先例通过演绎推理认定被告人博威尔构成持械抢劫罪，同时也否定了辩方的观点。

---

① 王钢：《德国判例刑法（分则）》，北京大学出版社 2016 年版，第 263 页。

② Vgl. nur Cramer/Perron，in：Schönke/Schröder，28. Aufl.，2010，§ 263 Rdn. 16e. 转引自王钢：《德国判例刑法（分则）》，北京大学出版社 2016 年版，第 263 页。

③ 参见王钢：《德国判例刑法（分则）》，北京大学出版社 2016 年版，第 254 页。

④ 参见王钢：《德国判例刑法（分则）》，北京大学出版社 2016 年版，第 254 页。

⑤ 该案中，被告人威胁对方，若对方“犯傻”他会“扣下扳机”。被害人并没有看到他持有任何枪支或是像枪的东西。警方到场时抢劫还没有结束，当行为人被捕时没有机会使用任何武器，甚至身上根本就没有武器。法庭认为，被告人既然没有持有任何武器，也就无“配备危险武器”可言。被告人仅仅是声称有武器，但事实上没有武器，陪审团就不能认定他“配备”武器：“在抢劫者并未携带任何物品的场合，只因为他说自己有枪就说他是持械抢劫是不正当的”。参见符天祺：《“马萨诸塞州诉博威尔案”（*Commonwealth v. Powell*）》，载江溯主编：《美国判例刑法》，北京大学出版社 2021 年版，第 479 页。

以上所述司法判例法律论证型援用，都是法院针对质疑性或者辩方援引某一司法先例试图否定待决案件裁判作出的论证。论证的基本形式是演绎性的，而对大前提的确定均运用了外部证成，比如对诈骗罪意义上“欺骗”的解释、对抢劫罪加重情节中“持械”和“危险武器”的法律解释，等等。这也证明了司法判例法律解释型和法律论证型援用往往是互相支持、配合共同作用于待决案件裁判结论的论证。

（四）作为法律适用的例证

在待决案件中援用司法判例作为法律适用的例证，在两大法系广泛存在。所谓例证，一般理解是作为一种法律适用的例子，以支持待决案件裁判也应当适用相同的法律规定或者法律解释。在此分别举出两大法系的典型案例予以说明。例如，上述德国联邦最高法院“足球博彩案”就援用了“赌马案”作为例证，对被告人欺骗行为作出了认定。①

又如，2003 年美国“新罕布什尔州诉兰姆普瑞案”（*State v. Lamprey*）。② 该案争议焦点是：一个巧合的介入因素切断行为人的先行行为与法律禁止的结果之间的因果关系的标准③是唯一实质原因还是有贡献的原因？该案基本案情如下：

被告人兰姆普瑞在用小型载货汽车运载 6 个孩子回到自己家经营的儿童看护中心途中，货车偏离道路撞上一棵树，6 个孩子都受伤，其中一个孩子死亡。新罕布什尔州高等法院判决被告人构成犯罪。后被告人上诉至新罕布什尔州最高法院，被驳回上诉，维持原判。

该案在上诉裁判过程中，辩方认为初审法庭给出的认定法定原因的标准与 *State v. Seymour* 案中确立的裁判先例不一致。法庭比较了两起案件中对被告人行为至被害人死伤的法律原因的描述并认为，“虽然 *State v. Seymour* 案中初审法庭使用的措辞是更可取的，但是本案给出的陪审团建议也清楚地表达了法律上的因果关系必然导致法律禁止结果的支配的和实质的原因。另外，陪审团建议中的被禁止的结果必须是被告人行为的直接结果与自然的、直接的、立即的后果在实质上是一样的。因此，得出结论：初审法庭给出的陪审团建议，从整体上看，充分地陈述了 *State v. Seymour* 案中裁判先例。”④

由此可见，法庭不仅回应了辩方的观点，而且也将先例 *State v. Seymour* 案作为 *State v. Lamprey* 案中被告人的行为成立法律上因果关系认定的例证，并在裁判中作了重述。

---

① 参见王钢：《德国判例刑法（分则）》北京大学出版社 2016 年版，第 251 页。

② 参见李金龙：《新罕布什尔州诉兰姆普瑞案（*State v. Lamprey*）》，载江溯主编：《美国判例刑法》，北京大学出版社 2021 年版，第 186 – 192 页。

③ 参见李金龙：《新罕布什尔州诉兰姆普瑞案（*State v. Lamprey*）》，载江溯主编：《美国判例刑法》，北京大学出版社 2021 年版，第 191 页。

④ 李金龙：《新罕布什尔州诉兰姆普瑞案（*State v. Lamprey*）》，载江溯主编：《美国判例刑法》，北京大学出版社 2021 年版，第 190 页。

（五）判决理由的推翻

已有研究在讨论遵循先例原则的例外时，经常会论及司法判例的背离或者推翻问题。通常情况下，法官如果不认可某项先例所确立的规则，可以通过排除（规避）先例、限制先例规则效力范围的做法背离该项法律规则。[①] 有学者将背离进一步解读为不予遵循和有限区别两种情形，前者是法官在待决案件中对先例所体现的原则直接进行了批评（尽管不是推翻）；后者指在待决案件中（事实看似与先例类似，因此应适用先例之原则）没有适用先例原则。背离带来的后果是先例的效力或者权威被削弱。[②] 还有学者将实践中普通法系法官背离先例分为区分先例和推翻先例两种形式，并作了更为细致的讨论。[③] 概言之，对判例法上应于遵循的规范作狭义解释，使之不能适用于待决案件，是区别技术。而在待决案件中放弃先例的适用则属于判例的推翻。[④] 推翻先例是法官在法律稳定性与时代变革性之间所作出的价值选择。[⑤] 在一个先例形成若干先例规则的情形下，如果若干先例规则中部分被偏离，那么没有被涉及的先例规则仍会被后案所援用；如果若干先例规则都被待决案件偏离，发生了整体偏离，随着时间的推移则会从根本上否定和推翻司法判例。

本文在此主要讨论司法判例推翻。司法判例推翻包括两个方面，一是司法判例实体内容的推翻；二是司法判例推翻的程序规定。本文主要讨论实体内容的推翻。

1. 司法判例推翻的理由。德国学者阿列克西认为，当被评价的待决案件与司法判例非常近似的相关条件发生了变化时，待决案件的判决就会允许某种偏离。[⑥] 但在这里阿列克西并未言明相关条件所指？麦考密克归纳了两个抛弃先例的理由：一是昔日的法院在对判决理由进行论证的过程中存在错误；二是先例立基的原则已被立法抛弃或者带有其他不合时宜的经济或社会观念的印迹。[⑦] 在法恩斯沃斯看来，法院可能不愿意遵循先例的情况有：判决在作出时可能有明显错误，或者它太过时了而不能适用于已经改变了的情况，再或者法院的人员构成可能已经改变，以至曾经前卫的少数派观点现在已经成为多数意见。由于上述任何一个原因，或者其他原因，法院都可能拒绝遵循先例并且推翻其先前的判决。[⑧] 2022年6月24日，美国联邦最高法院在“多布斯诉杰克逊案（*Dobbs v. Jackson*）”

① 何家弘主编：《外国司法判例制度》，中国法制出版社2014年版，第95页。

② 李红海：《普通法的司法解读》，北京大学出版社2018年版，第61页。

③ 孙海波：《普通法系法官背离先例的经验及其启示》，载《法商研究》2020年第5期，第104页–107页。

④ 参见［德］罗伯特·阿列克西：《法律论证理论——作为法律证立理论的理性论辩理论》，舒国滢译，商务印书馆2020年版，第348页。

⑤ 何家弘主编：《外国司法判例制度》，中国法制出版社2014年版，第96页。

⑥ 参见［德］罗伯特·阿列克西：《法律论证理论——作为法律证立理论的理性论辩理论》，舒国滢译，商务印书馆2020年版，第344页。

⑦ ［英］尼尔·麦考密克：《法律推理与法律理论》，姜峰译，法律出版社2005年版，第134页。

⑧ ［美］艾伦·法恩斯沃斯、史蒂夫·谢波德：《美国法律体系》（第4版），李明倩译，上海人民出版社2018年版，第49页。

推翻堕胎权的判决中，归纳了推翻先例 *Roe* 案和 *Casey* 案判决的五个因素：a. 法院（裁决）与宪法冲突而致的错误性。b. 没有任何宪法文本、历史或者先例基础的推理质量。c. 裁决强加的规则不可行，即该规则不可以被理解并以一种一致且可预测的方式适用。d. 对其他法律领域的影响，造成许多重要但不相关的法律学说扭曲。e. 传统的信赖利益受到影响。① 我国学者在其研究范围内概括了推翻先例的三项条件：a. 先例的证成基础被后来相关判决销蚀；b. 先例受到持续不断的实质批评；c. 社会公众尚未形成不利于推翻先例的信赖。② 无论大陆法系和英美法系，对于司法判例的推翻都共同遵循承担推翻先例的严格论证义务原则。

综合而言，司法判例推翻的理由可以概括为两方面。一是内因方面，主要指司法判例原裁判发生错误，包括：司法判例的裁判结果错误、司法判例推理论证错误；二是外因方面对司法判例原裁判的影响，以至司法判例不再具有被遵循之价值，具体包括：司法判例裁判不符合社会和经济发展、司法判例裁判对其他法律领域产生不利影响、司法判例的裁判有违社会公众的信赖利益。

2. 司法判例推翻的类型。阿列克西等将德国法律制度中推翻判例的类型概括为四种类型，分别为严格意义上的推翻、广义的推翻、默示的推翻以及下级法院预期的推翻。③ 我国学者雷磊也研究了德国判例的推翻问题，不过他认为，考虑到德国判例的修正要比英美法系判例的推翻更为灵活，类型更加多样化，它包括但不限于推翻（否定先例），故此用“判例的修正”替代“判例的推翻”。④ 基于判例的运用主体不同，雷磊等还区分了判例的偏离和修正，即偏离是其他法院和法律适用者的行为，修正则是法院针对自己创设的判例的行为。不过偏离和修正都涉及判例内容的“不正确”，在根本上适用相同的原理。该研究阐释了判例修正的四种类型，即明示修正、默示修正、隐蔽修正和悬置修正。⑤ 本文认为，无论是判决的偏离抑或修正，如果以判例为讨论对象，两者并无实质上的区别，二者都是基于内外因而导致的判例内容或者裁判规则不再适宜于待决案件的裁判。

比较而言，英美法关于判例的推翻类型大致有明示和默示推翻两种情形。所谓明示推翻，有英国学者举了一个例子加以说明，“如果在案件 B 中，一个有权推翻案例 A 的法院

---

① 参见张语嫣、朱暂等组译：《美国推翻堕胎权正式判决书》，载《中美法律评论》（公众号）2022 年 6 月，第 7 页－10 页。

② 参见杨贝：《法庭意见、论据与论证——析美国最高法院对劳伦斯案的裁决》，载《环球法律评论》2014 年第 4 期，第 140－141 页。

③ 严格意义上的推翻：明示推翻一个或一系列具有约束力的判例。广义的推翻指明示推翻一个只有影响力的判例（或持续性判例）。默示推翻：即并不遵循某判例（或持续性判例），但是也并未表明。下级法院预期的推翻：下级法院不遵循上级法院的判例，隐含着期待上级法院在进行上诉审查时也会推翻自己曾经做出的判决。［德］罗伯特·阿列克西、拉尔夫·德莱尔：《德国法中的判例》，高尚译，载《中国应用法学》2018 年第 2 期，第 157－159 页。

④ 参见雷磊、高尚、段沁：《德国判例制度研究》，法律出版社 2023 年版，第 202 页及其注③。

⑤ 参见雷磊：《论德国判例的运用方式》，载《国家检察官学院学报》2022 年第 2 期，第 69－71 页。

说 A 被推翻，案例 A 中的判决理由一并不再具有任何先例原则的权威”，① 也即某先例后来被法官明确宣布推翻，由此而致的后果是判例法的体系将该先例剔除，使之再无拘束力——除非更高级的法院又认为它是对的而恢复其效力。默示推翻则指先例被认为与后来高级法院的某些判决不相一致而被推翻，② 也即后来的判决取代了先例。还有一种先例的“预期推翻”。在美国，有这样一类先例案件，倘若一旦上诉，后来的法官认为上级法院有可能推翻它，那么这一本来具有拘束力的先例就处于不被重视的境遇。因而，如果某联邦上诉法院认为联邦最高法院本身有可能推翻某一先例，那么它就有可能漠视最高法院的这一先例。这种对先例的漠视在美国术语中被称为“预先推翻”。但鉴于预先推翻的实践会严重侵蚀遵循先例原则，因此，此类实践近年来在英国的下级法院仅发生过一两次，在美国也并没有全面开花。即便如此，还受到了最高司法机关的指责。③

3. 司法判例判决理由的推翻。对法律现象认识的深化、个案正义与法律发展、解释和论证方法的改变等等都有可能导致司法判例的推翻。与一般认知上理解的司法判例推翻是对司法判例的“判决理由”或者（和）“判决结果”的推翻不同，英国学者认为，司法判例的推翻通常指推翻了该判例的“判决理由”，这一般意味着司法判例的判决也被推翻了；同时有时也存在判决理由被推翻了，而判决结果并没有被推翻。④ 具体见下表 1。

表 1

司法判例的推翻		
判决理由	判决结果	结论
推翻	推翻	推翻
推翻	未推翻	推翻

根据这一判断，只要司法判例的“判决理由”被推翻了，无论判决结果是否被推翻，就属于司法判例推翻。根据既判力理论和时效理论，司法判例的判决理由推翻不应当具有溯及力，但这在两大法系均存有争议。当事人也不得因判决理由的推翻可能导致的判决结果推翻而重启诉讼。对于遵循先例而裁判的案件，因为后来先例被推翻，那么如何处理这一裁判呢？同样的，也应当遵循法不溯及既往原则。从理论上讲，还存在一种判决理由未被推翻，而判决结果却被推翻的情形。不过，这一情形存在的原因可以归结为法律论证进路发生了偏差。

---

① ［英］鲁伯特·克罗斯、J. W. 哈里斯：《英国法中的先例》，苗文龙译，北京大学出版社 2011 年版，第 141 页。

② 参见李红海：《普通法的司法解读》，北京大学出版社 2018 年版，第 61 页。

③ ［美］P. S. 阿蒂亚、R. S. 萨默斯：《英美法中的形式与实质：法律推理、法律理论和法律制度的比较研究》，金敏、陈林林、王笑红译，中国政法大学出版社 2005 年版，第 101 – 102 页。

④ ［英］鲁伯特·克罗斯、J. W. 哈里斯：《英国法中的先例》，苗文龙译，北京大学出版社 2011 年版，第 145 页。

司法判例判决理由推翻的内容主要体现为判决理由中与个案事实紧密结合的法律问题，具体就是裁判规则的推翻，其中涉及对规则中的法律概念、行为、权利、义务、责任等在法律上具有实体意义的内容改变，甚至整个法律命题发生的改变。

对大陆法而言，由于司法判例是基于对制定法的解释以及续造了裁判规则，当出现了更好的符合法律发展的解释或者续造时，原来的解释或者续造的实体规范内容就会被推翻。由于各部门法不同，推翻的实体规范内容十分庞杂、各异，难以类型化。有学者从法律观点的采纳与放弃之间的关系角度，归纳了否弃、替代、矛盾、更改四种司法判例修正（推翻）方式，① 从中我们能够发现推翻实体规范内容的具体描述。

以上考察表明，两大法系司法判例运用方法主要表现为法律解释、法律论证、作为裁判适用法律的例证以及司法判例的推翻四种类型。一般而言，实践中四种类型并非单兵作战，而往往联合或组合运用在待决案件中，并通过严密的推理论证，最终达致一个为法律共同体以及当事人均可接受、信服的合法、理性、正当的裁判结论。

三、启示：指导性案例在待决案件中多元化运用方法之提倡

（一）指导性案例多元化方法运用之前提

众所周知，最高人民法院规范性文件只规定指导性案例作为裁判理由在待决类似案件中引述，并未指明指导性案例在其中的具体运用方法。实践中应提倡指导性案例多元化运用以增强待决类似案件裁判理由的说服力和权威性。

1. 指导性案例与大陆法系司法判例相似性前提。由于指导性案例与大陆法系司法判例具有相似性，所以指导性案例可以借鉴大陆法系司法判例在待决案件中的多元化运用方式。具体而言，两者的相似性主要体现在以下方面：首先，我国与大陆法系国家都是成文法背景的国家。作为继受法国家，我国在法律形式和法律内容，法律思维和法律方法等方面与大陆法系相似。其次，大陆法系司法判例与我国指导性案例都是法院生效裁判，都经由最高层级法院产生。司法判例是联邦最高法院的裁判，而指导性案例源案件裁判除了最高司法机关的裁判之外，还包括各审级的生效裁判，两者虽然在审级上存在一些差别，但是指导性案例最后是经过最高司法机关权力机构认可的裁判案例，在这一点上可谓都是最高司法机关的产物。再次，大陆法系司法裁判虽然是在法官具有法律解释权的前提下，在适用法律过程中通过解释法律并作出裁判；而指导性案例的源案件裁判法官并没有法律解释权，但却有权根据法律解释规则对法律适用进行解释，依法作出的裁判。在经由有权进行法律解释的最高司法机关审查修正成为指导性案例后，指导性案例类同甚至高于司法判例之效力。第四，如同司法判例判决要旨一样，指导性案例形成的裁判要点已经具备一定的适用普遍性，其超越了个案裁判；裁判要点是结合个案裁判所形成的，与个案的案件事

① 参见雷磊：《论德国判例的运用方式》，载《国家检察官学院学报》2022 年第 2 期，第 71 – 73 页。

实和法律适用解释具有紧密的联系；裁判要点是司法裁判运用法教义学的结晶，也是进一步形成制定法的规范基础和来源。第五，司法判例与指导性案例的在待决案件裁判中运用的目的都是为了统一法律适用。

可见，基于指导性案例与司法判例的成文法背景、法律适用目的机制和案例形式的相似性，指导性案例可以借鉴司法判例在待决案件中多元化运用的实践经验。

2. 指导性案例运用于待决案件的逻辑前提。在有关法律论证理论中，英国论证学家图尔敏的法律论证模型具有典型意义，并在司法实践中得到了普遍应用。有研究借助图尔敏提供的论证框架分析了法律论证的内部证成和外部证成结构理论：从事实命题（案件事实）与规范命题（法律规范）推导出结论或主张（裁判结论）的过程属于内部证成；① 但内部证成并非一蹴而就地解决所有案件，司法实践中存在大量疑难案件，单凭内部证成难以作出裁判，案件的疑难之处主要表现在事实命题或者（和）规范命题有时并不确定或者说难以确定。当它们受到质疑时，就需要进一步佐证，此时佐证事实命题或（和）规范命题的过程就属于外部证成。这里的事实命题就是裁判的事实性理由，规范命题则为裁判的规范性理由。事实命题的佐证即为拉伦茨所言的案件事实的形成及其法律判断。他认为，"案件事实"实际上是关于案件事实的陈述。对于判断者而言，作为陈述的案件事实并非自始"给定的"，相反必须一方面考量已知的事实，另一方面考虑个别事实在法律上的意义，两者结合才能形成案件事实。② 换言之，一旦经由证据证实的案件要件事实与实体法规范的构成要件相符合就形成了"案件事实"。当佐证规范命题时，则涉及法律论证的权威理由和实质理由。可以作为权威理由的，最重要的是法律渊源。③ 而实质理由可以是有关道德的、经济的、政治的实践陈述。④ 由实质性理由组成的论证之理由的分量或力量本质上不依赖于任何权威也可以具有权威性。这类论证充斥着道德的、政治的、经济的或者其他社会考量的实质性理由的直接诉求。⑤

从应然的角度看，指导性案例应当参照性的主要内容在于通过对制定法的解释、续造形成的法教义，并因此成为待决案件运用的对象。换言之，指导性案例是作为规范性理由在待决案件中被运用的。诚如有学者所总结的，判例（指导性案例）在内部证成环节对法律概念类型化解释、在外部证成环节对法律原则适用的统一起着规定、补充作用；同时判例（指导性案例）还在外部证成环节对法律结果的正当性和一致性起着验证的作用。⑥ 如

① 参见雷磊：《"法的渊源"意味着什么?》，中国政法大学出版社2021年版，第62页。

② ［德］卡尔·拉伦茨：《法学方法论》（全本·第六版），黄家镇译，商务印书馆2020年版，第353页。

③ 雷磊：《从"看得见的争议"到"说得出的正义"——基于最高人民法院〈关于加强和规范裁判文书释法说理的指导意见〉的解读与反思》，载《法学》2019年第1期，第179页。

④ 雷磊：《"法的渊源"意味着什么?》，中国政法大学出版社2021年版，第62页。

⑤ ［荷］伊芙琳·T. 菲特丽丝：《法律论辩导论——司法裁决辩护理论之概览》（原书第二版），武宏志 武晓蓓译，中国政法大学出版社2018年版，第18页。

⑥ 参见高尚：《德国判例使用方法研究》，法律出版社2019年版，第82－83页。

果在比较待决案件与指导性案例的案件事实构成要件相似性后，法官发现待决案件与指导性案例要件事实都能够落脚于某一实体法具体条款的构成要件，那么，指导性案例在待决案件中运用所扮演的角色就是作为法律适用的例证，而例证能够增强待决案件裁判的说服力。

因此，从逻辑上看，指导性案例在待决案件中运用必然会涉及法律解释、法律论证和作为法律适用的例证三种方法，并对待决案件裁判结论起着解释、论证和说服的作用。

（二）指导性案例运用的备案审查与偏离报告

指导性案例参照应用的备案审查与偏离①报告制度体现了指导性案例司法运用的自律性，对维护类案类判具有重要意义。

1. 参照指导性案例的备案审查。一审、上诉审抑或再审，只要待决案件裁判参照了指导性案例，无论是确定性参照还是不确定参照，均应当通过层级向其上级报备审查。具体审查部门对应在审判监督庭。经审查，若认定指导性案例参照正确的不再作出裁定；若认为指导性案例参照错误，a. 若不影响原裁判结论的，属于一审程序的，由本级审判监督庭审查纠正；属于上诉审或再审的，发回原审法院对原裁判的裁判理由作出更正或由本级直接作出更正；b. 若影响原裁判结论的，属于一审程序的，由本级审判监督庭审查裁定撤销或者变更；属于上诉审或者再审的，由其作出裁定，发回原审法院重新审理或者自行书面审理，撤销或者变更原审裁判理由，重新作出裁判。上级法院也可重新选择并参照认为正确的指导性案例作为新的裁判理由作出判决。当然，新参照的指导性案例仍应报备上级法院再审查。

2. 指导性案例运用的偏离报告。前文已述及司法判例推翻（偏离）制度。在德国，设置判例偏离制度的主要目的是为了更好地实现法律适用的一致性，避免不同法院作出分歧判决；② 也是为了作为对当事人没有上诉权利的补偿。③ 其要点在于当德国下级法院法官在裁判待决案件时，如果意欲偏离另一审判庭或者高级法院的先前判决，则要将争议向最高法院审判庭提交。④ 此即德国法上的“判例的偏离报告义务”，并且为运行该制度规定的报告义务，德国5个法院系统均设定了详细的程序性规定。⑤ 德国程序法的判例偏离报告义务分成三种情形，一是联邦一级法院体系之联邦最高法院偏离另一个联邦最高法院的判决；二是联邦最高法院内部的某个审判庭偏离另一个审判庭的判例；三是一个州高等法院偏离另一个州高等法院或联邦最高法院的判决。⑥ 发生这三种情形的偏离分歧均须提

---

① 本文对此处的“偏离”与前文述及司法判例的“推翻”未作严格区分，两者意义在文中同一。

② 高尚：《德国判例使用方法研究》，法律出版社2019年版，第202页。

③ 张骐等：《中国司法先例与案例指导制度研究》，北京大学出版社2016年版，第96页。

④ 高尚：《德国判例使用方法研究》，法律出版社2019年版，第202页。

⑤ 参见高尚：《德国判例使用方法研究》，法律出版社2019年版，第202页。

⑥ 参见高尚：《德国判例使用方法研究》，法律出版社2019年版，第202-203页。

交报告给对应的大审判庭、联邦最高法院答复。[①]

当下，我国指导性案例运用更多地凸显了司法的权力性要求，在这种制度情境中，借鉴德国判例偏离报告制度，构建我国指导性案例偏离报告程序尤为适宜。唯此，控制法官自由裁量权，监督司法权正确运行，补偿当事人运用指导性案例诉讼权利的缺失才能有章可循，有法可依。我国大陆现有审级制度较为单一，没有德国法院系统的复杂性，指导性案例偏离报告程序设置也相应较为简单。首先，应当确立一审偏离指导性案例向其上诉审报告原则。其次，指导案例的共时性偏离报告程序，可以省级法院为单位设置。一是省级辖区内一审向二审报告直至省高级法院；二是省级辖区间对指导性案例偏离的裁判，由省级高级法院汇总共同报告最高法院；三是一级法院内部不同庭相互间对指导性案例偏离应当报告该法院审判委员会。再次，指导案例历时性偏离报告程序。一是一个法院以前的裁判运用了指导性案例，而类似待决案件裁判出现偏离，应当报告本院审判委员会；二是上级法院以前的裁判运用了指导性案例，而下级法院类似待决案件裁判出现偏离，应当报告上级法院审判监督庭；三是以上两种情况的报告义务，在程序上遵循共时性偏离报告处理方式。

（三）指导性案例多元化方法运用促进统一法律适用

作为裁判理由的指导性案例多元化方法的运用，有利于下述目标的递进实现。

1. 增强司法裁判法律规范命题的融贯性。一项司法裁判，总是由特定案件的若干个事实命题和若干个一般法律规范命题及其推论获致的判断或决定所组成。其中事实命题具有真值或真假的属性，比如："真或假""是或不是"；而法律规范命题不具有真值观念或真假属性，它仅具有与真值观念相类似的观念，比如："正当或不正当"。[②] 事实命题必须是普遍知晓或已证实的，法律规范命题必须是一个有效的规则或一个有效法律规则的可接受的解释。[③] 理论上认为事实命题的证成标准是真理符合论，[④] 法律规范命题的证成标准为真理融贯论。其理由在于，法律规范命题具有可反驳性，而具有可反驳性的命题或知识，必须通过逻辑可演绎性以外的推论的合理性来保证命题或知识的正确性。其中的"逻辑可演绎以外的推论"就是融贯性。[⑤] 换言之，融贯论是建基于法律规范的可反驳性和法律知识的不确定之上的证成标准。其使命是减少法律规范命题的易反驳性，增强其确定

---

① 参见高尚：《德国判例使用方法研究》，法律出版社2019年版，第202－203页。

② 参见舒国滢、王夏昊、雷磊：《法学方法论前沿问题研究》，中国政法大学出版社2020年版，第34页。

③ 参见［荷］伊芙琳·T. 菲特丽丝：《法律论辩导论——司法裁决辩护理论之概览》（原书第二版），武宏志、武晓蓓译，中国政法大学出版社2018年版，第33页。

④ 真理符合论观点：一个语句（一个命题、一个主张或一个断言［陈述］），当且仅当通过语句表达的事体实际存在时，才应被称为真实的。实际存在的事体就是一个事实。故此，真理可以被定义为是语句与事实之间的一致性（符合）。［德］罗伯特·阿列克西：《法律论证理论——作为法律证立理论的理性论辩理论》，舒国滢译，商务印书馆2020年，第135－136页。

⑤ 舒国滢、王夏昊、雷磊：《法学方法论前沿问题研究》，中国政法大学出版社2020年版，第35页。

性。指导性案例无论在待决案件中作为裁判理由中的何种理由，都能减少法律规范命题的可反驳性和不确定性。对于一个有效论证而言，指导性案例对法律规范命题的融贯性论证，是确保法律规范命题正确性的重要方式。

2. 确保司法裁判结论的正确性。逻辑上有效的论证并不能保证结论上的正确性。要确保结论正确性，还必须要前提为真或正确。因为，逻辑被设计为评价前提和结论之间的形式关系。评价法律论证中的前提内容的可接受性时，人们必须使用可接受性的实质的（法律或道德的）标准。① 这一标准，取决于事实命题和法律规范命题的正确和有效。承前所述，指导性案例正是保证法律规范命题的正确性的重要方式之一。因此，指导性案例对于法律规范命题的融贯性论证具有双重效果，一是保证待决案件裁判的法律规范性命题的正确性；二是确保裁判结论的正确性。

3. 维护司法裁判法律适用的统一性。在法律论证理论中有两个重要理论，一是可普遍化原则；二是惯性原理。首先，可普遍化原则，简单地说就是相同情况相同处理。德国法学家黑尔提出了这一原则，并将描述性陈述的可普遍化推及至评价性陈述，认为评价性陈述由于它的描述性意义要素而享有可普遍化特性。② 也就是说，法律规范命题也具有事实命题的可普遍化特性。指导性案例中去语境化的裁判要点或要旨形成的规范性命题同样具有可普遍化特性，完全可以在类似待决案件中相同对待。其次，惯性原理是比利时法学家佩雷尔曼在其《新修辞学》中首次提出，意指过去一度被承认的观点，若没有足够的理由不可以加以抛弃。它为引用先例案件和已被承认的法学和伦理学之规范确立了根据。③ 鉴于此，指导性案例确立的裁判规则，应当在类似待决案件中加以运用，如没有足够理由不能抛弃。申言之，若抛弃则必须承担论证义务。在我国法治语境下，尽管指导性案例在待决案件中运用法官并没有推翻指导性案例的权力，④ 但实践中难以避免发生此等情势，因而需要履行前已述及的偏离报告义务；与此同时，对于不予运用或者反向运用（反证），限缩或扩大适用，必须要求法官作出充分而严格的论证。

由上可见，指导性案例在待决案件中运用既是可普遍化原则的必然要求，也符合惯性原理的要求。只有满足了可普遍化原则和惯性原理的要求，指导性案例适用于类似待决案件才能实现法律适用的统一性。

---

① ［荷］伊芙琳·T. 菲特丽丝：《法律论辩导论——司法裁决辩护理论之概览》（原书第二版），武宏志、武晓蓓译，中国政法大学出版社 2018 年版，第 34－35 页。

② 参见［德］罗伯特·阿列克西：《法律论证理论——作为法律证立理论的理性论辩理论》，舒国滢译，商务印书馆 2020 年版，第 88 页。

③ ［德］罗伯特·阿列克西：《法律论证理论——作为法律证立理论的理性论辩理论》，舒国滢译，商务印书馆 2020 年版，第 222 页。

④ 当指导性案例因为某种原因需要废止，只有最高司法机关才有权宣布无效。例如，2020 年 12 月 29 日最高人民法院发文通知《不再参照适用指导性案例 9 号、20 号》（法〔2020〕343 号）。

四、结语

司法判例在运用中表现的四个共性：法律解释型运用、法律论证型运用、作为待决案件裁判的例证和司法判例判决理由的背离和推翻是两大法系裁判经验和智慧的总结，无论理论和实践都证明它在司法裁判中运用的必要性和合理性，因而应当具有普适性和借鉴性。可见，司法判例运用方法和功用能为我国指导性案例司法应用借鉴和吸收。在指导性案例司法应用过程中，可采取渐进的方式推行多元化方法的运用。具体来说，通过司法实践先行试点和探索，在经过效果检验后，再行推广，待时机成熟出台规范性文件，甚或上升为立法规定，以充分利用指导性案例司法应用的多元化方法，最大化地实现指导性案例统一法律适用的制度目的。需要注意的是，在我国法治语境下，法官没有法定权限推翻指导性案例，但对于应当参照而不参照或者运用指导性案例进行反向论证，则应当进行充分而严格的论证。

刑事裁判说理的特殊性*

——以“全国百优文书”为研究对象

王书剑**

摘　要　增强刑事裁判说理的首要任务是明确其特殊性。刑事裁判说理基于人权保障立场，这不仅是罪刑法定原则的必然要求，也是法治现代化建设对刑事审判的合理期待。相较于其他裁判文书，刑事裁判说理行文风格迥异，表现为篇幅相对长、更权威严谨且更注重细节。刑事裁判文书更需要以情理价值为说理依据。在法律方法的使用上，刑事裁判说理侧重演绎推理，禁止有罪类推；侧重文义解释、体系解释和社会学解释方法；侧重消极修辞，但积极修辞也在运用情理价值等说理时发挥重要作用。刑事裁判文书更注重说理的层次性。

关键词　刑事裁判说理　罪刑法定原则　情理　体系解释　定罪量刑说理

一、缘何研究刑事裁判说理特殊性

近年来，随着裁判文书公开机制不断深化，越来越多的司法案件为公众所知悉，党中央和最高人民法院十分重视裁判文书释法说理质量并多次出台相关文件。“司法裁判是法官通过法律推理为案件纠纷提供解决方案以定分止争的过程”①，司法裁判文书作为国家审判活动全过程的最终载体，理应是法官进行释法析理，令当事人服判息讼且培养公众法治意识、普及行为规则的集中载体，其说理部分的撰写质量影响裁判结论为当事人、法官同行以及社会公众所接受的程度，关乎司法公信力与司法权威的高低。当前，关于裁判说

---

* 本文系国家社科基金项目《裁判文书援引社会主义核心价值观说理的路径与方法研究》（21BFX164）的阶段性研究成果。

** 王书剑，男，山东济南人，山东大学法学院博士研究生，研究方向为刑法方法论。

① 杨知文、侯竣泰：《面向司法对话性的裁判理由建构》，载《社会科学》2023 年第 10 期，第 184 页。

理的研究已逐步类型化，虽然不同诉讼领域之间存在许多共性，但刑法学拥有异于其他部门法的价值追求和逻辑结构，刑事诉讼在三大诉讼中也尤其特殊，存在独特证据证明规则、法律适用边界和审判程序。这决定了相较于民事、行政裁判文书而言，刑事裁判文书说理具有很多自身特点和要求，法官必须按照符合刑法内在逻辑的说理规则进行说理，其说理总体质量对于司法公信力而言更加关键。

首先，与其他诉讼领域显著不同，刑事案件承载着重大的法益价值，生命是无价的，自由是刑事法治的核心价值，① 刑事裁判结论涉及公权力对个人生命、自由等重大权益的剥夺或限制，包括剥夺生命的死刑、剥夺或限制自由的徒刑、拘役、管制，一旦出现冤假错案，其不良影响将是巨大且无法弥补的。“刑法是一种不得已的恶。用之得当，个人与社会两受其益；用之不当，个人与社会两受其害。”② “一个错案的负面影响足以摧毁九十九个公正裁判积累起来的良好形象，执法司法中万分之一的失误，对当事人就是百分之百的伤害。”③冤假错案不仅会造成极其恶劣的社会影响，而且严重影响我国司法机关的形象，进而导致我国司法公信力不高。为了提升司法公信力，应更加重视刑事裁判说理的规范化，将法官的考量尽可能多地反映在裁判文书中。通过加强说理力度，对保护公民生命、自由等重大权益具有重要意义，从而有效避免冤假错案的发生。其次，刑事案件的特殊性决定其社会关注度和影响力较大，往往成为社会热点和关注焦点，据有学者统计，我国法院在改革开放以来受理的刑事案件数量在各类案件中占比仅一成且仍持续下降，但在 2013－2020 八年内入选的“中国十大影响性诉讼”中，刑事案件平均占比 56.7%，相比之下表明了刑事案件的社会关注度非常高。④ 因此，刑事案件更容易显现出司法和民意的紧张关系，也更易导致司法与公众认同间的激烈碰撞，公众认同主要是通过刑事裁判文书所展现的实体公正和程序正当等方面获取，对于司法公信力与司法权威的提升而言至关重要。最后，刑事诉讼有着强烈的公法特征，诉讼两造的地位存在差别，表现为国家强势权力和孤独个人之间的斗争，而且在刑事裁判中还要进行是否存在非法证据排除的说理，因此刑事裁判说理质量对于维护公民基本权利极为关键。同时，“在刑事司法领域，国家权力介入得较深，刑事性质本身也决定了其调查过程不具有高度透明性，”⑤ 对相对隐蔽的刑事审判过程通过裁判文书公之于众，对裁判结论充分说理更加重要，也需要更加慎重。这不仅是司法的程序性要求，更是实现司法公正与权威的必然要求。

---

① 参见刘艳红：《象征性立法对刑法功能的损害——二十年来中国刑事立法总评》，载《政治与法律》2017 年第 3 期，第 49 页。

② 参见陈兴良：《刑法的价值构造》，中国人民大学出版社 2006 年版，前言部分Ⅷ—Ⅸ页。

③ 2014 年 1 月 7 日，习近平在中央政法工作会议上的重要讲话。

④ 参见高尚：《刑事裁判文书说理的基本要求与理想模式——基于三则改判案件的经验考察》，载《东北师大学报（哲学社会科学版）》2022 年第 4 期，第 92 页。

⑤ 孙万怀：《公开固然重要，说理更显公正——“公开三大平台”中刑事裁判文书公开之局限》，载《现代法学》2014 年第 2 期，第 43 页。

因此，刑事诉讼对公众的影响巨大，规范和完善刑事裁判说理更为重要，是实现司法公正和司法公信力的迫切要求。但是，刑事裁判说理的实际情况在三大裁判中反而较差。近年来，我国刑事裁判说理总体并不乐观，“论证简单”“不讲情理”等现象广泛存在。有学者对不同性质、案由的判决书进行量化评价后发现，刑事裁判说理的总体状况略差于民事、行政领域。① 主要原因在于，针对某个领域的问题提出针对性举措应首要明确该领域的独特之处，刑事审判受罪刑法定原则的约束，且和其他审判领域解决的社会矛盾不同、当事人诉讼地位存在差异以及适用程序不同等，刑事裁判说理有其特殊性，但理论和实务均未充分认识这一点，无法根据刑事裁判文书说理的特点提出针对性强化说理举措。因此，增强刑事裁判说理的首要任务是明确其特殊性。鉴于我国刑法及刑事诉讼过程的特殊性质，结合对2018－2023年全国法院“百篇优秀裁判文书”（以下简称“全国百优文书”）的研究，发现刑事裁判说理的特殊性主要在于说理立场、思维、内容、依据、方法及架构等方面。

二、说理立场：注重被告人权保障

“近代刑法学之父”冯·费尔巴哈首次明确提出了罪刑法定原则，即“法无明文规定不为罪，法无明文规定不处罚”，可概括为无法无刑、无法无罪和有罪必罚三点。在费尔巴哈时代，他认为国家通过立法活动设定了犯罪与刑罚相对应的“价目表”，建立起二者之间的必然关联，“有罪必罚”作为罪刑法定原则的核心要素，为刑法的威慑力提供了有力保障。不过，从后世发展看，罪刑法定原则的限制机能越来越受重视，人权保障成为该原则的核心价值，学者们基本只注重对前两点的研究，“有罪必罚”被逐步忽视和淘汰。在此背景下，世界各国对司法权力进行了一定限制，要求法官认定被告人有罪时必须以刑法为唯一依据。对于罪刑法定原则的这一经典格言，各国刑法尽管存在表达上的细微差别，但其核心要义都基本为这一表述所涵盖。罪刑法定原则作为我国刑法的基本理念和帝王条款，是约束所有刑法条款的根本原则，② 其最重要的功能在于限制国家公权力对人权的过度干涉，这决定了刑事审判活动严格排斥诸如类推解释、漏洞填补等法官运用其自由裁量权进行“法律续造”“法官立法”的活动，有助于维护公民认识到其行为属于合法抑或违法的预测可能性，充分保障被告人人权，这正是刑事审判（刑事裁判、刑法方法论）不同于其他审判领域（其他裁判、一般法律方法论）的特性所在。相较于刑事诉讼，其他诉讼领域不存在如此鲜明的人权保障意味，如在民事诉讼中，法官明确请求权或抗辩权基

① 参见杨贝：《裁判文书说理的量化评价——以2017年北京市判决书论证质量调查为例》，载《中国应用法学》2018年第2期，第17－28页。

② 我国刑法第三条规定了罪刑法定原则：“法律明文规定为犯罪行为的，依照法律定罪处刑；法律没有明文规定为犯罪行为的，不得定罪处刑。”有学者将前段称为“积极的罪刑法定”，将后段称为“消极的罪刑法定”。后段的表述与世界各国立法中“法无明文规定不为罪，法无明文规定不处罚”的基本内涵一致。

础所依据的是原被告平等主体所提出的主张，不存在强大国家和弱小个人之间的对立关系，法官明确原被告双方权利义务并依法公正裁决即可。而且民事法官也可以在法律不明晰、存在法律漏洞或依照法律裁判可能导致不公等情况时，通过类比推理、漏洞填补等法律方法作出公正裁决。如第二届“全国百优文书”中一例担保物权纠纷案就运用了类推方法，“《中华人民共和国担保法》第二十四条规定，债权人与债务人协议变更主合同的，应当取得保证人的书面同意，未经保证人书面同意的，保证人不再承担保证责任。保证合同另有约定的，按照约定。虽然前述法律规定是对保证合同的规定，在本案中，让与担保人与保证人的法律地位相同，让与担保与保证的目的亦相同，让与担保与保证担保承担责任的原理亦相同，因此该条关于保证人不承担担保责任的规定，亦可类推适用于让与担保合同的担保人。”①

刑事法律思维是典型的公法思维，这从根本上是由罪刑法定原则决定的。与处理平等主体之间关系的私法思维不同，公法思维涉及强大的国家与弱小的个人之间的关系，即公权力与私权利之间的博弈。由于国家权力的介入和干预，刑事法律思维应当注重对被告人权利的保护，限制国家权力的过度干预。刑法作为其他部门法的后置法，只有社会危害性达到一定程度的行为才为刑法所规定，通过刑事诉讼程序处理，而通过其他部门法足以处理的行为就不需要动用刑法，这正是刑法谦抑性的要求。因此，刑事法律思维的核心在于保障人权，刑事裁判文书作为刑事审判全过程的载体，是权力和权利博弈过程的复刻，是公众司法知情权的最直接实现途径，其裁判结论的合法性、合理性以及裁判说理充分、规范程度是国家人权保障力度以及法治现代化进程的重要度量衡。目前的实际情况是，刑事裁判的论证说理存在“先入为主”的思维定式，在确定被告人有罪之前就将其作为犯罪人看待，论证说理并未体现出人权保障的精神，给裁判文书受众一种公检法联合惩治犯罪的感觉。在我国刑事诉讼结构中，代表国家公权力的控方始终处于优势地位，辩方属于天然的弱势一方，刑事裁判说理应当注重平衡控辩双方的诉讼地位，在审判过程中约束控方权力也是公法思维的要求。目前的刑事裁判文书体现出控辩双方地位上明显不对等，广泛存在轻视辩方提出的“非法证据”问题、消极回应辩护意见，对于检察机关的指控无条件支持等现象。刑事裁判文书应当确保法官处于中立地位，说理过程应当体现裁判结论是在均衡控辩双方意见后审慎作出的，如此方能有利于保障被告人合法权益。

刑事裁判说理的人权保障立场，还体现在证据说理上。我国民事、行政案件的证据认定采用“高度盖然性”证明标准，比广泛存在于英美法系国家的优势证据原则要求较高，只有一方提供证据的证明力远大于另一方时，司法人员才能对其待证事实予以认定。不同的是，刑事案件适用严格的证据规则，采用足以排除合理怀疑的证据标准。刑事裁判文书要运用更多篇幅、运用证据规则对证据的合法性、客观性和关联性进行说理，使说理受众

① 参见江苏省南京市中级人民法院（2017）苏01民终8741号二审民事判决书。

对证据的认定排除一切合理怀疑，即受众认为证据的认定以及裁判结论的作出不存在无法排除的矛盾和疑问。由于刑事案件存在更高要求的证据证明标准，刑事裁判的证据以及事实说理部分需要更加充分，有利于保障被告人人权，否则证明力不足的证据不足以说服受众，裁判结论的得出站不住脚，影响司法公信力和司法权威。另外，刑事裁判说理注重保障人权还包括法官通过运用刑事司法思维逻辑充分说理，客观有效地回应被告人辩解或辩护意见，进而保障被告人的知情权。

总之，罪刑法定原则中所蕴含的人权保障理念和形式理性在很大程度上影响着刑法思维方法论，① 对于刑事裁判对被告人是否定罪、定何种罪、是否判处刑罚、判处何种刑罚的裁判结论展开充分证据、事实以及法律适用说理，理应基于被告人人权保障立场，这不仅是罪刑法定原则的必然要求，也是法治现代化建设对刑事审判的合理期待。

三、说理内容：权威严谨注重细节

相较于其他裁判文书说理，刑事裁判说理行文风格迥异，表现为篇幅相对长、更权威严谨且更注重细节。

刑事裁判说理篇幅相对长。原因有三，首先，基于刑法基本立场的不同，我国刑法理论争议观点较多，如何理解放火罪的既遂标准，就有财产毁坏说、独立燃烧说、点燃说、点燃并足以危害公共安全说等不同学说，法官在判断行为是否构成放火罪既遂时，要综合判断几种学说的优劣，从中采取其认为最佳的观点并在裁判文书中充分说理。第二，我国刑法中的同一词语可能有不同意义，细微差别影响巨大。如刑法第 236 条强奸罪和第 363 条抢劫罪都规定了“以暴力、胁迫或者其他方法……”，但两罪中“暴力”“胁迫”“其他方法”的含义各不相同，法官在论述强奸罪或抢劫罪的构成要件时就要花费篇幅去解释这三个词的准确意义，才能做到准确定罪量刑。第三，相较于民事、行政案件，刑事案件的程序更为复杂。我国刑事案件的基本流程为侦查、逮捕、审理、判决和执行，此外还有许多可能对案件有重要影响的程序性规定，如侦查、批逮、逮捕主体是谁、侦察、逮捕羁押期限多久以及审理期限、回避问题等。刑事法官在裁判文书中要说明案件的程序性事由，排除程序不合法导致裁判不公的情形。另外，刑事裁判各参与主体的主张在刑事裁判说理中所占篇幅也不同于民商事、行政等裁判。民商事、行政等裁判说理中，各方当事人的主张所占篇幅基本平均，但由于刑事案件存在公权力与私权利的不完全对等的特征，作为公权力的司法机关极易侧重公诉机关的控诉展开说理，对于被告人及其辩护人的回应相对较少。

刑事裁判说理更权威严谨。“一份缺乏严谨的逻辑、说理不充分的裁判文书，会直接

① 参见陈兴良：《刑法法理的三重语境》，载《中国法律评论》2019 年第 3 期，第 68 页。

损害人民群众对司法机关的信赖，"①刑事裁判文书更是如此。刑事法官代表国家公权力进行定罪量刑，剥夺被告人一定权利，不同于其他裁判尊重当事人意愿的相对平和性，刑事裁判文书注定是权威且严肃的。刑事裁判说理，需要专业的法官运用严谨周密的逻辑语言详细说明其定罪量刑以及运用价值判断、演绎推理等方法得出裁判结论的过程。当然，刑事裁判文书不同于行政公文，也不是规范性文件，而且裁判文书还要发挥其对公众进行法治意识引领、行为规则指引的重要功能，其表述不能过于专业和晦涩，文理上也不能过分繁琐。相比之下，民事和行政案件不存在刑事案件中国家和个人之间极其尖锐的矛盾，大多案件秉承着尊重当事人意愿、争取化解矛盾、案结事了的态度。如第四届"全国百优文书"中，承德市自然资源和规划局与承德安业房地产开发有限公司补缴土地出让金一案，二审判决指出，原审判决判令城乡规划主管部门在法定期限内重新作出行政行为，并没有充分尊重双方当事人申请法院委托评估机构进行评估的诉讼请求，客观上增加了当事人的诉累。事实上，城乡规划主管部门"重新作出行政行为的唯一途径也必须是按照法定程序重新进行评估"。但启动此程序需要行政资源的投入，因此，基于双方当事人在一审时已明确提出过由人民法院委托评估机构进行评估的主张，二审时双方当事人又明确提出由二审法院委托评估机构进行评估的诉讼请求。二审法院秉承充分"尊重当事人的意愿、着力化解矛盾、案结事了"的原则和目的，依法委托土地评估公司对涉案土地进行评估，既得到了双方当事人的认可，也体现了法律效果和社会效果的有机统一。②

刑事裁判说理更注重细节。通常情况下，民事、行政等裁判说理并没有刑事裁判说理那样注重细节，在法律关系较为清晰简单的民事、行政案件中，法官撰写裁判理由主要是通过围绕案件争议焦点理顺当事人之间的权利义务关系，将争议焦点的解决过程（裁判结论的得出过程）表达清楚即可；疑难的民事、行政案件主要是规则和事实不好对应以及案件法律关系复杂，需要在理顺多重法律关系的基础上，借助法律解释、外部证成、类推、漏洞填补等多种法律方法将规则和事实连接起来或创设新的规则，裁判说理就是将这一过程说清楚。虽然民事、行政裁判说理也根据细节进行判断，但没有刑事裁判说理那样注重细节。这是因为刑事法官需要根据细节进行定罪量刑过程所决定的。定罪量刑过程要判断什么样的行为人（是否未成年人、精神病、老年人、盲聋哑等）基于什么主观心态下、在什么时间地点实施了何种行为、行为人有无顺利完成犯罪、实施犯罪的程度、基于何种原因没有完成犯罪、是否共同犯罪人、共犯加入的时间、地位、作用等、犯罪是一罪还是数罪，还需要判断行为人一贯表现、悔罪态度等。以上情况的判断不能遗漏任何一个重要细节，往往一个细节就能改变行为的定性及量刑，如某人违反交通运输管理法规，驾车撞死一人后逃逸，行为人被抓获后谎称并未发现撞死了人。公安机关通过调取监控，在某个角

① 刘沛泉：《刑事裁判文书说理规范化的法律形式主义构建》，载《华东政法大学学报》2023年第1期，第192页。

② 参见河北省承德市中级人民法院（2020）冀08行终8号二审行政判决书。

度的监控录像中发现行为人在事发后曾探出头查看情况后慌忙逃离，这证明行为人极有可能发觉到自己撞到了人，属于肇事后逃逸。若未发现这一细节，根据我国刑法第133条交通肇事罪之规定，① 只能对行为人判处三年以下有期徒刑或者拘役，因为这一细节的存在，将对行为人在交通肇事罪的第二档甚至第三档量刑幅度内量刑，二者差别巨大。换个场景，某人违反交通运输管理法规，驾车撞死一人后逃逸，行为人被抓获后称并未发现撞死了人，但事发路段没有路灯和监控，也没有其他证据能够证明行为人肇事后逃逸，此时应基于存疑有利于被告的原则认为行为人并非肇事逃逸，这一细节也要在裁判文书中讲明。

四、说理依据：更需借助情理价值

在说理依据的种类上，三大裁判文书基本没有差别。一直以来，理论和实践并未对裁判依据和说理依据进行明确区分，（刑事）法官在说理时也局限于法律法规以及司法解释等规范性文件，较少运用之外的说理依据。由于罪刑法定原则的约束，刑事案件的裁判依据只能是我国刑法及其司法解释，但说理依据可以是多元的，也应该多元化。如宪法、立法资料政策原则类文件、指导性案例等典型案例、普通案例、理论学说、情理价值以及社会习惯等，都可以作为说理依据证成裁判结论。不过，由于刑事案件具有剥夺或限制公民重大权益以及社会影响力大等其他案件所不具备的特征，特别是在一些情理价值期待程度很高的刑事案件中，将情理价值等作为说理依据有助于提升刑事裁判结论的合理性和可接受性，进而提升司法公信力和司法权威。和其他裁判文书相比，刑事裁判说理更需借助情理价值。但需要注意的是，在有明确的法律规则和司法解释时，价值不宜独立适用或作为主要的说理依据，否则可能导致裁判文书说理论证逻辑的混乱。②

近年来，情理法存在冲突的刑事案件频发，如于欢案、彭宇案、泸州遗赠案、赵春华涉枪案、无锡冷冻胚胎案、许霆案以及惠阳于德水案等。以惠阳于德水案为例，③ 该案因与“许霆案”类似而闻名。该判决书被许多学者法官律师称为“最伟大的判决”，判决书说理部分7000余字，量刑说理非常精彩透彻，法官对被告人的犯罪动机、手段、行为危害后果及其成长环境等方面逐一着墨，针对被告人的行为危害性及其人身危险性，对其定罪量刑进行了充分说理，情理法结合，改变了法官消极说理的一贯状况，体现出对被告人

---

① 我国刑法第一百三十三条：违反交通运输管理法规，因而发生重大事故，致人重伤、死亡或者使公私财产遭受重大损失的，处三年以下有期徒刑或者拘役；交通运输肇事后逃逸或者有其他特别恶劣情节的，处三年以上七年以下有期徒刑；因逃逸致人死亡的，处七年以上有期徒刑。

② 参见杨彩霞、张立波：《社会主义核心价值观融入刑事裁判文书的适用研究——基于2014－2019年刑事裁判文书的实证分析》，载《法律适用》2020年第16期，第113页。

③ 被告人于德水在2013年10月利用银行柜员机故障，被认为恶意存款并窃取银行资金9万多元。历经三次开庭审理后，2014年10月17日，惠阳区法院公开判决于德水犯盗窃罪，判处三年有期徒刑，缓刑三年。参见广东省惠州市惠阳区人民法院（2014）惠阳法刑二初字第83号一审刑事判决书。

的人权保障和人文关怀，令人眼前一亮的是，判决尾部还注明了“最后的说明”，动之以情晓之以理。正是运用情理进行感人至深的说理，使这份判决获得大众的广泛接受。再如向某犯故意杀人罪一审判决，① 法官运用煽动人心的言语，依次从被告人的犯罪动机及其产生心理、人身危险性与再犯可能性、与被害人的特殊关系、被告人自身的特殊境遇及所处的特定环境、犯罪后的表现、取得谅解方面展开充分说理，不仅对当事人和社会公众具有教育功能，也有助于实现法律效果与社会效果的统一。

在刑事裁判文书中运用道德话语，具有极其重要的功用和价值，不仅能够为犯罪构成要件定型、解释犯罪本质，还能对犯罪构成要件之外的社会危害性以及人身危险性进行评价等。② 社会的核心价值集中体现和高度概括为社会主义核心价值观，其具有正式法源地位，能够指引刑事裁判结论生成、辅助裁判说理，但不能直接作为定罪的依据。罪刑法定、罪责刑相适应以及适用刑法人人平等原则，是自由、平等、公正、法治等核心价值在刑法中的有力宣示。核心价值观作为刑事裁判的说理依据时，不能出于道德宣示的目的引入核心价值观并得出简单结论，应当对判决结论进行充分说理，满足例外性与平衡性追求。也即，核心价值观在刑事裁判中仅具有补充性作用，既要避免发生“规则逃逸”，也要防止核心价值观的融入成为单纯的道德说教。《最高人民法院关于加强和规范裁判文书释法说理的指导意见》和《关于深入推进社会主义核心价值观融入裁判文书释法说理的指导意见》基本明确了核心价值观作为说理依据的适用位次。③ 刑法规则处于刑事裁判理

---

① 法院认为“本案中，被告人向某系被害人的母亲，从犯罪动机看，被告人向某身为在校学生，未婚先孕后缺乏处理此事的经验及能力，向孩子的父亲寻求帮助未果，被告人在背负巨大心理压力的情况下生下孩子，其生下孩子后却无法联系上孩子的父亲，被告人既要承受分娩带来的肉体痛苦，又要承受孩子父亲对此事漠不关心带来的精神上的伤害，同时又怕同宿舍同学得知此事，在孤立无援几近崩溃的情况下，被告人产生杀人动机。从产生犯罪动机的心理分析，被告人剥夺孩子的生命的动机并不卑劣。从被告人的人身危险性角度分析，被告人从小就老实本分，在学校也表现良好，不曾有过危害社会或伤害他人的行为，被告人所在村的村委会及村民自发所写的联名信及怀化市万昌中专出具的证明中对此有较详细的反映，被告人的再犯可能性极小。被告人向某来自贵州边远山区一农村家庭，家庭经济困难，从小就是留守儿童，幼年曾患病，其到万昌中专读书后同学亦觉得其性格内向，反映迟缓，均与其关系较淡漠。被告人从怀孕到生产期间一直在学校学习、生活，与其朝夕相处的老师及同学有的是未发现异常，有的是发现异常却不闻不问，包括分娩当晚同宿舍同学听见孩子的哭声亦未进行询问，如果当时老师和同学能对被告人多些关怀，悲剧也许不会发生。综上，从本案被告人与被害人的特殊关系、被告人自身的特殊境遇及所处的特定环境看，该案有一定的特殊性，并不具有必然的可效仿性，被告人向某的行为从法律、道德上评价，当受法律惩处，但并非罪不可恕。从被告人犯罪后的表现看，悔罪态度真诚，愿意接受法律惩处，并取得被害人父亲谅解。故对被告人的杀人行为评价为情节较轻，并不影响刑法的惩罚与教育功能的实现。”湖南省怀化市鹤城区人民法院（2015）怀鹤未刑初字第4号一审刑事判决书。类似的优秀酌定情节说理文书还有，无锡市惠山区人民法院（2019）苏0206刑初530号一审刑事判决书；湖北省应城市人民法院（2017）鄂0981刑初165号一审刑事判决书0822刑初66号一审刑事判决书；安徽省怀宁县人民法院（2017）皖0822刑初66号一审刑事判决书等。

② 参见刘树德：《无理不成“书”：裁判文书说理23讲》，中国检察出版社2020年版，第169－170页。

③《最高人民法院关于加强和规范裁判文书释法说理的指导意见》第十三条：“除依据法律法规、司法解释的规定外，法官可以运用下列论据论证裁判理由，以提高裁判结论的正当性和可接受性：……公理、情理、经验法则、交易惯例、民间规约、职业伦理……”《关于深入推进社会主义核心价值观融入裁判文书释法说理的指导意见》第五条：“有规范性法律文件作为裁判依据的，法官应当结合案情，先行释明规范性法律文件的相关规定，再结合法律原意，运用社会主义核心价值观进一步明晰法律内涵、阐明立法目的、论述裁判理由。”

由的首要地位，核心价值观只能起到强化说理的作用，而且要同刑法规则一起围绕刑事大小前提之间的对应关系即犯罪事实是否符合犯罪构成展开。核心价值观有利于提高论证说理的充分性，增强裁判结论的可接受性。

若生效刑事裁判的结论因与核心价值冲突或因缺乏说理导致不被当事人甚至普通民众接受，将侵犯民众的切身利益且有损司法的公正形象。刑事裁判结论不合理，包括在罪与非罪、此罪彼罪和重罪轻罪三方面的判断失误，不仅酿成了一个错误裁判，从长远看也会助长犯罪。刑法中的罪责刑相适应原则要求“犯多大的罪，就应承担多大的刑事责任，法院也应判处其相应轻重的刑罚。”① 因为如果重罪轻罚、对轻罪重罚或者“对两种不同程度地侵犯社会的犯罪处以同等的刑罚，那么人们就找不到更有力的手段去制止实施能带来较大好处的较大犯罪了。”② 刑事裁判结果需要令犯罪人、被害人以及社会民众信服和接受、令被害人及其家属获得安慰，不仅难度较大也需要更深入的说理过程，此时核心价值观就能够通过影响量刑以及融入说理来推翻一些结果不公正或者可接受性不高的裁判结论，避免冤假错案的发生，或者通过核心价值观的融入以证成裁判结论的合理性，增强刑事裁判结论的可接受性，巩固司法权威。

五、说理方法：体系解释消极修辞

在法律推理方法的使用上，刑法侧重使用演绎推理，禁止有罪类推，而其他裁判文书说理并不禁止类比推理方法的使用。“演绎推理是法律推理的真正核心。”③ 其经典示例是：“凡人皆有死，苏格拉底是人，因此，苏格拉底有死。”演绎推理即我们熟知的法律三段论，是指由作为大前提的法律规则和作为小前提的案件事实推导出裁判结论的论证模式。刑事案件更需要运用演绎推理方法主要是由罪刑法定原则决定的，严格按照刑法规定定罪量刑。禁止有罪类推是罪刑法定原则的一个重要子原则，即“不允许法官创制对被告不利的新的犯罪构成要件。”④ 相比之下，在其他部门法（特别是私法）中，原则上不需要恪守这种一般性的禁止类推原则。⑤ 在民法等解决平等主体间纠纷的部门法中，即使未规定某些条款，法官也大多可以根据法律原则、道德习惯等，运用类推等法律方法化解纠纷。刑法禁止有罪类推，是因为刑法具有限制国家刑罚权的重要功能，刑法分则将具有严重社会危害性的行为规定为犯罪，以指引公民实施合法行为、规避犯罪行为。对于刑法未明文规定的行为，比照与其类似的规定进行处罚，这在一定程度上扩大了犯罪圈，欺骗了

① 高铭暄、马克昌主编：《刑法学》，北京大学出版社、高等教育出版社2022年，第26－27页。

② ［意］贝卡里亚：《论犯罪与刑罚》，黄风译，中国大百科全书出版社1993年版，第66页。

③ ［英］尼尔·麦考密克：《修辞与法治：一种法律推理理论》，程朝阳、孙光宁译，北京大学出版社2014年版，第43页。

④ ［德］施特拉腾韦特、库伦：《刑法总论Ⅰ：犯罪论》，杨萌译，法律出版社2006年版，第3节边码31及以下边码。

⑤ 参见［奥］恩斯特·A·克莱默：《法律方法论》，周万里译，法律出版社2019年版，第9页。

国民的法感情，侵犯了国民的预测可能性。正因有刑法的存在，国家刑罚权的发动仅针对符合刑法分则犯罪构成要件的犯罪行为，避免法官因自由裁量权过大而以道德、政策等为由侵犯公民权利，禁止类推倡导的是形式合理性，保障守法公民免受刑法谴责。正如日本学者所言，一般来说，刑法解释仅允许扩大解释而反对类推解释，因为类推解释在性质上无异于审判机关的事后立法，因其违背了法律主义，故而被罪刑法定原则所排斥。① 类推解释与扩大解释的界限争论不休，一般认为，扩大解释是对用语通常含义的扩张，不能超出用语的可能含义，否则属于类推解释。②

在法律解释方法的使用上，一般而言，刑事和民事裁判中适用法律解释方法的顺序基本无差，都按照文义解释→体系解释→历史解释→目的解释（→合宪性解释）的顺序进行，即文义解释具有严格的优先性，只有当存在足够的理由对文义解释结果提出疑问时才考虑体系解释，然后才再考虑历史解释和目的解释等。③ 还有学者认为法律解释方法包括文义解释、论理解释和法社会学解释三种。④ 新近也有学者提出刑事解释方法为先文义解释，后论理解释和刑事政策解释，以确保解释结论有效性的“三性统一体”。⑤ 当然，张明楷教授、周光权教授等不少学者认为刑法解释方法不存在或没有存在固定的适用次序。在笔者看来，刑事与民事、行政等裁判在法律解释方法的适用上都有一定侧重，刑事裁判说理侧重文义解释、体系解释和社会学解释方法。刑法规定的法律后果涉及公民重大权利的剥夺或限制，因罪刑法定原则的约束，刑法注重人权保障和公平正义，其法律解释方法适用次序的确立依据应当是刑法的可预测性优先，也即文义解释和体系解释这两种最不容易超出文义可能含义的解释方法优先适用，当然文义解释绝对优先于体系解释。另外，由于刑事裁判结论与社会的关联程度较强，且社会影响力较大，社会学解释应当是刑法常用的解释方法。相比之下，民法注重平等主体之间的意思自治，其裁判结论较少牵涉社会层面，因此在民事案件中一般不需要社会学解释方法。由于行政案件的裁判结论将对行政机关之后的行政工作及其公信力等方面造成影响，行政审判中也经常需要借助社会学解释方法。

在法律修辞方法的使用上，刑事裁判说理侧重使用消极修辞方法，但积极修辞也在运用情理价值说理时发挥重要作用，而其他裁判文书中，积极修辞通常发挥主要作用。陈望道先生将法律修辞分为积极修辞和消极修辞两种基本类型，前者侧重于通过情感表达来增强语言和文本的渲染力，大多通过使用辞格、辞趣等达到修辞效果，而后者主要通过表达

---

① 参见山口厚：《刑法总论》，付立庆译，中国人民大学出版社2011年版，第13页。

② 参见张明楷：《刑法学（第五版）》，法律出版社2016年，第41页。

③ 参见陈金钊等：《法律解释学》，中国政法大学出版社2006年版，第318－319页；苏彩霞：《刑法解释方法的位阶与运用》，载《中国法学》2008年第5期，第97页。

④ 参见杨仁寿：《法学方法论》，中国政法大学出版社1999年版，第98页。

⑤ 参见魏东：《刑法解释方法体系化及其确证功能》，载《法制与社会发展》2021年第6期，第178－199页。

精准的语言和文本将客观情况表述准确，使用的语言简洁有力。[①] 二者的主要区别一语概括，消极修辞使人明白，积极修辞令人感受。一般情况下，积极修辞常适用于解决平等主体之间的民事裁判文书等，很少能够在刑事裁判文书中普遍适用，这是由刑事案件的严肃性、文书撰写严谨性以及罪刑法定原则的约束所决定的。[②] 而消极修辞与刑事裁判文书的行文风格、语言相称，使用消极修辞能够彰显公权力的严肃性。当然，这并不意味着积极修辞对刑事裁判说理完全无用。如果说消极修辞主要在刑事裁判的事实认定和法律适用说理部分发挥作用，那么积极修辞就出现在运用情理说理的环节。刑事裁判结论的可接受度不仅取决于其合法性和正当性，更重要的是说理过程能够动之以情、晓之以理。刑事裁判更需要借助情理价值等进行说理，法官在情理价值等说理时借助积极修辞技巧，能够使裁判文书兼具人情，顺应价值，从而更能引起共鸣，获得认同。[③]

综上，刑事裁判结论主要通过演绎推理方式得出，相应地，演绎推理结构应当是刑事裁判说理的基本遵循。为了选择合适的演绎推理大前提，需要通过法律发现方法在我国刑法中筛选出合适的刑法规则。当刑法规则意义不清时，需要通过法律解释方法予以明确。当刑事裁判结论的合理性和可接受性不高时，需要通过法律修辞论证方法增强裁判结论及其得出过程的合理性和可接受性。总之，刑事裁判说理融推理、发现、解释和修辞论证方法于一身，将合法性与合理性结合在一起，对提高我国刑事裁判说理质量、促推法治现代化建设具有重要意义。

六、说理架构：层次性要求更鲜明

刑事裁判文书作为一种公文，有其独特的格式要求，相较于民事和行政等裁判文书，其更要注重说理的层次性。在民事和行政等裁判文书中，法官一般都是围绕原告与被告（上诉人与被上诉人）提出的诉讼请求与答辩意见中的争议焦点问题进行居中裁判，而且争议焦点之间可能并不存在顺序关系。刑事裁判则不同，事实证据说理之后进行法律适用说理，法律适用说理部分包括定罪和量刑说理，定罪和量刑说理都需要按照严格的顺序展开，之后还需要有专门的程序说理，而且刑事案件的案情和诉讼程序大多更为复杂，导致争议焦点众多且争议焦点之间大多存在着顺序关系，如量刑焦点问题一定要在定罪焦点问题解决之后才能着手解决。同时，基于刑法基本立场的不同，我国刑法理论争议观点较多，如果不注重说理的层次性，将导致说理论证混乱且缺乏逻辑。

刑事裁判说理的具体层次是，围绕控辩双方在定罪量刑方面的争议焦点，依据法律和司法解释，结合刑法学理论，论证说明被告人的行为属于罪与非罪、此罪彼罪，注重围绕

---

① 参见许亚洁、张勇：《刑事裁判文书说理中模糊修辞的功能及运用》，载陈金钊、谢晖主编：《法律方法》（第23卷），中国法制出版社2018年版，第302－311页。

② 参见孙光宁：《判决书写作中的消极修辞与积极修辞》，载《法制与社会发展》2011年第3期，第68页。

③ 参见王珺瑶：《刑事判决书说理的修辞进路》，山东大学2020届硕士毕业论文，第39页。

被告人的行为详述定罪理由并且回应控辩双方提出的定罪意见和辩护理由，在此基础上进行量刑说理，最后说明程序性事项。如第四届“全国百优文书”，杨某某强奸死刑复核案刑事裁定书中，“本院认为……其行为构成强奸罪……奸淫仅十周岁的幼女，依法应当从重、从严惩处……主观恶性深，人身危险性大，罪行极其严重，依法应当予以严惩……虽有自首情节，但依法不足以对其从宽处罚……审判程序合法。”① 程序性事项的说理较为简单，主要包括是否具有管辖权、公开审理、符合回避规定等程序性问题，旨在说明案件不存在可能影响裁判公正的程序性事由。需要注意的是，相较于量刑过程，法官在定罪时拥有很小的自由裁量权。主要原因在于刑法分则已经对各种犯罪规定了较为明确具体的犯罪构成要件，有些不够明确具体的条款也大多存在相关司法解释予以释明和具体化，基于罪刑法定原则的约束，法官在定罪时要严格依法办事，不太存在自由裁量的可能。即使某些构成要件要素存在高度相似或交叉的罪名在某些疑难案件中具体适用时（如偷换二维码案到底定诈骗罪、盗窃罪或其他罪名），需要法官进行罪名上的选择，但法官实际上也是通过认真分析法条或司法解释或查询学界观点来选择罪名，其自由裁量权也受到严格限制。②

刑事裁判说理最重要的部分是定罪说理。虽然近年来的刑法学研究一直呼吁以阶层犯罪论体系替代四要件犯罪体系，但由于长期的四要件理论研究和实践应用传统，以及四要件犯罪构成体系所具备的不可代替的作用，当前的刑事审判中，法官仍然通过居于通说的四要件犯罪论体系作出裁判并进行说理，检察官起诉、抗诉以及律师辩护也大都以此作为罪与非罪、此罪彼罪的判断标准。据有学者调查，在四要件犯罪论体系结构中，“犯罪客体—犯罪客观方面—犯罪主体—犯罪主观方面”这一排列顺序在实践中应用最多，根据阶层犯罪论体系逻辑来定罪量刑的情况在刑事裁判文书中仅偶尔出现。实践中也有一些刑事裁判文书的定罪说理过程按照不同排列组合或简化后的四要件犯罪论体系展开，包括“犯罪主体—客体—主观方面—客观方面”“犯罪客体—主体—主观方面—客观方面”“犯罪主体—客观方面—客体”“犯罪客观方面—客体—主体”“犯罪主观方面—客观方面”，甚至仅有“犯罪客观方面”等情况。③ 实际上，法官在作出刑事裁判结论时，无论运用的是阶层犯罪体系还是四要件犯罪论体系，案件的处理结果几乎是一致的，定罪说理重点在于说明行为的社会危害性、是否符合全部构成要件，是否具有排除犯罪的事由等，因此法官完全可以根据具体案情，选择最适合的犯罪论体系思维、结构展开定罪说理。当然，应当避免在同一份刑事裁判文书中同时使用四要件和阶层犯罪论体系作为理论工具分析行为，

① 参见中华人民共和国最高人民法院（2021）最高法刑核78493152号刑事裁定书。

② 参见彭文华：《量刑说理：现实问题、逻辑进路与技术规制》，载《法制与社会发展》2017年第1期，第114页。

③ 参见刘树德：《审判视域刑法学知识体系的三维思考——从刑事裁判文书说理切入》，载《中国应用法学》2023年第1期，第131－135页。

展开定罪说理。

量刑说理是刑事裁判说理的薄弱环节。现实中，因量刑说理问题引起的上诉比定罪和事实问题还要多，同时，刑事被告及社会民众主要关心的问题也是量刑。① 如果量刑说理不充分，裁判结论无法获得广泛认同，司法权威将会受到侵犯，也就影响了司法公信力的提升。其中，酌定情节对量刑有重要影响。《关于常见犯罪的量刑指导意见》（法发〔2021〕21号）规定：量刑应当充分考虑各种法定和酌定量刑情节。学界普遍承认，以刑法是否明文规定为标准，量刑情节可分为法定情节与酌定情节。与法官必须考虑的法定情节有别，酌定情节只是法官酌情考虑的量刑情节，若不强制要求运用酌定情节量刑的法官说明理由，容易导致任务本就繁重的法官在全面考察量刑情节时更加不重视酌定情节，因此作出不正义的裁判。实践现状是，酌定情节说理未得到司法实践足够重视。近年来，最高法多次以意见、通知等形式要求各级法院加强量刑说理，② 并从2014年起在全国法院正式施行量刑规范化改革工作。但是，实践中的法官极少在裁判文书中逐个说明每个量刑情节对宣告刑的作用力，仅是将量刑时考虑的情节予以罗列，最常见的是表述量刑情节对宣告刑的作用力大小是从轻、减轻或从重、加重，这种简单列举式的量刑说理在适用酌定情节时尤为普遍。对此，法官在说理过程中应根据量刑指导意见规定的量刑情节次序，逐层渐进地对案件所涉的全部量刑情节（包括量刑建议和辩护意见中提及的量刑情节）展开说理，明确各个情节对量刑结果的影响比重，在裁判文书中呈现量刑全过程。如此，量刑结论的公正性和可接受性才能得到最大程度保障。

七、结语

一般来说，刑事裁判充分说理具有突出的重要性，明确刑事裁判说理的特殊性是增强说理的首要任务，刑法理论和实务只有充分认识刑事裁判说理的特殊性，才能提出针对性的强化说理举措。刑事审判受罪刑法定原则的约束，且和其他审判领域解决的社会矛盾不同、当事人诉讼地位存在差异以及适用程序不同等，导致刑事裁判说理有其特殊性，主要在于说理立场、思维、内容、依据、方法及架构等方面。

---

① 参见［日］田口守一：《刑事诉讼法》，张凌、于秀峰译，中国政法大学出版社2010年版，第333页。

② 如2010年起试行的《关于规范量刑程序若干问题的意见（试行）》明确：刑事裁判文书应当说明量刑理由；2013年下发的《关于实施量刑规范化工作的通知》要求各级法院裁判文书要充分说明量刑理由；2015年颁布的《人民法院第四个五年改革纲要（2014—2018）》，对包括量刑说理在内的裁判说理确定了繁简分流原则，提出完善裁判文书说理的刚性约束机制与激励机制和建立裁判文书说理的评价体系。不过，2019年颁布的《人民法院第五个五年改革纲要（2019—2023）》未提及量刑说理问题。

事实认定中大数据方法的概率属性与错误风险

凌依依*

摘　要　大数据方法在刑事司法事实认定中的运用源于政策推动和实践需求。大数据方法改变了传统的司法证明机理，信息范围的拓展和数据经验的提炼被期待能够提升事实认定结果的准确性。但对大数据方法进行分析解构，可以发现其与客观概率存在契合，具体体现为处理对象的规模性、作用方式的可度量性和分析结论的外部性。客观概率属性使得大数据方法与事实认定目标之间产生背离，从外部视角看，大数据方法并未消弭信息空隙，反而以无差别原则填补空隙，且可能引发错误风险分配的不平等；从内部视角看，大数据方法提供的是一种关于数据规律的盖然结果，裁判者只能据此形成部分信念而非绝对信念。因此，大数据方法对事实认定的作用不宜被过高估计，应当坚持大数据方法的辅助定位，限于为综合认定提供辅助信息和为证据标准提供辅助（而非指引）经验。

关键词　刑事司法；事实认定；大数据方法；概率论

一、问题的提出

大数据方法①本身是一种信息技术，而非法律产物。司法信息化改革使得大数据方法介入司法领域，并主要在两个方面发挥作用：一是司法管理信息化。《关于深化司法责任制综合配套改革的实施意见》规定，加强以司法大数据管理和服务平台为基础的智慧数据

* 凌依依，女，江苏溧阳人，上海交通大学凯原法学院博士研究生，研究方向为刑事诉讼法学。

① 大数据方法并非既定的法律概念，本文用“大数据方法”这一表述指涉大数据辅助刑事司法事实认定的多种运用，包括提供定罪证据、辅助司法决策、规范证据标准等不同样态。

中台建设。①《最高人民法院关于规范和加强人工智能司法应用的意见》进一步要求，加快推进司法数据库、数据服务平台、司法知识库等系统的建设，打造实体化司法数据中台；加强多模态司法大数据高效处理方法、司法数据驱动与知识引导相结合等关键技术攻关；完善司法数据协同共享和智能化鼓舞共建共享机制。② 二是司法决策信息化。《最高人民法院关于加快建设智慧法院的意见》提出，建立大数据分析系统，研发面向决策支持、监控预警等方面的智能服务；运用大数据为司法决策服务，结合审判动态分析和统计智能分析，提高司法决策的时效性和针对性。③《人民法院在线运行规则》规定，运用大数据、人工智能等信息技术支持审判执行活动。④ 最高人民法院发布的《人民法院信息化建设五年发展规划（2021－2025）》规划了建设智慧法院大脑重点任务，在大数据资源的基础上，提供案由推理、争议焦点归纳、证据智能分析等智能化审判支撑。

大数据方法在前述第一个层面中主要承担事务性功能，目的是整合数据资源，提升司法管理效率，而在第二个层面，尤其是事实认定领域，则触及司法决策的实质性部分。大数据方法从第一个层面延伸至第二个层面，离不开两个重要因素：其一，相较于西方发达国家，我国在顶层设计层面对信息技术抱持更加乐观的态度，某种程度上将其视为下一个赶超西方发达国家的重要途径。⑤ 一系列顶层设计为大数据技术深度融入司法裁判提供了依据和指引。⑥ 其二，信息网络时代的到来使得犯罪样态发生了变化，数据的海量生成和网络技术壁垒导致人工事实认定面临困难，大数据技术因规模化数据处理能力，能够使事实认定模式转向确定型和客观型。⑦ 实践中，不少地区已探索利用大数据资源和技术规范案件事实认定。⑧

只是，大数据毕竟是一种法律外元素，大数据方法在司法事实认定中究竟扮演着何种角色？大数据技术原理能否与事实认定目标有效耦合？大数据技术可能会给事实认定带来

---

① 《关于深化司法责任制综合配套改革的实施意见》（法发〔2020〕26号）第28条。

② 《最高人民法院关于规范和加强人工智能司法应用的意见》（法发〔2022〕33号）第14、16、19条。

③ 《最高人民法院关于加快建设智慧法院的意见》（法发〔2017〕12号）第6、17条。

④ 《人民法院在线运行规则》法发〔2022〕8号第1条。

⑤ 参见左卫民：《热与冷：中国法律人工智能的再思考》，载《环球法律评论》2019年第2期，第59页。

⑥ 习近平总书记强调，“加快发展新一代人工智能是我们赢得全球科技竞争主动权的重要战略抓手”，“推动大数据、人工智能等科技创新成果同司法工作深度融合”，《以数字化深入推进诉源治理工作》，载《人民法院报》2023年8月21日，第1版。

⑦ 参见杨继文、范彦英：《大数据证据的事实认定原理》，载《浙江社会科学》2021年第10期，第51－52页。

⑧ 例如，上海刑事案件智能辅助办案系统（“206系统”）依托大数据资源库，对证据进行校验、把关、提示和监督，以期防止冤假错案。参见崔亚东：《人工智能与司法现代化——“以审判为中心的诉讼制度改革：上海刑事案件智能辅助办案系统”的实践与思考》，上海人民出版社2019年版，第187页。江苏法院研发的虚假诉讼智能预警系统运用云计算、大数据和智能算法等技术，建立对“套路贷”虚假诉讼案件和当事人的大数据智能画像，帮助法官精准甄别防范“套路贷”虚假诉讼。参见《江苏智慧法院建设十大典型事例发布》，载微信公众号“江苏法治报”，2022年5月30日。河北高院自主研发“智审系统”，收纳全国1600多万份裁判文书的数据库，主要功能包括类案推送、司法文书自动生成、文书纠错等。参见《河北法院“智审1.0”上线运行》，载微信公众号“人民法院报”，2016年7月5日。

怎样的变化，以及这种变化是不是可欲的？这些问题有待理论回应。已有的研究已经关注到大数据的司法运用，宏观层面上，大数据方法被置于数字法学、司法信息化、智慧法院等改革议题下讨论①；微观层面上，对大数据的研究涉及大数据侦查的规制、大数据证据的属性和证据种类、大数据证明机理和证明力规则、大数据司法鉴定等具体问题。② 当下的研究聚焦于大数据运用的实然状态，以建构大数据规范为导向，但缺少对其分析和把握的理论视角，疏于回答大数据方法的本质属性是否契合于司法事实认定机理的问题。

本文以概率理论为研究视角，以解构性为导向，检视大数据方法的属性特征及其对于刑事司法事实认定的潜在风险。本文首先考察大数据方法对司法事实认定的辅助功能，其辅助作用被认为能够提升事实认定的准确性。其次，大数据方法所面对的事实认定盖然性问题和所采取的数据化路径，都与概率理论存在相似性。基于大数据方法与概率理论的比照，可以提炼出大数据方法的客观概率属性。再次，本文进一步分析这种客观概率属性不同于事实认定要求的个案导向，在发现真相和形成信念两个维度上都与事实认定目标存在一定矛盾。最后，本文主张大数据方法仍应受到事实认定机理的约束，在司法事实认定领域中保持适度克制。本文采取的基本立场是：大数据方法这种新兴的信息技术与传统事实认定之间的互动关系，不应以技术决定论为主导。只要司法裁判仍旧以人为主体，大数据方法就只是辅助事实认定的工具，应当自动受到司法事实认定规范的约束。

二、大数据方法辅助事实认定的运作机理

大数据方法的技术原理可以概括为："在输入大数据后，系统根据大数据模型的算法处理，输出具有某种实用价值的分析结论，"③ 这种技术应用正在介入司法事实认定的运

① 例如，冯姣、胡铭：《智慧司法：实现司法公正的新路径及其局限》，载《浙江社会科学》2018 年第 6 期；郭烁：《法院信息化建设二十二年：实践、问题与展望》，载《浙江工商大学学报》2019 年第 1 期；郝晶晶：《互联网法院的程序法困境及出路》，载《法律科学（西北政法大学学报）》2021 年第 1 期；孙晓勇：《司法大数据在中国法院的应用与前景展望》，载《中国法学》2021 年第 4 期；马长山：《数字法学的理论表达》，载《中国法学》2022 年第 3 期；左卫民：《中国计算法学的未来：审思与前瞻》，载《清华法学》2022 年第 3 期；景汉朝：《互联网法院的时代创新与中国贡献》，载《中国法学》2022 年第 4 期；左卫民：《迈向数字诉讼法：一种新趋势?》，载《法律科学（西北政法大学学报）》2023 年第 3 期。

② 例如，程雷：《大数据侦查的法律控制》，载《中国社会科学》2018 年第 11 期；蒋勇：《大数据侦查的体制之维：基于权力关系的审视》，载《中国人民公安大学学报（社会科学版）》2022 年第 1 期；李涛：《数据侦查行为规制的逻辑解析与改革进路》，载《中国人民公安大学学报（社会科学版）》2023 年第 1 期；林喜芬：《大数据证据在刑事司法中的运用初探》，载《法学论坛》2021 年第 3 期；王燃：《大数据证明的机理及可靠性探究》，载《法学家》2022 年第 3 期；李育林、马静华：《困境与解锁：大数据证明的运用机理及其路径优化》，载《中国政法大学学报》2023 年第 2 期；刘静：《风险与应对：论大数据司法鉴定的平台构建》，载《法学杂志》2021 年第 9 期。

③ 谢君泽：《论大数据证明》，载《中国刑事法杂志》2020 年第 2 期，第 127 页。

作，且在刑事司法实践中已有体现。① 刑事司法语境中的事实认定是运用证据进行推论的认识活动，案件事实最初是作为一种客观存在，随后通过证据收集、推理等过程，由裁判者在思维中对待证事实进行把握，形成事实认定的认识成果。大数据方法在司法裁判中的定位是辅助性技术手段，不仅拓宽了证据收集的范围，也改变了证据推论的形态，最终促进司法证明的客观性和准确性。下图中以被告人主观心态的证明为例，观察大数据方法对于事实认定的辅助性作用，具体表现为三个维度。

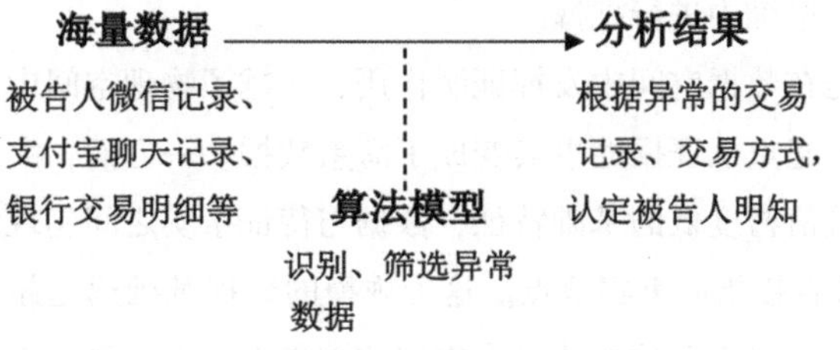

图 1　司法证明中的推论链条

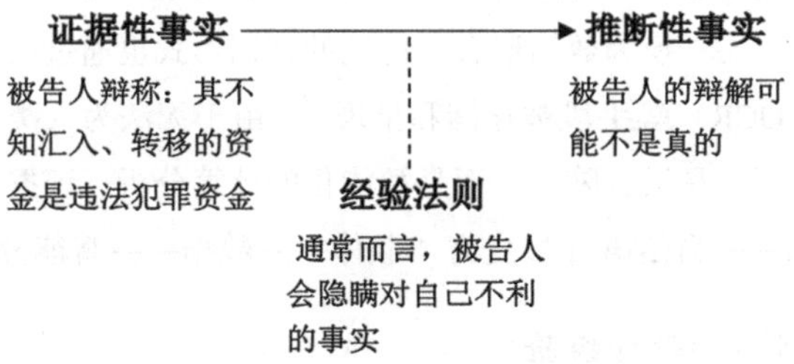

图 2　大数据方法的推论链条

（一）证据信息——数据信息

传统的事实认定发生在物理空间，其中推论链条的起点是证据性事实。已发生的案件事实遗留下了一地的证据碎片，这些证据碎片本身是一种客观存在，无法与案件事实直接联系起来，只有当裁判者在思维层面对其进行感知和把握，才形成了具有司法证明意义的证据性事实。对于证据性事实的感知和把握是通过语言来表达的，如维特根斯坦所言：

---

① 笔者以“大数据分析”“大数据方法”“大数据证据”等关键词在中国裁判文书网进行检索，剔除无关案件后，收集到以下运用大数据方法的案例：蒋宁利用未公开信息交易案，山东省青岛市中级人民法院（2018）鲁 02 刑初 50 号一审刑事判决书；张某深掩饰、隐瞒犯罪所得案，安徽省蚌埠市中级人民法院（2022）皖 03 刑终 414 号二审刑事裁定书；解美红组织、领导传销活动案，陕西省咸阳市中级人民法院（2018）陕 04 刑终 131 号二审刑事裁定书；张秀艳虚开增值税发票案，黑龙江省黑河市中级人民法院（2018）黑 11 刑初 18 号一审刑事判决书；包成龙盗窃案、徐雪峰盗窃、妨害信用卡管理案，江苏省海门市人民法院（2020）苏 0684 刑初 32 号一审刑事判决书；王永争等组织、领导传销案，湖南省常德市中级人民法院（2017）湘 07 刑终 194 号刑事裁定书。

"我的语言的界限意味着我的世界的界限。……我们不能说我们不能思考的东西。"① 换言之，法庭中的事实不能脱离语言而独立存在，只有通过语言陈述，证据所承载的信息才能被裁判者接收。如图1所示，被告人的心理状态正是通过辩解这类命题陈述的形式进行传递的。即便是物证、书证这类客观存在的证据，其本身仅能说明自身的存在，无法直接与待证事实相联系。例如，"一把带血的刀"这一物证，对于不在犯罪现场的裁判者而言并非证据性事实，而是客观存在，只有转换为"犯罪现场有一把沾有血迹的刀"这一命题陈述，才能由裁判者在思维中进行把握。

大数据方法则是在数据空间中发挥证明作用，超越了物理空间中事物可被把握、可被感知的范畴，其推论起点从证据性事实变成了海量数据。一方面，大数据技术收集的数据信息具有容量大、价值密度低的基础特征，数据与待证事实之间呈现的是弱关联性或"模糊性"关联②，很难直接指向事实争点。这种规模的数据基础远远超出了人们的认知和分析能力，如图2显示，对于大数据技术收集到的被告人聊天记录、支付记录、交易信息等数据，裁判者不可能在思维中对每一条数据进行感知和分析。因此，信息的获取不再依赖于人们对外部世界的直接感知，而是由技术自动收集和处理。另一方面，数据空间中，证明对象的存在由物理形态转换为数据形态，传统的证据形式也通过语音识别技术（ASR）、光学字符识别技术（OCR）等手段被存储和呈现。③ 由于无法为人类思维所掌握，这些数据化信息的传递媒介不再是语言陈述，而是智能化的计算分析。证据信息获取和传输的方式从"载体——信息——自然语言"变为"载体——数据——智能分析"。

（二）经验法则——数据经验

刑事司法事实认定需要经历从证据到要件事实的推论过程，而每一个推论步骤的背后都存在着一个关于因果关系的概括，这种概括也就是人们对于一般生活经验的总结，即经验法则。④ 经验法则在证据与待证事实之间发挥着黏合作用，在事实认定中作为一种推论媒介，促成推论思维的递进和跨越。休谟立足于经验主义立场，对因果关系进行了解构，他认为，因果关系判断正是来源于对经验关联现象的总结和提炼。⑤ 换言之，经验法则是通过对日常生活现象的重复观察和归纳得来的，我们已经积累了关于社会生活一般行为方

---

① 维特根斯坦：《逻辑哲学论》，郭英译，北京：商务印书馆，1985年第79页。转引自张保生：《事实、证据与事实认定》，载《中国社会科学》2017年第8期，第113页。

② "模糊性"关联这一概念指的是"由于数据量的庞大，很难保证全体数据与案件事实存在直接的关联，哪些数据有关、哪些数据无关是无法厘清的，没有明晰的边界。我们只能通过大数据分析结果来反推所收集的大数据是与案件有关联"。徐惠、李晓东：《大数据证据之证据属性证成研究》，载《中国人民公安大学学报（社会科学版）》2020年第1期，第52页。

③ 参见余茂玉：《论现代信息技术对刑事证明活动的影响》，载《法律适用》2022年第10期，第28页。

④ 参见樊传明：《司法证明中的经验推论与错误风险》，载《甘肃行政学院学报》2013年第6期，第115页。

⑤ 参见黄健：《刑事司法证明中大数据相关关系的局限作用论》，载《清华法学》2023年第2期，第25页。

式的巨大知识库，从中可以对相近事物和行为进行归纳总结，揭示证据与待证明因素之间的因果关系。同时，这种归纳推理的性质也决定了经验法则的盖然性属性：由于我们的知识库不可能穷尽所有的关联现象，基于有限相似情境提炼出的经验法则只是一种不完全归纳，因此并非恒定真理。在图1中，“被告人通常会隐瞒对自己不利的事实”就是一条高度盖然性经验法则，但显然不能涵盖所有的案件被告人，因此，裁判者仅能对被告人不明知的真实性存疑，但无法直接做出认定。

大数据方法的具体应用形态虽然不尽相同，但在机理上，都遵循根据所获样本情况去推断总体情况的推理路径，也就是归纳推理。① 就这一点而言，大数据推理与经验法则是相通的，但并不能将二者简单等同。实际上，大数据方法至少在两个方面与经验法则有所区别：其一，大数据方法对分析对象进行了数据化的结构性改造，依据算法分析提炼出的是一种数据经验。如果说经验法则有赖于人们对于一般社会行为的理解把握，数据经验则完全依托算法程序，超出了日常经验可以理解的限度。图2中算法模型能够识别的异常数据显然无法通过人工识别获得，有学者描述为：“大数据技术的应用本质上是建立在大数据分析基础之上的知识发现，是一种没有理论预设、基于数据驱动的经验主义认识论。”② 其二，基于数据经验，大数据方法所揭示的是事物间的相关关系，而非因果关系。它的推理依赖于概率，“本质是计算，计算关系建立的是A与B之间的数量关联，即被量化的两个数据值之间的数理关系。”③ 这种概率性质的分析进路与因果关系存在本质区别，例如，对于人身危险性量化评估工具的研究发现，少数族裔在风险评估中的得分更高，④ 大数据分析将种族因素与人身危险性关联起来，源自计算结果，而不是因为他们的犯罪倾向。

（三）盖然结果——客观结果

刑事裁判中，事实认定的理想目标是寻求唯一解而非最优解。但实际情况是，事实认定结论总是与可错性相伴，原因包括：一是司法裁判作为一种非知情人裁判，裁判者只能根据可得证据推断案件真相，而证据总是稀缺的。正如“证据之镜”原理：裁判者对发生于法庭之外的事实，不具备任何直接知识，证据便成为折射事实真相的镜子，或是联系主客体的唯一桥梁。⑤ 但证据确是一种稀缺资源，很难确保不完整的证据碎片能够映射出全部的案件事实。二是经验法则的盖然性同样会传导至事实认定结论部分，导向错误的裁判结果。有学者以“武则天女儿之死案”为例，选择“虎毒不食子”或是“无毒不丈夫”

---

① 参见潘文全：《大数据推理的归纳逻辑基础》，载《哲学分析》2016年第6期，第112页。

② 王禄生：《论法律大数据“领域理论”的构建》，载《中国法学》2020年第2期，第268页。

③ 栗峥：《人工智能与事实认定》，载《法学研究》2020年第1期，第124页。

④ See Nathan James: Risk and Needs Assessment in the Criminal Justice System, 24 Congressional Research Service 355 (2015).

⑤ 参见张保生：《证据法的理念》，法律出版社2021年版，第10–14页。

的经验概括，显然会得出不同的判断结果。①

大数据方法被引入司法办案，最初便承载了通过技术手段提升司法裁判准确性、防范冤假错案的改革目标。以上海法院“206系统”为例，该系统辅助办案的定位显示出对新技术应用的克制，但同时又被有关部门寄予厚望，“运用互联网、大数据、云计算、人工智能等新技术……确保移送审查起诉的案件事实证据经得起法律的检验，有效防范冤假错案，是完全可以做到的。”② 对借助大数据技术促进事实认定的乐观期待，源于对技术优势的信任：在证据收集方面，大数据方法被认为超越了数据收集条件的限制，改善证据稀缺性的问题，数据获取渠道和能力的拓展能够克服小数据时代的样本选择难题，避免偏见和目的的引入，保障分析结果的客观性。③ 在经验归纳方面，大数据方法提炼的数据经验被视为“在一定程度上有利于填补人类对繁杂信息的认知能力不足问题，能够在一个更完整的故事框架中解决案件的争议焦点。”④ 法官基于个人知识库形成的经验法则可能存在认知偏差，数据经验则独立于人类思维过程，不容易受个人偏见的影响。因此，大数据方法似乎能够提升事实认定的客观性和确定性，使裁判结果更加安全。在图2中，大数据方法能够识别异常的交易记录、交易方式等小数据分析结果，比如被告人银行卡多次止付记录、以小额转账试探、采用线下交易等，以这些异常数据认定被告人明知其转移的资金是违法犯罪所得，相比于经验推论显得更为客观。

三、事实认定中大数据方法的概率属性

大数据方法在司法事实认定中的辅助性作用体现为三个维度：证明场域从物理空间转变为数据空间，海量数据拓展了事实认定中可获取信息的范围和规模；连接证据和要素性事实的不再是经验法则，而是基于算法驱动的数据经验；鉴于信息获取和数据分析方面的独特优势，大数据方法最终可以促使事实认定结果更准确。问题是大数据方法提升事实认定准确性的预设功能能够在多大程度上实现呢？首先需要明确一个前提：即便大数据方法确实提升了司法裁判的准确性，其程度也不可能达到绝对的确定性。换言之，大数据方法仍然是概率性的，即使这种概率可能很高，但也无法等同于绝对真实。有学者描述为：“大数据经验模型以量化、概率化的方式度量事物间的恒常联系，并且能够在最大程度上把与某一事物相关的各种可能项予以罗列。”⑤ 基于这一前提，接下来可以具体分析大数据方法的概率性质，以及司法事实认定语境下这种属性的具体作用，即是否确实能够起到促进准确裁判的辅助作用。

---

① 参见同前注27，第116页。

② 崔亚东主编：《人工智能辅助办案》，上海人民出版社2021年版，第47页。

③ 参见张浩：《大数据与法律思维的转变——基于相关性分析的视角》，载《北方法学》2015年第5期，第16页。

④ 同前注8，杨继文、范彦英文，第49页。

⑤ 参见同前注22，黄健文，第26页。

事实认定的盖然性为概率论在司法证明中的运用留下了空间，事实上，已经存在多种司法证明概率理论。本文采取何福来的分类方式，他将概率理论分为客观概率和认识论概率，前者包括频率概率和倾向概率，频率概率指的是某一相似事件集合内特定结果出现的概率，倾向概率则是一组可重复条件的倾向性结果；后者包括逻辑概率和主观概率，都表示根据给定证据对一个假说所达致的信念度，区别在于逻辑概率表达的是所有理性之人的信念，主观概率则是个体的信念。① 客观概率来自对于客观世界的实在观察，通常表现为特定的数值，不受主观判断影响，认识论概率则是主体对于事物发生可能性的判断和推测，不存在一个对应的精确数值。② 其中，可与大数据方法进行类比的是客观概率，二者都试图为事实认定增添客观色彩，具体可在以下几方面进行比照。

（一）处理对象

客观概率计算的是给定证据出现情况下特定结果发生的可能性，“基于两个条件，即‘一共进行了多少次试验’和‘试验中有某个证据时待证事实确实发生的次数’。”③ 例如，一个缸中放置了若干颗弹珠，其中一部分是黑色，另一部分是白色。从中取出一颗恰好是白色的概率有多大？根据客观概率，这一结果等于白色弹珠数占所有弹珠数的比值，或是重复多次取放弹珠行为，其中取出白色弹珠次数的比值。客观概率处理的是大量的现象和可重复事件，这种规模化数据处理的原理是大数定理，大数定理“是由概率的统计定义‘频率收敛于概率’发展起来的……要求数据量越大得出的结论越可靠”。④ 只是，客观概率不可能获得关于总体的全部信息，只有通过对样本参数的统计，归纳出总体的情况。这里面临的一个难题就是参照组的选择问题，不同的参照组将会赋予同一事件不同的概率值。以人民诉柯林斯一案为例，控方聘请专家对目击证人提供的嫌疑人特征进行了计算，如女孩是金发的占 1/3，女孩扎马尾辫的占 1/10 等，最终计算出具有所有嫌疑人特征的夫妇的比例约为 1/12000000。⑤ 但每一特征的计算结果都取决于所选择的参照组，以全美国还是案件所在州抑或是所在街区作为参照组，很可能会得出不同的概率计算结果。有学者总结为：“事实上正是由于频率概率的数学运算必须以特定样本为基础，而特定样本则是可以人为截取的，并且为了找出变量之间的关系，变量的选择也会不同……由于数字化的样本频率或客观概率只能反映被截取的样本中的规律，因此很可能无法提供全面、客

---

① 参见［新加坡］何福来：《证据法哲学——在探究真相的过程中实现正义》，樊传明、曹佳等译，中国人民大学出版社 2021 年版，第 152－158 页。

② 参见唐玉富、沈运峰：《科学证据的事实推理结构：从概率到信念》，载《证据科学》2023 年第 3 期，第 304 页。

③ 罗维鹏：《论刑事证据的概率分析》，载《证据科学》2023 年第 2 期，第 179－180 页。

④ 潘文全：《大数据推理的归纳逻辑基础》，载《哲学分析》2016 年第 6 期，第 106 页。

⑤ See Jonathan J. Koehler，One in Millions，Billions，and Trillions：Lessons from People v. Collins（1968）for People v. Simpson（1995），47 Journal of Legal Education. 214（1997）.

观的信息。”①

与客观概率一致，大数据方法处理的海量数据同样具有规模性特征。基于样本量与结论可靠性的正相关假设，大数据的处理对象尽可能覆盖与待证事实相关的所有信息。② 司法大数据建设体现了这一思路，其数据来源包括审判流程类数据、执行信息类数据、各类法律文书、庭审活动信息类数据、司法政务信息及外部协查类数据，③ 涵盖司法活动的各个阶段和层面。大数据方法的处理对象除了更具规模性以外，还呈现混杂性特征：大数据关注的是事物的全貌，规模性与混杂性相伴，其中不可避免地存在不相关甚至错误的数据；加上大数据方法需要对原始信息进行数据化识别，将处理对象转化为数据形式，而目前的信息技术还无法达到100%的识别率。以光学字符识别技术（OCR）为例，在识别刑事证据材料时，中文和数字混杂、证据材料中下划线、印章等干扰因素都可能导致识别率降低。④ 只不过这种对于数据精确性的牺牲被认为是可容忍的。因为在信息稀缺的时代，每一个数据点的识别都会对最终结果产生影响，而在大数据时代，“快速获得一个大概的轮廓和发展脉络，要比严格的精确性重要得多。”⑤

（二）作用方式

客观概率在事实认定中至少可以发挥两种重要且不同的作用：一是审判中的证据有时会被赋予一定的客观概率。有学者将这类包含概率信息的证据称为“裸统计”（naked statistics）证据，即将具体的个人或事件归入类型化的群体或事件，通过指出这类群体或事件具有某个盖然性特征，证明特定的个人或事件同样具有该特征。⑥ 例如，科学证据中常常会运用统计信息，典型的是DNA证据，它向法庭表明的是一个随机个体恰好匹配被检测的DNA样本的概率，如果该案被告人匹配该DNA证据，这个概率就可以转化为证明被告人有罪的概率。二是为认定事实提供类似经验法则的概率值，它指示裁判者：相信p具

① 曹佳：《司法证明概率论：理论基础、应用局限与前景展望》，载《甘肃行政学院学报》2017年第4期，第121页。

② 需要澄清的是，大数据领域理论认为“法律大数据强调样本的适配性，而并不必然要求大量的全样本”，这与本文强调的大数据规模性并不冲突，因为大数据方法通过算法分析能够比对、筛选出与案件相关或适配的数据，这在下文分析方法中将进一步论述。因此，在数据来源方面，无需再像小数据时代那样精确地识别每一条相关信息，实际上，大数据分析中的相关性是一种弱相关，仅靠人力也难以完成识别，在数据输入阶段不必过度强调准确性。关于大数据领域理论，参见王禄生：《论法律大数据“领域理论”的构建》，载《中国法学》2020年第2期。

③ 参见孙晓勇：《司法大数据在中国法院的应用与前景》，载《中国法学》2021年第4期，第124页。

④ 参见同前注25，崔亚东书，第69–70页。

⑤ ［英］维克托·迈尔–舍恩伯格、肯尼思·库克耶：《大数据时代》，盛杨燕、周涛译，浙江人民出版社2013年版，第65页。

⑥ 关于裸统计证据的内容，参见［美］亚历克斯·斯坦：《证据法的根基》，樊传明、郑飞等译，中国人民大学出版社2018年版，第51页；［新加坡］何福来：《证据法哲学——在探究真相的过程中实现正义》，樊传明、曹佳、张保生等译，中国人民 大学出版社2021年版，第188页；樊传明：《裸统计证据的推理性质与规范法理》，载《地方立法研究》2022年第3期。

有 x 的客观概率（p 是待证事实，x 是介于 0 - 1 之间的概率值）。此时，客观概率表达的是一个基于参照组情况的概括，只是它来源于数学运算而非个人知识库。按照这种进路，同样以 DNA 鉴定意见为例，匹配被检测 DNA 样本的概率可以理解为：随机抽取一人恰好能够匹配该 DNA 的概率值是极小的，如果匹配成功，就可以认定该人就是犯罪人。

大数据方法在事实认定中的核心作用方式在于转化运用，包括筛选出小数据作为证据使用和通过算法模型挖掘事物的相关关系，二者可以大致对应客观概率的两类作用。一方面，运用大数据方法识别和筛选小数据的过程需要依靠概率统计。大数据技术的关键在于数据分类，特征信息可以在相对频率上区别一类事物与另一类事物，通过对特征信息的识别和提取能够实现对不同类型事物的分类。① 就类型化而言，大数据方法与裸统计证据是一致的，只是在作用方向上有所不同。后者是将个体归入类型化群体，强调特征的一致性；前者则倾向于通过数据集的比对鉴别出异常数据或行为。例如，在阮兆德、励福平等诈骗案中，通过医保大数据审查分析发现，被告人存在异常就医、违规配药等情况，从而识别出被告人实行了诈骗犯罪。另一方面，大数据技术运用算法模型分析出事物间的关联关系，其原理是基于数据统计，挖掘海量数据中符合特定支持度和置信度的关联规则。② 这种关联关系是一种数据经验，将根据概率运算达到一定阈值的事物联系起来。典型的应用场景是类案推送，一种计算案件相似度的模型是“词频—逆文本词频模型”（TF - IDF），每一篇文书都可以转换为由不同词频构成的向量，词频向量达到一定相似阈值的文书就被认定为类案。③ 这实际上是一种概率检索模型，“基于文档集中每个词项在相关文档中出现的可能性计算出概率，对文档和查询匹配的所有词项计算联合概率，从而得出文档与查询的相似度。”④

（三）分析结论

客观概率与认识概率的关键区别在于，客观概率揭示的是外部世界的数据特征，将概率作为一种独立于人类的关于客观物质世界的事实；认识概率则是用概率度量一组证据对于一个假说的信念度。⑤ 可以说，客观概率揭示的概率结论具有外部性，认识概率则更聚焦于内在，此时概率表达的是信念的强弱，具体的数值并不那么重要了。二者尽管并不相同，但在部分事实认定场景中，认识概率可能以客观概率为基础。当事实认定者将关于单一事件概率的信念直接等同于在相关参照组中类似事件发生的统计概率，客观概率就能够

① 参见同前注 17，谢君泽文，第 130 页。

② 参见张晓强、杨君游等：《大数据方法：科学方法的变革和哲学思考》，载《哲学动态》2014 年第 8 期，第 87 页。

③ 参见同前注 24，王禄生文，第 264 页。

④ 张华平、商建云等：《大数据智能分析》，清华大学出版社 2019 年版，第 180 页。

⑤ 参见同前注 33，何福来书，第 154 页。

转化为认识概率。有学者概括为“等同主义”模式,① 以 DNA 证据为代表的科学证据运用中往往采取了这种方法，法官直接将概率化结论视作案件事实的盖然性程度予以采信。

大数据方法的分析过程依赖于统计方法，其分析结果所呈现的同样是外部性的概率结论，无论人们是否意识到它，这种概率特征总是存在的。当事实认定者将大数据分析的结果直接作为个案证据或者经验法则使用时，同样采取了“等同主义”的认知模式，只是相较于一般科学证据的运用更加隐蔽。这种隐蔽性体现为：在作为证据使用时，大数据方法达致的分析结论并不直接呈现为客观概率，而是以鉴定意见、电子数据、书证、视听资料等形式提交法庭,② 从而与我国的法定证据种类制度相协调。这样一来，通过大数据技术筛选出的小数据证据虽然基于概率完成识别和分类，但最终呈现结果与客观概率并不具有形式上的关联，很容易作为个案证据证明犯罪事实。在作为经验法则时，大数据分析结论的效力已被部分规范文件所确认，其中较为典型的是上海市高级人民法院基于近年来刑事案件办案情况，借助大数据技术对特定类型案件具体特征进行提取，形成了关于命案、盗窃案件、非法集资案件和电信网络诈骗案件的证据标准规定。③ 大数据技术对于案件特征的提取和分类依赖于概率运算，将其确认为证据标准指引实际认可了概率运算所揭示的相关关系之效力。

通过对大数据方法和概率理论的比照观察，可以发现事实认定语境中的大数据技术具有明显的客观概率属性，体现为规模化的处理对象、可度量的分析方法以及外部性的分析结论。当然，在新的技术背景下，本文并未笼统地假定事实认定概率论可以涵盖大数据方法的全部特征，大数据方法至少在样本选择和结果呈现方面与客观概率运用存在差别。只是这些差别并不会影响大数据方法的核心特征，在最关键的数据处理和分类维度仍然依赖于统计概率方法，从而实现数据的筛选或者关联关系的挖掘。

四、大数据方法在事实认定中的错误风险

大数据方法在事实认定中的运用可以总结为两种面向：一是大数据方法改变了传统事实认定机理，承载了通过数据收集和分析促使裁判结果更加客观准确的期待；二是大数据技术对于数据的分析和运用实际依赖于统计概率，呈现为基于概率运算实现海量数据的挖掘和分类。对这两种面向的分析进一步引出了以下问题：大数据方法的后一种面向与前一种面向是否契合，即大数据方法的客观概率属性是否真的能够促进事实认定目标的实现？换言之，大数据方法在事实认定场景中的作用究竟是可欲的，抑或只是源于对信息技术的

---

① 关于等同主义模式的具体概念和介绍，参见同前注 34，唐玉富、沈运峰文，第 301－302 页。

② 关于大数据分析报告在审判中的证据种类之归属，学界和司法实践都莫衷一是。对此形成了不同的观点，具体参见洪涛：《大数据证据研析》，载《行政与法》2022 年第 3 期；余茂玉：《论现代信息技术对刑事证明活动的影响》，载《法律适用》2022 年第 10 期；倪春乐、陈博文：《大数据证据的刑事诉讼应用机理研究》，载《中国人民公安大学学报（社会科学版）》2022 年第 2 期。

③ 参见熊晓彪：《司法事实认定的数据化转型》，载《地方立法研究》2022 年第 3 期，第 32 页。

过于乐观的预期？对这一问题的探讨需要回归司法事实认定本身，本文采取两个不同的规范性视角进行观察。[①] 外在视角立足于审判之外的超然观察者的立场，关注的是在事实争端中发现真相，[②] 实现正义被理解为在真实的事实认定基础上正确地适用法律。内在视角则是站在作为道德主体的事实认定者的立场上，强调审判评议的合理性和正当性，以求在查明真相的过程中实现正义。

（一）外在视角：发现真相的目标

1. "怀疑不可消泯"：信息空隙客观存在

前已述及，相较于传统事实认定模式，大数据方法被认为具有一些独特优势，其中一个重要方面就是数据信息的规模性。"大数据分析选取的是全部样本，可以最大程度保证认识过程中的最小化误差。"[③] 但在真实境况下，大数据方法与"样本 = 总体"的理想情形尚有一段距离，大数据方法所进行的概率运算确实基于样本规模急速扩张这一前提，但并未达致信息空隙的完全闭合，这使其面临一个重要难题——怀疑不可消泯，具体体现为以下两点：

其一，大数据方法选取的样本通常是特定数据库中储存的数据，并未达到真正的全数据量级。在个案中，统计数据库的选择直接关系到计算结果的准确性。例如，在蒋宁利用未公开信息交易一案中，[④] 中国证券监督管理委员会调查形成的交易数据与侦查机关从上海证券交易所和深圳证券交易所调取的数据的范围并不相同，使得交易金额认定存在差异。

其二，信息的规模性是以一定程度的精确性的牺牲为代价，大数据方法能够描摹事物的大致轮廓，却难以保证一个精确的结论。"例如'点击数''转发数''浏览次数''注册用户数'等海量数据型证据，每一次计数都来源于软件的自动统计，但这些机器计量数据并不一定就对应着具有法律实质意义的行为。"[⑤] 在信息收集的意义上，大数据方法固然突破了传统事实认定的空间限制，但仍未能完全克服信息的不完整性，本质上仍然是基于特定样本进行归纳推理。

2. "从无知中创获知识"：以无差别原则填补空隙

信息的不可得性造成了每一个个别案件的信息空隙，这使得事实认定本质上来说是推

---

① 本文对事实认定的两种规范性视角的区分，参考了何福来的划分。参见同前注 33，何福来书，第 63 – 67 页。

② 关于发现真相的理论已经受到怀疑主义、社会建构理论、确证的真实等诸多挑战，但这一问题超出了本文的研究范围。本文要展示的是大数据方法对事实认定目标的潜在风险，设定的前提即真相就是与事实相对应之物。关于真相的各种理论，参见［美］米尔吉安 . R. 达玛斯卡：《比较法视野中的证据制度》，吴宏耀、魏晓娜等译，中国人民公安大学出版社 2006 年版，第 47 – 67 页。

③ 段虹、徐苗苗：《论大数据分析与认知模式的重构》，载《哲学研究》2016 年第 2 期，第 106 页。

④ 蒋宁利用未公开信息交易案，山东省青岛市中级人民法院（2018）鲁 02 刑初 50 号一审刑事判决书。

⑤ 王燃：《大数据证明的机理及可靠性探究》，载《法学家》2022 年第 3 期，第 62 页。

测性的。为了使事实认定不沦为纯粹的臆测，裁判者需要充分评估事实论证的两个环节：一是尽可能收集更多个案具体化的证据，因为每个审判的最终争点都是个别化的，这些具体化的证据确定了待证案件的具体特征；二是根据具体证据恰当地选择一些概括（即经验法则），为了追求概括的确证度（概括与当前事实的涵盖的一致性），事实认定者需要从经验上考量确证的数量和多样性。① 如此，通过将确证最充分的概括施加到具体个案证据上，尽可能管控信息缺失导致的不确定性，演绎出理性的事实认定结果。而大数据方法介入事实认定后，其客观概率属性使得管控信息空隙的方式面临失灵风险，统计概率揭示的是数据的大致分布样态和相关关系，却无法提供更多的个案信息，而数据间的数理关系也超出了一般经验能够理解的范畴。此时，缺失的信息被视为不存在任何特定倾向性，统计学将对未知因素的无差别假定命名为"无差别原则"，② 这个假定认为，只需要根据特征信息的相对频率，就可以运算出数据间的相似程度，从而完成对统计库中数据的区分和识别，最终作为证据或经验法则运用于个案证明。但具体的事实情境中包含了更多的个案细节，这些遗漏的细节并非同等化的，完全可能使大数据认定结果发生改变。例如，在解美红组织、领导传销活动一案中，③ 鉴定意见将被告人名下账号认定为为直接发展会员的人数，辩方意见则认为不能排除一人操作若干账户的可能，因此无法证实会员账户为直接发展会员的人数。由此可见，将这种统计概率性质的分析结论直接运用于司法事实认定，实则在从无知中创获知识，因为它无根据地默认了缺失的个案信息仍然遵循已发现的数据规律。

3. 错误风险分配的不平等

信息空隙和演绎推理的经验属性使得判决总是具有可错性，"即便是在一个规范的法治社会中，被社会奉为权威并为人们日后的社会生活奠定基础的判决也可能是不正确的。"④ 由此产生了分配错误风险的问题。刑事司法中，一些错误风险（如错判无辜）比其他错误风险（如错放罪犯）更为有害。因此，立法努力创设尽可能由控方（而非被追诉方）承担错误风险的证据规则。⑤ 大数据方法的介入则可能改变这种分配格局，给被追诉方招致额外的错误风险。首先，证明标准可能有所降低。我国刑事诉讼法要求证明标准达到"证据确实、充分"的程度，大数据方法的概率属性只能说明识别出的数据与待证事实高度相关，但无法达到确实的程度。它所揭示的数据规律始终面临一个不确定性问题：

---

① 关于事实认定者管控事实认定两个环节的论述，参见［美］亚历克斯·斯坦：《证据法的根基》，樊传明、郑飞译，中国人民大学出版社2018年版，第109－123页。

② 参见同前注58，亚历克斯·斯坦书，第91页。

③ 解美红组织、领导传销活动案，陕西省咸阳市中级人民法院（2018）陕04刑终131号二审刑事裁定书。

④ 宋英辉等著：《刑事诉讼原理》（第三版），北京大学出版社2014年版，第21页。

⑤ 允许个体裁判者对事实认定中的错误风险进行自由裁量是不公平的，因为这是政治道德领域（而非认识论）的问题。甚至可以说，证据规则的主要任务不在于准确认定事实，而在于合理地分配错误风险。参见同前注58，亚历克斯·斯坦书，第211－244页。

遗漏的个案信息完全可能使得待证事实不再适用当前的数据规律。因此，等同主义将大数据分析结论直接运用于司法证明，就存在明显的问题，数据在概率意义上的相关取代了证据确实，使定罪变得更加容易。其次，质证规则更加趋于形式化。质证形式化是我国刑事庭审的长期痼疾，① 大数据方法的介入可能加剧这一现象。在作为证据使用时，大数据证据类似于科学证据，具有一定的技术性和专业性门槛，被追诉方通常并不掌握相关的统计或数学知识，控辩双方的诉讼能力差距进一步扩大。有研究发现，"辩方对大数据证据的质证，主要采取的是待证事实与犯罪构成的关联性质疑这一传统方式。但是对大数据的分析鉴定方法、科学原理等专业性问题几乎没有提出质证意见。"② 最后，控辩双方利用大数据方法的机会并不平等。司法实践中大数据证据通常都是由控方提供的，并以鉴定意见、书证等法定形式进入审判，而辩方即便在个案中提供了大数据分析报告，也无法享有同等的证据地位。例如，在蒋宁利用未公开信息交易一案中，③ 辩方提供了有关18个账户股票交易的大数据分析报告，但控方主张"大数据分析来源不清""仅对其中几只股票进行分析"，最终辩护意见并未得到法院支持。

（二）内在视角：关于事实的信念

内在视角将事实认定者视为道德主体，事实认定不仅仅是探知真相的活动，其过程本身也应遵循审判的公正性或正当性等内在价值。这要求裁判者只有在足够高的程度上持有对待证事实的信念，才能作出事实认定。关于事实的信念，存在两种不同理解：

一是部分信念理论，当一个人仅仅是猜想某个事件 p 时，就可以说他相信 p。此时，相信的程度可以用一个介于0% －100% 的概率值 x 进行计量。"'裁判者在 x 的程度上相信 p'等同于'裁判者在（1 – x）的程度上相信非 p'。当一个人对外做出一个断言时，除非该断言所包含的信念是100%，否则这个人就是承认自己并非真正'知道'所断言之事，而只是在某种程度上'猜想'此事。"④ 按照部分信念，证明标准可以表示为特定的概率值，裁判者相信的程度超过这一数值时即可视为达到证明标准。二是绝对信念理论，对于裁判者而言，存在绝对相信 p、绝对相信非 p 和搁置信念（既不相信 p 也不相信非 p）三种心理状态，这三种状态之间是质的区别，无法以概率值进行量化比较，因此也不可能同时存在。⑤ 证明标准可以理解为对绝对信念强度的要求，这并不意味着要达到绝对确定

① 关于质证形式化问题，学界已有不少研究。参见陈永生：《论辩护方当庭质证的权利》，载《法商研究》2005 年第 5 期；李建明：《刑事庭审质证形式主义现象之批判》，载《江苏社会科学》2005 年第 3 期刘文化：《权利与规则：我国刑事被告人质证权的透视与完善——以"司法文明指数"的数据样本为依据》，载《证据科学》2016 年第 1 期；卞建林、谢澍：《庭审实质化与鉴定意见的有效质证》，载《中国司法鉴定》2016 年第 6 期。

② 程龙：《论大数据证据质证的形式化及其实质化路径》，载《政治与法律》2022 年第 5 期，第 99 页。

③ 蒋宁利用未公开信息交易案，山东省青岛市中级人民法院（2018）鲁 02 刑初 50 号一审刑事判决书。

④ 樊传明：《裸统计证据的推理性质与规范法理》，载《地方立法研究》2022 年第 3 期，第 56 页。

⑤ 参见同前注 33，何福来书，第 175 – 186 页。

的程度，而是强调不同心理状态的不可通约。

就这两种信念标准而言，大数据方法更容易导向部分信念。大数据方法对于信息的分类和关联关系的识别都建立在一定的计算基础上，要通过计算获得信念，前提是信念可以测度。这一条件在部分信念中得到成立。对于事实的信念要达到何种程度是由证明标准指示的，部分信念理论将证明标准对应于特定数值，比如，“排除合理怀疑”可以设定为90%左右的信念度，通过比较大数据计算结果与这一数值，就可以判断是否达到证明标准，裁判者由此获得是否相信这一事实的信念。绝对信念与之相反，其本身是排斥量化计算的。沙克尔进一步解释了达致绝对信念的两个条件：要相信p，（1）我们不仅要认为p是完全可能的；（2）并且它的竞争性假设中没有一个是完全可能的。① 大数据分析结论或许能够满足第一个条件，即基于一个很高的概率值我们可以认为待证事实是完全可能的，但再高的概率值也无法达到信息闭合，考虑到缺失信息的客观存在，我们同样不能否认其他竞争性假设的可能性。因此，一个理性的裁判者根据大数据分析结果能够形成一项部分信念，却不可能形成一项绝对信念。

在刑事司法事实认定语境中，裁判者对某个事件持有部分信念，就是裁判者相信事件p的概率是x，且x高于法定证明标准s；绝对信念则是裁判者在足够高的程度上相信事件p，而不相信非p。前者表达的是一个概率命题，证成的是被告人很有可能实行了犯罪这一信念；后者则是一个事实命题，表达的是被告人确实实行了犯罪。裁判者作出事实认定不应当是在断言一个概率命题，否则被告人被定罪就不是因为确实的证据，而仅仅是在执行一种随机性规范。“如果这种经验还原和概率判断的方式可以看做是AI解决法律不确定的一种方式，这显然是一种随机正义（random justice），本质上与抛硬币或掷骰子并没有什么两样。”② 相反，当裁判者作出一项关于事实命题的裁决时，事实认定会显得更加安全。这并不是说错误风险完全消除，而是因为这是基于现有证据得出的唯一合理结论。即便这个判决有误，这种错误风险也是任何审判系统都无法避免的，因此在道德上仍然是正义的。

综上所述，大数据方法的概率属性与信念度量相契合，很容易使裁判者获得关于事实的部分信念。但事实认定要求的应当是一种绝对信念，被告人被定罪只能因为确实实施了犯罪行为，而不能仅基于概率运算牺牲其利益。从这一点来看，大数据方法面临着内在道德风险。

五、大数据方法在事实认定中的有限作用

大数据方法对于司法事实认定而言，可以说是“危险但有用”的。大数据方法的概率

① 这里的“完全可能性”并不是绝对确定性，沙克尔用潜在意外感（而非数值）来表达可能性的程度，即如果假设的事情确实发生了，我们应当感受到的意外感。完全可能性就是潜在意外感的程度为零，对于某件事成为现实这一结果，不存在任何已识别的实际阻碍。参见同前注33，何福来书，第197－208页。

② 孙海波：《反思智能化裁判的可能及限度》，载《国家检察官学院学报》2020年第5期，第97页。

属性使事实认定面临双重风险。相较于传统证明，大数据方法同样面临信息空隙和分配错误风险的问题，裁判者据此形成的仅是一个关于事实的猜测，因此将大数据方法直接适用于事实认定无疑是危险的。但面对新技术，“全有或全无”都不是理性的态度，大数据方法能够为事实认定提供新方法、新认知，将其定位为“证明辅助”合乎实践理性。① 为了恰当地发挥辅助性功能，大数据方法应当回归制度语境，从现有的法律规范中发掘作用空间。下文将从大数据方法的两种作用——提供证据信息和数据经验出发，结合制度规范文本，具体分析其辅助性作用。

（一）为综合认定提供辅助证据

信息网络犯罪的证明难题催生了“综合认定”这一新型证明模式。综合认定相较于印证证明模式，至少在两个方面存在区别：一是认定方法更加多元，可以采用抽样取证、细节判断、事实推定等多种手段进行认定，不再限于印证方法；二是证据范围有所拓宽，司法人员不仅要收集案件发生过程中的证据，还要收集案外与行为人自身有关的辅助证据，某种程度上突破了法定证据种类的限制。② 综合认定模式的开放性为大数据方法的运用创造了制度空间，大数据方法作为一种数据化的证明手段，能够在海量数据中挖掘更多的相关信息，为综合认定提供助力。但同时，大数据方法不宜直接适用于事实认定中，有必要对其施加一定的限制。

首先，大数据方法提供辅助证据应当限于具体证据缺乏的情形。大数据方法基于概率运算得出的数据分析结论是统计性质的，而非个案指向的。当个案证据足够充分时，裁判者通过证据推理就可以认定案件事实，无需采用大数据方法，但在“证据短缺”的情况下，考量大数据方法提供的辅助证据，至少好过纯粹的主观臆断。网络犯罪是综合认定适用的主场，其中至少存在两种可能采用大数据方法的情形。一是证明被追诉人“明知”，这是特定个体的心理状态，不存在能够直接指向主观心理的具体证据。《关于深入推进“断卡”行动有关问题的会议纪要》中要求结合行为人认知能力、既往经历、生活环境等情况，认定其明知他人利用信息网络事实犯罪。③ 大数据方法可以用于收集这类关于行为人的案外信息，分析其日常行为规律，辅助证明主观心态时不存在技术和程序障碍。例如，在张某深掩饰、隐瞒犯罪所得等案④中，大数据分析发现被告人 2017 年即开始从事虚

---

① 参见纵博：《人工智能在刑事证据判断中的运用问题探析》，载《法律科学（西北政法大学学报）》2019 年第 1 期，第 61－69 页。

② 关于综合认定模式与印证证明模式的详细比较，参见张迪：《网络犯罪综合认定模式检讨》，载《法学家》2023 年第 5 期，第 145－148 页。

③ 《关于深入推进“断卡”行动有关问题的会议纪要》（高检四厅〔2020〕12 号）第 4 条：“……实践中，对于多次出租、出售信用卡或者出租、出售多张信用卡的，结合其认知能力、既往经历、生活环境、交易对象等情况，可以认定行为人明知他人利用信息网络实施犯罪。”

④ 张某深掩饰、隐瞒犯罪所得案，安徽省蚌埠市中级人民法院（2022）皖 03 刑终 414 号二审刑事裁定书。

拟货币交易，应当知晓虚拟货币的正常交易方式，结合本案中选择异常线下交易、多次小额转账进行试探等证据，足以认定其主观明知。二是证明犯罪金额等罪量要件。严格来说，网络犯罪中罪量情节的证明难题不在于信息缺乏，而是信息爆炸，远远超出了人力可识别计算的范围，以至无法获得精确的数额证据。实践中，“犯罪嫌疑人自认＋辅以相关证据”“抽样取证＋综合全案”“查找犯罪数额下限”等模式都无法完全达到惩治犯罪的效果，① 大数据方法在扩大数据检索范围和识别相关性方面具有天然优势，可以辅助犯罪数额认定。实际上，这也已经是大数据方法实践运用的重要方面。

其次，保障控辩双方平等利用大数据辅助证据。即使作为辅助性手段，大数据方法的错误风险仍然存在，如何分配错误风险是必须考虑的问题。关键的一点是保障辩方平等利用大数据辅助证据的权利，其中应当包含两项权利要素。一是认知要素，被追诉方应当获悉大数据方法运用的情况以及可能对其产生的不利后果。其中不仅包括大数据方法提供的辅助证据的主要内容，还应当包含数据来源、采集方法、算法模型、数据类型等情况。② 具体落实中，被追诉方可通过庭前会议、阅卷制度、申请法官依职权调取证据等法定程序获知前述信息。二是意志要素，在对辅助证据充分知情的基础上，被追诉人能够理性选择最有利于己方的诉讼策略。控辩双方利用大数据方法的能力和资源显然存在差距，为使辩方对辅助证据的质证具有实质意义，可以借鉴非法证据排除制度，辩方只要提出数据来源、计算方式等提出合理质疑，由控方承担证明该辅助证据真实合法的说服责任。例如，在解美红组织、领导传销活动案中，③ 辩方提出鉴定意见直接将被告人名下账号认定为发展会员的人数，但不能排除一人操作若干账户的可能。控方对此未能作出补正解释，法院最终采纳了辩方意见。

最后，通过似真性解释获得绝对信念。综合认定模式强调综合性思维的运用，似真性解释可以为其提供一种整体性的分析框架。根据似真性解释，综合给定证据，只有控方提出的解释似真，即该叙事与证据相一致，且辩方的解释不是似真的，才能认定犯罪事实。④ 大数据方法揭示的是具有统计意义的数据规律，在作为辅助证据使用时，法官能够据以形成对个案的猜测，这种猜测并非不能转换成最终的事实认定，这一过程可以在似真性解释框架中实现。同样以张某深掩饰、隐瞒犯罪所得等案为例，关于被告人对其转移资金中包含犯罪所得的心理状态形成了明知和不明知两个版本。在控方版本中，大数据分析揭示了被告人具备虚拟货币正常交易方式的知识，据此可以推测被告人知晓本案中采取异常交易手段是为了掩盖犯罪所得。其他个案证据（如被告人多次小额转账、采取线下交易

① 参见何邦武：《“综合认定”的应然解读与实践进路》，载《河北法学》2019年第8期，第96－99页。

② 参见张可：《大数据侦查措施程控体系建构：前提、核心与保障》，载《东方法学》2019年第6期，第93页。

③ 解美红组织、领导传销活动案，陕西省咸阳市中级人民法院（2018）陕04刑终131号二审刑事裁定书。

④ 参见［美］罗纳德·J·艾伦、迈克尔·S·帕尔多：《相对似真性及其批评》，熊晓彪等译，载《证据科学》2020年第4期，第444页。

等）则进一步证实了这一猜测，最终共同支持被告人明知这一叙事版本。反之，辩方虽然提出了不明知的故事版本，却无法与在案证据相结合，没有形成完整的似真性解释。由此可见，大数据辅助证据虽然无法单独证明案件事实，但能够为似真性解释提供思路或线索，结合个案中的具体证据，从而认定案件事实，使得裁判者的部分信念转化为绝对信念。

（二）为证据标准提供数据经验

在提供数据经验的意义上，大数据方法在司法实践中的典型应用是证据标准指引。证据标准指引指“办理刑事案件过程中应当收集哪些证据和如何收集证据，是‘犯罪事实清楚，证据确实、充分’的法律确定的证明标准的具体化、规范化”。[①] 将大数据方法与证据标准指引相结合，旨在为司法人员提供数据化、标准化的办案指引，防范冤假错案。其背后的逻辑是：证据标准指引本质是证明标准客观化的新尝试，大数据方法依托庞大案件数量挖掘出的数据规律，能够为证据标准的正确性背书。[②]

在证据标准指引中，大数据相关关系被固定下来，作为一种规则化的数据经验指引办案人员收集、审查证据，但考虑到大数据方法的错误风险，这种指引功能存在过于超前之嫌，给司法实践带来一定程度的负效应。首先，大数据方法提炼的仅仅是类型化案件中证据的基本形式与分布规律。实践中，对于简单案件，司法人员无需指引就能够所需证据类型和证明程度，而对于疑难案件，司法人员需要审慎审查在案证据，仅凭证据指引显然不够，由此形成了“简易 案件不需要 ，复杂案件不敢用”的吊诡局面。[③] 其次，与经验法则一致，大数据方法揭示的数据经验也存在信息空隙，一旦将其规则化，意味着对司法经验的总结固定于某一时刻。基于这种静态经验生成的证据标准很难对动态的实践起到指引作用，反而对个案判断形成障碍。最后，数据经验的引入可能架空裁判者作为道德主体的责任。数据规律的客观性表征减轻了裁判者的审查义务，遵循统一的证据标准可能成为规避审判责任的策略方法，如此一来，裁判者对于事实认定无需形成绝对信念，只需要形式化地遵守证据标准即可。

有鉴于此，本文主张大数据方法应当在证据标准领域保持一定的克制，数据经验的指引作用为时尚早，不妨坚持大数据方法的辅助定位，以数据经验为司法人员提供审查判断的参考依据。具体而言，大数据方法对于证据标准的发展，应当限于对证据规则的规范，即收集、固定、保存、运用证据时遵循的规范，主要解决证据保管、证据鉴真等方面的问

---

① 崔亚东：《人工智能辅助办案》，上海人民出版社 2021 年版，第 103 页。

② 参见秦宗文：《证据标准的双维分析：基准与动力》，载《中国刑事法杂志》2021 年第 3 期，第 93－94 页。

③ 参见谢澍：《人工智能如何“无偏见”地助力刑事司法——由“证据指引”转向“证明辅助”》，载《法律科学（西北政法大学学报）》2020 年第 5 期，第 111－112 页。

题。这类程序性规则不涉及证据证明力判断的核心领域，可以作为大数据方法发挥作用的主要场域。

六、结语

大数据、人工智能等信息技术的发展引发了司法领域的“创业激情”，大数据方法已然触及事实认定这一司法裁判的核心领域。对此现象，本文采取了两种分析语境：一是一般化语境，大数据方法的优势在于庞大的数据基础和强大的数据分析能力，正因如此，它被预设了提升事实认定客观性和准确性的价值期待；二是具体化语境，事实认定相比于一般性决策有所不同，其寻求个案中的唯一解而非最优解。大数据方法却并非个案指向的，它在处理对象、作用方式和分析结论方面都呈现出客观概率特征，描述的是整体趋势。两种语境在一定程度上相互背离，大数据方法的客观概率属性可能引发事实认定的两类错误风险，即错误认定事实和以猜测取代认定，由此可见，大数据方法具有的一般性优势无法直接腾挪至事实认定领域。

大数据等新技术对于司法信息化改革确实具有重要的正面意义，但政策制定者在关注普遍价值的同时也不应当忽略个性问题。在适用于具体司法领域时，大数据方法与设定目标是否契合，如何处理知识空隙，会给裁判者带来何种影响等等，这些问题都需要在个别化语境中加以考虑。需要说明的是，本文反对的是对于大数据方法的过高预期，并不彻底否定其在事实认定中的运用，只是需要将其限制在合理限度之内。

法律事实认定中概率谬误的系统阐述

[瑞典] 克里斯蒂安·达尔曼*著　李琦**译

摘　要　20世纪80年代以来，证据学者已经观察到法律事实认定中的概率谬误，并对他们进行命名（例如“检察官谬误”和“辩护律师谬误”）。这就产生了杂乱无章的概率谬论。我们将观察到的概率谬论有序分类，强调了概率谬论之间的分层关系，一些谬论被重新命名以反映它们所属的类别，以及它们与该类别中其他谬论的关系。所有的谬论都有精确的定义，并以事实认定者的真实案例加以说明，最终将12个概率谬误分为7类。

关键词　贝叶斯　证据　谬误　法律　概率

一、引言

众所周知，法律事实认定者在概率推理中容易出错。1987年，威廉·汤普森（William Thompson）和爱德华·舒曼（Edward Schumann）发表了一篇文章，提醒人们注意法律证据评价中的概率谬误，并提出了“检察官谬误”和“辩护律师谬误”两个术语①。从

* 克里斯蒂安·达尔曼（Christian Dahlman），瑞典隆德大学法学院。原文于2023年发表在《证据与证明国际期刊》（*The International Journal of Evidence &Proof*），原题为“A systematic account of probabilistic fallacies in legal fact－finding”。

** 李琦，男，山东济阳人，华东政法大学讲师、政党与国家治理专业博士研究生，主要研究方向为技术治理。

① Thompson W and Schumann E（1987）Interpretation of statistical evidence in criminal trials：The prosecutor’s fallacy and the defense attorney’s fallacy. Law and Human Behavior 11：167－187.

那时起，许多学者指出并命名了法律证据中的其他概率谬误。① 在2014年发表的一篇文章中，乔纳森·科勒（Jonathan Koehler）列出了以下17个已有文献记录的法律中概率推理谬误：

1. 检察官谬误；
2. 辩护律师谬误；
3. 颠倒条件；
4. 来源概率错误；
5. 数值转换错误；
6. 另一匹配错误概率
7. 为假谬误；
8. 基础比率谬误；
9. 选择偏见；
10. 个体谬误；
11. 指纹鉴定人谬误；
12. 唯一性谬误；
13. 合取谬误；
14. 析取错误；
15. 不完美谬误；
16. 机会误解；
17. 伪诊断。②

艾特肯（Aitken）和唐诺尼（Taroni）③ 以及其他学者也编制了法律证据评估中类似

① 参见 Aitken C and Taroni F（2004）Statistics and the Evaluation of Evidence，2nd ed. Chichester：Wiley；Cole S（2004）Grandfathering evidence：Fingerprint admissibility rulings from Jennings to Llera Plaza and back again. American Criminal Law Review 41：1189－1276；Dahlman C（2015）The felony fallacy. Law，Probability and Risk 14：229－241；Dahlman C，Zenker F and Sarwar F（2016）Miss rate neglect in legal evidence. Law，Probability and Risk 15：239－250；Fenton N and Neil M（2000）The jury observation fallacy and the use of Bayesian networks to present probabilistic legal arguments. Mathematics Today 37：61－102；Koehler J（1993）Error and exaggeration in the presentation of DNA evidence at trial. Jurimetrics 21：21－40；Koehler J（2008）Fingerprint error rates and proficiency tests：What they are and why they matter. Hastings Law Journal 59：1077－1100；Koehler J and Thompson W（2006）Mock juror' s reactions to selective presentation of evidence from multiple－opportunity searches. Law and Human Behavior 3：455－468；Martire K，et al.（2013）The expression and interpretation of uncertain forensic evidence：Verbal equivalence，evidence strength and the weak evidence effect. Law and Human Behavior 37：197－207；Pilditch T，Fenton N and Lagnado D（2019）The zero－sum fallacy in evidence evaluation. Psychological Science 30：250－260；Saks M and Koehler J（2008）The Individualization Fallacy in Forensic Science Evidence. Vanderbilt Law Review 61：199－220.

② Koehler J（2014）Forensic fallacies and a famous judge. Jurimetrics 54：211－220.

③ Aitken C and Taroni F（2004）Statistics and the Evaluation of Evidence，2nd ed. Chichester：Wiley，78－87. 在第三版中也进行了重述和轻微修改。

的概率谬误列表。①

这项研究对于识别法律事实认定中的错误来源非常重要，但收到的清单并不十分系统。同一谬论（或同一谬论的变体）使用不同的名称，好像它们指的是不同的谬论。例如，将条件概率 P（A | B）与反向条件概率 P（B | A）等同起来的谬论，有时被称为“颠倒谬论”，有时被称为“颠倒条件谬论”。

在概率论领域，除术语混淆之外，关于概率谬误的解释在其他方面亦缺乏系统性。首先，现有解释未能明确谬误作为一般性谬误变异的分层关系。例如，“颠倒谬误”可能以多种方式犯错，涉及不同的条件概率被颠倒，这些变体应予以区分，并标记为“颠倒谬误”的不同子谬误。第一种子谬误是为真概率颠倒 P（E | H），② 将其错误地等同于在给定证据的条件下假设为真的概率 P（H | E）。第二种子谬误通常称为“检察官谬误”，即为假概率颠倒 P（E | ¬ H），将其错误地等同于在给定证据的条件下假设为假的概率 P（¬ H | E）。在系统阐述概率谬误时，不应将这些错误隐含于“颠倒谬误”这一通用标签之下，而应通过单独标签予以区分，以便阐明它们之间的共性与差异。在本文中，建议将它们分别命名为“为真颠倒”与“为假颠倒”。

在公认的概率谬误处理中，一个被忽视的方面是对谬误之间因果关系的关注，即一个谬误导致另一个谬误。例如，当事实认定者在判断中将 P（E | H）误认为 P（H | E）时，即犯了“颠倒谬误”（为真颠倒），这一错误势必会导致事实认定者忽略先验概率 P（H）。这种谬误通常被称为“基础比率谬误”。在讨论“基础比率谬误”时，应区分其作为导致其他推理错误的原因与作为其他推理错误的结果两种情况。

本文将更为系统、透明地探讨法律事实认定中的概率谬误。参照科勒的清单，本文将谬误划分为七种类型，从而构建更为系统的论述。为确保术语更透明，我为一些谬误赋予新的名称，以更好地反映其内涵或所属类别。这项努力的结果是，科勒清单中的一些谬误得以整合，而其他一些谬误被细分为子谬误。我重新整理的清单中，大多数谬误均以不同形式出现在科勒的清单上，同时我的清单还增加了科勒清单所未涵盖的谬误。我的清单包含以下按 7 类组织的 12 个谬误。在“法律事实认定中概率谬误的系统阐述”部分，我们将结合例子解释所有这些谬误。

1. 颠倒谬误

(a) 为真颠倒

(b) 为假颠倒

2. 先验概率谬误：基础比率忽视

3. 零和谬误

① Robertson B, Vignaux GA and Berger C (2016) Interpreting Evidence: Evaluating Forensic Science in the Courtroom, 2nd ed. Chichester: Wiley: 129 – 135.

② P（E | H）是条件概率（P），即如果假设（H）为真，那么观察到证据（E）。

（a）共同增加忽视

（b）为假消除

4. 参照类谬误：错误匹配忽视

5. 重复错误

（a）重复计算

（b）重复遗漏

6. 收敛证据谬误

（a）收敛忽视

（b）乘法谬误

（c）依赖忽视

7. 联系跳跃

这并不是法律事实认定者可能犯下的所有概率谬误的完整清单，也没有包括法律证据文献中所讨论的所有概率推理错误。我很想说我的清单包含了"最基础"的谬误，因为它涵盖了法律证据概率推理的基本要素，并揭示了每个要素可能出现的错误。然而，从逻辑角度来看，说一种谬误比另一种更基础是有问题的。因此，我将其简称为按7类组织的12个谬误清单。

现有关于法律中概率谬误的研究未对法官或陪审员所犯谬误与法律体系中其他行为者，如专家证人在法庭上作证并报告其发现时所犯谬误进行区分。科勒将其所列举的谬误统称为"法律中的概率推理谬误"，并混合了法官或陪审员在事实认定过程中所犯谬误以及法庭报告中的谬误。这是有问题的，因为这个被引用的清单通常被认为是法官和陪审员在事实认定中所犯的错误。虽然某些谬误可能在不同类型的行为者身上出现，但科勒清单中的几个谬误并不可能由法官或陪审员在事实认定过程中犯下。例如，"伪诊断"并不是对法庭上提出的证据评估错误，而是在准备提交给法庭的收集证据阶段出现的错误，因此它不属于"法律事实认定"中的错误，而是警方调查及其他寻找证据活动中的错误。我的清单仅限于严格来说发生在"法律事实认定"中出现的谬误。它仅限于法官和陪审员在决定什么已被证明时所犯的谬误，不包括法庭报告中的谬误。当然，识别和调查法庭工作中的谬误同样重要，但这不是本文的主题。

本论述的意图，并非调查法律事实认定者在实际操作中究竟多大程度上犯了清单中所列的各种谬误。文章之主旨，仅为阐释各种谬误的含义，并梳理其间的逻辑关联。本文旨在对法律事实认定过程中的概率谬误进行系统阐述，以期为法官和陪审员的事实认定实证研究以及指导他们避免概率推理错误提供理论基础。

本文借鉴了我在过去10年中对瑞典法律体系所进行的研究。在瑞典刑事审判过程中，事实认定由法官独立负责（没有陪审团），法官在判决书中会详尽阐述他们如何评估各种证据并得出结论。这使得瑞典法律体系成为研究法律事实认定中的谬误的理想样本。在我的研究中，我分析了数百个瑞典案例，发现了诸多判决书中明确阐述概率谬误的例子。我将在本文中选用这些例子来说明各种谬误。我的研究成果已出版成书。鉴于该书为瑞典语版本，我借此良机在本文中与更广泛的英语读者共享这些研究成果（以及进一步的研究）。

下一部分首先揭示了一些重要的区别，接下来的部分则通过例子系统地阐述了我对法律事实认定中概率谬误的观点。

二、概率谬误的概念厘清

为了识别法律事实认定中的概率谬误，有必要将其与各种推理错误予以区分。谬误表现为一种外表正确而实际错误的推理。谬误种类繁多，传统上根据其所犯错误类型将其归为同一类别。

欲将其视为“概率谬误”，一个错误必须是对概率演算的形式违反，例如，在演算中省略或用另一个要素交换某个要素（基础比率忽视是省略要素谬误的例子，而假反向则为交换要素谬误的例子）。应当指出的是，将事实上不正确地数值输入到概率演算中，并不构成形式错误，因此从不能被视为“概率谬误”。例如，一位事实认定者误认为目击者辨认错误的情况极为罕见，因此将为假概率设定为百万分之一，进而导致过高估计目击者辨认的嫌疑人实为罪犯的概率。尽管这是一个严重的错误，但它属于事实错误，而非形式错误。一个基于事实错误假设得出数学上正确结论的事实认定者，并未犯概率谬误。

谬误被视为一种“看似正确”的推理方式，这引发了一个问题：是否只有具备“欺骗性”才能被视为谬误？若无人犯此错误，此错误是否能被认定为谬误？文献中对此众说纷纭，详见汉森的详尽综述，然而在本研究中，我并未就此展开讨论。若概率推理中的错误必须展示出一定的重复发生率，方可被视为谬误，那么我们就需要了解法律事实认定者犯特定错误的频率，以确定是否应将其列入清单。正如我在上文（“引言”部分）明确指出，本文的目的并非调查事实认定者实际上在多大程度犯了所讨论的概率谬误。谬误被列入我的清单并不意味着它具有某种科学记录的欺骗程度。

为了识别法律事实认定中的概率谬误，我们还需要区分“事实认定”和其它活动。在关于法律证据的理论文献中，“事实认定”这一术语使用频繁，但其精确定义却鲜有明确。有些学者对此术语的使用显得较为宽泛，而另一些学者则理解得更狭义一些。在此，我提出以下狭义定义，并在本研究中予以采用：事实认定是指法官或陪审员在法律审判中行使角色时所做的事情，即决定（单独或与他人共同）什么已证明。据此，警方调查人员和检察官不属于事实认定者。在决定将调查朝某个方向推进以及是否将案件上诉到法庭时，他们会评估证据，但他们并没有法律权威决定在适用法律时，什么应该被视为已证明。法庭科学家和其他专家证人并非事实的认定者。他们在法律体系中的角色并非做出决策，而是协助事实认定者做出相应决策。负责主持陪审团审判的法官同样并非事实认定者。法官虽有权决定采纳何种证据，但事实认定者实为陪审团，后者负责确定什么已证明。

正如我在“引言”中已经指出的，科勒在“法律中”列出的概率谬误并没有区分事实认定中的谬误和法律事实调查认定相关的其他活动中的谬误。科勒清单中的几个谬误是法庭报告中的错误。“另一匹配错误的概率”① 以及“数值转换错误”② 则表现为专家证人回答问题时的统计错误，但他们不是在事实认定中回答问题。科勒所列举的谬误清单中，最为明显的一个例子便是“唯一性谬误”③，此类谬误并不属于事实认定中的谬误。在这种谬误中，法庭科学家逾越了法律所赋予的专家证人角色，篡夺了事实认定者的职责，即宣布什么已证明。根据定义，扮演合法的法律事实认定者角色的人不可能犯这种谬误。此外，它并非一种概率谬误，而是法律程序规则上的错误。④ 科勒的清单中还列出一个关于指纹证据采纳理由的谬误，即“指纹鉴定人谬误”。⑤ 这不是法律事实认定中的谬误。如前所述，证据的可采性是一个在事实认定之前就需要解决，但不属于事实认定范畴的问题。⑥ 在事实认定及其他活动中，某些谬误可能伴随出现，如“检察官谬误”即为其中之一。此类谬误亦列入我所提及的清单，只要其在事实认定过程中出现。在一些审判中，诉讼双方所提出的论证可能犯有概率谬误。如果事实认定者未能识别该论证的谬误性，并在评估证据时采纳运用，则此谬误便转化为“事实认定”中的谬误，尽管其起初为辩护观点中的谬误。

三、法律事实认定中的概率谬误

这一部分论述针对证据评估中的若干要素，对12种谬误进行了系统性分类。首先探讨了条件化主题，涵盖了颠倒条件概率所涉及的一些谬误。接着关注先验概率以及对其忽视所导致的谬误，随后讨论了相互竞争的假设，以及将它们视为类似于天平般摇摆的错误观点。紧接着处理参照类问题以及忽略错误匹配所产生的谬误。然后探讨了重复计算或重复遗漏的谬误。接下来探讨收敛证据整合，并涵盖了一些谬误，其中收敛证据被低估或高估。最后关注证据链及其中的链接跳跃谬误。

---

① 将总体中至少有一个其他匹配的概率等同于随机匹配的概率谬误。有关完整的解释，请参见 Aitken 和 Taroni（2004）：83－84。

② 将随机匹配概率的倒数等同于期望至少再找到一个匹配所需的额外测试数量的谬误。有关完整的解释，请参见 Aitken 和 Taroni（2004）：84－85。

③ 专家没有报告观察到的匹配在多大程度上支持争点的假设，而是通过宣称匹配是唯一的来认定假设为真。请参见 Aitken 和 Taroni（2004）：86－87。

④ 另一个错误的例子，不是概率谬误而是违反法律规范的，即定罪忽视了调查缺乏证明标准所要求的“完整性”“稳健性”和“弹性”。见南希（2016）。

⑤ 援引所有人类指纹的唯一性作为法庭指纹分析的理由谬误。有关完整的解释，请参见 Cole（2004）：1197－1200。

⑥ 关于法律证据中概率谬误的文献中的其他例子不是事实认定中的谬误，包括审判观察者犯下的“陪审团观察谬误”（Fenton and Neil，2000）和“预期值谬误”（Kaye，2011）。

（一）颠倒谬误

将对条件概率P（A｜B）与颠倒条件概率P（B｜A）混淆的错误，科勒将其归类为“颠倒谬误”。如我在文章的“引言”部分所阐述，这种错误具有两种不同的表现形态，应根据实际颠倒的条件概率进行区分：为真颠倒和为假颠倒。因此，在清单中，我将使用复数来标注这一错误，并将其命名为颠倒谬误。

为真概率是指在假设问题（H）为真的情况下，观察到证据（E）的概率，即P（E｜H）。例如，在法律证据中，若嫌疑人为罪犯（H），则目击证人在辨认过程中确认嫌疑人为罪犯（E）的概率；又如，若血迹源于受害者（H），则受害者DNA图谱与嫌疑人衣服上血迹“匹配”（E）的概率。为真概率P（E｜H）对给定证据假设为真的概率P（H｜E）具有诊断价值。显然，为真概率的提高会导致假设概率的增加，这在统计学上称为“灵敏性”的提升。然而，将为真概率P（E｜H）与给定证据的假设概率P（H｜E）相混淆是一个严重的错误，因为后者涉及的问题完全不同，且受其他因素影响。错误地将P（E｜H）视为P（H｜E）便陷入了为真颠倒的谬误。持有这种谬误的事实认定者认为，既然在假设为真的情况下，我们有可能（在一定程度上）观察到证据，那么根据这些证据，假设也有可能（在相同程度上）为真。例如，一个犯“为真颠倒”谬误的事实认定者可能会如此推理：被告有罪的可能性较大，因为不利于他的证据正是我们所期望在被告有罪的情形中看到的。

犯此谬误的事实认定者忽视了证据的诊断价值不仅取决于为真概率P（E｜H），还取决于为假概率P（E｜¬H），即假设为假时观察到证据的概率。因此，犯了“为真颠倒”谬误的事实认定者也可以被描述为犯了“为假忽视”谬误。① 考虑一项证据，如果被告有罪可能性很高，但如果被告无辜，其可能性也很高，例如在被害人身上发现嫌疑人的DNA，而他们是夫妻关系。在这种情况下，说丈夫有罪的可能性很高显然是错误的，因为如果他杀了妻子，他在妻子身上的DNA正是我们所期望的。

为真概率与为假概率的比率P（E｜H）/P（E｜¬H）是贝叶斯概率演算中的一个要素，可以用来测度证据对假设的支持程度。例如，如果② P（E｜H）=1，P（E｜¬H）=0.1，比率就是10，这意味着如果假设为真，观察到证据的可能性是假设为假的10倍。相反，如果P（E｜H）=1，P（E｜¬H）=0.01，则比率为100，这意味着如果假设为真，观察到证据的可能性是假设为假的100倍，因此证据对假设（比率为10）的支持更强。如这个例子所示，证据的诊断价值在很大程度上取决于为假概率。

---

① 在几年前发表的一篇文章中，我将这种谬论称为“错过率忽视”（Dahlman et al.，2016）。这在术语上是不正确的，因为统计学中的“错过率”通常指为假比率。正确的术语是“为假忽视”。

② 可能性可以用单个数值格式或连续值格式进行指派。为了简单起见，本文中的例子使用单一数值格式。有关连续值格式的优点，请参见Morrisonetal。（2017）。

为真颠倒发生在一个著名的瑞典案件中——托马斯－奎克的供词——这经常被描述为瑞典法律史上最大的丑闻。托马斯－奎克是一家精神病院的病人，他在治疗中承认自己是连环杀手。奎克声称对瑞典和挪威30多起悬而未决的谋杀案负责。当警方对他声称杀害并埋葬受害者的地点进行调查时，没有发现任何尸体或法庭痕迹，但他还是因1994年至2001年期间犯下的8起谋杀案而被起诉和定罪。判决书指出，奎克之所以被判有罪，是因为他的供词中包含了“只有罪犯才能知道的”有关受害者和犯罪场景的细节。2008年，奎克推翻先前供词，声称整个事件均为虚构，旨在引起公众关注。案件因而得以重新审理，奎克最终得以摆脱所有指控。新的调查结果显示，奎克通过警方审讯过程中的诱导性问题，掌握了“唯有罪犯方能了解”的细节。在研究奎克被判有罪的案件卷宗时，我注意到“警方审讯中的诱导性问题”曾在初审审判中出现，作为奎克对犯罪细节了如指掌的另一种解释。事实上，检察官提到了这一选择解释，并试图通过与奎克一起参加所有听证会的警察调查员出庭作证来反驳这种解释。警方调查员说，他没有使用诱导性问题。十年后，奎克收回了他的供词，案件重新审理，这一说法被证明是完全不真实的，但当时法庭得出结论，因为警方调查员在他的证言中已经这样说了，所以没有任何主要问题。当然，为真概率是非常高的，因为警察调查员的证言就像一个勤奋的警官一样，他没有问任何诱导性问题，但事实认定者完全忽视了一个提出诱导性问题的警官很可能以完全相同的方式作证（为假忽视）。① 倘若警察调查员未能意识到所提问的问题具有诱导性，他们通常不会主动提及，倘若他们明知故问，则很可能否认这一行为，因为此举严重违反了警察纪律。对于证言的正确评价应认识到，警察调查员期待否认提出了诱导性问题，无论实际情况是否如此，因此这一陈述几乎没有证据价值，不值得得出没有提出诱导性问题的结论。如果认为警察调查员作证就证明他没有提出诱导性问题，就像警察调查如果没有提问诱导性问题就应该作证一样，这实则犯了“为真颠倒”的谬误。

此外，“为真颠倒”不仅忽视为假概率，还忽视了P（H｜E）取决于考虑证据之前假设的先验概率P（H）。② 在概率谬误的相关文献中，P（H）通常被称为“基础比率”，因此，忽视P（H）的情况通常被称为“基础比率忽视”或“基础比率谬误”。如我在文章“引言”部分所阐述的，忽略基础比率或许本身就是一种谬误，或是另一种谬误的结果。对于颠倒谬误，基础比率忽视的原因可能是为真颠倒或为假颠倒。需注意的是，“基础比率忽视”是“为真颠倒”导致的诸多结果之一。正如我们所观察到的，为假忽视也是为真颠倒的一种结果。

再来看“为假颠倒”，“为假”结果的概率是指如果争点假设为假（¬H），那么观察

① 请注意，为真概率P（E｜H）和为假概率P（E｜¬H）中的假设（H）是检察官提出的否定假设，即不存在任何诱导性问题。

② 根据贝叶斯规则，给定证据的假设概率P（H｜E）是先验概率P（H）、为真概率P（E｜H）和为假概率P（E｜¬H）的产物：P（H｜E）＝P（H）×P（E｜H）/［P（H）×P（E｜H）＋P（H）×P（E｜H）］

到证据（E）的概率，即P（E｜¬H）。在法律证据中，它可以是目击证人在嫌疑人不是罪犯（¬H）的情况下，在排队指认过程中错误地将嫌疑人识别为罪犯（E）的概率；或者在血迹来自受害者以外的人（¬H），受害者DNA图谱与嫌疑人衣服上血迹随机匹配（E）的概率。

把为假概率P（E｜¬H）等同于给定证据假设为假的颠倒概率P（¬H｜E），实则犯了为假颠倒的谬误。犯了这种谬误的事实认定者认为，如果假设为假，那么观察到证据的概率也是给定证据的条件下假设为假的概率。例如，“如果嫌疑人不是罪犯，目击证人辨认错误嫌疑人的概率低于10%，而目击证人做出了肯定性指认，因此嫌疑人不是罪犯的概率低于10%……”。此种对P（¬H｜E）的错误推论导致了给定证据的条件下假设为真的概率P（H｜E）的错误结论。继续这个例子：“……由于嫌疑人不是罪犯的概率小于10%，因此他有罪的概率超过90%”。实际上，有罪概率可能远低于此。正如前文所阐述的，P（H｜E）还取决于先验概率（“基础比率”），即P（H）。若P（H）较低，P（H｜E）可能会比例子中事实认定者错误地认为的90%低得多（“基础比率忽视”）。例如，若嫌疑人是罪犯的先验概率P（H）为1%，为真概率P（E｜H）为90%，为假概率P（E｜¬H）为10%，那么根据目击证人的辨认，嫌疑人是罪犯的概率P（H｜E）仅约为8%。①

为假颠倒是法律事实认定中最有名的谬误，已成为事实认定者无法处理概率的标准例子。在关于法律证据的文献中，为假颠倒通常被称为“检察官谬误”，这一标签源于一篇具有重要意义的文章《司法审判中统计证据的解释》。当争点中的假设是法庭来源假设时，例如嫌疑人衣服上的血迹来自受害人，为假颠倒有时被称为“来源概率错误”。在我看来，“为假颠倒”这一术语优于“检察官谬误”或“来源概率错误”，因为它更能捕捉该谬误的本质。

瑞典最高法院在2001年的一起钟表店入室盗窃案中犯了“为假颠倒”谬误。其中一名窃贼在犯罪现场被碎玻璃割伤，并留下了与被告DNA图谱相匹配的血迹。法庭专家指出，随机匹配的概率小得可以忽略不计，最高法院裁决，由于为假概率可以忽略不计，因此可以“确定”被告就是盗窃者之一。

正如之前所述，“似然比”是为真概率除以为假概率，即P（E｜H）/P（E｜¬H）。因此，事实认定者可能将为真颠倒和为假颠倒相结合，导致似然比被误认为等同于后验概率P（H｜E）/P（¬H｜E）。根据贝叶斯规则，当先验概率为1时，似然比等于后验概率（见注15）。然而，在所有其他情况下，将似然比视为后验概率是不正确的，这会导致忽视先验概率。错误地将似然比等同于后验概率对后验概率的影响类似于为假颠倒对后验概率的影响，但并非完全相同。当为真概率趋近于1，为假趋近于0时，它们的后验概率函数就会收敛。

---

① $0.01 \times 0.90 / (0.01 \times 0.90 + 0.99 \times 0.10) \approx 0.08$

（二）先验概率谬误：基础比率忽视

正如我们在前述中所看到的，为真颠倒和为假颠倒会导致基础比率忽视。对于这些推理错误，“基础比率忽视”应被视为颠倒谬误的结果，而不是推理错误。然而，在有些情况下，对先验概率的忽视才是推理错误，其本身就应归类为基础比率忽视。举例来说，在谋杀案的审判中，死因是有争议的——控方声称是这是一起谋杀案，而辩方则认为死因是自杀。如果法律事实认定者忽视这些竞争假设之间在先验概率分布上的已知差异，就会犯“基础比率忽视”。自杀是比谋杀更常见的死因。由于忽视了这一基础比率，事实认定者无意中偏向了控方。

这种谬误出现在2019年的一起瑞典案件中，当时一位名叫阿卜·‘布拉特利托’·阿尔萨迪的知名网红，因涉嫌谋杀女友而被起诉。被害人被发现躺在自家的浴缸中，浴室水槽上有烧尽的蜡烛，最初其死亡被视为自杀。尸检报告显示她因服用过量曲马多导致溺水身亡。警方随后开始怀疑阿尔萨迪对被害人的死负有责任，并刻意将现场布置成自杀的场景。阿尔萨迪因此被控谋杀罪，并被市法院判决有罪。然而，在瑞典，自杀的概率是谋杀的11倍，但法院在评估这是一起谋杀而非自杀的可能性时，并未考虑到这一关键因素。该判决后来被上诉法院推翻。

（三）零和谬误

基于对竞争命题之间关系误解所产生的推理错误，在论证理论中被归类为虚假二分法。这种谬误有几种不同的变体，当事实认定者对竞争假设之间的关系产生误解时，便可能出现在法律证据的评估过程中。应用于竞争假设时，将法律决策的象征性表示为平衡正义的天平，这意味着降低某一假设的证据将使竞争假设同样程度地上升。如果竞争假设是互斥且穷尽的，这种情况是成立的，但在其他情况下，可能一个假设的下降幅度比另一个上升的幅度大，也可能出现证据使两个假设都上升。托比－皮尔迪奇（Toby Pilditch）、诺曼－芬顿（Norman Fenton）和戴维－拉格纳多（David Lagnado）在多项实证研究中观察到，人们往往忽视这一点，并且假定竞争假设总是如天平般平衡。犯这种错误的事实认定者是在错误的概念下推理，认为竞争假设净效应相加总是加起来等于零。因此，皮尔迪奇及其合作者将这种观念称为“零和谬误”。鉴于该谬误具有两种表现形式，我已将它作为零和谬误的类别包含在我的列表中。

正如我刚才提到的，一项证据能够提高两个竞争假设的概率。这发生在假设不是互斥的情况下，当证据的可能性在两个假设都为真的条件下最大化时，以及在假设不是穷尽的情况下，如果两个假设都为假，可能性最小化时发生。举例来说，我们可以审视以下案例：运用格里斯试验检测嫌疑人手掌中的硝化甘油痕迹，检测结果为阳性。这支持了嫌疑人最近接触过爆炸物的假设（H1）。检测结果呈阳性也可能是由其他原因造成的，例如接触留有硝酸盐痕迹的扑克牌（H2）。证明价值不足以证明嫌疑人曾经接触过爆炸物，但“因为这也可能是接触扑克牌造成的”，因此得出缺乏证明价值的结论是不正确的。做出这种评估的事实认定者犯了“共同增加忽视”的谬误。H1 和 H2 必须结合假设（H3）来评估，即嫌疑人最近没有接触过爆炸物、扑克牌或任何留有硝酸盐痕迹的东西。事实认定者应该得出结论，积极的测试结果增加了 H1 以及 H2 的概率。

零和谬误的另一种变体出现在这样的情境中：一项证据增加一方所支持的假设（H1）的概率，并且降低了竞争假设（H2）的概率，但是两者中有一个改变得比另一个更多。这种情况发生在假设不是穷尽的时候，并且证据也改变了其他一些假设（H3）的概率或者多个其他假设的概率。由此可能导致如下情境：支持 H1 的证据将 H2 的概率降低到几乎为零，但由于 H3 的概率没有被降低到几乎为零，它并没有将 H1 的概率增加到几乎 100%。在这种情况下，犯了“零和谬误”并忽视 H3 的事实认定者，将错误地推论出 H1 的概率实则达到了 100%，“因为另一个可能性已被排除”。我将把这种零和谬误的变体称为假排除。犯有“为假排除”的事实认定者，错误地认为 P（H1）+P（H2）=1，因此推出 P（H1）=1 － P（H2）=1－0 =1 的结论。

瑞典最高法院在 2013 年审理的一起案件中，犯了“为假消除”谬误。案件涉及一名男子，因涉嫌试图谋杀妻子而被起诉。显然，这对夫妇关系紧张，妻子曾威胁要离开他。案发当晚，邻居们听到他们位于六楼的公寓内传出巨响和尖叫声。在激烈的争执中，妻子从阳台上摔下。她从 13 米的高度坠落，砸在铺着石头的天井上，竟然奇迹般地存活下来，但脑部损伤严重，无法说出自己是如何跌落阳台的。据控方称，丈夫对妻子实施了殴打，直至她基本丧失意识。随后，他将她抬起，肩扛至阳台，并将其从栏杆处抛掷下去。丈夫否认曾对妻子动粗及企图杀害她。他表示，两人当时仅为口角之争，当冲突平息时，妻子陷入绝望，试图翻越栏杆自杀。法庭证据与检察官的假设相一致，但与丈夫的说辞截然相反。公寓墙壁及地板上溅落的血迹无疑证实了他对妻子的殴打行为，而他衣物上的血迹则佐证了她在出血时被他肩扛的事实。最高法院裁定，在丈夫提出的竞争假设被排除，且检察官的假设得到证实的情况下，丈夫被判定构成殴打罪及谋杀未遂罪。然而，判决过程中未考虑第三种可能性。妻子曾威胁要离开丈夫，而基于丈夫的宗教信仰，此举被视为不可接受且耻辱。丈夫或许并非意图杀害妻子，而是试图阻止她离弃自己。在此情节中，妻子遭受丈夫殴打，并被威胁若离弃他，性命将不保。为恫吓她，丈夫将其带到阳台，将她置于栏杆之外，声称“若你离我而去，我便将你杀死”。在此过程中，她试图摆脱控制，不幸从阳台跌落。这一假设具备可能性，且与案件中的所有法庭证据相一致。若这一假设为真，那么尽管丈夫虐待妻子，却并未构成谋杀未遂，因为他并非希望妻子跌落阳台。

（四）参考类谬误：错误匹配忽视

事实认定者在指派为真概率和为假概率时，会参考现有关于参考类频率的数据。例如，在目击证人在列队中错误地将犯罪嫌疑人辨认为罪犯时，可以借助关于目击证人辨认错误的科学研究数据来指派为假概率。在一些案件中，这些参考数据会在审判过程中提交给事实认定者。例如，在犯罪现场发现的鞋印表明罪犯所穿的鞋子与被告所穿鞋子为同一品牌。此时，可以同时提供该品牌鞋在总体鞋类中出现频率的参考数据，以说明若被告非罪犯，那么两人巧合地穿着相同品牌鞋的随机匹配概率。然而，在许多情境中，事实认定者无法获取此类参考数据，而需依赖有关世界的个人信息作为参考数据。例如，在审判中，被告的母亲为他提供了不在犯罪现场的证明，事实认定者必须根据个人对母亲为保护儿子而说谎倾向的了解来指派一个为假概率，以确定母亲如果撒谎，会说在犯罪时间被告与她在一起的可能性。

事实认定者运用案件外部世界的相对频率估计值，并将同样的值指派给案件中的条件概率。为了使这种转换正确，相对频率应该与争点中的假设属于同一参考类别。例如，母亲在法庭上为保护儿子而撒谎的概率，不应该基于母亲在其他不需要宣誓并犯伪证罪的情境下为保护儿子而撒谎的频率决定。关于如何定义参照类已经在文献中被称为“参照类问题”。正如詹姆斯·富兰克林（James Franklin）所展示的那样，适当的参考类包括所有与预测相关问题的事件相关的特征。然而，这个参考类并不总是有可用的数据。通常情况下，可用的数据属于一个参考类，该参考类包含适当参考类的一些特征，但不是全部特征。如果事实认定者忽视这种可用数据与适当参考类之间的不匹配，并且错误地将可用数据视为与适当参考类相关，就犯了我称之为“不匹配忽视”的参考类谬误。此错误并未列入科勒的谬误清单。

不匹配忽视可以用2013年在叙利亚发生的一起残忍谋杀案的瑞典案例来说明。在瑞典警方执行的一次突击行动中，没收了一个储存卡，其中存有一部ISIS制作的视频。该视频记录了在阿勒颇的一家发电厂，被俘叙利亚政府雇员遭受处决的过程。视频中，一群I-SIS武装分子佩戴口罩，以瑞典语和阿拉伯语交流，随后对俘虏实施斩首。储存卡的主人承认自己曾多次前往叙利亚，并参与ISIS活动，但声称并未参与视频中的处决行为。然而，他与另一名男子仍被起诉。据控方表示，虽然被告面部被遮盖，但依据几个显著的身体特征，可确认他们即为视频中的刽子手。其中一个特征是其中一名刽子手手腕上的疤痕与其中一名被告身上的疤痕位置相同。为了评估这一证据，事实认定者必须考虑为假概率，即视频中的刽子手如果不是被告，其手腕上也会有这样一道伤疤的概率。法庭专家协助事实认定者完成了该项任务，根据疤痕出现频率相关数据，估算出为假概率为1/500。法庭依据此评估做出判决，但未考虑参考数据与适当参考类之间的不匹配。提交的参考数据涉及瑞典一般人群的疤痕频率，然而，适当参考类应与ISIS相关男性中的疤痕频率挂钩。可以合理地假定，在这一参照类中，疤痕的出现频率比在一般人群中更高。如果事实认定者忽视了这一差异，就会低估随机匹配的概率，从而高估了证据的价值（即似然比）。

（五）重复错误

重复计算谬误是在概率评估过程中，一种已作为证据的情况在事实认定者更新概率时又被再度视为证据的错误。尽管这看似是一种显而易见的错误，任何严谨的事实认定者都不会犯，但在某些情况下，某个证据被整合到概率分布中并不是一目了然的。

根据挪威的一部法律证据手册，在刑事审判中，应在提出不利于被告的证据之前，将先验概率等同于一个随机被告的有罪概率。例如，如果事实认定者认为检察官办公室提起诉讼的人中有75%是犯了他们被指控的罪行，那么事实认定者应将先验概率设定为75%。此类推理忽视了检察官选择起诉对象的决定是基于证据的。如果检察官在未考虑证据的情况下随机选取被告，他们永远不可能像案子中的事实认定者所设想的那样，在75%的情况下都能选出有罪者。对一个被告有75%的有罪概率评估已经考虑到了推动检察官选择被告进行审判并使他成为被告的证据。若该证据在审判过程中被事实认定者用于进一步更新75%的概率，那么该证据便被计算了两次。实际上，这正是事实认定者遵循无罪推定原则的原因之一，该原则禁止他们采用此类思考方式。

专家证言的不明确也会导致重复计算。痕迹证据通常呈现多个匹配特征，但事实认定者并不总是能够清楚地知道专家在评估随机匹配概率时究竟将哪些特征纳入考虑。例如，考虑犯罪现场的鞋印，与被告所拥有的鞋子在三个特征上匹配：鞋码、鞋底图案及磨损痕迹。在法庭上，负责研究鞋印的专家阐述了他是如何在显微镜下对比鞋印与鞋子，并得出磨损痕迹相匹配的结论。专家声称，随机匹配的概率仅为万分之一。此评估只是针对磨损痕迹而言，还是这位专家对相同鞋码、鞋底图案及磨损痕迹的随机鞋子概率评估？假设后者是专家想要表达的内容，但是事实认定者错误地理解了1/10，000的概率仅包括磨损痕迹，因此，将匹配的鞋码和鞋底图案添加到了鞋印证据中（“鉴于磨损痕迹巧合匹配的概率已达到万分之一，那么如果鞋印不是由被告的鞋子留下的，鞋码和鞋底图案也匹配的概率至少为百万分之一”）。这种推理方式将鞋码匹配与鞋底图案匹配计算了两次。

相反的错误发生在专家评估没有包括某一匹配特征，而事实认定者却错误地认为专家评估已考虑到此特征，因此并没有将其证明价值加入整体案件评估中。这种“重复遗漏”意味着匹配特征的证明价值从未被计算过。这种情况发生在2017年一起瑞典入室盗窃案，一名专家作证称鞋印上的磨损痕迹没有证明价值。鞋印在鞋码和鞋底图案方面与被告鞋子匹配，这显然有一定的证明价值，但事实认定者误解了专家证言，认为鞋印没有任何证明价值。

（六）收敛证据谬误

在法律证据的文献中，有几项证据支持同一假设的证据结构已经被不同的名称所描述。一些学者称之为“确证证据”，另一些学者则更喜欢“收敛证据”这个术语。我发现

“确证”一词有问题，因为它可能会引起关于时间顺序的想法，其中一项证据先出现，而另一项证据随后出现并进行确证。因此，我更倾向于将支持同一假设的证据称为“收敛”。

在存在收敛证据案件中，事实认定者需要评估证据的整体支持力度，而这个评估过程可能会因不同方式出错。收敛证据可能会受到多种不同谬误的影响，这些谬误产生不同的效果。正如我们将在这一部分看到的，有些谬误会导致对整体支持力度的低估，而其他谬误会导致高估。

由于刑事案件中的证明标准很高，单一证据很难具有足够的证明力以承担证明责任。在大多数案件中，检察官的假设是由收敛证据支持的，尽管每项证据本身并不足以构成证明，但检察官认为整体证明力达到了证明标准。在这种情况下，辩护律师有时会争论说，每一项证据应该根据证明标准逐一评估。如果一项证据没有达到证明标准，事实认定者应该摒弃它，然后继续考察下一项证据。当然，这种推理并不正确。这意味着收敛证据没有被整合，我将此种谬误称为“收敛忽视”。收敛忽视的不可避免的结果是，如果每项证据本身不能满足证明标准，那么它们都是毫无价值的。

这一谬误是由汤普森与舒曼在他们1987年发表的一篇开创性的文章中提出的，并用下面的例子进行阐述。

例如，假设被告与罪犯都拥有只有1%人口拥有的血型。犯这种谬误的受害者据此推理，在拥有100万人口的城市中，大约有1万人拥有这种血型。他们得出结论，被告与罪犯均属于这个较大群体，即便存在关联，其程度也相对微小。然而，这种推理没有考虑到的是，绝大多数拥有相关血型的人并非本案嫌疑人。这种关联证据极大缩小了可能是或可能已经被怀疑的人的群体，但又没有排除被告，因此根据贝叶斯分析，它具有较高的证明力。

汤普森与舒曼将这种错误称为“辩护律师谬误”，这个标签已经流行开来。然而，就像“检察官谬误”一样，这个标签并不能很好地说明谬误的本质。因此，我将其称为“收敛忽视”。在一篇关于指纹证据的文章中，科勒描述了“将不完美信息视为无关紧要的倾向”，被称为“不完美谬误”。这似乎是我们在这里讨论的谬误另一个标签。如前所述，关于概率谬误的文献令人困惑地使用不同的名称来指代相同的谬误（或其变体），好像它们所指代的是不同谬误。

在瑞典刑事史上最臭名昭著的案件之一——马林·林德斯特罗姆谋杀案中，就出现了“聚合忽视”，导致了错误的无罪判决，24年后被推翻。马林·林德斯特罗姆是一名16岁的女孩，于1996年失踪。六个月后，当她的尸体在树林中被发现时，她显然遭到了绑架、性骚扰和谋杀。她的手脚被胶带捆绑，毛衣和胸罩被剪成碎片，牛仔裤上沾满了精液，背部被刀刺了六刀。由于法庭科学家无法从马林牛仔裤上的精液中提取到DNA图谱，因此没有找到罪犯的可用痕迹。警方调查的主要嫌疑人是一名年轻男子，他是马林失踪前最后一个与她在一起的人。警方在搜查他家时，在他家车库的一把剪刀上发现了与马林蓝色毛衣相吻合的纺织品，在外屋下面藏着一个塑料袋，里面装着刀子和两卷胶带，这两种胶带与马林被绑的胶带相同，还发现了一些裸体女人的画像，她们被绑的方式与马林相同，受伤的部位也与马林相同。该男子于1998年被起诉，并在市法院被定罪，但在上诉法院被宣判无罪。辩护律师乌尔夫·霍尔斯特认为，应根据证明标准对每项证据进行单独评估，而上诉法院遵循了这一推理思路，犯了“收敛忽视”谬误。在经过20多年的沉寂后，马林·林德斯特罗姆谋杀案终于得以重启调查。得益于先进的技术手段，警方从马林的牛仔裤上的精子污渍中成功提取到了DNA图谱，这一技术在20世纪90年代尚无法应用。DNA图谱与1998年被无罪释放的男子相匹配。经过2022年的重新审判，该男子被判有罪。在新的判决中，法院不仅列举了新的证据，同时还明确指出，1998年的事实认定者犯了一个错误，即仅单独审查了每一项证据，而忽视了收敛证据的整体支持。

事实认定者应当整合收敛证据的证明价值，但有这样的愿望并不保证他们能做到正确。对于那些没有受过概率演算训练的人来说，正确整合收敛证据实属不易。让我们考虑一个案件，其中有三项证据独立地支持同一假设，每项证据的为假概率为1/100。这可能看起来不是非常有力的证据，但根据概率演算的乘法规则（针对独立支持同一假设的证据），如果假设为假，则同时出现这三项证据的概率仅为百万分之一（1/100 × 1/100 × 1/100 = 1/1，000，000）。如果每项证据的为真概率接近100%，那么假设为真时，我们看到这三项证据的概率是假设为假时的概率近百万倍。一名事实认定者未能理解并运用乘法规则，并低估了收敛证据的整体证明价值，便会犯一个我将称之为“乘法谬误”。乘法谬误的影响与收敛忽视的影响方向一致。低估证据可能导致错误的无罪释放。

乘法谬误虽然没有列入科勒的清单，但在研究瑞典案例时，我认为它在其中应占有一席之地。我已经看到很多这样的案件，我怀疑事实认定者在根据乘法规则估计他们自己假定时低估了，但由于事实认定者很少用数值表达他们的假设，所以很难确定这是否属实。以2020年发生在公共汽车站的一起暗杀事件为例进行说明。一名年轻男子在斯德哥尔摩一处公共汽车站等待乘车时，遭人从背后射击。闭路电视画面显示，行凶者身着一件绿色派克大衣式夹克。一名涉及有组织犯罪的男子被指控犯下谋杀罪，但他自称无辜。针对被告的指控主要依据两项证据：犯罪现场的枪弹以及在其寓所内发现的一件夹克。弹壳上的DNA与被告匹配。当被告被要求解释如果他是无辜的，他的DNA如何会出现在弹壳上时，他声称自己隶属于一个涉及枪支流转的犯罪团伙。根据他的解释，枪支和弹药系其在之前的某个场合予以处理。在被告与其兄弟共同居住的公寓内找到了与闭路电视图像中枪手所穿外套颜色和类型一致的外套。夹克前襟上的血迹与受害者匹配，夹克上的枪击残留物与犯罪现场的弹壳匹配。夹克上发现了包括被告在内的几个人的DNA。被告声称夹克不是他的。据他说，这件夹克肯定是他的某个犯罪同伙的。他们中有几个人时常住在这间公寓里。市法院认定被告有罪，但判决被推翻。根据上诉法院的判决，不能排除罪犯是被告的一个犯罪同伙，因此他被判无罪。这一结论令人吃惊，让判决书的读者感到上诉法院可能低估了弹壳和夹克的整体证明价值。上诉法院的判决最近已被瑞典最高法院推翻。

正如我们所见，支持同一假设的独立证据的整体证明价值远大于每一项证据本身的价值。然而，如果证据不是独立的，证据之间的概率依赖可能会显著降低整体证明价值。例如，考虑两名目击证人辨认嫌疑人是罪犯，这两名证人证言（E1 与 E2）支持同一假设（H），即嫌疑人是罪犯。让我们首先假定收敛证据是独立的。目击证人在未互相接触的情况下独立进行观察。在这种情形中，两位目击证人错误辨认嫌疑人是罪犯的概率（为假概率）为 $P(E1 \mid \neg H) \times P(E2 \mid \neg H)$。例如，如果每位证人辨认错误的概率为 10%，那么两位证人共同错误辨认嫌疑人是罪犯的概率为 0.01（$0.1 \times 0.1 = 0.01$）。相反地，现在让我们考虑目击证人辨认并不独立的情境。目击证人在观察罪犯时处于同一辆车中，事后再讨论对罪犯的印象。此刻，我们务必审慎分析，他们之间可能存在相互影响，通过在一个人的为假概率上加入条件，即另一人已经辨认嫌疑人是罪犯。现在，他们同时做出错误辨认的概率为 $P(E1 \mid \neg H) \times P(E2 \mid \neg H, E1)$。假设第二个目击证人在第一个目击证人错误辨认嫌疑人是罪犯的情况下，错误辨认嫌疑人的概率 $P(E2 \mid \neg H, E1)$ 是 50%。那么，两个目击证人都做出错误辨认的概率为 1/20（$0.1 \times 0.5 = 0.05$），而非 1/100。忽视收敛证据是相互依赖的事实认定者，便会犯“依赖忽视”的谬误。错误地将依赖作为独立证据处理，会导致对证据整体证明价值的高估，并可能导致错误定罪。在关于法律证据的文献中，已经有几篇文章讨论了著名的柯林斯案中的依赖忽视谬误。

应该指出的是，依赖性的影响各不相同。有些依赖性大大降低了证据的整体强度，而其他一些依赖性对整体证明价值只有边际影响。在后一种情况下，事实认定者可以通过近似评估来简化概率演算，这个评估不考虑微小的依赖性。这种刻意的简化并没有犯依赖忽视的谬误。事实上，为实现概率演算的可行性，这些简化通常是必要的。有大量证据的案件中通常涉及许多需要忽视的小的依赖性，以使计算可行。

依赖忽视发生在 20 世纪 80 年代瑞典的一起案件中——卡特琳·达·科斯塔谋杀案——该案件已成为几本书的主题，并被许多人认为是瑞典法律史上最大的丑闻之一。1984 年夏季，斯德哥尔摩市区多处地点发现四个封装尸块的塑料袋，经确认，这些尸块属于一名名为卡特琳·达·科斯塔的妓女。据此，两名嫌疑人因涉嫌杀害并肢解卡特琳·达·科斯塔而被起诉。其中一名被告为病理学家，供职于一家法庭鉴定机构；另一名被告为普通内科医生。控方提出一系列复杂的情况证据来指控两名被告，包括一对经营摄影店的夫妇证言。他们作证，曾有男子到店内冲洗胶卷，而在处理过程中，发现该胶卷上呈现一具被肢解的尸体照片。当他们在报纸上看到卡特琳·达·科斯塔被谋杀的消息时，他们意识到照片中的尸体正是她，于是联系了警方。警方要求他们观看一段排队认人的视频，他们两人都认出了排队中八名男子中的一人，正是那位交出胶卷并取走冲洗照片的男子。他们辨认的人是两名嫌疑人之一（普通内科医生）。事实认定者在判决中强调，如果他不是案件中的顾客，那么丈夫和妻子两人都辨认出他的可能性极低。尽管这两份证言明显相互依赖，事实认定者还是将其视为收敛的独立证据。夫妇俩在证言中承认，在那个奇怪的顾客离开后，他们曾经多次讨论他的外貌特征。他们分别观看了排队视频，但在确定要认出哪一人之前，他们观看了好几次，并在观看期间彼此进行了交流。事实认定者犯了依赖忽视的谬误，从而高估了证言的整体证明价值。

收敛证据之间的依赖性并非仅在证人彼此接触时才会发生。在许多其他情况下也存在概率依赖。例如，考虑这样一个案例：闭路电视图像捕捉到一名身穿黑色阿迪达斯训练夹克和白色运动鞋的窃贼，而嫌疑人在盗窃当晚也被逮捕，当时他身穿黑色阿迪达斯训练夹克和白色运动鞋。假设有关夹克的参考数据显示，大约每100人中就有1人穿着黑色阿迪达斯训练夹克，而有关鞋子的参考数据显示，大约每10人中就有1人穿着白色运动鞋。根据这些数据，事实认定者可能会推论，如果嫌疑人是无辜的，那么他的夹克和鞋子都与犯罪嫌疑人匹配的（为假）概率一定是千分之一，即 $1/100 \times 1/10 = 1/1000$。然而，这就忽视了夹克和鞋子经常穿在一起的事实。一个人随机穿黑色阿迪达斯夹克的概率是1/100，但一个穿白色运动鞋的人穿这种夹克的概率更低，比如说是1/20。忽视这种概率依赖会导致高估证据的证明价值。

总之，收敛证据的评估容易受到三种不同谬误的影响，这些谬误影响的方向相反。收敛忽视与乘法谬误导致事实认定者低估证据，可能导致误判无罪。依赖忽视会使事实认定者高估证据，可能误判有罪。

（七）联系跳跃

当一项证据用来支持假设时，通常情况下支持关系是通过一系列推论得出的。这种证据通常被归为“间接证据”或“情况证据”。例如，考虑一起入室盗窃案，检方将犯罪现场的鞋印与被告公寓内发现的鞋子进行匹配，将其作为被告是盗窃犯的证据。匹配特征（E）支持假设（H1），即被告的鞋子是鞋印来源，从而支持假设（H2），即当时被告是鞋印来源，进而支持假设（H3），即被告是盗窃犯。这是一个证据链，其中每个联系都存在不确定性。

$$E \text{ —— } H_1 \text{ —— } H_2 \text{ —— } H_3$$

匹配特征（E）支持被告的鞋子是鞋印来源（H1），但也有可能是具有相同特征的其他鞋子。如果确实是被告的鞋子是鞋印来源（H1），那么这支持了被告是鞋印来源（H2），但也可能是别人穿着被告的鞋子。如果确实是被告是鞋印来源（H2），那么这支持被告是盗窃犯（H3），但被告可能在入室盗窃之前就到过犯罪现场，而盗窃者可能是其他人。在评估证据（E）对于证据链中最终假设（H3）的证明价值时，事实认定者必须考虑到每一个选择假设和所有可能事件组合。为假概率 $P(E \mid \neg H3)$ 是所有情节的概率总和，其中观察到的证据而最终假设为假（另一双与鞋印匹配的鞋子、别人穿着被告的鞋子、被告在入室盗窃前到过犯罪现场）。

当在事实认定者错误地将证据（E）对证据链中后续假设（H1）的支持视为对证据链中更远假设，通常是最终假设（H3）的支持时，就会发生错误。通常这样做，事实认定者跳过了证据链中的一个或多个联系。由于每个联系都包含不确定性，这种“联系跳跃”谬误忽视了证据链中构成部分的不确定性，这不可避免导致对为假概率的低估，从而高估了证据链的证明价值。例如，考虑上述入室盗窃案，假设一位鞋印专家作证并说，如果鞋印不是被告的鞋子留下，那么观察到的匹配概率（为假概率）仅为万分之一，即P（E|¬ H1）=0.001。如果事实认定者将此理解为，给定被告不是盗窃犯，观察到的匹配概率（为假概率）为万分之一，即P（E|¬ H3）=0.001，那么事实认定者就犯了联系跳跃谬误。这是因为他们忽略了其他人可能穿被告鞋子以及被告在其他时间到过犯罪现场的可能性，从而低估了为假概率。

在入室盗窃案例中的三个假设可以用雷贝卡·库克（Rebecca Cook）、伊恩·埃维特（Ian Evett）、格雷厄姆·杰克逊（Graham Jackson）、保罗·琼斯（Paul Jones）和吉姆·兰伯特（Jim Lambert）引入的术语分类并区分开来，分别是“来源假设”（H1）“活跃假设”（H2）和“犯罪假设”（H3）。在这一术语中，“联系跳跃”错误地将“来源假设”等同于“犯罪假设”。这种谬误在文献中被称为“最终争点错误”，并被科勒列入他的清单中。在我看来，“联系跳跃”是一个更能准确地揭示这一谬误本质的名称。

四、结论

在本文中，我提出了法律事实认定中概率谬误的系统阐述。我列出了12个分为7类的谬误。如果我们将其与科勒的清单进行比较，可以注意到一些差异。我的清单上一些谬误合并了科勒清单上实际上是同一种谬误的谬误。例如“为假颠倒”合并了“检察官谬误”与“来源概率错误”。一些谬误已被重新命名以更好地反映谬误的本质。例如，科勒所称的“最终争点错误”在我的清单上被称为“联系跳跃”。科勒清单上的一些谬误并未列入我的清单，原因在于它们并非“法律事实认定”中的谬误，例如“指纹鉴定人谬误”。我的清单还包括了一些科勒清单上没有的谬误，例如“乘法谬误”和“依赖忽视”。

在本文中，我所展示的清单涵盖了12个法律事实认定者可能会犯的概率推理错误。事实认定者在多大程度上易于犯下这些谬误，这是另一篇论文要讨论的问题。关于这个问题有一些实证研究，但这里没有对它们进行回顾。还有一个需要进一步研究的重要问题是，如何帮助事实认定者避免概率谬误。

语言的据素和传闻规则

[美] 劳伦斯·M. 索兰[*]著 张嘉源[**]译

摘 要 既有研究对言语行为和传闻规则之间所具有的联系关注不多，但不可否认的是许多证据规则都有语言学方面的考量，因为在审判中产生的许多证据都是证言性的，即语言学上的证据。而证据规则恰好控制着法庭决策者所能接触到的信息，其中既有证据相关性的考量，也有对其可靠性的重视。传闻证据规则是禁止某些类型的言语行为作为法律上的证据，特别是传闻他人先前所说的话中包含的断言，以及为表达案件中有关争议事件的真实性而提供的断言。自然语言中的传闻可能是证据判断所依赖的不太可靠的基础之原型，其并不构成一个硬性的规则。所有这些都对我们的法律体系建设和语言机制之间的关系产生了影响。首先，也许是最重要的一点，我们天生的认知天赋似乎包括我们能够判断我们所吸收的，以及与他人交流的信息的可靠性。而且不可否认的是，尽管法律上的传闻排除规则与语言学的据素现象有密切的关系，但这种关系并不是一一对应的。传闻规则只涉及传闻，而自然语言通常会创建一个据素可靠性的等级，从直接经验到感官知觉，再到推理证据（法律中的间接证据），然后是传闻。

关键词 语言据素；传闻规则；言语行为；自然语言；认知天赋

一、引言

证据规则控制着决策者在决定审判中基本事实时可能依赖的信息。这些许多规则都有语言学方面的考量，因为在审判中产生的许多证据都是证言性的，即语言学上的证据。美

---

* 劳伦斯·M. 索兰（Lawrence M. Solan），布鲁克林法学院唐·弗切利（Don Forchelli）法律教授，法律、语言和认知研究中心主任。

** 张嘉源，男，四川成都人，中国政法大学证据科学研究院博士研究生。原文无摘要和关键词，本译文摘要和关键词均为译者所加。

国的证据规则,① 也是本文所关注的规则，要求证据具有相关性，不会采纳不相关的证词，即使它是真实的，并且通常要求法院在信息的证明力与其偏见效果之间进行平衡，以在一定程度上限制陪审员更多地为他们所见所闻而产生的情绪反应所驱使，而不是依据他们面前的事实，即使这些事实涉及相关信息。②

与此同时，证据规则关注的是向法庭提交的证据的可靠性。例如，联邦证据规则要求提供原始文书以证明其内容。③ 然而，下一条规则认为，“除非与原件的一致性存在争议，或者是允许复制件代替原件会导致不公正”，否则复制件就具有可采性。④

本文利用语言学和语言哲学的见解，一方面探讨了自然语言如何表达断言真实性的确定性程度，另一方面讨论了法律如何处理这一问题。传闻证据规则禁止某些类型的言语行为作为法律上的证据，特别是传闻他人先前所说的话中包含的断言，以及为表达案件中有关争议事件的真实性而提供的断言。我不是第一个从言语行为理论的角度研究传闻规则的学者，尽管文献中相关的讨论还寥寥可数。事实上，被广泛认为是言语行为理论的创始人的哲学家约翰·朗肖·奥斯汀⑤（John Langshaw Austin）本人就注意到了这种联系，他观察到，用来证明言语行为的事实而非断言内容真实性的陈述是可采的。⑥

本文的目标是通过讨论语言的据素⑦来进一步讨论这个问题。考虑以下设想。在一次审判中，律师问证人：“6月6日犯罪发生时被告在哪里?” 此时对方律师应要求首先确定证人是如何了解此事的，以确保他不会提供传闻证据。例如：“你知道被告在哪里吗?”“你怎么知道的?”“除了别人告诉你的，你还有其他信息吗?”

现在，想象一种语言（不是英语），在这种语言中，这些信息自动成为证人回答的一部分。如果证人在相关时间见过被告，他会使用一种表达方式；如果他从被告知的情况中

① 本文自始至终将参考美国联邦证据规则（以下简称FRE）。

② FRE 403.

③ FRE 1002.

④ FRE 1003.

⑤ 译者注：约翰·朗肖·奥斯汀是英国哲学家，属于分析哲学学派，以语言哲学为专长。他的主要代表作为《感觉与可感物》《如何以言行事》以及 *Philosophical Papers*。关于奥斯汀言语行为理论和法理学之间联系的述评，可参见邱昭继：《奥斯汀言语行为理论与法理学》，载《法制与社会发展》2008年第2期。

⑥ Austin, J. L. *How to do things with Words*. Cambridge, MA: Harvard University Press, 1962, p13.

⑦ 译者注：“据素”（evidential）是一个语言学概念，与之相关联的术语是“言据性”（evidentiality）。言据性主要是指说话人对知识来源以及态度或介入程度的说明，因而言据性包括两个方面的内容：第一个方面是知识的来源，第二个方面则是关于知识的态度的任何语言表达。我们可以借用言据性来判断信息是否为一手以及信息来源或者渠道是否可靠等。而言据性在语法或语义上的体现则被称作据素，其有两种表现形式，一是形态据素，二是词汇据素。前者主要包括动词的前、后缀；而后者则指动词、情态助动词、副词、形容词、副词短语等。蔡菲·华莱士（Chafe Wallce）将据素类型化为六种：知识、可信度、知识源、获取知识的方式、知识与语言和期待的匹配。而胡壮麟则在蔡菲的基础上重新进行了分类，他将据素分为七类：信念（文化证据）、推论（感官证据）、听说（语言证据）、演绎（假设证据）、可靠度、动词资源和期待。相关研究可参见：Chafe Wallace, *Evidentiality in English conversation and academic writing*. In W. Chafe &J. Nichols (eds.). *Evidentiality: The Linguistic Coding of Epistemology*. Norwood, NJ: Ablex. (1986)；胡壮麟：《语言的可证性》，载《外语教学与研究》，1994年第1期；房红梅：《言据性研究述评》，载《现代外语》2006年第2期。

知道这一信息，则会使用另一种表达方式；如果他从当时的情形中知道这一信息，则可能会使用第三种表达方式。就像说英语的人把时态作为他们语言表达的一部分一样，而其他语言，包括库斯科盖丘亚语（一种秘鲁语言）和土耳其语，则包含着说话者对于自己如何知道其所作断言的信息。这些语言元素便被称为据素（evidentials）。本质上，这些语言都有一个内置的传闻标识符。这些语言要求说者必须提示听者，他们的陈述是根据传闻证据作出的。

此外，对于出生在讲土耳其语的文化环境中的孩子来说，学习土耳其语并没有什么特别令人畏惧的。这意味着，一种要求识别传闻的规则是我们先天语言天赋的一部分。当然，并不是所有的语言都有这种规则，仅有一些语言存在。当我告诉土耳其的法学专业的学生，他们的语言知识如何与美国的联邦证据规则相匹配时，他们很快就感到既惊讶又高兴，因为他们从小就创制了一种语言学差异上的法律后果。

二、传闻是一种言语行为

关于证据可靠性的最重要的规则是传闻排除规则，而这是本章大部分内容的主题。美国联邦证据规则首先对传闻的定义如下：

“传闻”是指以下陈述：

（1）陈述人并非在审判或听证时作出的；以及

（2）作为证据提供用以证明陈述所断言事项之真实性。①

然后下一条规则认为，传闻不具有可采性，除非规则或立法另有规定，存在例外情形。② 事实上，的确也有很多例外规定。③

理解这一规则的关键词是“真实性”（truth）、“陈述”（statement）和“断言”（asserted）。断言是许多言语行为（speech act）中的一种。奥斯汀在他开创性的著作《如何以言行事》（*How to Do Things with Words*）中，根据言语行为所扮演的话语角色对其进行了分类。④ 随后，其他哲学家，其中最著名的塞尔（Searle），进一步推动了这一研究进程。⑤ 断言是一种言语行为：事实陈述。许多断言，尽管不是所有的断言，都是为了陈述一个真实的命题。当我说“唐纳德·特朗普（Donald Trump）当选美国第45任总统”时，我这么说是因为我相信这是真的，无论我是否用“我陈述”“我断言”“我相信”或任何其他表达我与这一陈述的关系的方式来提出它。

当然，所断言的内容并不总是清楚明了的。我们的陈述有时会显得模棱两可，这时我

---

① FRE 801（c）.

② FRE 802. 事实上，对传闻的排除有许多例外，其中一些将在后面讨论。

③ See FRE 803.

④ Austin，J. L. *How to do things with Words.* Cambridge，MA：Harvard University Press，1962.

⑤ See Searle，J. *Speech Acts*：*An Essay in the Philosophy of Language.* Oxford：Oxford University Press，1969；Searle，J. *Expression and Meaning*：*Studies in the theory of Speech Acts.* Oxford：Oxford University Press. 1979.

们便经常拐弯抹角以掩盖我们陈述所仰赖的基础，以防我们的观点可能不会被很好地接受。哲学家们对我们过于认真地对待断言表示担忧，他们试图去分析语言，而不是发现交际意图和原谅语言错误。①“迷恋断言”是律师的惯用伎俩，威廉姆斯如此写道。②

其他言语行为包括提问、承诺和执行，所有这些都具有法律相关性。在律师和证人的法庭交流中，律师应该提出问题，证人应该用对事实的断言来回答。如果律师所提出的一个问题问的并非事实，那这一提问通常是会被对方提出异议的。例如，一般不允许非专业证人发表个人意见。反过来，律师提出的问题并无真值可言，其既非真也非假。然而，有可能在一个问题中嵌入许多预设，使得这些预设看起来并不公正，因为它们可能基于一个未经证实的假设。最经典的例子是“你什么时候停止打你妻子了？”这类包含预设的问题也是会被提出异议的。

许多关于言语行为的文献都集中在施为句上，而施为句也是既非真也非假的。施为句是由适当的人在适当的情况下说出的，从字面上执行一个行为的话语。例如：“我在此宣布你们成为夫妻，”和“法院在此判处你四年监禁。”

一般来说，“特此”使用得恰当与否，是对话语的施为性质的检验。这个词暗示说话者有权力执行所表达的行为。

也许让一些人感到惊讶的是，承诺通常也被认为是不具有真值的，因此其也不是断言。如果我承诺在下班回家的路上买一盒牛奶，但我却忘记了，而就此说我说谎违背了诺言是很奇怪的。合同法所有内容都是关于违背诺言的。它让人们为自己未履行诺言而负责，不管他们的意图是什么，至少在大多数情况下是这样。③

如果我从未打算遵守诺言呢？那这便不是谎言，而是不真诚的承诺。一些哲学家认为，做出一个不真诚的承诺，然后又违背，其法律后果应该比单纯的违约更严重，尽管在美国法律中通常不是这样。也许是因为法律认定承诺通常是真诚的，除非作出承诺时便是不能为人合理相信的，作出不真诚的承诺可能等同于说谎，即使它们是不同的言语行为。④

---

① 译者注：这里的错误（error）指的是因对某种语言规则的无知而导致语言使用上出现偏差。参见戴炜栋、束定芳：《对比分析、错误分析和中介语研究中的若干问题——外语教学理论研究之二》，载《外国语（上海外国语大学学报）》1994年第5期，第4页。

② Williams，B. *Truth and Truthfulness*：*An Essay in Genealogy. Princeton*，NJ：Princeton University Press. 2002，pp100－110. 我在2014年的一篇文章中围绕法律解释，进一步讨论了这个问题。

③ 在言语行为理论的语境下对合同法进行的深刻探讨，see Tiersma，P. The Language of Offer and Acceptance：Speech Acts and the Question of Intent. *California Law Review*，74：pp189－232，1986.

④ See，e. g.，*Leonard v. Pepsico*，88 F. Supp. 2d 116，（S. D. N. Y. 1999），aff'd 210 F. 3d 88（2d Cir. 2000）. 法院认为，任何有理智的人都不会相信百事可乐在广告中承诺以很大的折扣出售一架军用飞机，而这可以从一个少年在校园里降落喷气式飞机的电视广告中推断出来。这样的判例相对较少，但涉及夸大其词——夸大所出售物品或服务的质量——的判例表明，法律在多大程度上容忍了商业生活中缺乏坦诚的行为。正如一家法院所描述的那样：“从定义上讲，夸大不可能误导消费者，因为它是一种理性的消费者所不会依赖的陈述。”*Verisign*，*Inc. v. XYZ. COM LLC*，848 F. 3d 292，313（4th Cir. 2016）.

法律实际上承认断言和其他言语行为之间的区别。它通过传闻原则自身心照不宣地做到了这一点。但它也通过区分传闻陈述和法律所称的言辞行为（verbal acts），非常明显地做到了这一点。布莱克法律词典定义道：

1. 言辞行为。通过口头或书面的语言媒介进行的行为。（p160）

2. 证据。为证明言辞本身具有法律效力而提出的陈述（如遗嘱中的条款）。为此目的，该陈述不被认为是传闻。①

第一个定义对应于语言哲学家对一般言语行为的定义。第二个定义与我们的目的更为相关，因为它描述了言辞行为是言语行为，而不是具有真值的断言这一现象所具有的特殊法律意义。继续从布莱克法律词典（Black's）的例子出发，遗嘱中的大多数陈述都是施为句，因此在这个意义上是言语行为。一个人可以在遗嘱中写明将财产留给受益人。就语言学家和哲学家而言，遗赠行为本身就是一种施为言语行为。

在1975年《联邦证据规则》通过之前和之后，都出现了使用这一表述的案件。至于更早的判例，比如1912年密苏里州的艾伦诉莫里斯案。② 该案涉及因时效占有而要求获得土地所有权的问题。这一原则允许土地占有人在持续地、公开占有土地一段时间后（传统上是21年），向土地所有人主张该地的所有权。换句话说，这是一种"不使用就失去"的原则。与此类主张有关的是，占用人是否已充分通知原所有人有关占用的情况。这种言论将构成一种可采的言辞行为，因为这种言论不是为了其真实性而提供的，而是为了证明原始所有者得到了适当的通知。这正是艾伦案中发生的情况。

举一个更现代的例子，考虑一下2010年马里兰州的加纳诉州政府（Garner v. State）案中的场景：一名司机因为驾照被吊销而在驾驶时被警察拦下。在拦截过程中，警察在汽车的杂物箱里发现了一堆塑料袋，每个塑料袋中都装有可卡因。就在这一切发生的时候，司机的手机响了，一个警察接了电话。他作证说："电话那头是一个男性的声音，听起来像个男性。我向他问好。他说，'喂，我能拿40g吗?'在我问了他的名字以后他就挂了电话。"③

根据判例和证据法的文献，法院认为，这一证词并非传闻，因此可以作为一种言辞行为采纳为证据，以证明司机持有可卡因并非自用，而是出售给他人——这是一种更为严重的罪行。④ 当警方将非法投注记录为被告参与非法赌博计划的证据时，也会出现类似的结果。签订合同的言论，无论合法还是非法，与报道事件的言论是完全不同的。相比之下，如果打电话给司机的人说他早些时候便提出要购买可卡因，那这一陈述将是传闻，尽管最初的提议仍然是言辞行为。

---

① Garner, B. (ed.). *Black's Law Dictionary*. Eleventh edition. Ann Arbor, MI: Thomson Reuters, 2019.

② *Allen v. Morris*, 148 S. W. 905 (Mo. 1912).

③ *Garner v. State*, 414 Md. 372, 377, 995 A. 2d 694, 697 (Md. App. 2010).

④ Ibid., 385, 702.

有时，法院实际上会将言语视为一种言辞行为（verbal act）或一个施为句（performative）。事实上，加纳案就是这样一个判例。① 也许，关于这种关系最好的表达可以在1999年美国第七巡回上诉法院判决的美国诉蒙大拿州案波斯纳法官的意见中找到。② 在那起案件中，被告在抢劫银行后驾驶汽车逃跑。他要求抢劫银行的同案被告（多德）——他实际上抢劫了银行——作证说他（蒙大拿）没有意识到自己正从犯罪现场开车离开，而这显然不是真的。一名联邦法警无意中听到了一些提出的交易，并作证如下："在审判结束前不久，多德给蒙大拿的律师一张给蒙大拿母亲的纸条，蒙大拿母亲看了纸条后告诉律师，纸条上要求多德为蒙大拿做有利的证词，而作为交换需要向多德支付相应钱款。第二天早上，一名美国副法警听到多德向蒙大拿说，让他告诉蒙大拿的父亲，'将需要1万美元'才能得到一份对他有利的证言。地区法院的法官允许法警就他所听到的作证。"③

> 初审法院和上诉法院都认为这一证词不是传闻。波斯纳法官——他深谙哲学——解释道：政府认为其作为一种"言辞行为"是可采的……从而呼应了语言学家对施为性话语和雄辩性话语的区分。后者通过叙述、描述或以其他方式传达信息，因此可由它们的真值来判断（信息只有在为真时才有用——事实上，只有在为真时才是信息）；而前者——通过承诺、提议或要求来说明——使说话人采取行动。施为性话语不属于传闻规则调整的范围，因为它们不提出任何事实主张。如果法警无意中听到多德告诉蒙大拿，"你父亲答应给我一万美元，"那么法警无意中听到的多德的陈述将是传闻，因为它作为证据的价值取决于它是真实的，也就是说，这样的承诺实际上已经做出了。④

法院通常将言辞行为描述为具有法律效力的陈述，将其与为其真实性而提供的事实陈述区分开来。这一陈述遵循了联邦证据规则咨询委员会关于联邦证据规则801——该条款对传闻作了定义——的说明。⑤ 但施为句是否具有法律效力并不能决定其作为施为句的性质。例如，一对父母承诺给孩子一辆新自行车作为生日礼物，但如果后来决定不送这样一份奢侈的礼物，他们也没有违反任何法律义务。然而，如果以后引用的话，承诺只是言辞行为，而不是传闻。因此，具有法律效果是构成施为句的充分条件，而不是必要条件，法律语境中的言辞行为也应如此。

---

① Ibid.（"无论打电话的人作出承诺，还是只是试图打赌或购买毒品，拨打电话都不仅仅是一种断言，而是寻求实现这些目的的行动，当这种行为被证明是一种表明在接到电话的地方下注或出售毒品的手段时，这种行为的施为质量就证明了将其作为非传闻对待是合理的。"）

② *United States v. Montana*, 199 F. 3d 947 (7th Cir. 1999).

③ Ibid., 948.

④ Ibid., 949.

⑤ 参见联邦证据规则咨询委员会对801（c）的说明："其效果是将'言辞行为'和'行为的言辞部分'这整个类别排除在传闻之外，在这种情况下，陈述本身影响了当事人的合法权利，或者是与影响当事人权利的行为有关的一种情况。"

毫无疑问，传闻排除规则不仅会排除不可靠的证据，而且还会导致可靠的证据也被排除。法律可以用两种不同的方式来处理这一事实：一种是将传闻规则作为默认规则，即当传闻证据被认为可靠时，法官可以推翻该规则；另一种是为该规则创建子类别的例外。在很大程度上，美国法律选择了第二条道路。联邦证据规则第 803 条列出了传闻规则的例外情况，包括激动的话语、过去同时代的回忆记录、为医疗诊断和治疗而传达的信息、结婚证、在正常业务过程中保存的业务记录以及公共和宗教记录。[①] 此外，对方先前的陈述不符合传闻的定义，这在实践中使狱友得以自由地作证——不论是否属实——被告曾夸口其犯下了审判所涉及的罪行。

让我们再探讨一些言语行为理论的细节。奥斯汀和塞尔最重要的贡献可能是区分了话语的内容和说话者用所说的内容做了什么。学者称前者为话语的言内行为（locution），后者为话语的言外之力（illocutionary force）。例如，当一个人说出一个由疑问句（如"what"）引出的英语句子，并且动词在主语之前，这个句子的言外之力就是一个问题。类似地，对于命令、警告和断言等行为也是如此。

话语也有哲学家所说的言后行为效应（perlocutionary effect），这是它们对听者的影响。理想情况下，我们希望说话者试图传达的内容与听者理解的说话者所传达的内容能够很好地匹配。然而，有些动词侧重于说话者对听者的影响，而不是说话者是如何实现这种影响的。说服（convince）和劝服（persuade）就是这样的动词。如果我说服某人，特朗普在处理新冠病毒大流行方面做得很好，重要的是，那些事先没有采取这种立场的人，现在因为我的说服性言论而采取了这种立场。而我是如何说服他的并不是问题的一部分。我可以通过诚实的辩论、寻找托词或赤裸裸的谎言来说服别人。规范律师行为的道德规则和证据规则本身结合在一起，限制了法庭上可以使用的说服工具。最重要的是，律师不得说谎，无论是对法官，对对方律师，还是对任何参与诉讼程序的人。[②]

然而，这并不意味着律师在所有的沟通中都是直截了当的。在律师与法官的互动中，对于用半真半假的事实欺骗对方律师和法官的行为是不能容忍的。但是，并没有禁止哄骗证人同意某一描述的准确性，该描述是真实的，但同时是准确的和不公正的。

与此相关，语言学家沙恩（Schane）从言外之力的角度定义了传闻。[③] 传闻陈述的言外之力必须是具有真值的断言，而且必须在审判时提供，以证明所断言事项的真实性。前面讨论的例子证实，可能有其他原因要求提供证词，而这种证词并非传闻。

在反对传闻的规则之上，还要求证词具有相关性，并对其可靠性提供额外保障。[④] 证

---

① FRE 803.

② See American Bar Association. *Model Rules of Professional Conduct*. Chicago：ABA，2020，Rules 3.1，3.3.

③ Schane，S. *Language and the Law*. London：Continuum，2006，ch. 3.

④ 关于证据理论在这些方面和其他方面的讨论，see Pardo，M. S. The Nature and Purpose of Evidence theory，*Vanderbilt Law Review*，66：pp547 - 613.，2013；Cohen，L. J. Some Steps Towards a General theory of Relevance，*Synthese*，101：pp171 - 85，1994.

据规则的这两个方面——相关性和可靠性——都是以语言哲学为基础的。让我们先从相关性开始讨论。相关性不仅在决定法律案件中什么应被视为证据上很重要，而且在日常生活中，它在我们如何相互交流上也起着重要作用。哲学家格赖斯（Grice）写道，一般来说，对话是说话者和倾听者之间协商的过程，每个参与者轮流发言，每个人都试图通过对对话的贡献来推进对话，而这种推进方式要考虑到贡献如何可能被理解。格赖斯把这称为合作原则："使你所说的话，在其所发生的阶段，符合你所参与交谈中的公认的目标或方向。"①

一个人如何确立这种合作立场呢？一种方法便是试图遵循格赖斯所提出的四条准则中的四类要求：量的准则（说所有必要的话，但不要太多）；质的准则（讲真话）；关系准则（相关的）；还有方式准则（用恰当的语气清楚地说出来）。当然，我们并不总是使我们的言谈符合这些准则。我们的言谈越离题，听者就越有可能从我们的话中得出不恰当的推论。以格赖斯的例子来说，"假设A和B正在谈论一个在一家银行工作的、共同的朋友C，甲问乙：丙的工作进展如何。乙回答说：哦，我想还不错。他喜欢他的同事，而且他还没进过监狱。"（Oh，quite well，I think；he likes his colleagues，and he hasn't been to prison yet）② 为什么B会说这样的话？最好的答案是，如果不了解他为什么说这些话，我们就无法判断。是C虽然是一个诚实的人，却有令人讨厌的同事吗？或者C是否曾有犯罪记录，并可能再次做违法的事情？再或者C喜欢他的同事是好事还是坏事呢？最重要的是，我们会自动地、无意识地使用语境来推断交际意图。

有人可能会争辩说，交谈的一般规则不适用于法庭上的证词，因此与本讨论无关。在某种程度上，这是公正的评论，因为法庭证词是高度程式化的。律师提出问题，而证人进行回答。这和我们认为的正常对话相比，只能认为是类似的。然而，过分强调这些差异将是错误的。毕竟，律师必须寻求相关的信息（关系准则）；证人必须如实回答（质的准则）；证人的回答可以仅限于所提出的问题，而不是以一种自私的方式进行阐述（量的准则）；法庭礼仪的规则严格限制了各种行为者陈述他们想说的话的方式（方式准则）。例如，如果其中一方对另一方说"这是扯淡的"，大多数法官会认为这种行为是不可容忍的。

格赖斯关心的是交谈的语用学，而不是所说的话的字面意思。在格赖斯的哲学中，问题不在于词语的含义，而在于说话者通过说出这些词语想要传达什么。格赖斯在词语的语言意义和"会话含义"之间划出了一条界线。我们使用合作原则是为了得出会话含义并影响对话伙伴可能得出的含义。举一个典型的日常例子，一位用餐的客人刚被端上一杯咖啡，他可能会问："我可以要一些奶油吗？"这是一个直接的请求。同一个人也可能会这么问："请问，有奶油吗？"或者另一个类似的问题。主人会把这样的询问理解为间接地要奶

① Grice，H. P. "Logic and Conversation，" in P. Cole and J. Morgan（eds.），*Syntax and Semantics* 3：*Speech Acts*. New York：Academic Press，1975，p45.

② Ibid.，43.

油。这当然不是关于世界上是否有奶油的问题，甚至也不是关于主人是否有奶油的问题。举个法律上的例子，当一个警察问一个年轻的司机，“后备箱能打开吗?”他并不是在问弹簧装置所具有的打开汽车后备箱的功能。更确切地说，他是在向司机发出打开后备箱的请求或命令。①

多年来，以格赖斯的合作原则为主题产生了大量的文献，其中也包括一些争议。首先，并不是所有的准则都同等重要。特别是，有些人无视量的准则，说的话比必要的多，而另一些人则说得不够多。我们都知道话匣子和沉默寡言的人。这些问题通过影响相关性进而影响对话。一个说太多话的人经常提供一种相关信息和不相关信息交织在一起的混合信息，这就迫使听者进行脑力训练，对二者进行辨别，而这并不总是一件容易的事。

认识到这些以及其他与合作原则有关的事实，一些理论家假设整个原则可以简化为相关性要求。② 推进对话的方式是交换所讨论问题的相关信息。方式准则也可以简化为要求以一种使相关信息足够突出的方式说话。剩下的就是质的准则——即讲真话的要求——以及关系准则——即相关性是语用学的核心原则。

如果真实性和相关性是日常对话的核心要求，那么二者同样作为法庭证词的核心要求就不足为奇了。证据法与发现真相有关，如果证据仅限于（至少是部分）既真实又与争议问题相关的信息，那么真相就更有可能被发现。事实上，这些价值观念驱动着日常的对话互动，使得这些规则看起来很自然，也因此更容易执行和遵守。③

正如哲学家麦克里迪（McCreedy）所证明的那样，合作的一种方式（至少在说话者的心目中是这样）是向听者提供信息，告诉他们所传达的信息有多可靠。④ 在这方面，两种不同的判断可能是相关的。首先，我们可以简单地传达我们对可靠性的评估。其次，我们可以传达我们是如何获得信息的，并允许听者从事实中得出结论，通常假设我们也有这样的判断。英语中有这两种信息的暗示。我们将看到，其他语言将它们更正式地作为语法的一部分。这些就是所谓的据素，并将成为本文其余部分的主题。

三、自然语言中的据素

语言通常具有方法能让我们表达自己是如何开始相信一个命题的真实性，但这些方法在如何达到这一目标上却有很大的不同。在哲学家和语言学家之间存在一些分歧，即证据是否属于语用推理的问题，或者实际上它们是否属于断言的字面意义的一部分。⑤ 此外，

---

① See Schneckloth v. Bustamonte，412 U. S. 218（1973）.

② 斯珀波与威尔逊在1995年做出了该领域的开创性研究。他们第一版的专著（《关联：交际与认知》）在1986年出版。

③ Tyler，T. R. *Why People Obey the Law*. Princeton，NJ：Princeton University Press，1990.

④ McCready，E. *Reliability in Pragmatics*. Oxford：Oxford University Press，2015.

⑤ See Murray，S. E. *The Semantics of Evidentials*. Oxford：Oxford University Press.，2017.

研究人员还发现，在据素可能出现的句子中，语言在句法限制方面存在差异。① 关于这一问题的争论非常复杂。就我们的目的而言，解决这些技术问题并不重要。

考虑法勒（Faller）从库斯科·盖丘亚语中引用的例子，该语言为据素信息提供了语法标记。作出含有传闻据素标记的陈述，同时又说该陈述不真实，这并非不恰当的。②

Pay - kuna = s（s）he - PL = REP qulqi - ta money - ACC saqiy - wa - n. leave - 1o - 3 Mana = má,

no = IMPR ni not un one sol - ta Sol - ACC saqi - sha - wa - n = chu. leave - PROG - 1O - 3 = NEG（p165）

"（他们告诉我），他们给我留了钱。""（但是）不，他们没有给我留下一索尔。"

在盖丘亚语中，*má* 是嵌入在句子中的传闻标记。同样的解释选项也适用于英语："我被告知继承了100万美元，但他们连一块钱都没有留给我。"这不能被理解为前后矛盾。我们可以将这与"我从他们那里继承了100万美元，但我没有从他们那里继承一分钱"的矛盾进行比较。如果没有迹象表明一个人是在重复从传闻中所得知的事情，那么他就会相信这个命题。如果是传闻的话，就不能这么做了。

英语在这方面的表达相对贫乏。我们通常会使用副词，例如，据报道（reportedly）、完全地（totally）、显然（apparently）和实际上（actually）。它们实际上传达了对所断言事物真实性的信任。接下来，我们的讨论将回到一篇非常有趣的博士论文中，格洛吉（Glougie）认为证人在警方的审讯中使用"实际上"（actually）这个词来表明他们的信念是基于能让他们最大程度信服的证据。③ 这个词通常用来纠正错误的印象或表示强调。一般来说，这表明说话者要么看到或听到了所传达命题的证据，要么亲自经历过。相反，据报道（reportedly）则是传闻的标记，表明说话者没有承诺接受所重复命题的真实性。

我们也使用情态动词"一定"（must）来进行表达，例如："我又累又渴，我一定是得了糖尿病。""一定"在这个意义上，与"实际上"相反，当我们想表达我们已经对事情的真相做出了推断，但没有直接的证据时，就使用"一定"。它在文献中被称为认知的一定（epistemic must）。我们可以用副词或情态动词来表达证据的可靠性，这一事实很有

---

① See Korotkova, N. The Embedding Puzzle: Constraints on Evidentials in Complement Clauses, *Linguistic Inquiry*, 52（1）: pp210 - 226, 2021. Available at https://www.mitpressjournals.org/doi/pdf/10.1162/ling_a_00363（Accessed: March 25, 2021）.

② Faller, M. The Discourse Commitments of Illocutionary Reportatives, *Semantics and Pragmatics*, 12, 2019, p18. Available at https://semprag.org/index.php/sp/article/view/sp.12.8/pdf（Accessed: March 25, 2021）.

③ Glougie, J. *The Semantics and Pragmatics of English Evidential Expressions: The Expression of Evidentiality in Police Interviews*, Unpublished Ph. D dissertation（on file with the author）, University of British Columbia, 2016, pp98 - 101.

启发意义。它表明，语言在言据性所采取的语法形式方面有很大差异。①

最后一个例子是土耳其语中的据素。② 土耳其语对直接知识和间接知识进行了区分。间接知识包括传闻知识和推理知识，沿着前面讨论的认知的一定的方向展开。-Miš 是间接信息的标记。比较以下这些句子，它们摘自一篇关于幼儿熟练掌握土耳其语中据素含义的文章：③

（1）Çocuk oyun oyna—di. Child game play PAST. Direct "The child played."

（2）Çocuk oyun oyna—mı . Child game play PAST. Indirect "The child played."

这两个句子都被翻译为"孩子玩了游戏"，但第一个句子表明这种知识是直接获得的，而第二个句子表明它是间接获得的，无论是通过传闻还是推理。

学者们提出，据素标记通常根据说话者对所断言命题的承诺程度形成一个等级体系。考虑这样一个陈述，说话者对其据素的强度只字未提：

（1）弗雷德·休上星期一从纽约前往洛杉矶

作为听众（或读者），我们认为说话者一定对这句话的真实性感到一定程度的舒适。比如说，如果一个人在85%的程度上确定这件事真的发生过，那么他通常会很放心地说出来。现在，让我们看看我们在英语中使用的一系列据素标记：据说（supposedly）、据报道（reportedly）、实际上（actually）、据我所知（from what I' m told）以及认知的一定（epistemic must）。戴维斯（Davis）、波茨（Potts）和斯佩斯（Speas）的一篇重要文章④认为，不同的据素具有不同的调节说话者与陈述真实之可能性进行沟通的作用。再次参考上面的例子（1），添加"实际上"一词会使说话者的沟通信心增加到85%的基线之上，而"据说"一词则会降低它。不同程度的可靠性似乎形成了一个或多或少普遍的等级体系，确定性在其顶层，而传闻则在底层，至少来说传闻是可被宣告无效的。要使其发挥作用，必须事先接受一些初步假设。首先，人们必须分享假设，至少在一般情况下，什么构成了缺乏据素标记的正常概率基线。其次，正如戴维斯等人指出的那样，这是一种语用的说法。也就是说，据素为断言添加了语境，使听者对其可靠性作出推断。第三，虽然我们通常认为个人经验比通过感官知觉所获得的知识更可靠，而感官知觉比别人的报道更可靠，但情况并非总是如此。

正如格洛吉和其他学者所指出的那样，为了表明说话人对所传达的信息的信念，通常

---

① 关于这一点的进一步发展，see Matthewson, L., Davis, H., and Rullmann, H. Evidentials as Epistemic Modals: Evidence from St' at' imcets, *The Linguistic Variation Yearbook*, 7: pp201-254, 2007.

② See Johanson, L. Evidentials in Turkic, in A. Y. Aikhenvald and R. M. W. Dixon (eds.), *Studies in Evidentiality*, Amsterdam: John Benjamins Publishing, 2003, pp276-277.

③ Ozturk, O. and Papafragou, A. The Acquisition of Evidentiality in Turkish, *University of Pennsylvania Working Papers in Linguistics*, 14: p297, 2008,

④ Davis, C., Potts, C., and Speas, M. The Pragmatic Values of Evidential Sentences, *SALT*, 17: p76, 2007.

可以使用比常规使用更为可靠的据素标记。如果我说我姐姐住在宾夕法尼亚州（她确实住在宾夕法尼亚州），至少在某些语言中，即使我没有亲自去拜访她，只要我对这句话的真实性有足够的坚定信念，我也可以使用最大程度上值得信赖的标记。

四、结论

自然语言中的传闻可能是证据判断所依赖的不太可靠的基础之原型，其并不构成一个硬性的规则。所有这些都对我们的法律体系建设和语言机制之间的关系产生了影响。首先，也许是最重要的一点，我们天生的认知天赋似乎包括我们能够判断我们所吸收的，以及与他人交流的信息的可靠性。显然，这种能力是一种认知能力，与任何沟通的内容无关，因为我们必须在传达信息之前从这种意义上理解信息。在某种程度上，它似乎最好被描述为语用的，而不是纯粹的语言的语义，它存在于我们的推理系统中，而不是在我们的语法中，即使它是通过语法化的小品词来表达的，如盖丘亚语和土耳其语。① 这就造成了一个复杂的情况，在一些语言中，但不是所有的语言，据素发挥着语法的小品词和对命题的态度进行表达的双重作用。

第二，虽然法律上的传闻排除规则与语言学的据素现象有密切的关系，但这种关系并不是一一对应的。首先，自然语言通常允许一些特殊的例外情况，在这种情况下，传闻可能会被标记为特别可靠的。而证据规则就只能是规则，即规则如何规定便如何执行。

第三，传闻规则只涉及传闻，而自然语言通常会创建一个据素可靠性的等级，从直接经验到感官知觉，再到推理证据（法律中的间接证据），然后是传闻。毫无疑问，类别的激增使据素标记尤其有必要在等级体系的边缘失效。不同的语言在编码的细节上有所不同，但似乎有一个关于可靠性的核心信息，这些信息彼此之间没有联系，以表明某种普遍性的存在。②

第四，传闻排除规则的例外情形繁多。在大多数情况下，例外规则试图将那些最有可能是可靠的陈述为排除规则所豁免。这些陈述包括商业记录、医疗记录、政府报告、市场报告和有关财产所有权的文件等等。③ 毫无疑问，可能会有更多的例外情形，而列出的那些，虽然一般来说是可靠的，但并不总是如此。

最后，尽管人们认为言据性的认知层次或多或少具有普遍性，但法律上传闻排除规则的存在却不具有普遍性。例如，德国法律便没有排除传闻的规定。相反，传闻证据的价值

---

① 关于语言机制的结构之讨论，see Chomsky，N.（2005）. Three Factors in Language Design，*Linguistic Inquiry*，36：pp1－22，2005.

② 关于语言在这方面异同的讨论，see Matthewson，L. and Glougie，J. Justification and Truth：Evidence from Languages of the World，in M. Mizumoto，S. Stich，and E. McCready（eds.），*Epistemology for the Rest of the World.* Oxford：Oxford University Press，2018；Aikhenvald，A. Y. and Dixon. R. M. W.（eds.）. *Studies in Evidentiality.* Amsterdam：John Benjamins Publishing，2003.

③ FRE 803.

（如果有价值的话）应由法官来决定。① 甚至英国在民事案件中也有更为宽容的传闻规则。② 因此，美国的传闻排除规则是直接建立在人类情境的一个方面，但它是为满足法律体系的需要而塑造的，即使不完全如此。

① Bastuck, B. and Göpfert, B. Admission and Presentation of Evidence in Germany, Loyola of Los Angeles International and Comparative Law Journal, 16 (3): p612, 1994.

② 1995 年民事证据法 § 1 (1)。第 2 条要求通知对方当事人，我方将提供传闻证据。Available at https://www.legislation.gov.uk/ukpga/1995/38/contents (Accessed: March 25, 2021).

执行异议之诉中的证明责任分配

——以《民诉法解释》第309条为中心

柴雨润[*]

摘　要　《民诉法解释》第309条作为执行异议之诉中证明责任分配的依据，与《民诉法解释》第91条的关系尚未厘清。虽然规则制定者免除申请执行人证明责任承担的错误规范目的未在第309条原文中体现，但由此形成证明责任分配的“双重标准”使得法院对第309条的理解与适用产生严重分歧，导致司法实践中出现大量证明责任分配的矛盾判决。实际上，《民诉法解释》第309条是对第91条的具体化，案外人对其足以排斥执行的民事权益承担证明责任时，第309条继续得以适用；申请执行人对其提出的权利主张以及对案外人权利成立的抗辩承担证明责任时，应援用第91条。立法者只有充分理解规范说，严格区分提供证据责任、主张责任与证明责任，才能避免出现证明责任分配的错误。

关键词　执行异议之诉；证明责任分配；民诉法解释；规范说

引　言

我国法上狭义的执行异议之诉指解决当事人对责任财产争议的案外人执行异议之诉。① 在

---

* 柴雨润，女，山西临汾人，浙江大学光华法学院博士研究生、交叉法研究中心研究人员，研究方向为民事诉讼法、强制执行法。

① 《最高人民法院关于修改〈民事案件案由规定〉的决定》，法〔2020〕346号（2011年3月20日发布）虽然在第三级案由中新增了“追加、变更被执行人异议之诉”，《中华人民共和国民事强制执行法（草案）》（2022年6月24日发布，以下简称《执行法草案》）第88条第1款新增了“债务人异议之诉”，但传统狭义概念上的执行异议之诉仅指解决当事人对责任财产范围争议的执行异议之诉，在我国立法语境下即《中华人民共和国民事诉讼法》（以下简称《民事诉讼法》）第234条规定的案外人执行异议之诉和申请执行人异议之诉，也是本文的讨论范围。参见万挺：《执行异议之诉审判新思维——以三大基础关系为中心》，载《法律适用》2022年第9期，第96－106页。执行异议之诉指“执行法院认定执行标的物属于债务人之责任财产而对之执行，并使第三人实体上之权利蒙受损害，许第三人本其实体法上权利所生之异议权，提起异议之诉以谋救济。”杨与龄：《强制执行法论》，中国政法大学出版社2002年版，第200页。

我国案外人实体权利救济体系中，由于执行异议前置程序的设立，执行异议之诉包括案外人提起的异议之诉与申请执行人提起的异议之诉。①《最高人民法院关于适用〈中华人民共和国民事诉讼法〉的解释（法释〔2022〕11号）（以下简称《民诉法解释》）第309条对执行异议之诉中的证明责任分配进行了规定：案外人或申请执行人提起执行异议之诉的，案外人应当就其对执行标的享有足以排除强制执行的民事权益承担举证证明责任。从第309条的表述来看，执行异议之诉中的证明责任分配至少存在以下几个方面难以回答的问题：从条文内容来看，申请执行人提起执行异议之诉的，为何由案外人承担证明责任？这是否构成证明责任的倒置？申请执行人的证明责任是否因此得以免除？从条文在法体系中的定位来看，其是否为规范说在执行异议之诉中的具体适用？还是证明责任分配的"特殊"规则？其与证明责任分配的一般规则《民诉法解释》第91条的关系是什么？

一直以来，执行异议之诉中的实体权利争议是司法裁判和学术研究关注的重点，而当事人主张的权利如何被证明这一诉讼过程中的程序问题，却未引起过多的讨论。一方面，学者们将重心放在了如何在复杂的案情和多种权利主张中构建当事人权利保护的规则，另一方面，减少程序的冗杂带来执行效率的降低也被作为执行过程中衍生诉讼的价值追求。然而根据《民诉法解释》第309条的规定，我们误以为执行异议之诉中的证明责任已形成"案外人承担"的共识，殊不知司法实践中存在大量"申请执行人承担"的情形，对该问题的长期忽视反而强化了这种"共识"假象。尽管该主题并未作为执行异议之诉中的热议问题进入理论研究视野，但这并不意味着我们可以理所当然地认为执行异议之诉中不存在证明责任分配的争议。实际上，通过深入挖掘《民诉法解释》第309条的规范目的并观察司法实践的做法，会发现真正的问题所在。

本文将从解读《民诉法解释》第309条的制定目的出发，尝试指出最高人民法院在规则制定时的误解；进而对我国法院在执行异议之诉案件中涉及证明责任分配争议的民事判决进行考察，证实执行异议之诉中证明责任分配存在的问题；最后采取文义解释与体系解释的方法，阐明《民诉法解释》第309条与第91条的关系，明确立法者在证明责任分配时的原则，呈现执行异议之诉中证明责任的分配情形。

一、规则制定者误解中的确立

最高人民法院制定第309条的本意是案外人执行异议之诉及申请执行人执行异议之诉中的证明责任全部由案外人承担，申请执行人的证明责任应得以免除。该目的可从最高人

① 有学者将申请执行人提起的异议之诉称为"许可执行之诉"，参见陈杭平：《论"外延型"执行救济制度体系》，载《社会科学辑刊》2023年第1期，第53页。但在德国、日本和我国台湾地区，许可异议之诉是指申请执行人因执行力扩张而追加变更被执行人的救济方式，为区别于此本文将采取申请执行人执行异议之诉这一表述。参见陈婀灵：《我国民事执行异议之诉研究》，湖北人民出版社2009年版，第158页。

民法院在规则制定后出台的立法释义书中解读出来：① 第一，执行异议之诉的主要审理对象是案外人对执行标的是否享有足以排斥执行的权利，由案外人承担证明责任符合“谁主张，谁举证”的证明责任规则；第二，人民法院采取强制措施意味着从执行标的物的权利外观看，被执行人享有权利，案外人理应就阻止执行的权利主张承担证明责任；第三，从证据的接近程序看，申请执行人不掌握案外人和被执行人之间对执行标的权属关系的证据；第四，申请执行人主张继续执行的，以否定案外人的权利主张为前提，这一消极事实不应由申请执行人承担。即使其举出相关证据，目的也是对抗案外人的权利主张，性质为抗辩。

执行异议之诉中，案外人承担证明责任的合理性在于，执行异议之诉的目的在于判断案外人主张的权利是否足以排除执行，案外人是否享有民事权益是法院审理的核心。然而，规则制定者基于上述理由免除了申请执行人的证明责任，严重背离了证明责任的一般原则，至少在以下三个方面存在误解：

（一）误解一：将提供证据责任与证明责任混同

尽管经过学者们的长期耕耘，实务界和理论界已基本达成了区分结果意义上的证明责任与行为意义上的提供证据责任的共识，但在执行异议之诉中证明责任分配的问题上，最高院又重回将二者混为一谈的“老路”，这主要体现在规则制定者对“谁主张，谁举证”规则的理解中。

一方面，最高院在理解“谁主张谁举证”的证明责任规则时，只看到了行为意义上提供证据责任的一面，却未看到结果意义上证明责任的另一面。将提供证据责任与证明责任的内涵杂糅，造成了概念上的重复与分配规则上的混杂。② 实际上，证明责任分配的本质为当案件出现真伪不明时，当事人对败诉不利后果的承担，这种产生实体法效果是作为结果意义上证明责任的体现。规则制定者仅以提供证据责任为基础订立证明责任分配条款，而未从真伪不明时当事人对不利后果的风险负担角度考虑，不仅是对申请执行人提供证据责任的无视，还使案外人承受了过重的证明责任负担。

另一方面，规则制定者对“谁主张谁举证”存在错误理解。仅将当事人的主张局限在“案外人权利存在”这一种类型的范围内，进而得出案外人应承担证明责任的片面结论，对“谁主张谁举证”规则的理解仍停留在其文义表面，陷入长期以来该规则遭受的诟病中：因其基于对事实主张的描述，容易使双方陷入对同一事实为正向反向各负举证责任的局面。在规范说适用下，对“谁主张谁举证”规则的理解应按照法律关系的客观解释方

---

① 参见最高人民法院主编：《最高人民法院民事诉讼法司法解释理解与适用》（下册），人民法院出版社2015年版，第835－837页。

② 参见段文波：《民事证明责任分配规范的法教义学新释》，载《政法论丛》2020年第3期，第103－113页。

式，即谁主张“法律关系产生”，就举证“法律关系产生的要件事实”，谁主张“法律关系消灭或受到妨碍”，谁举证“法律关系消灭或受到妨碍的要件事实。”① 由此双方当事人均得对于己有利的法律规范承担证明责任，而非规则制定者理解的仅由案外人一方承担。

（二）误解二：申请执行人不存在权利主张

从“执行异议之诉的主要审理对象为案外人是否享有足以排斥执行的权利”“被执行人对执行标的享有权利外观”以及“申请执行人主张继续执行系对案外人权利的否定”这三点理由来看，规则制定者认为在执行异议之诉案件中不存在申请执行人权利主张的情形。然而经过细致的推敲发现以上观点在以下几方面难以自圆其说：

首先，执行异议之诉的主要审理对象为案外人权利是否足以排斥执行，不意味着申请执行人不存在权利主张。申请执行人的权利往往成为法院判断案外人权利能否阻却执行的依据。一方面，当现有证据无法识别案外人是否享有权利时，要对申请执行人对执行标的的信赖利益加以考察；② 另一方面，当案外人实体权益与申请执行人债权实现发生冲突时，要通过实体法规则寻找权利实现顺位，③ 平衡案外人和申请执行人的利益关系，甚至在一些案件中要与被执行人对执行标的物的权利作出比较后综合判断。更重要的是，申请执行人可以提出除“案外人权利不成立”之外的其他权利主张。申请执行人提起的执行异议之诉中，申请执行人往往请求执行标的物为被执行人的责任财产、证明夫妻债务存在、被执行人与案外人之间的合同无效、代位析产及代位行使被执行人对第三人到期债权等诉讼请求，对于这些实体权利的判断，都将作为法院判断是否排除执行的依据。

其次，执行异议之诉案件中并非均由被执行人掌握执行标的物的权利外观，实践中经常出现执行标物权属不明确的情形。这是因为，执行机关的执行行为虽然遵守执行形式化原则，但法院并非在所有情形下均按照登记和占有的权利外观来判断财产归属。④ 在某些特殊情况下，法院可以突破形式化原则的约束对案外人的财产直接进行查封、扣押、冻结：如未登记的建筑物和土地使用权，依据土地使用权的审批文件和其他相关证据确定权属；⑤ 被执行人与他人共有的财产；⑥ 被执行人将财产出卖给第三人但仍然保留所有权

---

① 胡东海：《“谁主张谁举证”规则的法律适用》，载《法学》2019 年第 3 期，第 97 页。

② 参见肖建国、庄诗岳：《论案外人异议之诉中足以排除强制执行的民事权益——以虚假登记财产的执行为中心》，载《法律适用》2018 年第 15 期，第 11－22 页。

③ 例如，关于不动产上的权利实现已达成共识的顺位原则为：消费者不动产买受权益、建筑工程优先受偿权、担保物权、一般不动产买受人的权利、普通债权。

④ 参见黄忠顺：《金钱债权执行标的实体权属的审查程序》，载《政法论丛》2021 年第 4 期，第 52－54 页。

⑤ 《最高人民法院关于人民法院民事执行中查封、扣押、冻结财产的规定》（法释〔2020〕21 号，2020 年 12 月 19 日发布，以下简称《查扣冻规定》）第 2 条第 2 款。

⑥ 《查扣冻规定》第 12 条。

的;[①] 被执行人从购买的第三人财产，支付价款并实际占有但第三人保留所有权的。[②] 正是由于权利实质与权利外观的分离使得权利归属的证据具有了双向性，案外人和申请执行人在诉讼中分别提出于己有利的证明成为可能。而这种权利的分离未在执行程序开始之时未被发现的原因可能在于：第一，申请执行人提供的被执行人财产状况证据不完整。在执行程序开始前，一方面，债权人申请执行并不以提供被执行人的责任财产为必备条件;[③] 另一方面，债权人可以通过表面证据请求法院对权属关系不甚明确的财产采取执行措施申请执行人，但是初步证据会随着申请执行人的深入调查补足或变动，例如在执行程序开启后中发现责任财产可能被执行人以外的第三人占有，申请执行人需要在执行异议之诉中加以主张；第二，债务人在报告财产时可能存在隐匿或欺瞒行为，需要申请执行人提供证据证明；第三，审查机关在对财产审查时可能存在疏漏。因此，执行标的物的权属问题往往需要当事人之间的举证证明。

再次，规则制定者错误地将申请执行人关于“案外人权利不存在”的主张理解为“消极事实”。然而“权利不存在”并非“消极事实”，消极事实是指未发生的事情，本质上属于“法律事实”的范畴，而“权利之有无”显然超越了事实认定的范围，构成法律效果本身，进入“法律评价”的范畴;[④] 此外，消极事实与积极事实表述本身难以界定，如案外人对其“未办理登记不存在过错”的主张，从字面意思来看亦构成“消极事实”，如按照规则制定对消极事实不承担证明责任的理解，将出现难以解释的自相矛盾；并且，消极事实并非无法证明，其可以借用某积极事实之证实与推论,[⑤] 或用间接证据或情况证据[⑥]将该消极事实或消极要件予以证明。

（三）误解三：证据偏在导致证明责任倒置

规则制定者认为执行异议之诉案件中案外人与被执行人掌握执行标的权属关系的证据，而这种证据偏在导致申请执行人不具备承担证明责任的客观可能性。这种依据当事人所持证据距离远近和举证难易程度将案件的证明责任“倒置”给一方当事人的做法，是对证明责任倒置规则的误解。

第一，执行异议之诉案件中的证据偏程度远非达到足以将证明责任倒置的程度。一方面，对于案外人提出的权利主张，申请执行人可以对其提供证据的真实性进行抗辩，如合

---

① 《查扣冻规定》第13条。

② 《查扣冻规定》第14条。

③ 《执行法草案》第44条第1款，“因客观原因无法提供的，可以申请人民法院调查；人民法院认为有必要的，也可以依债权调查。”

④ 参见［日］伊藤滋夫：《要件事实的基础——民事司法裁判结构》，许可、［日］小林正弘译，法律出版社2022年版，第300－344页。

⑤ 参见毕玉谦：《民事证明责任研究》，法律出版社2007年版，第43页。

⑥ 参见姚瑞光：《民事诉讼法论》，中国政法大学出版社2011年版，第378页。

同是否真实有效或者案外人是否存在过错；另一方面，即使案外人提供与执行标的物权属有关的证据，申请执行人可以就该标的物是否为责任财产的范围，自行向债务人收集或者向法院申请依职权调查取证。真正证据偏的案件往往是由于双方主体不平等或信息差距带来的证据获取困难的案件，如环境污染侵权案件、高空抛物案件等，而执行异议之诉中的证明难度与是否采用证明责任倒置的方式平衡，不能放在同一层面讨论。①

第二，执行异议之诉的案件性质不符合证明责任倒置的适用场景。证明责任倒置的案件往往需要满足两方面的条件，一是存在实际的证明困难，二是此类案案件的社会反响强烈。② 如高空抛物案件的倒置规则，其逻辑是当肇事物的归属难以确定时而由对方当事人证明自己不是危险物所有人。此类案件证明责任的分配因素并不在于证明的困难程度，而是出于保护弱势群体的权益、预防与补救等实体价值取向上的考量。③ 而执行异议之诉作为一种诉的具体类型，双方当事人处于平等的民事主体地位，且该诉本身包含多种当事人的权利类型，与传统意义上证明责任倒置的案件类型相去甚远。

第三，执行异议之诉案件具体情境中的证明困难，应当通过诉讼法上的证明责任减轻或者证明具体化来解决，④ 而不应通过产生实体法效果的证明责任分配制度或者寄希望于证明责任倒置的“一倒了之”。规则制定者企图通过证明“倒置”作为解决执行异议之诉案件中实际证明困难的办法，使得证明责任分配由举证难易、证据距离等在实际诉讼证明中的考量因素取代了原本应在实体法上的抽象考虑因素，会造成对证明责任分配一般原则的彻底违背。⑤

如果按照规则制定者对第309条的理解与适用，申请执行人在执行异议之诉中不应承担证明责任。然而规则制定者的原意却无法从第309条的原文中体现出来。仅从“案外人应对足以排除执行的民事权益承担证明责任”的表述来看，难以解读出申请执行人可以免除证明责任的隐藏目的，也难以形成申请执行人提起的执行异议之诉中，证明责任全部“倒置”给案外人的主观判断。然而，对于已充分理解证明责任规范说的法官来讲，其可能认为第309条是第91条在执行异议之诉中的特别强调。由此可见，尽管规则制定者错误的目的未在第309条原文中体现，但客观上产生了执行异议之诉证明责任分配的“双重标准”。

二、裁判者的“左右为难”

由于规则制定者在误解中制定了《民诉法解释》第309条，客观上制造出执行异议之

---

① 参见霍海红：《提高民事诉讼证明标准的理论反思》，载《中国法学》2016年第2期，第258-279页。

② 参见叶自强：《举证责任倒置规则的构成要素与适用》，载《河北法学》2011年第5期，第74页。

③ 参见胡学军：《证明责任倒置理论批判》，载《法制与社会发展》2013年第1期，第112页。

④ 举证责任分配调整方式包括举证责任转换、证明度降低、具体化义务降低、非举证责任一造之说明义务之加强或表见证明等。参见姜世明：《民事诉讼法基础论》，元照出版公司2022年版，第187页。

⑤ 参见姜世明：《民事诉讼法基础论》，元照出版公司2022年版，第110页。

诉中证明责任分配的“双重标准”，导致司法实践中法官在具体适用时陷入“左右为难”：如果按照立法理由中的制定目的，申请执行人不应承担证明责任；如果按照第309条原文的表述，似乎并没有明确申请执行人的证明责任可以免除，这样的矛盾理解客观上造成了当事人以及各级法院对证明责任分配的争议。然而执行异议之诉中的证明责任分配与一般民事纠纷案件有显著差别：在一般民事案件证明责任分配中，立法就法律关系中的特定要件事实做出特别规定。如环境污染纠纷案件中，行为人应当对行为与损害之间不存在因果关系承担证明责任。① 而在执行异议之诉案件中，“足以排斥执行的民事权益”作为证明的对象，其包含的权利类型众多，每种权利对应的要件事实亦有不同。因此我们首先要明确当事人和法院会在何种权利类型以及在何种要件事实上会产生证明责任分配的争议。

本文以“执行异议之诉”为案件名称，“举证责任分配错误”为关键词，在北大法宝上检索出380份裁判文书。虽未能穷尽我国法院在执行异议之诉中涉及证明责任分配错误的全部裁判文书，② 但对于本文关注的问题已足够有代表性。通过对案例的整体观察和系统梳理，发现案外人与申请执行人对于证明责任分配的争议主要集中表现为对执行标的物的所有权和共有权的证明，具体表现在以下两个方面：一是在同一权利类型的不同案件中，法院将权利成立的证明责任分配给不同当事人，二是在同一案件中，二审法院将一审法院审理中的证明责任分配错误作为审理焦点。经过剔除重复以及案例筛选，本文选择了典型的30个案件，通过摘取法院在裁判文书中的部分表述，并选取典型的案例进行分析，来展现司法实践中执行异议之诉案件证明责任分配的乱象。

（一）证明责任分配争议的法院判决梳理

有的法院认为案外人应对执行标的物的所有权承担证明责任：1.“案外人箐荷商贸公司不能举证证明，也无法说明合法取得了该合同标的物碎石，未能提供充足的证据证实其对执行标的享有足以排除强制执行的民事权益。”③ 2.“本案的案外人万利均不能证明法院现查封执行的酒为其所有，或法院现查封的酒享有足以排除强制执行的民事权益。”④ 3.“张大为的主张无法否定股权的外观表象，本着案外人承担举证责任的原则，原告张大

① 《中华人民共和国民法典》（中华人民共和国主席令第45号，以下简称《民法典》）第1230条：因污染环境、破坏生态发生纠纷，行为人应当就法律规定的不承担责任或者减轻责任的情形及其行为与损害之间不存在因果关系承担举证责任。

② 由于受检索关键词的限制，当事人关于证明责任分配的争议有时并非以“举证责任错误”的形式表达，因此实践中涉及证明责任分配争议的案件往往更多。

③ 湖北箐荷商贸有限公司等案外人执行异议之诉案，（2021）鄂05民终797号湖北省宜昌市中级人民法院民事判决书。

④ 万利均等与红花岗区文艳粮油经营部等案外人执行异议之诉上诉案，（2017）黔03民终6395号贵州省遵义市中级人民法院民事判决书。

为应承担举证不能的法律后果。"① 4."执行异议之诉应由案外人承担举证责任。本案原告应举证证明案涉资金属于原告所有。"②

有的法院要求申请执行人应对被执行人就执行标的物享有所有权承担证明责任：1."申请执行人朱钢在无证据证实被执行人王仕海为案涉房屋所有权人的情况下，案涉房屋的被征收人并非王仕海，故王仕海对案涉房屋征收补偿款不享有权利。"③ 2."李伟国申请一审法院许可执行案涉房产，需提供证据证明案涉房产为被执行人张寿强所有。"④ 3."申请执行人新华信托公司没有提供充分证据证明案涉油品归属亚立石化公司所有。"⑤ 4."申请执行人敬建珍主张涉案工程款属于抱木冲水库工程项目的实际施工人蒙昌海，理应对其主张提供相应的证据证明，该证明责任不应当因为案外人的举证责任而豁免。"⑥ 5."案外人震豫维新材料已经完成其举证证明责任，故在此基础上依法应当由对方当事人承担相应举证责任，而不应直接继续加大震豫维新材料的举证责任并要求其继续举证。"⑦

有的法院将一审中证明责任的分配错误作为本案的争议焦点：在一起关于案涉工程款项实际所有权争议的案件中，⑧ 一审法院认为，"案外人永州某某公司虽提交了证据，证明其与被执行人肖某旺在工程施工过程中，双方存在借款、垫付工资、租赁设备费用等经济往来。但其证明力没有达到足以排除强制执行的标准"；二审法院认为申请执行人薛某青并无充分证据证实案外人永州某某公司与被执行人肖某旺之间已经就涉案工程的工程款进行结算，原审判决关于湖南某某公司是否享有足以排除强制执行的权益的认定上举证责任分配错误。在另一起关于案涉项目实际投资人争议的案件中，⑨ 一审法院认为申请执行人何玉芳未能提供证据或者证据不足以证明其事实主张，应当承担举证证明责任不利的后果；二审法院认为案外人潘明福等四人以其是实际投资人或隐名合伙人为由予以抗辩不成立，不享有足以排除强制执行的民事权益。

---

① 朝阳轩和房地产开发有限公司等案外人执行异议之诉案，(2017) 辽1381民初3876号辽宁省北票市人民法院民事判决书。

② 中国农发重点建设基金有限公司、孙冶执行异议之诉案，(2021) 辽01民终12048号辽宁省沈阳市中级人民法院民事判决书。

③ 朱钢、陶云霞等申请执行人执行异议之诉案，(2021) 黔01民终8869号贵州省贵阳市中级人民法院民事判决书。

④ 李伟国、张秀莲申请执行人执行异议之诉案，(2019) 粤民终606号广东省高级人民法院民事判决书。

⑤ 新华信托股份有限公司、江苏新海石化有限公司等案外人执行异议之诉案，(2021) 最高法民终409号最高人民法院民事判决书。

⑥ 敬建珍、云南九巨龙建设投资集团有限公司等申请执行人执行异议之诉案，(2021) 云08民终941号云南省普洱市中级人民法院民事判决书。

⑦ 山东震豫维新材料有限公司与张伟等案外人执行异议之诉案，(2018) 鲁03民终3679号山东省淄博市中级人民法院民事判决书。

⑧ 湖南高速建设工程有限公司与薛志清、唐春林等案外人执行异议之诉案，(2021) 湘11民再73号湖南省永州市中级人民法院民事判决书。

⑨ 参见何玉芳、潘明福申请执行人执行异议之诉案，(2020) 川16民终1367号四川省广安市中级人民法院民事判决书。

（二）证明责任分配分歧的典型案例概述

本文选取以下两个案件作为典型案例所考虑的原因是：案例一为最高人民法院审理的特殊案件。虽然案外人具备一定的权利外观，但本案执行标的物的地产既未登记在案外人名下，也未登记在被执行人名下，此时案涉房产的建设用地使用权的证明责任应如何分配；案例二为司法实践中面临的普遍问题，即当案涉房屋为家庭共有或夫妻共有时，房产权属的证明责任应由案外人承担还是案外人承担。

案例一：案外人具备权利外观的建设用地使用权

在武汉亘星资源有限公司、武汉剑强人和置业有限公司申请执行人执行异议之诉纠纷案中，①双方当事人就案涉地块的建设用地使用权发生争议。案外人武汉亘星公司主张其虽尚未签订《国有建设用地使用权出让合同》并办理土地登记手续，但其已依法竞得建设用地使用权得物权期待权，足以排斥执行。申请执行人剑强人和公司认为被执行人对案涉地块享有建设用地使用权。

最高人民法院在再审中认为，本案中案涉地块的建设用地使用权并未登记在被执行人武汉人和公司的名下，且其并未通过公开竞价或者协议的方式取得案涉国有土地使用权，该使用权也并未登记在其名下，因此本案审查不仅包括案外人武汉亘星公司是否享有足以排斥强制执行的民事权益，亦包括申请执行人剑强人和公司对执行裁定不服的理由是否成立。在被查封不动产的权属表征和登记一致的情况下，无论是案外人提起诉讼对被查封不动产主张排除执行的实体权利，还是申请执行人提起诉讼请求许可执行登记在被执行人名下的财产，均应由案外人承担证明责任，此为第309条证明责任分配规制的基础。而本案的特殊之处在于案涉地块的建设用地使用权并未登记在被执行人武汉人和公司名下，因此案外人应当就其对执行标的享有足以排除强制执行的民事权益承担举证责任的同时，申请执行人亦应对其诉讼主张承担相应的举证证明责任。也即是说，申请执行人申请对登记在案外人名下或案外人已经具备权利外观的财产采取执行措施的，应当对该财产属于被执行人的责任财产范围承担举证责任。

案例二：案涉房屋的共有权

在官琰敏、张琴申请执行人执行异议之诉案中，②申请再审人（原审案外人）官琰敏申请再审称案涉房屋的所有权登记在再审申请人名下，属于其单独所有。即使购房款系被执行人官武全、许昆容出资，其性质也只是二人赠与的购房款，不能认定官武全、许昆容是该房的产权人。被申请人（原审申请执行人）张琴认为，案涉房屋的出资人和实际所有人是被执行人与案外人，属于家庭共有。

---

① 参见武汉亘星资源有限公司、武汉剑强人和置业有限公司申请执行人执行异议之诉案，（2018）最高法民再400号最高人民法院民事判决书。

② 参见官琰敏、张琴申请执行人执行异议之诉案，（2016）川民再433号四川省高级人民法院民事判决书。

法院在再审审理中认为，本案的争议焦点为案涉房屋的实际权属问题。虽然各方当事人对案涉房屋购房款的来源说法不一，但上述出资人均未对房屋产权证登记在案外人官琰敏名下的事实提出异议或主张权利，应视为对官琰敏的赠与，官琰敏亦接受，赠与关系成立。申请执行人张琴认为购房款不为赠与，而是官武全、许昆容自己出资购买，据此主张该房屋是官武全、许昆容的共有财产。再审法院认为，物权登记具有公示公信效力，房屋登记在案外人官琰敏名下，应当认定为官琰敏个人所有。根据谁主张谁举证的原则，张琴对实现其债权负有举证责任，并以证据足以推翻官琰敏的物权登记为必要条件。但张琴未举出充分证据证明该房屋属于官武全、许昆容共同所有或属于逃避债务而赠与官琰敏的情形。因此，认定该房屋属于官琰敏单独所有符合物权公示公信的规定。

在上述案件中，我们可以看到最高人民法院和四川省高级人民法院均要求申请执行人对被执行人就执行标的物所有或共有的事实承担证明责任，似乎“背离”了《民诉法解释》第309条的立法意旨。实际上，实践中采取这种做法的案件并不在少数，而且除了所有权和共有权的证明责任分配存在立法与实践的冲突外，以下要件事实也存在证明责任分配的分歧：如夫妻共同债务①、案涉房屋登记的过错②、房屋买卖合同的真实性③、签章的真实性④、当事人合法占有的事实⑤等。但限于篇幅有限，在案例梳理中无法逐一展现。除此以外，在这些执行异议之诉证明责任分配分歧的案件中，可以看到当事人和法院对第《民诉法解释》309条在理解与适用上的混乱：

在上诉请求的表述中，多数申请执行人认为根据第309条其证明责任应免于承担：⑥ 1.“申请执行人异议之诉应当由案外人证明其对执行标的享有足以排除强制执行的民事权益，一审法院适用《民事诉讼法》64条是适用法律错误。”⑦ 2.“举证责任是申请执行人的这一理由不符合最高法院《民诉法解释》311条规定。该条规定案外人执行异议之诉由案外人承担举证责任，是民事举证责任的特别规定。”⑧ 3.“本案系申请执行人提起许可执行之诉，被上诉人应当就其对执行标的享有足以排除强制执行的民事权益承担举证责任，

---

① 参见邓岚、白城市亿豪电器有限公司等案外人执行异议之诉案，(2021)吉民终627号吉林省高级人民法院民事判决书。

② 参见山东高青农村商业银行股份有限公司、淄博玫瑰餐饮有限责任公司等申请执行人执行异议之诉案，(2021)鲁03民终2150号山东省淄博市中级人民法院民事判决书。

③ 参见青岛华东葡萄酿酒有限公司、刘维月申请执行人执行异议之诉案，(2019)鲁民终1530号山东省高级人民法院民事判决书。

④ 参见中国工商银行股份有限公司苍南支行、苍南县灵溪金碧辉煌娱乐城案外人执行异议之诉案，(2019)浙03民终1339号浙江省温州市中级人民法院民事判决书。

⑤ 参见湖南融兴融资担保股份有限公司与胡雄亮等案外人执行异议之诉案，(2018)湘民终772号湖南省高级人民法院民事判决书。

⑥ 《民诉法解释》(2022修正)出台之前，第309条原为第311条。

⑦ 敬建珍、云南九巨龙建设投资集团有限公司等申请执行人执行异议之诉案，(2021)云08民终941号云南省普洱市中级人民法院民事判决书。

⑧ 大石桥市金宜房地产开发有限公司与齐素文案外人执行异议之诉案，(2022)辽08民终143号辽宁省营口市中级人民法院民事判决书。

上诉人作为申请执行人只应对其诉讼主张承担初步的举证证明责任，原判决将案件认定事实的举证责任分配给上诉人明显对举证责任分配错误"① 4. "一审法院举证责任分配错误，应由案外人刘维月就其对执行标的享有足以排除强制执行的民事权益承担举证证明责任。上诉人认为一审判决援用'谁主张，谁举证'的一般规则，违背了第311条的规定，属于举证责任分配错误。"② 5. "一审判决对于案件举证责任分配错误，错误地要求上诉人自证无过错。本案应当适用"谁主张，谁举证"的原则来认定过错，被上诉人主张上诉人对房屋未过户存在过错，应当承担举证责任。"③ 6. "根据《民诉法解释》第311条的规定，是否能排除执行的举证责任全部由被上诉人承担，上诉人无须举证证明。"④

另一方面，法院在证明责任分配时援引的法律依据也各有不同：1. "根据《最高人民法院关于审理涉及夫妻债务纠纷案件适用法律有关问题的解释》第3条……"⑤ 2. "根据《证据规定》第2条……"⑥ 3. "根据《民事诉讼法》第64条……"⑦ 4. "根据《民诉法解释》第90条……"⑧ 5. "根据《民诉法解释》第91条……"⑨ 6. "根据《民诉法解释》第64条、第90条、第311条……"⑩。

除此之外，部分地方高院在其出台的执行异议之诉案件的审理指南中，亦对执行异议之诉中的证明责任分配问题进行了重新解释：江苏省高级人民法院出台的《执行异议及执

---

① 何玉芳、潘明福申请执行人执行异议之诉案，（2020）川16民终1367号四川省广安市中级人民法院民事判决书。

② 青岛华东葡萄酿酒有限公司、刘维月申请执行人执行异议之诉案，（2019）鲁民终1530号山东省高级人民法院民事判决书。

③ 万爱红与阳江市鸿标工贸有限公司、李计通、张计彩申请执行人执行异议之诉案，（2015）阳中法民一终字第568号广东省阳江市中级人民法院民事判决书。

④ 谢鹏飞、梅州市国金房地产开发有限公司申请执行人执行异议之诉案，（2019）粤14民终52号广东省梅州市中级人民法院民事判决书。

⑤ 邓岚、白城市亿豪电器有限公司等案外人执行异议之诉案，（2021）吉民终627号吉林省高级人民法院民事判决书。

⑥ 中原银行股份有限公司周口分行、魏大悦执行异议之诉案，（2019）豫16民终5184号河南省周口市中级人民法院民事判决书。

⑦ 朱钢、陶云霞等申请执行人执行异议之诉案，（2021）黔01民终8869号贵州省贵阳市中级人民法院民事判决书；林某、林梓斌等案外人执行异议之诉案，（2021）闽0802民初3904号福建省龙岩市新罗区人民法院民事判决书；何玉芳、潘明福申请执行人执行异议之诉案，（2020）川16民终1367号四川省广安市中级人民法院民事判决书；山东震豫维新材料有限公司与张伟等案外人执行异议之诉案，（2018）鲁03民终3679号山东省淄博市中级人民法院民事判决书等。

⑧ 娄德彪、石家庄张泽贸易有限公司案外人执行异议之诉案，（2020）冀民终354号河北省高级人民法院民事判决书；万利均等与红花岗区文艳粮油经营部等案外人执行异议之诉上诉案，（2017）黔03民终6395号贵州省遵义市中级人民法院民事判决书。

⑨ 中国工商银行股份有限公司苍南支行、苍南县灵溪金碧辉煌娱乐城案外人执行异议之诉案，（2019）浙03民终1339号浙江省温州市中级人民法院民事判决书。

⑩ 中国农业银行股份有限公司贵阳黔灵支行申请执行人执行异议之诉案，（2020）黔民终480号贵州省高级人民法院民事判决书；湖北箐荷商贸有限公司、宜昌市夷陵区人力资源和社会保障局等案外人执行异议之诉案，（2021）鄂05民终797号湖北省宜昌市中级人民法院民事判决书；余左英与康玲执行异议之诉案，（2019）川1011民初2577号四川省内江市东兴区人民法院民事判决书。

行异议之诉案件审理指南（一）》第6点："申请执行人提起许可执行异议之诉的，案外人应当就其对执行标的享有足以排除强制执行的民事权益承担举证责任。申请执行人应对其诉讼主张承担初步的举证证明责任。包括具有执行内容的生效法律文书以及执行标的在被执行人名下的证据等。申请执行人主张对登记在案外人名下或案外人已经具备权利外观的财产采取执行措施的，应就该财产属于被执行人所有承担举证证明责任并提供有效担保。"；黑龙江的高级人民法院发布的《关于审理执行异议之诉案件若干问题的解答》第15条："申请执行人提起执行许可之诉的，一般应当由案外人对其享有足以排除强制执行的执行标的物的民事权益承担举证责任，申请执行人则也能够当对其提出的诉讼主张承担初步的举证证明责任……申请执行人对登记在案外人名下或案外人已经具备权利外观的财产提起许可执行之诉的，申请执行人与案外人均应当对各自诉讼主张承担举证责任。"

上述司法实践中出现的执行异议之诉中证明责任分配的分歧与争议，足以说明《民诉法解释》第309条在制定时，因立法目的与条文内容之间的"落差"带来司法实践适用的混乱。由此可见，阐明第309条的本意是解决执行异议之诉中证明责任分配乱象的首要任务。

三、第309条的澄清与证明责任的分配

由于立法者在制定《民诉法解释》第309条时存在误解，本文需要进行以下两个方面的澄清：一是第309条本身的内涵及其与《民诉法解释》第91条的适用关系，二是立法者在制定证明责任分配规则时应区分的原则。在完成这两个互为表里的关系梳理后，明确执行异议之诉中证明责任分配的具体情形。

（一）作为第91条具体化的第309条

我国证明责任理论在充分吸收罗森贝克规范说的基础上，确立了以《民诉法解释》第91条为核心的证明责任分配方法。① 这种按照法律要件进行证明责任分配的内涵为：主张法律关系存在的当事人，应当对产生该法律关系的基本事实承担举证证明责任，主张法律关系变更、消灭或受到妨碍的当事人，应当对该法律关系变更、消灭和受到妨碍的基本事实承担举证证明责任。实际上，《民诉法解释》第309条是对第91条证明责任分配一般规则的具体化，这不仅体现在证明责任的分配方法上，还体现在证明责任的分配结果上。

《民诉法解释》第309条以实体权利而非案件事实作为证明责任的分配方法。虽然立法者在制定目的中明确以证据距离作为证明责任分配的依据，但如果以此标准进行证明责任分配，第309条规则应表述为"申请执行人提起的执行异议之诉，案外人应承担证明责

---

① 参见任重：《罗森贝克证明责任论的再认识——兼论〈民诉法解释〉第90条、第91条和第108条》，载《法律适用》2017年第15期，第18－28页。

任。”且对于案外人提起的执行异议之诉，案外人应承担证明责任也无需再重复规定，这是因为执行异议之诉中，案外人掌握足以排斥执行权利的证据是恒常不变的事实。实际上第309条并没有采用这种表述方式，而是在规范说适用下依据法律要件进行证明责任分配。在执行异议之诉中，权利规范而非案件事实作为证明责任分配依据的合理性在于，执行异议之诉的本质为双方当事人之间的权利对抗。虽然德国、日本及我国台湾地区的通说认为，执行异议之诉的性质为形成之诉，① 但案外人与申请执行人在执行异议之诉中形成的权利对抗与形成之诉的本质并不冲突。这是因为：第一，虽然执行异议之诉中当事人的诉讼请求为阻止法院的强制执行，但这种可以直接引起法院执行行为变动的“程序异议权”的权利基础，② 在我国法上无相应的权利规范而无法成为当事人承担证明责任的依据。而实体法上的权利可以在执行异议之诉中产生排斥或支持执行的法律效果。第二，案外人权利是否成立不是法院判断是否继续执行的唯一依据。案外人权利产生排斥执行的效果并非案外人对执行机关或执行行为的对抗，而是案外人就执行标的物享有的权利与被执行人权利在权利成立上的争夺，以及案外人权利与申请执行人的债权在权利实现上的竞争。虽然有学者认为，执行异议之诉要求法院不得对案外人的财产实施执行，是案外人基于其实体权利对法院行为的正当性提出的异议，③ 但如果将法院行为的合理性纳入审判范围，将会导致“诉讼目的与诉讼结构的差异性矛盾”。④

《民诉法解释》第309条是第91条的分配情形之一。第91条包含执行异议之诉中证明责任分配的四种情形：一是案外人对其权利成立承担证明责任；二是案外人对申请执行人权利成立的相对规范承担证明责任；三是申请执行人对其权利成立承担证明责任；四是申请执行人对案外人权利成立的相对规范承担证明责任。其中，第309条规定的案外人就其“足以排斥执行的民事权益”承担证明责任的范围与第91条中主张法律关系存在的当事人就“产生该法律关系的基本事实”承担证明责任的范围相一致。这主要表现在以下两方面：第一，第91条中“法律关系产生的基本事实”与“要件事实”内涵相一致。要件事实是关于实体法上的权利或者法律关系做出是否存在的判断，其决定了权利的产生、妨碍、消灭等各种法律效果；⑤ 其指向的并非民事诉讼中的各种事实，而是将当事人诉诸法庭的相关事实约束在实体法条文的构成要件中，⑥ 只有符合法律规范的要件特征的事

① 参见陈荣宗：《强制执行法》，台湾三民书局1999年版，第177页；杨与龄：《强制执行法论》，中国政法大学出版社2002年版，第201页。

② 参见张登科：《强制执行法》，台湾三民书局2006年版，第175页。

③ 参见唐力：《案外人执行异议之诉的完善》，载《法学》2014年第7期，第141－151页。

④ 实际上，这样的矛盾也是引起学者对执行异议之诉性质争论不休的根本原因。参见赵秀举：《论民事执行救济兼论第三人执行异议之诉的悖论与困境》，载《中外法学》2012年第4期，第845页。

⑤ 参见［日］伊藤滋夫：《要件事实的基础——民事司法裁判结构》，许可、［日］小林正弘译，法律出版社2022年版，第5页。

⑥ 参见［日］司法研究所：《民事訴訟における要件事実第一巻》，东京财团法人法曹会1985年版，第3页。

实，才能发挥该规范指向的法律效果。① 第91条虽采用了“基本事实”的表述，但将基本事实的范围限定在当事人所主张的法律关系的范围内，即将具体诉讼情境下的具体事实限定在实体法法律要件统摄的范围内，与主要事实、辅助事实等其他事实内涵区别开来，因此该基本事实的内涵和效力基本等同于证明责任承担的要件事实。② 第二，第309条中“案外人足以排斥执行的民事权益”与第91条关于“当事人对权利产生承担证明责任”的内涵一致。在第309条的表述中，案外人需对“足以排斥执行的民事权益”承担证明责任，这里包含了两个层面的法律效果，首先是案外人主张“权利成立”的实体法效果，其次是案外人主张权利“足以排斥执行”的诉讼法效果。第一层法律效果是案外人承担证明责任的主要范围，第二层法律效果是由立法者对权利类型的范围做出预先的设定，将权利成立在执行法上表现出排除执行的效果在立法中预先规定。在我国法律语境中，“足以排斥执行的民事权益”可被解释为“所有权及其他权利”。

由于《民诉法解释》第309条与第91条具有内在一致性，且第91条可以补足第309条未涉及的情形，因此在证明责任分配时二者应协同适用。具体而言，案外人对其权利主张承担证明责任时，第309条继续得以适用；申请执行人对其权利主张承担证明责任时，应援用第91条；双方当事人进行权利主张的抗辩时，应援用第91条。

（二）执行异议之诉中证明责任分配的区分原则

最高院在制定执行异议之诉中的证明责任分配依据时，暴露出未充分吸收证明责任基本理论的弊端。在澄清《民诉法解释》第309条的实质内涵与适用规则后，有必要厘清执行异议之诉案件在证明责任分配时应区分的概念，以避免立法者在证明责任分配的未来立法，及裁判者在证明责任分配的司法实践掉入错误的陷阱。

1. 区分证明责任与提供证据责任

作为结果意义上的证明责任与行为意义上的提供证据责任是两套运作逻辑。③ 客观证明责任是当案件事实出现真伪不明时当事人承担败诉的不利后果，是实体法上的风险分配，应由立法者在制定实体法时体现。④ 与此不同的是，提供证据责任更强调在诉讼案件中哪一方当事人对具体的要件事实承担证明责任，⑤ 可以在诉讼程序中在双方当事人之间转换。区分这两种证明责任的意义在于：第一，立法上对证明责任分配是客观证明责任的

---

① 参见王泽鉴：《法律思维与民法实例》，中国政法大学2001年版，第201页。

② 参见邵明，李海尧：《我国民事诉讼多元化证明标准的适用》，载《法律适用》2021年第11期，第15页。

③ 参见霍海红：《主观证明责任逻辑的中国解释》，载《北大法律评论》2011年第11期，第521－539页。

④ 参见［德］奥莱·罗森贝克：《证明责任论》（第五版），庄敬华译，中国法制出版社2018年版，第47页。

⑤ 参见［德］汉斯·普维庭：《现代证明责任问题》，吴越译，法律出版社2006年版，第10页。

本质表现，因此不能简单地规定仅由特定一方当事人承担。① 第二，客观证明责任的分配已由实体法规范预先规定，不能被倒置或转换，而提供证据责任可能随着诉讼程序的推进而发生转换或倒置；第三，证明责任分配规则中对当事人的“证据所持”“举证能力”等程序上、具体诉讼情境性的因素加以考量，是典型的“中国式举证责任”的分配，② 而并不是证明责任分配结果的体现。

在执行异议之诉案件中，证明责任的本质在双方当事人均无法完成对执行标的物权属证明的情形中显现出来：当案外人与申请执行人就执行标的物为案外人所有还是为被执行人所有这一事实出现真伪不明时，为法院提供裁判依据的证明责任的分配规则决定了案件的结果。此时如果按照规范说的一般规则，将会出现两个权利主张同时存在的“双重标准”：主张权利成立的当事人对其权利成立的基本事实承担证明责任，而案外人主张自身对执行标的物享有所有权，申请执行人主张被执行人对执行标的物享有所有权，此时证明责任的不利后果应由谁承担？当区分开提供证据责任与证明责任后，执行异议之诉中的证明责任分配区别于其他案件的特殊之处得以显现，在此层面上《民诉法解释》第309条得以发挥实质作用，即当执行标的物真实的权属状态陷入真伪不明时，案外人应承担败诉的不利后果。③

强调证明责任的重要作用不意味着要彻底否定提供证据责任的逻辑，相反我们要充分吸收、理解和运用行为意义上证明责任的内涵。④ 虽然司法实践对行为意义上的提供证据责任的偏爱不能体现在证明责任的分配中，但其在执行异议之诉的诉讼进程中发挥重要作用，影响着证明责任在双方当事人之间的动态配置：第一，在案件开始时，案外人提出证据证明其享有足以排斥执行民事权益的要件事实；第二，如果案外人的提供的证据充分，能够达到法官自由心证的标准时，其证明义务完成，提供证据的责任将转移至申请执行人；如果案外人提供的证据不足，该权利主张无法使法官形成内心确信时，则应承担证明不能的不利后果；第三，如果双方当事人提供的证据均无法证明执行标的物的权利归属时，其能否作为法院可供执行的责任财产出现真伪不明状态，双方当事人同时作为权利主张者，应按照提起执行异议之诉主体的不同，分别就相应类型的案件承担败诉不利后果。

2. 区分主张责任与证明责任

主张责任是在辩论主义原则约束下，当事人就要件事实向法院提供诉讼资料和证据资

---

① 参见胡东海：《民事证明责任分配的实质性原则》，载《中国法学》2016年第4期，第288页。

② 参见胡学军：《在“生活事实”与“法律要件”之间：证明责任分配对象的误识与回归》，载《中国法学》2019年第2期，第242－243页。

③ 持相同观点的陈杭平教授认为：“针对当事人所主张的事实，应该达到通常诉讼中的证明标准，并在真伪不明时适用客观证明责任分配诉讼的不利后果。此即《民诉法解释》第309条的规定。”陈杭平：《论“外延型”执行救济制度体系》，载《社会科学辑刊》2023年第1期，第53－54页。

④ 参见霍海红：《主观证明责任逻辑的中国解释》，载《北大法律评论》2011年第11期，第521－539页。

料的责任。① 在民事诉讼中具体表现为当事人向法院积极地陈述案件事实并提供证据，且应达到具体化要求。② 但在特殊情形下，事实发生在对方当事人或第三人的支配范围内，负有主张责任的当事人因未参与而无法知晓且详尽描述案件事实，难以完成具体化义务，由此产生了“事实隔离”。③ 此时承担证明责任一方当事人的主张责任可以由法院的职权调查取证行为得以减轻，或由对方当事人承担主张的具体化义务，构成主张具体化的缓和。具体到执行异议之诉中，申请执行人对于执行标的物权属的主张责任可以因法院职权行为或案外人完成具体化义务而减轻。因案外人掌握与执行标的物权属相关的特定证据，且该证据和事实对法院认定案件主要事实十分必要，其应对申请执行人的主张负具体化的协助义务。

一般认为，主张责任的分配与证明责任的分配具有一致性，证明责任的分配决定了主张责任的分配。④ 但这种附随关系也并非绝对的，二者之间也会发生分离的情形，如证明责任的倒置、免证事实、申请法院调查取证等。⑤ 当事人主张具体化的缓和发生的分离在申请执行人提起的执行异议之诉中体现得尤为明显：第一，当申请执行人提出执行标的物归属于被执行人所有的主张时，由于其不掌握被执行人的财产状况信息，向法院依职权调查；第二，当申请执行人主张案外人与被执行人就执行标的物形成共有关系时，申请执行人提出的权属证据掌握在案外人和申请执行人手中，权属的查明需要案外人提供证据。

这种主张责任与证明责任存在的分离，仅表明具体化责任在当事人之间的转移而非证明责发生转移。其目的是“消弭当事人之间信息来源的落差而产生的证明困境”，从而附加给不负证明责任一方当事人的“协助义务”，为负担证明责任的当事人在遇到困难时提供帮助，如消极事实的证明，本质上并未改变证明责任的分配。⑥ 在这个前提下，申请执行人提起的执行异议之诉中，案外人承担的为具体主张义务，证明责任应仍由提出主张的申请执行人承担。

（三）执行异议之诉中证明责任分配的具体情形

在明确执行异议之诉中证明责任分配依据的内涵及适用规则，厘清证明责任在分配时

---

① 参见骆永家：《民事举证责任论》，台湾商务印书馆 1981 年版，第 53 页。

② 参见占善刚：《主张的具体化研究》，载《法学研究》2010 年第 2 期，第 110－122 页。

③ 参见欧元捷：《论现代民事诉讼当事人的主张责任》，载《山东警察学院学报》2016 年第 1 期，第 72 页。

④ 李浩教授指出，主张责任无须单独分配，它与证明责任的分配是附随性的关系，故只需研究证明责任的分配即可。参见李浩：《民事证明责任研究》，法律出版社 2003 年版，第 37 页。在日本，主张责任在双方当事人之间的分配以证明责任的分配为基准乃为通说。参见［日］前田达明：《主張責任と立証責任について》，载《民商法杂志》2004 年第 6 期，第 54 页。

⑤ 参见欧元捷：《论现代民事诉讼当事人的主张责任》，载《山东警察学院学报》2016 年第 1 期，第 70 页，第 72 页。

⑥ 参见周翠：《民事诉讼中具体化责任的转移：法理、条件与程度》，载《法学研究》2021 年第 5 期，第 105 页。

应区分的不同理论后，最重要的是明确当事人承担证明责任的具体范围。按照《民诉法解释》第91条法律关系产生和法律关系妨碍、消灭、变更的证明责任分配逻辑，当事人的主张可被分为权利主张和抗辩两种类型。不论是执行异议之诉中的申请执行人还是案外人，按照其主张的具体类型承担证明责任。

1. 作为权利主张的具体事由

在案外人执行异议之诉与申请执行人异议之诉中，案外人均应对其主张足以排斥执行的民事权益承担证明责任。《最高人民法院关于适用〈中华人民共和国民事诉讼法〉执行程序若干问题的解释》（法释〔2020〕21号）第14条做出了概括性规定："案外人对执行标的主张所有权或者有其他足以阻止执行标的转让、交付的实体权利"。这些足以排斥执行的权利类型如所有权、用益物权、留置权、质权、占有、特殊债权（如租赁权和不动产买受人的物权期待权）等。① 对于申请执行人主张的权利类型，从上述证明责任分配存在争议的判决文书中可以看出，主要体现在对登记在案外人名下或案外人具备执行标的物的权利外观时，以及当被执行人于案外人为共同共有权人这两种情形。对此我们确立的申请执行人应当承担的证明责任规则为：

首先，当执行标的物登记在案外人名下时，申请执行人需要对被执行人享有的实际所有权承担证明责任。其理论依据在于物权公示下的权利推定原则，可以作为审判程序中的证明责任规范②。物权公示的权利推定意味着经过公示的权利处于一种"可能为真"的状态，而非终局的、确定的、不变的结果。经过登记的物权意味着获得了初步的证明，拥有占有或登记权利外观的当事人无需积极证明自己权利的真实性，而是将举证责任移转给提出相反主张之人，由其举证反驳权利推定。假如相对人提出了更占优势的证据足以推翻这种推定，则该权利推定产生的影响则消除；③

其次，基于夫妻关系的共同共有、基于家庭关系的共同共有及基于合伙关系的共同共有时，申请执行人主张被执行人为实际共同共有人时，需要突破执行形式化原则的约束。例如当执行依据只确定夫妻中一方为债务人，债权人需要证明夫妻共同债务的存在，否则只能被视为是夫妻个人债务；④ 或者通过实体法上关于夫妻共同财产的认定规则，证明该财产为案外人与被执行人共有。

再次，当申请执行人在基础法律关系中作为债权人的权利权属不明时，申请执行人应

---

① 参见汤维建、陈爱飞：《"足以排除强制执行民事权益"的类型化分析》，载《苏州大学学报（哲学社会科学版）》2018年第2期，第55页；参见王聪：《案外人执行异议之诉中异议事由的类型化研究》，载《法治研究》2018年第4期，第113－116页。

② 有学者认为，物权法上的权利推定是一种举证负担规范。参见朱广新：《论物权法上的权利推定》，载《法律科学》2009年第3期，第103－105页。

③ 参见常鹏翱：《物权法中的权利证明规范》，载《比较法研究》2006年第2期，第67页。

④ 参见谷佳杰：《民法典的实施与民事强制执行法的协调和衔接》，载《河北法学》2021年第10期，第35页。

对该权利承担证明责任。其原因在于申请执行人对执行标的物享有的优先权和信赖利益，足以对抗案外人的排斥执行。例如当申请执行人对执行标的物享有的抵押权时，① 在以下两方面影响案外人的物权取得：一是借助物权登记制度的公示效果，申请执行人通过举证抵押物在交易时的登记状态，证明案外人在转让行为发生时是否为“知道或应当知道”，进而判断案外人是否能够通过善意取得制度对抵押物享有所有权；② 二是通过证明抵押财产因强制执行受损（减损抵押财产的价值使抵押权实现困难），使案外人与债务人（被执行人）就抵押物的转让行为不发生物权变动的效力；③ 当申请执行人对执行标的物享有信赖利益时，例如在股权转让引起的执行异议之诉案件中，案外人依据法院生效判决书的物权变动效力主张阻止法院强制执行，而申请执行人主张其作为名义股东主张法院继续执行的，应当依据外观主义证明其作为工商登记的股东信息。④

2. 作为权利抗辩的具体事由

德国强制执行法特别规定了作为被告的债权人（申请执行人）在执行异议之诉中主张抗辩的情形。尽管原告存在着干预权，但被告通过这种抗辩主张使得强制执行仍然合法：一是债权人可以基于《德国民法典》第 117 条虚伪行或依《撤销法》第 9 条中规定的可撤销性的抗辩权（Einrede der Anfechtbarkeit）。例如，出租人或用益出租人基于其享有的租金（用益租金）债权进行扣押，其可以基于以下两种原因主张担保物权所有人的恶意，一是担保性所有人必须容忍基于法定质权的强制执行；二是当债权人质押了担保物以及担保人享有的权利回转请求权，而担保权人不接受债权人对被担保债权的清偿后，又根据 771 条提起执行异议之诉，那么该诉讼行为同样是恶意的；⑤ 二是优先权利的抗辩。例如，优先顺位的抵押权人基于物上执行名义对土地所有权人的租金实施扣押，而用益物权人针对该优先顺位的抵押权人提出干涉之诉的情况，该抵押权人在这里无需获得针对用益权人的容忍执行名义；三是当第三人对标的物上待清偿的债权承担共同债务时，债权人对该第三人取得一个独立的执行名义，因第三人不得不容忍在该标的物上的强制执行行为，债权人可以在法院向第三人主张共同债务之前，对第三人异议之诉主张抗辩。⑥

德国法上申请执行人在执行异议之诉中的抗辩在我国执行异议之诉依然得以适用，具

---

① 参见国通信托有限责任公司、章思潭申请执行人执行异议之诉案，浙江省高级人民法院（2019）浙民终 1591 号民事判决书。

② 参见张尧：《抵押财产转让规则的适用》，载《政治与法律》2021 年第 8 期，第 20 页。

③ 《民法典》第 406 条对原《物权法》第 191 条做了实质性修改，抵押财产自由转让确有可能损害抵押权的，抵押权人才有权以禁转约定已被登记为由，主张转让行为不发生物权效力。参见张尧：《抵押财产转让规则的适用》，载《政治与法律》2021 年第 8 期，第 20 页。

④ 参见中国银行股份有限公司西安南郊支行诉上海华冠投资有限公司等申请执行人执行异议之诉案，陕西省高级人民法院（2013）陕民二终字第 00077 号民事判决书。

⑤ 参见［德］弗里茨·鲍尔、霍尔夫·施蒂尔纳、亚历山大·布伦斯：《德国强制执行法（下册）》，王洪亮、郝丽燕、李云琦译，法律出版社 2019 年版，第 254 页。

⑥ 参见［德］奥拉尔·穆托斯特：《德国强制执行法》（第 2 版），马强伟译，中国法制出版社 2018 年版，第 269 页。

体类型可分为实体法上的抗辩和诉讼法上的抗辩。① 其中，实体法上的抗辩与请求权的概念相对应，表现为对请求权成立的阻止与消灭（权利妨碍、权利排除和权利消灭）；诉讼法上的抗辩作为当事人诉讼攻击防御方法之一，表现为当事人对相对方提起的民事诉讼或权利主张（诉讼请求）提出反对性主张，使权利主张（诉讼请求）发生不被法院判决所支持的法律效果。②

当事人进行实体法上的抗辩时，应对权利成立的相对规范承担证明责任。这些规范的具体类型为：从源头上阻止权利形成产生的权利妨碍规范、通过形成权的行使而排除权利主张的权利排除规范、将产生的权利予以消灭的权利消灭规范。③ 这种对于权利成立的阻碍，在执行异议之诉中主要表现为申请执行人对案外人就执行标的物主张的所有权提出抗辩，意在阻止其所有权的成立，达到责任财产归属于被执行人的法律效果，即对应德国法上可撤销的抗辩权。例如，案外人提出合同有效的权利请求，申请执行人基于恶意串通的事实主张合同无效，或者构成虚假协议、当事人存在过错等事实构成权利妨碍的抗辩；又如，案外人基于外观主义原则提出股权为其所有的权利请求，申请执行人基于法院的生效判决文书主张物权已发生变动的事实，主张股权归被执行人所有，构成权利消灭权利的抗辩。

当事人进行诉讼法上的抗辩时，应对能够阻止对方权利发生诉讼法上法律效果的事实和法律关系承担证明责任。这种对诉讼上法律效果的排除，在执行异议之诉中表现为当事人虽然对对方提出的权利主张（必须为所有权之外的其他权利）表示承认，但排除该权利在执行法上产生的效果（即该权利不产生足以排斥执行的法律效果），即对应德国法上优先权利的抗辩。例如，案外人主张对执行标的物享有租赁权以阻止法院执行，申请执行人需要证明能够支持法院继续执行的事实或法律关系，如抵押权或质权等具有优先受偿性的权利，以此来对抗案外人的租赁权；又如，申请执行人就执行标的是否应当依法豁免执行与被执行人或其所扶养家庭成员进行攻防，排除被执行财产的可豁免性。

四、结语

最高院在制定《民诉法解释》第309条时混淆了提供证据责任与证明责任，误认为申请执行人不存在权利主张，将执行异议之诉中的证明责任全部“倒置”给案外人。尽管出于错误的规则制定目的，我们却无法从第309条的原文表述中解读出申请执行人的证明责任应免于承担。由此产生证明责任分配的“双重标准”使裁判者在适用时陷入“左右为

① 我国民事诉讼的抗辩制度尚未体系化，这里采用陈刚教授的观点，将我国民事法上的抗辩分为实体法抗辩和诉讼法抗辩。参见陈刚：《论我国民事诉讼抗辩制度的体系化建设》，载《中国法学》2014年第5期。

② 参见陈刚：《论我国民事诉讼抗辩制度的体系化建设》，载《中国法学》2014年第5期，第209－214页。

③ 参见［德］奥莱·罗森贝克：《证明责任论》（第5版），庄敬华译，中国法制出版社2018年版，第124页。

难”：有的法院依据第309条认为申请执行人不应承担证明责任，有的法院依据证明责任分配的其他条款认为申请执行人应当承担证明责任，大量针对证明责任分配争议的案件由此产生。本文通过对《民诉法解释》第309条进行文义解释与体系解释，发现第309条实为《民诉法解释》第91条的具体化，二者应在执行异议之诉案件中协同适用。从证明责任作为案件裁判方法的本质来看，第309条存在的意义是当执行标的物的权属出现真伪不明时，案外人应对其主张足以排斥执行的民事权益承担败诉的不利后果。由于立法者在制定《民诉法解释》第309时存在误解，证明责任分配的未来作业应区分提供证据责任、主张责任与证明责任等不同概念。案外人对其足以排斥执行的民事权益承担证明责任以及对申请执行人的权利主张进行抗辩时，《民诉法解释》第309条继续得以适用；申请执行人对登记在案外人名下的执行标的物归被执行人所有，被执行人与案外人对执行标的物共同共有、申请执行人自身权利等权利主张，以及对案外人权利成立抗辩时应承担证明责任，援用《民诉法解释》第91条。

本文借由执行异议之诉中的证明责任分配这一问题窗口，意在强化以下几个更重要的问题：第一，尽管我们已经接受了罗森贝克的规范说作为证明责任分配的一般规则，但我们对其正确的理解与运用仍存在很大差距。只有充分认识到规范说为双方当事人均对于己有利的要件事实承担证明责任的本质，才能避免出现类似于执行异议之诉中“申请执行人不承担证明责任”这一错误解释；也只有深刻理解规范说是关于实体法分类的证明责任一般适用规则，才能避免轻易将某一类型案件的证明责任分配规则“特殊化”倾向；第二，尽管我们已全面意识到证明责任的双重内涵，但对于证明责任与提供证据责任在诉讼中不同作用的理解仍任重而道远。作为诉讼进程中约束当事人举证行为的提供证据责任，无法成为立法层面证明责任分配的依据，也区别于当案件出现真伪不明时作为裁判方法的证明责任。实体法上的证明责任分配与诉讼法上的当事人具体举证行为应协同作业，共同发挥证据证明在民事诉讼进程中的实质作用；第三，民事诉讼法精细化作业的当下，对于法律制定者和法律适用者提出了更高的要求。当规则制定时，对于一般性规则中抽离出的“特殊”规则要审慎考虑其是否存在体系性矛盾或冲突；在具体案件的法律适用中，运用一般规则与特殊规则作为法律依据需要进行精密而细致的体系性解释。

部门法方法论

美国禁止褫夺公民权利宪法条款的司法适用评析

——以华为公司对美国联邦政府提起诉讼案为焦点

孙煜华*

摘　要　美国2019财年国防授权拨款法第889节明确提到华为的名字，以立法的形式裁定它与中国政府有关联。它不单禁止美国政府机构自身购买华为设备及其服务，并且禁止政府跟其他购买或者使用华为的第三方机构签订合约或向其拨款或提供贷款，无论这些华为的设备和服务是否会对美国政府造成任何影响，或与其有任何关联。该法第889节未经司法审判直接以立法对华为这类特定主体发布禁令，侵入司法权；超出国家安全目的褫夺华为的商业经营权，不符合比例原则；在立法记录中明确记载提案人和国会领袖的惩罚性表述；通过封杀性惩罚达到将华为逐出美国市场的目的；具备褫夺公民权法案的三个要素——特定性、惩罚性、非司法性，并能通过证成惩罚性要素的三项测试——符合惩罚的历史类型、不合比例、明确的惩罚动机；违反了美国宪法第1条第9款的规定，属违宪的褫夺公民权法案。

关键词　华为；美国2019财年国防授权拨款法；褫夺公民权法案

2019年3月6日，中国华为公司在美国得克萨斯州普莱诺地方法院对美国联邦政府提起诉讼，挑战美国《2019财年国防授权法案》（National Defense Authorization Act for Fiscal

* 孙煜华，男，江苏建湖人，华东政法大学中国法治战略研究院研究员、副院长，研究方向为宪法学与行政法学、涉外法治、卫生健康法学。

Year 2019）第 889 节（以下简称“第 889 节”）限制联邦机构、政府承包商、联邦贷款和拨款接受者与该公司开展业务的法律的合宪性。① 2021 年 2 月 18 日，一审法院做出裁判，驳回华为诉请。② “华为诉美国”案备受国内外关注，在这起案件中，华为认为：该法第 889 节构成美国宪法第 1 条第 9 款中所禁止的“褫夺公民权法案”（Bill of Attainder）。与美国宪法第五、第十四修正案中的正当程序条款，第一修正案中的言论自由条款不同，华为所援引的这项条款很少出现在美国司法实践中，国内学界对之也甚少关注，该条款有什么含义？从哪里来？在援引时遵循什么标准？华为在证成第 889 节构成该条款所禁止的褫夺公民权法案时有哪些难点？一审法院的判决是否公正？围绕这些问题，笔者将在下文中一一探讨。

一、美国 2019 财年国防授权拨款法第 889 节及华为的主张

2018 年 7 月 26 日，美国国会正式通过“2019 财年国防授权拨款法”，该法第 889 节专门针对华为、中兴等中国公司颁布了禁令。具体来看：

（一）第 889 节中针对华为、中兴的禁令

美国《2019 财年国防授权法案》第 889 节规定了对特定电信公司、视频监控服务或设备的禁令。具体包括：

（a）禁止使用或采购：（1）执行机构负责人不得（A）采购、获得、延长或续订合同，以采购、获得或使用任何涵盖的电信的设备或服务，作为任何系统的重要或必要组成部分，或作为任何系统的关键技术。或（B）与使用涵盖的电信设备、系统或服务的实体签订合同（或延长、续订合同），以避免使用涵盖的电信设备或服务作为任何系统的重要或必要组成部分，或为任何系统提供关键技术。③

（b）对贷款和补助基金的禁止。（1）执行机构的负责人不得承担或支出贷款或拨款以促使第三方获得涵盖电信公司的设备、服务或系统；（2）在执行第（1）款中的禁令时，执行贷款，拨款或补贴项目的执行机构负责人，包括联邦通讯委员会负责人、农业部、国土安全部、小企业管理局和商务部应优先考虑可用的资金和技术支持，以协助受影响的企业、机构和组织，使受影响的实体从覆盖的通信设备和服务过渡到采购替换设备和服务，并确保持续为用户和客户提供通信服务。④

---

① Stephanie Zable, “Huawei Technologies v. U. S.: Summary and Context”, April 9, 2019, https: //www. lawfareblog. com/huawei – technologies – v – us – summary – and – context.

② Huawei Techs. USA, Inc. v. United States, 440 F. Supp. 3d 607.

③ H. R. 5515 – John S. McCain National Defense Authorization Act for Fiscal Year 2019, August 13, 2018, https: //www. congress. gov/bill/115th – congress/house – bill/5515/text.

④ H. R. 5515 – John S. McCain National Defense Authorization Act for Fiscal Year 2019, August 13, 2018, https: //www. congress. gov/bill/115th – congress/house – bill/5515/text.

第 889 节随后对“涵盖的电信设备或服务”一词作了说明，是指以下任何一种：“(A) 华为技术公司或中兴通讯公司（或该实体的任何子公司或附属公司）生产的电信设备。……（D）由国防部长与国家情报局局长或联邦调查局局长协商，合理认为，制作或提供的电信或视频监视设备或服务的实体，是本法涵盖的外国政府拥有、控制或以其他方式与外国政府（中华人民共和国政府）建立联系的实体。”①

（二）华为主张第 889 节构成“褫夺公民权法案”

针对上述禁令，华为在起诉状中声称，第 889 节明确提到华为的名字，以立法的形式裁定它与中国政府有关联。它不单禁止美国政府机构自身购买华为设备及其服务，并且禁止政府跟其他购买或者使用华为的第三方机构签订合约或向其拨款或提供贷款，无论这些华为的设备和服务是否会对美国政府造成任何影响，或与其有任何关联。这些禁令的目的和实际效果，是阻止华为进入美国通信设备和服务市场的核心区域。因此，第 889 节对华为造成了直接且持续的经济、竞争力以及声誉上的损害。这样做的过程中，第 889 节违背了美国宪法第 1 条第 9 款规定的“不能未经司法程序而实施褫夺公民权的法案”（Bills of Attainder Clause），将华为单独挑出来惩罚——它将华为列入黑名单，质疑其声誉及其遵守美国法律的具体承诺，并拒绝华为通过任何途径为自己正名并免除制裁。②

二、美国宪法禁止褫夺公民权法案条款的含义和渊源

华为主张第 889 节构成“褫夺公民权法案”是否成立？在证成该命题前，我们首先要考察禁止褫夺公民权法案条款的含义和渊源。美国宪法第 1 条第 9 款规定，禁止通过褫夺公民权和溯及既往的法案（No bill of attainder or ex post facto Law shall be passed.）；... 禁止各州 ... 通过褫夺公民权的法案。（No state shall... pass any bill of attainder.）要了解上述禁止性条款的含义，首先要了解什么是褫夺公民权法案（bill of attainder）？

（一）褫夺公民权法案的基本含义

关于“褫夺公民权法案”，英国普通法的权威字典——布莱克斯通法律词典的解释是：“一种特殊的立法行为，在不经司法审判的情况下，立法机关判处犯有叛国罪或其他重罪的人死刑”。③ 另一部权威的现代英美法词典——元照英美法词典的解释是：“立法机关创立的法律，不论何种形式，不经司法审判对公民个人处以死刑或其他特别刑罚，多指

① H. R. 5515 – John S. McCain National Defense Authorization Act for Fiscal Year 2019，August 13，2018，https：//www. congress. gov/bill/115th – congress/house – bill/5515/text.

② Stephanie Zable，“Huawei Technologies v. U. S.：Summary and Context”，April 9，2019，https：//www. lawfareblog. com/huawei – technologies – v – us – summary – and – context.

③ Bryan A. Garner，*Black' s Law Dictionary*，Seventh Edition，ST. Paul，Minn：West Group，1999，p. 159.

剥夺公民权利及没收财产。美国宪法及州宪法禁止国会及州立法机关通过这样的法律。1946年，美国诉洛维特案（United States v. Lovett）的判决是国会违宪通过的首例褫夺公民权的案例。在英国，是指上议院通过的法律，剥夺公民的权利，没收财产。原适用于犯叛国罪或其他重罪的人。与普通公共法案所规定的程序相同，即律师可听取被告人的陈述，被告也可要求证人在两院为其作证。采用这种议会审判形式最著名的案例是1641年对斯特拉特福德伯爵温特沃斯的审判。这种审判方式自18世纪以来不再被适用。"①

对比两部权威法律词典的解释，我们可以发现，关于"褫夺公民权法案"，传统的英国普通法字典的释义比现代英美法字典的释义更狭窄，前者所作的立法判决仅包括死刑，而后者的立法判决囊括了死刑及其他严厉的刑罚，包括没收财产和限制其他公民权。两部字典的权威性均毋庸置疑，之所以出现这种差别，是因为经过美国多年的宪法实践，褫夺公民权法案的外延已经大大扩展，早已超出了英国普通法上判处特定人死刑的立法的范围。

当然，元照法律词典的解释也未及时跟进司法的发展，从美国的先例来看，褫夺公民权法案还包括对自然人以外的团体的权益的褫夺，如此一来，其含义应指：立法机关创立的法律，未经司法审判直接对特定的公民或团体处以死刑或其他特别处罚，褫夺其生命权、自由权、财产权、就业权等。对此，笔者将在下文中详细阐述。

（二）褫夺公民权法案的英国普通法渊源

褫夺公民权法案的历史源远流长，其源自英国普通法，最初是贵族用来镇压政治反抗的有力工具。② 当然，在英国革命过程中，该法案也经常为革命者所使用，成为其应对保皇党人的武器。总体上，英国褫夺公民权法案的主要特征就是议会直接取代法院，通过一部法案剥夺特定人的生命或全部财产。

有学者考证，在英格兰历史上，褫夺公民权法案是非常残忍的，其直接对特定公民作出死刑判决，并且这种宣判是在令人毛骨悚然的情况下进行的。同时，还要对其进行侮辱，让其缓慢和凄惨地死去。不仅如此，褫夺公民权法案还要剥夺其继承和被继承资格，在其死后，其遗产只能上缴国库而不能留给其继承人。这样的惩罚使得其后代也要为其罪行付出代价。③ 可见，褫夺公民权法案是对特定人肉体、精神、家族财富的全面摧毁，与文明社会是格格不入的。

从16世纪到18世纪，英格兰贵族经常使用褫夺公民权法案打击政敌。通常情况下，

---

① 薛波主编：《元照英美法词典》，北京：法律出版社，2003年，第148—149页。

② M. Jackson Nichols, Jackson S. Nichols, Matthew Buckner, "Bill of Attainder: Old Wine in New Bottles", *North Carolina Central Law Review*, vol. 36, 2014, p. 278.

③ M. Jackson Nichols, Jackson S. Nichols, Matthew Buckner, "Bill of Attainder: Old Wine in New Bottles", *North Carolina Central Law Review*, vol. 36, 2014, p. 278.

褫夺公民权法案大行其道的时期为：镇压反叛期间；对国王大有裨益的时刻；国家陷入对暴政的狂热追捧期间；所有的国家都倾向于背弃自己的职责并随意践踏公民的权利和自由的时期。① 英国历史上很多名人都是被褫夺公民权法案处决或褫夺其全部财产。譬如著名的革命者托马斯．克伦威尔 Thomas Cromwell 就是在死后，被议会通过立法褫夺其所有财产。当然，随着英国光荣革命的胜利，褫夺公民权法案逐渐退出了历史舞台。西方学界普遍认为，英国最后一部褫夺公民权法案是 1696 年光荣革命胜利后的约翰．芬威克褫夺权利法案（the attainder of John Fenwick），该法在关键证人失踪，无法通过司法给意图复辟的芬威克爵士定叛国罪的情况下；直接以两院微弱多数票通过，最终处决了芬威克。②

可以说，英国普通法上的褫夺公民权法案是非常狭义的，一般限定为立法判决死刑或剥夺全部财产，其不包括立法判决其他更轻微的刑罚。值得注意的是，在英国普通法上还有一类剥夺特定人权利的立法——“痛苦和惩罚法案”（bill of pain and punishment），其不如褫夺公民权法案那么严厉，不判处死刑，而是施加与比死刑轻微的刑罚例如监禁，没收财产，驱逐出境或剥夺其他权利。③ 英国普通法是将两者做明确区分的，这也就可以解释为什么布莱克斯通词典将褫夺公民权法案限定为判决特定人死刑的立法。

（三）美国宪法禁止褫夺公民权法案的历史渊源

英国是在光荣革命后事实上禁止褫夺公民权法案，而美国则是以成文宪法的形式第一次明文禁止褫夺公民权法案，而且从一开始，其适用范围相对宽泛，超出了禁止判处特定人死刑或剥夺其全部财产的立法的范围，没有与禁止“痛苦和惩罚法案”做明确区分，这背后有极其特殊历史背景。

独立战争结束后，各州持续的反保皇党人运动给英美战后谈判制造了障碍。到了 1783 年，美国国会承认英美达成条约的三个前提性条款：第 4 条规定，英国商人可以收回美国公民的公平债务。第 5 条规定，经确认的英国权利人将能够收回被没收的财产。第 6 条规定：承诺各州将停止追诉保皇党人，也停止没收其财产。④

然而，一些州断言国会无权批准一项条约减损主权州的反保皇派政策。多个州接连出台州法，加快处分保皇党人的财产。到 1784 年，英国决定在蒙特利尔、尼亚加拉和伊利湖维持驻军，直到最公然违反和平条约的弗吉尼亚州和纽约州撤销针对英国债权人和业主

---

① Joseph Story, *Commentaries on the Constitution* § 1344, Fifth Edition, M. Bigelow, 1891; cited in Cummings v. Missouri, 71 U. S. 277, 323 (1866).

② Michael P. Lehmann, “The Bill of Attainder Doctrine: A Survey of the Decisional Law”, *Hastings Constitutional Law Quarterly*, vol. 5, Issue 4, 1978, p. 768.

③ M. Jackson Nichols, Jackson S. Nichols, Matthew Buckner, “Bill of Attainder: Old Wine in New Bottles”, *North Carolina Central Law Review*, vol. 36, 2014, pp. 278 - 279.

④ Anthony Dick, “The Substance of Punishment under the Bill of Attainder Clause”, *Stanford Law Review*, vol. 63, 2011, pp. 1177 - 1200.

的法律。英国卡马森勋爵向约翰．亚当斯发送了一份违反条约的州长名单，敦促美国国会再次向各州写信，保证它们遵守条约。美国的建国者华盛顿、汉密尔顿、麦迪逊、马歇尔等人试图在弗吉尼亚州和纽约州废除反保皇党人法案，但遭遇挫败。由于国会无法强迫州废除这些法案，造成与英国达成的和平条约十分不稳定。①

随着1787年制宪会议的临近，各州实施迫害保皇党并拒绝遵守国家和解政策的做法还是一个突出的问题。而邦联政府控制这一问题的能力不足，则是邦联宪法条款的缺陷之一。在重量级代表的斗争下，美国宪法第1条第9款规定，各州禁止... 制定褫夺公民权法案。禁止褫夺公民权条款与禁止损害契约义务条款位于宪法的同一句话中，因为两者都被视为制约各州反保皇党运动的关键条款。很明显，在形成一个有凝聚力和负责任的全国性联邦的过程中，各州必须停止反对保皇党人的立法。②

与英国不同的是，美国关于褫夺公民权法案的判例是绵延不绝的，一直发展到了当代。在涉及的公民权利范围上，也有拓展，譬如：在内战后的“卡明斯诉密苏里州”案（Cummings v. Missouri）③中，特定个体从事合法职业的资格权（就业权）被联邦最高法院纳入禁止立法褫夺的范围。冷战初期的“美国诉洛维特”案（United States v. Lovett）④中，联邦最高法院认定，个人获得工资或补偿权受禁止褫夺公民权法案条款的保护。在南贝尔通信公司诉联邦通信委员会案（SBC Comm Inc v. FCC）⑤（以下简称“南贝尔公司案”）中，尽管原告未胜诉，但联邦法院首次承认法人（公司）也可以援引禁止褫夺公民权法案条款，保护其财产权、就业权（公司经营权）等。

（四）美国宪法禁止褫夺公民权法案的理论渊源

美国宪法的缔造者对禁止褫夺公民权法案的意义的认识是十分深刻的，其支持性论证的角度是多样的，主要包括：缓和国内政治纷争、三权分立、防止民粹主义等；当然，所有论证的落脚点都在保障人权上。

亚历山大·汉密尔顿是禁止褫夺公民权法案的坚定支持者，他本人甚至在纽约州为多名“保皇党人”辩护，在宪法批准之前的几年里，他认为美国必须尽快从战争中走出，重建政治和平，他一直谴责了通过立法“剥夺公民资格，剥夺选举权和驱逐公民”的做法，尤其反对州议会未经审讯，以所谓“民意代表”自居，驱逐大量同胞，或者在不能达到（驱逐）目的的情况下，无视宪法、土地法，不经陪审团审判，剥夺其权利（尤其是财产

① Anthony Dick, “The Substance of Punishment under the Bill of Attainder Clause”, *Stanford Law Review*, vol. 63, 2011, pp. 1177－1200.

② Anthony Dick, “The Substance of Punishment under the Bill of Attainder Clause”, *Stanford Law Review*, vol. 63, 2011, pp. 1177－1200.

③ Cummings v. Missouri, 71 U. S. 277 (1867).

④ United States v. Lovett, 328 U. S. 303 (1946).

⑤ SBC Comm Inc v. FCC, 138 F. 3d 410.

权和人身自由)。① 这反映了汉密尔顿作为一个有远见的政治家，认识到禁止褫夺公民权法案在缓和国内政治纷争方面的关键作用。

詹姆斯·麦迪逊的解读更加深刻，他从立法权和司法权分立的角度论证到，“立法机关承担司法裁判的职能，在没有任何统一规则和审判保护的情况下宣判该当事人的罪行，无视证据规则，只要符合自己的要求就都可采信。简而言之，在所有上述情况下，立法机构都拥有最高的主权权力，以及可能被认为是不负责任的专横的自由裁量权，仅仅由其认为的政治必要性或权宜之计来管理，而且经常受到不合理的恐惧或毫无根据的怀疑的影响”。②

麦迪逊还很有预见性地看到了“民粹主义”的危害。他说道：“褫夺公民权和溯及既往的法律……违反社会契约的第一原则，以及健全立法的每一项原则... 我们自己的经验告诉我们... 防范这些危险不应该被忽略……美国清醒的人民厌倦了指导民意机构的波动政策。他们遗憾和愤慨地看到，在影响个人权利的案件中，突然的变化和立法干预成为有野心和有影响力的投机者手中的工作；他们让忙碌和不知情的选民陷入了其设定好的圈套。”③ 汉密尔顿也认识到，如果立法机关本身可以对具体人员进行制裁，而“不经过行政机关或法院的听证或审判”，那么“没有人是安全的，也没有人知道他什么时候就可能成为主流派系的无辜受害者。”④ 大法官约翰. 马歇尔在 Fletcher v. Peck 一案中也指出，美国人民在采用这部联邦宪法时，已经决定保护他们的人身和财产免受人性中暴露出的突然和强烈的激情的影响。限定立法权的范围就是考虑到了这种情绪的影响。⑤

三、证成褫夺公民权法案之“三要素”与“三测试”

美国宪法中没有界定褫夺公民权法案的含义，在认定一部立法是否属于褫夺公民权法案时，法院都是基于先例在个案中把握。在积累了一定数量的先例后，美国联邦最高法院终于在 1977 年“尼克松诉美国总务署署长”（Nixon v. Administrator of General Services）（以下简称“尼克松案”）⑥ 一案中，确立了褫夺公民权法案的“三要素”和“三测试”的标准。此后的判例基本上按照尼克松案的标准来界定议会立法是否属于褫夺公民权法案。

---

① Anthony Dick, “The Substance of Punishment under the Bill of Attainder Clause”, *Stanford Law Review*, vol. 63, 2011, pp. 1177 – 1186.

② Alan M. Dershowitz, “The Bounds of Legislative Specification: A Suggested Approach to the Bill of Attainder Clause”, *Yale Law Journal*, vol. 72, Issue 2, 1962, pp. 345 – 346.

③ Alexander Hamilton, James Madison, John Jay, *The Federalist*, *No. 48*, *The Same Subject Continued*, *With a View to the Means of Giving Efficacy in Practice to that Maxim* (*Madison*), Cambridge, MA: Harvard University Press, 2009, pp. 383 – 384.

④ Harold C. Syretted, *The Papers of Alexander Hamilton*, New York: Columbia University Press, 1979, pp. 485 – 486.

⑤ Fletcher v. Peck, 10 U. S. (6 Cranch) 87 (1810).

⑥ Nixon v. General Services Administration, 433 U. S 425 (1977).

（一）褫夺公民权法案的“三要素”

在尼克松案中，国会通过了一项法律，要求总务署署长控制有关尼克松政府的录音带和文件，并颁布管理公众获取这些材料的制定法。前总统尼克松质疑这项法律的合宪性，其宪法依据包括美国宪法第1条第9款的禁止褫夺公民权条款。尼克松总统认为，之所以该法律是一项褫夺公民权利法案，是因为该法案单独点出他的名字，并基于他所谓的不当行为剥夺了他的财产。联邦最高法院多数意见认为，褫夺公民权法案必须要有三个要素：（1）法律必须专门针对个人或群体，（2）必须实施惩罚，（3）必须未经司法审判。在尼克松总统一案中，法院认为这些要素没有得到满足。① 具体来看：

在具体针对性审查方面，上诉人声称立法挑出其姓名，应属于针对个人的立法裁决；法院认为，国会立法有普遍性，不是针对上诉人的，法院指出：“尽管该法案特别提及上诉人姓名，但不会自动违反禁止褫夺公民权法案条款。这是因为：在该法案通过时，国会只关注上诉人材料的保存，前总统的文件已经存放在图书馆，上诉人构成一个合法类别，而且国会认可前任总统文件的地位，并要求公共文件法进一步考虑制定普遍规则约束其继任者；仅此一点就可以证明国会迅速通过关于（尼克松前总统）文件的正当性。”②

在惩罚性审查方面，上诉人声称前总统文件属于其个人财产，国会无权通过立法褫夺。法院认为，“国会将上诉人的材料送交总务管理署保管，等待政府档案管理员的审查并颁布进一步的规定，没有像历史上褫夺公民权法案一样，给上诉人‘施加惩罚’”，“根据国会声称的法律的正当目的来评估司法证据和历史相关材料的可采性，该法案是一项非惩罚性立法决策，立法历史或立法规定中没有任何证据显示国会立法有意惩罚上诉人。”由于没有通过前两项审查，所以第三项审查——未经司法审判没有必要性。③ 但是，这一点是当然成立的，立法确实绕开了司法直接对上诉人的文件进行了处分。

（二）关于构成褫夺公民权法案的“惩罚”的“三测试”

最关键的是，尼克松案中，联邦最高法院提出了三项测试来确定一项法律是否实施褫夺公民权利的惩罚（“三要素”中的“惩罚性要素”）。第一项是历史测试，褫夺“传统上被禁止褫夺”的公民权利，例如死亡、放逐、惩罚性没收财产以及剥夺就业资格等。第二项是功能测试，即法律是否“就所施加负担的类型和严重性而言，可以合理地说是为了进一步的非惩罚性立法目的。”最后一项是动机测试，在尼克松案中，法院考察了国会的立法动机，即是否“立法记录表明国会有意惩罚”。关于尼克松案中的那些有争议的法律，

---

① Congressional Research Service，“Huawei v. United States：The Bill of Attainder Clause and Huawei's Lawsuit Against the United States”，March 14，2019，https：//fas. org/sgp/crs/misc/LSB10274. pdf.

② Nixon v. General Services Administration，433 U. S 425（1977）.

③ Nixon v. General Services Administration，433 U. S 425（1977）.

联邦最高法院认为不能通过三项测试，因为：法律没有施加传统上与惩罚相关的负担，国会立法的合法性和非惩罚性的理由“显而易见”，如保存历史记录和促进刑事诉讼，而且立法记录中没有任何内容表明国会“侵犯了司法职能”。①

具体来看，在尼克松案的历史测试方面，法院首先对历史上的先例中的“惩罚”类型进行考察，以决定案件中涉及的惩罚是否属于先例中的某一类。多数意见认为，“美国宪法中褫夺公民权法案比英格兰普通法上的死刑立法要宽，从先例看，吸收了“痛苦和惩罚法案”的内容，通常包括监禁，驱逐和主权者对财产的惩罚性没收。此外还有一项美国先例创设的立法惩罚，即立法禁止特定的个人或团体参与特定的工作或职业，此类立法通常适用于不忠诚的人士”；但是“毋庸置疑，上诉人不能声称在国会手中遭受了任何被禁止的褫夺，这是因为：虽然国会下令总务管理署保留对上诉人声称作为其财产的记录的控制权，但该法案第105条规定地方法院裁定‘公正赔偿’。”②

在功能测试方面，法院实际上运用“比例原则”，考察立法是否有“非惩罚性”的正当立法目的，给当事人施加的负担是否与该目的相关，是否存在给当事人影响更小的替代措施。尼克松案的法院多数意见认为，“上诉人认为，国会立法是为了谴责和惩罚他，但是，诚如前面提到的，国会立法的合法性理由是显而易见的，首先，由于尼克松－桑普森协议明确考虑销毁一些上诉人的材料，所以国会强调要保存一些有关前总统尼克松的材料，以用于完成与水门事件相关的罪行的起诉；第二，再次提到尼克松－桑普森协议，国会旨在保护公众获得具有一般历史意义的尼克松总统的材料的公共利益，这些资料中的信息将对美国的政治健康和活力具有重要价值”，“国会还指示总务管理署推进这些目标的同时，确保个人任何的宪法和法律权利不因为管理人控制这些资料而减损。根据对这些所声称的目的进行评估，法律显然必须被视为非惩罚性的立法决策”。③

在动机测试方面，法院要检视立法的历史，考察推动立法的主要人士，尤其是提案议员，是否在正式场合公开表明惩罚意图。尼克松案的法院多数意见认为，“在立法记录中，没有任何证据表明国会的目的是对尼克松先生施加惩罚……作为对所谓过去的不法行为的惩罚。从立法历史中只得出一条结论，即我们面前的法案具有监管性，而非惩罚性”，“参议院和众议院委员会报告在正式解释其敦促通过该法案的理由时，表示没有兴趣谴责或惩罚上诉人。相反，报告证明该法案公正和恰当地属于国会的立法权限：保留司法证据和历史相关材料。”而在美国诉洛维特案中，国会立法被宣布违宪是因为：“众议院报告明确指出某个人属于‘颠覆分子……不适合……继续从事政府工作’。”④

---

① Nixon v. General Services Administration，433 U. S 425 (1977).

② Nixon v. General Services Administration，433 U. S 425 (1977).

③ Nixon v. General Services Administration，433 U. S 425 (1977).

④ Nixon v. General Services Administration，433 U. S 425 (1977).

三、证成第889节构成褫夺公民权法案之难点

简而言之，根据尼克松案确立的证成标准，褫夺公民权法案的三个要素是：特定性、惩罚性、非司法性，其中证成惩罚性要素的三项测试是：符合惩罚的历史类型、不合比例、明确的惩罚动机。这些标准无疑给华为证成第889节构成褫夺公民权法案确立了基本的方向，不过，从先例来看，美国法院在将这些标准运用于具体案情时，具有高度的裁量性，使得华为证成过程面临诸多难点，具体来看：

（一）将特定主体归入一个类别达成普遍性效果

华为要面临的第一大难点是：国会立法点出了华为的名称，但却将华为归入一个类别——外国政府控制的危害美国国家安全的实体，以此认为对华为的禁令是普遍的。由上文可知，在认定褫夺公民权法案的三要素中，一个关键的要素是：议会立法针对特定的人或团体，而非普遍适用所有人或团体，或有合理的归类标准。如果国会否定了这一点，对原告是非常不利的。

从已有的判例来看，法院完全可以将有具体针对性的立法解释为普遍性立法。其基本的思路是：国会立法在点出特定人或团队的同时，以该特例为标准创设一个新的类别，并规定自此特定人或团体开始，凡属于该类别皆普遍适用。譬如：在“尼克松诉联邦总务管理局”案中，尼克松认为国会的立法是一项褫夺公民权法案，因为该法案单独点出他的名字，并基于他所谓的不当行为剥夺了他的财产。然而，法院认为，该法除了给尼克松的个案作出处理外，还成立了一个委员会来研究如何保存未来总统的行政性材料。可见，法律允许处理当前紧迫的问题，同时采取行动以防止再次出现同样的问题。法律中有关尼克松任职总统期间的资料处置方式，为今后的总统文件的处理提供了前例。①

在卡巴斯基案中，哥伦比亚巡回法院几乎如法炮制，认为国会立法在对卡巴斯基实验室作出禁令的同时，创设一个“存在网络安全风险”的类别，进而认定这部法律是普遍适用的。法院认为，“（2019‘国防授权拨款法’）第1634节不仅包含针对（卡巴斯基）特定威胁的具体条款［第（a）和（b）小节］，还包含指导进一步调查该威胁的更广泛条款。具体而言，（c）小节指示国防部长对‘从联邦政府信息技术网络中删除可疑产品或服务的程序’进行审查．第1634节中没有任何内容阻止国会扩大其禁令，只要未来确定其他公司的产品存在网络安全风险，就可以将该公司或产品纳入禁令范围。鉴于这种情况，我们相信第1634节代表国会在分类方面的努力，而不是（针对卡巴斯基实验室的）惩罚。”②

---

① Nixon v. General Services Administration，433 U. S 425（1977）.

② Kaspersky Lab，Inc. v. United States Department of Homeland Security，No. 18－5176（D. C. Cir. 2018）.

在华为案中，我们也发现国会采取普遍性立法和定点打击结合的立法模式。根据《2019财年国防授权法案》第889节，(2)“涵盖外国”一词指中华人民共和国。(3)“涵盖的电信设备或服务”一词是指以下任何一种：(A)华为技术公司或中兴通讯公司（或该实体的任何子公司或附属公司）生产的电信设备。……(D)由国防部长与国家情报局局长或联邦调查局局长协商，合理认为，制作或提供的电信或视频监视设备或服务的实体，是本法涵盖的外国政府拥有、控制或以其他方式与外国政府建立联系的实体。可见，立法将华为归入外国政府控制的危害美国国家安全的实体，这种立法是普遍性的，还是具体针对性的？法院对此的答案将是华为案的一大悬念。

（二）以非惩罚性立法目的巧妙包装惩罚性意图

华为面临的第二大难点是：国会以“国家安全”之类非惩罚性立法目的掩盖其惩罚性意图。在禁止褫夺公民权法案条款关于“惩罚”的三步测试中，“最重要的”测试是功能测试。根据该测试，法院调查的首要重点是议会立法是否旨在突出非惩罚性的正当立法目的；如果有，那么即便有惩罚性后果，也可以通过功能测试。

实际上，在区分所谓“非惩罚性”立法目的和“惩罚性”意图方面，联邦最高法院或巡回法院的立场是游移不定的。法院时而揭破“非惩罚性”或“预防性”的立法目的这一面纱，揪出其背后的惩罚性意图和后果；时而又十分强调立法目的的“非惩罚性”或“预防性”，而忽视给当事人造成的惩罚。譬如：在1946年的“美国诉洛维特”案件中，国会之所以通过立法解雇三名联邦雇员并拒付工资，就是因为要防止他们“颠覆政府”。不过，法院依然认为，该法未经司法审判，直接通过立法对特定个人施加了惩罚，违反了美国宪法第1条第9款的禁止褫夺公民权法案而无效①。对于该案，笔者不禁要提出疑问：国会防止三名雇员颠覆政府，难道是一种惩罚性的立法目的？如果这只是一种预防，那么为什么法院视而不见，相反只是关注解雇及拒付工资对三名联邦雇员造成的“惩罚性”后果？

同样，在“卡明斯诉密苏里州”案中，联邦最高法院认为，法律要求希望担任任何公职或私人职务的个人宣誓：他们在内战期间从未给予过邦联任何支持或同情；而宣誓与职务无关，故而让拒绝宣誓者“丧失从事合法职业的资格”是一种“惩罚”。但是，密苏里州断言，立法的主要政策理由并不是惩罚邦联支持者，而是希望牧师成为法律的忠实仆人，前南部邦联在这方面表现出了不足之处，宣誓的目的就是为了确认其维护法律的立场，防止违反法律者混入其中。② 可以发现，在该案中，法院显然揭开了“维护法律”这样的非惩罚性面纱，而是抓住其给邦联同情者造成的惩罚性后果。

---

① United States v. Lovett，328 U. S. 303 (1946).

② Cummings v. Missouri：71 U. S. 277 (1867).

相反，在“卡巴斯基实验室诉美国国土安全部”案（以下简称卡巴斯基案）中，法院完全换了一个立场，把焦点由惩罚性后果转移到非惩罚性立法目的上。哥伦比亚巡回法院指出，国会已经听取了大量专家的证词，认为卡巴斯基实验室与俄罗斯的关系可能危及联邦计算机的完整性。鉴于这一威胁，最高法院认为国会将卡巴斯基的系统从联邦网络中移除“是合理而思虑周到的反应”。若要通过功能检验，国会对这一威胁的回答不必“十分精确”，只需避免“造成不必要的负担”。① 可见，在这起案件中，法院并不在意国会立法给卡巴斯基实验室造成多少损失，而是关注国会的非惩罚性的立法目的——预防联邦计算机系统遭到外国政府的攻击。

在华为案中，与卡巴斯基案遭遇的情形类似，美国国会也在立法中打“国家安全”牌，以此作为立法的正当目的，掩盖其对华为的惩罚性意图。根据美国联邦参议院2018年5月23日的国防授权拨款法的立法记录，之所以限制联邦政府承包商、联邦贷款和拨款接受者采购华为设备；是因为马可·安东尼奥·卢比奥参议员认为：“尽管国防部或政府不会将华为路由器放在敏感的地方，这是没问题；但是华为将把它卖给一家美国公司。那家公司将撕掉华为的商标并贴上他们的商标，而你的路由器由一家受中国情报支持的中国公司控制”。② 很显然，正是基于国家安全目的，国会立法将对华为的禁令由政府采购领域扩充到商业领域。华为能够证明该目的不成立吗？或者即使成立，立法所采取的手段超出了立法目的？这些问题是留给华为最大的考验之一。

（三）议员孤立的陈述不足以证成国会整体的惩罚性动机

华为面临的第三大难点是：在动机测试中，法院认为参与立法的议员的惩罚性言论不能证明国会整体上具有惩罚性立法动机。由上文可知，动机测试主要考察“立法记录是否表明国会有意惩罚。”然而，至今我们还找不到一部国会立法因为通过不了动机测试而称为褫夺公民权法案。个中缘由无非是，法院切割议员的个人意思表示和议会的整体立法动机，认为尽管个别议员表明惩罚意图，但是只要议会整体上不是出于惩罚意图立法，就不能认为议会有惩罚性动机。正如美国学者安东尼·迪克（Anthony Dick）所指出的，“立法动机和意图总是被描述为惩罚性或非惩罚性，回顾性或前瞻性。实际上，动机测试是极其复杂的，其很难将用一种单一的整体思维模式评价由具有多元动机的立法者组成的立法机构。”③

在卡巴斯基案中，上诉人引用了修正案提案人——参议员珍妮．沙欣（Jeanne Sha-

---

① Kaspersky Lab，Inc. v. United States Department of Homeland Security，No. 18－5176（D. C. Cir. 2018）.

② congressional record—senate s2846 － Congress. gov，SENATE CREC－2018－05－23－pt1－PgS2846－3，May 23，2018，https：//www. congress. gov/crec/2018/05/23/CREC－2018－05－23－pt1－PgS.

③ Anthony Dick，“The Substance of Punishment under the Bill of Attainder Clause”，*Stanford Law Review*，vol. 63，2011，pp. 1177－1192.

heen）在互联网上的一段公开的修正案说明——“沙欣建议参议院在年度国防法案中禁止政府使用卡巴斯基软件。”（“Shaheen's Legislation to Ban Kaspersky Software Government – Wide Passes Senate As Part of Annual Defense Bill”）①，指出其中包含惩罚性意图，如“这家总部位于莫斯科的公司与俄罗斯情报部门有着广泛的联系”，“造成了令人担忧的国家安全漏洞”，“针对卡巴斯基实验室的案件势不可挡”，“卡巴斯基实验室与克里姆林宫之间的紧密关系令人震惊并且记录良好”。对此法院认为，“首先，我们在参议员的陈述中没有发现惩罚意图。相反，她表示希望采取行动保护联邦信息系统，而这是一个非惩罚性目标。第二，即使沙欣的陈述确实揭示了惩罚卡巴斯基的个人愿望，该公司也没有引用任何确凿的证据表明其他国会议员分享了她所谓的惩罚性动机。几个孤立的陈述不足以表明惩罚意图，并且不能在没有任何其他惩罚标记的情况下使法律成为褫夺公民权法案。”②

在华为案中，考察整个立法记录，我们注意到：当多个针对华为和中兴的法案悬而未决时，美国参议院民主党领袖查克·舒默（Chuck Schumer）表示：“华为和中兴都是中国政府支持的企业。他们想方设法进入美国市场的目的是窃取我们的私人数据和知识产权。”2018 年 6 月 13 日，5515 号法案提案人科顿参议员在参议院表示：“这些公司（即华为和中兴）已经证明，他们自己当前是不值得信任的。我认为，应该把他们赶出去，禁止它们在美国做生意。”科顿在协助提交第 5515 号提案时称：“这是美国对华为和中兴采取的第一次真正、具体的行动，但我和本会议厅的参议员认为，判处‘死刑’才是适当的惩罚。”2018 年 6 月，5515 号法案提案人参议员卢比奥也曾表示，“我们应该把华为赶出去。华为是个‘特洛伊木马’，不应该以任何身份在美国做生意。”2018 年 6 月 18 日，美国参议院通过了 5515 号决议，并召开会议，就法案达成共识。2018 年 6 月 27 日，美国众议员鲁本·加莱戈（Ruben Gallego）谴责“中兴和华为”，称它们为“中国的两个坏苹果”，并指出“美国两党对此达成共识”。2018 年 7 月 26 日，美国众议院通过了“2019 财年国防授权拨款法”的最终版本。众议员史密斯对该法案针对华为实行的“严格限制”表示欢迎，确保该公司不能与美国政府或与之有业务往来的公司做生意。③ 上述这些议员的言论显然体现了惩罚性意图，但是法院是否会再度认为其为“孤立的个人意见”，不是国会的整体意见？这也是华为面临的一大风险点。

（四）同类措施对自然人构成惩罚但对公司不构成惩罚

华为面临的第四大难点是：法院认为对华为造成的损失主要是财产上的，这种损失由

---

① Shaheen's Legislation to Ban Kaspersky Software Government – Wide Passes Senate As Part of Annual Defense Bill, September 18, 2017, https://www.shaheen.senate.gov/news/press/ shaheens – legislation – to – ban – kaspersky – software – governmentwide – passes – senate – as – part – of – annual – defense – bill –.

② Kaspersky Lab, Inc. v. United States Department of Homeland Security, No. 18 – 5176 (D. C. Cir. 2018).

③ See: “Read Huawei's Complaint Against the U. S.” *Wallstreet Journal*, March 9, 2019, https://www.wsj.com/public/resources/documents/huawei.pdf? mod = article_ inline.

于针对公司而非自然人，所以没有达到褫夺公民权法案所要求的惩罚的严重程度。在历史测试中，主要的风险来自法院将公司与自然人区分开来，认为公司不是一个有人身属性的自然人，而只是经济组织；同类的措施如果施加在个人头上，就难以承受，进而构成惩罚；如果施加在公司身上，那么就算造成一些财务损失，也是完全可以承受的，故而不构成惩罚。

譬如在1998年的南贝尔公司案中，联邦第三巡回法院驳回了上诉人南贝尔公司认为1996年电信法属于褫夺公民权法案的主张。该电信法有两项条款，一项禁令禁止所有贝尔运营公司及其附属公司四年内从事某些类型的电子出版，① 另一项禁令阻止运营公司在没有首先满足法定标准的情况下提供某些类型的长途服务②，同时电信法也规定了法定逃生舱口——日落条款和公司重组解决方案。南贝尔公司认为其财产权和就业权受到褫夺，但法院认为，贝尔公司的商业损失不能与自然人的财产和就业损失相比，电信法“为了追求公共安全或经济监管等合法目标，阻止公司从事特定类型的业务或特定的商业合并”，不属于褫夺公民权法案。③

又如在卡巴斯基案的历史测试中，法院将对卡巴斯基的“惩罚”与卡明斯案和洛维特案等最高法院案例区分开来，因为卡巴斯基不是一个“有血有肉”的个人，而只是一个面临一些收入损失的公司。所以法院认为，这种伤害不等同于褫夺公民权法案条款历来禁止的那种惩罚。④ 具体来看，卡巴斯基引用了四个最高法院案件——两个来自内战后（卡明斯案和格瑞澜案），两个来自冷战期间（洛维特案和布朗案）。其中，在卡明斯案中，州议会的立法禁止邦联同情者成为牧师⑤；在格瑞澜案中，国会立法禁止前邦联同情者成为律师⑥；在洛维特案中，国会立法削减某些“颠覆性”政府雇员的工资⑦；在布朗案中，国会立法禁止共产党成员担任工会官员⑧。这几个案件的共同点是，国会立法限制自然人的就业权，最终联邦最高法院都判决其属于褫夺公民权法案而违宪。卡巴斯基认为，“2018年国防授权法”第1634节也具备与上述先例一样的特征：将特定主体从特定职业上赶走，并“贴上不名誉或不忠标签”。但是，哥伦比亚第三巡回法院认为，卡巴斯基没有失业，因为：“联邦政府远非卡巴斯基唯一的客户，第1634节并未阻止卡巴斯基从事其所选择的职业，即开发和销售网络安全产品和服务”。卡巴斯基尽管商誉受损，但是损失的只是“利润”，没有涉及“每个人最基本的尊严和价值”。相反，法院认为，该案对卡

---

① BellSouth Corporation v. F. C. C，144 F. 3d at 61（D. C. Cir. 1998）.

② BellSouth Corporation v. F. C. C，162 F. 3d at 680 – 81（D. C. Cir. 1998）.

③ BellSouth Corporation v. F. C. C，162 F. 3d at 680 – 81（D. C. Cir. 1998）.

④ Congressional Research Service，“Huawei v. United States：The Bill of Attainder Clause and Huawei's Lawsuit Against the United States”，March 14，2019，https：//fas. org/sgp/crs/misc/LSB10274. pdf.

⑤ Cummings v. Missouri，71 U. S. 4 Wall. 277 277（1867）.

⑥ Ex parte Garland，71 U. S. 333（1866）.

⑦ US V. Lovett，328 U. S. 303（1946）.

⑧ US V. Brown，381 U. S. 437（1965）.

巴斯基的限制与南贝尔公司案①中的限制类似，均属于“为了追求公共安全或经济监管等合法目标，阻止公司从事特定类型的业务或特定的商业合并”。②

在华为案中，“2019 财年国防授权拨款法案”的禁令不仅让华为失去了美国政府订单，还失去了政府承包商、接受政府贷款和拨款人的商业订单，无疑会给华为造成巨大的直接经济损失；而且由于美国国会对其设备贴上“不安全”标签，在美国以外的市场也会造成冲击。不过，在考察先例后，美国法院很可能再度将华为与自然人做此区分：对自然人的就业限制影响其生存，构成惩罚；而对华为这样的电信巨头而言，损失再大也不至于退出电信行业，不构成“失业”，进而将华为排除于“禁止褫夺公民权法案”条款的保护范围之外。这一魔咒是之前所有公司都未能打破的，华为能否破解，也是一大悬念。

四、美国法院判决第 889 节未能通过“三测试”

2021 年 2 月 18 日，得克萨斯州东区法院做出裁判，驳回华为的诉请。③ 在判决中，法院认为针对华为和中兴的第 889 节不能通过褫夺公民权利法案“三项测试”，具体情况如下：

（一）第 889 节不能通过历史测试

在褫夺公民权利法案历史测试中，法院否定了“污名化”指控适用于公司的可能性，也不认为法案让华为失业或被驱逐出美国市场。简言之，就是华为承受的代价很高昂，但未达到“褫夺”在美就业机会的程度。华为认为，第 889 节符合褫夺公民权利法案历史测试的三项标准：（1）给公司打上背信弃义的烙印；（2）就业阻拦；（3）驱逐。然而，法院逐条驳斥了华为主张，首先，美国法院认为，禁止褫夺公民权利法案对“污名化”的要求针对个人，而非公司。法院认为：对公民而言，名誉至关重要，这既涉及其投票、竞选公职或参军，又涉及其与家人、朋友、邻居、同事和社区的关系。公司则与之截然不同，其可能会从其品牌的声誉中获得实质性的价值，但是其不过是公司培植、管理和盈利的一种资产，损失了也不会让公司“心理不健康”，故而“污名化”指控仅适用于自然人而非公司。其次，关于阻拦就业的问题，法院认为，华为承受的代价很高昂，但远未达到“失业”的程度。与卡巴斯基案涉及的国防授权法案第 1634 条一样，联邦政府决定不使用或将其钱花在华为设备上。为此禁止联邦机构负责人使用、与使用华为产品的实体签订合同或花费联邦拨款和贷款资金购买华为设备。法院仍然不相信第 889 节阻止华为从事其所选择的职业，其仍可与美国其他公司和个人以及世界各地 169 个国家和地区开展业务。这与“加兰德案”中，国会通过让律师对过去未参与叛国的宣誓从而让部分律师失业的情形想

① Bellsouth Corporation v. F. C. C, 162 F. 3d 678 (D. C. Cir. 1998).

② Kaspersky Lab, Inc. v. United States Department of Homeland Security, No. 18 – 5176 (D. C. Cir. 2018).

③ Huawei Techs. USA, Inc. v. United States, 440 F. Supp. 3d 607.

去甚远。[①] 最后，关于驱逐问题，法院认为，虽然这个决定对华为而言代价高昂，但是其未注销美国华为公司，甚至也没有被永久禁止在美国做生意。在美国，华为可以与联邦机构以外的任何公司和个人做生意。华为没有被驱逐出美国电信市场。

（二）第889节不能通过功能测试

功能测试的核心是法案在客观上具有惩罚性。华为认为，第889节类似于给华为定罪，因为它是永久和有选择性的。但法院并不认同，理由是：首先，从法案表述和立法过程看，国会未给华为定罪。第889节未提及既往任何单一事件，亦未将其适用范围限定为过去事件，故未确定华为是否有罪。事实上，美国众议院常设委员会无法最终确定华为的任何不当行为。国会确实就该法案举行了听证会，众议院和参议院的最初法案中也包含了调查结果。但举行听证会和发布调查结果是国会固有权力，目的是明智而有效的立法。在听证会中，国会既未传唤证人，又未要求各方提交证据，未给华为定罪。这与洛维特案[②]有明显区别，后者在立法过程中经历了秘密审判，直接给洛维特定罪。其次，关于法案是否有选择性，法院认为，国会并非仅仅针对华为，而是面向对美国国家安全有威胁的一类实体，之所以将华为和中兴挑出，是因为这两家公司是目前对美威胁最大的两家实体。最后，法案对华为的禁令也不是永久性的，因为国家情报局局长如发现其对国家安全不构成威胁，可豁免华为。

关于第889节的真实目的，华为指出，美国国会认为华为对美国国家安全造成威胁，故而施加禁令，这是“假想而非实际”的非惩罚性目的。但法院认为华为的威胁有现实性。根据美国国家情报局局长的评估报告，中国的网络攻击不仅针对联邦政府，还针对给政府提供服务的国防承包商。华为由中国政府资助，从中国政府获得数百亿美元的出口融资和无需偿还的最低无息贷款。在获得这些支持后，其采取积极措施提升在美国电信市场的渗透率。至于为什么对华为的限制超过了对卡巴斯基的限制，法院认同国会所说的，随着物联网的发展，智能设备将广泛整合到日常物品中，一旦支持物联网的基础设施存在漏洞，将会给国家和社会造成很大风险。美中经济与安全审查委员会2019年4月的报告指出，美国联邦信息和通信技术供应链存在来自中国的漏洞，与中国有关的组织或个人已将目标对准私营网络实体和政府承包商，利用联邦信息系统中的漏洞获得敏感的政府信息。

除了客观上是否有惩罚性，功能性测试的另一个重点是比例原则评估。法院引用了爱迪生公司案[③]创设的比例原则，即所施加的负担的大小和所谓的非惩罚性目的之间存在着显著失衡，在达成目的之前提下，是否存在负担更轻的替代措施。华为承受的负担是：（1）华为不能再与联邦机构签订“覆盖设备”合同；（2）华为将无法与任何希望与联邦

---

① Exparte Garland，71U. S. 333（1866）.

② US V. Lovett，328 U. S. 303（1946）.

③ Consol. Edison Co.，292 F. 3d at 352 – 54.

政府签订合同的“覆盖设备”签订合同，因为第 889 节禁止联邦机构负责人与任何使用“覆盖设备”的实体签订合同；(3) 它将不再获得“覆盖设备的联邦拨款或贷款。”目的是：(1) 通过保护联邦机构、承包商和受让人的网络，进一步实现网络安全和信息安全；(2) 确保联邦税收没有用于采购或在美国网络上进一步扩散构成上述中国网络威胁的产品。法院认为，一方面，第 889 节符合比例原则，因为其只适用于包含作为任何系统“实质性或基本组成部分”或“作为任何系统一部分的关键技术”的产品，而非全面禁令。另一方面，禁止联邦资金流入华为、中兴旨在增加市场多样性，众议院调查报告指出，在电信网络中，当公司控制着“可用于间谍和其他恶意目的的敏感设备和基础设施市场”时，市场多样性就成为美国和其他国家全国关注的问题。

在替代措施的证明方面，华为引用众议院常设委员会报告后认为，在系统的全生命周期里，都可以对系统安全进行检测。但法院认为，报告开头已经指出，检测技术只是对可疑设备已暴露问题的答案，而非所有安全问题的答案。考虑到电信网络的复杂性，现有安全检测技术存在局限性，供应商检测又有经济效益驱动，检测提供的安全感不是“实际的安全感”，尽管华为还抱怨该报告和其中的技术已经过时，但其未向法院提供任何证据表明“评估项目”现在更先进，能够提供政府试图通过第 889 节来实现的安全感。

（三）第 889 节不能通过动机测试

在动机测试中，华为认为本案立法记录表明，参众两院都提到华为受中国党和政府影响。同时，国会议员声明也明确表明了惩罚意图，该案可参考洛维特案。但法院指出，这些孤立声明未能证明国会在通过第 889 节时的整体意图；相反，必须将国会立法记录作为一个整体来审查。与华为的断言相反，本案与洛维特案有所不同。尽管有证据表明一些国会议员有惩罚性意图，但与洛维特不同，国会在本案中没有发现华为有罪。在洛维特案中，国会进行了一次秘密审判，以确定所谓的“颠覆分子”是否有罪。在被判有罪后，国会通过了该法律，拒绝向被告支付联邦服务部门的工资。因此，在洛维特案中，国会立法记录“明确无误地”明确了国会惩罚这些当事人的意图。至于华为案，最多只有“一点点”关于华为是否应受惩罚的个人意见。立法记录并没有提供惩罚性意图的确凿证据。

五、第 889 节理应通过“三测试”

对于一审法院判决，笔者以为法院判决存在诸多疑点，甚至让人感觉是给国会补锅，而非基于司法的中立立场，具体来看：

（一）立法归类溯及既往可证成对特定主体的惩罚

由前文可知，为了通过禁止褫夺公民权法案条款的测试，国会立法在点出特定人或团队的同时，以该特例为标准创设一个新的类别，并规定自此特定人或团体开始，凡属于该类别皆普遍适用。华为也被归入“由中国政府拥有、控制或以其他方式与其有联系的实体”。这种将华为归类的立法是否属于普遍性立法？笔者并不认可。在尼克松案中，联邦最高法院多数意见认为，国会立法是普遍性立法，因为法律中有关尼克松任职总统期间的资料处置方式，为今后的总统文件的处理提供了前例。① 不过在该案中，首席大法官沃伦发表了反对意见，他认为，这种归类的做法并不能证明其不属于褫夺公民权法案，他指出：“为了确保（行政）机构的完整性和保密性，总统及其顾问必须像法官和国会议员一样得到这样的保证：他们对彼此间的内部通信有合理的隐私期待，不会受到追溯性法律的约束”“如果总统从他离任的那一刻起就失去了对其总统文件的立法强制的一切豁免权，那将是不合逻辑的。”“近200多年来，本法院在适用禁止褫夺公民权法案条款时，从未将‘一类’或‘单一类别’视为‘合法’”。②

由此可知，沃伦大法官将禁止褫夺公民权法案与禁止溯及既往的法律结合，指出这种归类即便合法，也只能针对未来的主体，而不能在设定普遍标准的同时，将该标准径行适用于特定主体，否则就属于溯及既往的法律。同时，沃伦也否定那种用狭隘的标准归类以规避审查的做法的合宪性。同样，对于华为公司，就算美国国会坚信其不能达到美国国家安全的标准，也应该从既有的国家安全法律中寻找其违法依据，而不应即刻制定一部新的法律，同时径行宣布华为属于违反这部新法的“一类”，并施加惩罚新的措施。

（二）不合比例原则可证成立法具有惩罚性

通过与先例比较，我们可以得出：立法禁令将联邦政府承包商，联邦贷款和拨款接受者纳入禁止采购华为设备的范围，给华为施加了超出立法目的的负担，不符合功能测试所要求的比例原则。华为的诉状中提到，“2019财年国防授权拨款法案”第889节将华为技术有限公司及其子公司和附属公司生产或提供的某些设备和服务列为规定“涵盖的电信设备或服务”，并据此限制执法机构、联邦政府承包商，联邦贷款和拨款接受者采购和使用此类设备③。而在与华为案具有高度可比性的卡巴斯基案中，《2018财年国防授权法案》第1634节将禁止使用卡巴斯基硬件，软件或服务的主体范围限制为：联邦政府的任何部门，机构，组织或其他组成部分。由此可知，华为受到了比卡巴斯基更严厉的对待，这是因为：卡巴斯基产品的受限范围主要在联邦政府层面，而不包括“联邦政府承包商，联邦贷款和拨款接受者”这些政府以外的主体。禁令已经由政府采购领域扩展至一般的商业领域。

---

① Nixon v. Administrator of General Services，433 U. S. 425（1977）.

② Nixon v. Administrator of General Services，433 U. S. 425（1977）.

③ H. R. 5515 – John S. McCain National Defense Authorization Act for Fiscal Year 2019，August 13，2018，https：//www. congress. gov/bill/115th – congress/house – bill/5515/text. https：//www. congress. gov/bill/115th – congress/house – bill/5515/text.

华为遭遇的限制是否超出了非惩罚性立法目的进而具有惩罚性？根据尼克松案，功能测试旨在考察“受到挑战的法律，在所施加的负担的类型和严重程度方面，是否合理地可被认为是推进非惩罚立法目的。”①为了确定立法是否超出必要范围，法院会做这样一种假设：为实现同样的目标，立法机关可否采取负担相对较轻的替代措施？② 实际上，较轻的替代措施在技术上并非不可能。譬如：国防部完全可要求国防采购商提供所采购的军用设备各部件的原始来源，从而切断受限制公司的产品进入军用设备的可能。现在的禁令使得这些国防承包商即使在采购民用设备方面，也受到同样的限制，这显然超出了立法目的所要求的负担范围。然而在一审中，法院以系统复杂性为由，对民用和非民用不做区分，草率断言没有替代措施。

（三）立法判决达不到司法证明标准可证成侵犯司法权

揭开非惩罚性“面纱”的第二步是挑战其立法所遵循的证明标准。“2019 财年国防授权拨款法案”第 889 节直接点出“华为”，属于典型的立法判决，在证明标准上应超出普遍性立法的“合理性标准”；对华为设备，国会尽管有所谓“合理”的安全关切，但是无直接的损害安全的证据；这达不到功能测试所要求的个案证明标准。功能测试的提出者艾伦 · M · 德肖维茨（Alan M. Dershowitz）曾指出：“法院一直陷入寻找‘惩罚性意图’这个误区，实际上，禁止褫夺公民权法案条款不是针对立法机关的意图，而是为了保持权力分立。它不是为了阻止立法‘惩罚’，而是为了防止立法审判。”③ 他进一步指出：“这个问题不是一般立法规则的适当性，而是国会对一个相当具体的人群适用这种广泛规则的有效性。对于这个问题，按照我们传统的权力分立原则，完全得出不同的结论。因为当广泛的规则适用于特定的人，如在刑事或民事审判（规则制定程序的对立面）时，我们的社会要求‘排除合理怀疑’的证据，或者至少是优势证据，而不仅仅是合理证据。此外，提供的证据必须受到对抗性诉讼的所有真相调查的压力。”④

回顾“2019 财年国防授权拨款法案”第 889 节的立法记录，其中指出华为设备诸多安全风险，所采用的证据主要包括：公开询问四个主要情报机构的主管——中央情报局，国家安全局，联邦调查局和国防情报局，问他们是否会使用华为或中兴通信制造的产品，结果他们都没有举手。“华为首席执行官曾是人民解放军的工程师。该公司的生计主要包括源源不断的政府合同”，故而与中国政府、军队有密切联系。还有众议院情报委员会在一份两党报告指出的“华为和中兴必然受外国政府的影响，从而对美国和我们的系统构成

---

① Nixon v. General Services Administration, 433 U. S. at 475 – 76 (1977).

② Nixon v. General Services Administration, 433 U. S. at 482 – 76 (1977).

③ Alan M. Dershowitz, “The Bounds of Legislative Specification: A Suggested Approach to the Bill of Attainder Clause”, *Yale Law Journal*, vol. 72, Issue 2, 1962, pp. 330, 356.

④ Alan M. Dershowitz, “The Bounds of Legislative Specification: A Suggested Approach to the Bill of Attainder Clause”, *Yale Law Journal*, vol. 72, Issue 2, 1962, pp. 350.

安全威胁”。①

事实上，上述证据只能证明基于美国情报界的主观判断，华为存在安全风险，但是仅就立法记录而言，找不出一条华为给美国国家安全造成损害的实证。② 诚如《纽约时报》所指出的，“直到目前为止，围绕华为的担忧几乎完全是理论上的，没有‘实锤’。美国现任和前任官员们私下里表示，机密报告表明，该公司涉嫌参与中国的间谍活动，但没有任何公开报告。另一些熟知针对该公司这一机密案件者称，没有确凿证据”。③ 至于华为受到中国政府经济支持，且不说这些证据的可靠性，以华为在美国的市场份额，根本不足以破坏美国的所谓“市场多元化”，美国将华为剔除，并将长臂管辖延伸至他国，才是真正地破坏全球市场多元化。

当然，如果这部法律没有点出“华为”公司；那么这种“合理”的安全关切，也许能通过功能测试。但是，如果点出“华为”公司，就等于是作出一份判决，这种缺乏实证的、针对具体公司的所谓“合理”安全关切，属于典型的以立法的低证明标准取代司法的高证明标准，以立法权侵犯司法权的行为。一审法院仅以无形式上的立法定罪为由，就排除立法对华为的惩罚性，对华为实际上受到的惩罚视而不见，完全是本末倒置。

（四）提案人表述及惩罚效果可证成国会整体的惩罚性动机

由前文可知，法院在认定立法是否属于褫夺公民权法案时，必须要做动机测试，而这个测试的关键是区分个人动机和国会动机。与很多国家不同，美国的任何新立法草案只有国会议员可以正式在国会里提出，提案的议员会对立法动机进行深入的阐述，这种阐述绝非一般的个人意见，而是极有可能转化为国会的集体意志，并最终以立法的形式呈现。如果提案议员的惩罚性动机很明显，并转化为惩罚性立法；那么我们就应当在判定国会是否有惩罚性动机时予以重点考虑。同时，国会中的一些重量级议员如党派领袖也是对整个国会的投票产生重要影响，其表述也应是动机测试的重点审查对象。

与之前的卡巴斯基案相比，在华为案中，美国众参两院的多名提案人的惩罚性动机是极其明显的。在“2018 财年国防授权拨款法”制定过程中，上诉人卡巴斯基实验室能找到的证据主要是参议员珍妮．沙欣在纽约时报、个人网站上发表的意见，而非正式的国会立法记录；这些意见中从来不见针对卡巴斯基的惩罚性言论，只是强调其安全风险。沙欣也没有提出要禁止政府承包商与卡巴斯基之间的商业合作，只是将禁令限制在政府采购

---

① congressional record—senate s2846 – Congress. gov，SENATE CREC – 2018 – 05 – 23 – pt1 – PgS2846 – 3，May 23，2018，https：//www. congress. gov/crec/2018/05/23/CREC – 2018 – 05 – 23 – pt1 – PgS.

② “Read Huawei’s Complaint Against the U. S. ”，*Wallstreet Journal*，March 9，2019，https：//www. wsj. com/public/resources/documents/huawei. pdf？mod = article_ inline.

③ EMILY CHAN：《“华为威胁论”有“实锤”吗?》，《纽约时报》（中文版），https：//cn. nytimes. com/culture/20190128/wod – smoking – gun/，最后访问时间：2023 年 11 月 28 日。

范围。①

相反，在“2019财年国防授权拨款法”制定过程中，根据国会正式的立法记录，左右法案审议议程的参议院民主党领袖直接判定华为是中国政府控制的实体，并指责其从事“盗窃知识产权”工作；多位提案议员如参议员卢比奥、科顿，众议员加莱戈有“死刑”“特洛伊木马”“坏苹果”之类针对华为公司的惩罚性甚至仇视性言论；并通过将禁令扩大至政府承包商的方式，达成在商业上惩罚华为公司的目的，完全超出了保护国家安全的范围。② 从惩罚性动机的客观转化看，立法将使那些希望或已经成为政府承包商的企业面临“选边站”难题：如果选择与华为进行商业合作，就会丧失政府合同；如果选择与政府合作，就失去与华为进行商业合作的机会。由于华为的实力再强也不敌美国政府，故而“选边站”的后果很清楚，就是让华为在美国全面出局。可见，这些提案议员的个人惩罚性动机基本上升为国会的惩罚性动机，并必将产生惩罚性后果。一审法院无视惩罚性发言者的提案人身份，左右投票的政治影响力，以及发言场合的正式性，就轻描淡写地说那些发言只是个人意见，不代表国会整体意见，显然是对整体意见和个别意见的简单割裂。

（五）对华为的封杀与对自然人就业权的褫夺可归入一类

回顾美国历史上有关禁止褫夺公民权法案条款的先例，我们没有发现一起公司胜诉的案件，其理由主要是该条款之前主要适用于自然人，公司要想援用，必须与自然人做类比，而在实际案例中，对应性是很难建立的。华为公司在一审中也未逃脱该魔咒。

不过，笔者以为，华为公司所遭遇的是被褫夺经营权的“封杀性”惩罚，与历史上南贝尔公司和卡巴斯基实验室所受的有限惩罚无可比性，相反可以与自然人遭遇的褫夺就业权惩罚可归入一类。具体来看：在南贝尔公司案中，1996年电信法对南贝尔公司的业务限制是很有限的，而且有明确的时间限制，并有替代措施，其本质目的是反垄断，公司不会因为这些限制而在美国不能经营或破产。③ 在卡巴斯基案中，卡巴斯基主要被排除出美国政府采购领域，并没有被排除在美国商业领域之外。④ 而在华为案中，“2019财年国防授权拨款法”通过禁止联邦政府承包商，联邦贷款和拨款接受者与华为合作，使得对华为公司的限制由政府采购领域进入一般的商业领域，这在本质上构成对其在美商业经营权的褫夺。这种褫夺使得受到禁令的公司在美国难以生存，与对自然人就业权的褫夺具有高度的可比性。实际上，受在美业务萎缩的影响，华为美国员工的就业权已经受到禁令影响。

---

① Kaspersky Lab, Inc. v. United States Department of Homeland Security, No. 18 – 5176 (D. C. Cir. 2018).

② See: “Read Huawei’s Complaint Against the U. S. ”, *Wallstreet Journal*, March 9, 2019, https://www.wsj.com/public/resources/documents/huawei.pdf?mod = article_inline.

③ Bellsouth Corporation v. F. C. C, 162 F. 3d 678 (D. C. Cir. 1998).

④ Bellsouth Corporation v. F. C. C, 162 F. 3d 678 (D. C. Cir. 1998).

除此之外，美国对华为的禁令还影响到华为的整个商誉，譬如：受美国禁令影响，日本、澳大利亚等则禁止华为参加 5G 网络建设。① 英国还限期移除华为 5G 设备。② 作为一个全球化的公司，禁令的损失是难以承受的，应构成褫夺公民权法案中的惩罚。

① 《华为危机：除美国还有哪些国家对华为 5G 说不》，BBC 中文网，https：//www. bbc. com/zhongwen/simp/world－48394191，2019 年 5 月 27 日访问。

② 《英国宣布：延长华为设备移除期限》，https：//www. 163. com/dy/article/HJKP8CAI0514847E. html，2022 年 10 月 14 日访问。

实用主义在普通法裁决、立法解释和宪法解释中的优势和不足

[美] 杜瑞·桑*著　田艳敏**译

摘　要　司法实用主义是一种司法方法论，以其前瞻性的分析模式、基于经验的裁决以及对司法能动主义的接纳而著称。就优势而言，司法实用主义有助于实现财富和效率的最大化，解决真正新颖的案件，以及应对立法缺陷。就缺点而言，司法实用主义会带来司法专制、过度依赖社会科学、重要道德价值被边缘化等风险。尽管司法实用主义已被普遍接受为一种有用的分析方法，但它对法官在普通法裁决，以及对立法解释和宪法解释有多大程度帮助仍然存在质疑。在普通法裁决中，司法实用主义可期待适用的领域是针对那些事实确实新颖，而传统普通法规则对其适用却是无效的案件。在立法解释方面，司法实用主义在以下情况下将有较大的适用空间：法规含糊不清，没有提供如何解释法规的指引，并且有将立法权“授权”给法院的迹象。在宪法解释方面，司法实用主义有望发挥作用的领域是应对宪法并未规定或间接覆盖的一些新问题或社会迫切需要解决的问题。

关键词　司法实用主义　普通法裁决　立法解释　宪法解释 优缺点

一、引言

理查德·波斯纳（Richard Posner）法官于2017年9月2日从美国第七巡回上诉法院

---

* 杜瑞·桑（Doori Song），圣母大学法学院法学博士候选人。原题为 Judicial Pragmatism：Strengths and Weaknesses in Common Law Adjudication，Legislative Interpretation，and constitutional Interpretation，刊载于 *University of Illinois Chicago Law review* 52（2），no.2（Winter 2019）：369－394。

** 田艳敏，女，河南舞阳人，华东政法大学经济法学院博士研究生，河南司法警官职业学院副教授，主要研究方向为经济法学。

退休时，在其学术著作中表达了对联邦司法体系的诸多担忧。① 他一直批评一些法官在裁决案件时过于“形式化”和“保守化”的倾向。② 例如，在普通法裁决中，波斯纳法官声称法官们经常关注过时的先例和僵化的程序，而不是根据更“合理”的方案来裁决案件。③ 波斯纳法官还称，在宪法解释方面，司法机构过于执着于“后瞻性”而非“前瞻性”的分析模式。④ 在立法解释领域，波斯纳法官则指出，法官往往遵从僵化的程序和对立法文本僵化解读，而没有选择适用更合理明智的解释。⑤ 为了克服这些所谓的“法理学问题”,⑥ 波斯纳法官建议司法机构采纳“司法实用主义”。⑦ 从广义上看，司法实用主义是一种具有以下三个核心特征的司法方法论。

首先，司法实用主义旨在以最符合当前和未来利益的方式裁决案件。⑧ 尽管实用主义法官在裁决案件时会考虑以往类似案件的裁决，但他们并没有“道德义务”将遵守先例本身作为目的。⑨ 其次，司法实用主义基于这样一种信念，即如果法官更了解相关的经验研究，就能做出更好的司法裁决。⑩ 例如，在裁决反托拉斯案件时，实用主义法官会在做出最终裁决之前对经济理论进行研究学习。⑪ 最后，司法实用主义者认为，法官不仅仅是规则的执行者，有时还必须是“规则的制定者”，特别是在法律存在漏洞或立法存在明显不妥之处的情况下。⑫ 尽管司法实用主义已被普遍接受为一种有用的分析方法，但它在普通法裁决、立法解释和宪法解释中对法官究竟有多大程度的帮助却仍然存在质疑。一方面，支持者称赞司法实用主义能够最大限度地促进社会财富增加和提高解决问题的效

---

① RICHARD A. POSNER，THE FEDERAL JUDICIARY：STRONGGTHS AND WEAKNESSES 21（2017）[下文称 POSNER，THE FEDERAL JUDICIARY]（从好几个方面批评了联邦司法系统）。

② POSNER，THE FEDERAL JUDICIARY，54 – 55；Adam Liptak，*An Exit Interview with Richard Posner*，*Judicial Provocateur*，N. Y. TIMES（Sept. 11，2017），www. nytimes. com/2017/09/11/us/politics/judge – richard – posnerretirement. html.

③ POSNER，THE FEDERAL JUDICIARY，80.

④ POSNER，THE FEDERAL JUDICIARY，50.

⑤ POSNER，THE FEDERAL JUDICIARY，50.

⑥ RICHARD A. POSNER，THE PROBLEMS OF JURISPRUDENCE 454 – 55（1990）[下文称 POSNER，THE PROBLEMS OF JURISPRUDENCE]（从好几个方面批评了现代美国的法律）.

⑦ POSNER，THE PROBLEMS OF JURISPRUDENCE，387（阐述了法理学非常需要转向务实分析的方向转变）。

⑧ Richard A. Posner，*Pragmatic Adjudication*，18 CARDOZO L. REV. 1，4（1996）[下文称 Posner，Pragmatic Adjudication].

⑨ Richard A. Posner，*Legal Pragmatism Defended*，71 U. CHi. L. REV. 683，684（2004）[下文称 Posner，*Legal Pragmatism Defended*]. 另见 Posner，*Pragmatic Adjudication*，5（指出实用主义法官不把“与过去的判决保持一致本身视为目的”）。

⑩ Posner，*Legal Pragmatism Defended*，684.

⑪ Richard A. POSNER，ANTITRUST LAW：AN ECONOMIC PERSPECTIVE 3（1976），[下文称 POSNER，ANTITRUST LAW]（指出反托拉斯领域需要法官进行彻底反思，而反思过程中必不可少的智识工具就是经济学）。

⑫ Posner，*Pragmatic Adjudication*，19.

率。① 支持者还强调这种方法能够处理复杂的事实情况，并能应对立法缺陷。② 另一方面，批评者质疑司法实用主义，理由是它助长了司法专制、削弱了法律的确定性和明确度。③ 批评者还认为，由于司法实用主义倾向于主要关注财富等有形因素，因此将社会重要的、抽象的价值边缘化了。④ 此外，甚至波斯纳大法官也对法官裁决时“分析和采纳社会科学理论和数据”的能力表示了担忧。⑤ 因为许多法官既没有接受过这方面的培训，也不是这方面的专家，所以他们可能无法响应司法实用主义关于以实证为基础进行裁决的呼吁。⑥ 本文意在论证司法实用主义在某些法律领域是特别有用的工具，但在另一些领域却并不那么有用。司法实用主义在事实新颖的案件中尤其有用，因为在这些案件中，传统的法律条文并不完全适用。本文第二部分将概述司法实用主义的核心特征。第三部分将对现有关于司法实用主义优点和不足的文献进行综述。第四部分分析了司法实用主义在多大程度上是普通法裁决、立法解释和宪法解释的有用工具。最后，第五部分总结了本研究的意义。

二、司法实用主义的诠释

司法实用主义与哲学实用主义有关，哲学实用主义是 20 世纪初美国的一场运动，它提供了一种非传统的方法来探求意义和真理。⑦ 哲学实用主义提出的观点是，学说的意义在于“遵守学说能产生实际效果或实验结果”。⑧ 哲学实用主义认为，如果一种学说能够长期产生有用的预测或有益的创新，那么这种学说就是“真实的”和有意义的。⑨ 比如，哲学实用主义把科学和科学的研究方法视为是真实而有意义的就是典型例子，因为它们产生了具体的、实证的和有用的结果。⑩

司法实用主义同样重视实用性、实证性和实效性的推理，但它与哲学实用主义的区别在于，司法实用主义将“实用主义”概念化为更现代意义上的“实用主义”。⑪ 司法实用主义不是进行深奥的“哲学分类”，而是更加注重“基本的”“行之有效”的东西“以及”如何使财富和效率的最大化。⑫ 概括地说，司法实用主义是一种法理学方法，具有三

---

① Peter F. Lake, *Posner's Pragmatist Jurisprudence*, 73 NEB. L. REV. 545, 625 - 27 (1994).

② Richard A. Posner, *What Has Pragmatism to Offer Law*?, 63 S. CAL. L. REV. 1653, 1658 (1990) [下文称 Posner, What Has Pragmatism to Offer Law!].

③ Amul R. Thapar & Benjamin Beaton, *The Pragmatism of Interpretation: A Review of Richard A. Posner, The Federal Judiciary*, 116 MICH. L. REV. 819, 829 - 33 (2018).

④ Posner, *Legal Pragmatism Defended*, 684.

⑤ Posner, *Pragmatic Adjudication*, 9.

⑥ Posner, *Pragmatic Adjudication*, 9.

⑦ Brian Bix, JURISPRUDENCE THEORY AND CONTEXT 282 (2015).

⑧ Brian Bix, JURISPRUDENCE THEORY AND CONTEXT 283 (2015).

⑨ Brian Bix, JURISPRUDENCE THEORY AND CONTEXT 283 (2015).

⑩ Brian Bix, JURISPRUDENCE THEORY AND CONTEXT 283 (2015).

⑪ Brian Bix, JURISPRUDENCE THEORY AND CONTEXT 284 (2015).

⑫ Brian Bix, JURISPRUDENCE THEORY AND CONTEXT 284 - 285 (2015).

个核心特征：（1）一种前瞻性的分析模式，①（2）基于事实和经验进行裁决，②（3）对司法能动主义持开放态度。③

（一）前瞻性的分析模式

司法实用主义的目的是在裁决案件时最好地服务于"当前和未来的需要"。④ 具体而言，它把法律理解为不断满足人类需要的工具。⑤ 实用主义法官不是向后看去恢复矫正性正义下既存的权利平衡，而是向前看以确定哪些解决方案是最合理的。⑥ 由于传统的法律规定有时不适用于现代案件，实用主义法官更多地依靠对当前案件事实的分析来确定最合理的解决方案。⑦ 司法实用主义者认为，合理的裁决通常与促进财富最大化联系在一起。⑧ 合理的裁决能为当事人和社会带来更多财富。⑨ 有些案件很容易确定哪种解决方案能产生最大化的"财富"。例如，在要求减免损害赔偿的案件中，实用主义法官会权衡准许减免损害赔偿的成本与收益，与下令仅对损害赔偿部分重审的成本与收益，哪个更能节约成本以促进收益最大化。⑩ 显然更明智的解决方案是提供最大净收益的解决方案。⑪ 相比之下，在其他案件中，财富最大化的解决方案可能更难确定。这些案件通常涉及对无形因素的考虑。⑫ 例如，在诉讼时效案件中，为原告伸张实质正义与维持法律的确定性和可预见性之间的权衡就很难平衡和量化。⑬ 尽管涉及无形因素的案件提出了更具挑战性的权衡决策问题，但实用派法官仍然一致认为裁决方案还是应关注财富最大化。⑭ 司法实用主义者还指出，法官没有遵守法律先例的"道德义务"。⑮ 由于实用主义法官优先考虑当前和未来的需要，他们"不把与过去的判决保持一致本身视为目的"。⑯ 诚然，实用主义法官仍然依

---

① Posner, *Pragmatic Adjudication*, 5.

② Posner, *Legal Pragmatism Defended*, 684.

③ Posner, *Pragmatic Adjudication*, 13, 19.

④ Posner, *Pragmatic Adjudication*, 5.

⑤ Posner, What *Has Pragmatism to Offer Law*!, 1667.

⑥ Posner, What *Has Pragmatism to Offer Law*!, 1657.

⑦ Posner, *Pragmatic Adjudication*, 7 – 8.

⑧ *See* Lake, *Posner's Pragmatist Jurisprudence*, 623 – 27（回顾了波斯纳法官的几部著作，其中主张通过裁决实现财富最大化）。

⑨ Lake, *Posner's Pragmatist Jurisprudence*, 637.

⑩ *See* Davis v. Consol. Rail Corp., 788 F. 2d 1260, 1267（7th Cir. 1986）（指出减免损害赔偿裁决的背后是想要在诉讼当事人之间实现经济公平）；Strickland'v. Owens Corning, 142 F. 3d 353, 360（6th Cir. 1998）(same).

⑪ Davis v. Consol. Rail Corp., 788 F. 2d 1260, 1267（7th Cir. 1986）.

⑫ *See* Lake, *Posner's Pragmatist Jurisprudence*, 595（对波斯纳法官和司法实用主义者而言，描述有关如何促进人的尊严这样的无形因素是相当困难的）。

⑬ Posner, *Pragmatic Adjudication*, 5.

⑭ *See* Lake, *Posner's Pragmatist Jurisprudence*, 550.

⑮ Posner, *Legal Pragmatism Defended*, 684.

⑯ Posner, *Pragmatic Adjudication*, 5.

靠先例来确定规则的目的和范围。[①] 他们也重视先例信息为后续案件提供的方向感。[②] 但由于司法实用主义者在裁决案件时着眼于未来，因此他们对传统和法律先例的依赖程度仅限于这样做能为当前案件带来更好的结果。[③] 作为一种前瞻性的司法方法，司法实用主义在裁决案件时优先考虑当前和未来的需求。司法实用主义旨在满足当前和未来的人类需求，引导法官考虑哪种解决方案能为诉讼当事人和社会提供最大的财富和效率。尽管司法实用主义者并不完全拒绝传统和法律先例的价值，但如果这样做最能满足当前和未来的人类需求，他们愿意为此背离传统。

（二）基于经验的司法裁决

司法实用主义基于这样的信念，即当法官依赖“社会科学的理论和数据”[④] 时，司法判决会更好。与哲学实用主义一样，司法实用主义重视科学的分析方法。[⑤] 尽管实用主义法官明白在裁决中不可能做到完全客观，但他们仍努力做到客观，以可检验、可复制和有经验数据支撑的方式裁决案件。[⑥]

学习社会科学知识可确保实用主义法官对事实有更客观的理解。由于寻求案件的合理解决需要实用主义法官更多地关注事实而非法律，因此对事实的客观理解至关重要。[⑦] 例如，在反托拉斯案件中，实用主义法官通过经济理论和数据来帮助判定一个商业行为是否实质上对州际贸易造成了限制。[⑧]

如果不牢牢掌握经济研究的相关结论，法官做出的裁决就有可能与现实经济世界脱节。[⑨] 相比之下，司法实用主义者对抽象的价值观和道德理论不太感兴趣，因为与科学数据不同，抽象的价值观和道德理论往往是主观的、不确定的。[⑩] 基于抽象的道德哲学概念做出的决定在现实世界中几乎没有实际作用。[⑪]虽然社会科学在确保客观性方面并不完美，但它鼓励不断实验和发现更多解决问题的方案，更有助于解决现实生活中的问题。例如，

---

① Posner, *Pragmatic Adjudication*, 5.

② Posner, *Pragmatic Adjudication*, 5.

③ Posner, *Pragmatic Adjudication*, 5.

④ Posner, *Pragmatic Adjudication*, 9.

⑤ Posner, *Pragmatic Adjudication*, 1.

⑥ Posner, *What Has Pragmatism to Offer Law*?, 1663－64（指出实用主义者坚持从观察和经验分析中获取知识）；Lake, 559－60（指出实用主义注重对普遍接受理论的不断检验和再检验）。

⑦ Posner, *Pragmatic Adjudication*, 5.

⑧ POSNER, ANTITRUST LAW, 3（指出经济学对于重新思考“贸易限制”和“垄断”等术语的实质含义和如何对其规制是至关重要）。

⑨ Posner, *What Has Pragmatism to Offer Law*?, 1667－68.

⑩ *See* Lake, *Posner's Pragmatist Jurisprudence*, 624（描述了抽象、无形的政策分析如何与司法实用主义下的成本——效益分析不相容）。

⑪ Lake, *Posner's Pragmatist Jurisprudence*, 624.

在涉及堕胎法的案件中，司法实用主义者主张应减少根据规范性论断做出的裁决。① 相反，应根据堕胎法对妇女、儿童和家庭的实际影响做出裁决。② 司法实用主义者依靠社会科学理论和数据更客观地裁决案件。由于社会科学植根于实证分析，掌握社会科学知识的法官能够更好地做出紧跟现实社会发展的判决。因此，司法实用主义较少依赖抽象的价值观和道德理论，因为它们带有主观性而科学性也较低。

（三）司法能动主义

实用主义法官不仅仅是规则的执行者，他们有时还是“规则的制定者”。③ 特别是当法律模棱两可或有悖常理时，实用主义法官往往不仅仅是“立法机构的忠实代理人”，还会运用他们自己对法律的解释来裁决案件。④ 例如，当一项法律模棱两可，而立法机构又未能解决这一模棱两可的问题时，实用主义法官就会主动以他们认为最合理的方式来解释法律。⑤当法律被“利益集团不当利用”无法带来公正裁决时，而法律条文本身又没有受到“合理政策决议”指引时，实用主义法官也可能寻求适用他们自己认为合理的法律解释。⑥ 在诸如以上的情况下，实用主义法官认为自己有理由从规则的执行者转变为规则的制定者。

实用主义裁决也并不一定意味着是“完全无视法律”的裁决。⑦ 司法实用主义者一致认为，法官的造法权仅次于立法机关的立法权。⑧ 即使是波斯纳法官也承认，当法官在没有法律依据的情况下，仅仅基于相信指令会产生良好效果而发布指令时，法官就会实施“司法暴政”。⑨ 但当法律不明确、不正当或完全出现法律空白时，实用主义的考虑可能迫使法官通过法官造法予以应对。⑩ 对于司法实用主义者来说，当立法机构在回应司法机构的诉求过于缓慢甚至回避时，以造法来应对就表现得更为明显。⑪

三、司法实用主义的优缺点

司法实用主义的支持者和批评者对实用主义方法都有很多评论。司法实用主义的所谓优缺点在现有文献中都有详细描述。就优点而言，司法实用主义以（1）鼓励财富和效率

---

① Posner, *What Has Pragmatism to Offer Law*?, 1668（指出法律实用主义无法回答是否应限制堕胎的规范性问题，但法律实用主义可就此类限制的效率和后果发表意见）。

② Posner, *Pragmatic Adjudication*, 9.

③ Posner, *What Has Pragmatism to Offer Law*?, 1657.

④ Posner, *What Has Pragmatism to Offer Law*?, 1658.

⑤ Posner, *What Has Pragmatism to Offer Law*?, 1658.

⑥ Posner, *What Has Pragmatism to Offer Law*?, 1658.

⑦ Posner, *Pragmatic Adjudication*, 17.

⑧ Posner, *Pragmatic Adjudication*, 17.

⑨ Posner, *Pragmatic Adjudication*, 17.

⑩ Posner, *Pragmatic Adjudication*, 19.

⑪ POSNER, THE FEDERAL JUDICIARY, 414 – 15.

最大化、(2) 解决真正新颖的案件以及 (3) 弥补立法缺陷而著称。就缺点而言，司法实用主义存在以下风险：(1) 可能导致司法专制；(2) 过分依赖社会科学；(3) 将重要的道德价值观边缘化。

(一) 优势

司法实用主义的一个普遍赞同的优点是它能促进财富和效率的最大化。[①] 根据波斯纳法官的观点，实用主义的裁决聚焦在坚持帕累托原则，根据该原则，如果裁决能使某些人过得更好，而没有人过得更差，那么这些裁决就会被判定为“帕累托最优”。[②] 这一司法手段有吸引力的地方就是因为这些务实的裁决总体会让社会变得更好。[③] 就如卡多佐法官所言，增加“社会福利”是一个重要的政策目标。[④]

相比之下，严格依据法律的条文做出的裁决可能会使法律呈现滞后、低效，并可能使社会付出高昂的代价。[⑤] 例如，在合同法中，如果要求双方仅从形式上严格执行合同，而不是根据实际情势让违约一方来支付违约赔偿金，可能带来无效率，会使双方利益受损。[⑥] 合同案件中“有效率违约”这一务实的概念，就是帮助个人最大限度地利用时间、金钱和机会的实用主义方法众多实例之一。[⑦]

司法实用主义的另一个优势是解决新颖案件的能力。由于实用主义法官更强调事实而非法律，因此他们更有能力解决传统法律概念并不适用的新案件。[⑧] 实用主义法官在社会科学的帮助下研究事实，而不是将这些事实僵化地地纳入传统法律范畴，从而为新案件找到合理的解决方案。[⑨] 例如，当地下石油储量首次可用于商业用途时，实用主义法官借鉴自然资源经济学家和石油天然气工程师的学说，以确定裁定石油所有权的最佳司法方法。[⑩] 这种方法有助于避免形式主义法官在将地下石油与传统财产法范畴竭力联系起来

---

① RICHARD A. POSNER, ECONOMIC ANALYSIS OF LAW § 22.7 (9th ed. 2014). [以下简称 POSNER, ECONOMIC ANALYSIS OF LAW] (描述了当法院不断对低效率法规进行成本–收益评估时如何提高了效率)。

② Lake, *Posner's Pragmatist Jurisprudence*, 637. 帕累托概念是以维尔弗雷多–帕累托的名字命名的，他在研究经济效率和财富分配时应用了这一原则。同上。国家规划者和经济学家通常使用帕累托原则来最大限度地有效利用国家资源。同上。波斯纳法官引用帕累托原则来强调司法实用主义使财富最大化的能力。同上。

③ Jules L. Coleman, *Efficiency, Utility, and Wealth Maximization*, 8 HOFSTRA L. REV. 509, 517 (1980).

④ BENJAMIN N. CARDOZO, THE NATURE OF THE JUDICIAL PROCESS 71–72 (1921).

⑤ Posner, *What Has Pragmatism to Offer Law?*, 1656–57 (指出形式主义思想可能不利于社会福利，因为它过于向后看而不是向前看)。

⑥ Lake River Corp. v. Carborundum Co., 769 F. 2d 1284, 1289 (7th Cir. 1985).

⑦ Lake River Corp. v. Carborundum Co., 769 F. 2d 1284, 1289 (7th Cir. 1985).

⑧ Posner, *Pragmatic Adjudication*, 5–8 (回顾了两个涉及崭新事实的案例，在这些案例中，传统的法律分类并不完全适用：比如有关商业地下石油和代孕合同)。

⑨ Posner, *Pragmatic Adjudication*, 9–10.

⑩ Posner, *Pragmatic Adjudication*, 6–7.

时，比如试图类比野生动物学说（The doctrine of ferae naturae）时所面临的问题。[①] 此外，司法实用主义能够应对立法缺陷的问题。波斯纳法官认为，“美国法院若想获得裁决的‘最佳结果’，就不能将所有规则制定工作都交给立法机构，因为那样会导致法律漏洞和不正常现象层出不穷。”[②] 当立法对相关问题不明确或出现空白时，就会出现法律“漏洞”。[③] 另一个立法缺陷发生在立法机构忽视其立法职责，转而去迎合选民时。[④] 当立法机构给予司法机构的“指引存在这样或那样的缺陷，且当问题暴露时却没有采取任何补救措施”时，法官也可能感到不得不采取行动予以应对。[⑤] 在这种情况下，根据波斯纳法官的观点，实用主义法官别无选择，只能运用自己对法律的合理解释，来弥补立法缺陷。[⑥]

（二）缺点

司法实用主义的一个弱点是会带来司法暴政的风险。就宪法作为做最高阶的上位法而言，实用主义法官在改造法律或政策时实际上超越了宪法授权。[⑦] 实用主义法官实际上“篡夺了‘其他’政治机构的职能”，他们不是根据法律规定或先例，而是根据他们认为“合理”的理念来裁决案件。[⑧] 批评者称，这种造法权“削弱了人民通过其选出的代表解决社会问题的能力”。[⑨] 授予法官裁判时造法权的另一个危险是会让案件的前后判决不一致或不具有可预测性。[⑩] 法律形式主义者认为，如果法官有权根据自己的感觉而不是先例和立法确定的法律来裁决案件，法律的统一性和诉讼当事人的平等待遇就无法得到保

---

① Edward Cantu, *Posner's Pragmatism and the Turn Toward Fidelity*, 16 LEWIS & CLARK L. REV. 69, 103 – 04 (2012)（指出波斯纳法官对在商业地下石油案件中使用“野生动物保护”学说的批评）。野生动物保护学说指出，野生的、未驯化的动物不属于某人的绝对所有权，除非该人对该动物获得绝对的控制，例如，通过捕捉或杀死动物来控制它。同上。波斯纳法官称，将地下石油与野生动物类比是不恰当的，也是形式主义的。同上。他批评了 Hammonds v. Cent. Ky. Natural Gas Co. , 75 S. W. 2d 204 (Ky. 1034) 等案件，这些案件在商业性地下石油案件中应用了“野生动物保护”相关理论。同上，第103页。

② Posner, *Pragmatic Adjudication*, 19.

③ *See* CARDOZO, THE NATURE OF THE JUDICIAL PROCESS , 14（指出法官的填补空白作用是消除含糊不清之处并确定立法文本的含义）。比如当法官确定了一项措辞含糊的法规的确切含义或意图时，就履行了填补法律空白的职能。

④ Henry J. Friendly, *The Gap in Lawmaking – Judges Who Can't and Legislators Who Won't*, 63 COLUM. L. REV. 787, 801 (1963).

⑤ Friendly, *The Gap in Lawmaking – Judges Who Can't and Legislators Who Won't*, 792.

⑥ Posner, *Pragmatic Adjudication*, 19 – 20.

⑦ Thapar&Beaton, *The Pragmatism of Interpretation: A Review of Richard A. Posner, The Federal Judiciary*, 826.

⑧ Thapar&Beaton, *The Pragmatism of Interpretation: A Review of Richard A. Posner, The Federal Judiciary*, 827.

⑨ Thapar&Beaton, *The Pragmatism of Interpretation: A Review of Richard A. Posner, The Federal Judiciary*, 833.

⑩ Thapar&Beaton, *The Pragmatism of Interpretation: A Review of Richard A. Posner, The Federal Judiciary*, 829.

障。① 美国各州民众需要一个达成共识的法律“起点”，以便“围绕共通的、确定的原则来协调和组织他们的生活”。②

司法实用主义的另一个弱点在于法官应用社会科学理论和数据的能力。因为大多数法官既没受过专门训练也不是这些领域的专家。期待法官们在每个案件中都快速而准确地熟悉复杂的数据和社科科学的方法也是不现实的。③ 司法实用主义实践中可能会带来的特别风险是过分依赖“直觉”和“预感”。④ 例如，法官可能会根据直觉选择特定的数据集，即使这些数据集会带来错误和对当事人不公平的风险。⑤ 据波斯纳法官称，布兰代斯大法官在试图研究并将经济理论和数据应用于其某些判决时，可能就犯了这样的错误。⑥ 霍姆斯大法官同样为此受到了批评，因为他基于对优生学的社会和生物学理论的理解，做出了允许弱智者绝育的决定。⑦

司法实用主义的另一个弱点是容易将重要的道德价值边缘化。由于主要关注财富最大化和效率，司法实用主义忽视了财富往往是不平等地分配的。⑧ 就绝对收益而言，司法实用主义有助于实现财富最大化，但就相对收益而言，它往往将财富更多地分配给某些特定个人，而不是其他人。⑨ 此外，由于强调有形因素，司法实用主义往往会忽略自由、正当程序和尊严等道德价值。⑩ 例如，就奴隶制而言，实用主义法官也承认，即便遵从财富最大化理念，判决时他们还是会倾向于把免费劳力和契约役权置于自愿、自由和自觉之上。⑪ 严格遵循的“成本效益最大化计算”，即便它能更有效率地产生预期效果，也可能会带来“酷刑或胁迫”的做法。⑫ 由于司法实用主义将财富和效率置于抽象价值之上，它可能会支持一些不道德的做法，而“［道德家］会认为这些做法将招致谴责不断”。⑬

---

① Thapar&Beaton, *The Pragmatism of Interpretation*: *A Review of Richard A. Posner*, *The Federal Judiciary*, 832 – 833.

② Thapar&Beaton, *The Pragmatism of Interpretation*: *A Review of Richard A. Posner*, *The Federal Judiciary*, 829.

③ Posner, *Pragmatic Adjudication*, 9.

④ Posner, *Pragmatic Adjudication*, 9.

⑤ Allison Orr Larsen, *Confronting Supreme Court Fact Finding*, 98 VA. L. Rev. 1255, 1263 (2012).

⑥ Posner, *Pragmatic Adjudication*, 9.

⑦ Posner, *Pragmatic Adjudication*, 9；参见 Buck v. Bell, 274 U. S. 200, 207 (1927)（认为根据弗吉尼亚州法律对弱智囚犯进行性绝育不违反宪法）。本案涉及弗吉尼亚州的一项法律，该法律允许对精神病院的囚犯进行性绝育，以促进“病人的健康和社会的福利”。Buck, 274 U. S. at 205。最高法院面临的问题是，根据第十四修正案，该州这一法律是否侵犯了囚犯的正当程序权和平等保护权。同上。霍姆斯法官支持该这一法律，理由是囚犯的权利没有受到侵犯，因为绝育手术是在监狱官员“观察数月后”才进行的。同上，第 207 页。此外，霍姆斯大法官肯定了该法律的价值，以“防止我们人类被机能不全者吞没……三代低能儿已经够多了”，同上。

⑧ Lake, *Posner's Pragmatist Jurisprudence*, 631.

⑨ Lake, *Posner's Pragmatist Jurisprudence*, 631 – 35.

⑩ Lake, *Posner's Pragmatist Jurisprudence*, 595 – 96.

⑪ Lake, *Posner's Pragmatist Jurisprudence*, 631.

⑫ Lake, *Posner's Pragmatist Jurisprudence*, 632.

⑬ Lake, *Posner's Pragmatist Jurisprudence*, 632.

四、普通法裁决、立法解释和宪法解释中的司法实用主义

（一）普通法裁决

普通法裁决以强调"遵循先例"和"法官造法"而著称。① 当成文法和宪法未作规定时，法官就会充当"活的法律神谕"，从普通法中寻找适合案件的规则。② 具体而言，普通法法官会参考与事实相似的先例，并使用类比推理来帮助确定他们面前新案件的判决结果。③ 过去案件的事实情况或"类型情况"固然重要，④ 但过去的法官根据法律、传统、正义和"当时的风尚"对这些事实的解释也同样重要。⑤法官需要同时用"理智和感情"来推动普通法的发展。⑥ 由于没有两个案件是完全相同的，普通法法官创造新法律的意义在于，他们将先例适用于新案件，而新案件又会成为今后类似案件的新先例。⑦ 以这种方式累积的判例使普通法得以发展和保持一致性，⑧ 这也正是普通法裁判追求的重要目标之一。⑨

普通法强调一致性，但这并不意味着普通法保持一成不变。⑩ 当普通法法官在一个新的案件中作出的判决与过去类似案件的判决不一致时，他们就会"改造"法律。⑪ 这种改变可能是合理的，因为"经验的检验"可能证明过去的判决是错误的或不公正的，⑫ 或者已滞后于现代社会的发展，如应对"蒸汽和电力这样的伟大发明"，就要进行变革。⑬ 如果先例中蕴含的规则"不能证明其价值和力量"，那么它们可能会被"无情地否定，并被

---

① *See* CARDOZO，THE NATURE OF THE JUDICIAL PROCESS，14，18－19（回顾了法官造法的过程，描述了他们从普通法中如何查找和运用适合他们案子的规则）；Lawrence A. Cunningham，*The Common Law as an Iterative Process*：*A Preliminary Inquiry*，81 NOTRE DAME L. REV. REV. 747，779（2006）.

② *See* CARDOZO，THE NATURE OF THE JUDICIAL PROCESS，18－19（引用威廉－布莱克斯通法官的生动说法）。

③ *See* Cunningham，*The Common Law as an Iterative Process*：*A Preliminary Inquiry*，747－48（将普通法描述为一个迭代系统，在该系统中，案件产生的法律结果可用于后续案件）。

④ KARL N. LLEWELLYN，THE COMMON LAW TRADITION：DECIDING APPEALS 402（1960）.

⑤ *See* CARDOZO，THE NATURE OF THE JUDICIAL PROCESS，31（回顾了法官在普通法裁决中考虑的一些因素）。

⑥ William Brennan，*Reason*，*passion*，*and "The Progress of the law"*，10 CARDOZO L. REV. 3，10（1988）.

⑦ *See* CARDOZO，THE NATURE OF THE JUDICIAL PROCESS，20－21（描述了"遵循先例"以及法官如何审查、比较和应用过去的案件，以确定"明天［案件］的对错（tomorrow［s cases］"）.

⑧ *See* Cunningham，*The Common Law as an Iterative Process*：*A Preliminary Inquiry*，747－48（指出普通法是一个迭代过程，包括在不连续的案件中反复解决争议，随着时间的推移形成联系）。

⑨ *See* CARDOZO，THE NATURE OF THE JUDICIAL PROCESS，20－21（指出普通法中的判决作为法律先例具有重要的生成力，它是"新原则或规范的源泉，可在此后形成判决"）。

⑩ CARDOZO，THE NATURE OF THE JUDICIAL PROCESS，28.

⑪ Ruggero J. Aldisert，*Precedent*：*What It Is and What It Isn't*；*When Do We Kiss It and When Do We Kill It*?，17 PEPP. REV. 605，635－36（1990）.

⑫ CARDOZO，THE NATURE OF THE JUDICIAL PROCESS，22－23.

⑬ CARDOZO，THE NATURE OF THE JUDICIAL PROCESS，62.

弃之不用”。①在这个意义上，普通法通过纠正自己过去的错误，“以使自己发挥真正的作用”。②

1. 普通法裁决中司法实用主义的优点

如果将司法实用主义应用于普通法裁决，它将有以下优点。首先，司法实用主义将有助于引导普通法法官选择那些能提供最有效解决方案的先例。③ 由于新案件的事实情况与过去案件的事实情况从来都不相同，普通法法官有自由裁量权决定哪些先例案件最有帮助。④ 在此，普通法法官运用实用主义方法会避开那些未能在效率和财富最大化方面证明其价值的案件。⑤ 由于没有道德责任将遵守这些先例本身作为目的，⑥ 法官可能会将它们“弃之不用”。⑦ 相应地，普通法法官采用实用主义方法后将选择在财富和效率方面最符合当前和未来利益的案例。⑧鉴于普通法经常被批评发展缓慢、效率低下，司法实用主义将有助于推动普通法向前发展，而不是将其束缚在过去。⑨

此外，司法实用主义需要依靠社会科学理论和数据，这使得普通法法官能够决定在一个新案件中适用哪些先例、避开或推翻哪些先例。⑩ 因为主张司法实用主义的法官通常会研究社会科学，以确保他们对案件事实有更客观和经验性的理解。因此，采用实用主义方法的普通法法官可以更好地发现先例在事实认定方面是不是确切的。⑪ 有时，社会科学知识可能不支持先例在某方面的界定，需要对其重新定义或完全予以否定。⑫ 例如，在布朗诉教育委员会案（*Brown v. Board of Education*）中，最高法院在从社会科学实验中了解到“隔离”并不固然意味着“平等”之后，推翻了普莱斯诉弗格森案（*Plessy v. Ferguson*）的“隔离但平等”原则。⑬ 还有一些时候，社会科学新知识可能会揭示出在以往判例中相

---

① CARDOZO, THE NATURE OF THE JUDICIAL PROCESS, 22.

② Todd J. Zywicki, *The Rise and Fall of Efflciency in the Common Law: A Supply - Side Analysis*, 97 NW. U. L. REV. 1551, 1552 (2003)（援引了 Lord Mansfield 的著名引述即描述了普通法的自我纠正性）。

③ POSNER, ECONOMIC ANALYSIS OF LAW, at § 22.7（解释了促进法律效力的价值）。

④ CARDOZO, THE NATURE OF THE JUDICIAL PROCESS, 23.

⑤ *See* POSNER, ECONOMIC ANALYSIS OF LAW, at § 22.7（描述了法院如何对低效规则不断进行重新评估，从而提高效率）。

⑥ Posner, *Pragmatic Adjudication*, 5.

⑦ CARDOZO, THE NATURE OF THE JUDICIAL PROCESS, 22.

⑧ *See* Lake, *Posner's Pragmatist Jurisprudence*, 623 - 27（回顾了波斯纳法官倡导法官做出能促进财富和效率的判决的几部著作）。

⑨ *See* POSNER, ECONOMIC ANALYSIS OF LAW, at § 22.7（说明随着低效规则被重新评估和被替换，规则的效率会越来越高）。

⑩ Posner, *What Has Pragmatism to Offer Law?*, 1663 - 64（回顾了实用主义法官在普通法裁决中决定适用哪条规则的顺序）。

⑪ *See* Posner, *Pragmatic Adjudication*, 6 - 7（举例说明务实的法官如何详细地研究事实，然后决定适用哪种法律会产生最佳结果）。

⑫ Posner, *Pragmatic Adjudication*, 9 - 12.

⑬ Brown v. Bd. of Educ., 347 U. S. 483, 494 - 95 (1954) [引用 Plessy v. Ferguson, 163 U. S. 537, 540 (1896)].

关但在当下新案件事实上已经不相干的情形。[①] 例如，在意识到传统的“自然资源理论”不适用于商业性地下石油之后，一些法院转而适用其他有关水法、航空法和矿产法的财产法理论。[②] 通过引导普通法法官选择与事实最相关的先例，司法实用主义增强了普通法完善法律和“充分发挥自己功能”的能力。[③]

2. 普通法律裁决中司法实用主义的缺点

如果将司法实用主义应用于普通法，也会带来风险。首先，采用实用主义方法的普通法法官可能会忽视代表重要道德价值的先例。[④] 通过强调效率和财富最大化，司法实用主义削弱了普通法法官根据社会福利、正义和“良心”审查案件法律和事实的职责。[⑤] 司法实用主义可能会用一套规范性的障眼法阻碍法律“神谕”的视野。例如，采用实用主义方法的普通法法官会看到最能促进财富和效率的先例案件，但却无法看到适用这些案件会带来收益分配的不平等。[⑥] 此外，采用实用主义方法的普通法法官可能会忽视具有一致性和统一性规范的价值。[⑦] 通过允许普通法法官选择在效率和财富最大化方面最符合当前和未来利益的判例，司法实用主义使法官偏离了“遵循先例”时对普通法一致性和可预测性的追求。[⑧]

在普通法判决中应用实用主义方法也会带来法官误解重要事实的风险。由于普通法法官并非训练有素的社会科学专家，让他们研究社会科学理论和数据实际上可能会扭曲他们的判决，而不是为他们的判决提供有用信息。[⑨] 实用主义法官可能会错误地高估现在与过去之间的差异，低估它们之间的共同点，并否定重要判例的事实假设。[⑩] 在这种情况下，法官会不恰当地推翻重要的先例，破坏普通法的一致性和可预测性。[⑪] 实用主义法官不恰

---

① Wm. E. Colby, *The Law of Oil and Gas*, 31 CAL. L. REV. 357, 371－72（1943）（解释了各种财产法理论如何适用于新型财产案件）。

② Colby, *The Law of Oil and Gas*, 375－77（解释了一家法院如何通过与野生动物理论应用的另一个案例对比，来适用水和矿产法理论的）。

③ *See* Zywicki, *The Rise and Fall of Efflciency in the Common Law: A Supply－Side Analysis*, 1552（描述了普通法的一个目标是如何通过修正低效规则来进行自我纠正的）。

④ Lake, *Posner's Pragmatist Jurisprudence*, 631－32.

⑤ *See* Brennan, *Reason, passion, and "The Progress of the law"*, 10（指出普通法法官的目标应该是同时用理智和感情来推动法律的发展）；CARDOZO, THE NATURE OF THE JUDICIAL PROCESS, 30－31.

⑥ Arthur A. Leff, *Economic Analysis of Law: Some Realism About Nominalism*, 60 VA. L. REV. 451, 477－81（1974）.

⑦ Thapar & Beaton, *The Pragmatism of Interpretation: A Review of Richard A. Posner, The Federal Judiciary*, 832－33.

⑧ *See* Thapar & Beaton, *The Pragmatism of Interpretation: A Review of Richard A. Posner, The Federal Judiciary*, 820－21（批评司法实用主义者摒弃先例，造成不可预测性）。

⑨ *See* Posner, *Pragmatic Adjudication*, 9（承认“法官没有接受过分析和吸收社会科学理论和数据的培训”）。

⑩ Posner, *Pragmatic Adjudication*, 17（描述了法院如何错误地理解事实并错误地应用了先前存在的法律规则）。

⑪ Posner, *Pragmatic Adjudication*, 17－18.

当地推翻先例案件，非但不会让普通法“功能有效发挥”，反而会使普通法变得不那么统一。①

（二）立法解释

在解释法律时，普通法系中的法官就立法中出现的分歧有较少自由解释的空间。② 一般是在成文法没明确规定时，才会允许法官造法。③ 虽然法官解释立法没有统一、明确的方法，但有几条普遍接受的指导原则。④ 首先，法院普遍认为，法律解释应从文本原始的和基本的含义开始。⑤ 文本不应被过于死板地解释，也不宜被过于随意解释，而应对其合理解释，“以包含其所有合理含义”。⑥ 注重文本解释可防止法官的个人和政治偏好影响其司法判决。⑦ 其次，当法律条文含义不明确时，法官应考虑“上下文背景”，⑧ 关注上下文背景包括要考虑立法者的意图、法规的目的、立法传统以及不明确的内容在其整体法规体系中所处的位置。⑨ 最终，法官考虑上下文联系的作用应是填补立法的“空白”，而不是完全创造新的立法。⑩

不过，成文法解释方法也有以下局限性。首先，立法文本有时并不清晰。⑪ 立法者可能为了使法规获得批准而做出妥协，故意将法规文本写得模棱两可。⑫ 有些立法者可能只是因为过失而起草了一份糟糕的法规。⑬ 另一个挑战是如何平衡和权衡法规的上下文因素。⑭比如，一个法官可能更关注立法目的，而另一个法官可能更关注立法传统。⑮ 由于没

---

① *See* Zywicki, *The Rise and Fall of Efficiency in the Common Law: A Supply-Side Analysis*, 1552（暗示如果修订的是高效而非低效的规则，普通法就无法自我纠正）。

② CARDOZO, THE NATURE OF THE JUDICIAL PROCESS, 71.

③ CARDOZO, THE NATURE OF THE JUDICIAL PROCESS, 14.

④ ANTONIN SCALLA, A MATTER OF INTERPRETATION: FEDERAL COURTS AND THE LAW 14-15 (1997).

⑤ 最高法院在最近的几起案件中，以法条的原初和通用的含义作为法律解释的起点。King v. Burwell, 135 S. Ct. 2480, 2489 (2015); Hughes v. U. S., 138 S. Ct. 1765, 1775 (2018); Wis. Cent., Ltd. v U. S. 138 S. Ct. 2067, 2070-71 (2018).

⑥ SCALLA, A MATTER OF INTERPRETATION: FEDERAL COURTS AND THE LAW, 23.

⑦ Frank B. Cross, *The Significance of Statutory Interpretative Methodologies*, 82 NOTRE DAME L. REV. 1972, 1974 (2007).

⑧ *King*, 135 S. Ct. at 2483 (2015).

⑨ *See* Cross, *The Significance of Statutory Interpretative Methodologies*, 1972-79（回顾了几种法律解释方法）。

⑩ CARDOZO, THE NATURE OF THE JUDICIAL PROCESS, 14.

⑪ *See* Cross, *The Significance of Statutory Interpretative Methodologies*, 1973-74（指出文本的不确定性是需要解释工具的一个原因）。

⑫ ERWIN CHEMERINSKY, CONSTITUTIONAL LAW: PRINCIPLES AND POLICIES 25 (5th ed. 2015).

⑬ ERWIN CHEMERINSKY, CONSTITUTIONAL LAW: PRINCIPLES AND POLICIES 25 (5th ed. 2015).

⑭ *See* Cross, *The Significance of Statutory Interpretative Methodologies*, 1975（指出立法的含义和立法的意图往往是可塑的、不精确的）。

⑮ Cross, *The Significance of Statutory Interpretative Methodologies*, 1975.

有统一的方法，法官可能会故意更多地依赖某些立法背景因素，而不是其他原因，只是为了支持他们的观点。① 用斯卡利亚大法官（Justice Scalia）的话来说，他们可能会“在人群中寻找自己的朋友”。② 此外，法规的意图或目的也可能并不明确。③ 可能存在不止一种意图或目的，一些法规想要达到的预期效果可能是出于不道德或腐败的动机。④ 立法机构与司法机构之间缺乏沟通也阻碍了立法解释。⑤

1. 司法实用主义在立法解释中的优势

从实用的角度解释立法有几个优势。当法律规定含糊不清时，通过合理而务实的立法解释仍可能找到解决方案。⑥ 采用实用主义方法的法官首先会考虑多种因素，包括立法文本、立法目的以及相应的判例法，从而做出更合理的决定。⑦ 有时，从务实的方面考虑，法官一开始的分析可能根本不考虑立法文本。⑧ 例如，在《谢尔曼法》（The Sherman Act）相关的案件中，根据波斯纳法官的说法，一些法官在分析受质疑的做法时，不会首先将该做法与该法的文本进行关联匹配，然后再分析判例法。⑨ 相反，他们往往从判例入手，可能再也不会回到法律文本的这些规定——“限制贸易或商业”或“企图或共谋垄断”。⑩ 波斯纳法官接受这种务实的法律解释方法，因为法官仅通过文本找到解决方案往往是不现实的。⑪ 虽然法律条文在纸面上措辞合理，但在现实中适用有时可能并不切实际。⑫ 从字面上解读法规可能会导致荒谬的结果，因此有理由结合多种因素做出更合理的立法解释。⑬ 当立法内容已经滞后于现实需要或出现法律空白时，从实用主义视角解释法律往往允许法官结合现实对法条进行更新或通过造法以填补空白。⑭ 当立法机构对旧法规不采取任何纠正措施以适应现代社会时，秉持实用主义的法官可能会“更新”法规，以“适应未预见到的现实下的应用——代替国会立法。”⑮ 例如，当1964年美国《民权法案》第七章（Title VII）颁布时，“性别”一词只涵盖“男人”或“女人”，立法并未提及“有特

① Cross, *The Significance of Statutory Interpretative Methodologies*, 1978.

② Roper v. Simmons, 543 U. S. 551, 617 (2005) (Scalia, J., dissenting).

③ CHEMERINSKY, CONSTITUTIONAL LAW, 25.

④ CHEMERINSKY, CONSTITUTIONAL LAW, 25.

⑤ Benjamin N. Cardozo, *A Ministry of Justice*, 35 HARV. L. REV. 113, 113 (1921).

⑥ Richard A. Posner, *Statutory Interpretation - In the Classroom and in the Courtroom*, 50 U. CHI. L. REV. 800, 808 (1983) [下文称 Posner, Statutory Interpretation].

⑦ Posner, *Statutory Interpretation*, 807 - 10.

⑧ Posner, *Statutory Interpretation*, 808.

⑨ Posner, *Statutory Interpretation*, 808.

⑩ Posner, *Statutory Interpretation*, 808.

⑪ Posner, *Statutory Interpretation*, 808 - 09.

⑫ Posner, *Statutory Interpretation*, 808 - 09.

⑬ Abbe R. Gluck & Richard A. Posner, *Statutory Interpretation on the Bench: A Survey of Fort y - Two Judges on the Federal Courts of Appeals*, 131 HARV. L. REV. 1298, 1340 (2018).

⑭ Gluck & Posner, *Statutory Interpretation on the Bench*, 1340 - 41.

⑮ Gluck & Posner, *Statutory Interpretation on the Bench*, 1340.

殊性取向的人"。① 但现在，法官们对第七章的语言进行了更新，将"特殊性取向的这类人"纳入了"性别"的定义中。② 更新后的解释更符合当前的需要和理解，因此不应受制于对历史的一成不变的承继。③ 当立法机构在如何解释一项法规方面提供的指示有缺陷或没有指示时，等待立法机构提供指引将是低效和昂贵的。④ 在这种情况下，务实的法官将通过运用自己对法律的合理解释来纠正立法缺陷。⑤

2. 司法实用主义在立法解释中的不足

立法解释的实用主义方法有几个缺点。最明显的弊端是缺乏司法克制。⑥ 当法官根据他们认为合理的方式解释同一法规，而不遵守文本的原意时，就会产生不同的结论。⑦ 依照文本解释可以限制法官让个人观点和政治偏好影响其司法判决。⑧ 但约束法官必须遵守文本，也会阻止法官有策略地、方便地选择外部信息资源来支持和论证其观点的合理性。⑨ 此外，从分权的政治权力结构来考虑，超出文本原义进行立法解释会带来严重的不当分权进而破坏民主的担忧。⑩ 违背文本原意将违反司法机构必须适用立法者制定的法律的义务，而立法者代表了人民的意愿和声音。⑪ 非民选法官适用自己对立法的特殊解释会导致不民主的结果。⑫

实用主义立法解释方法的另一个弊端是，法官在未经立法机关批准的情况下更新成文法，实际上是不恰当地参与了立法。⑬ 这种司法能动主义违反了三权分立的原则，会导致成文法法律适用的不一致和不可预测。⑭ 尽管成文法历史含义因并不那么契合现代需要因而在司法适用中已不那么重要，但法官在更新成文法含义方面若有太大的灵活性，可能会破坏法律的统一性和诉讼当事人的平等待遇。⑮ 从慎重的角度考虑，司法的合理性和威望也存在被质疑的风险。⑯ 此外，法官亦可能基于对现代社会需要和价值观的严重误解而不

---

① *See, e. g.*, Hively v. Ivy Tech Cmty. Coll., 853 F. 3d 339, 353 (7th Cir. 2017) (en banc) (Posner, J., concurring)(回顾了1964年颁布《民权法案》第七章时的含义)。

② Hively v. Ivy Tech Cmty. Coll., 853 F. 3d 339, 353 (Posner, J., concurring).

③ Hively v. Ivy Tech Cmty. Coll., 853 F. 3d 352.

④ POSNER, THE FEDERAL JUDICIARY, 414–15.

⑤ POSNER, THE FEDERAL JUDICIARY, 414–15.

⑥ SCALLA, A MATTER OF INTERPRETATION: FEDERAL COURTS AND THE LAW 41–44 (1997).

⑦ SCALLA, A MATTER OF INTERPRETATION: FEDERAL COURTS AND THE LAW 41–44 (1997).

⑧ SCALLA, A MATTER OF INTERPRETATION: FEDERAL COURTS AND THE LAW 23–25 (1997).

⑨ SCALLA, A MATTER OF INTERPRETATION: FEDERAL COURTS AND THE LAW 23–25 (1997).

⑩ CHEMERINSKY, CONSTITUTIONAL LAW: PRINCIPLES AND POLICIES 22 (5th ed. 2015).

⑪ CHEMERINSKY, CONSTITUTIONAL LAW: PRINCIPLES AND POLICIES 22 (5th ed. 2015).

⑫ CHEMERINSKY, CONSTITUTIONAL LAW: PRINCIPLES AND POLICIES 22 (5th ed. 2015).

⑬ Thapar & Beaton, *The Pragmatism of Interpretation*, 824–25.

⑭ Thapar & Beaton, *The Pragmatism of Interpretation*, 819–21.

⑮ Thapar & Beaton, *The Pragmatism of Interpretation*, 832–33.

⑯ Thapar & Beaton, *The Pragmatism of Interpretation*, 833.

适当地更新法律。[①] 由于很多法官并非受过训练的专家，不一定能紧跟社会的发展，[②] 因此，法官将更新法规的工作交由立法机关处理，可能是较为慎重的做法。

（三）宪法解释

美国开国元勋于1788年制定了《宪法》，作为“国家的最高法律”，宪法旨在维护行政、立法和司法三权分立，[③] 并保护公民的个人自由。[④]

律师和法官经常根据四种常见的解释方法对如何解释《宪法》进行辩论。[⑤] 首先，宪法原教旨主义（Originalism）的解释聚焦在文本原义和文本中明文规定的权利或宪法制定时制宪者想要明确保障的权利方面。[⑥] 原教旨主义方法的目的是通过要求法官遵守单一、统一的标准，[⑦] 确保司法审查的中立性。除非通过修改宪法，否则文本原先的含义无法改变。[⑧] 其次，进化宪法论者（Living constitutionalism）认为宪法必然要随着时间的推移而更新。[⑨] 可以在宪法根本内容和精神不变的情况下融入现代含义，以确保宪法保护能与时俱进。[⑩] 第三，政治程序论者（Process theory）解释宪法的方法不是要评估立法程序的实质结果，而是评估立法程序本身。[⑪] 尽管“实质”和“程序”有时难以区分，但政治程序论者认为，只有在发现某些立法程序违反宪法时，法官才应进行干预。[⑫] 最后，实用主义者（Pragmatism）在解释宪法时更多地依赖事实，而较少依赖文本和历史。根据事实，[⑬] 实用主义者一般通过平衡国家需要与个人需要来确定有争议的法律或做法是否符合宪法。[⑭]

1. 司法实用主义在宪法解释中的优势

宪法解释的实用主义方法有几个优点。首先，实用主义方法强调事实，非常适合解决

---

① *See* Posner, *Pragmatic Adjudication*, 9（提到法官根据他们认为的当时社会风尚做出有问题判决的若干事例）。

② Posner, *Pragmatic Adjudication*, 9.

③ CHEMERINSKY, CONSTITUTIONAL LAW, 1 - 3.

④ CHEMERINSKY, CONSTITUTIONAL LAW, 4 - 6.

⑤ J. HARVIE WILKINSON III, COSMIC CONSTITUTIONAL, THEORY 6 - 7（2012）（提到了原教旨主义、进化宪法主义、程序论和实用主义这四种理论，并将本书的其余部分归纳为这四种理论）。

⑥ WILKINSON III, COSMIC CONSTITUTIONAL, THEORY 36 - 39（2012）.

⑦ WILKINSON III, COSMIC CONSTITUTIONAL, THEORY 40 - 42（2012）.

⑧ CHEMERINSKY, CONSTITUTIONAL LAW, 18.

⑨ WILKINSON III, COSMIC CONSTITUTIONAL, THEORY 12 - 13（2012）.

⑩ WILKINSON III, COSMIC CONSTITUTIONAL, THEORY 13 - 18（2012）.

⑪ WILKINSON III, COSMIC CONSTITUTIONAL, THEORY 62 - 65（2012）.

⑫ WILKINSON III, COSMIC CONSTITUTIONAL, THEORY 65 - 69（2012）.

⑬ WILKINSON III, COSMIC CONSTITUTIONAL, THEORY 82 - 84（2012）; Richard A. Posner, *Constitutional Law from a Pragmatic Perspective*, 55 U. TORONTO L. J. 299, 299 - 300（2005）[hereinafter Posner, *Constitutional Law from a Pragmatic Perspective*].

⑭ Posner, *Constitutional Law from a Pragmatic Perspective*, 300.

事实新颖的案件。① 由于制宪者的文本和意图不可能预见到一切，因此采用实用主义方法可以让法官根据事实而非宪法的历史规定来决定一项未列举的权利是否或应受宪法保护。② 例如，在华盛顿特区诉海勒案（*D. C. v. Heller*）中，关于宪法第二修正案这一问题，即个人是否拥有在军用范围之外拥有手枪这一宪法保护的权利，布雷耶大法官（Justice Breyer）就采用了实用主义这一务实的方法进行了判决。③ 具体而言，他分析了案件中的事实，权衡后得出结论认为，枪支暴力带来的危害和国家要维护社会安全利益的实际需要超过了个人拥有枪支权的利益。④ 根据布雷耶大法官的观点，法律条文本身是宪法探究的“起点”，而根据事实平衡利益则是宪法探究的“终点”。⑤ 仅基于历史分析来解决此案很麻烦，因为历史往往是不确定的，可以从多方面解释。⑥ 鉴于法庭内部人员对第二修正案的历史解读尚存在未解决的激烈分歧，⑦ 布雷耶大法官采用的实用平衡方法将会使法院能够根据经验事实而不仅仅是文本规定对新问题做出裁决。⑧

采用司法实用主义方法解释宪法还有另外的优点，也就是它让法官可以对宪法没有明确规定、而社会新出现了的重要问题做出高效率的反应。⑨ 与其等待几乎不可能总是及时出台的宪法修正案，务实的法官会考虑是否可以根据对宪法的合理解释来解决新问题。⑩ 例如，在宗教自由案件中，最高法院对第一修正案的许可条款进行了“合理和现实的”解释。⑪在“埃弗森诉教育委员会”（*Everson v. Bd. of Educ.*）一案中，法院指出，如果认定一个州向天主教学校和公立学校的学生提供公共汽车票补贴的政策 是“认可”天主教，那是不可理喻的。⑫ 同样，在宾夕法尼亚州阿宾顿镇学区诉斯科姆普案（*Sch. Dist. of Abington Twp. v. Schempp*）中，法院指出，对“建立宗教”条款的合理解读表明，一项要求学生每天早上诵读《圣经》的州法律并不是允许学校“灌输”宗教思想。⑬ 由于“建立

---

① WILKINSON III，COSMIC CONSTITUTIONAL，THEORY 84 - 85（2012）.

② Posner，*Constitutional Law from a Pragmatic Perspective*，301 - 02.

③ D. C. v. Heller，554 U. S. 570，689 - 91（2008）（Breyer，J.，dissenting）.

④ D. C. v. Heller，554 U. S. 570，689 - 91（2008）（Breyer，J.，dissenting）.

⑤ D. C. v. Heller，554 U. S. 570，687（2008）（Breyer，J.，dissenting）.

⑥ D. C. v. Heller，554 U. S. 570，636 - 38（2008）（Stevens，J.，dissenting）.

⑦ D. C. v. Heller，554 U. S. 570，636 - 38（2008）（Stevens，J.，dissenting）.

⑧ D. C. v. Heller，554 U. S. 570，689 - 90（2008）689 - 90（Breyer，J.，dissenting）.

⑨ Posner，*What Has Pragmatism to Offer Law?*，1664（指出在提倡实用主义应经常使用的情形下，法官如何专注于将宪法文本作为一种资源）。同前，1667（指出实用主义将使宪法能够随着社会变化不断适应新环境）。

⑩ Posner，*What Has Pragmatism to Offer Law?*，1664（指出法官需要“实用主义作为基本裁决方法的意识”，以使宪法适应不断变化的社会环境）。

⑪ Walz v. Tax Com. of New York，. 397 U. S. 664，671（1970）.

⑫ Everson v. Bd. of Educ.，330 U. S. 1，17（1947）（认为国家使用税收资金为天主教学校的学生购买校车费用并不等同于国家支持建立天主教，因为国家并不只补贴天主教学校的学生，国家也为就读于非天主教公立学校的学生补贴校车费用）。

⑬ Sch. Dist. of Abington Twp. v. Schempp，374 U. S. 203，306 - 07（1963）（Goldberg，J.，concurring）（指出该州要求学生每天早上诵读《圣经》的做法抑制了宗教信仰自由，构成了州政府支持设立宗教，不属于宪法规定的“合理的”或可接受的宗教包容概念。

宗教”和“自由信教”条款对哪些活动违反宗教自由未作规定，法院通过对这些条款行“合理而现实的”解释，解决了重要的社会问题。①

2. 司法实用主义在宪法解释中的不足

实用主义方法在宪法解释中的应用也存在风险。首先，实用主义方法强调事实而非历史传承，这使得采用该方法进行的宪法解释可能出现前后不一致且难以预测未来，存在不确定性。② 由于忽视了传统的作用，该方法偏离了统一的标准，而该标准可能能限制法官以特立独行或可能带有政治色彩的方式对案件做出不恰当的裁决。③ 实用主义方法强调逐案权衡事实状况，这也限制了每个案件的先例价值。④ 最高法院通过认定案件中的独特事实而确定的判决，将可能只为下级法院提供有限且狭隘的指导。⑤ 此外，如果法官实际上误解了事实，那么适用强调事实的实用主义方法将无法为正确裁判提供帮助。⑥ 例如，布雷耶大法官在华盛顿特区诉海勒案中采用的利益平衡法的主要弱点在于他对事实的理解难以核实。事实并不确定公共场合的枪支暴力是否严重到足以剥夺民兵以外的人拥有手枪的权利。⑦ 由于法官并非训练有素的专家，无法在严格的实证分析下检验他们对事实的主张，因此他们可能低估或高估了某些事实假设。⑧

实用主义宪法解释方法的另一个风险是有可能忽视或忽略重要的道德价值。⑨ 实用主义法官根据自己认为“合理”的方式解释条款，可能会有意无意地低估他人的道德利益。⑩ 例如，在涉及宗教自由案件中，禁止学生在学校每天早上读圣经的政府法规在一部分人看来它是在避免向学生灌输宗教思想，而另一部分人则觉得它在试图否定学生的“宗教信仰自由”。⑪ 由于对第一修正案的“合理”解读对其他人来说可能并不“合理”，根据法官对“建立宗教”和“宗教自由”条款的“合理”解读来裁决案件可能会低估一些重要的道德价值。⑫ 根据法官对宪法的“合理”解释来裁决案件，也可能允许法官将其个人意识形态观点纳入宪法。⑬ 法官可能会打着经验分析和常识的幌子，用其个人解释取代对宪法更合理的解释。⑭ 没有统一的标准来确定什么是合理的，采用实用主义方法的法官可

---

① Walz, 397 U. S. at 671.

② WILKINSON III, COSMIC CONSTITUTIONAL, THEORY 87 - 97 (2012).

③ WILKINSON III, COSMIC CONSTITUTIONAL, THEORY 94 - 97 (2012).

④ Thapar & Beaton, *The Pragmatism of Interpretation*, 832 - 33.

⑤ Thapar & Beaton, *The Pragmatism of Interpretation*, 832 - 33.

⑥ Posner, *Constitutional Law from a Pragmatic Perspective*, 302.

⑦ Heller, 554 U. S. at 631 - 34.

⑧ Posner, *Constitutional Law from a Pragmatic Perspective*, 302.

⑨ WILKINSON III, COSMIC CONSTITUTIONAL, THEORY 93 - 94 (2012).

⑩ WILKINSON III, COSMIC CONSTITUTIONAL, THEORY 93 - 94 (2012).

⑪ Compare Schempp, 374 U. S., at 205（裁定阅读《圣经》的要求违反了“建立宗教”条款）, with *Id.* at 308 - 09 (Stewart, J., dissenting)（声称多数人持有的观点危及了“宗教自由”条款）。

⑫ WILKINSON III, COSMIC CONSTITUTIONAL, THEORY 93 - 94 (2012).

⑬ Posner, *Constitutional Law from a Pragmatic Perspective*, 302.

⑭ WILKINSON III, COSMIC CONSTITUTIONAL, THEORY 93 - 94 (2012).

能会把他或她对“常识”的理解欺骗性地强加给宪法。①

五、结论：司法实用主义的适用领域

司法实用主义是一种司法方法论，以其前瞻性的分析模式、基于经验的决策以及对司法能动主义的开放性而著称。就优势而言，司法实用主义有助于（1）实现财富和效率的最大化，（2）解决真正新颖的案件，以及（3）弥补立法缺陷。就缺点而言，司法实用主义存在以下风险：（1）司法专制；（2）过度依赖社会科学；（3）将重要道德价值边缘化。尽管司法实用主义已被普遍接受为一种有用的分析方法，但它在普通法裁决、立法解释和宪法解释方面对法官的帮助程度仍存在一些问题。

在普通法裁决这一司法领域，如果事实确实新颖，而适用传统普通法规则适用度不高，司法实用主义就大有可为。例如，在代理法中，代理关系在普通法中的传统定义是，在双方同意的情况下，一方自然人或实体作为代理人代表另一方自然人或实体即委托人，从事法律行为，期间受委托人控制。②

然而，在当今信息时代的知识产权领域，代理关系的传统定义适用既令人困惑又低效。③ 例如，知识产权发明人与知识产权使用者之间的关系就造成了谁应被视为代理人、谁应被视为委托人的混乱。④ 从激励和效率考虑，哪一方获得指定的法律后果都是至关重要的。⑤例如，如果使用人被指定为委托人，那么发明人创造新知识产权的积极性可能会降低，创新的效率也会下降。⑥ 在此，实用主义方法将提供很大的帮助，因为法官将在社会科学成熟结论的帮助下研究新的事实，然后确定指定代理人的最合理方式，以实现财富和效率的最大化。

此外，在立法解释中，如果法规含糊不清，没有提供如何解释法规的指引，并且有将立法权“授权”给法院的迹象，司法实用主义也会有较大适用空间。⑦ 例如，在商标法中，《兰哈姆法》（The Lanham Act）为联邦注册商标提供全国范围的法律保护，并对未经

---

① WILKINSON III，COSMIC CONSTITUTIONAL，THEORY 93 - 94（2012）；也参见 Posner，*Constitutional Law from a Pragmatic Perspective*，302（指出当政治而非法律指导法官的推理时，法官会错误地参与政策制定）。

② A. Gay Jenson Farms Co. V. Cargill，Inc.，309 N. W. 2d 285，290（Minn. 1981）.

③ Richard Gruner，*Intangjible Inventions：patentable Subject Matter for an Information Age*，35 LOY. L. A. L. REV. 355，429（2002）.

④ Richard Gruner，*Intangjible Inventions：patentable Subject Matter for an Information Age*，35 LOY. L. A. L. REV. 355，429（2002）.

⑤ Richard Gruner，*Intangjible Inventions：patentable Subject Matter for an Information Age*，35 LOY. L. A. L. REV. 355，429（2002）.

⑥ Richard Gruner，*Intangjible Inventions：patentable Subject Matter for an Information Age*，35 LOY. L. A. L. REV. 355，429（2002）.

⑦ *See* Gluck & Posner，*Statutory Interpretation on the Bench*，1340 - 42（回顾了在解释法规时避免出现荒谬、提倡运用常识和更新后语言的好处）。

授权使用造成消费者混淆的侵权行为提供救济。① “可能造成消费券混淆”的含义是不清楚的，立法对此几乎没有进一步的解释。② 这样，未经授权使用商标是否造成消费者混淆的可能性在很大程度上被“委托”给了法官来决定。③ 如果法官在这种情况下采用实用的方法，就可以根据经验研究得出的合理事实判断来确定是否存在“消费者混淆”。④ 法官的行为也不会对三权分立的原则造成威胁，因为法规默示将决定权“下放”给法官。⑤ 反托拉斯法特别是《谢尔曼法》（The Sherman Act）是适合采用实用主义方法的另一个领域。与《兰哈姆法》一样，《谢尔曼法》通常被认为措辞过于笼统，立法机构几乎没有就如何解释该法作出指示，而且有向法院授权的迹象。⑥ 对法规的合理解释，以及对经济中垄断力量现实的经验性观察，使许多法官能够在现代社会中有效地、与时俱进地适用《谢尔曼法》。⑦

最后，司法实用主义在宪法解释方面可以有更大适用空间的领域是：涉及新出现的情况或社会迫切需要解决的一些问题，宪法却未明确规定或间接涵盖它。例如，有关堕胎和同性恋的问题已成为社会的突出问题，而《宪法》对这些问题却只字未提。然而，最高法院认识到社会对此的合理需求，就部分依靠了对与这些主题间接相关的宪法条款的合理解释，承认了这些领域一些权利。例如，在堕胎问题上，尽管《宪法》对妇女堕胎的权利只字未提，法院却在罗伊诉伍德（*Roe v. Wade*）案中承认了这一权利，有部分性的原因是第十四修正案的宪法解释，指出了堕胎、隐私权、自由权之间合理的关联。⑧ 根据波斯纳法官的观点，如果不采取实用主义的方法来审查有关妇女、家庭和国家的实际需要的情况，就不会做出这样的裁决。⑨

尽管司法实用主义并非没有弱点，但它在许多重要案件中发挥了重要作用。波斯纳法官认为，如果能更好地了解其优缺点，司法机构就能克服许多“法理学问题”。⑩

---

① Application for registration；verfication，15 U. S. C. § 1051，et seq.，（2012）.

② Indianapolis Colts，Inc. v. Metro. Balt. Football Club Ltd.，34F. 3d 410，414（7th Cir. 1994）.

③ Indianapolis Colts，Inc. v. Metro. Balt. Football Club Ltd.，34F. 3d 410，414－415（7th Cir. 1994）.

④ Indianapolis Colts，Inc. v. Metro. Balt. Football Club Ltd.，34F. 3d 410，414（7th Cir. 1994）.

⑤ Indianapolis Colts，Inc. v. Metro. Balt. Football Club Ltd.，34F. 3d 410，414（7th Cir. 1994）.

⑥ *See* Gluck & Posner，*Statutory Interpretation on the Bench*，1342（指出《谢尔曼法》是法规过于笼统和需要更新的一个很好的例子）。

⑦ *See* Posner，*Statutory Interpretation*，808（回顾了实用主义法官如何解释《谢尔曼法》）。

⑧ Ronald Dworkin，*Unenumerated Rights：Whether and How Roe Should be Overruled*，59 U. CHI. L. REV. 381，391－92（1992）.

⑨ Ronald Dworkin，*Unenumerated Rights：Whether and How Roe Should be Overruled*，59 U. CHI. L. REV. 381，391（1992）.

⑩ POSNER，THE PROBLEMS OF JURISPRUDENCE，387（指出法理学非常需要务实的分析）。

意思表示的及时到达："午夜理论"之辨

［德］格里高尔·巴赫曼*著　陈汪杰**译

摘　要　本文探讨《德国民法典》第130条中非当面作出的意思表示"到达"定义问题。依主流观点，当意思表示已经进入受领人的支配范围之内，只有在通常情况下可被推论为已知悉时，该意思表示才被认定为已到达。而且具体知悉时间又应根据当地"公众看法"予以判断。但这种以"公众看法"推定意思表示到达状况的要求应予以摒弃，因为如此将产生法律的不确定性、加重法官的查明任务，并且还背离了立法者的原意。而"午夜理论"是对主流观点的合理修正，即意思表示的到达状况，只需根据其进入受领人常备或为个案专门设置的接收设施的情况予以评价。只有在非正常情况下的到达，才需要考虑实际知悉情况。

关键词　意思表示；到达；支配范围；知悉

论起莱因哈德·辛格（Reinhard Singer）最重要的著作，当属他在《施陶丁格德国民法典评注》中第116条与之后条款中的法律评注。任何法学家，只要研究意思表达问题，都能从中获得启发。然而，莱因哈德·辛格对法律行为学说中核心规范的解释，即对《德国民法典》第130条的解释（意思表示的到达），却与德国联邦最高劳工法院（BAG）最近的判决相异。我撰写本文目的，就是为了展示德国联邦最高劳工法院判决的错误，并建议对"意思表达的到达"的理解还是应当遵循辛格的观点。

---

* 格里高尔·巴赫曼（Gregor Bachmann），德国柏林洪堡大学法学院民法和公司法教席教授、公证法研究所所长，长期从事欧盟和德国公司法、资本市场法律理论与实务研究。原文为德文，收录于莱因哈德·辛格（Reinhard Singer）70岁祝寿文集《自决：自由与边际》（Selbstbestimmung：Freiheit und Grenzen），第45－61页。摘要和关键词为译者所加。

** 陈汪杰，男，华东政法大学知识产权学院副研究员、柏林洪堡大学法学博士，研究方向：民法、知识产权法、法经济学。

一、需要受领的意思表示之到达

法学生们在法学院的第一个学期，就要学习如何区分意思表示的作出与到达。并且知道，需要受领的意思表示的生效要件，是该意思表示已到达受领人。① 该点被规定于《德国民法典》第130条第1款第1句之中，并自1900年以来一直沿用至今。在《德国民法典》中并未对"到达"予以界定。对此，一个变种诸多但内涵稳定，并且已被德意志帝国最高法院（Reichsgericht）所采纳的定义公式能予以诠释："当意思表示已经进入受领人的支配范围之内，并在通常情况下可推论受领人已知悉，则该意思表示已到达。"②

该定义的第一部分内容是明确的。意思表示必须进入"支配范围"，或者用当年德国民法典立法材料的原话表达：即进入相对人的"领域"之中。③ 在此，我们不去探讨当面受领意思表示的情况，因为通常情况下面对面的受领没有疑惑，④ 属于受领人典型的支配范围，包括受领人的住宅、信箱、由他或者公认受其委托接受信息之人。毫无疑问，假如意思表示进入了受领人的"领域"之中，但是受领人在通常情况下却很难注意到它，例如藏在门垫下的信件，⑤ 则该意思表示应不视为到达。因为"到达"作为客观事实虽然不需要相对人的真实知悉，但是必须是朝着这个方向所努力。如果该意思表示是"强加"于相对人领域之中，则不属于到达的内涵。⑥

而"到达"定义的第二部分（即"在通常情况下可推论受领人已知悉"）也较为明确。⑦ 如今主流观点（herrschende Meinung）希望能对此再更进一步，即确定到达的具体时间点。根据主流观点，只有在通常情况下可以被推论为受领人已知悉，意思表示才算

---

① 意思表示的作出是否有单独的作用，在此无法深入探讨。Leenen，BGB Allgemeiner Teil：Rechtsgeschäftslehre，2. Aufl. 2015，§ 6 Rn. 73 对此批判很有道理。

② 参见 BGHZ 137，205；BGHZ 67，271；BGH NJW 2008，843；RGZ 144，289，292；RGZ 142，402，407；Ellenberger，in：Palandt，BGB，80. Aufl. 2021，§ 130 Rn. 5；Einsele，in：MüKo，BGB，8. Aufl. 2018，§ 130 Rn. 16；Hefermehl，in：Soergel，BGB，13. Aufl. 1999，§ 130 Rn. 8；Mansel，in：Jauernig，BGB，18. Aufl. 2021，§ 130 Rn. 4；Brox/Walker，Allgemeiner Teil des BGB，44. Aufl. 2020，§ 7 Rn. 9；Neuner，Allgemeiner Teil des Bürgerlichen Rechts，12. Aufl. 2020，§ 33 Rn. 21.

③ Prot. II，S. 664（Mugdan II，S. 540）.

④ 根据主流观点，应适用"有限知悉理论"，参见 Leenen，BGB Allgemeiner Teil：Rechtsgeschäftslehre，2. Aufl. 2015，§ 6 Rn. 53.

⑤ 参见 Flume，Allgemeiner Teil des Bürgerlichen Rechts，Band 2：Das Rechtsgeschäft，4. Aufl. 1992，§ 14 3b)，S. 230 f.（参照 BGH NJW 1953，217 在交货单隐蔽处注明所有权保留的案例，如今该情况亦可通过《德国民法典》第305c条解决。）

⑥ Flume，Allgemeiner Teil des Bürgerlichen Rechts，Band 2：Das Rechtsgeschäft，4. Aufl. 1992，§ 14 3 b)，S. 230 f.

⑦ 该意义也可参见 RGZ 50，191（"以通常方式进入受领人［…］的支配力之下，从而使其有机会注意到"）；亦可见后续的 RGZ 56，262，263；RGZ 58，406，407 和 RGZ 60，334，336.

"刚好"到达。[①] 而这是否意味着，意思表示只有在这个时间节点上才能生效（主流观点）？还是说，意思表示其实在此之前已经生效，只是到达（在附带期限的意思表示情况下）没有及时发生（另一种观点是如此认为的）？这又是一个纯粹的学术问题。[②] 在此仅先探讨主流观点。以主流观点的视角，当意思表示附带有期限时，仅确定意思表示进入受领人的支配范围是不够的，还要明确在通常情况下，受领人何时才能被认定为已知悉。

二、传统到达定义的弊端

主流观点存在着严重的弊端，它使得在法律往来中（当事人和法院）难以确定到达的时间点。在此中起着决定性作用的"通常情况"可能因地、因案而异。在司法实践中，有时意思表示必须在一定期限内作出，例如在形成权的情况下（如宣告解除、撤销、撤回）或者是私人设定的时限（例如《德国民法典》第148条），或者是意思表示的到达所触发的期限（非常重要的例证：《德国解雇保护法》第4条 提起解雇保护诉讼的时效）。而这又取决于受领人何时会知悉意思表示的存在、期限是否得到遵守，以及对当事人所产生的法律和经济上的所有后果。

主流观点发现了这个弊端，并希望借助立法者也常用的标准来解决这一弊端：习惯法。[③] 或可表述为"通常观感""公众看法""惯例"等类似概念，[④] 并以此尝试确定意思表示进入受领人支配范围的确切时间点，从而明确何时可推论受领人已知悉。[⑤] 然而，我们必须承认，这很难有一个明确的结论，这主要还是取决于"个案具体情况"。[⑥]

德国联邦最高劳工法院的最新判决就显示了这一点有多难。在该案中，一名德国雇主希望终止一名位于法国阿尔萨斯地区的雇员的劳动合同关系。为此，该雇主通过一名信使于周五下午1点25分将通知解雇信投递到该雇员的信箱之中。

当这名雇员提起解雇保护之诉时，其成功与否取决于他是否及时提起了诉讼，即根据

---

① 先是RGZ 61，125，127，后又有RGZ 99，20，23（1920），构成了如今对此的理解。早在1932年，该条理解脉络就被当作为"有既判力的判例"，参见RGZ 144，289，292。亦可参见后来在《德国民法典》第312i条第1款第2句新增的"到达拟制"，但该"到达拟制"在实践中并无意义，因为只要满足该条款规定的情况，一般来说都已经可被认定为已到达。

② 详细请参见Flume，Allgemeiner Teil des Bürgerlichen Rechts，Band 2：Das Rechtsgeschäft，4. Aufl. 1992，§ 14 3 b），S. 231－233，此外还涉及该问题的实践层面。

③ 对于习惯法的规范性作用可参见Bachmann，Private Ordnung，2006，S. 341 ff.；de la Durantaye，Erklärung und Wille，2020，S. 92 ff.；以及Oertmann，Rechtsordnung und Verkehrssitte，1914.

④ 例证参见前述脚注。相关表述也可以在法律条款中找到，参见《德国民法典》第151条、第157条和第242条（"习惯法"）或者《德国商法典》第346条（"习惯和惯例"）。《德国民法典》第434条第3款第1句编号1使用了"'通常'使用"的表述，《德国民法典》第119条第2款使用了"'在交易往来中被视为重要的'特质"的表述。

⑤ 参见RGZ 99，20，23（"参照公众习惯"）；RGZ 142，402，408（"考虑到习惯法"）；RGZ 144，289，292（"考虑到公众看法"）。相关文献参见Enneccerus，Lehrbuch des Bürgerlichen Rechts，Band 1：Einleitung und Allgemeiner Teil，11. Bearb. 1926，§ 149 A. II. 1. d），S. 395："根据公众习惯确定相应的边界"。

⑥ 参见RGZ 99，20，23（在车站储物柜投放信件案）。

《德国解雇保护法》第4条规定于三周期限内提起诉讼，而这又取决于解雇通知是否在当天被收到。联邦州劳工法院（LAG）认可了这一点，认为信箱通常会在下午5点前被清空，而雇员所生活的“阿尔萨斯小村庄”可能存在的特殊情况与本案无关。[①]

而德国联邦最高劳工法院却持不同意见。它援引了德国联邦最高劳工法院和德国联邦最高法院的“有既判力的判例”，认为非当面作出的意思表示是否到达，应取决于该意思表示是否已事实上进入了受领人的支配领域内，并是否能根据通常情况推论该受领人已知悉。知悉的可能性主要根据“惯例”进行评判，即投入信箱的意思表示何时到达，应根据“公众看法”下清空信箱的时间予以确认。[②] 而公众看法可能因地区而异，并随时间推移而变化。据此，联邦州劳工法院的推论就有所谬误，即认为职工通常在下班后会自己清空信箱（尤其当只有少数人从事着全职工作时）。[③] 并且武断地将清空邮箱的时间定为下午5点。[④] 相反，它必须“根据相关地理区域（法兰西共和国、下莱茵省或申请人的居住地）清空信箱时间的公众看法（可能改变的）”对事实进行调查，并在缺乏专门知识的情况下，收集关于法国清空信箱情况的公众看法的证据。[⑤]

联邦州劳工法院并没有做德国联邦最高劳工法院所要求的调查任务。[⑥] 而针对德国联邦最高劳工法院的判决尽管有零星的赞同[⑦]，但更多的是批判的声音。[⑧] 这主要是因为明确公众看法的困难性和不确定性，并且判决还否认了当下能查明情况的可能性。[⑨] 但除此之外，还能做什么呢？学者除了字斟句酌地建议期限并未超期、并且最好界定到达时间为上午（对本案并无多大帮助）外，[⑩] 还呼吁立法者应在《德国民法典》第130条框架内予以明确，只要当信件于24点前投入信箱之中，就应认定信件乃当日到达。[⑪] 这项建议方案令人信服。然而在可预见的未来，立法者不太可能会采纳这项建议。但是，是否可以根据现行法律，在实践中直接适用这项建议方案呢？

三、并不能替代主流观点的学说：“午间理论”

首先，应当先考虑另外一种方案，一种可被视为所罗门式智慧的解决方案。根据这种

---

① LAG Baden – Württemberg, Urt. v. 14. 12. 2018 – 9 Sa 69/18, BeckRS 2018, 42564.

② BAG NJW 2019, 3666, 3667 Rn. 12.

③ BAG NJW 2019, 3666, 3667 f. Rn. 19 – 23（并给出了统计数据，表示“并非所有职工都单独生活”）。

④ BAG NJW 2019, 3666, 3668 Rn. 25.

⑤ BAG NJW 2019, 3666, 3668 Rn. 30 – 32.

⑥ Foerste, JZ 2020, 49, 50：“人们不会想去担任事实审的法官”。

⑦ R. Schwarze, JA 2020, 625, 626.

⑧ 参见 A. Eufinger, GWR 2020, 60（“从实践层面来说令人不满”）；P. Bruns, NJW 2019, 3618, 3619（“没有说服力”）；Bauer, ArbRAktuell, 2019, 558；对此持批评意见的还有 Foerste, JZ 2020, 50 ff.，但是他也认为德国联邦最高劳工法院是在“既定原则框架下”进行审判的，因而保持了判决的“一致性”。

⑨ P. Bruns, NJW 2019, 3618, 3619.

⑩ Boemke, JuS 2020, 265, 266；A. Eufinger, GWR 2020, 60；Bauer, FD – ArbR 2019, 422151.

⑪ Bauer, ArbRAktuell, 2019, 558. ders., FD – ArbR 2019, 422151.

方案，当意思表示至迟于中午 12 点前进入受领人的支配范围内，即可认定为当天到达（"午间理论"）。① 这种解决方案的魅力在于它提供了法律上的确定性、易于应用，并且符合大多数法院的判决，即如果信件在中午之前已投入收信人的信箱，则应假定当天达到。② 而人们也不必担心电子信息何时到达的问题。据此，前述主流观点的公式应修正为："非当面作出的需受领的意思表示，如果于中午 12 时之前到达受领人为此类通信所提供的永久接收装置之中，即为当日到达"。③

尽管这个解决方案可以提供一个明确的结果，但是该方案仍应被摒弃。作为一种折中方案，④ 从表面上看，它提供了一种合理的结果。⑤ 然而事实上，"午间理论"并不中立，而是偏向于受领人的利益。在法院审理的真实案件中（只要时间节点在其中影响重大），总是围绕着下午（或者晚上）进入受领人支配范围的意思表示是否准时到达的问题。⑥ 因为上午所投递的意思表示在通常情况下（无论公众看法如何），总会被认定为准时到达，因而无需赘言。据此，"午间理论"对于法律确定性的裨益有限。如果中午之后所投递的意思表示都视为第二日到达，那么表意人的法律境况将比现今更差，而法律确定性方面的额外裨益却无法弥补这种亏欠。

此外，反对"午间理论"的主要理由在于，它以固定的标尺锚定了到达的时间。法律人使用量化的方式使争议事实更具可操作性，并不为法律所禁止。⑦ 但是这也是有限度的，如果选择的数值缺乏成文法的目的性和系统性支撑，或者立法者根本不想量化，那么无论如何都会超过这个限度。⑧ 虽然后者仍有待商榷，⑨ 但"午间理论"（除了它貌似处于"中间位置"）缺乏有理有据的推导。从这方面而言，午间理论就与德国联邦最高劳工法院对于联邦州劳工法院的判决所下的论断相同，该理论过于武断。无论如何，这都不是智慧的结论。

---

① P. Bruns，NJW 2019，3618，3619.

② P. Bruns，NJW 2019，3618，3619，并指向 LAG Nürnberg NZA – RR 2004，631，632.

③ P. Bruns，NJW 2019，3618，3620.

④ 参见 P. Bruns，NJW 2019，3618，3619："解决方案乃是折中"。

⑤ F. Bydlinski，AcP 204（2004），310 ff.

⑥ 除了上述德国联邦最高劳工法院判决外（投递时间为 13：25），还有 BGH NJW 2008，843（投递时间为 15：50）；BAG NZA 2019，1183（投递时间为 14：50）；BayVerfGH NJW 1993，517（投递时间为 18：05）。而在 BGH NJW 2004，1320 案中投递时间为 10 点，但是该投递时间并不重要，因为该案关键性问题在于意思表示是否于前一日通过传真传递的方式已经生效。

⑦ 参见 Röthel，Normkonkretisierung im Privatrecht，2004，S. 240 ff.；深入论述并列举（公司法的）判例的文献参见 Fleischer，in：FS Canaris，2007，S. 71 ff.

⑧ 参见 Röthel，Normkonkretisierung im Privatrecht，2004，S. 242 ff.；Fleischer，in：FS Canaris，2007，S. 71，89. 亦可参见 BVerfGE 149，126，153 Rn. 71（zu § 14 Abs. 2 Satz 2 TzBfG）："如果雇员以往就业经历少于三年时，对于无理由的固定期限劳动合同就不被允许的假设，僭越了法院对于法律所要求的合理解释的界限，因为立法者显然不想那么规定"。

⑨ 参见 Foerste，JZ 2020，50，52："中间道路可能无法实现"。

四、相反的建议："午夜理论"

（一）出发点

与设定一天里的某个时间段相比，这里更应该提出的问题是，是否有其他方法可以在法律上更为稳妥地界定到达时间，具体而言：不必确定或假定通常情况下的清空信箱和阅读信息时间。一般而言，意思表示接触到受领人时就已到达，那么符合期限要求的到达理论上来说至迟可至24点（"午夜"）。因为《德国民法典》第130条的措辞中仅提及"到达"，故而可以适用前述推论。

然而，当你浏览当前各大教科书，就会发现，以知悉的预期时间点作为基础的"到达"定义是占据绝对主流地位的。但是，以现代传播形式而言，多年前就有人提出过该定义是否仍然符合时代要求的疑问。① 然而，法院判决与学界主流学说都没有放弃这种传统公式。但这就忽略了一个事实，即一直有人尝试着用不同方法去界定《德国民法典》第130条中的"到达"，而不再寻求推断知悉的时间点。在此，应该回顾下这些方法。当我在"午夜理论"的标题下介绍这些方法时，我并不是说这些是真正的"理论"，也不说到达总是发生于24点。但是，这个词作为一种观点的统称（不按公众看法去界定清空信箱习惯和阅读信息习惯）还是非常有用的。

（二）文献中的方式

有众多尝试界定《德国民法典》第130条第1款"到达"概念的方式中，本文只选取其中的四种方式，并将从中产生一种能明确"到达"定义的方式。②

1. 占有取得（蒂泽）

海因里希·蒂泽（Heinrich Titze）首先起的头，他在《德国民法典》生效后的第四年就在其文章《需受领的书面意思表示的到达时间》（文如其题）中对此予以诠释。③ 他考虑问题的出发点在于，"尽可能精确地规定"法律所未规定的到达时间点。④ 他认为，当时已在文献中广为接受的标准，即受领人"在一般情况下获得知悉可能性"的标准，并不妥帖。相反，他建议对此适用物权法上（直接）占有标准。对于"到达"评判的最主要

---

① 原则上此处已经体现该点 Burgard，AcP 195（1995），74 ff.

② 由于撰写本文时正处于德国新冠疫情期间，笔者不得不将（大量的）博士论文排除在研究范围外，相关内容将主要参阅 Singer/Benedict，in：Staudinger，BGB，Neubearb. 2017，§ 130。而目睹了新冠疫情期间《柏林洪堡大学杂志》的停刊，也是促使笔者作出如此决定的重要原因之一。

③ Titze，JherJb 47（1904），379 ff. 蒂泽当时是哥廷根大学的教授，后来又分别任教于法兰克福和柏林。与他的同事们不同，他如今已经基本被人遗忘（关于他的人生经历参见 v. Lösch，Der nackte Geist，1999，S. 384："并不起眼的同事"）。

④ Titze，JherJb 47（1904），379，383："尽可能精确到小时和分钟"。

（尽管不是唯一）标准应该是对该意思表示是否获得实际支配力（《德国民法典》第854条）。①

蒂泽继而作出以下定义："当载有意思表示的书面文件处于受领人占有之下，并使其在正常情况下很容易注意到其中内容时，该意思表达应视为到达"。② 公正地看，它与现行定义的不同之处不仅在于它以"占有"为主要衡量标准（而不是"支配范围"），而且更重要的是，通过后半句内容排除了意思表示以非正常方式进入受领人的领域（如从窗外扔进去）。③ 在此基础上，蒂泽探讨了经典的案例（如转寄服务、邮政保管信箱等），并在论文的结尾处探讨了意思表示到达阻碍问题。④

但可惜蒂泽解决方案并未获得成功。⑤ 尽管德意志帝国最高法院的判决从未驳斥过该方案（事实上德意志帝国最高法院彻底无视了该问题），⑥ 然而其他学者们则认为用物权法的方式去解决到达问题并不合适。⑦ 尤其是认为关于占有意愿方面存在问题，因为表意人从未意识到这一点。⑧ 这种批评意见触及了一个痛点，因为物权法对于占有概念遵循着自己的价值判断。不过，在此无需探讨这种批评意见是否正确，也无需讨论蒂泽的研究结论能否在不同个案中适用。⑨ 最重要的是，该方案是以与法律相容的方式（而非以地区习惯法的方式），尝试着（更具法律确定性地）界定《德国民法典》第130条所规定的到达时间。

2. 到达接收设施（迪尔切）

在蒂泽之后的五十年里，赫尔曼·迪尔切（Herrmann Dilcher）再次尝试定义"到达"

---

① Titze，JherJb 47（1904），379，385.

② Titze，JherJb 47（1904），379，387.

③ 参见 Titze，JherJb 47（1904），379，410 ff. 在交付给第三人（家庭成员、信使），蒂泽也采用如此标准（除了《德国民法典》第855条）。亦可参见 Titze，JherJb 47（1904），379，419 ff. 目前尚不清楚，它是一个单独适用的标准还是由占有派生出来的标准，后者可见 Titze，JherJb 47（1904），379，426：占有取得使得知悉变得可能；从这个意义出发，德意志帝国最高法院的早期判决也持有类似观点（参见 RGZ 50，191；RGZ 56，262，263；RGZ 58，406，407 和 RGZ 60，334，336）。

④ Titze，JherJb 47（1904），379，445－464.

⑤ Flume，Allgemeiner Teil des Bürgerlichen Rechts，Band 2：Das Rechtsgeschäft，4. Aufl. 1992，§ 14 3 b），S. 230："不再有代表性"。

⑥ 对于如今学说影响深远的判决 RGZ 99，20 没有引注任何文献，而后续的判决都主要参考该"具有既判力的"判决。

⑦ Dilcher，AcP 154（1955），120，123－126："以占有作为风险转移的标志，显然有些要求过重"。在该文中还（否定性地）研讨了与其相竞争的方案 v. Tuhr，Der Allgemeine Teil des Deutschen Bürgerlichen Rechts，Band II，1914，S. 433，根据该学说，当除了受领人的意志行为外，不需要其他条件就能推论受领人已知悉时，则可认定意思表示（刚好）到达。但如果涉及信使时，该理论公式就失效了。

⑧ Dilcher，AcP 154（1955），120，124；Singer/Benedict，in：Staudinger，§ 130 Rn. 42. 然而蒂泽强调，到达应被"纯粹而客观"地理解，受领意愿因此"不是必要的"，对此参见 Titze，JherJb 47（1904），379，390，426.

⑨ 根据蒂泽的学说，意思表示有时可能较早到达（交付给家庭成员），而有时则会稍迟些到达（例如通过邮政投递）。

的概念。① 此外，他还尽可能“精确”地去界定到达时间，摒弃按“公众看法”进行推论。他的指导原则是《德国民法典》第130条所规定的风险转移原则。根据这一原则，“到达”至一个临界点后，表意人不再承担风险，而由受领人承担知情风险。② 确定到达时间点的决定性因素在于，表意人尽可能地清楚知悉该界限的存在。迪尔切认为，当意思表示已经进入“受领人为所有情况或者特殊个案所设置的、具有辨识度的接收意思表示的设施”时，该意思表示就已经到达。③ 他在一些案例中检验了这一标准（在一些案例中，他得出了与蒂泽相似的结论），并在文章的其余部分转而探讨了另一个问题，潜在的意思表示受领人是否有义务为接收意思表示而设置这类“接收设施”呢？在已有法律或者商业关系的情况下，他给出了肯定性的答案，而对于其他情况他则予以否定。④

尽管集刊论文（和期刊论文）经常被束之高阁之时，⑤ 迪尔切却有机会在1980年版《施陶丁格德国民法典评注》第130条中推广他的新方案。⑥ 不过他在法律评注中给出的方案却远不如原版的方案那么尖锐。他将新的方案与前述判决所采纳的主流观点相结合，根据“公众看法”下的知悉预期，⑦“进一步具象化”于受领人所采取的接收举措：若意思表示已经进入受领人所设置的接收设施之中，则有理由推论受领人已知悉。嗣后，表意人有理由可确信，意思表示内容的知悉风险已经转移由受领人所承担。⑧

尽管他在法律评注所提出的方案内容与其在《民法实务档案》（AcP）论文内容相近，但于读者而言却又大相径庭。从读者角度来说，前者只是主流观点的具体化表现。迪尔切先援引了一份德国联邦最高法院的判决，其中重申了（原）德意志帝国最高法院的定义公式，⑨ 这可能加深了读者的印象偏差。无论如何，迪尔切在法律评注中提出的方案并未被视为对主流解释的反思与评判。

3. 可能的知悉时间无关紧要（辛格/本尼迪克特）

在迪尔切《民法实务档案》论文的50年后、蒂泽开创性论文的100年后，辛格（Singer）和本尼迪克特（Bededict）为《施陶丁格德国民法典评注》第130条撰写了新的

---

① Dilcher，AcP 154（1955），120 ff.

② Dilcher，AcP 154（1955），120，125，他将到达规则与债法上的风险转移相比较，还提及了“风险范围”Enneccerus/Nipperdey，BGB AT，13. Bearb. 1931，§ 149 II A. 1. e），S. 489；Burgard，AcP 195（1995），74，94：“根据危险范围从法道德原则出发的风险分配”。

③ Dilcher，AcP 154（1955），120，127 f.；John，AcP 184（1984），385，404 ff.，412 和 Burgard，AcP 195（1995），74，100 f.，104 ff.，134，强调受领人对意思表示的“存储”；强调“接触范围”的文章 Behling，Der Zugang Elektronischer Willenserklärungen in Modernen Kommunikationssystemen，2007，S. 160 ff.

④ Dilcher，AcP 154（1955），120，130－140.

⑤ 参见 Fleischer，NZG 2019，1241（附有相关引注）。

⑥ 迪尔切从他的导师 Coing 处接手了法律评注的工作，并在之后转交给了辛格，对于该方法参见其下IV. 2. c）。

⑦ Dilcher，in：Staudinger，BGB，12. Aufl. 1980，§ 130 Rn. 21.

⑧ Dilcher，in：Staudinger，§ 130 Rn. 22，并指向 BGH NJW 1965，966.

⑨ BGH NJW 1965，966：“一旦信件以‘惯常方式进入受领人或者可以代替受领人接收信件的他人的支配力之下，并使其有知悉的可能性，则该意思表示可推断为已到达‘（RGZ 50，191，194）”。

法律评注。① 就像蒂泽和迪尔切一样，他们对"到达"的概念进行了批判性的探讨，② 从而希望能对"到达"这一法律概念尽可能清晰地界定。继而，他们提出了以下定义："若意思表示的内容已经被受领人的感官或者已经进入为稍后知悉所设置的接收设施之中，则该意思表示已满足《德国民法典》第130条规定之到达。"③

该定义乍一看与蒂泽、迪尔切的定义方案相差无几，而且结果上也与他们相近。④ 但它的特殊性在于，它从根本上放弃了知悉作为"到达"构成要件的规范性要求：原则上来说，受领人只要没有与表意人通过明确协议的方式或者通知限制到达时间的方式（限制意思表示的到达），则意思表达可以于"任意时间"到达。⑤ 如果到达可以于"任意时间"发生，那么意思表示也可以迟至午夜到达。对于附带期限的意思表示，辛格与本尼迪克特也对此给出了肯定性的结论。他们援引《德国民法典》第188条，该条规定"明确无误地指出，不可能存在'时间上的含糊'，因为期限只会在最后一天届满时到期"。⑥

尽管辛格和本尼迪克特的论述引起了广泛的关注，但尚未说服高级法院的法官们。在前述德国联邦最高劳工法院的判决中，联邦法官明确拒绝接纳"午夜理论"，并且认为《德国民法典》第188条只规定了期限的结束时间，但并未规定何时可以认定意思表示已经到达。⑦ 但是，德国联邦最高劳工法院忽略了这样一个事实，即《德国民法典》第188条并不是他们论述的核心。相反，他们的核心要点在于提出主流观点的不足，并尝试发掘立法者对于"到达"概念的想法。⑧ 而学者们则对辛格和本尼迪克特的论述持更加开放的态度，并进一步深挖他们的理论核心。孕育于此的一个新理论将蓄势待发，蓬勃欲出。

4. 存在知悉的客观可能性已足够（莱波德）

2009年，莱波德（Leipold）以颇受关注的德国联邦最高法院对12月31日到达的意思表示的判决（"除夕判决"）作为契机，对主流观点所界定的"到达"定义提出了质疑。德国联邦最高法院认为，于除夕当天15点50分投入住宅管理员信箱的意思表示应于第二年到达，因为根据公众看法，除夕下午人们将不再工作，因而信箱也不会被清空。⑨ 这一

① 此处引注参照的是2017年出版的新版本，与2004年版本相比，就本文所关心的问题进行的评注并无明显区别。亦可参见 Benedict，Versuch einer Entmythologisierung der Zugangsproblematik（§ 130 BGB），2000.

② 参见 Singer/Benedict，in：Staudinger，§ 130 Rn. 42（zu Titze）und Rn. 43（zu Dilcher）.

③ Singer/Benedict，in：Staudinger，§ 130 Rn. 45，以及 Benedict，S. 96.

④ 细节参见 Singer/Benedict，in：Staudinger，§ 130 Rn. 46 – 67.

⑤ Singer/Benedict，in：Staudinger，§ 130 Rn. 75；Benedict，S. 102；Burgard，AcP 195（1995），74，108 ff.；以及 Behling，S. 139 ff.

⑥ Singer/Benedict，in：Staudinger，§ 130 Rn. 76 和 Benedict，S. 102，亦可见 Burgard，AcP 195（1995），74，109 ff. 与参见 BVerfGE 52，203，207 ff.（附带期限的诉状）和 BGHZ 143，339，341 ff. = NJW 2000，1328（根据《德国股份有限公司法》第126条的股东提案）。

⑦ BAG NJW 2019，3666，3668 Rn. 26，并指明了 Singer/Benedict，in：Staudinger，§ 130 Rn. 76.

⑧ 参见 Singer/Benedict，in：Staudinger，§ 130 Rn. 75，78，更具体请见 IV. 3. c）.

⑨ BGH NJW 2008，843.

判决可能“贴近生活”，①但是却引发了诸多异议。莱波德指出，这一判决尽管符合主流观点，但是也有人会对其提出“有理有据的批评”（例如从辛格和本尼迪克特的角度）。②莱波德赞同辛格等人的观点，并主张“受领人技术上有可能注意到书面形式或者电子通信形式内容的时间点，即为意思表示到达的时间点。而根据公众看法可推论的知悉无关紧要”。③

为了证明这一点，莱波德提出了一整套的论据，其中部分论据已经在其他人的论文中有所表述，但是他将其整合起来的结果却令人印象深刻。他认为，由于投递方式的改变（不再只有邮政一种模式），不同的工作环境（兼职、居家办公）以及电子通信形式（电子邮件等），使得如今要确定“通常情况”下的阅读信息或者清空信箱时间已无可能。④并进一步提出，公民也可适用《德国民事诉讼法》所规定的现代送达制度来传递意思表达（参见《德国民法典》第132条），这也就意味着，只需将意思表示投入信箱之中即可视为及时到达（参见《德国民事诉讼法》第180条）。⑤此外，如今程序法都认可使用期限的极限边际，但不知为何，实体法中却并不允许。⑥最后，对于国际法和欧洲法中到达规则的比较研究也表明，意思表示的到达可以不必考虑根据“公众看法”来确定知悉的情况。⑦

莱波德的论证十分瞩目。尽管如此，他的理论在标志性的著作中也不过只是个脚注的内容。⑧不过，支持他观点的声音越来越多了。⑨例如一位法律评注者在点评前述德国联邦最高劳工法院判决时，已经将莱波德的观点列为“重要观点”。⑩因而，他的观点值得大力推广。

---

① Leenen, BGB Allgemeiner Teil: Rechtsgeschäftslehre, 2. Aufl. 2015, § 6 Rn. 30.

② Leipold, in: FS Medicus, 2009, S. 251, 252，并指明参阅辛格/本尼迪克特的法律评注。

③ Leipold, in: FS Medicus, 2009, S. 251, 263. 也可参见 Burgard, AcP 195 (1995), 74, 108, 110, 134: “原则上说，如果意思表示是在期限到期前到达的，那么该意思表示就是及时的，而不必在意是否被知悉”。对于“主要是为了保护受领人（尤其是通知解雇的期限）”的期限和“为了旨在结束僵局的期限”，Burgard 又回归到了主流学说，要求在这种情况下，“根据习惯法或者协议，受领人在期限内知悉该意思表示，则该意思表示方为到达”。

④ Leipold, in: FS Medicus, 2009, S. 251, 252–254；对于电子通信参见 Taupitz/Kritter, JuS 1999, 839, 842; Burgard, AcP 195 (1995), 74, 122 f. 和 Behling, S. 206 ff. 以及近期文献 Greiner/Kalle, JZ 2018, 535, 537 ff.

⑤ Leipold, in: FS Medicus, 2009, S. 251, 254–256.

⑥ Leipold, in: FS Medicus, 2009, S. 251, 256 f.，并指向 BVerfGE 52, 203 = NJW 1980, 580 和 BGH NJW 1984, 1237.

⑦ Leipold, in: FS Medicus, 2009, S. 251, 257–261; Hennemann, ZEuP 2013, 565 ff.

⑧ 参见 Köhler, BGB Allgemeiner Teil, 44. Aufl. 2020, § 6 Rn. 13 („a. A. Leipold“); Leenen, BGB Allgemeiner Teil: Rechtsgeschäftslehre, 2. Aufl. 2015, § 6 Rn. 28 Fn. 13; Bitter/Röder, BGB Allgemeiner Teil, 5. Aufl. 2020, § 5 Fn. 165; Medicus/Petersen, Bürgerliches Recht, 27. Aufl. 2019, § 4 Rn. 45 Fn. 12. 对此还有 Leipold, BGB I – Einführung und Allgemeiner Teil, 10. Aufl. 2019, § 12 Rn. 13a, 23.

⑨ 参见 Foerste, JZ 2020, 49, 52; Greiner/Kalle, JZ 2018, 535, 536; Effer-Uhe, JZ 2016, 770, 777 f.; Hennemann, ZEuP 2013, 565, 584 (These 5)；持有该观点的还有 Noack/Beurskens, GS M. Wolf, 2011, S. 687, 713；包括之前的 Burgard, AcP 195 (1995), 74, 108, 110.

⑩ Foerste, JZ, 2020, 49, 52.

（三）针对"午夜理论"的思索

诚如上文所探讨的那样，不断有人尝试从法律确定性的角度去界定《德国民法典》第130条的"到达"的概念。尽管这些尝试可能在方法和词汇上有所差异，但是他们的共同点在于努力界定"到达"的时间点，而不依赖于变化不定的习惯。最重要的关键标准在于，意思表示何时能够到达由受领人承担风险的领域内。而对于是否以及何时根据"公众看法"来界定知悉的问题，以前的定义方案只是将其视作为补充性要点，而在新的定义方案中则彻底将其摒弃。

而后者更具说服力。莱波德和辛格/本尼迪克特呼吁对传统的到达定义予以修正，并且摒弃知悉作为（需受领的意思表示的生效时间点的）规范性要求。只要需受领的意思表示进入规定的接收设施或者被受领人注意到时，该意思表示就已经生效。而这又需要充分的论证。

1. 法律确定性的需求

从立法者的角度出发，要求需受领的意思表示的生效时间点应尽可能地明确且具有可预见性，这本无可厚非。① 而主流观点所提倡的方法，即根据"公众看法"去确定清空信箱和阅读信息的时间点，在如今已不再适用。主流观点催生了"大量的个案推测"（里能Leenen的观点），而案情事实的差异性又使其在教科书中变得更加多样化。② 在判例中，到达的及时与否又与案情具体境况、法院所处地区等息息相关。③ 表意人与受领人一样，几乎无法提前确定，自己所作出的意思表示何时生效。尤其是在涉及附带期限的意思表示的案件之中，更是难以捉摸相应的结论。在公司法中，司法裁判早已明确在计算邀请股东参加股东大会的邀请期限时，"出于法律确定性与法律明确性的考虑"，不再适用《德国民法典》第130条第1款的规定。④

而且主流观点不仅造成了法律的不确定性，更是产生了多余的交易成本，并继而引发

---

① 参见Motive I, S. 156 f.（Mugdan I, S. 438 f. zu § 130 BGB）；Leenen, BGB Allgemeiner Teil: Rechtsgeschäftslehre, 2. Aufl. 2015, § 6 Rn. 21；Flume, Allgemeiner Teil des Bürgerlichen Rechts, Band 2: Das Rechtsgeschäft, 4. Aufl. 1992, § 14 3 a), S. 228以及Prot. II, S. 663（Mugdan II, S. 540）.

② 参见Leenen, BGB Allgemeiner Teil: Rechtsgeschäftslehre, 2. Aufl. 2015, § 6 Rn. 32 ff. 中画家案的衍生案件。关于意思表示到达的想象案件数不胜数，例如Titze, JherJb 47（1904）, 379, 412（一封被扔进花园的信又被吹到了树上，最终在树上被收件人所发现；在夜晚，信件被一个回家的仆人顺手牵羊给带走了；在生日包裹中除了一封祝贺信外，还有一封通知解除租房的解约信）；还有Behling, S. 148 f.：鸟屋被误认为是信箱；装有爆炸装置的信件。

③ 参见BAG NJW 1984, 1651, 1652（时间16：30）；OLG Hamm NJW-RR 1995, 1187, 1188（不晚于16：50）；LG München II WuM 1993, 331 f.（时间18：05）；BayVerfGH NJW 1993, 517, 519（直至18点）；LAG München BeckRS 2011, 105591（至少到14点）；LAG Köln NZA-RR 2011, 180（不晚于16点）；以及前面涉及具体时间的判决脚注。

④ 参见BGHZ 100, 264, 267，其论据为这与意思表示的有效性无关，而只是关于"股东大会邀请的及时性"问题。对此持评判意见的Effer-Uhe, JZ 2016, 770, 777，指出在通知解雇的案件中，也仅仅"只是关于通知解雇的及时性问题"罢了。

福利损失。这是因为，不确定性使得当事人不得不将生效与否的问题诉诸法院，而且即使经历了三审也不一定能定分止争。① 如果法院（就如前文所述的德国联邦最高劳工法院案一样）既需要通过取证来确定当地的邮政投递时间，又需要通过取证来确定当地人口就业情况，那么司法诉讼的工作将会既费时又费钱。由于这些工作任务在司法实践中是无法完成的，因此法院往往通过自由设定时间来回避这类问题。② 而如果“到达”的定义被界定为与受领人相接触为标准，那么这种痛苦将会被一扫而光。

2. 没有公平性上的不足

当然仅有法律确定性并不够。如果法律确定性是以不公平的解决方案为代价换来的，那么随之而来的好处也将荡然无存。③ 但是，“午夜理论”并没有带来不公平的结果。尽管乍一看，如果把深夜投递的意思表示也视为有效，从而视为遵守了最后期限或者触发了相应的期限，似乎并不合理。因为如此，受领人将不得不“半夜起来查看自己的信箱”。④ 然而人们对此不必担心，因为《德国民法典》第187条规定，在触发期限的意思表示到达的情况下，到达之日不计入期限之中。⑤ 顺带一提，这只涉及几个小时的事情。因为现实案例中涉及的期限并非几日，而是几周甚至是以几个月计算，⑥ 这种期限的缩短并不会引人瞩目。⑦ 任何认为期限过短的人，都应该申请延长期限，或者通过解释的方式予以延长（参照《德国民法典》第147条第2款），⑧ 而不是为此而纠结到达的定义，尤其是这样做只能提供微不足道的帮助。

应该承认的是，对于受领人（适度的）不利将会换来表意人境况的相对改善，换而言之，这就是个零和博弈。只有当受领人处于劣势地位时，单方面偏袒受领人才会有意义。而意思表示的到达显然不属于这种情况。尽管劳工法院在适用《德国民法典》第130条时所面临的案件是关于通知解雇雇员。然而《德国民法典》总则编的法律规定并不仅限于这类案件。此外，“处于地位上劣势”的一方，也可能想在“最后一刻”作出意思表示，例如承租人想要放弃自己的租房，因为她突然找到了一份外事工作。最后，需受领的意思表示的提前生效也有利于受领人，因为如此将缩短表意人撤回自己要约的时间窗口（参见

① 例如RGZ 142，402，409，该问题被发回原审法案重申，并在一年后才在莱比锡再次审理；另见BAG NJW 2019，3666.

② 参见Foerste，JZ 2020，49，50（“没有可靠的经验依据”）。

③ 针对僵化的期限解决方式一直存在着指责，例如对于股东贷款的可撤销性（新）规定的批评［针对《改革有限责任公司权和禁止权利滥用法（草案）》］K. Schmidt，ZIP 2006，1925，1931.

④ Leenen，BGB Allgemeiner Teil：Rechtsgeschäftslehre，2. Aufl. 2015，§ 6 Rn. 33：“直到清晨都是宁静的夜”。

⑤ Singer/Benedict，in：Staudinger，§ 130 Rn. 76.

⑥ 例如 § 4 KSchG；§ 621 Nr. 2，3 BGB；§ 573c BGB.

⑦ Hennemann，ZEuP 2013，565，576：“预计受到法律影响的人不会对此感到不满”。

⑧ 根据Dilcher，AcP 154（1955），120，140，应给予（已生效的）意思表示的受领人“符合诚实信用、习惯法和生活经验衡量”的反应时间。

《德国民法典》第130条第1款第2句、第145条)。[①]

如果有人认为（意思表示）即刻到达有些过于强势，那么他们应该想到，司法判决对于意思表示的受领人其实并不照顾。在诸如生病、度假或者坐牢的情况下，主流观点并没有考虑到因受领人不在现场而难以及时注意其所收到的意思表示，而是强加给受领人承担采取预防措施的义务。[②] 但是这种相应的预防措施也可以由当面的受领人所设置，例如他可以与表意人订立明确的协议或者通过发出明确的信号，受领人只能在特定的时间段内接收意思表示。[③] 任何滥用的行为，都可通过适用到达阻碍规则和（《德国民法典》第305条与之后条款的）针对格式条款的规定予以规制。[④]

3. 符合法律规定

"午夜理论"的立场至少与传统学说一样，与法律规定相符。因为根据"公众看法"（这也是主流学说所推崇的要点），《德国民法典》第130条（与《德国民法典》或者《德国商法典》的其他条款不同[⑤]）并没有提及"一般情况"（反例参见《德国民法典》第312i条第1款第2句）。不过，如果立法者有明确表示，他不希望"到达"是发生于习惯上的正常时间之外时，那么前面的论述就会变得毫无意义。然而，事实并非如此。恰恰相反的是，正如德国联邦最高劳工法院判决的批评者和其他到达理论拥护者所指出的那样，以与根据阅读信息习惯和清空信箱习惯来界定"到达"定义相异的理解，相较于主流观点，反而更符合当时立法者的原意。[⑥] 在当时众多到达理论之中，有主张以意思表示作出为准（"发出理论"和"传递理论"），也有主张知悉为准（"获悉理论"），而德国民法典之父们则选择了所谓的"受领理论"，即"意思表示的生效时间，是以到达受领人的手中或耳中为准"。[⑦] 而《德国民法典（草案）》第二起草委员会则将其"更为妥帖"（依弗陆梅 Flume 所语）地定义为，意思表示的到达以进入受领人的"领域"之中为准。即受领人有能力获悉意思表示的内容，但是"并不需要"真正获悉其中内容。起草者将其总结为"意思表示可以在受领人不知情的情况下，对其产生效力"。[⑧]

---

① 相应的事实参见 RGZ 50，191，195（撤回抽奖活动要约的时刻，当时已经开奖）。

② 参见 BAG NZA 2004，1330，1331 und BAG NJW 1989，606，607（度假）；BAG NJW 1989，2213（监禁）；BAG NZA 1993，259（生病）.

③ Singer/Benedict，in：Staudinger，§ 130 Rn. 75.

④ 若受领人通过单方面公告将接收设施的"清空时间"缩短至不寻常或者令人震惊的程度，那么就能适用后者的规定，参见《德国民法典》第305c条。

⑤ 参见《德国民法典》第151条、第157条和第242条（"习惯法"）或者《德国商法典》第346条（"习惯和惯例"）。《德国民法典》第434条第3款第1句编号1使用了"'通常'使用"的表述，《德国民法典》第119条第2款使用了"'在交易往来中被视为重要的'特质"的表述。

⑥ 参见 Foerste，JZ 2020，49，51 f.（"重返帝国议会时期的价值观"）；亦可参见 Singer/Benedict，in：Staudinger，§ 130 Rn. 39 ff.（关于受领理论）。

⑦ Motive I，S. 156 f.（Mugdan I，S. 438 f. zu § 130 BGB）；Leenen，§ 6 Rn. 21；Flume，§ 14 3 a），S. 228.

⑧ Prot. II，S. 663（Mugdan II，S. 540）.

本文所赞成的“午夜理论”不仅与当年德国民法典立法材料相一致，而且也符合立法者当年选择“受领理论”的意愿：一方面从法律确定性的角度明确到达时间点，① 另一方面创设一个公平的解决方案，合理地平衡表意人与受领人的利益。而意思表示到达以进入接收设施为准，无疑符合这两点要求，因为进入接收设施无疑已经跨越了“风险承担的边际”（迪尔切语）：表意人已经尽其所能，不必再担心意思表达的命运。与此同时，受领人也接收到了相应的意思表示。而自此之后，受领人将自己承担是否以及何时知悉意思表示的风险了。如果像主流观点那样偏向于“获悉理论”不仅不恰当，而且是从根本上歪曲了立法者选择“受领理论”时的价值判断。②

（四）“午夜理论”的实现

现在仍有个问题：如何实现（所谓的）“午夜理论”呢？立法者无疑有权如此去诠释，但是如前所述，我们无法期待立法者会那么做。那么决定权又回到了司法机关和学界手中。学界可以通过将“午夜理论”适用于《德国民法典》第130条“到达”定义之中，来实现该目的。③ 而在司法实践中，司法裁判的立场起着决定性的作用。前述巴登－符腾堡州劳工法院的判决已经表明。即使是州高等法院也不再愿意无条件地去遵循“公众看法”理论，因为这种理论是构建于摇摆不定的舆论基础上，对于法院和双方当事人来说都存在着不确定性。④ 尽管德国联邦最高劳工法院已经推翻了这一判决，但是不能忽视“水滴石穿”的效果。下级法院们可以继续努力，以自己的裁判抵抗主流观点。

然而有些法官仍然会有担心，他们违背了德意志帝国最高法院所确定的解释路径，会不会僭越了自己的权限范围。因为，他们会将主流观点下“到达”时间的定义视作为法官们的法律续造（参见《德国民事诉讼法》第543条第2款第1句）或者干脆将其视作为“法官法”。但即便是“法官法”，也不能阻碍下级法院的法官们背离该理论自己去决断定义，否则将会僵化法官们的思维。但无论如何，联邦法院都有权自己去纠正自己的法。⑤虽然学者从未停止对于传统到达理论的批判，但是这也并非习惯法的问题。由于德国联邦最高法院与德意志帝国最高法院一样，至今尚未详细讨论过诸多文献中不同的学说观点，因此未来如果有事件将迫使它不得不那么做的话，那么德国联邦最高法院很有可能会最终认同本文所推崇的“午夜理论”。那么德国联邦最高劳工法院也会不得不随之让步。

---

① Flume，§ 14 3 a），S. 228 f. 对此给出了精准的解释：“最重要的是，对表意人而言，意思表示的生效时间在一般情况下应该可以提前预估”。

② Burgard，AcP 195（1995），75，93，98 也是如此认为：“有悖于《德国民法典》第130条第1款第1句所述的风险承担和风险控制的归属原则”。

③ 参见辛格/本尼迪克特的定义与莱波德的定义。

④ 参见 LAG Baden－Württemberg，Urt. v. 14. 12. 2018 －9 Sa 69/18，BeckRS 2018，42564.

⑤ 关于该点以及是否存在“法官法”的问题，参见 Röhl，Allgemeine Rechtslehre，2. Aufl. 2001，S. 544 f.

五、结论

1. 根据主流观点，同时也是最高司法判决所持观点，非当面作出的意思表示进入受领人的支配范围内，即通常情况下可知悉该意思表示时，则该意思表示刚好到达。对于到达的时间点，应依据"公众看法"可推论为已知悉的时间点作准（例如清空信箱时间、打开电子邮箱的时间等）。

2. 对于主流观点有必要予以修正。主流观点产生了法律的不确定性，因为它使得到达时间点无法提前预判；它加重了法官的工作任务，使其无法或者只有耗费巨大的情况下才能查明（根据"公众看法"查明）；而且它还违背了立法者的原意，立法者基于法律确定性的原因，只要求意思表示进入受领人的"领域"之中即可。

3. 主流观点中的到达定义需要调整。对于确定通常情况下的知悉时间点的要求应该予以摒弃。这样就不必根据"公众看法"去查明清空信箱时间等问题。只需要考虑，意思表示是否进入受领人常备或者为个案专门设置的接收设施之中。只有在非正常情况下的到达（从窗外扔入室内、透过门缝塞入等）才需要考虑（并非推断的，而是真正的）知悉情况。

4. 当需要受领的意思表示进入受领人常备或为个案专门设置的接收设施（例如信箱、代收件人、电子邮箱等）之中时，该意思表示于此时刻到达。如果到达之日对期限计算起着决定性的作用，只要意思表示至迟于 24 点前进入受领人的接收设施之中即可。这套理论可以概况为"午夜理论"。而它将成为未来的主流。

数据抓取不正当竞争裁判中利益衡量的标准重塑

——从个人数据权益切入

袁瑞璟*

摘　要　个人数据权益强势介入传统竞争法的双层法益结构，使数据抓取纠纷中的利益衡量更趋复杂，亟需客观标准为衡量提供技术理性。我国司法实践中形成的利益权衡规则，将个人数据权益的全部内容系于“知情同意”，并赋予其决定抓取行为正当性的效力，遵循的是“无损于个人数据权益”的帕累托标准，导致个人数据权益的“绝对保护主义”，其他利益难以在权衡中获得承认。无论是内在逻辑还是外部效果，帕累托标准都对于数据抓取不正当竞争纠纷都不适用。卡尔多－希克斯标准则克服了这一弊端，强调经由社会总收益和总成本净值比较，权衡出最优的利益保护方案。当其他利益实现的重要性大于个人数据权益所受损害的程度时，应当容许私权适度的减损以获取更大的社会收益。要将标准具体适用于裁判，应当以“数据资源优化配置”为尺度，运用改进后的汉德公式，权衡保护不同权益可能导致的成本或收益，并结合三类个人数据的不同损害程度和抽象价值对损益判断进行赋值和加权，比较出何者更有助于增加社会福利，设计证成权衡结果的优先条件，最终完成对抓取行为正当性的权衡判断及法律论证。

关键词　数据抓取　利益衡量标准　帕累托效率　卡尔多－希克斯效率　个人数据利用

---

* 袁瑞璟，女，山东济南人，西南政法大学经济法学院博士研究生，研究方向为数据法、竞争法。

数字经济的发展改变了传统的商业模式，经营者对于数字核心资源的竞争已成为焦点。实践中，围绕数据抓取与反抓取，抓取后数据的合理使用，以及 OpenAPI 合作开发模式中的授权使用等问题发生了大量不正当竞争纠纷。数据抓取类案件涉及多方利益冲突，且无论是现行《反不正当竞争法》（以下简称《反法》）还是数据权益相关法规，均未作出利益安排。在“法律规则及其使用皆不明确”① 的情形下，诉诸司法进行利益衡量成为解决冲突的唯一途径。同时，随着个人信息保护及数据确权思潮的兴起，本为爬取对象的个人数据获得着重强调，作为数据提供者的自然人日渐成为利益主体。个人数据权益强势介入竞争法“竞争者/消费者利益 - 社会公益”的双层法益结构，三层利益竞合下的利益衡量愈加困难。

既然是“衡量”，背后必定会显化出某种标准，这是利益衡量的客观理性所在，能够制约自由裁量中的主观恣意，引导司法裁判趋向规范和统一，对于利益衡量成为独立的方法论至关重要。② 尤其是在数据权属未定的当下，确定的标准能够为当事人形塑稳定的法权感，提供行为选择的合理预期，事关法秩序的安定。利益衡量的标准既是一个经验的范畴，也是理性的范畴。考察相关判决可以发现，司法实践中“个人数据权益绝对保护主义”的势能日渐浓厚，并集中表现为“用户同意”要件效力不断扩张甚至决定抓取行为正当性的倾向。如何理解这种经验现象所反映的利益衡量标准？这种标准对于数据抓取不正当竞争纠纷是否具有正当性与适当性？如何基于理性反思对现行标准进行校准与重塑？应当选择何种理性标准，又如何具体地运用于司法的利益衡量？本文采取法经济学的方法，以个人数据权益为视角切入，分析数据抓取类案件利益衡量的难点，反思当前司法中利益衡量的“帕累托标准”的成因及其悖谬，论证“卡尔多 - 希克斯”标准的可采性及优越性，并提出标准具体运用于权衡过程的可行方案。

一、数据抓取纠纷利益衡量的“三层利益竞合”难题

利益衡量是在裁判中，对应予保护的利益作出实质性判断，并寻求法律依据将其正当化和合理化，本质为一种“由结论到规范”的目的论证方法。司法中的利益衡量常见于两种情形：一是没有具体规则可供适用；二是规则适用的结果与其他原则明显冲突，③ 数据抓取行为即属于前一种情况。由于《反法》尚未有该行为的类型化规定，第十二条互联网不正当竞争专门条款对其也并无适用空间，纠纷的裁判仍然依赖一般条款。《反法》第二条属于原则性规定，涵盖多元利益，法官必须在各方之间进行权衡，决定优先保护何种利益。

① ［美］鲁格亚·亚狄瑟：《法律的逻辑》，唐欣伟译，法律出版社 2007 年版，第 20 页。

② 参见陈金钊主编：《法律方法论》，北京大学出版社 2013 年版，第 194 页。

③ 参见彭诚信：《从法律原则到个案规范——阿列克西原则理论的民法应用》，载《法学研究》2014 年第 4 期，第 95 页。

数据抓取纠纷的核心矛盾是抓取行为正当还是非正当，并以之为中心，在不同主体之间形成利益冲突。通常情况下，冲突所涉利益包含两个层次：① 一是经营者利益和消费者利益。既包括抓取方和被抓取方之间的个体利益，也包括消费者和其他经营者为代表的第三方（群体）利益。二是社会公共利益。主要表现为竞争秩序。然而，当抓取对象为个人数据②时，作为数据来源的个人，以或独立或内嵌的形式介入既有法律关系，成为行为正当性认定必须考量的因素，使利益衡量更趋复杂。通过系统爬梳相关判决，可以抽象出三类案例模型，对应个人数据权益与现存利益可能发生竞合的三个层次：

模型一：抓取方、被抓取方任意一方或双方的数据处理行为取得个人同意。典型如"微梦公司诉字节跳动案"，③ 原告在 roberts 协议中限制被告抓取其网页上的用户数据，原告主张被告在明知限制声明的情况下仍然实施抓取，构成不正当竞争。而被告抗辩称抓取行为已经取得新浪微博用户同意，且抓取后的利用未超出用户同意范围。此时个人数据利益以个人信息权益的形式表达，主要体现为"知情同意"，附随于双方经营者利益。被抓取方基于在先同意而合法持有用户数据，抓取方经由劣后的同意取得相同处理权限，抓取行为可以解释为"收集、存储"个人信息。《个人信息保护法》并未限制个人信息的重复"同意"，因此在规则的形式意义上，抓取双方的行为具有同等的正当性，这恰恰是二者利益实质冲突的根源。如果肯认抓取方的处理权益，则意味着被抓取方合法取得的在先权益随时有受减损之虞，这种不安定的权利状态将降低其商业投入与创新的积极性，不利于数据充分开发和利用。但如果完全保护被抓取方利益，则忽视了信息主体的权益表达，有架空"知情同意"规则甚至变相赋予企业数据权益之嫌——司法实践中已经显现出这种倾向，④ 对在先处理者的过度保护将加剧数据控制，甚至助长数据垄断。

模型二：个人依照其自主意志，授权爬取方取得其个人数据，或主动发起数据转移。

---

① 根据学界通说，竞争法的三元法益结构为"经营者利益－消费者利益－市场竞争秩序"，分为"私益－公益"两个层次。参见陈兵：《保护与竞争：治理数据爬取行为的竞争法功能实现》，载《政法论坛》2021 年第 6 期，第 25 页。

② 学界有关"个人数据"概念的界定方法可以分为两种：一是可识别性说。个人数据是指任何可以用于识别个人数据主体的数据。（参见程啸：《论大数据时代的个人数据权利》，载《中国社会科学》2018 年第 3 期，第 207－208 页。）二是数据来源说。个人数据是指由个人提供或生成的数据。既包括用户自愿提供的数据（即主动数据），也包括观察数据或派生数据（即被动或隐含数据）。（参见王利明：《论数据来源者权利》，载《法制与社会发展》2023 年第 6 期，第 38 页；苗泽一：《数据交易市场构建背景下的个人信息保护研究》，在《政法论坛》2022 年第 6 期，第 58 页。）可识别性说混淆了个人数据与个人信息之间的关系；且由于其包含了非由用户生成的内容，也与企业数据、公共数据概念无法区分。因此，本文采用第二种定义，认为个人数据不仅包括个人信息，还包括由个人生成的或者与个人相关的非个人信息。

③ 参见北京市海淀区人民法院（2017）京 0108 民初 24530 号判决书；北京知识产权法院（2021）京 73 民终 2816 号民事判决书。

④ 如"淘宝诉美景"案中，法院以"竞争性财产权益"的名义支持被抓取方的请求，实质赋予了企业数据财产权。"微梦公司诉字节跳动案"也承袭这一思路，认为被抓取方对数据集合享有合法权益，且直接指出用户授权无权处分"他人依法享有的权益"，显然是一种"行为－法益"的侵权法保护思路，与竞争法"行为法"的根本属性不符。类似思路的案件还有：上海市浦东新区人民法院（2015）浦民三（知）初字第 143 号判决书、上海市杨浦区人民法院（2017）沪 73 民终 198 号判决书、北京知识产权法院（2019）京 73 民终 3789 号判决书等。

典型如“腾讯诉祺韵”案,[①] 原告主张被告擅自关联其游戏用户账号及个人信息并存储游戏数据，原告对个人数据的收集和使用，已经依据《腾讯游戏用户协议》取得了用户同意；而在被告运营的平台上，用户可自主选择将其账号关联至该平台，即被告行为亦获得了授权。与模型一不同，模型二中抓取方获取数据并不源自消极的“知情同意”，而是个人依其主动意志发起的数据移转。这种自主行为背后的权源，学界或理解为“个人数据可携权”的行使，或认为是“对个人数据的处分行为”，无论作何解读，都不难看出个人数据利益更多被赋予了物权属性。“知情同意”在法律性质上是一种合同行为，处理者就其处理行为发出“要约”（知情），信息主体只能被动“承诺”（同意），并无多余权能。[②] 而个人数据主体对其数据的“携带”（可看作占有权能的行使）、“处分”（处分权能的行使），被抓取方则必须负容忍义务。也有大量裁判将该行为表述为“授权”，背后是一种类似“数据三权分置”的理解：抓取方通过授权而取得数据加工使用权或数据产品经营权，个人作为授权方，所享有的仍然是数据所有权。由此，如果说模型一的个人信息“权益”只能附着于经营者利益表达，那么模型二中“权利”化的个人数据利益，则使数据主体在法律关系中具有了独立甚至主导性的地位，其意志得以作为单独的利益层级表达。相应地，不同主体间的利益冲突也将愈加尖锐，包括个人对其所有数据的自由处分权与被抓取方合法使用而形成的财产性权益之间的冲突，数据被抓取方基于“知情同意”的个人信息处理权与抓取方基于“授权”的个人数据用益权之间的冲突；当抓取双方间存在以个人数据为标的的 roberts 协议时，还可能涉及无权处分的问题。如果承认个人数据权益的独立地位，绝对权的刚性将使三方主体利益的权衡陷入“不可能三角”。

模型三：数据抓取行为对相关市场产生的后果，将兼及地影响个人作为市场参与者或社会成员的利益状态。典型如“腾讯诉抖音多闪”案，原告主张被告在合法获取微信/QQ 用户有关个人数据后，擅自将其提供给多闪产品使用，违反了诚实信用原则和公认的商业道德，而诉请法院认定被告构成不正当竞争行为，并作出停止侵害的行为保全裁定。[③] 此时个人数据利益超越个体权利，在群体利益或社会公益的层次上表达，并可以细分为两种样态：一种是知情权、选择权和隐私权等消费者利益，另一种是内化于“保护弱者”的市场公平伦理、虽未由法定但应受保护的利益。又分别与两种抓取方利益形成对级：前者与经营者对数据再利用的权益形成冲突；后者则对应“正常经营不受侵扰”的利益，这里的“侵扰”是法律干预，指未超出必要限度的行为竞争法不得介入，反映市场秩序伦理所衍生的法治之“度”。正如该案中被告的抗辩：其分享数据建立在合法获取数据的基础上，且不会对“用户个人信息安全构成威胁”，采取保全措施将严重影响正常经营，并导致用

① 参见广州互联网法院（2020）粤 0192 民初 20405 号判决书。

② 参见陈佳举：《法律行为理论下个人信息保护的知情同意研究》，载《中国政法大学学报》2023 年第 2 期，第 200 页。

③ 参见天津市滨海新区人民法院（2019）津 0116 民初 2091 号裁定书。

户无法正常使用而损害消费者权益。

基于以上实践素材，个人数据权益在“附随于经营者利益、独立为个体利益、内化于消费者或社会公益”三个层次，改变了传统的双层利益格局。个人数据权益与不同主体的利益发生关联，并成为一个关键的砝码，在各类利益的博弈中，当其向任意一方倾斜时，即为该方利益获得支持增加了权重。无论抓取行为正当与否，个人数据权益都起到重要作用，甚至独立为认定正当性的主导力量。但与此同时，个人数据权益的法律性质及权重并不清楚，也连带地使其他主体的利益状态陷入混乱，加剧了利益衡量的困难。

二、利益衡量的既有司法规则及其帕累托标准

在“三层利益竞合”中确定何者应当受到优先保护，则需要利益权衡的标准。实证考察既有裁判，个人数据权益已经进入司法者的视野，且在利益权衡中占据了相当的比重，尤其是“知情同意”规则在抓取行为正当性判断中起到了重要的作用。随着“个人数据权益优先”的倾向日显，实践中逐渐发展出了一些司法规则，[①] 并在法院间得到广为认可和援引。司法规则的背后，隐含了司法者处理利益冲突所形成的共识性的权衡标准。

（一）既有裁判在个人数据利益权衡中的司法规则

1. “用户同意”单独或部分阻却抓取行为的违法性

早期裁判对该规则的体现更为直观，如“前锦诉逸橙”案、[②] “微梦诉复娱”案，[③] 法院将“同意”视作用户对其数据作出的“自主安排”，并以此认定抓取行为合法。沿袭这一思路，“腾讯诉浙江搜道、杭州聚客通”案中，[④] 法院确立了“用户同意、合法、适度、有效益”原则，“使用他人控制的用户数据只要不违反该原则，一般不应认定为侵权行为”。值得注意的是，虽然“用户同意”仅为要件之一，但后续裁判几乎未论证行为“合法、适度、有效益”，明显是将“用户同意”作为认定正当性的核心。法院的逻辑是，被抓取方对用户个人数据不享有权益，就不会由于数据被抓取受到侵害，自然无权主张抓取行为违法。这是基于整体与个体二分的视角，认为平台只能就其产品之上的数据整体享有权益，单个数据归用户所有并自由处分。但是一则，“数据资源”是一个抽象概念，裁判未能清晰界定；二则，抓取对象往往不会是“全部”数据，而至多只是其中部分；三

---

① 司法规则是指司法机关在司法过程中所适用或运用的规则。其是在存在“法律漏洞”或出现“规范不足”的情形下。由法院因应个案审判之需而创制。其基于对审判经验的高度凝练而呈现出一定的规范性特征，且对其他他法院的后续审判形成借鉴和指导，从而在一定程度上具有了续造之“法”的意义。参见赵钢、王杏飞：《论民事司法权中的司法规则创制权》，载《中国法学》2011年第3期，第21－22页。

② 参见上海知识产权法院（2019）沪73民终263号判决书

③ 参见北京知识产权法院（2019）京73民终2799号判决书

④ 参见杭州铁路运输法院（2019）浙8601民初1987号判决书；浙江省杭州市中级人民法院（2020）浙01民终5889号判决书。

则，所谓数据“整体”都是单一数据“个体”的集合，难以剥离并区别认定，这意味着案件的行为客体几乎均可视作“单一数据”，适用“用户同意、合法、适度、有效益”规则，“用户同意”的扩张将极大挤压被抓取方的权益空间。此外，暂且不论司法是否有权在个人数据上创设财产性权利，法院的分类依据是“劳动价值”，认为被抓取方并未“提供创造性劳动成果”，故无权享有数据价值。在处理者权益已由《个人信息保护法》第四条和第十三条明确规定的情况下，该种相悖解释不免有越权之嫌。

2. 适用范围不断扩张的“三重授权”原则

“三重授权”原则最早由2016年的“新浪微博诉脉脉”案提出，[①] 第三方通过开放平台获取用户信息时应坚持“用户授权＋平台授权＋用户授权”原则，数据提供方向获取方开放数据的前提是取得用户同意，第三方获取后使用数据还需再次取得同意。依照《民法典》第1038条和《个保法》第23条，处理者向他人提供“其处理的个人信息”，必须取得个人的单独同意，因此第一重授权自无疑问。但是，二次授权是否必要则有待商榷。根据《个保法》第13条和第14条，处理个人信息的合法性基础为“取得个人同意”且在告知的“处理目的、方式和个人信息种类”范围内。接收方的后续使用行为只要不超出前一知情同意范围，则无需重复同意。本案中，用户同意开放的范围是“为程序运行和实现功能之必要目的”的信息，脉脉获取并使用的是用户的职业信息、教育信息，并未超出其作为职场社交软件正常运营所必须。而未区分用途和场景的第二重授权，则将数据抓取中的“知情同意”从获取扩张至使用行为，过度延长了个人信息权益人的行权链条。

2018年的“淘宝诉美景”案则进一步拓展了“三重授权”原则的适用范围。[②] 一方面是适用客体的扩张。“新浪微博诉脉脉”案中的抓取对象为个人信息。而本案中，法院在判定网络用户行为痕迹信息属于非个人信息的同时，又认为其应当“参照”个人信息进行规制。实质赋予了一般用户信息“准个人信息”的性质。大幅降低了“三重授权”原则的适用门槛——所抓取数据无需符合“可识别性”，而要达到与个人“相关”的程度，就必须经由两次授权才具有正当性。且此时“授权”的行为标准更高：根据《网络安全法》第22条第3款的规定，对于一般用户信息[③]的收集，只需要“明示并取得同意”，作合理的扩张性解释，则经由事后追认、默示或概括的同意均为合法；但个人信息处理中的“知情同意”，则必须“事先、单独、明示”，且受到“合法、正当、必要”原则的限制。另一方面是适用行为的扩张。本案将原则的适用场景从“通过开放平台模式获取数据”扩张至“使用其他网络运营者收集的用户信息”，也即无论是否存在开放协议，

① 参见北京知识产权法院（2016）京73民终588号判决书。

② 参见浙江省杭州市中级人民法院（2018）浙01民终7312号判决书。

③ 对《网络安全法》第22条进行文义解释可得，“用户信息”的涵盖范围广于个人信息。“用户”不仅包括自然人，还包括法人、非法人组织、政府机构等；表现为个人信息、商业秘密、知识产权、政府数据等各种形式。

均需取得三重授权。将“三重授权”升格为从第三方处取得数据的必要条件，也无疑向抓取方课加了过重的合法性负担。

3. “用户同意”证明行为符合诚信原则和商业道德

“经营者损害＋违反诚信原则和商业道德”是实践中认定抓取行为正当性的通行逻辑。发生多元利益竞合时，为使《反法》第2条得以适用，法院自然试图扩展“诚信原则和商业道德”的内涵，对个人数据利益作解释性归入。“用户同意”由此成为证明抓取行为是否符合商业道德的隐性要件。

具体而言，现有裁判存在两种论证路径：一是从个人信息权益保护的角度。如“微播视界诉创锐传媒”案中，① 二审法院认为，创锐公司未经同意直接抓取涉案数据集合中的短视频、用户信息、评论在刷宝 APP 使用，“不但会侵害用户个人信息所有权，又会降低网络用户对微播公司的评价”，其手段不具有适当性、必要性，违背了诚信原则和商业道德。裁判文本上虽然落脚于对被抓取方“经营管理造成不利影响”，但并未就“不利影响”具体为何展开论述，实质是从“侵害用户个人信息所有权”直接推导出“违背商业道德”，使“用户同意”成为违法性判断的决定因素。二是从消费者权利保护的角度。如“杭州迪火诉北京三快”案中，② 法院认为，三快公司基于充分提示并取得同意而实施抓取，其获取数据是消费者行使自主选择权的结果，并不违反诚实信用原则或商业道德，故不具有非正当性。

“诚实信用原则和商业道德”原则在适用中可以拆解为“行为手段的适当性必要性”“行为效果的均衡性”两要件。个人数据利益被视作个人信息权益时，将影响手段适当性的判断；被视作消费者权利时，则主要从竞争效果被考量。可见，法院对于个人数据利益的属性其实并不清楚，其究竟属于用户的个人权益，还是消费者权益？如果属于前者，应否作为竞争法上的“商业道德”表达？如果属于后者，则如何认定此时“消费者利益”的状态？又如何理解其与其他利益间的位阶关系？判决书中均付阙如。由此导致的问题是，虽然“用户同意”或影响行为要件或影响后果要件，而实质具有了决定抓取正当性的效力，却缺乏合理性基础。并且，仅以“是否经过用户同意”论证消费者利益或竞争秩序是否受损，也将利益衡量的技术性操作过分简单化为形式要件的判断，有架空竞争法多元利益目标的风险。

（二）司法规则背后利益衡量的帕累托标准

任何经验实在的背后都必然存在着某些先验的主观认识。③ 前述司法规则衡平利益冲

① 参见北京知识产权法院（2021）京73民终1011号判决书。

② 参见浙江省杭州市中级人民法院（2018）浙01民初3166号判决书。

③ 参见朱刚：《胡塞尔生活世界的两种含义——兼谈欧洲科学与人的危机及其克服》，载《江苏社会科学》2003年第3期，第42页。

突的逻辑均有欠妥之处，且权衡结果都不约而同地向个人数据权益所在方倾斜。这种现象之所以出现，缘于司法者内心已经先验地形成了某种衡量标准。正如卡尔·拉伦茨所论：必然有一种“超越法律之评价标准”①，作为利益衡量的指南。

尽管构成要件各异，但上述司法规则共同的规律是：从“是否经过用户同意”出发判断个人数据利益状态，进而评价抓取行为性质。隐含了法院对于个人数据利益的认识和权衡方法：（1）个人数据权益 = “知情同意”权益；（2）未经知情同意 = 个人数据利益受损 = 抓取行为违法，反映的是一种“帕累托效率”的权衡标准。

在权衡两种权益配置状态何者更有效率、能被评价为“更好”而“胜出”时，帕累托标准（Pareto criterion）是指：如果裁决使得至少一人受益而无人受损，则称该裁决制造了“帕累托改进”（Pareto improvement），具有可采性；反之，如果裁决使得一人或多人受益，但代价为至少一人受损，则不具有可采性，并称裁决实施前的状态为“帕累托最优”（Pareto optimality）。② 由此，权衡保护 A 利益还是 B 利益时，若依照帕累托标准，实现 A 利益必须达到“无使 B 利益受损”的程度，才具有保护的正当性。法院即是由个人数据权益“是否”受损决定支持抓取方还是被抓取方的行动。当抓取行为未经过用户同意时，支持抓取方利益意味着个人数据权益受损，不能构成帕累托改进，则认定抓取行为违法是帕累托最优状态。当抓取行为经过用户同意时，支持被抓取方利益则损害个人数据权益，同样非属于帕累托改进，因此应承认抓取行为的正当性。个人数据权益“受损”或表现为无法行使知情同意权，或表现为知情同意的行使无法得到法律承认，由于承认与同意规则相悖一方的利益（A 利益），必然有损于该种意义上的个人数据权益，不能构成“帕累托改进”，裁判总能导向“不保护 A 利益”的结论。个人数据利益在“三层利益”结构中逐渐占据主导，法院评价竞争利益应否受到保护的重心，逐渐迁移到“是否使个人数据利益受损”上，复杂的利益权衡被简单地化约为“是否经过用户同意”的判断，“阻却违法”效力、第二重授权以及对“商业道德”的证明力，都是帕累托标准下利益衡量的副产品。

三、帕累托标准的悖谬及向卡尔多 - 希克斯标准的转换

（一）帕累托标准适用于数据抓取不正当竞争的悖谬

虽然不可否认的是，“知情同意”确为个人数据权益的重要体现，但个人数据权益是否局限于此，其在竞争法利益结构中应否绝对优先而不容许丝毫受损，颇值得深入探讨。事实上，帕累托标准与数据抓取不正当竞争纠纷的内在逻辑并不一致，其司法适用的社会

---

① ［德］卡尔·拉伦茨：《法学方法论》，陈爱娥译，商务印书馆 2003 年版，第 6 页。

② ［美］艾伦·布坎南：《伦理学、效率与市场》，廖申白、谢大京译，中国社会科学出版社 1991 年版，第 5 - 6 页。

效果也未必尽如人意，存在诸多悖谬：

1. 先验的道德假设未能区分目的和手段

帕累托标准中的A利益和B利益，存在先天的结构性不对等：只有完全不损害B利益，才可以承认A利益，相较于假定“受益”的A利益，假定“受损”的B利益获得的是一种倾斜性的保护。待衡量的利益处于A位置还是B位置，几乎对其会否得到优待起决定性作用，这隐形地催生了“选择将权利放在哪一位置”的前序分析。该环节不受任何客观规则的约束，完全依赖裁判者的主观判断，带有浓厚的先验色彩。个人数据权益即是被放在了B位置，从而处于事实上的价值优位。

根据利益衡量的一般原理，公共利益的价值位阶高于个体和群体利益。① 个人数据权益与经营者利益均为个体利益，属于同等价值位阶、不存在孰优孰劣。即便是将个人数据权益解释为消费者利益，其同样不受优先保护，这也体现了竞争法与消费者保护法的法际分野。维护“市场竞争秩序”是《反法》第2条确立的根本目的，其中内蕴的“竞争理性”② 价值，构成竞争法的“公共利益”。“其他经营者消费者合法权益”只是特定化了的群体利益，与公共利益并不等同。因此，即使是相当规模消费者所“同意”的抓取行为，也不必然合法；同样，即使抓取行为损害部分消费者的知情权，也不必然违法。

法官之所以从潜意识里认定个人数据权益为“受损”方，源于自然人与平台被普遍地视作地位“不对等”，凝结为“保护”数据主体的社会认知。一方面使司法裁判受到社会压力的裹挟，另一方面也激发了法官“同情弱者”的本能心态。但是，这至多只是普通道德，并无法理基础。一旦形成道德确信，裁判者很容易过度拔高个人数据权益的价值顺位，忽视对竞争过程的整体分析，将违背普通道德却有利于竞争秩序的抓取行为误判为违法。

2. 私权成本最小化的单向考量有失周延

帕累托标准要求在不降低任何一人效用水平的前提下，提高其他人的效用水平，聚焦于数据抓取行为能否使个人数据权益受损最小。在合同法及一般侵权法领域，其当然适用，只涉及双方当事人的福利时，通过修复交易关系或令受益者完全补偿受害者，可以使双方互蒙其利，形成“帕累托改进”。但“三层利益竞合”的数据抓取案件中，三方利益零和博弈，无论保护哪一方，总有第三方利益受损，很容易陷入无法创造“帕累托改进”的僵局。况且，帕累托标准只考虑了假定受损方的成本，但受损方成本最小化也意味着受益方丧失了利益获得促进的机会，这种“预期增量利益不能实现”同样是机会成本的损失。可见，“成本最小化”只是相对的，并不能周延所有当事人的利益，如果将所有“私权”成本加总，则无法得到“最小化”的结果，标准适用的结论必定有所偏颇。

---

① 周樨平：《竞争法视野中互联网不当干扰行为的判断标准——兼评“非公益必要不干扰原则”》，载《法学》2015年第5期，第102页。

② 陈嘉明：《“现代性”与“现代化”》，载《厦门大学学报（哲学社会科学版）》2003年第5期，第18页。

此外，帕累托标准只考虑私权成本，而完全无视其他的成本收益因素。数据抓取行为的定性不仅关乎当事人利益，更将影响竞争秩序、带来社会损益变动。当抓取后的数据再利用有助于增加社会福利且对经营者/消费者利益无不合理损害时，仅以未经个人同意否定行为合法性显然值得商榷。如在未经个人同意的数据抓取案件中，假设司法认定抓取行为非法的情况为 P_1，认定合法的情况为 P_2，P_1状态下个人数据权益人的成本为 2，社会成本为 20；P_2状态下个人数据权益人的成本为 3，社会成本为 10。若依照帕累托标准，即便 P_2减轻了 10 单位的社会成本，但由于个人数据权益人因此增加了 1 单位的成本，其仍然不能获得承认，这样的结论显然并不合理。

3. 扩张的权利式保护背离数据价值规律

"不得受损"的帕累托标准，产生了"私益优先"的强保护效果，反映出对个人数据确权的司法倾向。这或许是出于"保护"个人信息权益的惯性思维，或许是出于能动主义下司法权扩张的冲动，但无论如何，个人数据权益不等同于个人信息权益，"行为－法益"的侵权法式裁判逻辑对其也并不适用。在数据权属未由法定的情形下，裁判无权也不宜对个人数据权益施加绝对权式的保护。

关于个人数据与个人信息的关系，学界存在等同说和分离说两种观点。等同说认为，承载个人信息的数据即个人数据。① 分离说则认为，个人数据包括个人信息数据，以及产生自个人或与个人相关的非个人信息数据。等同说主要是基于数据与信息的不可分性，质疑二者的区分有"叠床架屋"之嫌。但是，物理不可分并不能导出法律客体也无需区分的结论。依照《数据安全法》第 3 条第 1 款的规定，数据是以电子或其他形式对信息的记录。个人数据只是个人信息的载体，而非个人信息权益的客体；其如同"容器"，除了容纳个人信息权益，还可以承担其他民事权益。因此，个人数据与个人信息虽有重合，但绝不等同，前者显然附有更加多元的权益诉求。

不同于传统的有体物，数据具有非竞争性并可以无限复制和使用，其再生产成本边际递减，且要素大量汇聚将产生规模报酬递增。因此，流通和使用是数据价值发挥乘数效应的关键，而私权保护必然不利于其市场化流转和竞争。理论界尽管对个人数据的权属仍有颇多争议，然而跳出私法逻辑的确权迷思，不难发现不论是个人所有权、企业所有权、还是同时设立个人所有权和企业用益权（即数据三权分置），学者所定位的个人数据权益都包含了经济性内容。可见，个人对其所"生产"的数据必然享有某种财产性的权益，具体属性留待立法定论，但内容是确定的——即消极防御之外积极利用和价值实现的诉求。数据抓取并不只会产生"权益受损"的成本，同样可能产生促进数据流通和利用的正面效果，为个人带来经济收益。帕累托标准单向地考虑成本增减，忽略了损益相抵下净值大于 0 时，同样会增加个人福利。

① 参见程啸：《论数据权益》，载《国家检察官学院学报》2023 年第 5 期，第 81 页。

4. 用户控制能力的孱弱易诱发反向效果

帕累托标准的副产品，是权益受损的判断被过分简单地系于“知情同意”规则。其原因可能是数据相关法律规则缺失下，法官只能转而求助于确定的个人信息立法。而“知情同意”在个人信息处理的合法性基础①中是客观性规则，裁判者只需要进行事实判断而无需价值分析，虽然可能过于严苛，但不仅易于操作、更能规避“错判”的风险，从而诱使法官向知情同意规则“逃逸”。

“知情同意”规则的本旨，是对用户个人信息自决的尊重和保护。但前提性的谬误在于，用户可能根本不具有“自主作出决定”的能力。面对格式化的服务协议和专业性的技术说明，用户可能无法理解其对于自身权益的现实影响，难言“充分知悉”；加之平台往往以提供服务作为对价，迫于获取和正常使用服务的需求而作出的个人同意，也难言“自愿选择”。一旦同意阻却违法的效力过度扩张，用户理性能力的孱弱很容易被平台不当利用，流于形式的知情同意将异化为平台合法化其行为的工具，用来掩盖抓取方“搭便车”的不正当目的，或被抓取方对数据进行排他性控制的真实意图，反而侵害了用户权益，原本基于“私权成本最小化”所作的衡量结果，却在实践效果上创造了新的个人成本。

（二）寻求转向利益衡量的卡尔多－希克斯标准

帕累托标准与数据抓取不正当竞争的诸多不适应，意味着必须寻求更为妥适的标准，斧正裁判者的错误认识，为利益衡量提供更为科学的方法论。关注“无人受害、有人受益”的帕累托标准，只能保障个人的最低福利；卡尔多－希克斯标准（Kaldor－Hicks criterion）则意在最大化社会福利：若受益利益的总收益，高于受损利益的总成本，该权益配置状态即为“更优”。易言之，只要“社会总收益－社会总成本”的净值增加，利益权衡结果就具有可采性。其能够有效避免帕累托标准的弊端：

在权衡的成本端，卡尔多－希克斯标准跳出了私人成本的简单分析，将案涉所有利益主体的成本纳入通盘考虑。其中不存在“假定”的受损与受益者，是基于各方损益变动的客观评价而进行的总量比较。避免了仅凭分析框架中所处位置，使某一权益受到优先保护的不公平现象。同时，该标准并未执着于极小化私权成本，当其他利益实现的重要性大于个人数据权益所受损害的程度时，容许私权适度的减损以获取更大的社会收益。不仅适应了个人数据权益的财产属性及竞争法多元法益结构，也破除了零和博弈下帕累托改进无从操作的难题。

在权衡的收益端，卡尔多－希克斯效率以潜在利益的形态，将个人数据权益的收益纳入权衡范围。私权的公正性限制限制将产生正外部性，社会净福利的增长或表现为数据流通效率或表现为市场创新能力，共同指向个人数据经济价值的充分释放，并最终使权益人

---

① 参见《个人信息保护法》第13条的规定。

分享收益。这种“通过提升市场整体效率来补偿受损者”的思维，能为个人带来更多积极利益。

在权衡的结果上，帕累托标准只关注成本为0前提下收益能否为正，不在乎收益的增量以及对当事人以外第三人的影响。卡尔多－希克斯标准只要求“收益－成本〉0”，有助于筛选出对达成竞争法目标程度最高、而非“损害最小”的权益配置方案。在保护A利益或B利益净收益都大于0的情况下，则比较净值大小，进一步实现“优中选优”。其基本逻辑不是“为了A利益而牺牲B利益”，而是“在保障A利益的前提下如何协调B利益”。该标准摆脱了单纯的“利益保护”理念，秉持一种“共同和最大限度的利益实现”的全局观，因而总能筛选出利益权衡的最优解。

数理化的利益衡量将不可避免地招致两方面质疑：一是如何精确量化，二是其是否在私益与公益之间造成了另一意义上的“损人利己”，本质都是担忧卡尔多－希克斯标准会否导向一种忽视个体权利的“效用至上”主义。这混淆了手段与目的的关系，成本收益分析只是权衡利益竞合的理论工具，本身不带有任何先验价值，完全可以兼容多元法律利益。① 不仅如此，正是由于真实的社会生活中，私益与公益总有冲突、无法两全，才需要科学的权衡方法，使每个利益以最小成本获得最大实现。也正是由于成本收益分析回答的是社会实践问题，无需如自然科学一般精确量化，只要能够比较损益的相对大小、辨明相对较优的裁判方法即可。虽然利益未必都能化约为统一尺度（如货币价值），但总能运用定类变量结合定序变量的方法，描述各种利益的类别，对其抽象价值和实现（损害）程度排序和赋值，同样能使成本收益以相对值的形式得到测度。

四、卡尔多－希克斯标准下利益衡量的司法运作

（一）“数据资源优化配置”目的下成本及收益的识别

数据抓取牵涉利益众多，但并非所有的成本和收益都要纳入考虑，关键是要看损益变动与法律目的是否具有关联性。此处就需要一个价值尺度，评判待权衡利益如何算作受损或受益，识别成本和收益的表现形态。

不论是将福利视作整合性的、唯一的价值，还是在作为二阶价值的福利之上设定“正义”的三阶价值，② 都不可否认“社会福利净值最大化”居于后设地位，必然存在一阶价值具象化这种福利，需要从各部门法所追求的特定制度利益中发现。“竞争秩序”是竞争

① 对于该问题的解释，有学者提出了“二阶价值”理论：数字经济下“效率与发展”是竞争法主要的一阶价值，但并非唯一，裁判中同样需要兼顾公平、安全等其他一阶价值，不仅包括“竞争秩序”所衍生出的竞争公平、消费者数据安全、交易安全，还需衡诸他法价值，如个人信息权益保护。卡尔多－希克斯标准在根本上是提供一个高阶的“福利”价值，使所有一阶价值以最适比例实现（最优实现）。参见张永健：《法经济分析方法论20讲》，北京大学出版社2023年版，第240页。

② 参见张兰兰：《作为权衡方法的比例原则》，载《法制与社会发展》2022年第3期，第200页。

法的核心利益，但只是抽象的状态描述，还需结合所处时空情境作出解读。商品经济中，人们经过充分磋商给出交易价格，商品总能处于对其评价最高者手中，使物的使用效益最大化。但数据是“生产要素”而非“产品”自身，其效益最大化的关键不是“为何者所持有”，而是“如何最大化利用”。如果说传统的“竞争秩序”意在维护“自由交易”，降低交易过程中的非必要成本；那么数据主导的新型生产方式下，“竞争秩序”则主要确保“自由流动”，降低要素使用成本、保障不同市场主体利用数据的机会公平，形成有益于要素使用方式创新的市场环境，从而增进市场福利，其所显现出的效率与发展价值，是竞争法主要的一阶价值，又可以具化为“数据资源优化配置”的目标。

因此，应当以“数据资源优化配置”为尺度，评价抓取行为前后两种数据资源的配置状态，何者更有益于市场创新发展。此时的“收益”，是抓取方创新性再利用所形成的数据价值增值，可能表现为数字产品性能优化、数字服务质量提升、数字技术改进等；“成本”则主要是抓取对原资源控制方权益的损害，“资源控制”包括被抓取方实际持有和利用数据而形成的权益，如对其所架构的数字空间的控制力、空间内生产方式的安全和秩序，[①] 以及商业秘密、著作权、对数据产品的收益权等法律化的具体权益。[②] 还包括个人数据权益人作为数据初始“生产者”的权益，及消费者权利、个人信息权益等，留待后文详述。

（二）“汉德公式”作为利益权衡法则的准用与改造

识别成本与收益的基础上，具体开展分析还需寻找较优的数理工具。阿列克西权重方程是学界较为通行的方法，但其只能计算A权益实现的重要性与B权益损害程度的比值，不仅无法兼容私人与社会利益交叉、损益杂糅的情形，且始终难逃由“帕累托标准”所衍生“比例原则”的窠臼。[③] 侵权法还提出了认定过失责任的“汉德公式”：如果事故损害成本为L，损害发生的概率为P，行为人避免损害的成本为B，那么B〈PL时，则认定行为人负有预防义务，未尽合理注意时，其应当承担过失责任。汉德公式以“收益〉成本”为成立条件，在数理方法上与阿列克西方程趋同，但变量的内涵与范围迥异：汉德公式始终着眼于社会整体效用，关切的是利益权衡的社会效果，也即课加法律责任的合理性在于外部成本内部化，激励人们未来选择从事有益于社会的行为（如主动采取措施预防风险）。[④] 相较于将对极利益放入比例式中逐一对比，以“预防投入－所避免损害”分列成

① 参见胡凌：《不正当竞争规则如何影响数字生产方式变迁：互联网司法的启示》，载《南大法学》2023年第6期，第7页。

② 参见许可：《数据爬取的正当性及其边界》，载《中国法学》2021年第2期，第177页。

③ 参见戴昕、张永健：《比例原则还是成本收益分析法学方法的批判性重构》，载《中外法学》2018年第6期，第1532－1536页。

④ 参见［美］理查德·A·波斯纳：《法律的经济分析（上）》，蒋兆康译，中国大百科权属出版社1997年版，第212页。

本收益于等式两端、比较数值大小，也保持了开放的分析结构。这些属性均契合竞争法的利益特征，从而具有应用价值，但仍需进行适应性改造。

原汉德公式建立在“损害预防社会成本最小化”逻辑之上，① 所反映的是侵权法目的；而前述“数据资源优化配置”的竞争法目的，追求的是“数据利用（创新）社会收益最大化”。原公式损害得以消除（收益）的对价是行为人的预防性投入（成本）投入，数据生产方式创新（收益）的代价则是特定主体私人利益的限制（成本）。此外，原公式用概率P描述收益产生（即损害发生）的盖然性，很好地描述了损害的“风险”属性；市场竞争中的“创新”同样具有不确定性，某一行为可能自始构成数据的创造性利用，却未必能够真正产出创新成果，带来实际意义上的社会福利增长。但不可由结果固有的不确定性否认创新行动本身的价值，法律的功能不只限于事后的惩戒，还在于对人们未来行为的指引。如果说侵权法主要通过外部成本内部化形成威慑，那么竞争法理应通过内化创新的外部收益，对人们主动从事正外部性的创新活动进行奖励。② 借鉴汉德公式的处理方式，承认创新在应然层面可能带来的社会收益，并结合发生概率、以周延其或然性，得出改进的汉德公式：

$PG > L$

其中，P是指数据创新性产出实现的盖然性（probability），G是指创造性再利用数据所带来的社会收益（gain），L为权益受到损害的严重程度（loss）。当成立 $PG > L$ 时，数据抓取行为对于市场创新的积极影响，大于其所造成的消极影响，有利于整体增进社会福利且未损害竞争秩序，应当认定为具有正当性。收益端主要是抓取方数据再利用的权益、创新所增益的消费者福利等，其内容和性质近似公共利益，且均属于远期的抽象“法益”，无法在抓取当期具化为特定名目，用G值概括描述即可。成本端则往往牵涉多种具体权益，因而L值往往是各类成本的加总，即 $\sum Li = L_1 + L_2 + ... + L_n$。

（三）个人数据权益“三分”下损益的赋值与加权

引入定序变量不仅能解决量化难题，也为成本收益分析内置了防止过度侵害个体权益的理性结构，主要表现在两方面：一是为实然层面的损害程度赋值。权益受到的损害L应当是程度变量，描述为l（轻度）、m（中度）、s（重度），通过序列 2^{-2}、2^{-1}、2^0 赋值。抓取行为虽然能带来PG值增量，但过度损害被抓取方或消费者当期利益时，同样会由于L值较大（2^0）而遭否定，绝对的“最小侵害”由此转换为层级式的“避免过度侵害”。二是为应然层面权益的抽象价值加权。一阶价值的抽象重要性取决于所处实体法的位阶、

① ［美］罗伯特·考特、托马斯·尤伦：《法和经济学》，张军等译，上海人民出版社和上海三联书店1994年版，第268页。

② 参见艾佳慧：《法律经济学的新古典范式——理论框架与应用局限》，载《现代法学》2020年第6期，第66页。

以及具体规范的保护强度，进而决定其可受限制的程度，并相应在利益衡量公式中赋予不同权重，同样用2^2、2^1、2^0序列描述。

基本法中法律原则所衍生的权益具有社会公益性质，属于中等重要（2^1）；具体法律规则中的权益一般归属特定主体或群体，重要性稍弱（2^0）；① 当涉及宪法基本权利时，个人权利转化为最高位序（2^2）。以个人数据权益为例，可以展示如何通过赋值和加权，使其在数据抓取不正当竞争中表达和权衡：

首先需要思考其以何种定类变量融入权衡法则。各定类变量应当在同一"坐标系"中讨论，这就要求其与纠纷所属部门法中的法益类型相对应，保证真实反映权衡公式期待达成的目的。经营者利益、消费者利益和竞争秩序（社会公益）是竞争法固有的定类变量，个人数据权益缺乏作为独立变量的规范和合理基础，应当归入既有变量表达。在"消费者利益"变量中，个人数据权益人的身份主要是"用户"，权益内容包括具体的消费者权利，以及用户数据安全（一般用于证明被抓取方持有数据的正当性）、用户服务改进（一般作为抓取方行为正当性的抗辩）等利益。在"竞争秩序"变量中，则不对个人数据权益人作"主体"式的识别，统属于"社会公众"，从技术创新或竞争效能提高中获益。对于个人数据与个人信息重合的部分，由于已有正式立法《个人信息保护法》，应当认定为单独的"个人信息权益"变量，形成个人数据权益的"三分"表达格局。

其次，运用定序变量赋予"三分"表达的个人数据权益不同数值。个人信息权益耦合了消极防御和积极利用的期待，其权重的判定不宜"一刀切"，需要根据与人身权益的关联程度赋值：私密信息和敏感个人信息②与主体人格尊严和生命、健康安全直接相关，分别由《民法典》的"隐私权"和《个人信息保护法》的"特殊处理规则"予以特别保护，应当赋予最高权重（2^2）。不预备私密性和敏感性的一般个人信息则权重较小（2^0），主要强调经由合法处理而释放经济价值。非个人信息的个人数据根据表达形态赋值，分别为消费者利益（2^0）、社会公益（竞争秩序）（2^1）。

（四）确认利益权衡结果适用于个案论证的优先条件

通过权衡法则得出何者优先保护后，裁判者必须进行法律论证，将成本收益分析过程呈现在公众面前，给出"具有说服力之理由"③。在技术上，就是将判定利益优先关系的

---

① 当权益由基本法之外的一般法或者其他更低位阶的法规定时，其权重的赋值更低，可以用2^{-1}、2^{-2}、2^{-3}、……描述。

② 对于敏感个人信息与隐私信息之间的关系，本文认同王利明教授和程啸教授的观点，也即"交叉重合说"，认为有些信息是敏感个人信息而非私密信息，有一些信息可以同时构成敏感个人信息与隐私中的私密信息；敏感个人信息可以分为敏感的私密个人信息和敏感的非私密个人信息。参见程啸：《个人信息保护中的敏感信息与私密信息》。载《人民法院报》2020年11月19日，第5版；王利明：《敏感个人信息保护的基本问题——以〈民法典〉和〈个人信息保护法〉的解释为背景》，载《当代法学》2022年第1期，第6－8页。

③ ［德］罗伯特·阿列克西：《法 理性 商谈：法哲学研究》，朱光、雷磊译，中国法制出版社2011年版，203页。

理据转化为具体规则，创设权衡结果与个案裁判间的连接点。但是，试图抽象出所有优先性规则只是“完美的法典化构想”，在事实上不可能成立。① 至多只能基于普遍实践经验性地描述出规则的构成要件，阿列克西称之为“优先性条件”（Vorrangbedingung），指明“裁判所要确定的核心要素”②。

接续前文讨论，以个人数据权益说明权衡结果如何转化为优先性条件，适用于法律论证。类案情形可以分为“基于个人同意的数据抓取”和“非基于个人同意的数据抓取”两种：

1. 基于个人同意的数据抓取。此时个人数据权益附属于消费者利益/竞争秩序变量。假定特定场景下的个案条件为C，运用权衡法则得出抓取方利益I_A优先于被抓取方利益I_B，即（I_A P I_B）C，裁判中必须说明“收益〉损失”的考量因素，也即特定优先条件C，又可以拆解为各种次级理由（构成要件）：

（1）抓取方利用数据进行创新的有效性（C_1）。这里实质是对社会福利增量（PG）的描述。创新有效性又可以拆解为产品/商业模式创新或技术创新对社会公益的有益程度（D_1）创新实现的可能性（D_2），即$C_1 = D_1 + D_2$，并令抓取方对D_1与D_2负证明责任。如就D_1要件，借助数据价值链理论，③ 抓取方需依次进一步证明，其利用行为有助于数据价值开发（E_1），被抓取方所持有的数据是其价值开发的必需设施（E_2），且价值开发有助于提升市场数据产品或服务多样性（E_3）。E_1要件又可以通过公司具有更强的内部数据分析能力和盈利策略（F_1）、实现更高程度的数据价值链垂直整合（F_2）、开拓更具经济性的数据应用场景（F_3）④ 等要件证明。E_2要件主要衡平被抓取方利益，避免过度内部化创新非自愿溢出的成本，降低当期数据持有者创新意愿。E_3要件则是保证创新的效率收益能够传递给消费者，使消费者获得福利转移，创造消费者剩余（表现为能够获得质高价低的产品或服务、享有更好的消费体验等）。

（2）抓取方是否具有恶意（C_2）、被抓取方竞争优势丧失的程度（C_3）。此处是经营

---

① 参见熊静波：《作为实体性原则的基本人权——对基本人权的制度化及其实践的另一种考察》，载《人权研究》2019年第1期，第42页。

② 彭诚信：《从法律原则到个案规范——阿列克西原则理论的民法应用》，载《法学研究》2014年第4期，第104页。

③ 数据价值链理论认为，完整的数据价值链由数据搜集→数据存储→数据分析→数据盈利四个阶段组成，构成数据资产价值的创造链条。数据收集和存储只能产生少量价值，公司的数据分析和盈利能力对数据价值的增加起决定作用。该种能力又表现为数据价值链的垂直整合程度，垂直整合程度更强的公司可以从数据中获取更多收益，其业务、盈利与数据之间的良性循环得到加强。如ITA Software的业务集中在价值量前两阶段，并将数据授权Farecast公司使用，后者业务重点为后两阶段，为消费者提供数据驱动的机票价格预测服务。谷歌收购ITA Software后，利用其数据结合自身数据分析能力以及极高的搜索引擎覆盖度，退出了类似Farecast的机票价格预测服务，从而在数据价值链中获得最高程度的垂直整合。参见孙毅：《数字经济学》，机械工业出版社2021年版，第262－263页。

④ 这主要是基于数据价值的场景经济性，从数据应用价值的维度，在不同应用场景中，数据所贡献的经济价值有所不同。如当多位用户信息用于寻找高净值客户时，比普通日用品的促销场景能创造更多价值。

者利益损害（成本 L_1）的具象化，分别对应主观和客观要件。“恶意”即具有干扰或阻碍被抓取方正常经营的不当目的，此时数据抓取明显不是为了数据再利用（$PG = 0$），而是减损他人资源以增加自身竞争力的“搭便车”行为，严重违背诚实信用和商业道德，属于直接违法。当主观恶意无法认定时，即应考察客观上被抓取方竞争优势的损失程度。数据抓取可能仅造成一般性的流量损失，仅当抓取方对被抓取方数据业务构成“实质性替代”时，才可以认定经营者利益受到较严重损害。

（3）消费者利益受损程度（C_4）。论证难点在于如何诠释消费者利益。可能由抓取行为而受损的消费者有两种身份：一是被抓取方的特定用户。主要是数据安全受到保障的利益，表述为“对被抓取方履行安全保障义务的影响程度”（D_1）。二是一般（整体）消费者。重在分析行为效果“对消费者成本福利的减损程度”（D_2）：抓取方取得数据是否构成或加重其垄断地位（E_1），或者其后续的不当利用会否导致不公平交易（E_2）。都将最终侵害消费者选择权和公平交易权，减损消费者交易成本。

2. 未经个人同意的数据抓取。数据抓取未经个人同意时，则需要在分析 $C_1 - C_4$ 要件基础上，兼顾他法利益，论证自然人权益损害成本有无及多寡：

（1）作为抓取对象的个人数据的类型（C_5）。数据类型不同，相应权益对损害的“容忍度”各异。个人数据的分类方式有三种：一是依据是否具有可识别性，可以分为个人信息与非个人信息。非个人信息等同于一般数据保护。二是依据是否具有私密性或敏感性，分为私密信息/敏感个人信息、一般个人信息。三是依据是否公开，分为已公开的个人信息和未公开的个人信息。在合理范围内处理已公开的个人信息，无需经过信息主体知情同意。

（2）对于已公开/一般个人信息权益人，是否存在“知情同意”之外的规则依据，使抓取行为合法化（C_6）。“不得妨害公共利益”原则构成合理限制私权的正当理由。若行使知情同意权将导致抓取方的数据创新无法实现，法官需要穷尽其他合法性基础，力求以解释技术避免冲突：一是是否存在《个保法》13 条规定的其他合法处理事由（D_1）。① 二是抓取方对数据的获取和使用是否超出个人的合理预期（D_2）。对于同意或公开意思的解释，主流学说和国际实践均由传统的“目的限定原则”逐渐转向“合理预期原则”。② 分析处理行为与初始目的的关联性（E_1）③、可能引发的后果（E_2）等，只要未超出个人合

① 如抓取是为履行法定职责或法定义务所必须、为公共利益且在必要范围内、存在其他法律、行政法规依据等。

② 对于“合理预期原则”的系统论述，参见王利明：《数据共享与个人信息保护》，载《现代法学》2019 年第 1 期，第 54 页；丁晓东：《数据到底属于谁？——从网络爬虫看平台数据权属与数据保护》，载《华东政法大学学报》2019 年第 5 期，第 80 - 83 页；谢琳：《大数据时代个人信息使用的合法利益豁免》，载《政法论坛》2019 年第 1 期，第 79 - 80 页。

③ 对于初始目的的认定，可以考量的因素包括：个人可推知的意思、社会一般人的通常意思、经营者承诺或平台服务协议等。

理预期，则属于合理使用，无需另行取得同意。

（3）抓取行为是否侵犯个人隐私/敏感个人信息（C_7），或者严重损害已公开/一般个人信息权益且无合法性基础（C_8）。实现公益同样不能以剥夺私权为代价，若个人数据权益成本过大，即应否认数据抓取的正当性。但仍需注意，C_7、C_8只能直接导出个人信息侵权责任，若要认定违反竞争法，还需要经由特定要件转致，进一步论证行为“违反诚信原则或商业道德”或者“损害竞争秩序”。

五、结语

应当按照何种标准衡平数据抓取不正当竞争纠纷中的多方利益？这不单是利益权衡标准的抉择，更折射出数字经济中竞争法应当持何种权益配置观这一重要问题：是个人数据权益抑或社会数字福利、是私权保护绝对优先还是各方利益最大限度的实现、是融入产权法保护路径还是恪守行为法保护本位？再深入一步，则事关法律如何调和人与数据市场的关系：是防御性确权与保护，还是放归市场竞争，通过促进共享和流通实现数字普惠？

帕累托标准更多是一种事后（export）观点，关注权利在当事人之间的配置结果。这种观点的最大缺陷，在于过度强调个案中的分配正义，忽略了裁判的社会效果。个人相较于平台的“弱势地位”确乎存在，但若简单以事后观点行事，无视单向度的私权保护对数据流通和利用的影响，“短视”的形式正义必将阻隔社会发展，成为长期实质正义实现的窒碍。权利未经界定则无损害，从外部性内部化的视角，如果依照成本－收益逻辑损害是可接受的，该损害就不是损害，而是可以交易的对象。有效的数据创新能够整体提高社会福利净值而惠及个人，变相支付损害的“对价”。卡尔多－希克斯标准始终采取事前（ex-ante）观点，[①] 激励未来的、不特定的受拘束者选择从社会角度来看最优的行动。既缓释了企业技术创新的法律成本负担，又激活了个人对数据生产过程的能动参与，展现出数字时代由“保护”向“利用”、由“规制”向“激励”的法治新貌。

① 关于“事前”与“事后”观点的论述，参见张永健：《物权法之经济分析——所有权》，元照出版公司2015年版，第24－29页。

《保险法》如实告知义务规则的解释困境及纾解*

郑舒涵**

摘　要　如实告知义务是保险法历久弥新的问题，现行理论研究多集中在立法论而非解释论，但该制度在解释上存在种种困境。如实告知义务的范围不清，未对投保人的过错程度予以区分，未告知事项与保险事故之因果关系标准不统一，如实告知义务是否以保险人调查核实义务的履行为前提存在争议。形成如上适用困境的原因主要有三：条文结构复杂，重大过失的判断标准不明以及条款本身内涵模糊。为了发挥如实告知义务应有之功效，应当在该制度的规范逻辑框架下，以保护保险消费者与增进信息获取效益为考量因素来完善解释路径，构建如实告知义务范围的客观标准，明确重大过失须具有认识上的过失，确立未告知事项与保险事故之“相当因果关系”，补充解释保险人应负有调查核实义务。

关键词　如实告知义务；保险消费者保护；规范逻辑；司法适用；因果关系

如实告知义务通说是以诚实信用原则和对价平衡原则为理论基础，根本在于衡平投保人和保险人的利益。随着科学技术的发展，保险人估计危险的能力显著提高，其不当估测危险的可能性则应有所下降，但如今保险市场“投保易理赔难”的现象仍很严重。虽然最高人民法院发布的相关司法解释对如实告知义务的部分问题做了规定，但仍未完全化解实务中的问题。学术界对相关问题的回应多采用立法论的方式。当法律适用结果存疑时，应当优先更新解释论而非立法论，除非是法律的非正义程度难以通过解释法律来校正。讨论

* 本文系中央高校基本科研业务费专项资金资助项目“普惠保险协同社会治理现代化研究”（项目编号20720191065）的研究成果。

** 郑舒涵，女，广东汕头人，厦门大学法学院博士研究生，主要研究方向为保险法学。

如何修正法律之前应当穷尽现行法律规定的解释空间。①

而长期以来，学术界对如实告知义务的讨论多集中在理论层面，就如实告知义务的理论基础、履行主体、履行方式、法律后果进行规范法学研究，对现行规范提出修改建议，而少有结合我国司法裁判出现的分歧进行分析，并针对条款适用中的问题作出解释，相关讨论未能跳脱出现行理论界的主要争议问题，没有就法条本身在解释论上的争议进行辨析，遵循相关的解释理论，在如实告知义务应然规范逻辑框架下解释条款，回应当前保险审判中多个理论界尚未深入研讨的问题，如投保人重大过失的判断标准；未如实告知事项与发生保险事故之间因果关系的具体标准；保险人是否负有调查核实义务等。在现有法律框架下解决问题，构建合理的司法裁量标准尤具紧迫性和必要性，因此文章对《中华人民共和国保险法》（以下简称《保险法》）第16条如实告知义务进行系统研究，厘清实务中的适用分歧，尝试以解释论的方式解决现有问题，妥适解释现有法律规范，实现司法裁判标准的统一，为投保人和保险人提供行为指引，减少不必要的纠纷，最大限度地发挥保险保障功能。

一、《保险法》如实告知义务规则的解释困境

我国如实告知义务规定在《保险法》第16条，相关的诉争案件很多，为我们提供了丰富的实践数据，理论来源于实践，只有从现行司法适用的样本出发，才能梳理出该条在适用上面临的困境，从而对如实告知义务解释规则作进一步修正。本文抽样选取近三年的600个司法实证案例为样本，② 观察《保险法》第16条在司法诉讼中的样态。

从统计样本来看，就保险人能否以投保人未履行如实告知义务为由解除保险合同这一诉求，法院认定保险人败诉的案件数占近八成。统计保险人具体败诉原因，可以得到以下五类主要原因，按比重大小依次为：保险人无法证明；保险人行使解除权超过自其知道有解除事由之日起30日；保险人行使解除权自合同成立之日起超过两年；保险人未尽审慎的核实义务；如实告知的相关问卷由保险人代为完成或代为签字。保险人败诉理由中"保险人无法证明"的比例最高，略高于一半，进一步探究保险人无法证明的内容，发现主要有以下五类，按比重大小依次为：保险人已经询问过投保人；投保人未如实告知的某项疾病已确诊；未告知的事项足以影响保险人决定是否同意承保或者提高保险费率；未履行如实告知义务对保险事故的发生有严重影响；系投保人本人操作或签字。

《保险法》第16条与如实告知义务相关的条款共有6款，厘清条款本身的规范逻辑才

---

① 参见车浩：《立法论与解释论的顺位之争——以收买被拐卖的妇女罪为例》，载《现代法学》2023年第2期，第175、178页。

② 笔者于2022年12月31日在"威科先行法律信息库"，检索引用了《中华人民共和国保险法》（2015年修正）第16条的裁判文书，限定案由为"保险纠纷"，文书类型为判决书以及裁判日期为近三年后，随机抽取并人工剔除实际上与《保险法》第16条关系不大的案件后，分别以2020年、2021年以及2022年各200篇判决书，共计600份判决书为有效样本。

能准确识别实践中的问题。首先，第1款是关于如实告知义务的履行，对如实告知义务的履行主体、履行方式与告知内容做了界定。其次，第2款和第3款规定了违反告知义务的法律后果，即保险人享有解除权，是关于保险人解除权构成要件的规定。第4款和第5款规定了投保人违反如实告知义务下，在保险人未解除保险合同前发生保险事故的法律后果。最后，第6款规定了如实告知义务的免除事由。本文按照前述规范逻辑归纳实践中存在的主要问题，首先是关于如实告知义务的内容认定。

（一）如实告知范围的认定标准不清

在保险人已询问的前提下，应当满足询问的事项属于应当如实告知的事项，这也是保险人难以证明的主要事项之一。根据《保险法》第16条第2款，投保人违反如实告知义务的要件之一是未告知事项是“足以影响保险人决定是否同意承保或者提高保险费率的”，这是我国立法对如实告知义务范围的界定，但司法实践对于该范围的认定标准不清，主要存在三种标准：以因果关系代之；客观标准；主观标准。

第一种标准实际上混淆了《保险法》第16条的不同概念，以未告知事项与保险事故之间是否具有因果关系来判断该事项是否属于应当告知的范围。《保险法》第16条第2款规定了告知义务的范畴为“足以影响保险人决定是否同意承保或者提高保险费率的”事项，该事项范围大于第5款规定的“严重影响”保险事故发生的事项。后两种则是由于法官对我国《保险法》条文规定的影响保险人判断的“保险人”的理解不统一：有的法官理解为“特定”的保险人，有的法官理解为一般意义上的“抽象”保险人，即“合理谨慎的保险人”。

（二）未区分投保人的过错程度

根据《保险法》第16条的适用逻辑，保险事故发生后，投保人违反告知义务的过错程度不同时，保险人行使解除权的要件不同，因此应先区分投保人的过错程度，而非套用该条第2款。从样本来看，实务中存在未区分投保人过错程度的问题。

司法实践中未区分投保人过错程度的代表性适用情形有两类，第一类是对投保人的过错程度不加区分，判决书的表述主要有两种：第一，在判决理由中表述为“故意或者重大过失”；第二种是不论投保人的过错情形是哪一种，只要满足第2款，则认定保险人享有解除权。第二类是对投保人的过错程度不予评价，而是论证投保人未告知的事项同时符合第2款和第5款，即满足故意和重大过失情形下保险人行使解除权的两项构成要件，进而认定投保人未尽告知义务。

（三）因果关系的解释标准不一

依据《保险法》第16条第5款，在投保人为重大过失的情形下，保险人行使解除权应当满足"未履行如实告知义务，对保险事故的发生有严重影响"。虽然统计的全部案件纠纷事实都是保险事故发生后，但是，其中争议焦点涉及该项的数量仅有16%，可见这一问题多为实践所忽视。保险人据此主张解除权的也仅有15%能获得法院支持。从法院的裁判理由来看，获得支持的绝大部分案件都是未告知事项为患有某种结节，而发生保险事故的理由是患有与该结节部位相同的癌症。该种情形较为简单，但是实践中的多数案件情形复杂，存在多种标准。

从统计样本来看，法官认定未告知事项与保险事故之发生应满足因果关系的占比最多，占绝大部分，略高于90%，笼统表述为"因果关系"的占比最多，占近五成，其中因果关系的具体分类多样，直接因果关系和必然因果关系的占比最多，分别是25.26%和18.95%。① 持前种标准的法官一般依据未告知的疾病与发生保险事故的疾病部位是否相同，性质是否相似来判断二者是否满足"直接因果关系"；② 后种认定标准要求严苛，对于某些常见疾病，即使该种常见病会增加罹患某些疾病的概率，法官也根据该种常见病并不必然导致保险事故发生而认定保险人不享有合同解除权。③

实践中，法官不仅较少对未告知事项与保险事故之关系做出认定，且认定时缺乏论证，多以简单的结论性评价代之，法官多是综合多项因素判断，该过程不可避免地带入了法官的主观价值判断，形成多种解释标准。

（四）以保险人调查核实义务为如实告知义务前提存有争议

判断投保人是否违反如实告知义务的最后一步是考察投保人是否满足如实告知义务的免除情形，判断的前提是明晰免除事由有哪些，其中保险人未尽调查核实义务是否属于投保人的免除事由。从统计样本来看，保险人未尽核实义务是保险人败诉比例第四高的原因。对保险人是否负有核实义务，司法实践并无统一的意见。就法官以保险人未履行核实义务为由驳回保险人诉求的案件来看，对该项义务的具体内容，法官的意见也有不同，主要有以下三种：第一，核实义务包括查阅、复印与被保险人健康情况有关的体检报告、诊断报告、病历等资料或者要求被保险人体检以排除被保险人有不符合承保的情况；第二，核实义务应当包括进行必要的体检以排除是否有不符合承保的情况；第三，核实义务包括"适当方式"，未明确具体内容有哪些。

如实告知义务是否以保险人履行调查核实义务为前提，在什么情况下负有调查核实义务，以及调查核实义务的具体内容是什么，在实务中存在争议，也未有相关司法解释做出解答。

---

① 由于法官表述上的不规范，部分法官将因果关系表述为"关联性或关联关系"，将"直接因果关系"表述为"直接关联"，将"必然因果关系"表述为"必然关联"或"密切关联"，笔者将表述不同，实质内涵相同的概念合并统计。

② 参见广东省广州市中级人民法院（2022）粤01民终4589号民事判决书。

③ 参见江苏省常州市中级人民法院（2022）陕08民终606号民事判决书。

二、《保险法》如实告知义务规则适用的困境成因

法的生命在于实施，应当构建科学合理的司法解释以增强《保险法》第16条的司法适用性，而司法解释的建构有赖于对问题成因的准确研判。实践中形成如上困境主要有三种原因：条文结构复杂；重大过失的判断标准不明；条文本身的内涵不清。

（一）条文结构复杂

关于如实告知义务范围的界定是前提性问题，实践中存在三种认定标准，其中之一以未告知事项与保险事故之间是否有因果关系来判断该事项是否属于应当告知的范围，该种认定实际上是在保险事故发生后再评估未告知事项是否重要。从理论上分析，如实告知义务是先合同义务，确定重要事项的范围是在订立保险合同时，而未告知事项与发生保险事故的关系问题是事后判断，应当先明确投保人如实告知义务的范围，再根据投保人的过错情形不同，区分不同的法律效果，实践中该种认定标准违背了风险精算原理。究其原因，与《保险法》第16条的条文结构复杂分不开。

《保险法》第16条具有双重结构，分为保险事故发生前和保险事故发生后，并且区分了投保人违反如实告知义务的主观过错情形。该条第2款和第3款规定了投保人违反如实告知义务的法律后果——保险人享有解除权，这也是对保险人行使解除权构成要件的规定。而我国《保险法》又将保险人行使解除权的法律效果分列于该条第4款和第5款，区分了投保人在故意或重大过失情形下违反如实告知义务，保险人行使解释权的法律效果。同时第5款规定保险事故发生后，投保人重大过失情形下，保险人行使解除权还须满足未告知事项“对保险事故的发生有严重影响”。进一步分析条文的规范逻辑可知，第2款和第3款对保险人行使解除权要件的规定同样适用于保险事故发生后保险人解除权的行使，且保险事故发生前后，保险人行使解除权的法律效果一致。但由于投保人重大过失情形下，保险事故发生前后，保险人行使解除权的构成要件不同，《保险法》第16条将该种情形下保险人行使解除权的构成要件分述于第2款、第3款与第5款，且将保险人行使解除权的构成要件和法律效果分列于不同条款，复杂的条文结构使得法官裁判时易陷入对条款关系判定不明的窘境。① 虽然进一步分析可以厘清条文的规范意旨，但复杂的条文结构一定程度上给法官裁判带来了混淆，故而实践中形成了法官用未告知事项与保险事故发生的关系代以判断如实告知义务范围的误区。

---

① 参见潘红艳：《〈保险法〉中投保人如实告知义务条文的结构性解读及完善》，载《法学杂志》2020年第2期，第88页。

（二）重大过失的判断标准不明

罗马法上有句法谚“重大过失等同于故意”,① 我国立法中重大过失也往往与故意相连，两者的概念难以区分，且绝大多数情况下二者的法律效果相同，仅在少数情况下有例外。我国《保险法》在三种情况下同时规定了“故意或者因重大过失”这两种过错情形，分别规定在《保险法》第16条，第21条和第61条。但仅有第16条区分了故意与重大过失这两种过错情形的法律后果，且对保险事故发生后，故意和重大过失违反如实告知义务的构成要件做了区分。从过错程度来看，重大过失介于故意与一般过失之间，其具体的判断标准，我国立法及司法解释并未予以明确。由于立法多数情况下未区分故意和重大过失的法律效果，且传统民法理论将重大过失置于过失范畴之下，理论界对重大过失这一过错形态的研究较为薄弱，关于重大过失的标准也众说纷纭，使得法官在实务中也未能加以区分。

我国有的学者认为重大过失仅须具备客观要素，以客观注意义务的违反为核心。② 也有学者持不同的观点，认为重大过失是有认识的过失，在认定上考虑主观因素。行为人对损害结果有高度盖然性的认识，概率大概为80% -90%，虽然不希望该种结果发生，但仍然恣意行事的主观过错。另外对其行为的非正当性也有认识。③ 有学者认为重大过失并不对应 gross negligence，美国侵权责任中的鲁莽（recklessness）才对应重大过失。④ 实际上 recklessness 被解释为是认知的，也是主观的，在解释上更接近于故意。⑤ 而 gross negligence 被解释为严重的疏忽,⑥ 更接近于过失。无论是哪种观点，核心的分歧都在于重大过失是否具备主观过错，换言之，重大过失更接近于过失还是故意。

关于重大过失的判断标准，在理论和实践中都未形成统一的意见，司法解释也未予以明确，使得法官未能区分故意和重大过失，未能实现《保险法》第16条的双重规范路径。

（三）条款本身内涵模糊

对于因果关系的解释以及保险人是否负有调查核实义务的理解与《保险法》第16条第5款和第6款的规定相关，条款中“严重影响”和“已经知道”的内涵不明，由此在司法实践中形成分歧。

---

① 丁玫：《罗马法契约责任》，中国政法大学出版社1998年版，第131页。

② 参见程啸：《侵权行为法总论》，中国人民大学出版社2008年版，第343页。

③ 参见陈本寒、艾围利：《怎样确定民法上过错程度及其区分标准》，载《中国社会科学院研究生院学报》2011年第3期，第82页；叶名怡：《重大过失理论的构建》，载《法学研究》2009年第6期，第77-90页。

④ 参见叶名怡：《重大过失理论的构建》，载《法学研究》2009年第6期，第78页。

⑤ See Geoffrey Christopher Rapp, “The Wreckage of Recklessness”, *Washington University Law Review*, vol. 86, no. 1, 2008, p. 131.

⑥ See Olga Voinarevich, “An Overview of the Grossly Inconsistent Definitions of Gross Negligence in American Jurisprudence”, *John Marshall Law Review*, vol. 48, no. 2, 2015, pp. 474-475.

关于《保险法》第16条第5款“未履行如实告知义务，对保险事故的发生有严重影响”的具体含义，司法解释并没有予以明确。梳理各地法院出台的与审理保险合同纠纷案件相关的指导意见发现，有三个省的高级人民法院对这一问题做出过规定。最早做出解释的是浙江省高级人民法院，根据其在2009年做出的规定认为，投保人重大过失未如实告知的事项是保险事故发生的“主要原因”，对保险人承担保险责任有“决定性因果关系”。① 其后山东省高院于2011年做出的规定认为未如实告知事项与保险事故发生之间应为“因果关系”。② 广东省高院同年做出规定，认为未如实告知事项与保险事故之间为“直接因果关系”。③ 可见，上述法院总体上将其认定为一种因果关系，但是关于因果关系的具体标准存在分歧。

我国学术界对这一问题的深入探讨较少，学者樊启荣和潘红艳认为未告知事项对保险事故的发生有“严重影响”应当被诠释为与保险事故的发生具有“因果关系”。④ 但是对于二者间的因果关系判断标准在我国学术界尚缺乏进一步的研究，期刊论文中仅有黄穗和张薇法官一文有所涉及，她们认为应理解为直接的、必然的因果关系。⑤ 条文规定的“严重影响”一词并非保险法下的专业术语，在学术界也未形成通说解释，条款本身的内涵模糊，给法官裁判带来了较大的自由裁量权，在实践中形成了多种认定标准。

关于保险人是否负有调查核实义务的问题，我国立法及司法解释也未有明确规定。《保险法》第16条第6款规定了免除投保人如实告知义务的情形，即保险人已经知道投保人未如实告知。但“已经知道”的具体内涵模糊，立法未作出进一步的阐释——是否包括“应当知道”，换言之保险人是否负有调查核实义务以达“知道”。与此相关的司法解释是《保险法司法解释（三）》第5条，该条规定体检不免除如实告知义务，该条并非对保险人调查核实义务的免除规定，而是明晰保险人的调查核实义务与投保人负担如实告知义务不是非此即彼的关系，强调体检这种调查核实方式不当然免除如实告知义务。相关立法与司法解释并未明确保险人是否负有调查核实义务，由此在实践中形成争议。

---

① 《浙江省高级人民法院关于审理财产保险合同纠纷案件若干问题的指导意见》（浙高法〔2009〕296号）第7条：投保人因重大过失未履行如实告知义务的内容不属保险事故发生主要原因，对保险人承担保险责任不具有决定性因果关系的，保险人以投保人未尽如实告知义务为由拒绝承担保险责任的，不予支持。

② 《山东省高级人民法院关于印发审理保险合同纠纷案件若干问题意见（试行）的通知》第7条：投保人因重大过失未履行如实告知义务的内容和保险事故发生之间不具有因果关系的，保险人对合同解除前发生的保险事故，以投保人未尽如实告知义务为由拒绝承担保险责任的，人民法院不予支持。

③ 《广东省高级人民法院关于审理保险合同纠纷案件若干问题的指导意见》（粤高法发〔2011〕44号）（已失效，但也是司法态度的体现）第6条：保险法第十六条第五款规定的投保人因重大过失未履行如实告知义务的，未履行告知义务的有关事项与保险事故没有直接因果关系，保险人以投保人未尽如实告知义务为由拒绝承担保险责任的，人民法院不予支持。

④ 参见樊启荣：《保险契约告知义务制度论》，中国政法大学出版社2004年版，第248页；潘红艳：《〈保险法〉中投保人如实告知义务条文的结构性解读及完善》，载《法学杂志》2020年第2期，第92页。

⑤ 参见黄穗、张薇：《保险法上投保人如实告知之重要事实认定规则完善——艾珂羽诉长城人寿保险股份有限公司等人身保险合同纠纷案》，载《法律适用》2020年第24期，第124页。

三、构建《保险法》如实告知义务解释规则的考量因素

如实告知义务是保险人评估和管理危险的工具之一，而不应成为保险人规避危险或者推卸责任的手段。对于该制度在司法运行中的种种阻碍，应当及时更新解释论。构建解释规则如若仅就问题论问题，通过简单地“打补丁”的方式解决问题不利于如实告知制度的稳健运行与立法目标的实现，应当回溯制度的理论演进，以实现制度功能为目的，构建相关的解释理论，以相关解释理论指导具体解释规则的完善。

（一）保护保险消费者

在传统上，如实告知义务最重要的理论基础为最大诚信原则，作为投保人的先合同义务，是对投保人一种不利益的法律约束。在20世纪60年代以后，保险法的立法目标有所调整。此时，随着保险的发展，保险人已不再是松散的自然人的联合，而是公司为主的大型企业，保险人在专业知识和经济实力上较投保人更有优势。技术进步也使得保险人获取信息的渠道丰富，不再完全依赖投保人的告知才能进行风险评估，传统市场已形成基于系统、程序、复杂数据分析的市场。消费者保护逐渐成为现代保险立法的意旨之一，首先表现在先合同的信息义务发展上，越来越多国家在消费者保护领域将投保人的主动披露义务修改为被动应答义务。并且，从“最大诚信原则”要求下的投保人需向保险人告知重要事项，发展为立法要求保险人承担信息提供的义务，比如2008年修订的《德国保险合同法》第7条。①

我国保险法没有经历传统保险合同法的发展阶段，在1995年立法时就采用了被动告知主义，此后的立法修改也与国际上保险发展理念相契合，比如2009年《保险法》增加了不可抗辩条款和弃权制度。引入不可抗辩条款是为了保护投保人的合理期待和信赖利益，督促保险人积极进行调查，防止保险人在知道投保人未如实告知时仍沉默，无事则收保费以自肥，有事则以违约以卸责。② 弃权制度也是为了防止保险人滥用解除权，是最大诚信原则向保险消费者保护的演进。

如实告知义务的实质是法律介入了保险合同双方订立合同阶段的权利义务关系，重新分配合同双方信息搜集责任，本质上是保险消费者与保险人之间的利益博弈规则。在现代保险关于如实告知义务的立法理念逐步发展为保护保险消费者的国际大背景下，我国应当顺应这种立法趋势，并将该理念融入法律解释中去。国际上保险市场的变化以及技术的发展，在我国也同样有所体现，甚至在我国，保险相对人的地位更处于劣势。我国保险行业起步较晚，商业保险较为不发达，投保人的经验不足，相较之下更不成熟，并且保险领域

① 参见马宁：《消费者保险立法的中国愿景》，载《中外法学》2019年第3期，第669-671、679页。

② 参见桂裕：《保险法》，台湾三民书局1984年版，第171页。

的“政府垄断”在我国更为明显。我国的金融行业是分业经营，保险公司外的其他金融机构不能提供保险服务，这样一来，保险领域的竞争小，缺乏竞争则带来垄断，垄断影响保险消费者的权益，其选择权受限。因此，在我国保险市场，更应强调保险消费者保护，将其贯彻到如实告知义务制度的解释与适用中去。

但应当注意的是，对保险消费者的保护是矫正保险人的优势地位，适度限制保险人的解除权，并非盲目限制保险人的权利，因为不当限制保险人的权利，会加重保险人的运营成本，弱化保险供给，抬高保费，意味着个体从事风险活动难以最大程度获得保障，从而阻碍了人们从事风险活动、创造财富。① 构建如实告知义务解释规则应以保护保险消费者为解释原则，同时切忌矫枉过正，须以平衡保险合同双方利益为最终目标。

（二）增进信息获取效益

根据对价平衡原则，保险人准确核定保险费的前提在于准确评估保险标的的风险，而风险的准确评估在于对信息的掌握。保险合同不同于一般的民事合同，需要获取的关于标的物或被保险人的情况通常较为详细，且关于被保险人的信息多为个人隐私，投保人对有关情况的了解必然较保险人熟悉，从经济层面分析，求助于投保人的如实告知较之保险人调查获知效率更高且耗费的社会成本更低，因此对投保人课以如实告知义务。如实告知义务制度作为保险人获取信息的工具，必须考虑信息工具的使用成本，否则该项信息工具可能被束之高阁，无法发挥告知义务纠正双方信息偏在的目的。对如实告知义务的理解与适用应遵循效益原则，告知义务由主动披露向被动应答的转换则有节约成本的考虑。②

然而搜集信息并非一个单向的过程，如实告知义务具有双向性，被动告知立法模式下该特性更为明显。如今保险人通过互联设备可获取海量数据，可穿戴设备的普及为人身保险产品的风险评估提供了大数据基础，传感器技术使得保险公司可以实时掌握财产保险标的的情况，海量信息不应仅服务于保险人自身的精准营销，更应回归到其用于风险评估的基础目的。保险运营的实质在于减少社会的风险成本，保险法应将信息获取成本分配给能更有效获取信息的一方，因此在解释如实告知规则时要遵循效益原则，合理配置保险合同双方的信息搜集义务。商法的干涉是为了追求效益，尽可能降低社会成本，③ 在解释上考虑信息获取的效益符合保险法的商法特性。另外，保险法较之其他商事部门法特别，保险法减少社会风险的运营实质使得其更具公共属性。法律解释不是法官运用私人语言解读法律文本，而是要重建对法律文本的公共性理解，这在保险法解释中体现得尤为明显，实现

---

① 参见何启豪、金融：《在商法与消费者法之间寻求平衡的保险法——美国〈责任保险法重述〉评述与启示》，载《保险研究》2020年第2期，第122页。

② 参见马宁：《保险人明确说明义务批判》，载《法学研究》2015年第3期，第104页。

③ 参见李建伟、李亚超：《商法效益价值本位的体系建构》，载《首都师范大学学报（社会科学版）》2021年第4期，第66页。

公共利益是实现法律解释公共性的主要标准。① 而公共利益则是社会财富的最大化，内蕴着效益这一概念。括而言之，构建如实告知义务解释规则应当有利于增进信息获取效益，充分考量保险合同双方获取信息的成本，合理配置双方的责任。

保护保险消费者旨在纠正如实告知义务制度下投保人的弱势地位，通过具体解释规则的构建，回应实务中的司法分歧，提升投保人的法律地位，衡平保险合同双方的利益。优先保护保险消费者并非全面减弱投保人如实告知义务的履行标准，而是对过去以最大诚信原则为指导的司法适用规则做出适当修正。由于保护保险消费者理念带有较强的价值主观倾向性，为避免矫枉过正，在构建解释规则时还须遵循有利于信息获取效益的公共性准则，两种解释理念共同协调以实现适用规则的客观公正，发挥如实告知义务的制度功能，维持保险制度的稳健运行。

四、《保险法》如实告知义务解释规则的具体构建

在解释规则的具体构建中应以保护保险消费者和增进信息获取效益为中心，按照《保险法》第16条条款本身的规范逻辑，针对实践问题完善解释规则。司法裁判的第一步是判断投保人是否履行了如实告知义务。在被动告知主义的立法模式下，如实告知义务的履行以确定询问事项是否为应当如实告知的范围为前提。实践中该步判断标准不统一，以未告知事项与保险事故的发生是否具有因果关系来判断是否属于如实告知的范围是司法实践对法条条文结构的误读，由此实践中的客观标准与主观标准是为主要分歧。

（一）确定如实告知范围的客观标准

我国《保险法》第16条第2款“足以影响保险人决定是否同意承保或者提高保险费率”是对如实告知义务范围的界定，该条来源于英国《1906年海上保险法》第18条（二）。② 我国以保险人的影响为判断，但未明确是“特定保险人”（particular insurer）还是“合理谨慎的保险人”（prudent insurer），换言之是“主观标准”还是“客观标准”。笔者认为该款的“保险人”应解释为“合理谨慎的保险人”。

法律规范目的的探求才是法律解释的最终目的，③ 运用文义解释得出多种解释结果时，应当引入其他解释要素，确定最终选择。我国《保险法》第一条开宗明义，阐明了保险法的立法目的在于“保护保险活动当事人的合法权益，加强对保险业的监督管理”，以保护保险消费者为解释理念下，保护的保险活动当事人更多的是负有告知义务的投保人。合理谨慎的保险人标准是被理性保险人普遍接受的习惯做法或行业惯例或市场标准，是确

① 参见郭春镇：《法律解释的公共性》，载《中国法学》2023年第1期，第143、146页。

② 参见《英国〈1906年海上保险法〉》，徐卓英译，对外贸易教育出版社1988年版，第7页。

③ 参见毕经纬：《文义的边界与文义解释的限度——〈民法典〉语境下的方法论展开》，载《云南社会科学》2024年第1期，第43页。

定的，具有稳定性和可预见性，利于保护保险消费者的权益，符合如实告知义务的解释理念。另外，采统一的市场标准，有利于对保险行业进行监督和管理，有利于促进保险市场的竞争，督促保险人提升信息获取能力与效益。相反，特定保险人标准具有不确定性，保险人不同，告知义务的范围不同，易诱发保险人的恶意拒赔，具有逆向道德风险。该种标准下，投保人为了节省保费，则会选择告知义务要求相对低的保险公司，不利于保险公司提升风险评估能力和保险市场的发展。

何谓“合理谨慎的保险人”，是“根据有关保险行业中整体上一般的知识水平、习惯做法、经验等确立的抽象保险人标准”。① 学者 Malcolm A. Clarke 指出影响是否构成“合理谨慎的保险人”的因素有以下五种：第一，保险的类别；第二，一般的做法或惯例；第三，保险合同或投保单的上下文；第四，法院的意见；第五，公共政策，比如在英格兰，保险按照性别定价并不侵犯公民权利。② 前三种因素值得借鉴，区分保险类别，比如影响海上保险和非海上保险风险评估的信息是不同的；对载有询问事项的投保单等单证进行整体分析，不能孤立地对某个信息进行判断；最为重要的是根据保险行业的通常做法判断，该事项应当属于保险行业中一般的保险人都认为会影响其决定是否承保或提高保险费率的事项，在正常业务过程中知道或者理应知道的事项。

（二）明确重大过失的内涵

根据我国《保险法》第16条，投保人因故意和因重大过失违反如实告知义务的法律后果不同，而对于保险事故发生后，投保人因故意和因重大过失违反如实告知义务的构成要件也有所区分，故在规范逻辑上，第二步应当先界分投保人的过错情形。

关于重大过失的内涵，最大的分歧在于是否需要考虑主观要素，也即更接近于故意还是仅是一般过失意义上程度的加重。《保险法》第16条经历多次修改，现行规定承袭2009年的修订，通过对立法沿革的考察有助于探求立法目的和意旨，从而阐明法律文本的含义。③ 最初1995年的《保险法》规定的是故意与过失两种过错情形，2009年《保险法》修订时将“过失”修改为“重大过失”，且将保险人退还保险费的规定从“可以”修改为“应当”。从历史解释的视角，立法者旨在降低投保人如实告知义务的要求，加强对保险消费者权益的保护，该项修改有意区分过失与重大过失，可见重大过失与故意的亲缘性更近。重大过失应为投保人未能知道相关事项或者未能认识到该事项极有可能对保险人评估风险具有重要性。实践中，投保人可能不知道所询问的内容包括其明知的事实。《保险法司法解释（二）》第5条将投保人告知范围限于“投保人明知”，因此，构成重大过失只能是未认识到该事项极有可能对保险人评估风险具有重要性，实践中，投保人可能不

---

① 樊启荣：《保险契约告知义务制度论》，中国政法大学出版社2004年版，第193页。

② See Malcolm A. Clarke, *The Law of Insurance Contracts*, Lloyd's of London Press, 1989, pp. 447 – 450.

③ 参见王利明：《法律解释学（第二版）》，中国人民大学出版社2016年版，第249页。

知道所询问的内容包括其明知的事实。

具体可以运用比较法解释加以分析，参考美国法对鲁莽客观要素的定义来做判断。在《侵权行为法第一次重述》（First Restatement of Torts）中，鲁莽被定义为造成不合理的人身伤害风险和重大伤害可能性的行为。第一次重述的评注解释说，鲁莽行为“必须不仅仅是疏忽”，它需要有意识地选择行动。而且必须是疏忽，对他人造成不合理的必要风险，而且是容易察觉的重大人身伤害或者死亡的危险，其结果发生的可能性必须很大。① 在如实告知义务纠纷下，则表现为未告知事项的风险严重程度，具体列举相关要素进行综合判断。从实务的总结来看，主要有以下要素：疾病的严重程度，属于有重大死亡风险的疾病，比如癌症；身体出现相关的症状；相关症状的严重程度，是否影响日常生活和工作。比如，对于人寿保险和健康保险来说，若投保人未能认识到重大死亡风险的疾病如“癌症”等极可能对保险人评估风险具有重要性，则认为在认识上有过失。

另外，重大过失是行为人违反了最低程度的注意义务，这也是通说的观点。在重大过失违反如实告知义务的情形下是投保人在回答的过程中因疏忽未向保险人准确告知，该种疏忽应满足未尽到最低程度的注意义务。实务中，往往是保险人及其代理人代投保人填写，此时投保人回答相关询问时的注意程度大大降低，投保人作为占有信息优势的一方，只要尽到最基本的注意义务，稍加审查便能轻易避免信息错漏，促进信息提供效益，如果投保人仅签章，未进行审查，则应认为构成重大过失；如果存在明显的多处不一致，比如身高或体重等基本信息严重不符，这是投保人对自身可以轻易避免的疏漏漠然不顾，有违效益原则，应认为构成重大过失。

据此，如实告知义务规范下的重大过失可被界定为投保人未能认识到相关事项极有可能对保险人评估风险有重要性，并且违反了最低程度的注意义务，应结合未告知事项的风险严重程度判断，该种风险应为普通人难以忽视或者不在意的风险，结合疾病的严重程度、出现的症状与症状的持续时间判断。

（三）确立未告知事项与保险事故之相当因果关系

对于保险事故发生后，保险人因投保人故意或重大过失违反如实告知义务行使解除权的构成要件不同，在清晰界定投保人为重大过失的前提下，须满足未告知事项与保险事故的发生具有因果关系。具体的因果关系类型有待进一步讨论。应当注意的是，保险法上的因果关系一般是被保险人所受之损害是否“因”保险灾害而产生。而本问题讨论的并非保险法上常指的保险事故与损害之间的因果关系，是解释未告知事项与保险事故之间的因果关系，可谓前者的前端因果关系。如实告知义务的因果关系规范模式是借鉴域外法的产

① See Geoffrey Christopher Rapp, “The Wreckage of Recklessness”, *Washington University Law Review*, vol. 86, no. 1, 2008, pp. 118, 129, 141.

物，阐释该种关系时应当将外国法律和判例的做法作为法理进行比较参考。

1. 基于比较法解释的分析

我国因果关系的认定标准多是借鉴大陆法系学说，故考察日本和我国台湾地区的实务观点，为未告知事项与保险事故之发生的因果关系认定标准提供借鉴。日本和我国台湾地区的规定相似，投保人得主张因果关系不存在之抗辩。日本早期的司法判决采严格的因果关系判断标准，投保人必须证明不实说明事项与保险事故之发生毫无关联性，才得请求保险人承担保险责任。由于是投保人承担举证责任，且证明的是消极事实，采用该种标准对于投保人过于严苛，而后改采相当因果关系标准。① 我国台湾地区目前司法判决对因果关系不存在抗辩的认定标准尚未统一，主要有两种，一是投保人需证明未说明之事项与保险事故的发生之间无任何关联、牵涉、影响或可能性才足以限制保险人行使解除权。② 例如未说明已患肝病，但死亡是车祸。③ 二是以相当因果关系作为判断标准，比如我国台湾地区高等法院高雄分院98年度保险上字第2号判决，被保险人未据实说明其因第三度心房心室传导阻断而装置心律调节器，而后因病毒感染而引发心肌病变合并败血症休克死亡。判决书指出保险事故之发生系因投保人另外所患的病灶及病程发展而死亡，故认为两者间无相当因果关系。④ 可见日本和我国台湾地区实务中存在两种标准："无因果关系"和"相当因果关系"标准，日本改采后者。

在借鉴域外国家和地区的实务经验时，切忌从单个案件的判决得出武断结论，要进行全面比较，阐明立法上的不同。日本和我国台湾地区的规定与我国《保险法》规定主要有两点不同：第一，前者规定由投保人承担举证责任，后者规定由保险人承担举证责任；第二，前者规定的证明内容是消极事实，二者之间不存在因果关系，反之，后者规定的证明内容是积极事实。从举证责任的负担来看，消极事实比积极事实的证明难度大，投保人的保险经验和相关医疗专业知识相比保险人匮乏，由其承担证明责任，更加重证明难度。所以，日本和我国台湾地区实务中所面临的证明责任负担过重的问题，由于立法的不同，该问题在我国大陆地区会有所缓解，因此在比较参考上述两种标准时虽然仍因考虑证明负担问题，但应当更多地考虑保护保险消费者与增进信息获取效益。

2. 目的解释下宜采相当因果关系

我国司法实践中对未告知事项与保险事故之发生的因果关系判断标准主要有两种：必然因果关系和直接因果关系，日本和我国台湾地区存在"无因果关系"和"相当因果关系"标准，如若是证明因果关系存在，则对应"因果关系"和"相当因果关系"标准，

---

① 山下友信，保険法，東京：有斐閣，2000.10：316－318. 转引自汪信君：《告知义务不实说明与保险事故间之因果关系——最高法院104年度台上字第844号》，载《裁判时报》2016年总第48期，第148页。

② 参见汪信君：《告知义务因果关系不存在抗辩与保险契约效力》，载《月旦法学杂志》2015年总第244期，第121页。

③ 详见我国台湾地区最高法院92年度台上字第1761号民事判决书。

④ 详见我国台湾地区高等法院高雄分院98年度保险上字第2号民事判决书。

前者只要二者之间有关联则认为满足因果关系，不论关联的程度以及可能性大小。法律解释的终点是文义解释，① 该条表述为“严重影响”，其“严重”从文义上表明程度之深，因此该种标准无可取之余地。

“严重影响”之“严重”从字面上解释并不直接指向某一种因果关系，当存在多种解释时，目的解释应当作为文义解释的补充，通过探求如实告知义务的立法目的，做出准确的价值选择，阐明“严重影响”之内涵。如实告知义务制度中的因果关系规范模式是晚近保险法理和立法发展的产物，含有浓厚的优先保护保险消费者理念，② 其立法目的在于保护保险消费者，适当限制保险人行使解除权。下文围绕前述如实告知义务的解释理念逐一讨论必然因果关系、直接因果关系与相当因果关系这三种标准之合理性。

必然因果关系标准，是假设有这个原因，因为这个原因的内在性质所决定，必然会跟随发生所称的结果。③ 根据这一标准，只有那些能够合乎逻辑地高概率地导致结果发生的因素才构成原因。④ 实际上该种标准对因果关系的证明提出了极为苛刻的要求，这种标准要求证明“客观真实”。司法实践中的纠纷往往是未告知某项疾病，而发生的保险事故是被保险人所患的另一种疾病，人的身体与病程发展存在多样性和复杂性，由于人类认识能力的局限，难以证明二者间的必然性。优先保护保险消费者并非等同于限制保险人的解除权，使得该款的条件对于保险人几乎难以达成。过于严苛的标准也不利于提升信息获取效益。

直接因果关系标准，和保险法上的最近因果关系说相似，存在多个致损原因时，近因的判断标准是对保险事故的发生起直接的、决定性作用的原因是近因。⑤ 实际上最近因果关系说多用以处理多种原因同时导致保险事故之发生时，判断是否属于承保范围，该说将因果关系的考察范围缩短。但是未告知事项与保险事故之发生的因果关系，是前端的因果关系，用以处理保险人在保险事故发生后能否解除合同的问题，旨在保护保险消费者，其规范目的并不相同，采直接因果关系标准是落入了保险法上因果关系理论一般判断的惯性中，而未能发现二者之不同。

依目的解释，“严重影响”应解释为相当程度，未告知事项与保险事故之发生应满足相当因果关系。相当因果关系理论是判断行为对损害发生可能性的提升程度是否具有相当性。⑥ 杨立新教授认为，相当因果关系是某一事实在一般情形，依社会的一般观察，也认

① 参见孔祥俊：《法律解释与适用方法》，中国法制出版社 2017 年版，第 261 页。

② 参见樊启荣：《保险契约告知义务制度论》，中国政法大学出版社 2004 年版，第 236 页。

③ 参见［英］H. L. A. 哈特、［美］托尼·奥诺尔：《法律中的因果关系》（第 2 版），张绍谦、孙战国译，中国政法大学出版社 2005 年版，第 396 页。

④ 参见赵越：《德国保险领域因果关系认定标准研究》，法律出版社 2021 年版，第 29 页。

⑤ 参见初北平：《我国保险法因果关系判断路径与规则》，载《中国法学》2020 年第 5 期，第 272 页。

⑥ 参见叶金强：《相当因果关系理论的展开》，载《中国法学》2008 年第 1 期，第 47 页。

为能发生同一结果。[①] 相当因果关系说的实质是强调一般客观性，是一种概率论的运用。告知事项是多样的，其与保险事故之发生的因果关系实际上应当是事实上的因果关系，对该种因果关系的判断应当遵循常识标准。出于保护保险消费者的考量，该种标准的确立应当与投保人的反馈相衔接。相当因果关系标准符合投保人的预期，满足一般人的认知标准，有助于实现如实告知义务的规范目的。

具体说来，相当因果关系标准是未告知的该事项须使得保险事故的发生在统计学上有更高的可能性，且该种可能性符合相当程度，换言之要达到明显的程度。例如，未告知的事项是某种疾病，如果相关医学文献资料得证明其对该保险事故之发生，即罹患另一种疾病有相当程度之危险，明显提高罹患另一种疾病之可能，则构成相当因果关系，符合严重影响。

（四）确立如实告知义务免除事由之未尽调查核实义务

阐明保险人在投保人不同主观过错情形下行使解除权的构成要件，也即投保人违反如实告知义务的要件后，应进一步明晰投保人如实告知义务的免除事由，以排除保险人解除权的适用，相关条款规定在《保险法》第16条第6款，即订立合同时，保险人知道投保人未如实告知的不得解除合同。司法实践中对保险人是否负有调查核实义务存有争议，该问题与前款“知道”的理解相关，“知道”是否包括“应当知道”，我国立法及司法解释未做出细化规定。

1. 确立调查核实义务之必要性

分析保险人是否应当负有调查核实义务应当先考察我国《保险法》及司法解释的相关规则对保险人解除权圈划的围栏是否足以发挥对保险人进行调查或核实的督促作用。

有证据表明，保险人通常是在索赔阶段进行调查才发现有不实告知的。[②] 为了维护法律行为的安定性，督促保险人善尽调查义务，立法引入了不可抗辩条款，[③] 规定在《保险法》第16条第3款。但是不可抗辩条款仅能从时间范围内督促保险人尽早对投保人是否履行如实告知义务进行调查，不逾期行使解除权，并不能规范其在询问投保人时善尽调查核实义务。虽然保险人出于自身利益考虑必然会在询问时对信息进行甄别，但是在保险销售以销量为主导的情况下，保险人会优先促成合同成立，而将调查核实程序后置，“以核赔代核保”。而且被保险人提出索赔后，保险人必然需要进行调查，此时投保人提供的材料信息更多，较之事前调查成本低，保险人不可避免会带有投机心理，这是保险人运营趋

---

① 参见杨立新：《侵权责任法》，高等教育出版社2010年版，第95页。

② See Thomas F. Segalla and Carrie P. Parks, “Misrepresentations in Insurance Applications: Dangers in Those Lies”, *Defense Counsel Journal*, vol. 73, no. 2, 2006, p. 128.

③ 参见于海纯：《保险人撤销权：保险法中的一个制度选择及其合理性追问》，载《中国法学》2020年第4期，第297－298页。

利性之必然结果。我国《保险法司法解释（二）》第6条还规定投保人对概括性条款不负有如实告知义务。但该款仅是对保险人合理询问的规范。

另外，我国《保险法》第16条第6款和《保险法司法解释（二）》第7条是关于“弃权”制度的规定。保险人是否负有调查核实义务，实际上与弃权制度密切相关，当保险人并不知道投保人未如实告知，但根据已知的情况应当进一步调查核实，而保险人未尽调查核实，是否构成弃权？立法和司法解释并未规定，有待明晰。

保险人行使解除权的阻却规则虽然有督促保险人善尽调查之作用，但是发挥的作用有限。实现保险人履行调查义务的目标应当通过调查核实义务本身来落实，① 而非借以相关限制制度的辐射作用来实现。

一方面，投保人的如实告知义务并非万金油，如若保险人不负有一定的调查核实义务，则可能导致危险评估过度依赖投保人，引发逆向道德风险，保险人可能通过法律漏洞谋取不当利益。为了防止矫枉过正或者矫正不力，须仰赖保险人的调查核实义务发挥匡正扶持的作用，通过保险人的调查核实义务与投保人的如实告知义务的共同配合，双向搜集信息，实现信息的最大化，增进信息获取效益。保险人作为专业主体，更清楚重要事项的范围，调查核实义务的履行有利于引导投保人更充分和精准履行如实告知义务，减少投保人提供信息的成本，符合效益原则。确立保险人调查核实义务能起到减轻投保人如实告知义务的作用，也有利于保护保险消费者权益，又可以避免单纯通过减轻如实告知义务规定可能带来的告知不实不尽，削弱信息获取效益。另一方面，确立调查核实义务不仅能平衡保险合同双方的利益，还有利于增强投保人对保险人的信任，促进保险业的可持续发展。由投保人单方承担信息收集责任，易使得保险合同被解除的情况频发，会挫伤公众对保险业的信任，设置保险人调查核实义务，可以减少“核赔代核保”的情况，保障投保人获得赔偿，维护社会秩序的稳定。②

2. 调查核实义务之具体内涵

证成保险人负有调查核实义务之必要性后，应当明确该项义务的具体内涵，保险人的调查核实义务不宜过高，仅须起到对投保人如实告知义务的必要补充。

对保险人课予过高的调查核实义务不利于保护保险消费者，对保险消费者过度的保护无疑加重了保险人运营的成本，该种成本最终由危险共同体承担，落在每个投保人增加的保费上。而且要求保险人逐一履行高标准的调查义务，信息获取成本过大，③ 不符合效益原则。但另一方面，随着科技的进步，保险人获得相关咨询的成本降低，传统投保人单方负担的义务有必要在一定程度内以审查义务的方式转移至保险人，以增进信息获取效益。

① 参见武亦文：《投保欺诈的法律规制路径》，载《法学评论》2019年第5期，第69页。

② 参见潘红艳、刘文宇：《论保险人调查义务》，载《当代法学》2007年第4期，第90-91页。

③ 参见辛海平：《融资关系中担保物质量保险的法律解释及适用分析》，载《河南财经政法大学学报》2022年第5期，第111页。

保险产品具有高度的技术性，保险人较之投保人也更为专业，其更加清楚风险评估所需的信息，① 能一定程度减少信息搜集成本，因此保险人负担的调查核实义务应能起到补充作用，即"补充询问义务"或"补充调查义务"。如果有足够的迹象表明投保人的告知内容明显不正确、不完整，会促使一个合理谨慎的保险人进行补充询问或调查，并且保险人进一步询问或进行合理调查后能够得知未如实告知事项，那么保险人不能主张投保人未履行如实告知义务。

是否需要进行调查，考虑的因素应遵循效益原则，包括经济成本、保险人的专业水平和权利范围。如果需要花费较大成本才能调查清楚，或调查活动超过保险人的专业水平，或信息属于国家秘密或者商业隐私等超过保险人获取范围的，保险人不负有调查义务，此时由投保人负担信息提供义务更能节省社会成本。具体说来，该种调查并不限于司法实践中查阅、复印与被保险人健康情况有关的体检报告、诊断报告、病历等资料或者要求被保险人进行体检。另外，应有但书，保险人能证明投保人故意隐瞒或者虚假陈述的为例外。笔者建议通过司法解释明确保险人上述调查核实义务，补充解释我国《保险法》第16条第6款的"知道"应解释为"明知或者应当知道"，保险人应当善尽调查核实义务以达"应当知道"。

五、结语

保险立法和司法解释逐渐强调保护保险消费者，呈现出从"契约自由"到"契约正义"转变的趋势，如实告知义务是对契约自由的干预，司法适用规则实质上是在投保人与保险人之间寻求平衡的路径。长期以来，如实告知义务在适用中并没有发挥其立法目的。为了回应实务中的问题，应当以保护保险消费者和增进信息获取效益为解释的考量因素，按照条文的规范逻辑及时更新解释论，构建如实告知范围的客观标准以及重大过失的判断标准，确立未告知事项与保险事故之相当因果关系，补充解释保险人负有一定的调查核实义务。在修改保险立法之前，于既定法律框架下解释法条尤为必要，应尽可能在技术层面完善如实告知义务规则的解释论，发挥该制度应有之功能，促进保险业的可持续发展，维护社会秩序的稳定。

---

① 参见饶瑞正：《保险法先契约据实说明义务之再建构（上）——波希米亚的狂想》，载《台湾本土法学杂志》2006年总第82期，第5-6页。

近亲禁婚规范的漏洞认定

王洁苡*

摘　要　禁婚规范明确规定三代以内旁系血亲禁止结婚，禁婚目的在于优生学的考虑。但在表兄妹绝育申请结婚被拒案中，显然当事人已经做了绝育手术，不存在后代健康的问题。此时禁婚规范的实质理由已经消失，再禁止当事人结婚似乎属于“无的放矢”。但这个规范对当事人的不利影响是否达到很高的“不正义”的地步？从总体上说，虽然禁婚规范给当事人带来了诸多的不利益，但禁婚规范却没有影响当事人的核心利益，即共同生活的利益，因此这个规范对当事人带来的负担并非不可忍受。有鉴于此，可以不认定有漏洞的存在。

关键词　禁婚规范；漏洞认定；形式法条；实质理由

一、法律漏洞认定：形式法条与实质理由的背离

（一）立法者不得已的选择

出于明确性和形式法治的价值，立法者必须选择文字来塑造法条，但文字工具有它固有的有限性，这造成立法者无论如何细致用心，都不可能穷尽它想要调整的生活事实的丰富类型，所以立法者只能选择最典型、最常见的对象来规定。与此同时就遗漏了很多不典型、不常见的生活关系。这些生活关系都属于立法者“实质理由”的范围，但却不在法律文字的范围，从而导致漏洞发生。法学方法论上的一个典型例子是，德国《刑法典》第223a条规定了伤害罪的法定情节，其中之一就是持有“凶器（武器）”进行的伤害。立法者在这里选择使用的概念十分具体，即“凶器”，但在实践中却发生了行为人使用盐酸攻击他人的案例。在这个案例中，盐酸是否属于刑法上的“凶器”就引起了争议。虽然德国联邦宪法法院认为盐酸也可以算作是“凶器”，但这些判决却受到了不少刑法学者的批

* 王洁苡，女，安徽安庆人，华东政法大学法律学院博士研究生，研究方向为司法方法与法律解释。

判，他们认为盐酸不属于这里的凶器。①

针对这个案件，德国学者考夫曼认为，在制定德国《刑法典》第223a条时，立法者所持有的基本理由是，在伤害他人时，更重的伤害需要更重的处罚。但立法者在拟定法条时，出于法律的明确性考虑，却无法直接将这个理由作为构成要件来规定，所以立法者就想到了最常见的可能造成更重伤害的情形——持有“凶器”，从而拟定了上述法条。② 在伤害他人时若还持有“凶器”，当然容易造成更重的伤害，立法者选择这个术语并非错误，但问题就在于立法者却同时遗漏了可以造成伤害的其他情形，例如使用“盐酸”。从生活经验上说，“盐酸”无疑属于能造成他人更重伤害的工具，但因为它的不常见，从而未能进入立法者的视野。它在德国刑法典第223a条的“实质理由”之内，却在形式法条之外。

这里再举一个我国刑法上的例子。中国刑法第263条规定了抢劫的加重刑罚情节，内容之一就是“在公共运输工具上抢劫”。实践中曾经发生过这样的案例，行为人在高速列车的卫生间内对受害者实施了抢劫，需要判断的问题是对于此种情形是否要适用刑法第263条上的规定。从文义上讲，火车显然属于公共运输工具，在火车的卫生间里抢劫就构成了“在公共运输工具上抢劫”。但有的法官却对这个问题做了不同的回答。该法官指出，刑法第263条之所以要对“在公共运输工具上抢劫”的规定加重惩罚，就在于这种犯罪不仅侵害了受害者一个人，而且对其他在场的旅客都有严重威胁，严重影响到了他们的安全感。但在列车的卫生间实施抢劫就显然不同。众所周知，列车的卫生间显然是一个封闭的狭小场所，在里面实施抢劫犯罪，不会影响其他旅客的安全感，因此不构成“在公共运输工具上抢劫”。③ 当然，人们对此案可能有不同的看法，本文在这里仅仅要表达的是，本案法官的观点其实就是主张，列车的厕所虽然在刑法第263条的文义之内，但却在其实质理由之外。

张明楷教授还提到过一个例子，对于刑法第263条规定的“公共交通工具”，张明楷教授认为“小型出租车不应视为公共交通工具”。④ 但从日常经验上说，小型出租车明显属于“公共交通工具”。张明楷教授的观点，其实也可以归结为法律的文义与实质理由之间的分离。

（二）形式法条与实质理由的背离

德国刑法第223a条上的“盐酸”这个例子，以及上述列车厕所是否属于“公共交通

① 参见［德］卡尔·拉伦茨：《法学方法论》，陈爱娥译，商务印书馆2003年版，第203页。

② 参见林立：《法学方法论与德沃金》，中国政法大学出版社2002年版，第143页。

③ 冉小委：《在旅客列车厕所内抢劫是否构成在公共运输工具上抢劫?》，载《人民法院报》2006年2月15日，第B4版。

④ 参见张明楷：《刑法学》，法律出版社2011年版，第862页。

工具”的例子，使人们看到了法律的实质理由与形式法条之间的背离。如果沿着这个思路思索，则可以发现法学史上著名的哈特－富勒之争，其实在很大程度上就是关于法律的实质理由与形式法条相互背离的争论。这场争论的焦点，就是一个假设的规则，即禁止车辆进入公园的规则。

哈特假设存在着一个立法规则：在国家公园区域内，严禁任何机动车进入。支撑该法条的实质理由在于立法者的意图。立法者的本意是限制机动车进入园内，以维持园内的社会秩序和旅游者的生命安全。针对这一目标，具备一般常识的人可以形成共识，所以没有把救护车、消防车以及婴儿车等特殊交通工具列入其中。其问题是，这个规则在语言表达中显示为一个全称命题，即任何的机动车都不能驶入公园，违者即为违法行为。很显然，哈特的这项假设规定在实质理由与法条表述上的强烈反差，表明法条与实质理由的背离是可能的。人们到底应该按照立法者的实际想法，还是根据立法的文本意思来指导自己行动，法律适用者也同样会面临在实质理由和形式法条之间作选择的难题。

哈特提出的“不允许车辆进入公共公园”的规定，富勒提出了这样一个问题：如果一些地方的爱国人士希望把一辆在二战期间用过的卡车放在公园的底座上（这台车运转正常），而其他市民却把这个被提议放置的纪念品当成了眼中钉肉中刺，并以“不允许车辆进入公园”的规定来证明自己的观点。富勒认为，尽管这辆卡车一看就是一辆汽车，但用这种理由拒绝把它停在公园里也是很可笑的。富勒坚称，就法律规则的应用而言，单凭其语言并不能确定其是否为明确的情况。

富勒假定了一个关于战车的例子，这个例子是从一组假定的或实际的情况中得出的。它们表明，在任何一条法律规则中，都有这样一种可能性：一条规则，其表面上的含义和现在的意图是相反的。甚至可以举个特例，这是一辆被用作战争纪念品的卡车。另外一个例子，车站里有一条规定，不能在里面睡觉。很显然，这个规定是为了驱逐那些无家可归的人（富勒1958年把它叫做“流浪汉”）。但是富勒却不知道，这个规定对一个没赶上列车、坐在椅子上打瞌睡的疲惫的生意人来说，会不会也一样。富勒认为，在这样的情况下，严格地应用这条规则是荒唐的，这加强了他的观点：任何一条规则的表达形式，都不可能在不考虑它的目标的情况下，完全独立地适用。

（三）背离的两种类型

法律漏洞是指由于立法规范存在不合目的性，或规范本身无法体现其所要求的立法目的，而造成“实然”与“应然”的不一致。“应然”是判断法律是否存在立法漏洞的客观准则，但如果这个判断是经过应然和实然的对比而作出的，则二者的差异即为法律漏洞。法律漏洞，常常带有否定性的司法价值评判色彩，也乃是指司法制度存在的司法上“空隙”。魏德士在《法理学》一书中指出：法律漏洞的一般界定是，以整体现行法律制度为准则的法律秩序的破坏规划的非完整性。所以，法律漏洞的价值判断应把对当前的司法状况和更理想的司法规划相比较为前提。[①] 成文法的语词经常无法预见到世界的复杂性，即与背后的正当化依据或宽或窄地背离，具体分为涵盖过宽和涵盖过窄两种类型。

1. 涵盖过宽

规则自身包含或包括了在其背后的合法基础所不能覆盖的情况，而其自身的适用范围要大于其背后的合法基础所指向的范围，这表明该规则的规定过于宽泛。拉伦茨说："因字义过宽而适用范围过大的法定规则，其将被限制仅适用于——依法律规范目的或其意义脉络——宜于适用的范围"。[②] 杨仁寿认为，在涉及面太广时，要有针对性地限制。目的性限缩是指一种在法条中被立法机关忽略的、没有被排除在外的一种情形，是一种表现了标准的意图，是一种排除规定范围之外的漏洞的补救办法。

简单来说，就是要用"目的性限缩"来说明一项规定的具体组成在文义上所涵盖的范围太大，如果对其进行文义上的解释，就会导致法规目的所不需要的内容。而如果忠实于文本中的法规含义，就有可能导致与法规目的不符，因此立法规定在条文表述中往往忽略了针对目的要求加以约束或规定例外情况，从而需要通过可以理解的法规目的来对条文意义加以约束。在这种情形下，法律上的漏洞又被称作"例外漏洞"。

对于涵盖过宽的情形，可以举出许多例子。比如，按照《侵权责任法》第17条的规定，即使是同一侵权造成多人的死亡，也可以按照相同的数额来计算。在这里，"多人"这个词被用了，但是立法者没有具体地说明"多人"的标准，"三人以上"可以被视为"多人"吗？在对这一点的考察中，我们可以看到，在《刑法》的第三章案中，提到了"因交通事故、采矿事故造成大量人员死亡时，不论年龄、收入情况，都可以按照同样的数额来计算"。从这一点可以看出，该条是为了补偿群体死亡而设立的。在重大自然灾害、交通事故中，若以不同的赔偿标准对死者进行赔偿，不仅会造成损害的统计困难，也会降低事故处理的效率，而且难以为公众所接受。显然，立法的目的是要在相同的情况下，均衡"相同的生命价值"的利益冲突。所以，在这里，"多人"不能单纯地等同于"三人以上"，法律条文所载的内容与实质原因相比过于宽泛，应当从立法宗旨出发，限制"多人"的范围，即"集体死亡"。

这里再以2001年《婚姻法》第47条为例，[③] 来解释一下法律条文涵盖过宽的现象。从理论上说，司法适用的主要目标是在处理个案时，把蕴含于国家立法中的社会正义理念、目的或考虑付诸现实，并据以进行判决。而《婚姻法》第47条的立法目的就是要求

① 参见［德］伯恩·德士：《法理学》，丁晓春、吴越译，法律出版社2003年版，第362页。

② 参见［德］卡尔·拉伦茨：《法学方法论》，陈爱娥译，商务印书馆2003年版，第267页。

③ 2001年《婚姻法》第47条：离婚时，一方隐藏、转移、变卖、毁损夫妻共同财产，或伪造债务企图侵占另一方财产的，分割夫妻共同财产时，对隐藏、转移、变卖、毁损夫妻共同财产或伪造债务的一方，可以少分或不分。离婚后，另一方发现有上述行为的，可以向人民法院提起诉讼，请求再次分割夫妻共同财产。人民法院对前款规定的妨害民事诉讼的行为，依照民事诉讼法的规定予以制裁。此条内容相当于《民法典》第1092条的内容。

双方当事人在夫妻关系维持期内彼此忠诚，禁止私自处分权利，侵犯当事人权益，或者通过运用惩戒原则，实现平等分配。因为本条没有约定除外之情形，如果夫妇任何一方在离异前有非法转让或隐匿遗产的情形，则应当不分或不隔。但我们来考虑这种情形，倘若父亲将房产赠与女儿，是否仍然对其行为作否定性评价呢？显然该条文对于上述情形涵盖过宽了，因为父亲的赠与并不是恶意转移财产，继续适用该法条，将会产生与背后的实质理由相违背的后果。本法适用的终极目的就是寻求实质公平正义之结果，因此，应当承认在法律规定下，还会存在造成“不同之案型，为相同之处理”的特殊情况。为了减少该缺失，将与立法意旨相悖的部分剔除于其范围之外，以符“不同之案型，应为不同之处理”的平等要求。此即弥补涵盖过宽的方法——目的性限缩。

2. 涵盖过窄

在另一些情形中，规则的一般化处理很可能规定得过窄，没有把根据事物的情况而应当包括的情形涵盖在内。齐佩利乌斯曾经举出过这个例子来说明何谓涵盖过窄：《德国民法典》最初关于违约责任的规定，只规定了拒绝履行与迟延履行两种情形。《德国民法典》实施后，法学家很快发现还有一种违约的情形，法律应当规定而没有规定，这就是“积极违约”。例如虽然义务人没有拒绝履行，也没有迟延履行，但义务人交付的标的物(例如生病的牲畜）却导致债权人更大的经济损失。在这种“积极违约”的情形下，如果法官机械司法，而将其排除于损害赔偿的范围之外，则这种司法判决就无法达到正义的基本要求。因此，从司法判决的结果出发，就要求法院在适用法律时，对这种涵盖过窄的法律进行填补，将“积极违约”纳入法律的规范领域。① 这个例子表明，法律文义和其意图存在着紧张关系，有时文义的范畴又比较狭窄，因而仅限于文字适用的条文，未能实现对事实情形的公正调整，这就需要通过更可理解的规定目的，来拓展法律条文的内涵。

这里再举一个我国法律上的例子来说明一下“涵盖过窄”。1986 年我国《民法通则》第 13 条对精神病人的民事行为能力作了规定。② 但是《民法通则》在当时对“植物人”的民事主体地位和民事权利却没有明确的规定。毫无疑问，从一般生活经验上说，植物人是不可能被视为精神病人的，但根据精神障碍的本质含义，植物人与精神病病人都一样，他们都不能辨认自己的行为。换句话说，从“相同情形相同对待”的要求看，植物人与精神病人应当得到法律的同等对待，但《民法通则》却只规定了精神病人为无民事行为能力人，没有规定植物人，这就属于“涵盖过窄”。③ 在司法实践中，法院以目的论扩展为

① 参见［德］齐佩利乌斯：《法哲学》，金振豹译，北京大学出版社 2013 年版，第 98 页；［德］卡尔·拉伦茨：《法学方法论》，陈爱娥译，商务印书馆 2003 年版，第 251 页。

② 《民法通则》第 13 条：不能辨认自己行为的精神病人是无民事行为能力人，由他的法定代理人代理民事活动。不能完全辨认自己行为的精神病人是限制民事行为能力人，可以进行与他的精神健康状况相适应的民事活动；其他民事活动由他的法定代理人代理，或者征得他的法定代理人的同意。

③ 参见杨立新、张莉：《论植物人的法律人格及补正》，载《法律适用》2006 年第 8 期，第 32 页。

主要手段，将植物人认定为非民事行为能力人。①这一漏洞因为在《民法典》第21条中将“精神病人”修正为“成年人”而得到了彻底的解决。

涵盖过宽和涵盖过窄都可以归结为法律规则的形式与其背后正当化理由的分离。立法机关在阐述条款的内容时，忽视了根据法定目的而对“除外条件”进行限制，或者扩展，或者明确地规定。因此，必须根据可以了解的法律条文的目的，对条款的含义进行限制或扩展，这就是所谓的“例外漏洞”的填补。在其中，规范目的相比法律规范文义的优先地位尤为突出。这两种类型所决定的法律后续的漏洞填补并非为了修正规范目的，而是利用修正文义来完成法律规范的目的。在这里，法律只是在“有思考地服从”过程中实现了立法的规范性意义。②倘若一出现分离便径直认定存在法律漏洞，忽略“法律就是法律”，则有违形式法治的要求，最终无法保证公平正义的实现。

二、近亲禁婚规范的实质理由

（一）近亲禁婚规范的历史变迁

从事理上说，立法者规定的近亲禁婚规范有着充分的依据从中国历史上来看，关于近亲婚姻的规定也有不同的内容。新中国成立之初，《婚姻法》第5条第1款明确禁止直系亲属之间结婚，但对于旁系亲属则做了不同的规定。在那时，我国各地仍有“亲上加亲”的传统，表兄弟姐妹间的中表婚，与历史上的大生产、经济体制、家庭体制都是一样的，人们普遍认为，表兄弟姐妹之间的通婚是很平常的事情，所以中表婚并没有严格的规定。20世纪八十年代，为了改善国民的生活质量，政府推行“优生优育”的方针，因近亲结婚容易造成后代遗传疾病。2001年订正的《婚姻法》仍然将“近亲结合”视作“不能结婚”或“婚姻无效”。2003年《婚姻登记管理条例》亦明确指出，对于三代以下之直系亲属提出结婚登记，登记机关将不予受理。2021年《民法典》第1048条明确指出，直系亲属与三代以下的旁系亲属属于不能结婚的范围。

（二）近亲禁婚规范的实质理由

总体上说，近亲禁婚规范的实质理由，就在于保护后代健康，立法者对此有着明确的表述。在1980年《婚姻法》的立法过程中，由于法律规定直系亲属和三代以内旁系亲属不得通婚，此明显不同于1950年《婚姻法》对五代内的旁系血亲间通婚留待于习惯解决

---

① 《植物人，能申请宣告无民事行为能力人吗?》，载http://www.wuhucourt.gov.cn/DocHtml/245/2012/5/6/00051433.html，最后访问时间：2023年11月14日访问。

② 参见［德］伯恩·魏德士：《法理学》，丁小春、吴越译，法律出版社2013版，第386页。

的方法。从立法者的阐述看，这一改变主要是为了后代健康的考虑。① 从婚姻法的视角看，所谓三代以内的旁系亲属，即包含出自一个祖父母或者外祖父母的“姑表”“姨表”“舅表”兄弟姐妹之间都不得缔结婚姻。

首先从医学上来说，近亲禁婚乃是基于优生学原理和道德伦理学上的要求。亲属距离太近的男女之间婚姻，极易把夫妇双方生理学上和精神上的疾病或者问题遗传给下一代，不利于人口素质的提高和整个人类的长远发展。这是近代以来人们所普遍持有的优生观念，其实这种观念在古代早已有之。《左传》上就宣称，“同姓为婚，其生不蕃”，《国语》上也有“同姓者不婚，惧不殖生”的说法。这里的“同姓”，其实就表达了血缘关系的靠近。后世法律甚至对同姓相婚者以刑罚来加以处罚，例如按照明清法律的规定，同姓相婚者，各杖60，离异。近代随着科学的发展，人们日益认识到血缘关系与后代健康之间的紧密关联。“近亲婚配中所生子女，先天畸形及死产的概率比一般群体高3到4倍”。② 著名生物学家达尔文与其表妹结婚，生育了多位先天不健康的子女，也是为人们熟知的故事。其次，近亲结婚的另一个弊端，也体现在它对家族伦理秩序的冲击。查士丁尼说过，“我们不是可以跟任何一个女人结婚的，因为有些女人是不允许跟她们结婚的，尊卑亲属相互间不得通婚，例如父女之间、母子之间、祖父孙女之间或祖母孙子之间，如此等等；如果这种人互相结合，这种结婚是邪恶的，是乱伦的婚姻。”③ 而且从社会学上看，近亲结婚会导致家庭和社会结构的破坏和紊乱。费孝通先生的研究表明，近亲婚姻可能会“扰乱社会结构，破坏社会身份，解散社会团体”。④ 直系亲属之间发生性关系属于乱伦，各国社会普遍存在着一种共同的伦理观念，即严禁近亲结婚。而婚姻法则以“禁婚”为准则来规制此类行为，这已成为各国社会的普遍共识。

再次，从各国立法实例的角度看，各国对近亲结婚均设有一定限制，我国《婚姻法》的规定合乎各国立法的一般原理。罗马法就对禁止结婚作了规定，现代各国的婚姻制度大多是受到罗马法律的影响而产生的。罗马法中的婚约制度比较完备，我们不仅可以在《民法大全》中发现原始的婚约文书，也可以从盖尤斯、优士丁尼的《法学阶梯》中了解到罗马人对婚姻的种种约束。优士丁尼在其著作《法学阶梯》中详细地阐述了罗马法中的婚姻制度。在罗马法律中，禁止结婚的亲属关系就有一种形式，即：不允许兄弟姐妹等旁系血亲结婚。优士丁尼曾经说过：“兄弟姐妹，无论他们是从父辈还是从父辈开始，都是

---

① 立法者对此解释说：“中国不少地区、政府有关部门都认为，在旁系血亲间婚生的小孩中，有一些先天问题，但现在实行计划生育工作，小孩数量少了，政府更应讲究人口质量问题。并请求政府在婚姻法中明文规定严禁近亲通婚。据此，草案更改为“三代以内的旁系血亲不得成婚。”参见全国人大常委会法制委员会副主任武新宇：《关于〈中华人民共和国婚姻法（修改草案）〉和〈中华人民共和国国籍法（草案）〉的说明》，载《中华人民共和国国务院公报》，1980年第13期，第392页。

② 参见谭湘陵主编：《医学遗传学》，南京大学出版社2014年版，第231页。

③ 参见［古罗马］查士丁尼：《法学阶梯》，张企泰译，商务印书馆1989年版，第20页。

④ 参见费孝通：《乡土中国生育制度》，北京大学出版社1998年版，第140页；也参见刘余春：《我国〈婚姻法〉规定的结婚禁止条件质疑》，载《法学杂志》2009年第1期，第69页。

受约束的。但是，如果这是一种间接的关系，那就是在他们没有了这种形式之后，他们就可以结婚了。罗马法还规定，四个亲属中的堂兄弟姐妹之间的结婚。"①

从比较法上看，"禁止近亲结婚"已成为世界各国的立法通例。《瑞士民法典》第100条、法国《婚姻法》第184条、俄罗斯《家庭法典》第14条、《比利时民法典》第184条，均有上述内容。就本文要特别讨论的自然旁系血亲方面来说，"对于自然旁系血亲的禁婚范围，由于文化传统和风俗习惯的不同，各国的限制范围不一。"② 主要有以下情形："一是禁止二亲等旁系血亲间结婚，如德国民法第1307条；二是禁止三亲等内旁系血亲间结婚，如日本民法、瑞士民法，法国民法原则上禁止旁系三亲等之内的血亲结婚，但是存在豁免情形。即共和国总统得以特别重大的原因取消对婚姻的禁止（法国民法第161条-164条），而且法国判例扩至四亲等内禁止结婚；三是禁止四亲等内的旁系血亲间结婚，如美国的若干州。"③

综上所述，我国婚姻法中关于三代以下亲属不得结婚的立法依据是基于优生遗传的考虑，为了保证所生育子孙后代的健康。立法者正是基于以上论述的综合考虑，设定了近亲禁婚的法条，其直接且最重要的目的是保护后代健康。"后代健康"是法条背后的"实质理由"，近亲禁婚条款则是法律的形式。形式与实质相互对应，禁婚条款是为了实现背后保护后代健康目的的尝试，保护后代健康是禁婚条款的正当化依据。

三、近亲禁婚规范漏洞认定

下文试图通过具体的个案来讨论法律漏洞认定上的一个具体问题，也即漏洞认定上的利益衡量问题。这主要是因为，对法学方法论上问题的讨论，若脱离具、体的个案，很容易导致空对空的泛泛之论，很难推进人们对具体法律问题的认知。法学，即便是理论法学也具有强烈的实践导向性，④ 只有关注个案中的具体问题，方能展开更有效的研究。基于这个目的，在此先简要介绍一个婚姻法上的个案，即"表兄妹绝育申请结婚被拒案"。这是一个看似并不起眼的"简单案件"，但从它之中却能折射出法律漏洞认定的复杂理论问题，因此笔者意欲紧紧围绕本案，来具体讨论近亲禁婚规范中的法律漏洞的认定问题。

小刚与小华是河南省漯河市郾城区的一对表兄妹，他们的父母也是同胞兄妹。2007年8月，二人向双方家长提出了订婚的要求，他们的双方家长在"舅表婚，亲上亲"的传统观念影响下均没提出异议。同年9月，二人到婚姻登记部门请求办理婚姻登记手续，结果婚姻登记部门在了解二人系表兄妹的关系后，坚持拒绝办理结婚证。婚姻登记机关并告

---

① 参见张毅辉：《论禁婚亲》，载《法学论坛》2003年第5期，第53-59页。

② 参见周安平等：《关于结婚条件的理论与实证分析》，载《当代法学》2002年第9期，第17-18页。

③ 参见史尚宽：《亲属法论》，中国政法大学出版社2000年版，第209页。

④ 拉伦茨说，法学的任务"与法实务领域密切相关"。参见［德］卡尔·拉伦茨：《法学方法论》，陈爱娥译，商务印书馆2003年版，第76页。恩吉施也说，"自法学存在以来，它就是一门实践科学"。参见［德］卡尔·恩吉施：《法律思维导论》，郑永流译，法律出版社2014年版，第3页。

诉二人，我国法律明文规定，近亲不得结婚，法律的这个规定是为了保障后代的身体健康。为顺利成婚，二人商议后，决定让小华（女）做一次绝育，并要求医生提供一份证明手术已经完成的文件，之后小华做了绝育手术。2008 年 1 月，两人再次前往婚姻登记部门，请求为他们办理结婚登记，并提供了绝育手术的证明材料，但婚姻登记部门仍然以同样的理由，否决了二人的申请。小刚和小华认为，婚姻登记机关在当事人一方作了绝育手术的情形下，却一直不办理结婚登记，确实干涉了其婚姻的自由。二人遂提出了行政复议，但结果仍遭拒绝。2008 年 5 月 27 日，二人遂向当地法院提出行政诉讼，状告民政部门的不作为行为，并请求婚姻登记机关立即为其办理结婚登记手续。当地人民法院在审理后认为，我国婚姻法中明确规定，直系亲属与三代以内的旁系亲属不得结婚。法律的这个条款属于限制性规定，不可以进行法律变通来适用。而原告小刚和小华属表兄妹关系，在婚姻法所确定的三代内旁系血亲的范畴之内，属于法律禁止结婚的对象。即便当事人一方作了绝育手术，仍需要适用婚姻法的相关条款禁止其结婚，不能对法律加以变通。法院因此裁定撤销原告的诉讼请求。①

在这个案件中，当事人既然属于表兄妹关系，则无疑属于我国婚姻立法规定的禁婚对象。《婚姻法》第 7 条规定：禁止直系血亲和三代以内的旁系血亲结婚。②《婚姻法》的这个规定符合社会通常观念——近亲结婚不利于后代健康。但本案的特殊之处就在于，本案当事人为了结婚，竟然做了绝育手术，因此已经不存在后代健康的问题。在这种情况下，婚姻登记机关仍然拒绝结婚登记，使当事人在付出巨大身体代价的情况下仍然不能结婚，这是否对当事人有些苛刻呢？

（一）绝育手术的规范意义

如上所述，近亲禁婚规范的实质理由在于保护后代健康，因此它有着程度很高的正当性。但本案的关键事实在于，虽然当事人之间属于表兄妹关系，属于法律禁婚的近亲关系，但当事人却做了绝育手术，因此不再有生育后代的问题。所以就本案而言，禁婚的法律规范虽然存在，但禁婚的“实质理由”在本案却不复存在。从这个意义上说，本案的特殊性就体现在，法律的形式和法律的“实质理由”之间出现了分离。王贵松教授在论述此案时，随即引用了法谚“法律理由停止之处，法律本身也停止”，认为本案存在法律漏洞：在当事人已做绝育手术的条件下，法律仍禁止当事人结婚，属于“涵盖过宽”，应当对其进行目的论上的限缩，准予当事人结婚。③

---

① 《表兄妹绝育结婚，法律能否网开一面》，载《政府法制》2009 年第 1 期，第 33 页。

② 这里需要说明的是，《民法典》生效后，《婚姻法》已经不再适用，但《民法典》第 1048 条的规定与原《婚姻法》第 7 条的规定完全一致。本案因为发生在《民法典》生效之前，所以依然以当时有效的《婚姻法》作为讨论对象。

③ 参见王贵松：《我国优生法制的合宪性调整》，《法商研究》2011 年第 2 期，第 34 – 43 页。

本文认为，王贵松教授的这个观点失之偏颇。从实质理由与形式法条之间的基本关系看，形式与实质即便呈现了一定程度的分离，但不能认为一有分离就可以认定漏洞存在。因为形式法律本身也是有力量的，正如肖尔所说，"法律是如何表述的，至关重要。"遵守法条，维护了法律的明确性和可预测性，是实现法治的基本要求。本文在第二章已经论证指出，只有当实质理由与形式法条的分离达到了很高的程度，此时方可认定法律漏洞的存在。这正像拉德布鲁赫所指出的，"公正和司法上的安定性相互之间的矛盾必须这么来处理，确实的且得到规定与权利来维护的司法将获有先进地位，尽管它在内涵上是不公正与不合目的的，除非制定新法规与正义间的冲突已经到达了这种不能容忍的地步，以致身为'非正确法'的制定法不得不向公正低头。""有意偏离"的某部制定法就表示了不需要执行和运用它，而这也就表示了在某些情况中对它的法律效力的否认。

（二）禁婚规范的性质

当然，这里的关键是如何判断"不能容忍"这个不确定的概念？如何将它适用于对具体案件的解决？本文认为，"不能容忍"可以具体化为硬性的法律对当事人施加的负担是否达到了"过分"的程度，以至不能期望当事人去承受，也即在这样的条件下设想让当事人承受法律所施加的负担不具有"期待可能性"。本文认为，就本案而言，虽然当事人之一已经做了绝育手术，当事人的结合原则上不会再产生后代健康的问题，此时法律仍禁止其结婚似乎有些苛刻而不近人情，但这尚未达到过分限制当事人权利的程度，不能说不具有"期待可能性"。这里首先从禁婚规范的法律性质来讨论。

按照我国婚姻立法的规定，"三代以内的旁系血亲禁止结婚"。从法律理论上说，禁婚规范只是一个效力规范，而非行为规范。① 具体来说，行为规范是给行为人都强加了作为和不作为的义务，所以"行为才会有规范含义的'违反行为'，而产生行为人的'负责'问题"。但效力规范则不同，尽管有很多的效力规范也采用了类似"禁止""不得"这样的表述，看似也规定了当事人的行为义务，但其实效力规范上"不得"的含义，就是不赋予法律效力，准确地说应当就是法律规范上的"不得"或者"无权"罢了。② 日本著名法学家美浓部达吉对此曾经举例说，日本法上有禁止买卖贵族世袭地产的规范，这个规范虽然含有"禁止"一词，但却属于效力规范，不属于行为规范。所谓"不属于行为规范"，意思就是立法者的意图并不在于"取缔"这种行为，它对这种行为的实际发生与否毫不在意，类似于"法外行为"，立法者仅仅在于让这种行为无法取得法律上的效力。③ 正如

① 参见［奥］耶利内克：《主观公法权利体系》，曾韬、赵天书译，中国政法大学出版社2012年版，第44页以下。

② 参见苏永钦：《民事立法与公私法的接轨》，北京大学出版社2005年版，第88－89页。

③ 对此问题的详细阐述，参见苏永钦：《走入新世纪的私法自治》，中国政法大学出版社2002年版，第18页。

美浓部达吉所说，立法者“盖非以这种买卖为非法行为而禁止之，乃是使之不发生买卖的效力”。与之相对，日本法上也有规范禁止买卖妨害治安的出版物，这就是行为规范，立法的目的就在于制止和取缔这种行为的发生，“盖以此种买卖为非法行为而禁止之，并不是认此种买卖为无效”。①

具体到我国婚姻立法上的禁婚规范而言，这个规范虽然也使用了“禁止”的表述，但它的功能只在于否定当事人的结合具有“婚姻”的效力，而不在于禁止当事人事实上在一起生活。例如就本案当事人而言，虽然民政机关并未对其进行婚姻登记，但他们依然可以合法地生活在一起。民政局的不予登记，只是否定他们的共同生活具有“婚姻”的效力，但民政局显然不能、也无权禁止他们事实上在一起生活——民政局的不登记，并不会将他们的共同生活行为变为“非法行为”——对本案当事人而言，他们的共同生活并非“非法同居”！他们依然有合法生活在一起的自由，只不过是这种自由不受法律的积极保障而已，法律不承认其属于“婚姻”而已。换言之，禁婚规范并非行为规范，它并不是要禁止某种行为绝对不允许发生，它的功能仅仅在于不赋予这种行为在法律上的效力。总之，在禁婚规范之下，当事人依然可以自由地生活在一起，只不过它们的这种同居生活并不是法律所承认的“婚姻”。

（三）禁婚规范对当事人的不利益

当然，即便禁婚规范是效力规范，也会在从某种程度上给本案当事人带来若干不利益。我国《宪法》第49条规定，“婚姻、家庭”受国家的保护。但因为本案当事人的结合不具有婚姻和家庭的要素，所以就被排除于宪法第49条的保护之外。而被排斥于宪法的保障以外，也即意味着被排斥在法律的保障以外，这就会产生一系列的不利益，这些“不利益”主要包括：第一，当事人的结合并不构成于法律上的“婚姻”。既然他们的结合不属于法律上的婚姻，则当事人之间也就不存在于丈夫和妻子之间的身份，从而也就不能获得法律上所规定的身份权益，比如夫妻之间共同抚养的权利义务。《民法典》第1059条规定：夫妇双方有共同扶养的义务。对于要求共同扶养的任何一方，当另一方不能完成共同扶养义务时，也有请求其给予共同扶养费用的权利。本案当事人就不能主张这种权利。第二，既然双方的结合不是夫妻关系，他们之间也就不享有对对方财产的继承权。《民法典》第1061条规定：夫妻有共同继承财产的权利。本案当事人亦不能主张这种权利。第三，还可能有其他的不利益，例如有学者曾主张应当改革税法，以家庭为单位来缴

① 参见［日］美浓部达吉：《宪法学原理》，欧宗佑、何作霖译，汤唯点校，中国政法大学出版社2003年版，第5页。

纳个人所得税，这种税制要较个人纳税制更为优惠。① 设若我国未来采取这种税制，但本案当事人的共同生活因为不具有“家庭”的资格，因此就无法享受到这种税法上的优待。上述这些不利益的确是现实存在或者未来可能存在的，但这种不利益是否达到了“不能忍受”的程度以至不具有任何期待可能性？本文对此持有保留态度。这是因为，尽管法律给本案当事人带来的诸多的不利益，但法律毕竟没有干涉当事人共同生活的“自由”，当事人依然可以自由地共同生活在一起，法律并没有将其同居行为一概取缔了之。从社会学的角度看，婚姻的实质就在于共同生活，② 法律只不过是赋予这个共同生活以“婚姻”的形式而加以保障而已。从这种角度看，对于本案当事人而言，他们确实无法享受结婚的具体“形式”（例如在婚姻登记机关登记，领取结婚证），但他们依然享有婚姻的实质——共同生活。法律虽然禁止他们享有共同生活的婚姻形式，但法律却没有深度干涉到他们共同生活的实质。从这个角度看，禁婚规范虽然给当事人带来了诸多的不便，但尚未达到不能忍受的程度，可谓尚具有期待可能性。

既然禁婚规范带来的不利益没有达到不能忍受的程度，即当事人仍然可以无阻碍地共同生活。这就说明，在本案中，法律的实质和形式有所分离，但分离程度不足以使得实质理由胜出而需要抛弃规则或者对其进行目的性限缩。禁婚规范形式上的要求，能在最大限度上避免和抑制伦理混乱中的男女感情问题，使其更为合乎人性，也因此使得每对适婚夫妻均属于合乎法定婚姻条件的男女，从而在两情相悦中孕育自己健康的爱情结晶。此种伦理上的“公共利益”大于当事人不能结婚的“个人利益”，故在该案件中，实质理由和形式法条的分离不足以认定法律漏洞存在，不应当对其进行漏洞填补。

四、余论

在各国的司法实践中，法律上的漏洞是一个很常见的问题。关于法律漏洞的研究，无论是理论还是实践，都集中在如何填补法律上的漏洞。理论上来说，关于如何认定法律上漏洞的问题，目前的研究却不多；而在实践中，将法律漏洞与非法律漏洞混为一谈的情况更是屡见不鲜。因此，在法律漏洞理论中，认定法律漏洞是不可或缺的一部分。

本文的前提论据在于，任何法律都可以看作是其形式法条和实质理由的一个综合体，实质理由提供了形式法条的正当化理由和依据。但出于对法安定性的考虑，也由于立法者预见能力和语言工具的固有不足，立法者在拟定法条时不可能穷尽列举实质理由所涵盖的所有客观要素，因此总会导致实质理由与形式法条的分离，从而导致涵盖过宽或者涵盖过窄的情形出现。但并非一出现这种分离，就需要认定有法律漏洞的存在。“法律的理由消

---

① 参见刘鹏：《家庭课税：我国个人所得税改革的应然之举?》，载《经济体制改革》2016年第4期，第191－195页；石坚、狄欣荣：《个人所得税制家庭课税制度研究》，载《财政科学》2016年第10期，第43－51页。

② 参见费孝通：《乡土中国生育制度》，北京大学出版社1998年版，第144页。

失，法律本身也消失”这个法谚似有夸大其词之处。因为形式法条本身是有“力量”的，这种“力量”也是法治的基本要素，不能随意舍弃。因此，只有当形式法条的适用达到很高的“不正义”程度时，才有必要予以认定此时存在法律漏洞。

以上可谓学界的通说，本文的些许价值则在于将这个通说适用于对具体案件的分析，并在分析过程中提出了对“不能容忍”“不正义”等不确定概念进行具体化的方案。在本案中，虽然当事人已经做了绝育手术，不存在后代健康的问题，禁婚规范的理由似乎已经消失，但这个规范对当事人的不利影响是否达到很高的“不正义”的地步？本文从禁婚规范对当事人带来的各种不利益的角度，对该规范的适用是否仍具有期待可能性的问题进行了讨论。本文认为，虽然禁婚规范给当事人带来了诸多的不利益，但禁婚规范却没有影响当事人的核心利益，即共同生活的利益，因此这个规范对当事人带来的负担并非不可忍受。有鉴于此，可以不认定有漏洞的存在。

本文虽然对漏洞认定的问题结合具体案例进行了讨论，但本文的局限性可能在于，本文对“不能容忍”“不正义”等不确定概念提出的具体化方案似乎仅仅适用于个案，尚不够具有一般性。那么，对于“不能容忍”“不正义”等不确定概念是否可以找到更加一般性的认定标准？倘若要进行利益衡量，在判断何种利益胜出的时候如何作价值评价？怎样的价值评价具有客观性从而增强法律的理性？还有，在私法案件中，法院进行漏洞认定肯定只对当事人一方有利，而对另一方不利，怎样认定可以使最终的结果最大程度实现公平？这些问题可能是进一步研究的方向。

《著作权法》作品类型兜底条款适用困境与解释出路

文 棋*

摘 要 《著作权法》对作品类型兜底条款的修改，适应了社会发展对新型作品著作权保护的需求。但该条款扩张了法官在非法定类型作品认定上的裁量权，具体适用中容易出现过度开放的问题。主要原因体现为该条款的关键词“作品特征”的含义较为模糊，其与相关类型和规则的区分不明显。需要通过体系解释进一步明晰该条款的规范内涵，增强著作权客体司法保护的确定性：一方面，通过该条款在著作权法及知识产权法中的外部体系定位，将其与其他作品类型、汇编作品以及其他智力成果明确区分；另一方面，通过提取该条款所属条文各法定作品类型的同类特征，将其内涵范围限缩为能够产生认知影响力的纯符号表达。

关键词 兜底条款 作品类型 体系解释 法律方法

一、引言

我国《著作权法》2020年最新修订对涉及著作权客体总体规定的法律条文作出了实质修改。首先，该条文引入并修改了原本仅存在于《著作权法实施条例》的关于作品的概括性界定，① 明确作品是指“文学、艺术和科学领域内具有独创性并能以一定形式表现的智力成果”。紧随这一规定，以“包括”一词为连接，该条文列举了受保护的各类具体作品类型，包括文字作品、美术作品、视听作品等等；此外，修法的另一变更则实质改变了

* 文棋，女，四川蓬安人，江苏师范大学法学院讲师，研究方向为知识产权法。

① 《著作权法实施条例》第2条规定：“著作权法所称作品，是指文学、艺术和科学领域内具有独创性并能以某种有形形式复制的智力成果。”

最后的列举项，也即将所谓的“作品类型兜底条款”由“法律、行政法规规定的其他作品”修改为“符合作品特征的其他智力成果”。通常认为，基于以上规定，保护《著作权法》列举之外的作品类型不再如修法前那样需要受到由法律、行政法规事先规定的前提限制，而是可以通过作品类型兜底条款的直接适用来实现。因此，作品类型兜底条款的修订也被认为增加了著作权法的开放性和灵活性，使其具有囊括随着技术和社会发展出现的新的作品类型的制度空间。① 近年来，国内外也确实有一些“非典型作品”引起了不小的著作权法保护争议，如音乐喷泉、香水气味、食品味道、电子游戏、网页设计等。② 但开放性客体制度下如何判断某一具体的争议客体是否落入其规范范围并非易事。作品类型兜底条款的表述较为宽泛而具有不确定性，通过通常的文义解释很难得出具体的法律适用标准，难以回答新类型客体的著作权法保护问题。因此，有必要对作品类型兜底条款的法律解释问题进行进一步探究，明确其实质内涵，从而帮助实现该条款法律适用的可预测性。

二、《著作权法》作品类型兜底条款的法律适用困境

《著作权法》作品类型兜底条款修改前，保护法定作品类型外的其他作品以“法律、行政法规规定”的规定为前提，由于事实上不存在此种规定，因此理论上作品类型兜底条款不存在如何适用的疑问。这种封闭性曾被认为是一些非典型作品享有著作权法保护的“制度障碍”，③ 此次修法很大程度上破除了此种障碍，但现行作品类型兜底条款的法律适用出现了新的困境。

（一）作品类型兜底条款规定的“作品特征”含义不明确

《著作权法》作品类型兜底条款的表述十分简约，也即“符合作品特征的其他智力成果”。然而，何为“作品特征”却并不明晰。首先，《著作权法》和相关实施条例从未明确规定何为“作品特征”，学界也很少使用“作品特征”这一表述，没有对“作品特征”的内涵达成特定共识。此外，在《著作权法》作品类型兜底条款修改前，法院判断某一争议客体是不是“作品”时，往往直接引用《著作权法实施条例》第二条对作品的界定进行分析，并不使用“作品特征”这一用语。由此看来，“作品特征”并不是一个早已形成的专门概念，而是此次修法引入的一种表达。

不过，该条款所在条文给出了关于作品的“界定”，再加上法院一直以来也使用此种界定分析争议客体是否受著作权法保护，因此“作品特征”似乎被默认等同于这些“要

① 参见石宏：《〈著作权法〉第三次修改的重要内容及价值考量》，载《知识产权》2021 年第 2 期，第 5 – 6 页。

② 参见曹阳：《非典型作品著作权保护的审慎原则证成与修正》，载《电子知识产权》2019 年第 12 期，第 59 页。

③ 参见卢海君：《“作品类型法定原则”批判》，载《社会科学》2020 年第 9 期，第 102 – 103 页。

件”。然而，如果考虑到在某些案件中法院考虑了作品的“界定”之外的因素来评估争议客体是否为著作权客体，那么此处作品的特征可能并不直接等同于作品“界定”的字面表述。例如，对于荷兰法院审理的奶酪味道案，欧盟法务官认为作品仅指可以通过视觉或听觉感知的客体，不包括味觉或嗅觉等感知的对象，因此该味道不能构成一种新的作品。① 可以认为“可以通过被视觉或听觉感知”也是现有所有类型作品的特征，但是这种特征并没有由作品的界定明确显示出来。可见，“作品特征”的内涵似乎难以完全通过事先的规定一一列出，这也就导致其含义不够明确。

即使暂且将“作品特征”对应于该条文对作品的界定，也即满足“文学、艺术和科学领域”“具有独创性”“以一定形式表现”和“智力成果”这四项要件，“作品特征”的含义仍然具有很大不确定性。在这四项要件中，“能以一定形式表现”意在规定作品是一种外在表达，而非仅停留在思想层面。这一要件并无太大争议。其次，“文学、艺术和科学领域”和“智力成果”内涵则较为宽泛，例如“技术发明”无疑也是一种科学领域的智力成果，但显然其并非著作权法上的作品。最后，最关键的作品特征是“独创性”。作为著作权法上的专门概念，“独创性”一方面的内涵是指“独立创作”而非抄袭他人作品，这一点易于明确；“独创性”还指具有一定的“智力创造性”，而不是纯粹的“额头流汗”的体力劳动。但如何衡量此种“智力创造性”是“足够的”则不太容易。例如，我国司法实践中发生的“凤凰网体育赛事转播案”，曾引发学界关于“体育赛事直播画面（的形成）”是否具有独创性的巨大争议。终审法院认为体育赛事直播中“摄制准备、现场拍摄、加工剪辑”的步骤中需要“作出一系列个性化的选择和安排”，因此具有独创性；② 批判观点则认为这一过程的独创性并未达到作品应具有的高度，而只是与一般的不属于作品之列而只是邻接权客体的“录像制品”相似。③ 可见，即使将“作品特征”理解为法律对作品的“界定”，其内涵也因为这些界定本身含义的可争议性而处于不确定状态。

（二）法定作品类型的法律解释空间影响作品类型兜底条款范围的确定性

《著作权法》作品类型兜底条款法律适用困境还体现在该条款与其他法定有名作品类型如何选择适用的问题上。在著作权客体的判断中，有时争议的核心并不是特定客体是否符合上述总括性作品定义，而是其是否符合特定具体作品类型的定义。也即在认可某种客体属于“作品”之后，对于其属于何种“作品类型”产生争议。《著作权法》作品类型兜底条款作为一项“兜底”规定，应当在其他条款无法调整时适用。然而，其他法定作品类型条款的含义存在一定的解释空间，或者随着社会发展可能产生一定的变更，因此也具有

① See Levola Hengelo BV v. Smilde Foods BV. CJEU，Case C－310/17（2018），para. 40－43.

② 参见北京市高级人民法院（2020）京民再128号民事判决书。

③ 参见王迁：《体育赛事现场直播画面著作权保护若干问题——评“凤凰网赛事转播案”再审判决》，载《知识产权》2020年第11期，第31－33页。

不确定性，这就同时导致作品类型兜底条款的适用疑问。由于大多数争议客体会在表现形式上与已有作品类型存在一定联系或相似之处，与已有作品类型全然不同的“新”客体并不多见，因此在很多情况下，《著作权法》作品类型兜底条款都可能产生此种法律适用困境。

在曾引起广泛争议的“音乐喷泉案”中，一审法院和二审法院对于应当适用《著作权法》保护“音乐喷泉”这一问题的看法是一致的，均认为音乐喷泉属于艺术领域内具有独创性的表达，应赋予其著作权法保护；二者的分歧体现在选择哪一具体条款保护音乐喷泉的问题上，一审法院将其作为法定列举作品类型之外的兜底性“其他作品”保护，① 二审法院则将其认定为“美术作品”予以保护。② 此种不同的根源是二者对音乐喷泉是否可以被解释为“美术作品”认识不同。尽管当时的《著作权法》作品类型兜底条款尚未修改，“其他作品”仅以“法律、行政法规的规定”为前提。但一审法院仍然基于对“音乐喷泉”不属于现有任何一种作品类型而又具有独创性而“扩张性”地适用了当时的作品类型兜底条款，其认为：“著作权法规定的具体作品类型中，并无音乐喷泉作品或音乐喷泉编曲作品这种作品类别，但这种作品本身确实具有独创性，……这种作品应受到著作权法的保护。”③ 二审法院则认为，法律对“美术作品”规定的要件中“并未有意排除动态的、存续时间较短的造型表达”，④ 音乐喷泉具有“水型三维立体形态”，属于“动态立体造型表达”，因此将其纳入“美术作品”条款予以保护。⑤ 然而，有学者则认为音乐喷泉“明显不符合美术作品的法定含义及人们的普遍认识”，依照此种逻辑甚至会出现“长度为10分钟的美术作品”这样不合常理的说法。⑥ 可见，基于对于音乐喷泉能否解释为美术作品的不同看法，对于可否适用作品类型兜底条款也会有不同观点。再如，学界关于电子游戏的著作权法保护争议也主要体现在法律条文适用的选择上，对于电子游戏包含受著作权法保护的要素很大程度是没有争议的，但对于如何适用法条却有多种不同观点，有观点主张将电子游戏作为一种独立的新的作品类型适用作品类型兜底条款保护，⑦ 也有观点认为构成游戏独创性表达的文字、图像、音乐、连续画面等可以分别作为法定列举的八类作品之一获得保护，⑧ 还有观点认为可以通过汇编作品规定保护。⑨

---

① 参见北京市海淀区人民法院民事判决书（2016）京0108民初15322号民事判决书。

② 参见北京知识产权法院（2017）京73民终1404号民事判决书。

③ 北京市海淀区人民法院（2016）京0108民初15322号民事判决书。

④ 《著作权法实施条例》将美术作品定义为“绘画、书法、雕塑等以线条、色彩或者其他方式构成的有审美意义的平面或者立体的造型艺术作品”。

⑤ 参见北京知识产权法院（2017）京73民终1404号民事判决书。

⑥ 参见王迁：《论作品类型法定——兼评音乐喷泉案》，载《法学评论》2019年第2期，第10页。

⑦ 《“率土之滨案”的想法（一）：游戏整体应当认定为新作品类型吗》，载 https：//mp. weixin. qq. com/s/ViigPVtaVu1E4t5YrO5UpQ，最后访问日期：2023年10月10日。

⑧ 参见陈锦川：《网络游戏是一种独立于其他作品的新的作品类型吗？——从网络游戏借以表现的形式说起》，载 https：//mp. weixin. qq. com/s/phfki4ntUXDNxoW3dGaQPg，最后访问日期：2023年10月1日。

⑨ 参见崔国斌：《认真对待游戏著作权》，载《知识产权》2016年第2期，第4－5页。

可见，作品类型兜底条款法律适用的困境还体现在该条款和其他有名作品类型等条款间可能存在的选择适用疑问，尤其对于那些与现有表达形式既存在区别又存在联系而可能适用其他条款的客体而言，作品类型兜底条款适用问题需要厘清其与其他相关法律条文间的规范边界。

三、《著作权法》作品类型兜底条款法律适用的困境成因与破解思路

（一）《著作权法》作品类型兜底条款法律适用困境成因分析

1.《著作权法》作品类型兜底条款的文义解释与规范内涵存在偏差

作品类型兜底条款表述为“符合作品特征的其他智力成果”。根据同一条文对“作品”的概括性界定“文学艺术科学领域内具有独创性并能以一定形式表现的智力成果”，首先将作品特征理解为满足此种界定。然而，这一界定的基本文义解释很大程度上超过了其实际规范内涵。

首先，关于“文学、艺术、科学领域”实际所指与字面通常文义明显有别。《伯尔尼公约及其超越》一书即指出不能将其按照字面含义解读。例如，基于著作权法不保护思想的原理，科学不是指科学发现。而“科学”一词的使用在“文学和艺术作品”的语境下似乎没有必要，因为与科学有关的作品，将不可避免的是文学成果或艺术成果。① 当下学界通常将其理解为展现科学简约之美的设计图及模型等作品，区分于投入工业应用的技术领域。其次，“能以一定形式表现”意味着作品应当是被表现出来可被实际感知的确定对象。通常认为其强调的是著作权法不保护抽象的思想。② 最后，“智力成果”强调“智力投入”，但具有独创性已经涵盖了“智力投入”的要求。总体上，仅有独创性是最具共性的作品判断标准，其他要件更像是对已经确定保护的各类作品的概括描述。正如《伯尔尼公约及其超越》一书针对上述领域表述所言“必须承认这一表述是在字面上对公约明确规定属于其涵盖范围的诸多成果所做的不准确的文字描述。”③

可见，作品特征的核心最终落在了“独创性”上。但独创性是一个需要专门解释的概念，它常常引发差异较大的理解。单纯从表面文义看具有“独创性”的要求甚至不能排除技术发明、数学公式等明显不属于著作权法领域的客体。对此，国内有学者认为独创性等作品判断要件本就仅是认定作品的必要非充分条件，在此之外还需要考虑著作权法不保护思想、事实、功能等基本原理。④ 欧盟国家有观点将独创性作为唯一的作品认定标准，但

---

① Sam Ricketson& Jane C. Ginsburg, *International Copyright and Neighbouring Rights: The Berne Convention and Beyon*, Oxford University Press, 2006, p. 409.

② 参见王迁：《〈著作权法〉修改：关键条款的解读与分析（上）》，载《知识产权》2021 年第 1 期，第 21 页。

③ Sam Ricketson& Jane C. Ginsburg, *International Copyright and Neighbouring Rights: The Berne Convention and Beyond*, Oxford University Press, 2006, p. 409.

④ 参见王迁：《知识产权法教程》，中国人民大学出版社 2021 年版，第 57－58 页。

学者对其内涵范围的解读似乎更为丰富，例如将受到功能限制的客体解读为排除了个性选择判断空间而不满足独创性要求。[①] 但此种对规范内涵的理解与适用，很难通过文义解释实现。

2.《著作权法》作品类型兜底条款的限缩性解释缺乏完善理论支持

因为《著作权法》作品类型兜底条款的文义解释仅能得出较为宽泛、模糊的适用依据，法官在司法实践中可能基于著作权法基本原理等对其内涵加以限缩解释。欧盟法院在类似的法律适用问题中就作出过一定的尝试，但是并未形成成熟的理论基础，难以为《著作权法》作品类型兜底条款法律解释提供参考。

法国最高法院以“香水气味仅是应用技术诀窍的结果…它不能被视为一种创作而成的、能从著作权保护中受益的表达形式”作为否定香水气味应当受著作权法保护之主张的理由。[②] 这意味着法院间接地将“不属于应用技术诀窍的结果”作为作品的本质特征之一，只是这一特征并不具有足够说服力，因为后来下级法院又一次赋予香水著作权保护，并认为“文学、美术或音乐作品（的创作）也需要技术诀窍”。[③] 此外，荷兰法院在审理奶酪味道案中将食品味道能否作为作品保护的问题提交欧盟法院。负责向欧盟法院提供意见的欧盟法务官指出（作品）“仅指可以通过视觉或听觉感知的作品，如书籍和乐曲，不包括通过其他感官，如味觉，嗅觉或触觉感知的成果。”[④] 这也是对已有作品本质特征总结得出的一种解释，这一特征总结似乎更具有说服力。不过，欧盟法院给出的否定保护理由又有所不同，其认为“《版权指令》保护的作品必须通过一种能够被精准和客观地确定的方式加以表达。”[⑤]

这些案例显示，目前国外已有司法实践中对于作品界定明确的文义难以涵摄的范围，尝试对作品的概念或特征进行提炼和限缩性解释，但并未形成具有一定普遍性的理论基础，且随具体案件而不同，不确定性很强。可见，即使法院在适用《著作权法》作品类型兜底条款时意识到要进行一定限缩解释，也尚缺乏可借鉴的理论基础。

（二）《著作权法》作品类型兜底条款法律适应困境的破解思路

鉴于上文的原因分析，《著作权法》作品类型兜底条款法律适应困境的有赖于破除孤立片面的基本文义解释，通过法律解释方法的运用明晰其具体规范内涵以及与其他条文之间的规范关系。首先，从各类法律解释方法的特点看，最适于消除孤立理解的方法是体系解释。任何法律条文都不是孤立存在的，而是与其他相关规定共同构成一个具有特定目的

① J. McCutcheon, “Levola Hengelo BV v Smilde Foods BV: The Hard Work of Defining a Copyright Work”, *Modern Law Review*, vol. 82, 2009, p. 936 – 949.

② X v Haarmann &Reimer Ste (June 13. 2006). 英文翻译见 IIC 2006, 37 (8), 988 – 989.

③ A Beaute Prestige International v Ste Senteur Mazal (February 14, 2007, Cd'A Paris).

④ See Levola Hengelo BV v. Smilde Foods BV. CJEU, Case C – 310/17 (2018), para. 51.

⑤ See Levola Hengelo BV v. Smilde Foods BV. CJEU, Case C – 310/17 (2018), para. 40 – 43.

的整体制度，通过相互之间的“配合”实现体系整体的功能。① 因此，要真正理解“局部”，就必然需要了解“整体”，通过其在整体中的位置、与其他条款的相互关系以及整体的目的理解“局部”的本质。运用体系解释的方法，需将个别的法律语词作为整个体系的一部分，即将其置于整个法律，甚至整个法秩序的意义关联当中来理解，为了确定个别要素的意义，把握意义之整体。体系解释具有基础而重要的作用，甚至于“没有体系性思维及其体系解释方法就不可能有法律的恰当使用。”②

其次，作为一种概括性规定，法律中兜底条款的适用常常需要进行限缩解释，限缩的主要方法是运用同类解释这种特殊的体系思维。由于兜底条款字面含义较为宽泛或不具有确定性，法院往往不会仅仅根据字面意义解释兜底条款；一般认为，位于列举项之后的兜底条款是对应列举项相同类型之事物的“一揽子规定”，而不是用来涵摄与列举事项完全不同类型的事项，由此以列举项的同类特征来限缩兜底条款的内涵。《著作权法》作品类型兜底条款内涵的确定也有必要应用这一重要的解释方法。而同类解释也是一种特殊的体系解释方法，它主要关注法律条文内部的体系协调。

在上述体系解释的基本思路下，就《著作权法》作品类型兜底条款的法律解释本文还将进行两方面完善：一方面，全面地运用体系解释的方法，将观察视角从条文内部拓展到其所在的著作权法体系和知识产权法体系；另一方面，在运用同类解释方法时融入目的解释的思考，增强解释的依据基础。有学者在从学说史上追溯体系解释的方法论基础之后，基于萨维尼在《当代罗马法体系》中对体系解释有影响力的正式阐释将体系解释的基本类型划分为外部体系解释和内部体系解释。③ 前者主要是基于形式逻辑概念的定位型解释，关注法律的结构、形式及相关条文在法律中的具体定位，利用形式逻辑展开解释；后者则是基于法律整体价值形成统一意义整体的协调型解释，往往追溯到制定法的目的来理解整体意义脉络中的具体条文。④ 由于上述《著作权法》作品类型兜底条款的法律适用两方面的困境，一方面正是需要厘清其形式上的体系定位，另一方面则需要结合目的解释规范价值实质统一的角度明确其隐含的规范内涵，下文便运用这一体系解释思路展开探究。

四、《著作权法》作品类型兜底条款的体系解释出路

（一）《著作权法》作品类型兜底条款的外部体系解释

体系解释中的“外部体系”是指一种以“概念金字塔”的方式构建的“形式－概念”

① 参见陈金钊：《论法律的体系性及体系化》，载《求索》2023年第5期，第128－130页。

② 陈金钊：《体系思维的姿态及体系解释方法的运用》，载《山东大学学报（哲学社会科学版）》2018年第2期，第69页。

③ 参见车浩：《法教义学与体系解释》，载《中国法律评论》2022年第4期，第103页。

④ 参见车浩：《法教义学与体系解释》，载《中国法律评论》2022年第4期，第108、110页。

逻辑体系。在此种体系框架内，可以借助演绎逻辑思维解决法律问题。外部体系解释的前提是承认“法律规范之间存在着有意义的次序编排”，其关键在于从特定法律条款在整个法律结构中的定位来展开解释。① 对《著作权法》作品类型兜底条款的理解很大程度上可以借助此种法律思维，也即从其在体系中形式上的位置推知其规范内涵与边界。就具体的概念体系而言，作品类型兜底条款是一种对作品类型的规定，各种作品类型的概念统合于“作品”这一更为抽象的概念之下，而《著作权法》是针对“作品”的规范体系，因此探究作品类型兜底条款在《著作权法》中的体系定位是理解其内涵的必要途径；另一方面，“作品”之上存在“知识产权”这一统摄性概念，其涵盖与“作品”既存在共同点又存在区别的其他调整对象，可能与作品存在区分问题，因此有必要从上位的“知识产权”角度来进行整体的区分与解释。

1. 厘清“作品”在上位概念“知识产权”下的体系定位

著作权法保护的客体“作品”是一种具有独创性的智力成果，经由智力或脑力劳动产生。但经由脑力劳动形成的智力成果是多种多样的，具有各自特征；正因为如此，保护这些智力成果或“知识财产”的“知识产权法”由不同的法律组成。对于作品这一概念的理解应当回溯到其上位概念知识产权，并将其与统摄于这一上位概念的其他“智力成果”相互区分。知识产权法下不同的法律既具有共性，也存在差异化的规则设计。但此种差异可能并没有在相关法律的明确用语中充分体现，因而可能发生某种混淆，尤其是有些客体可能处于不同法律制度的“中间地带”或者兼具不同的特征，因此定性并不十分容易。《著作权法》作品类型兜底条款较为宽泛、模糊，可能潜在地涵射诸多智力成果。为保持体系的一致性，有必要从体系定位和区分的角度考虑作品类型兜底条款的适用范围。

知识产权法律体系内部，著作权法与专利法（包括外观设计专利法）都属于授予智力成果专有权利的法律，都旨在激励创新，具有较大的相似性。尽管其核心客体似乎容易区分，但某些兼具二者特征的争议客体却可能导致疑问。为此，有必要再次明确知识产权法下不同具体法律的差异，明晰争议客体纳入不同法律在规范上的可能差别。下图表格（表格 1）显示了上述具有相似性的不同智力成果规范效果的主要差异，包括授权条件、授权程序、保护范围、保护期限及相关费用。

从表格可以看出，著作权制度相对而言具有最简约的保护要件、无须申请也无须费用、保护期限最长，发明专利制度则具有严格的保护条件、繁琐的审查程序、更高的费用以及更短的保护期限，外观设计对应制度安排之严苛性则介于发明与作品之间。此种区分与三类客体迥异的特征对应。

首先，从发明与作品的区分来看。一方面，从生产供应方面看，作品创作是没有标准答案的个性发挥过程，但技术发明则有着特定的目标与有限的解决方案，前者的发展是发

① 参见车浩：《法教义学与体系解释》，载《中国法律评论》2022 年第 4 期，第 105－108 页。

散的、多样的，而后者的进步则是线性的、累积的，这意味着对后者的专有权利保护更可能影响竞争者和在后创新者；① 另一方面，从消费方面看，后者对应产品的需求弹性小，可替代性差，当需要实现某种功能时，就只有有限的选择方案，缺乏时可能的后果更严重，这意味着专有权利保护对消费者利益减损可能更大。② 可见，对公共利益的影响不同是二者制度差异的核心原因。其次，外观设计的特性一定程度上介于作品与发明二者之间。外观设计虽然也是具有一定个性发挥空间的审美“创作”，但由于其总是附着于特定产品并服务于产品市场，因此设计过程总是受到产品实际功用及市场需求考量的限制，而不可能是完全自由的个人思想情感的表达，其创作空间尽管不是由功能决定，但仍然因为需要融合功能实现的需求而更为“狭窄”，这也导致在后设计更可能需要参考和借鉴已有设计及其市场反馈情况；③ 功能性的考虑同样影响消费端的选择，因此其可替代性相比于纯粹非物质非功能的作品更弱。④

表格1

客体 / 制度安排	发明	外观设计	作品
授权条件	新颖性、创造性、实用性	新颖性、区别性等⑤	独创性
授权程序	经实质审查授权	经形式审查授权	自动保护
保护范围	不限	限于相同或者相近种类的产品	不限
保护期限	20 年	15 年	50 年以上⑥
年费	有	有	无

从这种对比和衡量中可以发现，相比于具有实用性质的发明以及需要考虑实用功能的外观设计，作品的创作具有最大的个性化自由空间，是一种较为纯粹的审美及思想表达，正是基于此种独立性和自由性，对特定作品的保护更不容易减损竞争者及社会公众的利益，因此宽松的保护条件及较长的保护期等“慷慨”的授权可能的负面效应有限。

对比之下，当下引起争议的很多“非典型作品”都与特定物质存在必然联系。这意味

① Dennis S. Karjala，“Distinguishing Patent and Copyright Subject Matter”，*Connecticut Law Review*，vol. 35，2003，p. 439 – 467.

② Christopher Buccafusco & Mark A. Lemley，“Functionality Screens”，*Virginia Law Review*. vol. 103，2017，p. 1293 – 1320.

③ See Mark P. McKenna & Katherine J. Strandburg，“Progress and Competition in Design”，*Stanford Technology Law Review*，vol. 17，2013 – 2014，p. 1 – 22.

④ See Sarah Burstein，“Whole Designs”，*University of Colorado Law Review*，vol. 92，2021，p. 181 – 202.

⑤ 根据《专利法》第23条之规定，授予专利权的外观设计应当不属于现有设计，与现有设计或者现有设计特征的组合相比应当具有明显区别，不得与他人在申请日以前已经取得的合法权利相冲突。

⑥ 根据《著作权法》第23条之规定，自然人、法人等不同主体以及不同类型作品的保护期限略有不同，但至少为50年。

着相应的创意发挥需要受到物质本身的功能方面的限制，创意发挥空间或表达的信息含量有限，个人享有权利的正当性相对更弱，且专有权利的保护也更容易对竞争者及社会公众产生负面影响。它们在利益平衡的影响上可能更加接近于外观设计。尽管著作权法并未完全排除对那些与物质存在必然联系的客体的保护，但这种情况并不是主要的而是一种“例外”，而且始终存在争议。例如，对于实用艺术品不同国家曾存在不同的路径选择，包括设定更高独创新标准、增加功能与审美可以分离的条件等“区别对待”方式。① 然而，某些争议客体获得同等著作权法保护的合理性甚至弱于实用艺术品。实用艺术品至少包含传统的表达形式，也即意味着同等的创作空间和信息量，甚至可能在创作上与纯粹艺术作品无异，只是后来被应用于工业品，因此赋予其平等保护可能具有合理性。但“水舞”“香味”“花束摆放”等创意设计在表达空间上就必然窄于传统作品类型，难以具备同等的保护合理性。因此，作品类型兜底条款不应当仅仅因为特定客体具有“创意”或“审美性”而一概将其包含其中，否则就会违背著作权法与知识产权体系内其他智力成果保护法的分野逻辑并破坏知识产权法的概念体系，违背解释的体系性要求。

此外，正是因为著作权法最容易获取但保护效力最强，因而任何未明确定性的智力成果的创造者都有足够的驱动力首先主张此种权利的保护。② 但是，对于此类权利主张应当最为谨慎和克制，因为其可能的影响最大，后果最严重而最难以矫正。因此，存在争议时，著作权法之适用应当“谦抑”，以对抗其扩张趋势并避免不良后果的累积。

2. 厘清“作品类型兜底条款”在著作权法中的体系定位

作品类型兜底条款范围的恰当界定还需要明晰的问题是它与著作权法体系内部已经明确规定的各类作品类型条款的关系，包括与同一条文内各类法定作品类型以及汇编作品这种特殊的“作品类型”之间的关系。从统摄这些具体规定的整体著作权法来看，这些不同作品类型的具体规定所覆盖的对象总体上应当是特定的、互斥的。

首先，对于作品类型兜底条款所在条文的其他作品类型而言，体系解释的要求意味着每种法定作品类型都有各自的特征，能够覆盖无法为其他任何条款包含的对象。因此，如果可以首先判断某一客体被某一已有作品类型涵盖，或者位于其可拓展的边界之内，则其就不属于其他作品类型。例如，对于游戏画面应属于何种作品类型的疑问，如果论证其应当属于“视听作品”可拓展的边界内，就不必再将其纳入作品类型兜底条款进行保护。不过，这也正是当下常见的争议，也即对于与传统作品类型既存在相似之处又存在不同的非典型“作品”应当如何归类的问题。归类在著作权法上的主要实质意义体现在不同类型的作品对应不同的配套规则，包括对应不同的专有权利和权利例外设置，在独创性的判断

---

① 参见李军：《实用艺术品之著作权保护资格：艺术统一、可分离或高阶层李军》，载《电子知识产权》2017 年第 9 期，第 12 页。

② See Oren Bracha, *Owning Ideas: A History of Anglo – American Intellectual Property*, Harvard Law School, 2005, p. 117 – 120.

上也有各自不同的考虑因素。从作品类型的形成看，它不是一次性的根据某种逻辑“人为”划分的结果，而是具有不同历史传统和现实市场特征的表达形式在不同时间点受利益推动被主张纳入保护再经由立法者适当“合并”和“调整”的结果。① 在考虑非典型“作品”归类问题时，这些都是可能的影响因素。对于符合传统作品类型表现形式，市场情况具有相似性，权利需求一致的“非典型作品”可以通过适当拓展传统作品类型边界的方式进行保护，例如同样表现为“动态连续画面”的“游戏画面”作为“视听作品”进行保护可能是适当的。② 相反，将“音乐喷泉”作为“美术作品”保护则可能并不十分妥当，因为音乐喷泉“动态性”的特征与“美术作品”静态的形式存在明显区别，也与公众一般认知不符；③ 同时，“音乐喷泉”的社会功能和市场特征也与美术作品存在明显区别。④

其次，作品类型兜底条款涵盖的范围与各法定作品类型应当具有并列关系，从而与汇编作品条款涵盖的范围互斥。当下有不少由不同类型作品或信息片段汇集形成的表达形式，例如游戏、网页设计等。由于就其整体而言并不属于任何已有作品类型，因此主张将其作为纳入作品类型兜底条款保护的观点并不鲜见。⑤ 然而，拆分保护或者纳入“汇编作品”进行保护似乎也是可能的选择路径。如何对其进行区分值得细究。从“作品类型兜底条款”和“汇编作品”条款在著作权法中的体系位置可知，二者并不是同一层面或同一分类标准下的产物。“作品类型兜底条款”与其他法定作品类型“并列”，而“汇编作品”则被认为是各种类型之外具有“兜底功能”的规定。⑥ 依照体系性的要求，现行每种具体作品类型都具有表达上的一致性，也即是同一种类型而不是多种类型表达形式的组合，因此汇合多种作品或非作品片段形成的成果不应当属于“作品类型兜底条款”涵盖的范围，否则亦有违同类解释的一般规则。⑦ 因此，以著作权法保护游戏、网页这样的表达形式就只能选择拆分保护或作为汇编作品进行保护。汇编作品条款位于《著作权法》中“著作权归属”一节，其主要是为明确多人作品的权利形式与归属问题，其主要针对的是已有的彼此之间本来并不存在必然联系的作品或非作品片段，重在保护“选择”与“编排”本身体现的思想或观点。因此，如果主要是在整体的创作目标下对具体部分分别创作，从理

---

① See Sherman Brad and Lionel Bently, *The Making of Modern Intellectual Property Law*. Cambridge University Press, 1999, p. 61 – 95.

② 参见王迁、袁锋：《论网络游戏整体画面的整体定性》，《中国版权》2016 年第 4 期，第 20 页。

③ 参见王迁：《论作品类型法定——兼评音乐喷泉案》，载《法学评论》2019 年第 2 期，第 10 页。

④ See fountain, https://en.wikipedia.org/wiki/Fountain?wprov=sfla1，最后访问日期：2023 年 10 月 10 日。

⑤ 《“率土之滨案”的想法（一）：游戏整体应当认定为新作品类型吗》，载 https://mp.weixin.qq.com/s/ViigPVtaVu1E4t5YrO5UpQ，最后访问日期：2023 年 10 月 10 日。

⑥ 参见王迁：《论汇编作品的著作权保护》，载《法学》2015 年第 2 期，第 35 页。

⑦ 参见李军：《兜底条款中同质性解释规则的适用困境与目的解释之补足》，载《环球法律评论》2019 年第 4 期，第 117 页。

论上就应拆分为各种不同类型的作品进行保护，不少“游戏”就属于此种情形。[①] 此种解释不仅关系到形式上的体系一致，也具有实质的意义。正如前文所言，作品类型划分关系到对应的专有权利等具体规则，由多种不同类型表达形成构成的成果其组成部分对应的专有权利也是不同的，如果将其整体作为一种类型予以保护，就会产生对整体如何匹配专有权利及权利限制与例外等规则的疑问。相反，如果组成部分本身并不构成作品，而大多数是局部或片段，拆分后难以单独获得保护，在有必要保护这些部分组合而成后的整体效果时可能就适于作为汇编作品保护，某些“网页设计”就属于此种情形。[②]

（二）《著作权法》作品类型兜底条款的内部体系解释

相比于更注重形式逻辑的外部体系解释，内部体系解释关涉“一个关于价值判断的连贯体系”，指向“逻辑上没有冲突、目的论上协调一致”，因而“体系和目的论的思考常常相互交融”。[③] 此种体系解释方法非常契合于对《著作权法》作品类型兜底条款更为确切或隐含内涵的探究。具体而言，通过同类解释来探寻《著作权法》作品类型兜底条款与法定已有作品类型的“同类特征”，从而适当限缩其内涵。此种同类特征的提炼本身则受到目的解释的指引，以下首先论述此种解释方法的具体思路，再用其探究作品类型兜底条款具体内涵。

1. 目的解释指引下作品类型兜底条款的同类解释

作品类型兜底条款含义的进一步探求主要依赖于对该条款所在具体法律条文内部体系协调的关注。具体而言，从作品类型兜底条款在条文内部体系的位置来看，一方面它位于著作权法对于“作品”的概括性界定之后，另一方面它也处在与其他作品类型相并列的位置。这当然意味着它符合作品的概括性界定。但更为重要的是，这往往还意味着它与其他并列的作品类型具有某种“同质性”。换言之，作品类型兜底条款之所以与其他作品类型相互并列，根本原因是其涵盖的客体与其他法定列举的各项作品类型具有某些相同的本质，这亦犹如数字之间具有“最大公约数”。但此种“最大公约数”很可能没有被前面的概括性规定完全抽象出来，或者囿于语言文字的局限性没有被全部明确地表达出来而显得模糊不清。不过，通过对与之处于并列位置的各项作品类型的仔细考察，完全可能归纳出其共同特征。“同类解释”的核心在于对概括性规定未能抽象出来或者未能明确但并列列举项都具有的特征进行进一步“提炼”，用于作为兜底条款实际涵盖范围之依据。

作为一种明确法律条文具体内涵的方法，同类解释这一特定的体系解释方法在解释具有概括性的各类兜底条款中较为常用。但理想的“同类解释”似乎应当回答依据什么来归纳同类特征、各种可能的特征属性是何种关系以及最本质意义的同类特征是什么。问题

① 参见崔国斌：《认真对待游戏著作权》，载《知识产权》2016 年第 2 期，第 4－5 页。

② 参见胡宓：《网页著作权保护认定标准》，载《上海法学研究》2019 年第 16 卷，第 336 页。

③ 参见车浩：《法教义学与体系解释》，载《中国法律评论》2022 年第 4 期，第 110 页。

的解决需要以“目的解释”为指引，这也可以被认为是更整体意义的体系解释的一部分。一方面，在同类解释的框架下，判断某一特征是否为同类特征本身即需要借用目的解释的方法，列举项之间可能具有各种各样的共同点，但只有那种与规范目的有关的共同点才真正具有法律解释上的意义，如果脱离了法律的目的，对同类特征的抽象便显得随机；另一方面，目的解释也是矫正同类解释局限性的最重要法律解释方法。尽管同类解释是兜底条款的重要解释方法，但其也具有局限性，比如在同类信息不足、难以提取同类信息的情况下就无法运用同类解释；此时，兜底条款的内涵通常只能通过目的解释获知。因此，下文就尝试结合更本质的目的解释来探究作品类型兜底条款的深层内涵。

《著作权法》第一条明确了其立法目的，也即“为保护文学、艺术和科学作品作者的著作权，以及与著作权有关的权益，鼓励有益于社会主义精神文明、物质文明建设的作品的创作和传播，促进社会主义文化和科学事业的发展与繁荣”①。此处各分句有一种递进关系，也即通过保护作者利益达到促进作品创作传播进而繁荣文化科学事业的效果。作品创作因为著作权法而被促进是此种制度逻辑成立的前提，作品创作因著作权法保护而增加的程度决定了著作权法的效率。如果认可著作权法之存在是因其以特定方式增益于社会整体，并将此种益处表述为增加的社会福利，则此种福利的大小主要由著作权法保护客体的社会价值以及著作权法保护对其创作的激励程度决定，也可以表述为社会福利增加量 = 客体价值 * 激励增量。下文分别从这两方面深入探究各种作品类型的“同类特征”。

2. 著作权法激励目标下作品类型的同类特征

著作权法保护对作品创作增加的影响与客体的何种特征有关呢？著作权制度诞生和发展的历史很大程度上已经提供了答案。最早获得著作权法保护的客体是书籍，其一旦出版就可以被非常容易地低成本大量复制；复制者大量获利，作者及授权出版者之利益却大大受损。② 正因如此，禁止未经许可复制传播的专有权利才十分必要，也因而可能有效矫正利益的失衡。可见，著作权制度的有效性正是基于书籍容易被复制的特性，因为容易被复制，未经许可的出版销售商可以仅通过低成本物质投入获得大量收益，但创造书籍真正价值的作者却无法基于此种价值创作获得更多收益。这无疑也是非常不公平的，不利于社会文学艺术之繁荣。但倘若某种客体难以被复制，创作者就可能通过先发优势获得一定回报，复制难度的增加也需要复制者投入更多的成本，因此不公平性相对更不明显，专有权利的保护可以增加的激励更小。在书籍之后逐渐被纳入著作权法保护的客体大都也都具有容易被复制这一特征，甚至它们不少是在复制技术发展进而导致“盗版”大量存在的契

---

① 《著作权法》（2020）第1条。

② See Oren Bracha, *Owning Ideas: A History of Anglo – American Intellectual Property*, Harvard Law School, 2005, p. 117 – 120.

机下才被纳入保护的。①

然而，如果将同类特征描述为“容易被复制”可能产生一个问题，也即“容易”的衡量标准是什么？为此，此处将试图更进一步追问各作品类型“为何容易复制”。从著作权客体的共性来看，其容易被复制是基于“非物质性”的本质，也即它们本身是一种由“符号”表示的“信息”，不与任何实在的物质存在必然联系，而复制“符号”非常容易。它们可以被轻易复制在各种载体上，此种载体以前可以是低成本的书本纸张，网络技术发展后，它们则可以被“数字化”，复制仅仅耗用成本可忽略的计算机能耗。著作权客体的此种特征区别于当下某些引起争议的“非典型作品”之属性，例如音乐喷泉。尽管可以主张要求保护的对象也是由音乐喷泉体现的“非物质的”的“创意”，也即喷射效果，但区别在于此种“非物质的”创意无法脱离特定物质也即水流而单独存在，也不能存在于任意的其他载体之上，其本身并非一种可以纯粹以符号的形式存在的信息，也不单独具有价值。即使认为其仍为非物质的创意，此种“非物质性”是与喷泉装置这种特定的物质实在“绑定”的。同时，如果要完全复制这种创意，就需要复制整个音乐喷泉装置及表演，这就需要了解相应的喷泉技术原理，绝非如复制文字、图片、视频等纯粹的非物质“信息”一样容易。尽管可以拍摄喷泉表演并数字化存储，或者以文字或图画对其进行描述，但这并不是复制喷泉本身；而对喷泉表演视频的保护显然不等同于对音乐喷泉本身的保护。

不过，目前著作权法中的法定作品类型中也存在很少复制难度更高的作品，也即舞蹈作品和建筑作品，但是它们的本质仍可以简约为完全的“符号表达”，例如建筑设计图纸和舞谱。相比之下，音乐喷泉表演这种“创意”却无法简化为一种专门的与之对应的“符号表达”，也缺乏此种艺术符合化表达的历史。②

3. 著作权法价值目标下作品类型的同类特征

著作权法立法目的之实现以其保护的客体具有社会价值为前提，但问题在于如何衡量不同客体的社会价值，以何种标准判断是否达到作为著作权客体应当具有的价值。这就需要在价值层面考察著作权客体的本质特征。可以尝试通过对比传统作品类型与某些具有代表性的争议客体之特征来获得启示。例如，文学、艺术作品与特定的香水气味、食品味道在价值性上有何差异呢？尽管它们都可以是个性化选择的结果，体现一定的创意，并且都可以影响人的感觉，让人感到愉悦、美妙等，但只有前者能够经由感觉而影响人的理性与认知。文学、艺术创作虽然没有任何实际的物理上的功用，但其对社会的重要意义并不受到质疑，它们存在的意义在于“精神影响”。③ 作者通过创作总是要表达某种思想、情感，表达实质指向“交流”，也即通过影响社会其他主体的思想、情感而引发其反应或回应；

① See Robert Brauneis，“Understanding Copyright's First Encounter with the Fine Arts：A Look at the Legislative History of the Copyright Act of 1870”，*Case Western Reserve Law Review*，vol. 71，2007，p. 585－610.

② See fountain，https：//en. wikipedia. org/wiki/Fountain？ wprov＝sfla，最后访问日期：2023 年 10 月 10 日。

③ 参见赵毅衡：《符号学：原理与推演》，南京大学出版社 2016 年版，第 958－962 页。

最终意义甚至是通过丰富的表达、交流，深化人类的认知以及以民主的方式决定社会进程方向。从这个意义上看，鼓励创作具有非常显著的社会重要性和有益性。尽管具体的作品中体现的思想性有所差异，但就作为整体的任一现行法规定的作品类型而言其都足以产生此种认知影响力，无论是一本书、一场剧、一幅画、一部电影还是一首歌、一支舞蹈都足以传递一种观点，引发一些思考，而这也正是艺术的可贵之处。相比之下，香味、美味对人的影响则止于感觉层面，仅仅引发生物本能刺激反应，而无法传递思想或引发认知改变。①

此种区分与上文所述的纯符号化表达的本质也是贯通一致的，“符号化”包含的意蕴也与此相关。“符号”本身即是基于“交流”而产生，同时它也意味着交流的内容达到一定程度的复杂度和信息量，因而演化为“指代”的符号，从而能够提高交流的效率。然而，那些并不旨在发起某种精神交流的“创意”则只是利用人类自然生理反映而引起感觉或情绪变化，不需要借用符号，也难以“符号化”，相应的信息量小于符号世界的表达。② 鉴于此，可以将现有作品类型的在价值层面的共同特征表述为整体上具有“认知影响力”。

五、结语

法律灵活性与开放性的实现通常要以舍弃一定的确定性为代价，《著作权法》作品类型兜底条款虽然从表面上解决了制度封闭与僵化的问题，但是其可能引发的著作权客体不当扩张的问题值得警惕。著作权法本就有扩张趋势，在宽泛的文义下，更应当谨慎对待其适用的客体范围问题。著作权客体制度应当蕴含的深刻利益平衡考量难以全部体现于作品类型兜底条款明确表述的文义。通过体系解释方法，跳脱出模糊文义，可能寻得更清晰的理解。这些限制性的解释结果能够确保知识产权法及著作权法体系的连贯性以及法律整体目的的一致性，使得作品类型兜底条款的法律适用更符合法律逻辑背后的精细利益考量，有助于整体社会福利。

---

① See Charles Cronin, “Genius in a Bottle: Perfume, Copyright, and Human Perception”, *Journal of Copyright Society of the USA*, vol. 56, 2009, p. 427 – 455.

② See Charles Cronin, “Genius in a Bottle: Perfume, Copyright, and Human Perception”, *Journal of Copyright Society of the USA*, vol. 56, 2009, p. 427 – 455.

我国“尊严死”立法的阻却性因素及其解决

姚　煊*

摘　要　由于生死观念的教育缺失和文化导引，我国民众的生死观呈现多元乃至混沌的状态。立法固然会对民众关于生死问题的价值取向产生影响，但其自身的局限性及其所蕴含的强制性等要素，又为立法的介入和干预设置了规范性的限度。与此同时，借助于法外空间理论，以司法努力代替立法的方案或许更能兼顾现实问题的解决与多元生死价值取向的尊重与宽容。

关键词　尊严死；法外空间；生死观；宽容原则

一、引言

伴随着医疗科学技术的高度发展，用以维持生命存续的设备已经发展到即使病人已经失去所有意识甚至达到“脑死亡”的状态都能够通过机械和管道创造人体维持生命的环境，进而让人的机体维持“生存”的状态。然而先进的医疗技术的运用多数时候只是延长了死亡的过程而并不能使病人恢复到独立生存的状态，反而在实践中带来了诸多决策难题。反映在我国的医院中，部分病人通常没有表达他们的临终医疗愿望的意识，或者其亲属在明知一切手段都无法阻止病人逐渐走向死亡的情况下，依然选择借助生命维持设备以延续其存在的情况比比皆是，由此在一定程度上勾勒出医疗资源、医患关系以及个体生命自主权之间可能存在的张力关系。

早在 1976 年，美国加州就通过了“自然死亡法案”，赋予加州居民提前选择不使用医疗延长生命的器械并自然死亡的权利，行使此项权利所形成的文书被称为“生前预嘱”。

---

* 姚煊，男，浙江温州人，温州市中级人民法院法官助理，河海大学法学硕士，研究方向为法理学、司法制度。

而在我国，深圳市人大常委会于2022年通过了《深圳经济特区医疗条例》修订稿。这是国内首次由地方以法律文件的形式肯定了生前预嘱的法律效力，借此引出了“尊严死”的立法问题及其规范维度。法学界对此问题的核心关切在于：是否应当在全国性的法律规范文件中对“尊严死”问题予以体系化的规范涵摄。更进一步，订立生前预嘱或者是通过其他方式预先放弃在已经基本确定无法改变死亡结果时的过度医疗的需求和实践是切实存在的。此外，“尊严死”立法除却经济学角度的医疗成本计算以及刑事犯罪和医师保护等实践问题的考量外，还牵涉着人类的“生死观”这一终极关怀问题。凡此种种，要求我们应当认真、严肃和谨慎地对此问题展开分析、加以建构并予以实践。

二、“尊严死”的二律背反：理念与实践之争

（一）“尊严死”的概念辨析

“尊严死”的概念肇始于1967年，其意指患有现代医学无法治愈伤病的患者，通过放弃使用延续生命的医疗器械而使自身自然走向终结的一种死亡方式。实践中，尊严死与病人自治、姑息医学、临时关怀等饱受争议的话题之间存在着密切的关联性，因而也被视为是缓解医患关系的一种尝试与方法。此外，尊严死与安乐死之间存在着概念上的极大的混同性，但从实质层面来看，两种概念之间存在着主观意愿的本质区别：安乐死的概念中，病人对于死亡的结果具有积极追求的主观意愿，并在医护人员的帮助下实现其自主选择的主观意图；而在尊严死的场景中，病人于主观层面并不具有追求死亡结果有的主动性，医护人员同样也不会采取促成死亡的积极措施。

之所以将放弃侵入式医疗器械的自然死亡称为有尊严的死亡，是因为很多人认为，在无自主能力、身患疾病、依赖他人还有遭受病痛和各种器械折磨的时候，人的尊严会受到损害。在这种情况下，平静、自然地离世是可以维护尊严的唯一方式。① 尊严在此主要体现在两个方面，其一是在传统的父权式医疗场域内，患者从医疗机构手中争取到了自主选择自然死亡这一结局的权利；其二是患者在生命的最后阶段能够避免遭受过多的痛苦，从而确保拥有必要的生活质量。

“尊严死”在法律领域是由复合的权利保障和对生前预嘱之法律效力的确认所组成的制度，就其在个人权利层面的表现而言，有的学者认为其体现了对患者维生医疗拒绝权②的保障，也有部分学者认为其体现的是患者从宪法规定的人格尊严中衍生出的自决死亡权；③ 从法律行为的层面上看，“尊严死”表现为行为人自愿在意识清醒的状态下以订立生前预嘱或其他意思表示的形式，决定当其身体状况面临不可治愈的伤病末期或临终时接

① 参见李亚明：《“生前预嘱”与死亡的尊严》，载《哲学动态》2014年第4期，第79－84页。

② 汪志刚：《善终服务的法律调整模式及选择逻辑》，载《中外法学》2022年第4期，第924－943页。

③ 参见汪志刚：《善终服务的法律调整模式及选择逻辑》，载《中外法学》2022年第4期，第924－943页。

受或不接受何种医疗护理手段的单方意思表示行为。无论各国是基于何种理由对国家保障民众选择尊严死的意愿进行法理上的正当性论证，其立法成果几乎都直接地体现为对生前预嘱的法律效力进行单独的确认。

（二）“尊严死”的现实需求

从现实需求层面上看，实行“尊严死”所产生的益处主要包含三个方面，其一是可以在社会层面减少不必要的医疗资源浪费；危重病医学的先进生命支持设备和技术应用于危重病人身上，尽管挽救了很多患者的生命，但同时在当前医疗环境下，这些技术和手段也被过度的应用在了延长临终患者的生命上，这导致了医疗费用增加，大量占用和挤兑了ICU医疗资源。中国作为一个人口大国，医疗资源相对有限。对于整个医疗环境而言，节省医疗资源不仅意味着减少有限资源的浪费，更重要的是可以将医疗资源分配给具有治愈希望的病人，拯救更多的生命。其二，可以适度减轻医疗成本对家庭的经济影响。根据调研，我国各大医院ICU病房每日的开销平均高达3000元，在此背景下，大部分家庭选择停止过度医疗或者选择缓和医疗的方式，有助于适度减轻甚至减少医疗支出对于家庭成员生活的影响。其三，“尊严死”可以减少面临无法治愈之伤病的病人在临终阶段所遭受的痛苦。事实上，先进的医疗设备尽管可以维持病人的生命，但同时也伴随着巨大的痛苦，例如辅助呼吸的插管就需要将病人的气管切开并将异物放入。因此，对于面临无效医疗的病人来说，缓和的医疗方式可以让生命的最后阶段度过的不那么痛苦，以一种更加从容和平静的状态走向死亡，这也是为了更好地保障患者生而为人的基本尊严。

（三）我国民众面对“尊严死”抉择的观念冲突

“尊严死”的选择并非如处置一般的民事权利那样容易做出，抉择的背后直接体现的是患者和家属对于自身和亲人的死亡在意义和价值层面的观念及其与外界因素交互中产生的冲突。而我国现实中“尊严死”之所以难以推行，其外在的表现主要是出于病人自身的畏死心理与临终尊严的矛盾以及病人亲属对于何为“孝道”“亲情”等观念存在着诠释上的矛盾。人们在身体健康时所构想的临终情形往往是非常乐观的，但病人在真切地面对即将降临的死亡时，求生的本能往往会增大治疗和延续生命的愿望，使得尊严死的自主选择成为一个复杂的问题。而这对于病人亲属来说同样难以抉择，在危重病医疗的病房里，多数情况下病人实际上已经陷入脑死亡或者持续性植物状态，理性和意志已经不复存在，我国长期以来存在的传统孝道观念以及家庭负责医疗和养老的现实都决定了亲属的意见对于患者医疗手段的抉择，相比于西方国家有着更为突出的地位。可以说，家属在这些观念的影响下所做出的抉择直接决定了病人在生命最后阶段的处境和状态。

何为孝顺和真正的爱就在这样的情形下有了相异乃至矛盾的诠释可能性。即使作为患者最亲近的人，没有实际经历死亡将至的亲属也难以切实地理解自己的亲人心中真实的想法，究竟是不惜代价坚持治疗乃至用尽侵袭性治疗手段也要延续病人生命对于病人来说更好；抑或是让病人减轻痛苦地自然死去更符合病人的需要。可以说医疗技术的进步也让死亡变成了一种具有负担的决策。同时，病人亲属内心的矛盾和对于承担控制亲人死亡的决策责任的恐惧也是阻碍他们选择是否让病人自然死亡的主要障碍。对于病人家属而言，这一刻的决定将直接导致他们替亲人放弃最后的医疗机会，尽管病人在医学上能够生还的希望已经十分渺茫，主动背负起替亲人按下生命弃权键的责任或许也可能在未来带来追悔莫及的痛苦和内疚。冲突未决的伦理观念、生命垂危时的求生本能、亲人即将离世的痛苦，决定了“尊严死”必然是一项极为困难的决策。在我们看来，这些观念的冲突，究其本质其实是生死观的混沌与缺失。即人对于自身和家人的死亡、存在的价值与意义思考的缺失和迷茫。

三、我国“尊严死”立法的阻却性因素分析

（一）祛魅后的现代社会呈现生死观的多元化

现代人对于生命价值和意义的追问，及其对于死亡、亲人死亡的观念和看法作为一种叩问“存在”的终极关怀，不仅是一项伦理未决的问题，更是哲学层面的未决难题。按照韦伯等社会学家的观点，人类社会在进入现代之后，由于基础自然科学的高度繁荣，人类的理性得到空前的进步和重视。过去主宰人对于世界和自身看法的宗教信仰、威严建制等魅惑性权威都被自然科学所击溃，人类自己的理性成为认识世界和自己的最高决策者。这样的过程被称为“现代性的祛魅”。脱离了魅惑性权威的人类社会开始走向多元化、宽容化，但同时也面临“世界真理”的缺失而造成的虚无感，并且可能逐渐走向相对主义这一极端。对于人的生命的认识和理解是哲学研究贯穿始终的终极关怀，“尊严死”选择的背后，究其根本，其实是人如何看待死亡和生存的问题。而如同人类其他的许多伦理道德观念一样，人类的“生死观”在经历了祛魅之后，也会变得呈现出多元化的趋势，也可以说缺少一个“正确的”答案。

在现代社会人们依靠自身的理性，或主动或被动地承担起自己寻找并构建自己生死观的责任，而这一过程，往往充斥着迷茫和困难。在研究现代性和后现代性的一些哲学家和社会学家看来，这主要有两个原因：其一，是因为即使是在理性内部，也存在工具理性与目的理性的张力，而现代性的不断发展正逐渐显示出目的理性将最终臣服于工具理性的状态。这一后果的集中表现就是“生命意义的丧失”。换言之，尽管现代科学极大地提高了社会生产力，使得人类的物质文明达到了前所未有的高度。但现代科学在取代了原本的魅惑性权威之后却无法在“生命意义”的层面重新发挥出类似的道标作用。

其二，对于后现代思潮的学者来说，过分推崇理性的地位这件事本身就会造成十分严重的意义缺失的后果。在尼采看来，理性本质上是一种对逻辑的迷信。尼采认为，生命及其意志是人的本质而不是传统哲学所认为的“理性”，其坚称对生命价值的理性解释最终

会滑向虚无主义的深渊。福柯则从批判理性本身出发来质疑人本主义，认为人只是权力话语所规训出的产物，进而宣告了主体性的“消亡”。海德格尔认为现代世界的命运是忘记存在，即人不再关心人的本质、不关心存在的根据与意义的结果，表现为一种“无家可归”的状态。① 换言之，除了工具和目的理性内部的矛盾之外，在理性和主体性的外部同样存在大量的质疑，这不仅使得具有权威性和正确性的生死伦理将再难得以重现，同时意味着个体通过理性确立生死观也变得十分困难。生死观的多元化将是现代社会长期存在且难以改变的现实。

（二）基于交往理性的生死观构建

20世纪末，美国曾对尊严死问题产生过一场公众大讨论。报纸、电视、广播等媒体都广泛讨论关于死亡自主权的话题，经由广泛的讨论，呼吁患者自主选择尊严死的声音日益增大，并逐渐凝结成社会共识，进而以立法的形式对尊严死予以确认。由此彰显出交往理性进入社会生活的具体范式和路径。

在哈贝马斯看来，理性自身的问题以及后现代学者主张的现代性的缺陷，实际上应当被看做是未完成的现代社会在建设过程中出现的“病理性”缺陷。因而他主张以“交往理性”来重构现代性的规范基础。现代性祛魅所造成的自我理解和自我确证的问题始终无法解决，问题的根源在于自黑格尔之后的后现代主义者始终没有跳脱坚持在主体哲学的范围内来克服主体性的窠臼。为了解决这些缺陷，其主张通过以“交往理性”取代崇尚主体性自我意识的“认识的范式”来对现代性进行改良，构建具有言语能力与行为能力，以沟通为取向的主体之间相互的“理解的范式”。② 让“交往行为从制度的严寒区域分离和解放出来，从而发展一种进化观。”③

应当注意到，即便民众产生了思考死亡问题的主动性，仅凭个体理性也很难自主地建立个体生死观。基于交往理性，宏观层面而言，民众间的交往可以体现为全社会层面对于生死问题的大讨论，逐步寻求我国伦理价值认同范围内的基本共识；微观层面而言，民众间的交往将限定于家庭范围，并从自我延伸至可能决定自身或者由自己决定临终医疗方式的家人，通过开诚布公的讨论，寻求家人之间对于生死观的相互理解，进而形成一种交往理性和重叠共识。在此基础上，可以期待的是，随着尊严死理念的传播和死亡教育的逐步普及，我国民众原本对于死亡问题讳莫如深的态度将会发生改变。假以时日，在契合国家发展和公民认知的死亡价值共识体系生成之际，或许才是我国进行尊严死立法的最佳时机。

---

① 参见陈嘉明：《现代性与后现代性十五讲》，北京大学出版社2006年版，第183页。

② ［德］哈贝马斯：《现代性的哲学话语》，曹卫东译，译林出版社2004年版，第347页。

③ 包亚明主编：《现代性的地平线——哈贝马斯访谈录》，李安东等译，上海人民出版社1997年版，第60页。

（三）中国社会生死观共识的缺失

自近代以来，通过合理吸收和借鉴西方的科学、知识和理念，我国民众生活的现代化思维与历经二百余年理性启蒙和发展的西方国家在外观上其实并无明显区别。然而，我国并没有经历一场欧陆式的启蒙运动，而是直接吸收了西方相对成熟的现代性思想理念。这一过程实际上意味着我国民众的生死观正在经历外来的伦理观念与传统伦理价值体系所传承的既有观念的碰撞和融合。究其根源，尽管我国在建设现代化国家的同时也不可避免地经历了现代性的祛魅，但出于我国与基督教世界的国家在传统的生死观的内容及其形成过程上所存在的较大区别，或许也会使得我国民众对于生死观问题的思考和抉择走上全新的道路。从历史上看，我国并不存在一个如基督教之于欧洲国家那样较为稳定的、富有神秘色彩的宗教权威，中国所延续的信仰、传统主要来自以儒家思想为主，释、道两家为辅的共同作用。故而有必要对这三家所秉持和宣扬的生死观进行简要探究。

1. 儒、释、道的传统思想对于生死问题的看法

以孔子为代表的儒家生命观，符合自然、讲究实际。以重生轻死为其主要特征。儒家死亡观，以顺其自然主义和功利主义的达观生死为主要特点。认为人之生死犹如物有始终，时有昼夜的自然规律一样。① 在孔子等人看来，死亡并不是值得予以过多讨论的东西，生命的价值更多体现在活着的时候，因而在活着的时候要“修身、齐家、治国、平天下”（《礼记·大学》），但对于死亡则更多持有“未知生，焉知死”（《论语·先进》）的回避态度。从其表现来看，儒家所持的重生轻死的观念，帮助促成了现代中国社会所持的“在生命存续期间努力实现人生价值”的人生观。但对于如何看待自身和亲人的死亡的这件事，儒家思想则存在含混不清之处。一方面，儒学尽力看淡死亡；理学大师张载说：“存，吾顺事；没，吾宁也。”（《正蒙·乾称》）意思是说：活着的时候就尽力做好自己的分内之事，这样死亡降临也可以坦然面对。朱熹也认为，只要人活着的时候顺应了天赋之理，穷尽了自身之力，则死的时候也能问心无愧了。而另一方面，儒学也难以避免地显示出“哀死”和“重死”的表现；《论语》中记载，在心爱的弟子颜渊死后，即使是一贯主张克制情绪的孔子也为之大恸。同时，儒家还十分重视人死之后的埋葬和追忆，儒家用以管理社会的礼制对于不同社会等级民众的葬礼规模以及亲疏长辈去世后如何守孝等都进行了十分详细的规定。②

尽管儒学看似也哀痛死亡、重视葬仪，但实际上这些发生在死亡之后的事情早以与死者本人无关了。个体自身死亡并不是儒学认为在生前需要给予重视的对象，探讨死亡，更

① 张树卿：《略论儒、释、道的生死观》，载《东北师大学报》（哲学社会科学版）1998年第3期，第75-79页。

② 参见乔学斌：《略论儒、道、释的生命伦理观及其现代价值》，载《哈尔滨工业大学学报》（社会科学版）2006年第1期，第55-58页。

多地是为了强调活着的时候应该顺应天理、约束己身、奋发图强，是对深入思考死亡意义机制的一种变相的回避。此外，儒家所推崇的“孝道思想”无论是其对于自身“身体发肤受之父母，不敢毁伤”（《孝经·开宗明义》）的要求还是其对于父母的“父母唯其疾之忧”（《论语·为政篇》）的约束，都让我国社会长期以来形成了家庭养老和医疗的普遍现象。这也使得我国很大部分的传统家庭对于老人或者病人临终的医疗都抱有一种宁可砸锅卖铁也要尽全力维持生命延续的执念。

佛、道两家的生死观则更加具有宗教性质的神秘色彩。佛家将人的生命本身看作是苦，于是有“八苦”之说，即生老病死四苦，以及爱别离、怨憎会、求不得和五蕴盛苦。概括起来就是生苦，死也苦。总而言之，佛教以一种极端的方式否定人生，不仅否定死，同时也否定生。因此，佛家认为“生不足恋，死不足惜”①，认为人死后灵魂并不会跟随躯体的死亡而消灭，而是脱离躯体重新进入六道轮回之中。而出家人之所以修行佛法，其最终目的是能够成就果位，进而超脱六道轮回之苦。因而也类似于基督教教义所描述的那样，佛教也认为死亡并不是终点，而是新的起点。这也给信仰者提供了富有功利色彩的人生道路，即在活着的时候多做善事、积累善因，以求死后能够获得更加幸福的来生。既然佛教眼中的死亡是下一个阶段的开始，是每个人都会迈过的一道门，那么这样的定位也注定了佛学在看轻死亡的同时，也不会对死亡本身的意义机制做更多的研究。

学界对于道家之于生死的态度有多种不同的理解，一般认为庄子的思想是道家生死观最为典型的代表。庄子的生死观以顺应自然规律为主要特点。② 庄子认为人的生命起源于“气”，“人之生，气之聚也；聚则为生，散则为死。故曰：通天下一气耳。”（《庄子·知北游》）人生命的生死，终究不过是气的聚散而已，气聚则生，气散则死。③ 在此基础上庄子又提出：“死生，命也，其有夜旦之长无也。人之有所不得与，皆物之情也。”（《庄子·大宗师》）认为人的生死如同昼夜一样，地位平等，与个体的主观想法也没有关系。因而庄子主张“齐生死”，认为道有两用，生死只不过是其两用的表现，所以人们喜生恶死的情感是多余的甚至是可笑的。生无可喜、死无可哀。④ 其无论对于生存还是死亡的态度都显示出一种顺应、无为的色彩。这与主张自然死亡的“尊严死”其实具有很强的契合性，但也由于道家此种具有高度自然主义色彩的生死观过于深奥，往往也只被少部分人所理解和采纳。

---

① 麻天祥：《中国人的生死观念》，载《中国政法大学学报》2011 年第 6 期，第 55 – 61 页。

② 参见张树卿：《略论儒、释、道的生死观》，载《东北师大学报》（哲学社会科学版）1998 年第 3 期，第 75 – 79 页。

③ 陈道德、杨爱琼：《从自然生命到精神生命：庄子生死观初探》，载《中南民族大学学报》（人文社会科学版）2013 年第 3 期，第 86 – 90 页。

④ 参见司振龙：《论〈庄子〉的生死观》，载《安徽大学学报》（哲学社会科学版）2007 年第 6 期，第 22 – 26 页。

2. 现代中国生死观的混沌性及死亡教育的缺失

以儒家思想为主，道、释两家为辅的中国传统文化所秉持的生死观，由于三家不同的哲学思想而在具体的个人身上显示出较大的差异，但总体而言，在中国传统文化的影响下，在我国民众之间形成了一种较为务实和功利的风气，即过度强调生存的重要性和意义的同时，刻意回避死亡的问题。弃绝对死亡意义的探寻，或者将其无限期地加以悬置，直接导致了我国民众生死观的缺失以及对于死亡教育的缺失。这种社会传统或公共心理，不仅无法让人们对死亡的本能惧怕获得满意的缓释，而且还会形成对死亡的一种畸形心态。具体来说，这种负面影响主要包括三个方面，其一，导致中国人长期缺乏生命神圣的观念，缺乏对生命存亡的深切关怀；其二，政治化的死亡态度弥漫社会各领域，使有关死亡的诸多复杂问题被简化和弱化。① 其三，对死亡话题乃至死亡这个词语本身的忌讳，也阻碍会死亡教育的研究和发展。我国台湾地区和部分省份在引入死亡教育时更多将其称为“生命教育”，这实际上也在一定程度上体现出我国民众在话语体系中对于死亡的忌讳。

虽然都在走向现代化，但与西方国家的祛魅不同的是，我国大部分民众并不需要从一个像基督教那样的具有神秘色彩的魅惑性权威叙事中脱离。因而现代性的祛魅体现在我国民众的身上更多的是将个人与传统的家族观念进行一定程度的剥离。进入现代更多意味着个人产生了挑战传统权威的意识，经过近代的思想改造运动以及社会主义革命的胜利，传统的孔孟之道在伦理层面早以不再具有曾经的统治地位，其权柄被击碎后部分散落于每个个体，而主要部分则由新生的政府所继受。因而政府实际上承担着引导民众通过讨论和思考的形式构建自己的生死观的义务，但仅就新中国成立以来的发展历程来看，我国依然缺乏对于民众的死亡教育以及对于死亡问题在全社会范围的大讨论。因而对于个体而言，中国传统思想并非带来一个稳固的生死观，进入价值多元化的社会后又被迫需要个体自发地在工具理性大行其道的社会内思考死亡问题，进而寻找和决定对于自己生死的看法。这些因素的综合作用之下，最终造成了现今我国民众生死观相对混沌和缺失的局面。

死亡教育的必要性主要在于其所能够起到的“模拟预期悲痛”的效果，预先模拟死亡的悲痛无论对于患者还是可能遭遇丧亲之痛的亲属来说都是十分必要的。预期悲痛是指当人们知道悲剧即将发生，所以在结果到来之前就表现出极度伤心②。所谓模拟预期悲痛，则是在更早之前，通过直面他人的经历，凭借带入自身的想象来提前感受悲痛，进而使人们在切实面对死亡时不至于毫无准备。“死亡教育意味着死亡被提前带进了生命，在生命和死亡之间创造了一个模糊不清的地带。”③ 对于病人来说，通过生前预嘱来决定自

---

① 参见李高峰：《生命与死亡的双重变奏：国际视野下的生命教育》，华东师范大学2010年博士论文，第28页。

② 参见［美］查尔斯·科尔等：《死亡课：关于死亡、临终和丧亲之痛》，榕励等译，中国人民大学出版社2011年版，第106页。

③ ［美］莎伦·考夫曼：《生死有时：美国医院如何形塑死亡》，初丽岩、王清伟译，上海教育出版社2020年版，第106页。

己的治疗方式并非仅仅是在一张写满诸如“我希望在心脏停止时不要被施与心肺复苏”等条款的纸上打钩那么简单。它需要病人审慎地思考人的生命和死亡之间的关系和意义，这样的思考在他们忌讳谈死的人生中甚至有可能是破天荒的头一回。然而，如此困难且重大的问题又岂是寥寥数日就能够得到答案的。生死观的形成无法也不应当发生在面临死亡的最后阶段，生前预嘱能否推广应当取决于“人类应当如何面对死亡”这一议题的思考是否能提前进入每个人的前半生，让每个人都能够从青壮年就开始直面死亡，思考死亡和生命的意义，尽早形成成熟的生死观。

（四）立法基于“权威地位”对民众生死观的限制

哈贝马斯认为，面对分化的、自我多元化和解魅化的生活世界，在脱离了神灵权威、摆脱了威严建制的交往行为领域中，异议风险同时不断增长的情况下，法律的存在应当用以满足社会整合的需要。① 就哈贝马斯的观点来看，法律作为社会整合的纽带，在祛魅后的现代社会中，法律的看法之于人对待生命的看法所能起到的作用或许将变得空前深远。一项法律的出台大多数时候是带着立法者美好的愿景的，其目的可以如密尔在《论自由》中所说的是“防止一个文明共同体中的任一成员对其他人的伤害”②；也可能像斯蒂芬所反驳的那样是希望通过征税来修建大英博物馆以提升公民的素质。着眼于“尊严死”立法问题，立法的目的大概率会是为了减少社会医疗资源和病人家庭财产的浪费以及为了保护医疗工作者的权益等。这样的目的本身与社会道德或者法律的“内在道德”显然是符合的，并且这种法律的社会接受度相对也会较高。但与此同时，正如富有价值的矿物也可能具有强烈的放射性辐射一样，法律的价值取向也在客观上存在这样的“辐射性”，即一般民众会基于法律的规定而产生在伦理道德层面判断何为“正确”的看法，这一影响也可以被称之为法律的教育作用——一种将国家规定的世界观通过法律灌输给所有公民的功能。③

对于面临“尊严死”选择的病人及其亲属来讲，在伦理价值层面所遭遇的冲突究其本质可以归纳为生命的长度与生命质量之间的选择矛盾。是否选择“尊严死”以及当病人失去意识后其亲属是否能够接受并配合执行生前预嘱，其实际上都面临着或者说取决于对“有尊严地死去好过痛苦地延续生命”这一命题的是非判断。

毋庸置疑，仅仅从将法律作为规范公民和其他主体之行为的角度来看，法律也不可避免地具有影响非常广阔的“辐射性”。法律作为掌握公权力和继受了曾经由儒家思想所垄断的伦理权威地位的国家机器所制定或者认可而形成的规范性文件，对于绝大部分的民众而言，其内容所规定的实际上就与“正确的”或者“不正确的”直接挂钩。甚至民众还

---

① 参见［德］哈贝马斯：《在事实和规范之间》，童世骏等译，三联书店 2011 年版，第 35 页。
② 参见［英］约翰·密尔：《论自由》，孟凡礼等译，三联书店 2019 年版，第 51 页。
③ ［德］魏德士：《法理学》，丁晓春、吴越译，法律出版社 2005 年版，第 44 页。

可能直接将法律作为善恶判断的规范尺度。甚少会有从未接触过法学教育的人会去怀疑法律规定本身的正确性。故而法律的教育作用不仅应当被作为一种法学的理论研究成果而被识别出来，更应当在立法时作为必要的考量因素，换言之，立法者应当充分认识到相关法律文本将会产生影响、限制乃至塑造民众生死观这一不可避免的实践后果。

（五）应当暂缓“尊严死”的立法进程

坦率地说，即便所有公民都严格遵循法律并形成“与其苟延残喘地接受痛苦的无效医疗，不如痛快的自然死亡”这一价值取向，似乎也并不能说是一种有害的后果。从工具理性的角度出发，这种生死观不仅减缓了病人的痛苦，也节约了相对紧张的医疗资源。尽管如此，我们依然认为，应当审慎地看待甚至暂缓“尊严死”相关问题的立法考量，主要基于以下缘由：其一，观念层面，我国尚未形成相对共识的生死观，对于生死问题的判断依然具有极强的个体性。可以说，“尊严死”所倡导的无非只是多元生死观中的一种，其是否切实符合我国民众的观念需求尚未得到实践检验。形成于西方个人主义世界的有关人之死亡的“尊严”其实未必也能够在我国家庭主义的土壤中茁壮成长。而更重要的是，立法如果选择了这一生死观，其实质上是一种少数人通过法律的方式为全社会的多数人进行了所谓“正确”选择的行为。诚然这样的少数人决定全社会规范的情况大多数时候就是立法这一权力活动的题中之义，但对于生死观——这一涉及人类终极关怀的问题，立法权力在做决策时应当相比于其他的价值问题持有更加谨慎的态度。

其二，从社会分工来看，由不同机构承担各自分内的事务，在现代社会可以说是不证自明的道理。尽管哈贝马斯认为法律成为社会整合的纽带，但在韦伯的观点中，法律始终是理性化与社会管理制度相互结合的结果，是“官僚制化”的社会理性化。其与现代资本主义、清教徒的职业伦理观一样，本质表现是立足于预期目的，不断争取以获得最终成效的。都应被归为工具理性的表现。① 因而法律作为工具理性的一种体现，从其本质出发就已经注定其无法发挥塑造世俗伦理以及为民众的生死观问题提供一个准确答案的作用。立法机关作为制定行为规范的机构，事实上并不具备在伦理道德层面上指导公众进行“什么样的人生才是值得过的”，又或者“对于死亡，我们应当持一种什么样的心态”的价值判断的资格。毕竟，“每一个决策机构都应当作出由它在制度结构中的位置决定最适合有它来做出的决策。”

其三，对死亡这一终极问题的探讨不应诉诸工具理性而应当诉诸目的理性与交往理性。中华民族历来是高度重视家庭和亲情关系的民族，在涉及亲人、亲情和家庭的事项时，民众甚少使用金钱、成本、回报等带有功利性的标准进行价值衡量。即使是在认知范式的范围内，取舍这些难以用金钱衡量的价值的目的理性，本质上也要比工具理性所倡导

① 参见［德］马克斯·韦伯：《经济与社会》（上册），林荣远译，商务印书馆1997年版，第249页。

的"计算成本和收益，寻找最优的手段"的要求复杂得多。"尊严死"的背后所涉及的两个死亡问题，即如何对待自己的死亡，以及如何对待家人的死亡，都在目的理性的认知范畴内。同时也正是基于死亡价值无法"计算"的特性，这一问题的讨论既需要全社会各领域各层面的共同参与，同时，也要明确生死观的理解范式最终要形成于家庭的内部。它的协商和最终形成的答案只限于个人自己与最为亲密的家人之间。因而外界的社会评价在这一领域应当是缄默的，这样的评价不仅包括他人的道德评价，也理应包括法律的规范性评价。

尽管许多的国家和地区都选择了对生前预嘱及其执行以立法的形式予以确认。但对于"尊严死"问题，如果我国的立法机关通过法律予以确认，将不可避免地对上述"有尊严地死去好过痛苦地延续生命"这一命题投出肯定票。而基于我国法律影响甚广的"辐射性"和教育作用，其影响实质上无异于明确地告知群众生存质量的价值将至少在伤病已经无法治愈、死亡无法避免的情况下高于生命长度的价值。即便在高速发展的当代中国，尽管已经有越来越多的人开始认可和接受"尊严死"，我国在社会层面对于"尊严死"问题的看法和民众的生死观依然还远远没有达到形成共识的程度。因此如果此时选择通过立法的形式在法律的话语体系内将"尊严死"评价为"合法"，其所代表的价值取向显然无法代表绝大部分公民的共同取向，而将仅仅体现少数立法者的看法。纵使我们也赞同"尊严与选择"协会的看法，认为"尊严死"所秉持的生死观是科学的、理性的，但支持推动生前预嘱的宣传教育与"尊严死"应该得到立法确认之间并不能画等号。更重要的是，对于目前切实存在的生前预嘱的制定和执行的需求以及对于医疗人员权益保护的需求，立法也并非唯一的解决方案，或许可以通过诉诸"法外空间"的理论分析，寻找到其他的解决方案。

四、通过法外空间实现法内正义：暂缓立法的解决之道

（一）"法外空间"当是审慎考量之后的选择

法外空间学说的主要提出者和代表人物是德国法学家阿图尔·考夫曼，他主张人的行为（尤其是涉及刑法层面）对涉及法外空间的情形而言，合法、违法的价值范畴是不够的①，在两种状态之外还应存在法律对此行为拒绝评价的第三种状态。"法外空间"这一表述实际上容易引起误解，这一学说自从被提出以来无论是在理论界还是实务中都存在着许多反对的声音。但首先需要阐明的是，它并不如其字面意思所显示的那样是所谓法律之外的空间，或指称什么不被法律所管束的空间。其真正的含义是指法律不予评价的领域及其所包含的事物。日常生活中的一些与他人基本无涉或者由法律予以规范并不恰当的行

① 参见周光权：《教唆、帮助自杀行为的定性"法外空间说"的展开》，载《中外法学》2014年第5期，第1164－1179页。

为，例如个人每天的走路、吃饭、睡觉、恋爱等在除却一些特殊的、涉及的其他法律关系的情况之外并没有法律上意义的行为，并不属于此处的“法外空间”所讨论的对象。法外空间所涉及的行为，是与法律原本密切相关的且本应当由法律所规范的，但既不能适当地评价为合法，也不能被评价为违法的行为。① 同时，法外空间与公民权利领域中“法无禁止即自由”的基本理念亦有所区别，对于法外空间放弃评价的“复合行止”，放弃合法与非法之评价的语言规则，才是其本意。简言之，法外空间意指，法律秩序对相关行止放弃评价，由行为人自行负责其行为的正确性。②

考夫曼以堕胎行为为例，对于一些道德团体而言，堕胎行为在他们的伦理道德层面是应当被严格禁止的，为了避免与这些严厉道德的冲突，同时兼顾持有其他道德观点的堕胎妇女的权益，法律应当对此持一种“不禁止——不允许”的态度，即主动放弃对堕胎行为进行法律上的评价，认为堕胎行为既非违法也非合法。当然，这也必然意味着在现实中这一行为的实施或者帮助实施都不会受到法律的处罚，而由行为人自负其责。这同时也是一种法律在现代社会对于伦理未决问题保持缄默的表现。在面对堕胎、自杀、安乐死等在伦理上缺少标准答案的问题时，法律放弃评价也意味着将商讨和判断的权利交还给民众和家人自己，由此为交往理性的理解范式留下空间。

在我国的学术研究中，对于法外空间是否应当存在，以及一些行为是否应该被纳入法外空间都存在较大的争议。以自杀行为为例，刑法学者对此进行了较为充分的争论。周光权教授认为自杀作为非常特殊的人类行为，虽关涉人的生命权但在法律上却难以用“合法”或者“违法”来评价，因而应当将其纳入法外空间，进而提出在刑法对教唆、帮助自杀行为单独定罪之前，此二者应当不为罪。③ 也有学者认为，自主决定的自杀属于生命权和人格尊严等宪法基本权利的保障内容，是合法行为，亦非法外空间。④ 在我们看来，将自杀行为评价为“合法”抑或“违法”实际上都存在违背多元价值的问题。如对于在现代依然持有虔诚基督教信仰的人来说，自杀作为宗教规定的“重罪”是应当被严格禁止的行为；而对于持自由思想的人来说，自杀本质上是个人对自己生命的选择，完全不存在道德上被苛责的空间；但亦有很大一部分人对于自杀行为究竟应该被给予何种道德评价以及在法律上应当被评价为合法还是违法这些问题，实际上并不能给出明确的看法。因此，在刑法事实上无法处罚自杀行为的前提之下，将自杀行为纳入法外空间是对多元伦理观念的宽容和兼顾。

显然，“尊严死”问题则并不像自杀问题那么尖锐。尽管也有学者认为尊严死的本质

① ［德］考夫曼：《法律哲学》，刘幸义等译，法律出版社2003年版，第322页。

② 参见［德］考夫曼：《法律哲学》，刘幸义等译，法律出版社2003年版，第327－328页。

③ 参见周光权：《教唆、帮助自杀行为的定性“法外空间说”的展开》，载《中外法学》2014年第5期，第1164－1179页。

④ 王钢：《法外空间及其范围侧重刑法的考察》，载《中外法学》2015年第6期，第1544－1572页。

上应该被定性为一种消极安乐死，但其本身与自杀行为存在本质上的区别，即行为人并非主动追求中止生命，而是在死亡已经无法避免的情况下选择缓和医疗的形式自然地死亡。因此从实际操作层面，“尊严死”虽完全具有合法化的可能，但我们在此提出应当将其纳入法外空间，是建立在我国尚未形成成熟的死亡教育和能够达成有效共识的生死观的背景之下。至于未来如果社会对于生死问题已经形成了较为成熟的且能够达成一定共识的生死观，再考虑通过立法的方式将其移出法外空间这件事亦可再行讨论。

（二）补助性原则和宽容原则

考夫曼认为，法外空间的存在是补助性原则和宽容原则的体现，所谓的补助性原则是指国家应当尊重某一事务的现有运行的伦理规则，只有在必要的时候，国家才应当进行干预。考夫曼举例说明，“当医生的行为经由医生基本伦理为足够的规范，不需要一部法律的，特别是刑法的规定，在此其是不应当存在的。直到基本伦理不足够时，法律才必须在此加以协助。”① 而实际上，在危重病医学的实践中，通过医疗设备病人在确认无法逆转死亡的结果时，由家属决定是否撤去呼吸机等生命支持装置，让病人在最后阶段平静地死亡是非常常见的情形。这样的情况完全符合医生职业伦理的要求。如何让临终患者舒适、平衡地度过生命的最后阶段，减少无效医疗，是 ICU 医护人员要面对的问题。② 同时对此现有的刑法也并不会将家属或者医生的行为评价为故意杀人罪。一份生前预嘱可以切实地传递病人自己的真实意愿，将其加诸整个放弃临终医疗的环节中实际上并不会对整个过程的性质产生实质上的改变。故而对于现有的医生职业伦理来讲，“尊严死”并不像积极安乐死那样会有挑战现有的伦理体系的风险，反而在危重病医学的领域看来是十分正常的事情。按照补助性原则来看，立法在此其实并没有介入的必要。

而宽容原则是考夫曼在面对多元论风险社会中针对一些问题所持的针锋相对的价值取向的一种退步。在多元风险社会，呈现的特色是高度的复杂性，因为事前并不知道什么是正确的，什么是错误的，所以经常必须冒风险行事。体现在“尊严死”问题上，通过立法的形式肯定生前预嘱的效力这一举措无法消弭对于“尊严死”的支持和反对者之间存在歧义的事实，也不应当成为消解对于生死问题多元取向的权威。而放弃评价的“宽容”则可以使得不同的多元价值得以共存。宽容既是对患者的临终选择要宽容，不因他们在生存质量与生命长度之间的选择与他人的认知不同而加以指摘；宽容也是对患者家属的宽容，尊重患者家属对于尊严死的所有看法，都不加污点于其上。同时宽容家属对于患者临终医疗方式抉择的参与，而不是以一纸文书将其排除在决定之外。宽容也是医护人员勇于按照其专业判断和医学伦理行事的前提。这与推崇尊严死立法的观点在目的上是一致的，从结

① ［德］考夫曼：《法律哲学》，刘幸义等译，法律出版社2003年版，第318页。

② 参见王福平、古利明：《尊严死教育在 ICU 临终患者疗护中的应用》，载《中国医学伦理学》2014年第1期，第118－120页。

果上也能达到同样的效果。其能够使得有责任感的医生勇于做出科学的医疗决策，而无须忌惮行动可能面临的不利法律后果。在考夫曼看来，民主国家作为一种充满了风险的国家形态，其国民必须是“成熟的”，能够自我负责地承担所有决定的后果，即使这一决定并不具有正确答案。

（三）暂时搁置立法可转而通过司法手段维护医护人员权益

事实上论述至此，可以得出的结论是，如果将“尊严死”的问题纳入法外空间，则必然不应当、至少无法在短时间内进行相关立法工作，尤其是全国范围的立法。而是应该将具体问题留给司法实务来解决。在危重病医疗的实务中实际上对于在病人还未死亡时即撤去生命维持仪器的情形也已经运用广泛。同时，生前预嘱作为一种患者自身医疗意愿的表达，在实践中也已经存在，可以预见的是大部分情况下亲属还是会尊重患者的意愿。生前预嘱是否作为一种生效的法律文件而被立法所确认实际上对其在临终医疗实践中的使用并没有太大影响。

可以预见的是，在依然秉持这家庭主义、以家庭医疗为主要方式的我国，即使目前通过尊严死的立法所能起到的作用也是极为有限的。其能够适配的情况是极为罕见的，即患者自身对于是否选择尊严死与家属产生不可调和的分歧，并且医生选择不顾家属的反对而坚决遵从患者的生前遗嘱从而拔取患者的生命维持设备。这样特殊的情况出现的概率无疑是非常微小的。其理由在于，不仅仅是患者和家属，医护人员更是承受着让人身不由己的压力。家属尚且不愿意承担放弃亲人生命的责任，让医护人员排除万难对陌生人的生命负责是难以想象的。因而患者家属的意见在治疗方案的确定上几乎是一定无法绕过的。但即使真的出现这样的情形，在法律解释的范畴内，通过司法也可以解决这一难题，这也是法外空间理论所倡导的解决之道。

首先需要明确的是，在法教义学的解释方法下，在现有的法律框架内，医生执行患者的生前预嘱，拆除生命维持设备的行为绝对不等同于帮助自杀行为。正如前述，患者家属首肯下的“拔管”并不会被刑法评价为杀人行为，则同样的行为只是属意方发生了变化并不会改变行为本身的性质，患者制定生前预嘱放弃过度生命维持也不应当被评价为自杀。参与拔管的医生自然不会构成帮助自杀行为。另一方面，从法律效力层级来看，深圳市人大常委会修订的《医疗条例》不能违反其他既定存在的上位法，而条例中肯定生前预嘱的法律效力也从侧面说明了订立生前预嘱的行为即使没有规范特别授权也应当是在司法中能够得到法院认可的患者对于医疗方式选择的意思表示，在其实践上并不存在阻碍。

再者，法外空间的本质是放弃法律评价，这也意味着不对尊严死行为本身和生前预嘱的法律效力进行否定性评价，也并不意味着在司法实务中法院应当拒绝受理相关案件。相反，法院的判决在法外空间的领域内是十分重要的。尽管在法律评价层面或许可以突破相对性，寻找“第三条路径”，但在行为人看来却只有做与不做两种选择。故而法外空间实际上也意味着法律并不会处罚做了这一行为的人。所以法外空间说虽然倡导对现有法律不做更改，但并不意味毫不作为。正如考夫曼提出的，堕胎行为尽管不变动现有法律，却需要确保在实务中，堕胎的妇女的行为不可被非难、不被评价为违法；同样，为妇女实施堕胎的医生也不应受到非难。这就需要司法实务的配合，而通过法律解释的方法免除实务中协助患者拆除医疗设施的医生的法律责任，在现有法律体系中也并非不可能。按照《民法典》侵权责任编的规定，医生在诊疗过程中需要进行特殊治疗的，应当取得患者的明确同意。生前预嘱作为患者在意识清醒时对于医疗方式的选择，即使在病人失去意识之后也应当视为患者在事先对特殊医疗方式进行了嘱咐，即便在患者失去意识后，遭遇家属的反对，医生回避家属的意思表示，实施生命维持设备的拆除的行为也不应遭到法院的非难。

五、结语

老龄化程度的加剧和医疗科技的发展逐渐形塑了人们直面死亡时新的状态，尽管将“尊严死”写入法律的呼声日益高涨，但我们认为，在做出最终决定之前，立法者有必要重新考虑法律在多元风险的社会的定位，以及对待伦理未决问题的态度。正如法外空间理论所揭示的，在现代性与后现代性交织的世界，法律并不是现代社会唯一的秩序，也不应当被塑造成一切伦理价值的权威答案。基于交往理性的理念，对于国家来说，在去权威化、价值多元的现代社会里，面对“生死的意义”这一人存于世间的终极之问，或许更应该积极发展死亡教育、促进社会和家庭层面的商谈，进而引导每个人形成相对成熟的生死观，使其在面对价值伦理的风险抉择时，能够做出符合个体自我认知的最佳判断。

量刑建议精准化的实现方法研究*

王林林**

摘 要 认罪认罚案件量刑建议精准化的分歧在于属性、效力和方向存在广泛争论。刑诉法明确了认罪认罚从宽制度的普遍适用性，并规定量刑建议的刚性拘束力，由此赋予量刑建议新的价值内涵。认罪认罚案件中，检察机关基于审判机关“裁量权”功能的让渡提出量刑建议。立足于量刑建议的形成机制以及拘束力效果，从参与协商性、动态性和相对性方面探索确定刑建议和幅度刑建议的适用规则，凝聚方向共识。实现量刑建议精准化的方法，需从理念、规范和实践层面推进：区分轻罪和重罪案件，明确“分类精准”理念的指向；统一量刑标准，细化量刑规范的指导；完善量刑前调查制度，强化量刑实践的指引。

关键词 量刑建议精准化；确定刑建议；分类精准；轻罪治理

引 言

伴随着刑法结构从“厉而不严”到“严而不厉”，轻微罪立法增多导致犯罪圈不断扩大，由此产生大量的刑事诉讼案件和犯了罪的人。同样应予以关注的是，轻微罪刑事案件的庭审程序也同时面临着“简上再简”甚至“无处可简”的现实困境。① 认罪认罚从宽制度作为重大制度创新被寄予厚望。制度的设计体现刑罚的适用从国家单方面表达惩罚到国家与被追诉人的沟通以实现惩罚与预防的多重目的，不是简单的权力转移或者程序简化，而是化“对抗性司法”为“沟通性司法”。

2018 年刑诉法明确认罪认罚从宽制度，与制度落实相配套的量刑建议精准化问题日

* 本文系系国家社科基金一般项目“轻罪治理背景下深化量刑规范化改革实证研究” （项目编号：23BFX115）的阶段性成果

** 王林林，女，河南安阳人，上海大学法学院讲师，法学博士后，研究方向为刑法学、刑事司法制度。

① 琚明亮：《德国刑事处罚令程序的理论与实践》，《检察日报》2020 年 7 月 8 日，第 3 版。

趋引发关注。2019年两高三部在《关于适用认罪认罚从宽制度的指导意见》中明确了确定刑建议在认罪认罚案件中的基础性地位。[①] 在“一般应当采纳”的规定之下，应如何认识认罪认罚案件中检察机关的精准量刑建议，以及对法官的自由裁量权的影响，[②] 成为制度落实面临的一个重要理论问题。随后，两高发布《关于常见犯罪的量刑指导意见（试行）》（2021），最高检印发《认罪认罚案件量刑建议指导意见》（2021），这些规范性文件虽然在一定程度上破除了认罪认罚案件量刑建议精准化的落实障碍，但并未从根本上消解观念分歧。认罪认罚案件中的量刑建议不仅牵涉程序法维度中控辩审的关系，而且涉及实体法维度中国家、犯罪人、被害人方、社会大众的关系。无论是消解量刑建议精准化的观念分歧，还是探讨其具体实现路径，均需在量刑结论合目的性、量刑程序正当性的基础上凝聚共识。

一、量刑建议精准化的观念分歧

认罪认罚从宽制度赋予量刑建议新的价值内涵，如何实现量刑建议精准化成为关键分歧。分歧的背后，是学界和实务界对认罪认罚案件量刑建议属性、效力和方向存在的广泛争论。不同国家认罪协商程序和量刑建议制度的差异性，限制了我国对于域外量刑建议精准化经验的借鉴。对我国认罪认罚案件量刑建议精准化的探索，应立足于本土实践，从属性、效力和方向进行系统阐释，避免盲人摸象般探索的局限性。

（一）建议权与裁量权的属性之争

认罪认罚案件中的量刑建议是基于检察机关的求刑建议权还是基于其主导的裁量权，始终存在争论。司法实践中长期贯彻的基本理念，是检察官的量刑建议权不能等同于，也不能替代法官的裁量权。然而，这种理念随着认罪认罚从宽制度的确立以及确定刑建议基础性地位的构造而再次引发激烈讨论。质疑者认为精准的量刑建议尤其是确定刑建议的开展没有法理基础，认为是检察机关在“抢权”。如有学者指出，检察机关主导审查起诉之外的诉讼活动，会挤占该阶段所配置的权力空间，进而出现权力属性的混同。[③]

量刑建议的权力属性是求刑权基础上的建议权，体现检察机关单方面意志。检察机关行使量刑建议权，并非越俎代庖，而是其求刑权的正当延伸。公诉人代表国家提出量刑建议，被告人方作出有针对性的量刑答辩，控辩双方之间就量刑意见进行交流和对抗。检察机关通过行使量刑建议权，不仅为法官量刑提供重要参考，而且将量刑过程公开化、透明

① 参见李刚：《检察官视角下确定刑量刑建议实务问题探析》，载《中国刑事法杂志》2020年第1期，第29页。

② 王敏远、杨帆：《认罪认罚从宽制度的新发展——〈关于适用认罪认罚从宽制度的指导意见〉解析》，载《国家检察官学院学报》2020年第3期，第64页。

③ 参见王祥传：《检察主导理论的三重现实困境》，载《上海法学研究》2021年第2卷，第36页。

化，凸显量刑程序在庭审程序中的地位，从而对法官滥用刑罚裁量权进行有效监督。

认罪认罚案件中的量刑建议不再是检察机关单方面的意志，而是控辩双方①，甚至是控辩审三方的合意②，从而被赋予更多的价值和功能。检察机关提出量刑建议也不再单纯基于求刑权，而是体现了某种程度的裁量权。若对于审判活动无绝对拘束力，检察机关提出量刑建议仍是求刑权的应有之义。但不容忽视的是，我国刑诉法已明确了认罪认罚案件量刑建议的刚性效力，需要进一步思考的是，检察机关提出确定的建议，是基于建议权还是裁量权。2019 年余金平交通肇事案真实地反映了检法之间的冲突，此案引发的激烈争论甚至被媒体戏称为“法院、检察院掐架”。越来越多的学者认识到化解权属争议需要在裁量权配置的博弈中形成共识，即关注审判机关对于量刑协商的参与程度以及检察机关裁量权的终局性。

（二）刚性与柔性的效力之争

一般案件中量刑建议的功能更多地体现在启动量刑程序、制约量刑裁判、明确证明责任以及预设监督标尺，对法官量刑并无绝对的约束力，仅起参考作用。“量刑建议作为检察机关的‘求刑申请书’至多是法院制作量刑裁决的参考。”③ 对于量刑上的出入，法官在判决书中会展示量刑理由；另外，对于一些量刑事实发生变化的情况，同样会出现判决与量刑建议有差别的情形，法院实际判处的刑罚与量刑建议不一致的情形并不鲜见。

认罪认罚案件中的量刑建议的效力不完全等同于一般案件。④ 量刑建议作为控辩达成的合意，于犯罪嫌疑人而言，是“带有司法公信力的承诺”；于审判机关而言，则是控辩协商的结果。

一般而言，控辩双方赞同量刑建议具有刚性约束效力，而审判机关作为中立裁判方则希望仅具有柔性效力以避免侵犯裁量权。法律赋予量刑建议刚性效力，即对于检察机关提出的量刑建议，审判机关“一般应当采纳”。2016 年《关于认罪认罚从宽制度改革试点方案》第二十条明确，除了法律规定的几种情况以外，原则上均应采纳检察机关的量刑建议。随后，《刑事诉讼法》进一步确认，除五种例外情形外，审判机关一般应当采纳检察机关指控的罪名和量刑建议。⑤ 法院对检察机关提出量刑建议的采纳情况主要包括三种：

---

① 认罪认罚案件中的量刑建议权是检察机关在与犯罪嫌疑人及律师就量刑问题充分协商基础上提出量刑请求意见的权力，体现的是控辩双方的量刑合意。参见杨立新：《对认罪认罚从宽制度中量刑建议问题的思考》，载《人民司法》2020 年第 1 期，第 9 页。

② 参见吴宏耀：《凝聚控辩审共识——做实做细确定刑量刑建议》，《检察日报》2020 年 3 月 12 日，第 3 版。

③ 陈瑞华：《论量刑建议》，载《政法论坛》2011 年第 2 期，第 16 页。

④ 杨立新：《对认罪认罚从宽制度中量刑建议问题的思考》，载《人民司法》2020 年第 1 期，第 9 页。

⑤ 这五种例外情形分别是：（一）被告人的行为不构成犯罪或者不应当追究其刑事责任的；（二）被告人违背意愿认罪认罚的；（三）被告人否认指控的犯罪事实的；（四）起诉指控的罪名与审理认定的罪名不一致的；（五）其他可能影响公正审判的情形。

第一，未出现量刑偏差；第二，出现量刑偏差，但未明显不当；第三，出现量刑失衡，明显不当。第二、三种情形存在较多争议。一方面，若量刑建议有些许偏差，但非明显不当，法院是否也需保有宽容度和容错性，采纳量刑建议；另一方面，若量刑建议明显不当的，审判机关是否仍需受到程序性约束而不能径行作出裁判，以及如何解释这些程序性约束的权力来源。《认罪认罚案件量刑建议指导意见》（2021）细化了量刑建议的调整以及量刑监督机制。量刑建议如果明显不当或者被告人、辩护人提出异议的，审判机关面临两重约束：第一重，告知检察机关调整量刑建议，而不能直接作出裁判①；第二重，若检察机关不调整量刑建议，或者虽作出调整但仍明显不当，审判机关直接作出裁决的，则可能面临抗诉、检察建议或者纠正违法通知书等法律监督。② 宪法和刑诉法赋予了检察机关的司法监督权。审判机关的裁量权同时面临检察机关建议权和法律监督权的监督，无疑会进一步强化量刑建议的刚性效力。

对于检察机关提出的量刑建议，审判机关是自觉接受其约束，③ 还是基于自由裁量权作出裁判，分歧较大。在有些学者看来，量刑建议是检察机关代表国家公权力作出的具有司法公信力的允诺，应当得到审判权的充分尊重。④ 但也有学者认为，量刑建议对于法官的裁判并不具有必然的法律效力。⑤ 域外协商性司法实践，对于量刑建议的效力往往会根据法官在量刑协商中的参与程度的不同而存在较大的差异。美国刑事司法实践中，检察官作出承诺，如不建议判处法定最高刑，或不建议具体的刑罚，或建议一个对被告人有利的刑期。对于当事人达成的协商协议，法院任意决定，可以接受，也可以拒绝。⑥ 但在具体实践中，法官对检察官量刑建议容忍度往往比较大，参考协商内容量定的刑罚不会有太大的出入。

（三）确定刑与幅度刑的方向之争

关于量刑建议精准化的未来方向，一说认为，应提出明确的刑罚以及执行方式，即确定刑；一说认为，提出相对确定的量刑建议，包括确定的刑种、更加精准的刑罚幅度以及执行方式，即幅度刑。量刑建议究竟应当以何者为主，检法并未达成共识。

---

① 《量刑建议指导意见》（2021）第三十七条：人民法院违反刑事诉讼法第二百零一条第二款规定，未告知人民检察院调整量刑建议而直接作出判决的，人民检察院一般应当以违反法定程序为由依法提出抗诉。

② 《量刑建议指导意见》（2021）第三十八条：认罪认罚案件审理中，人民法院认为量刑建议明显不当建议人民检察院调整，人民检察院不予调整或者调整后人民法院不予采纳，人民检察院认为判决、裁定量刑确有错误的，应当依法提出抗诉，或者根据案件情况，通过提出检察建议或者发出纠正违法通知书等进行监督。

③ 董坤：《认罪认罚案件量刑建议精准化与法院采纳》，载《国家检察官学院学报》2020 年第 3 期，第 34 页。

④ 贾宇：《认罪认罚从宽制度与检察官在刑事诉讼中的主导地位》，载《法学评论》2020 年第 3 期，第 7 页。

⑤ 参见陈瑞华：《论量刑协商的性质与效力》，载《中外法学》2020 年第 5 期，第 1139 页。

⑥ 王兆鹏：《美国刑事诉讼法》，北京大学出版社 2014 年版，第 675－677 页。

检察机关主张量刑建议一般应采用确定刑。理由在于，确定刑建议能使犯罪嫌疑人对量刑结果产生合理的预期，提升其认罪认罚的积极性，也能使审判机关在对被告人量刑时具有一定的依据，避免量刑结果的差异性。① 过宽的幅度刑无法促成犯罪嫌疑人、被告人的积极认罪认罚，导致量刑协商流于形式，进而会影响认罪认罚从宽制度立法初衷的实现。②

相比之下，审判机关更推崇幅度刑。而反对确定刑建议的理由集中体现在：我国认罪认罚从宽制度并非是刑的交易，③ 控辩协商仅涉及到公诉权的收缩，不涉及审判权，有幅度的建议能体现对量刑的慎重和对合议庭的尊重；④ 再就是确定刑建议实现难度较大。认罪认罚从宽制度的适用对于罪名没有限定，量刑指导意见只涉及23个罪名，多数罪名并没有明确的起点刑和量刑幅度，量刑从宽的幅度各地规定不统一，从宽幅度的标准不够细化具体；最后，若量刑建议全部采用确定刑方式，倒逼检法在审前的量刑沟通，不仅不利于节约司法资源，而且使案件的量刑不透明，缺乏监督。

二、量刑建议精准化的观念共识

认罪认罚案件量刑建议精准化的分歧虽然表面上看是方向之争，实际上关于量刑建议的属性、效力和方向的争论并非全然独立的，而是分歧的一体三面，共同构成问题的实质。认罪认罚从宽量刑协商的成果则体现在量刑建议上。⑤ 精准的量刑建议有利于犯罪嫌疑人自愿作出认罪认罚的选择，从而激活认罪认罚从宽制度。构建符合理性、合乎逻辑的精准化实现路径，需要在明确认罪认罚案件量刑建议法律属性和效力的基础上，进一步厘清精准化方向。

（一）基于“裁量权”的功能让渡而取得拘束力

认罪认罚案件中的量刑建议兼具建议权与裁量权的双重属性。量刑建议制度虽是为规范法官裁量权、促进司法公正所设，但认罪认罚从宽制度更强调其在助力法官量刑活动、提高诉讼效率方面的功能。在认罪认罚案件中，检察机关通过签署具结书、提出量刑建议等，获得了一定的实质处断权。⑥ 然而，检察机关在办理认罪认罚案件过程中具有实质影响乃至决定案件结果的特定权力，尚没有足够的理念基础与制度支持。⑦ 随着实践层面犯

① 臧德胜：《科学适用刑事诉讼幅度型量刑建议》，载《人民法院报》2019年8月29日，第2版。

② 李勇：《量刑建议“精准化”的原理与路径》，载《检察日报》2019年9月17日，第7版。

③ 最高人民法院刑一庭课题组：《刑事诉讼中认罪认罚从宽制度的适用》，载《人民司法》2018年第4期，第5页。

④ 参见胡云腾：《正确把握认罪认罚从宽，保证严格公正高效司法》，载《人民法院报》2019年10月24日，第5版。

⑤ 参见陈国庆：《量刑建议的若干问题》，载《中国刑事法杂志》2019年第5期，第5页。

⑥ 周新：《论我国检察权的新发展》，载《中国社会科学》2020年第8期，第74页。

⑦ 赵恒：《论检察机关的刑事诉讼主导地位》，载《政治与法律》2020年第1期，第36页。

罪的“高涨”以及诉讼经济思想的兴起，理论层面有罪必罚的报应刑理念让位于预防刑理念，使得检察官自由裁量权的扩大成为一种趋势。① 伴随着这一趋势，“检察权裁判”理论通过描述公诉权扩张并产生实质裁判效力的情形，回应检察官取代法官，成为解决大部分法律争点和科处刑期的裁决者的问题，② 在一定程度上为认罪认罚案件量刑建议的双重属性提供了解释可能。

若认可检察权裁判的本质是裁量权，那又该如何理解检察机关裁量权与审判机关裁量权的关系。检察机关的实质处断权，是基于审判机关裁量权的转移还是功能的让渡，需要进一步明确。我们认为，检察机关的实质处断权来源于审判机关裁量功能的让渡，是基于检察机关和审判机关的相互配合的需要，而非权力的转移。根据我国《宪法》规定，法院是国家的审判机关，法官是裁判权的行使主体。审判机关在裁判活动中并未丧失其主体性，其仍然是裁判权的主体，仅在认罪认罚案件中让渡部分裁量功能，突出检察机关司法能动性。若过分强调检察主导能动司法，势必破坏整个刑事诉讼模式的良好运转，不仅会给公民权利保障带来混乱，而且会加剧司法权力内部倾斜失衡。③

只有审判机关让渡裁量功能这部分量刑建议才涉及到拘束力，并获得审判权的充分尊重。量刑建议作为一种法律程序设计，其效力需要进一步明确，以进一步划清法官、检察官以及被告人方等的权责。由于立法已经明确认罪认罚案件量刑建议的刚性效力，并列举了审判机关可以不采纳的五种情形，完全否定量刑建议的刚性效力来构建量刑建议精准化的理论体系，可能不现实也不符合立法的经济性要求。在现有立法框架下，可以参考域外做法，根据量刑目的的实现以及诉讼各方权益保障，就量刑建议的拘束力达成较为一致的判断标准。如在美国州刑事司法体系中，有超过95%的刑事案件是通过有罪答辩结案的，而在联邦刑事司法中通过协商定罪的案件比例甚至更高。④ 而法院衡量接受量刑建议的标准主要包括：1. 协商的结果对被告人是否公平；2. 检方及公众的利益是否确实得到保护；3. 协商内容是否侵越法院独有的量刑权。实务上曾有法院因协商之刑不够严格 United states v. greener，979 F. 2d 517，519（7th Cir. 1992）或未能吓阻被告及一般公众 State v. Roubik，404N. W. 2d 105，107（Wis. Ct. App. 1987）而拒绝接受协商。⑤ 再如，德国认罪协商实践中，检察官主导处罚令程序承担了大量轻微刑事案件的审理工作⑥，在轻罪和违警罪案件中认罪协商达成的处罚令具有拘束力，法官不能调整，但可以拒绝签发或者进

---

① 参见朱孝清：《认罪认罚从宽制度中的“主导”与“中心”》，《检察日报》2019 年 6 月 5 日，第 3 版。

② Gerard E. Lynch. Screening versus Plea Bargaining：Exactly What Are We Trading off? Stanford Law Review, Vol. 55，No. 4，2003.

③ 参见王祥传：《检察主导理论的三重现实困境》，载《上海法学研究》2021 年第 2 卷，第 36 页。

④ US Dep. Justice，Bur. Justice Stat. 2004. Felony sentences in state courts，2002； Admin. Off. US Courts. 2004. Statistical tables for the federal judiciary，June 30，2004. Statistical tables for the federal judiciary，June 30，2004.

⑤ 王兆鹏：《美国刑事诉讼法》，北京大学出版社 2014 年版，第 677 页。

⑥ 琚明亮：《德国刑事处罚令程序的理论与实践》，《检察日报》2020 年 7 月 8 日，第 3 版。

行程序转换。①

（二）量刑建议精准化的方向探索

检法对于量刑建议精准化的巨大争论，极大影响认罪认罚从宽制度的民众认同度，使制度面临落实障碍。立足于认罪认罚案件量刑建议的协商形成机制以及拘束力效果，还需从多方参与性、协商性、动态性体现过程性民主，探索相对性的量刑建议精准化实现方向。

1. 量刑建议精准化的多方参与性、协商性

时代的发展彰显刑罚目的的多元，这不仅需要报应、一般威吓和公众对法秩序的确信，更应凸显其补偿、教育、矫正之功能，力求刑罚适用的人道与科学。认罪认罚从宽为协商性司法提供程序框架，是一种参与型司法制度。其实体从宽的本质在于承担实现刑罚预防功能，修复受损社会关系，并彰显宽恕精神等制度性使命②。量刑建议精准化的多方参与性、协商性，不仅体现为犯罪嫌疑人、被告人等与国家之间的合作，而且包含被害人方参与协商。

（1）国家与被追诉人之间的合作

在传统的刑事司法模式中，国家和个人之间是一种敌对关系，相应地，对被追诉人的惩罚体现的是分配正义。认罪认罚从宽制度强调通过对话、协商、妥协实现纠纷的有效解决，国家与被追诉人就罪刑问题展开协商，从而弱化程序的“对抗性”，强调程序的“对话性”“合意性”，体现协商正义的价值追求。③ 协商性司法并不是对传统刑事司法的否定或者取代，而是一种必要的发展或者完善。对话与妥协是协商性司法的基本作用机理，检察机关、审判机关代表国家与被追诉人协商并形成量刑建议。

国家和被追诉人通过量刑建议的形成和调整机制实现良好的互动。首先，无论是量刑建议的形成还是调整，辩方作为协商的一方，均被给予充分表达意见的时间和条件，以确保认罪认罚的自愿性、真实性进而获得量刑从宽处理。其次，随着检察机关量刑经验不断积累，提出精准量刑建议的比例逐步提高，而且采纳率也得到提升，这在一定程度上得益于与辩护人、值班律师的平等沟通；而量刑建议精准化，反过来有助于提升被追诉人认罪认罚的积极性，从而更好地促成国家与被追诉人之间的合作。

（2）被害人方参与协商

对被追诉人量刑，同样需要考虑犯罪行为对既有社会关系的侵害程度以及修复程度。④ 在认罪认罚中，被追诉人通过退赃退赔、赔偿被害人损失等方式，实现与被害人和

---

① 参见《德国刑事诉讼法》第407、408条的规定。

② 参见卢建平：《刑事政策视野中的认罪认罚从宽》，载《中外法学》2017年第4期，第1022－1023页。

③ 参见唐力：《论协商性司法的理论基础》，载《现代法学》2008年第6期，第115页。

④ 参见吴宗宪：《恢复性司法述评》，载《江苏公安专科学校学报》2002年第3期，第69页。

解。与特定犯罪有利害关系的各方共同参与犯罪处理，于此可以看出，恢复性司法理念的有效融入同样是认罪认罚从宽制度落实的关键之一。

为最大程度修复社会关系，涉及被害人量刑参与的权利则应做细致设计，为量刑建议精准化提供更为坚实的理论和实践基础。换言之，量刑建议不仅要考察犯罪嫌疑人、被告人的认罪态度，考察其悔罪的实际表现，还要重点考量是否赔礼道歉、赔偿损失和获得谅解等。因此，控辩双方要积极促成犯罪嫌疑人、被告人与被害人达成和解，并获得其充分谅解，才能体现犯罪嫌疑人、被告人“认罚”的一面，也才能获得司法机关从宽处理的实际效果。对此，有学者建议将一定比例的量刑幅度决定权交由被害人处分，以保障被害人参与诉讼的权利。①

认罪认罚从宽制度实践中存在为追求诉讼效率而忽视对被害人权益保护的情形。在《关于适用认罪认罚从宽制度的指导意见》中，规定被害人及其诉讼代理人不同意对被追诉人从宽处理的意见的，不影响认罪认罚的适用。这种一刀切的做法，在一定程度上削弱了恢复性司法在认罪认罚从宽制度的重要地位，没有兼顾诉讼效率与被害人权益保护，造成被害人权益与司法公权力的冲突。《认罪认罚案件量刑建议指导意见》（2021）对此进行完善，规定被害人的意愿与态度、被害人协商参与的程度、被损害社会关系的修复等等，同样是影响量刑建议精准化的重要因素，需要进一步明确。

认罪认罚案件量刑建议的参与性、协商性存在造成量刑建议不均衡的可能性，如何避免伴随而来的量刑失衡，值得我们关注。达成辩诉交易的被告人往往会比犯同样罪行但由法庭审判的被告人得到25%到75%的从宽处理。这种巨大差距的背后是对罪刑均衡原则的违背。② 如何确保涉嫌犯罪的事实、情节基本相同的案件，提出的量刑建议保持基本均衡，是实现量刑建议精准化需要重点的问题。

2. 量刑建议精准化的动态性

量刑建议精准化的动态性主要体现在精准量刑建议形成的宏观和微观两个层次。从宏观上来看，量刑建议的精准化是一个从“幅度”到“点”不断精准化的动态过程，具体体现在：最初的“概括性建议”，到相对具体的“幅度刑建议”，再到建议特定刑种、精确刑期以及具体执行方式的“确定刑建议”。③ 量刑建议的逐步精准化，与统一的量刑规范的细化、完善以及量刑建议经验的积累密切相关。当前我国量刑规范化指导意见涉及的罪名仅有23个，大量的罪名没有统一、细化的量刑标准，亟需进一步完善。此外，检察机关虽然在速裁等案情简单的案件中积累了确定刑建议的经验，但不容忽视的是，对于疑难复杂、从重和从轻情节交织的案件，量刑建议经验不足导致对确定刑建议把握不准。因

① 熊秋红：《认罪认罚从宽制度中的量刑建议》，载《中外法学》2020年第5期，第1184页。

② Richard L. Lippke, Retributivism and Plea Bargaining, Criminal Justice Ethics, Vol. 25, No. 4, 2006.

③ 参见董坤：《认罪认罚案件量刑建议精准化与法院采纳》，载《国家检察官学院学报》2020年第3期，第31页。

而，在积累足够量刑建议经验的基础上，逐步提出精准的量刑建议。

从微观上来看，个案中量刑建议是多方参与协商的结果，这同样是一个动态的过程。量刑建议不仅涉及到检察机关与被追诉人之间的协商，而且包括检察机关与审判机关在量刑时的沟通协商机制。最高检《量刑建议指导意见》（2021）第三章和第四章分别从量刑建议的提出以及听取意见两方面对检察机关与被追诉人协商过程作出相应规定。① 在量刑建议的调整机制中，量刑建议精准化多方参与的动态性更为突出。在个案中，往往存在可以型、多功能型和酌定量刑情节，对量刑结果的影响存在较大不确定性，需要检察机关尝试构建“刚柔并济”并以柔性制约为核心的量刑建议增效机制，从而实现认罪认罚案件求刑权与量刑权的良性互动。② 例如，在本意见第五章，对量刑建议调整的规定，不仅强调量刑沟通的公开性，而且强化量刑裁判的说理。③

3. 量刑建议精准化的相对性

从前述关于量刑建议的分类方式可以看出，精准量刑建议与确定刑建议的内涵和外延并非重合。一般认为，量刑建议包括概括的量刑建议和具体的量刑建议。前者检察机关仅援引刑罚规范，指出量刑情节并且只概括提出从轻或者从重处罚的建议；后者检察机关就被告人可能判处的刑种和刑度以及执行方式等内容进行建议。根据精准程度差异，具体量刑建议又进一步区分为确定刑的建议和幅度刑的建议。

相对精准的量刑建议，有助于消除被追诉人对于认罪认罚后检察机关能否落实从宽承诺的疑惑，加强对从宽结果的可预期性，提高认罪认罚的积极性。长远来看，检察机关采取措施提高量刑建议的精准化水平是大趋势，但不宜对全部案件一律提出确定的建议。在全部认罪认罚案件中推行精准刑量刑建议，既与正当程序的司法理念不符，也为办案机关施加不可承受之重。④

三、量刑建议精准化的实现路径

刑罚的沟通性为刑罚制度设定了一个相对温和的目标，给予一些犯罪人一个机会检视自身的灵魂。⑤ 认罪认罚从宽制度激活当事人的参与权，体现了合意性刑事司法的转变。

---

① 如该意见第二十五条规定，人民检察院应当充分说明量刑建议的理由和依据，听取犯罪嫌疑人及其辩护人或者值班律师对量刑建议的意见。犯罪嫌疑人及其辩护人或者值班律师对量刑建议提出不同意见，或者提交影响量刑的证据材料，人民检察院经审查认为犯罪嫌疑人及其辩护人或者值班律师意见合理的，应当采纳，相应调整量刑建议，审查认为意见不合理的，应当结合法律规定、全案情节、相似案件判决等作出解释、说明。

② 参见闫召华：《论认罪认罚案件量刑建议的裁判制约力》，载《中国刑事法杂志》2020 年第 1 期，第 17 页。

③ 该意见第三十二条是关于检察机关与审判机关互动的规定，检察机关经过认真审查，认为审判机关建议合理的，调整量刑建议，认为建议不当的则需说明理由和依据。

④ 赵恒：《量刑建议精准化的理论透视》，载《法制与社会发展》2020 年第 2 期，第 35 页。

⑤ 参见［英］安东尼·达夫著，王志远、柳冠名、姜盼盼译：“刑罚·沟通与社群”，中国政法大学出版社 2018 年版，第 129 页。

探索量刑建议不同层次目标的精准化实现路径，首先要明确“分类精准”的理念，在此理念指向下进一步完善量刑规范的指导和量刑实践的指引。

（一）“分类精准”的理念指向

认罪认罚从宽制度适用于所有刑事案件，基于量刑建议精准化的相对性，需在分类精准理念的指引下进一步思考确定刑建议和幅度刑建议适用案件的类型。对此，有学者建议根据罪行轻重，提出相对明确的量刑幅度，对于法定刑较低的可以明确量刑标准；① 也有学者认为应根据适用量刑程序进行划分，独任审判的案件情节往往比较简单，可以提确定的建议并建议法官直接采纳；合议庭审判的案件往往事实情节复杂，不宜权衡，最好提有幅度的量刑建议，供合议庭参考；② 还有学者认为应当分阶段看待确定刑建议和幅度刑建议的适用。在制度运行初期，可以先采取最小化的幅度量刑，最终实现以确定刑建议为主，以最小化幅度建议为辅。③

当前，确定刑建议的场域化适用，幅度刑建议的普遍和逐步精准化适用已在理论和实践中逐步取得共识。《量刑建议指导意见》（2021）根据可能判处的刑罚种类及执行方式初步划定确定刑建议和幅度刑建议的适用范围。确定刑建议主要适用于判处拘役、附加刑（类型）、罚金（数额）以及缓期执行等案件，而对于判处有期徒刑和管制的案件一般提出幅度刑建议，但提出的幅度应相对明确。从认罪认罚从宽制度的长远发展来看，根据重罪、轻罪认罪认罚案件构建量刑建议精准化实现模式，具有重要的理论和实践价值。关于重罪、轻罪的区分标准，目前较为认可的是将法定刑的轻重作为区分标准。有学者提出，法定最低刑为三年以上有期徒刑是重罪，其他犯罪属于轻罪；④ 也有学者提出，法定最高刑为五年以下有期徒刑的属于轻微罪，其他犯罪是重罪。⑤ 考量刑法和刑事诉讼法的实践需求，我们认为以法定最低刑三年作为重罪、轻罪区分标准，具有合理性。第一，我国刑法中有关属人、保护管辖以及缓刑适用范围，都是以三年有期徒刑作为节点予以规定的，我国刑事诉讼法中简易程序中独任审判，也是以可能判处三年有期徒刑以下刑罚作为适用条件进行规定的。第二，认罪认罚从宽制度也是从可能判处三年有期徒刑以下刑罚为试点展开并逐步扩大适用范围的，具有良好的社会实践基础。因而，以法定最低刑为三年有期徒刑以上刑罚作为区分标准有更为深厚的实践基础。

可以明确的是，重罪、轻罪认罪认罚案件在功能追求、“从宽”方式上存在差异。这

---

① 李丹：《公诉环节认罪认罚从宽制度改革实证研究》，载《检察调研与指导》2018 年第 5 期，第 69 页。

② 参见胡云腾：《正确把握认罪认罚从宽，保证严格公正高效司法》，载《人民法院报》2019 年 10 月 24 日，第 5 版。

③ 李勇：《量刑建议“精准化”的原理与路径》，载《检察日报》2019 年 9 月 17 日，第 7 版。

④ 参见王文华：《论刑法中重罪与轻罪的划分》，载《法学评论》2010 年第 2 期，第 31 页；黄开诚：《我国刑法中轻罪与重罪若干问题研究》，载《现代法学》2006 年第 3 期，第 100 页。

⑤ 参见郑丽萍：《轻罪重罪之法定界分》，载《中国法学》2013 年第 2 期，第 138 页。

种差异主要体现在：第一，与轻罪案件注重追求从快的效率价值不同，重罪案件更加强调对被告人的教育转化和挽救改造；第二，轻罪案件的“从宽”主要通过非羁押强制措施和不起诉制度实现，而重罪案件的“从宽”则是通过较低的量刑建议来实现。① 实践中，轻罪案件适用认罪认罚从宽试点早，经验丰富，形成了较为成熟的程序从宽和实体从宽办案模式。相比之下，重罪认罪认罚案件的主要落脚点在量刑。但由于量刑适用标准不够完备，致使重罪适用认罪认罚从宽表现出比例偏低、适用范围较窄、量刑建议质量欠佳的初级阶段特征，价值功能并未得到充分体现。②

还应当看到，我国轻罪案件的量刑建议精准化经验较为丰富，可以构建以确定刑建议为主，幅度刑建议为辅的模式。在审查起诉过程中，检察机关依据轻罪刑事政策的指引功能，考量“是否当”与“如何能”提出确定刑建议。③ “是否当”提出确定刑建议，我们认为除了《量刑建议指导意见》（2021）所确立的范围之外，还可以根据常见罪名的量刑实践，对于刑罚较轻缓，案情简单、社会危害较小、量刑情节明确的轻罪案件，提出确定刑建议，如交通肇事、故意伤害（轻伤）等法定刑在三年以下的轻微刑事案件或数额犯等量刑规律较容易掌握的案件。④ “如何能”提出确定刑建议，则有赖于量刑规范的完善以及个案中影响量刑因素的查明。比如检法可以就某些个罪制定精密的量刑指南，为控辩双方充分的量刑协商提供清晰的指引，亦可以通过量刑智能辅助系统，形成确定刑建议。

重罪认罪认罚案件量刑建议精准化的实现路径有别于轻罪案件。重罪的刑罚幅度往往跨度较大，量刑情节尤其是酌定量刑情节变动较大，检察机关提出量刑建议原则上以幅度刑建议为主，确定刑建议为辅更为妥当。而对于特别重大重罪案件如危害国家安全犯罪、恐怖活动犯罪、黑社会性质组织犯罪的首要分子、主犯等则要谨慎适用认罪认罚。实现重罪认罪认罚案件量刑建议的精准化，幅度的相对精准是关键。除了完善统一的量刑标准，还要重点关注案例指导制度在规范量刑方面的作用和功能。

（二）统一量刑标准的规范指导

《量刑指导意见》（2021）在常见量刑情节的适用部分首次增加认罪认罚从宽情节。⑤

---

① 参见刘传稿、杨依：《在刑事一体化视角下探索重罪案件认罪认罚从宽制度》，载《检察日报》2018年8月7日，第3版。

② 林晓萌、侯倩：《检察环节重罪案件认罪认罚从宽制度的效益分析与路径优化》，载《贵州警察学院学报》2020年第4期，第62页。

③ 叶青，韩东成：《轻罪刑事政策下认罪认罚从宽制度的司法适用程序若干问题研究》，载《中国刑事法杂志》2020年第5期，第106页。

④ 李强，魏民：《检察机关量刑建议规范化研究——以安徽C市两级检察院实证资料为视角》，载《中国刑事法杂志》2012年第8期，第110页。

⑤ 该《量刑指导意见》第十四条规定：对于被告人认罪认罚的，综合考虑犯罪的性质、罪行的轻重、认罪认罚的阶段、程度、价值、悔罪表现等情况，可以减少基准刑的30%以下；具有自首、重大坦白、退赃退赔、赔偿谅解、刑事和解等情节的，可以减少基准刑的60%以下，犯罪较轻的，可以减少基准刑的60%以上或者依法免除处罚。认罪认罚与自首、坦白、当庭自愿认罪、退赃退赔、赔偿谅解、刑事和解、羁押期间表现好等量刑情节不作重复评价。

为进一步指导和规范检察官提出量刑建议的工作机制，最高检也在《认罪认罚案件量刑建议指导意见》（2021）量刑建议的提出部分对认罪认罚案件的量刑方法，从宽幅度中从严把握或者不予从宽的情形，量刑情节冲突的适用规则，数罪、共同犯罪等情形下量刑建议的提出等作出原则性规定。除了全国性量刑规范的发布，各地基于量刑实践的要求，在细化量刑标准方面也进行了有益探索。

从现有的量刑规范看，似乎还不足以为认罪认罚案件量刑建议精准化提供有力的保障。认罪认罚从宽适用于所有刑事案件，但目前仍然有大量罪名没有设置基准刑和裁量幅度，导致检察机关对量刑建议的幅度难以作出准确的评估。同样不容忽视的是，这些量刑规范多是原则性规定，从实践层面看不够具体。对此，有检察工作人员曾形象表示，精准量刑建议法院采纳率的高要求与量刑规范的供给不足使得检察机关的裁量活动像是在抽奖。我们认为在明确认罪认罚从宽原则性规定的基础上建立与“分类精准”相适应的全面统一的量刑标准，是提高量刑建议精准化水准的重要规范前提。①

认罪认罚案件被追诉人是应当从宽还是可以从宽，是检察机关提出量刑建议首先面临的问题。现有量刑规范将认罪认罚作为一个量刑情节，采用的表述是“可以”从宽。被追诉人通过认罪认罚程序与国家展开积极沟通，恢复法秩序的信赖，实现预防犯罪的目的。因而，被追诉人的预防必要性小，可以在责任限度内从宽处罚。同样需要看到，犯罪嫌疑人虽认罪认罚，但并非一律从宽，而是存在可以不予从宽的情形。如《量刑建议指导意见》（2021）规定四种可以不予从宽的情形。这些可以不予从宽的案件中被追诉人往往反映出较大的人身危险性或者再犯可能性。

认罪认罚案件被追诉人从宽幅度的规范化把握。为追求精准量刑，最大限度确保罪刑均衡，无论是重罪还是轻罪认罪认罚案件，都需要根据罪质罪量建立罪刑阶梯。② 总体而言，我国量刑规范化改革所确立的基准刑量刑方法，是在对罪质和罪量评价的基础上，综合考量被告人责任大小，犯罪的一般预防和防止被告人再犯及复归社会等的效果而作出的裁判结果。基于惩罚和预防犯罪的综合目的要求，认罪认罚案件量刑标准，既要考虑被告人认罪认罚时间、程度等的不同，也要对与认罪认罚相关的情节进行系统化评判。如损害能否恢复、与被害人关系、犯罪动机、犯罪后表现、有无犯罪记录等从重或从宽量刑因素。

通常情况下，轻罪案件一般预防的必要性小，被追诉人认罪认罚反映其再犯可能性小、人身危险性小，因而从宽幅度大，往往不设置最低刑的限制，直至可以免除刑罚处罚。轻罪量刑幅度较小，并且酌定量刑情节的类型化适用经验较为丰富，可以参考美国的

① 参见李勇：《认罪认罚案件量刑建议“分类精准”模式之提倡》，载《河北法学》2021 年第 1 期，第 184 页。

② 参见刘伟琦，刘仁文：《阶梯式从宽量刑不同诉讼阶段的认罪认罚》，载《学术论坛》2019 年第 6 期，第 85 页。

精密量刑指南，制定统一的量刑标准。美国在经历不定期刑的改革后，面临巨大的量刑失衡问题。为应对这一难题，美国量刑委员会发布《量刑指南》，规范法官量刑活动。《量刑指南》为检察官提出精准量刑建议提供了精密、科学、完备的规范依据，这也成为美国辩诉交易适用率高、量刑建议采纳率高的一个很重要原因。①

在重罪认罪认罚案件中，对被追诉人预防必要性考量的因素较为复杂，对酌定量刑情节类型化甄别适用的经验较为薄弱，因而，检察机关宜提出相对精准的量刑建议，可以参考英国的叙述性量刑指南。该指南中既有关于量刑基本原则的规定，如《被告人认罪的量刑减让》详细规定被告人认罪的量刑减让情形；也有关于特定类型犯罪或特定主体犯罪的指南，如《性犯罪的量刑指南》《关于家庭暴力犯罪的量刑指南》等；此外，还有关于具体罪名的指南，如《谋杀罪的量刑指南》《欺诈罪的量刑指南》等②。以此为参考，我们可以先对多发犯罪亟需予以量刑规范指导或国民普遍关注的案件制定量刑标准，并在此基础上逐步扩大适用范围。

统一量刑标准，可以为量刑建议精准化提供明确的规范指导。不仅有利于被告方明确量刑预期，消解控辩双方量刑协商的阻力；而且有助于检察机关在量刑建议中详述量刑理由，提升量刑的公开性和透明度；还有益于审判机关审查精准量刑建议的适当性，进而作出符合刑罚目的的量刑判决。

（三）量刑前调查的实践指引

我国量刑建议实践中长期存在的“重量刑结果、轻量刑信息”，忽视了公众在结果形成过程中平等、充分发表自己意见的需求。③ 英美法系国家中量刑建议制度是随着科刑前的调查制度和辩诉交易制度的产生而产生的。④ 反观我国司法实践，量刑前调查制度的欠缺和滞后，严重影响量刑规范化改革效果。⑤ 假设检察机关仅局限于从案卷中遴选量刑信息，不进行任何调查，那么量刑建议所记载的量刑情节不够丰富，法庭对其量刑建议接受和采纳的可能性就较低。⑥ 探索构建系统、规范的量刑前调查制度指引量刑情节的查实，对于认罪认罚案件精准化的实现至为重要。

扩大量刑前调查制度的适用范围，增进公众对司法的信任，体现司法民主。量刑前调查制度在我国的实践探索始于1989年苏州市平江区的“少年刑事案社会调查制度”，后又

---

① See Diwakar Bhatta, Plea Bargaining and It Application in Different Jurisdictions: A Comparative Overview, 14 NJA L. J. 153 (2020).

② See https: //www. sentencingcouncil. org. uk。

③ See Lawrence R. Jacobs, et al, Talking Together: Public Deliberation and Political Participation in American, University of Chicago Press (2009), pp13 - 14.

④ 陈岚：《西方国家的量刑建议制度及其比较》，载《法学评论》2008年第1期，第118页。

⑤ 冯卫国：《论量刑调查制度及其在中国的构建》，载《天津滨海法学》2015年刊，第17页。

⑥ 参见陈瑞华：《论量刑信息的调查》，载《法学家》2010年第2期，第10页。

在多个地方法院试点施行。① 这些试点地方虽然叫法不同，调查主体和调查内容也各异，但较为一致的是其适用对象主要为未成年人，2012 年刑事诉讼法修改确认未成年人案件量刑前调查制度②。我国量刑前调查制度主要适用于未成年人刑事案件，其适用范围需要进一步扩大至所有刑事案件。比如在奉行职权主义的韩国为配合“量刑基准案”的实施，修改《法官组织法》，扩大判决调查的适用范围，最终确立了对未成年人和成年人同等适用的量刑调查法律依据。③

认罪认罚案件中被追诉人在协商过程中体现出的人身危险性和再犯可能性可能是经过伪装的、不可靠的。通过量刑前调查制度，有利于甄别犯罪人的人身危险性，从而实现对被告人有针对性、个性化的科刑处罚和教育改造。④ 量刑活动“以犯罪人为导向”，⑤ 检察机关收集与犯罪人的性格、环境、经历、前科关系等有关人格和环境方面的可靠量刑信息，全面掌握与被追诉人有关的量刑情节，为形成准确适当的量刑建议提供基础资料。如《量刑建议指导意见》（2021）分别在第八条和第十条规定了检察机关对相关量刑证据的审查程序及职责，以期为精准量刑建议的形成提供完整的事实根据。在轻罪案件中可以将上述事实和依据简短化和表格化，形成“量刑调查表”，⑥ 但在重罪案件中，可以形成较为详实的调查报告，为检察机关作出精准化的量刑建议提供客观参考。

一般认为，据以形成建议的根据包括以下三个方面的内容，量刑前调查同样需要聚焦这些事项进行细致构建。第一、揭示罪行社会危害程度的所有事实；第二、表明犯罪嫌疑人人身危险性、再犯可能性的事项。犯罪嫌疑人人身危险性大小在一定程度上表明了其改造难易程度以及再犯可能性的大小，因此这些事项或事实也是做出量刑建议的重要根据。这些事实或事项主要包括但不限于罪前情节和罪后情节，检察机关根据犯罪嫌疑人罪前的一贯表现、是否累犯、有无前科、犯罪的起因等，并结合犯罪后是否积极抢救被害人、是否积极赔偿、有无悔罪、坦白、自首等情节事实并建议相应的处罚；第三、依刑事政策考虑的事项。刑事政策可以作为量刑的根据，学界和实务部门已无较大争议，根据刑事政策所需要考量的事项也属于量刑建议的事实根据之一，比如对未成年人犯罪人以教育、矫正为主，对初犯、偶犯慎重处理，特定时期如扫黑除恶等刑事政策。

---

① 如青岛市法院系统的“人格调查制度”、合肥市中院的“量刑前人格调查制度”、北京门头沟法院的“社会评价报告制度”、连云港市连云区法院“刑事案件审前调查制度”等等。参见高一飞：《论量刑调查制度》，载《中国刑事法杂志》2008 年第 5 期。

② 《刑事诉讼法》（2012 年修订）第二百六十八条：公安机关、人民检察院、人民法院办理未成年人刑事案件，根据情况可以对未成年犯罪嫌疑人、被告人的成长经历、犯罪原因、监护教育等情况进行调查。

③ 参见杜向前：《韩国刑事“量刑基准制度”推进动向及“量刑调查”主导权之争考察》，载《西部法学评论》2009 年第 3 期，第 155 页。

④ 殷健康：《论量刑前的社会调查制度》，载《刑事法评论》2013 年第 1 期，第 517 页。

⑤ 汪贻飞：《论社会调查报告对我国量刑程序改革的借鉴》，载《当代法学》2010 年第 1 期，第 49 页。

⑥ 参见高一飞：《论量刑调查制度》，载《中国刑事法杂志》2008 年第 5 期，第 89 – 90 页。

结　语

认罪认罚从宽制度自实施以来，检察机关审前主导作用日益凸显，倒逼量刑建议精准化以提高被告人认罪认罚的积极性。对于日益增多的确定刑建议，审判机关不免疑虑量刑建议精准化是否会限制甚至剥夺法官的自由裁量权。针对认罪认罚量刑建议在权属、效力和方向上的争议，需充分认识到认罪认罚从宽制度在贯彻轻刑化、非犯罪化等方面的制度优势，进一步凝聚共识，发挥刑事司法的能动性。检法关于量刑建议精准化的分歧，不应当成为阻碍认罪认罚从宽制度的拦路虎。实现对犯罪人的妥当处罚，是刑罚适用经济性的基本要求。可以说，基于刑罚的沟通性实现犯罪预防，是认罪认罚从宽的逻辑起点。量刑建议精准化的实现很大程度上依赖于量刑规范化理论的供给和实践配套的完善，不会一蹴而就。只有进一步凝聚共识，才能将认罪认罚从宽制度所蕴含的制度优势转化为犯罪治理的效能。

刑事立法正当性的三重检视

刘继琨*

摘 要 刑事立法正当性包括刑事立法正当性的法理基础，国家刑事立法活动的正当性，以及验证既有刑事法规范的正当性三个层次。在宏观层面，自然犯的处罚基础是限制自由原则，法定犯的法理基础是国民对资源分配不公平的反馈。在中观层面，立法活动应当充分保障国民参与，使国民意志在立法形成阶段得充分吸收。在微观层面，刑事立法正当性检验应当采用法益保护与比例原则的双视角检视方法。刑法中的法益可以理解为立法者从宪法所保护的诸种利益中选择出值得刑法所保护的利益。可以通过比例原则完成刑事立法正当性检验，即验证各刑法规范内容的正当性。

关键词 刑事立法正当性 限制自由原则 法益概念 比例原则

当下，我国刑法学界对有关刑事立法正当性的探讨多围绕法益保护与比例原则展开。由于刑法的任务在于保护法益，部分学者遂尝试通过论证法益保护的合理性进而得出刑事立法合理性的结论。再者，由于法益理论本身存在部分难以解决问题，所以近来对法益产生的质疑观点逐渐增多。尤其鉴于法益概念自始具有形式性、开放性的特点，实证性法益概念对立法并不具有拘束力，法益概念面临着理论悖论与实践冷遇的双重危机。一些学者转而主张，在我国人民代表大会制度框架内，比例原则可以完全替代法益保护原则。① 也有学者试图搭建起刑事立法正当性的基本原则，以求解决刑事立法正当性的依据问题。“为使刑事立法具有正当性根基，在刑事立法中应当将社会危害性作为犯罪的本质特征。一方面，刑法立法应当将主文化群体作为社会危害性的评价主体，排除民意的不当干扰。

---

* 刘继琨，男，黑龙江哈尔滨人，华东政法大学刑事法学院博士研究生，研究方向为比较刑法学。

① 参见冀洋：《法益保护原则：立法批判功能的证伪》，载《政治与法律》2019 年第 10 期，第 105 ~ 122 页。

另一方面，刑法应当以比例原则作为社会危害性的评判标准。"① 不难发现，这些观点是在为具体的某一刑事法规范寻找到合理性的证成方式。但是，刑事立法正当性的证成不应仅限制于为既有刑事法规范寻找合理性的证成方式，还应明确刑事立法的法理基础，以及国家刑事立法的权力根据。事实上，论证刑事立法的正当性，本质上是为了维护刑事立法的权威，使得公民能够信服法律规范。文字表述上看，刑事立法正当性可以理解为刑事立法何以正当，刑事立法正当在何之处？完成刑事立法这一动作的主体，即立法机关为何可以进行刑事立法？事实上，这三个疑问可以分为次序从上而下进行排列，即本文所要论述的刑事立法正当性包括三个层面的内容：首先，从法理层面出发，刑法规范是如何形成的？刑事立法的核心是什么？其次，在中观层面，国家为何拥有刑事立法的权力，为何能在刑法中设置刑罚处罚，剥夺犯罪人自由、生命？在微观层面，如何对具体刑法规范的合理性进行检验？法益保护原则是否能作为唯一的衡量标准？

一、宏观层面：刑事立法正当性的法理基础

（一）限制自由原则的审视

刑事立法的过程就是将社会行为按照一定的标准进行分类，即根据一定的标准将社会行为纳入刑法规制。所以犯罪化的标准是刑事立法过程的核心。

近年来，伴随着风险社会的到来，我国刑事立法逐渐将抽象危险犯纳入刑法规制领域。例如，《刑法修正案（五）》设置妨害信用卡管理罪、《刑法修正案（八）》取消了生产、销售假药罪中"足以严重危害人体健康"要件、《刑法修正案（十一）》新增为境外窃取、刺探、收买、非法提供商业秘密罪等。② 可以看到，我国刑事立法通过增设新罪与修改既有罪名构成要件等方式，逐步扩大抽象危险犯在刑法中的比例。然而，抽象危险犯的设置具有侵害人权之风险。③ 因此，也有学者对抽象危险犯的设置提出质疑，认为近来的刑事立法在一定程度上缺少理性，而刑事法律的严厉性又决定了刑事活动必须严谨且理性，刑法的谦抑性要求刑事立法必须杜绝情绪化干扰。④《刑法》中设置抽象危险犯系扩大犯罪圈的表现是一个不争的事实，抽象危险犯的设置前移了罪与非罪的界限也无可辩驳。需要讨论的是，这种扩大与前移的做法是否具备正当性？

正当性的讨论又回归到宏观的基础性问题之上，即现在的刑事立法所依据的犯罪化标准究竟是什么。进言之，宏观层面的刑事立法正当性的讨论，实质问题是犯罪化的正当性

---

① 谢俊龙、李腾：《刑事立法正当性基本原则之构建》，载《中共杭州市委党校学报》2017年第2期，第81页。

② 参见陈思桐：《经济刑法中抽象危险犯的处罚限度》，载《财经法学》2022年第5期，第180页。

③ 参见苏彩霞：《"风险社会下"抽象危险犯的扩张与限缩》，载《法商研究》2011年第4期，第31页。

④ 参见刘宪权：《刑事立法应力戒情绪——以〈刑法修正案（九）〉为视角》，载《法学评论》2016年第1期，第87～88页。

问题。“犯罪化的正当性问题源于道德哲学领域对法律的合法性追问。”① 就这一问题，中外学者提出了一系列犯罪化的正当性原则。例如，美国法哲学家乔尔·范伯格在其《刑法的道德界限》一书中提出的限制自由原则被认为是迄今为止关于犯罪化标准最重要的贡献之一。所谓限制自由，即当行为超越这些原则所设置的道德界限，国家将该行为犯罪化即具有正当性；反之，国家将没有超出界限的行为犯罪化就是不当的。可以说，在范伯格的限制自由理论下，犯罪与道德仅仅具有一线之隔。然而事实真的是这样吗？

道德性是区分人与其他自然动物的重要标准，同时，“道德性是法律的人性基础或人性之维，其含义是法律以道德为出发点，它表达道德的要求，它以道德律为自己的主要内容，并以道德所追求的最高目的——正义为自己的最高价值目标，它以塑造和提升人的道德性为其主要目的。”② 那么，法律的制定和实施的过程实际上就是道德的法律化过程。换言之，人的行为必须要借助法律这样的公共权力使一个社会中群体的行为保持道德性。③ 那么，刑法作为保障法，其首先保护的也应当是道德性。“刑法首先保护的是底线伦理，对于间接侵犯伦理的行为或者说现实中已经被上升为具有伦理性的公共行为也可以纳入犯罪圈。但是对于纯粹是基于行政管理的因素而不涉及伦理的行为，不应进入刑法视野。”④ 如此的论证的确会确证犯罪与道德具有一线之隔。但是，其中也不乏疑问。按照社会伦理与刑法的关系这一分类标准，所有的犯罪可以被分为自然犯与法定犯两类。自然犯，是指违反公共善良风俗和人类社会伦理的犯罪，其行为本身就蕴含着犯罪性，人们根据一般的伦理观念即可对其作出有罪评价；法定犯是指对于行为的犯罪性质，不能通过社会伦理直接判断，而是要因为刑罚法规的规定才能确定其为犯罪。道德、伦理这两个概念本就蕴含着极其丰富的价值判断内涵，而刑法又是强制性规范，越少的价值判断对于维护刑法的权威具有更多的作用。⑤ 所以对自然犯的入罪标准而言，需要解释的问题是道德性、伦理性的标准是什么？

道德、伦理的形成与文化息息相关。不同国家、民族，甚至是同一个国家、民族在不同的历史背景下，其文化核心不尽相同。笔者认为，在我国，形塑犯罪化的道德、伦理标准之文化土壤的表现是常情、常理、常识。“法律本于情理而立……情理之中凝结了特定社会环境下人与人之间解决冲突的信息，以其为构成性的要素形成的道德与风俗是内生于

---

① 方泉：《犯罪化的正当性原则——兼评乔尔·范伯格的限制自由原则》，载《法学》2012 年第 8 期，第 112 页。

② 严存生：《道德性：法律的人性之维——兼论法与道德的关系》，载《法律科学》2007 年第 1 期，第 8 页。

③ 参见严存生：《道德性：法律的人性之维——兼论法与道德的关系》，载《法律科学》2007 年第 1 期，第 3 ~ 14 页。

④ 孙万怀：《刑法修正的道德诉求》，载《东方法学》2021 年第 1 期，第 110 页。

⑤ 参见刘宪权主编：《刑法学》（第 6 版），上海人民出版社 2022 年版，第 70 页。

社会的规范……司法审判实践过程中理应求之情理！”① 法国学者涂尔干指出，“社会成员平均具有的信仰和情感的综合，构成了他们自身明确的生活体系，我们可以称之为集体意识和共同意识。”② “我们不应该说一种行为是犯罪的才会触犯集体意识，而应该说正因为它触犯了集体意识才是犯罪。我们不能因为它是犯罪的就去谴责它，而是因为我们谴责了它，它才是犯罪。”③ 所以，当某一行为触犯了集体意识或者共同意识时，便需要用犯罪进行谴责，这也意味着常情、常理、常识发挥着行为犯罪化检验的作用。以道德性、伦理性作为入罪标准可以有效解释自然犯的处罚必要性问题，但是对于法定犯是否能够当然适用这一标准存在疑问。

如果说，以道德性、伦理性为核心的限制自由原则可以为自然犯的处罚寻找根基，那么这一理论对法定犯的处罚正当性之说明似乎存在可质疑之处。我国刑法中存在着大量的法定犯，法定犯的处罚根据无法按照社会伦理道德观念进行认定，需要诉诸其他法律法规。法定犯的典型特征是，其具有二次违法性的特征。二次违法性是指，同一行为既违反了刑法，又违反了民法、行政法等前置法。并且违反刑法与违反前置法两者间存在梯次性，即行为违反前置法是违反刑法的前提，若该行为连前置法都没有违反，则其一定不违反刑法。④ 通常二次违法性理论所坚持的是严格的违法一元论，其认为不同法域之间的违法判断必须保持统一。但是坚持严格的违法一元论会使得刑法完全从属于前置法，让刑法失去其自主性与品格独立性，也忽略了刑法问题性思考。⑤ 所以，日本学者多数认为，应当采用缓和的违法一元论。缓和的违法一元论认为，法律为国民提供行为规范，对于同一法律事实，各个法域之间不应出现解释上的矛盾或冲突，因而在整体法秩序视野下统一解释违法性，坚持违法判断的统一性；不过由于违法性的表现形式存在各种类别与轻重阶段，各法域所要求的违法性程度各不相同，刑法上的违法性必须具有值得科处刑罚的“质”与“量”的可罚的违法性，因而其承认违法判断的相对性。⑥ 因此，在违法性判断时，以法秩序统一性为基础的相对从属性观点得到了一定的支持。例如，周光权教授指出，“法秩序统一性原理是处理不同部门法之间的矛盾时应遵守的基本规则，具有不可动摇的性质。”⑦ 同时，法秩序统一性原则也是恪守司法德性、落实裁判义务、维护宪法价值和尊严等现代法治基础命题的重要遵循。⑧ 那么，在法秩序统一性原则下，刑事违法性

① 陈诚：《司法判决应求之情理——法意与人情二元结构对立之悖论的思考》，载《中国发展观察》2006年第8期，第53页。

② ［法］涂尔干：《社会分工论》，渠东译，生活·读书·新知三联书店2000年版，第42页。

③ ［法］涂尔干：《社会分工论》，渠东译，生活·读书·新知三联书店2000年版，第44页。

④ 参见金华捷、傅锐：《虚构标的型保险诈骗行为的刑民交叉问题分析——兼谈刑法的“二次违法性”》，载《江西警察学院学报》2014年第2期，第14页。

⑤ 参见于改之：《法域冲突的排除：立场、规则与适用》，载《中国法学》2018年第4期，第86页。

⑥ 参见王昭武：《法秩序统一性视野下违法判断的相对性》，载《中外法学》2015年第1期，第174页。

⑦ 周光权：《“刑民交叉”案件的判断逻辑》，载《中国刑事法杂志》2020年第3期，第2页。

⑧ 参见吴冬兴：《论法秩序统一性原则的司法应用逻辑》，载《法学》2022年第7期，第28~29页。

的判断具有相对性。

在统一判断违法性的场合下，前置法具有违法性时，刑法未必构成犯罪。但是此时行为依然是被予以负面评价。鉴于“法律是最低限度的道德”，前置法上违法也可以被理解为非道德的，那么，在限制自由原则中，其也会被评价为犯罪。进言之，如此宽泛地理解道德的话，限制自由原则可能会使得前置法违法与刑法犯罪的界限变得模糊。然而，犯罪的界限不仅要区分自然犯中的道德伦理界限，也要与前置法违法界限相界分。所以，我们需要重新审视法定犯的犯罪化的依据，即前置法违法行为确认为犯罪行为的依据。

（二）双视角的犯罪化标准

笔者认为，包括刑法在内的所有法律全部是为了实现公平而创制的。刑法的创制需要以满足国民社会生产生活、满足社会发展作为己任。“刑事法律把公平作为目标。也许犯罪本身是由不公平所导致的，但是就犯罪自身来看，可以说任何犯罪都是对公平的破坏，刑法对犯罪的惩罚就是对公平的维护与恢复。”① 由此看来，刑法的出现，是为了服务国民，目的在于确保市民社会的公平有序发展。公平需要通过对权利的尊重、保护、限制、禁止、剥夺等不同方式实现。② 公平的实现过程，实际上就是对社会资源，特别是极度稀缺资源合理分配的过程。“从规范的意义上讲，一切法律活动都要以资源的有效配置和利用为目的，立法、执法和守法的真正根据是以法律修辞掩盖着而不是阐明了经济理由，市场经济规律天然地、内在地决定着法律逻辑。”③ 由于资源是稀缺的，人类的一切活动都面临选择问题。④ 合理的资源分配是在符合社会意志的前提下，将资源分配给那些能够最有效利用稀缺资源并且能够实现价值最大化的行业、集体或者个人。那么，在法定犯的场合下，资源是如何进行分配的？

在法定犯的场合下，行为具有行政和刑事双重违法性。也就是说，法定犯首先应具有行政法上的违法性，进而侵害刑法所保护的利益，具有刑事违法性。在现代刑法中，法定犯主要是以经济犯罪为主。法定犯是一种独立的犯罪类型，而经济犯一般都是首先规定在经济行政法规中的。因此，陈兴良教授主张，“就实质而言，经济行政法规是行政法规的一种特殊形态，在这个意义上说，经济犯具有法定犯的性质。”⑤ 除此之外，以行政法规之违反作为违法性前提的犯罪，如交通肇事罪，也是典型的法定犯。一般而言，经济行政法规追求的核心理念与价值目标是社会整体利益。这里的利益首先是经济利益，而经济利益是需要人去创造的。在改革开放前，我国处于计划经济的体制下，计划经济强调最多的

---

① 樊建民：《刑法伦理学研究》，法律出版社 2018 年版，第 197 页。

② 参见陈正云：《刑法的精神》，中国方正出版社 1999 年版，第 89 页。

③ 冯玉军：《法经济学范式研究及其理论阐释》，载《法制与社会发展》2004 年第 1 期，第 33 页。

④ 参见柏高原、王耀刚、杨文秀、王琳、崔壮、夏青：《法经济学视角下的医疗资源分配权》，载《中国卫生事业管理》2014 年第 9 期，第 684 页。

⑤ 陈兴良：《法定犯的性质和界定》，载《中外法学》2020 年第 6 期，第 1486 页。

便是公平，在改革开放后，市场发挥着资源配置的作用，市场不断繁荣，经济不断发展。“事实告诉我们，在我国所生活的社会里，讲求公平必须建立在经济利益存在基础上……将所有人都吸引到公平切蛋糕上，人与人之间的关系是不可能和谐的……经济工作要‘效率优先，兼顾公平’，强调运用市场机制先发展经济，在发展经济的过程中促进公平。”①

在一般的行政法规中，效率原则也是行政法的基本原则之一。行政（政府）组织，是国家协调社会或民族活动的主要组织力量，政府组织的组织价值表现为追求社会效益。②“在现代社会条件下的政府必须积极、主动地适应社会的发展，在法律制度的许可内主动地行使行政权，提高行政行为的效率。”③ 所以，政府必须在可能的条件下，积极且主动地通过行政权力的行使，带领社会追求最高的效益。效率一词关切了投入与产出的比率，也关切产出的价值可欲性、价值权衡与协调。④ 社会资源又是有限的，政府追求高效益的办法应是利用最少的成本，为有限资源找寻到最适合的位置，即以最小的投入，得到最大的收获，这也普遍被认为是有效率的。⑤

所以法定犯中的前置法是以追求高效的资源分配作为基本准则，当行为违反前置法的规定，资源分配出现不公平现象，需要对相关人员予以前置法上对应的处罚。当前置法给予行为人的处罚不能满足国民对公平的要求时，则需要动用刑法予以处罚。所以，将前置法违法行为确认为犯罪行为的依据应是国民对公平的要求。需要指出的是，资源分配只能适用在法定犯的情形，而不能适用于自然犯。这是因为，法定犯与自然犯具有不同的构成前提。基于两者构成前提的不同，刑法上对两者的正当性也应当有所区别。上文提及的限制自由理论主要适用于自然犯之中。

综上所述，自然犯与法定犯在宏观层面上的正当性基础不尽相同，需要采取区分制的双视角对犯罪化标准进行评判。自然犯的刑事立法正当性的法理基础是限制自由理论，法定犯的刑事立法正当性的法理基础是国民对资源分配不公平的反馈。

二、中观层面：刑事立法活动的正当性

一直以来，涉刑事立法正当性的讨论都集中于立法最终文本是否妥当，但其忽视了立法文本的形成过程。在我国，国家的一切权力属于人民，刑事立法制定过程越能充分保重国民的参与，越能反映宪法的价值诉求，刑事立法的正当性就越高。

---

① 顾功耘：《略论经济法的理念、基本原则与和谐社会的构建》，载《法学》2007年第3期，第18页。

② 参见谢永霞：《作为行政法基本原则的效益原则——基于组织理论视野》，载《湖北社会科学》2013年第2期，第144页。

③ 张生旭：《论行政法的基本原则》，载《辽宁警专学报》2008年第1期，第20页。

④ 参见沈岿：《论行政法上的效能原则》，载《清华法学》2019年第4期，第17页。

⑤ 参见刘世锦：《经济体制效率分析导论》，上海三联书店、上海人民出版社1994年版，第26页。

（一）全国人大涉刑事法律规范立法活动的正当性

我国的一切权力属于人民，人民是国家权力的享有者。作为国家权力的组成部分，立法权的享有者自然也是人民。立法机构则是人民行使立法权力之所。正如学者指出，“立法机构是国家的灵魂，立法权代表人民主权。”① 在立法过程中，坚持人民主权原则，拓展人民有序参与立法工作途径，是贯彻人民主权原则的有效方案，也是让立法活动反映人民意志、维护人民利益的有效手段。总之，国民参与刑事立法的过程越充分，刑事立法的正当性越高。在我国，人民代表大会制度为人民参与刑事立法活动提供了政治制度保障。按照《宪法》的规定，全国人民代表大会和地方各级人民代表大会通过民主选举产生，是人民行使国家权力的机关，按照民主集中制的原则组成和运行。具体而言，人民通过直接选出能够代表其刑事立法建议的代表，让他们的共同建议进入上级的人民代表大会之中。这样，通过这样的选举方式，最高立法机关不仅可以收集到人民关于刑事立法的建议，也使得刑事立法的建议能够体现出人民的意思，使得《刑法》更加完善。

同样重要的是，建立和完善多种并存立法建议收集方式，使得刑事立法全过程中能够充分反映人民意志、有效维护人民利益。② 立法过程越能充分吸收国民意见、反映国民意见，刑事立法的正当性程度就越高。在刑事立法中，首要原则就是一切以人民为中心。各项工作的开展都应当紧紧围绕着人民进行，积极回应人民群众关注的各类问题，实现广大人民群众的根本利益。人民不仅可以向他们选举的人大代表反应立法建议，也可以通过互联网等多种形式直接向立法机关反映意见。不仅仅在刑事立法中，所有的立法活动，全国人大都会通过互联网等手段，多渠道、多方面的收集立法建议，争取做到每一个法律规定都以人民为中心，切实反映人民的诉求，实现人民主权。例如，党的十八大以来，全国人大共有 187 件次以上法律草案向社会征求意见，超过 110 万人次提出了 300 多万条意见。③ 这些意见的提出，不仅增加了人民的立法参与度，也从另一方面说明了人民参与立法的积极态度，做到了主权在民、人民主权的宪法要求。

综合以上内容，无论是人民代表大会制度，亦或是完善的选举制度，还是多种并存的立法建议收集模式，其始终围绕着一个中心，即人民主权。让人民对刑事立法的意见向全国人大反馈，是全国人大切实履行人民关于刑事立法需要的前提。全国人大只有在刑事立法活动中，对人民的立法建议予以回应，才能够让人民满意，实现民主立法的过程。从另一方向出发，只有全国人大能够切实反映人民的刑事立法需要，人民才能更加主动提出自己的立法建议，使得刑事立法更加完全。全国人大与人民通过宪法确定的人民主权原则作

---

① 钱弘道、刘静：《习近平法治思想中的立法理论》，载《法治现代化研究》2023 年第 2 期，第 35 页。

② 参见黄文艺：《论党的二十大以来习近平法治思想的新发展》，载《法学杂志》2024 年第 1 期，第 6 页。

③ 参见胡芳、刘婷婷：《全过程人民民主构筑“人民当家作主”的现代政治文明新形态》，载《石河子大学学报（哲学社会科学版）》2022 年第 5 期，第 33 页。

为连接，实现双向的有效互动，为全国人大的刑事立法活动的正当性提供了有力支持。

（二）越权司法解释需进行合宪性审查

根据我国《宪法》与《立法法》的规定，刑法立法权只能由全国人大进行行使。在预防性的刑事立法时代，立法活动从以“打”（惩罚犯罪）为主向“打”“防”（预防犯罪）结合、以“防”为主的方向转变。① 有学者指出，当下中国的刑事立法的修正除了废除个别犯罪的适用范围外，在整体上表现为沿着单向犯罪化的方向前进；在刑罚配置上，除降低个别犯罪的法定刑外，一定程度上也表现出刑罚配置的趋重化倾向。② 如此看来，当下的中国刑法修正在罪刑设定上，表现出了一定的刑法工具化倾向。那么，即使立法机关拥有立法权力，但是也有可能存在着为追求刑法工具化而滥用立法权的情况。正如有学者指出，“根据现代刑法理论，刑法作为最严厉的制裁手段，与生俱来具有扩张性。”③ 例如，《刑法修正案（八）》提高了黑社会性质组织犯罪、敲诈勒索犯罪、强迫交易等犯罪的法定刑。一般而言，黑社会性质组织犯罪多涉及寻衅滋事、敲诈勒索、强迫交易等犯罪，但是这并不当然意味着此类犯罪一定与黑社会性质组织相关。为了打击黑社会性质组织的犯罪行为，将此类犯罪的法定刑全部提高的做法并不具有合理性依据。④

不仅如此，在司法实践中，作为法律调整对象的社会关系随着生活的变化而日益复杂化，为了缓和立法的抽象性与司法的具体性之间的矛盾，根据《全国人大常委会关于加强法律解释工作的决议》及《人民法院组织法》的规定，最高人民检察院、最高人民法院拥有制定司法解释的权力。⑤ 刑法司法解释是解释主体针对刑事审判中具体的法律应用问题所作的解释。⑥ 但是部分司法解释与现行《刑法》相违背，甚至出现越权司法解释之现象。例如，《最高人民法院、最高人民检察院、公安部、司法部关于办理非法放贷刑事案件若干问题的意见》第1条：“违反国家规定，未经监管部门批准，或者超越经营范围，以营利为目的，经常性地向社会不特定对象发放贷款，扰乱市场秩序，情节严重的，依照刑法第二百二十五条第（四）项的规定，以非法经营罪定罪处罚。”非法经营罪所保护的法益应为社会主义市场经济秩序的市场准入制度。即，只有当行为人的行为对社会主义市场经济秩序的准入产生严重破坏之时，方可适用本罪。高利放贷的行为通常利用了被害人在相关行为中的劣势地位，影响了正常的民间借贷市场的借贷规律，而并未对借贷市场的准入制度产生了不良影响。因此，将高利放贷行为按照非法经营罪处理的做法有违非法经

---

① 参见黎宏：《预防刑法观的问题及其克服》，载《南大法学》2020年第4期，第10页。

② 参见吴亚可：《当下中国刑事立法活性化的问题、根源与理性回归》，载《法制与社会发展》2020年第5期，第106页。

③ 吴亚可：《当下中国功能主义刑法的合宪性检视》，载《中国刑事法杂志》2021年第6期，第112页。

④ 参见刘伟：《刑法修正的基本动向及客观要求研究》，载《政治与法律》2011年第5期，第97页。

⑤ 参见赵秉志、陈志军：《论越权刑法解释》，载《法学家》2004年第2期，第75~77页。

⑥ 参见张晶：《越权刑法司法解释之现实表现与解决途径》，载《理论月刊》2014年第4期，第107页。

营罪的立法目的，该司法解释的制定与《刑法》第225条的规定相悖。与此同时，高利放贷行为对金融管控危害极大，该行为本身具有严重的社会危害性，需要刑法予以规制。在现行法为作出变动的情况下，基于罪刑法原则的要求，司法机关只能按照无罪进行处理，而不能将其认定为非法经营罪。即司法机关超越职权，形式上利用司法解释，实质上却是在刑事立法的现象。可见，上述司法解释的制定超出了其权力范围，不具有合宪性。这也要求我们对一些司法解释的合宪性进行审查，防止更多的越权立法的现象出现，从而影响全国人大立法权的权威。

综上所述，全国人大立法活动的正当性表现在实体与程序两个方面，在实体上，我国人民当家作主的社会主义国家，全国人大立法权力行使以人民主权原则为中心体现刑事立法活动正当性;；在程序上，按照《宪法》与《立法法》的规定，全国人大按照程序行使刑事立法的权力，并最终形成《刑法》。为了防止不正当立法活动的出现，我国应当建立对司法解释的合宪性审查机制，防止越权立法的现象出现，影响全国人大的立法权威。

三、微观层面：刑事法规范的正当性检验

（一）法益概念明晰

具体法规范设立的正当性验证也是维护刑事立法权威的必要手段。刑事立法的正当性检验主要围绕法益保护与比例原则两者展开。法益概念不明，导致了法益在法律推理过程中无法发挥作用。就何为法益这一问题，通说观点认为法益为法所保护的利益。但对于“法”为何，“益”为何，并没有一个统一的答案。关于“法”为何这一问题，大致存在三种观点。第一种观点认为，法益是一种先于法律而存在的概念，并不依赖于实定法而存在，是社会本身的产物，① 这被称之为先法性的法益概念。这一观点对于实现法益的立法规制机能具有十分重要的作用，但这种所谓的先法性的法益概念是否存在是疑问的。对于生命、财产等自然犯的法益尚且可以认为是先于法律而存在，但诸如税收管理制度、市场经济制度等法定犯所保护的利益是由立法所创设的。在这一角度上而言，先法性的法益概念无法实现对利益的整体保护。第二种观点认为法益概念来源于刑法的建构，是已然受到刑法保护的利益总和，② 这被称之为刑法学的法益概念。刑法学法益概念可以最大限度概括现行法中犯罪的共性并实现法益概念的解释规制机能，但是并不能实现其立法规制机能，无法承担反思犯罪化的作用，无法发挥法益的立法批判机能。所以这一意义上的法益也被理解为方法论的法益概念。第三种观点认为法益是存在于宪法之后，刑法之前的概念，③ 这被称之为宪法性法益概念。宪法性法益概念从宪法的角度为刑事立法的合理性提

① 参见［德］弗兰茨·冯·李斯特著：《李斯特德国刑法教科书》，徐久生译，北京大学出版社2021年版，第6页。

② 参见丁后盾：《刑法法益原理》，中国方正出版社1999年版，第16～17页。

③ 参见刘孝敏：《法益的体系位置与功能》，载《法学研究》2007年第1期，第79页。

供了清晰明确的界限。较之于其他两种观点，宪法性的法益概念更具有操作的可能性与规范意义上的预见性。当然，也有观点认为宪法性的法益概念无法从宪法角度解释行为为何会被纳入犯罪范畴，也无法诠释法益概念如何发挥法益概念的解释机能。① 事实上，反对者所述之问题系与利益确定相关，而与法之来源无关。将法益中的法理解为宪法，可以实现宪法规制其他部门法的根本法作用，同时为其他部门法的制定与运用寻找到宪法层面上的依据，具有现实的操作可能性。再者，德国学者罗克辛教授也曾指出，"法益是以个人及其自由发展为目标进行建设的社会整体制度范围之内，有益于个人及其自由发展的，或者是有益于这个制度本身功能的一种实现或者目标设定……法益概念包含了已经被法事先发现的状态以及同样由法才能创设的遵守规范的义务。"② 所以，法益中的法应当理解为宪法。即法益的选择，应当基于宪法的约束。

那么，益又是从何而来？通过考察法益概念的发展史可以发现，法益中的益源自德国学者比恩鲍姆。基于对宗教犯罪、道德犯罪等没有侵害权利的立法无正当性根据这一视角，比恩鲍姆将费尔巴哈的权利侵害说中"权利"替换为"利益"（Gut）。③ 随后，比恩鲍姆的观点得到了李斯特的继承与发展。李斯特将法益从具体的事物上升为一种价值性的概念，并提出了当下最为熟知的法益概念，"法益是法所保护的利益。"李斯特将法益做如此理解，避免了"权利"概念的缺陷。同时，李斯特也认为，利益源自生活，先于法律而存在，因而使得法益发挥立法规制机能。④ 综上所述，刑法中的法益可以理解为立法者，从宪法所保护的诸种利益中选择出值得刑法所保护的利益。

（二）比例原则对刑法规范正当性验证具有验证作用

笔者认为可以通过比例原则完成刑法规范正当性检验，即验证各罪法益内容的正当性。理由如下：第一，比例原则适用于刑法的必要性。比例原则与刑法基本原则相对应，并且具有相同思想基础的理由恰好可以说明其具有在刑法中适用的可能性。而比例原则在刑法教义学中的价值有限这一论述也值得深思。事实上，比例原则可以对刑法进行合宪性控制，在实体价值与方法论上对刑法具有指导作用，促进刑法和宪法之间的良性互动。⑤ 第二，比例原则具有限制国家公权力过度行使的使命。自《刑法修正案（八）》开始，学界逐渐认为，刑法的保护范围在逐步扩张。特别是在《刑法修正案（十一）》之后，学界

---

① 参见陈家林：《外国刑法理论的思潮与流变》，中国人民公安大学出版社2017年版，第85～86页。

② ［德］克劳斯·罗克辛：《德国刑法学总论》（第1卷），王世洲译，法律出版社2005年版，第15页。

③ 参见冀洋：《法益保护原则：立法批判功能的证伪》，载《政治与法律》2019年第10期，第108页。

④ 参见［德］汉斯·海因里希·耶塞克、［德］托马斯·魏根特：《德国刑法教科书》，徐久生译，中国法制出版社2017年版，第349～354页。

⑤ 参见于改之、吕小红：《比例原则的刑法适用及其展开》，载《现代法学》2018年第4期，第136～149页。

已经基本达成这一共识：积极刑法观为刑法的修正提供了价值指引。① 在此之下，如何限制国家公权力的过度使用，避免社会治理的泛刑法化，也受到了较多关注。受到法益概念的发展影响，法益侵害成为刑事立法的重要理由。通过比例原则对法益侵害的质量进行衡量选取，可以实现立法批判的机能。第三，法益具有专注保护对象的片面思维的特征，因此法益对于刑事立法正当边界所发挥的作用极为有限，需要借助比例原则，完成对刑事立法的正当性检验。本文已经确定，法益概念中的法，系宪法之义。然而现代宪法有两个基本特点，一是宪法规范的开放性与宽泛性，二是宪法价值来源的多元性。这也导致凡是具有社会价值的东西，都可以通过一定的论证途径借助宪法之名跻身于法益之列。② 所以，需要对能够纳入刑法法益的内容进行检验。换言之，能够成为刑法的法益，一定是经过检验的，满足刑法保护法益要求，能够达到刑法惩罚犯罪的目的。并且，与其他各罪保护法益不存在冲突，且相互协调，共同构成了完整的刑法保护体系。

一般认为，比例原则下设三个子原则，即适当性原则、必要性原则和狭义的比例原则。第一，适当性原则主要围绕手段与目的展开，坚持“目的导向”，在本质上要求目的和手段之间具有关联性，而且这种关联性是正当且合理的。③ 在适当性原则的要求下，刑法中法益是为了刑法的目的实现而存在的。换言之，借由法益的侵害，完成了刑法要求的社会危害性的破坏，从而使得行为进入刑法评价体系之内。从这一点上看，所有在刑法中被规定的法益，即便是类法益，也是能够实现刑法的目的。而类法益又是刑事立法者在立法活动中的犯罪分类标准。也就是说，无论个罪法益如何，在立法者视野中，该罪法益至少是属于该类法益的，是可以实现刑法的目的的。所以，所有分则罪名的法益设置都可以满足比例原则中适当性的要求，适当性原则无法单独完成检验法益内容合理性的任务。

第二，必要性原则强调在达到目的过程中，需要选择对个人权益侵害最小的手段，这是三个子原则中最重要的一个。一方面，在其他法律能够有效保护法益的时候，刑法就没有介入的必要性。法律责任分为刑事责任以及刑事责任以外的其他责任形式。相较于刑事责任的严厉性，民事责任和行政责任对于不法侵害人的厉害损害较轻。因此，只有在前置法违法有效保护法益时，刑法介入法益之保护才满足必要性之要求。另一方，即使选择将侵害法益的行为犯罪化，也需要优化制裁机制，选择虽对不法侵害人的利益损害较小，但同样能够有效发挥法益保护功能的刑罚。从刑罚的角度看，对个人权益损害越小，被害人所受的刑罚处罚就应该越轻。一般而言，刑罚轻重的比较，通常采用的是法定刑的比较方式。先比较法定最高刑，若法定最高刑相同再比较法定最低刑，若存在多个量刑幅度，则先根据犯罪行为确定适用的法定刑量刑幅度，然后再比较该量刑幅度范围内的法定最高刑

① 参见付玉明：《立法控制与司法平衡：积极刑法观下的刑法修正》，载《当代法学》2021 年第 5 期，第 15 ~ 27 页。

② 参见陈璇：《法益概念与刑事立法正当性检验》，载《比较法研究》2020 年第 3 期，第 64 页。

③ 参见梅扬：《比例原则的宗旨与适用》，中国社会科学出版社 2022 年版，第 72 ~ 73 页。

与法定最低刑。①

第三，狭义的比例原则要求国家权力的行使，为追求一定目的而采取的限制手段的强度，不得与达成目的的需要不成比例。② 例如，洗钱罪的法定最高刑是十年有期徒刑，掩饰、隐瞒犯罪所得、犯罪所得收益罪的法定最高刑是七年有期徒刑。无论是司法，亦或是金融管理秩序，都是社会秩序的重要基础。而且，经济基础决定上层建筑，上层建筑反作用于经济基础，两者相辅相成。单就司法秩序，与金融管理秩序而言，两者法益同等重要。如果将洗钱罪的法益理解为单一法益，则无法解释掩饰、隐瞒犯罪所得、犯罪所得收益罪的法定刑为何低于洗钱罪的法定刑。而从洗钱罪的产生上看，其自身便带有掩饰、隐瞒犯罪所得的性质，具有侵害司法秩序的天然属性。所以洗钱罪的法益理应包含司法秩序。所以，为了确证具体刑法规范的正当性，可以通过比例原则进行验证

四、结语

明确刑事立法活动的正当性，是维护刑法的权威作用的核心内容。从宏观的法理学层面、中观的刑事立法活动层面、微观的刑法规范验证层面论证刑事立法的正当性，可以透彻审视整体刑事立法活动的正当性。刑事立法活动是主权国家在本国范围内行使权力的重要体现，体现的是国家意志，也是统治阶级的意识。所以刑事立法正当性不仅与法学基本理论相关，也与国家政治体制息息相关。在对一国的刑事立法正当性讨论时，不能脱离本国的体制基础。进一步而言，任何有关本国的刑法学研究都不能脱离本国的体制基础而进行。

① 参见刘宪权：《刑法个罪修正条文具体适用的溯及力问题研究》，载《法商研究》2022年第2期，第182页。

② 参见姜昕：《比例原则释义学结构构建与反思》，载《法律科学》2008年第5期，第47页。

日本客观处罚条件论对我国刑法理论的启发

毛乃纯*

摘　要　日本关于客观处罚条件论的学说，主要围绕处罚限制事由说和不法要素说展开。不法要素说在坚持犯罪概念的一贯性以及贯彻责任主义方面作出的有力论证，再加上判例提供的实质性支持，从根本上动摇了处罚限制事由说的通说地位。日本的客观处罚条件论的争议，对我国刑法学的研究有诸多有益的启发。这主要体现为，在当今刑法刑事政策化的潮流中，应当重视客观处罚条件作为刑事法学中各个分野之间以及刑法学内部的枢纽作用，将其视为教义学上的“试金石”来构建能够与积极主义刑法观相契合的活性化的犯罪论体系，进而以我国刑法中的特色规定以及典型案例为素材进一步深化客观处罚条件理论。

关键词　客观处罚条件论　体系定位　责任关联　刑法刑事政策化　活性化的犯罪论体系

我国的客观处罚条件论发端于张明楷教授提出的“应当如何认识行为人故意实施犯罪行为而对结果却非出于故意的犯罪中的各种客观要件的性质以及故意内容”的问题意识，① 考察对象从最初的丢失枪支不报罪中的“严重后果”、非法发放贷款罪中的“重大损失”等个别要素扩大到刑法典中普遍规定的“罪量要素”，讨论的核心是客观处罚条件的体系定位（归宿）和责任关联问题。总体而言，我国客观处罚条件论的特色是，多样化的罪量要素为相关研究提供了充分的讨论素材，多元化的犯罪论体系开辟了丰富的研究路径。然而，在对“客观处罚条件”这一舶来概念展开本土化讨论时，更应当重视比较法研

* 毛乃纯，男，河南郑州人，郑州大学法学院讲师，法学博士，研究方向为刑法学、日本刑法学。

① 参见张明楷：《“客观的超过要素”概念之提倡》，载《法学研究》1999 年第 3 期，第 22 页。

究的意义：比较的目的在于实现真实地认识彼此之后的自我改善，唯有通过比较才能使我国的刑法学具有知识品格和实践能力。①

众所周知，客观处罚条件论肇始于德国。然而，经过百余年的发展，日本刑法学者不仅习得了德国学说的精髓，甚至在一定程度上实现了突破和超越，尤其是缔造了有力说与通说均势对立的格局。鉴于此，本文拟通过对日本客观处罚条件论的介评，以期为我国客观处罚条件论的深化、犯罪论体系的构建乃至刑法学的发展提供有益的启发。

一、"客观处罚条件"的含义

（一）"客观处罚条件"概念的解说

一般认为，"客观处罚条件"（die objektiven Bedingungen der Strafbarkeit）源于古代法官或者主权者考虑客观方面的某些特定条件以确定犯罪应否受到处罚的刑事裁量权，② 最早是由德国刑法学者弗兰克（Francke）在具体考察《德意志帝国刑法典》中的各项规定时发现的特殊立法现象，③ 于20世纪早期传入日本。④

"客观"（Objektiv），本义是指存在于外部而非行为人的内心，通说将其限定为"只需纯粹存在于外部世界，无须行为人认识或者预见（以及认识或者预见的可能性）"。⑤ "处罚"是指作为法律效果的（刑事）处罚，其对应的德文"Strafbarkeit"通常译为"可罚性"。⑥ 在一般意义上，构成要件该当性、违法性和有责性这三个犯罪成立要件也属于科处刑罚这种法律效果所需的法律要件，但是通说则基于将犯罪与刑罚相分离的立场，认为"处罚"条件特指犯罪成立要件以外的其他刑罚要件。⑦ "条件"（Bedingungen）的语言学含义是指事物成立或者实现所必需的事实，通说将其理解为"行为后发生的不确定的事实"亦即刑罚权的"停止条件"。⑧

由此可见，关于"客观处罚条件"的含义，如果忠实于词语的本义，就应当将其定义

① 参见冯军主编：《比较刑法研究》，中国人民大学出版社2007年版，序。

② 参见［意］杜里奥·帕多瓦尼：《意大利刑法学原理》（注评版），陈忠林译，中国人民大学出版社2004年版，第396页。

③ Vgl. Francke, Das Deutsche Strahgesetzbuch und die Strafsachen aus Handlungen der Zeit vor dessen Gesetzeskraft, GA 20（1872）, S. 14ff.（insb. S. 34）.

④ 参见［日］大场茂马：《刑法总论·下卷》，中央大学1914年版，第1311页。

⑤ Vgl. Günther Jakobs, Strafrecht Allgemeiner Teil, Die Grundlagen und die Zurechnungslehre Lehrbuch, 2. Aufl.（1991）, S. 335.

⑥ 参见冯军：《德日刑法中的可罚性理论》，载《法学论坛》2000年第1期，第106页。

⑦ 在这个意义上，客观处罚条件也被称为"附双重条件的刑罚威吓"（doppelt bedingte Strafdrohungen）或者"刑法的二次条件"（zweite Bedingungen des Strafrechts）。Vgl. Karl Binding, Die Normen und ihre Übertretung, Bd. I, 1. Aufl.（1872）, S. 130.; Karl Binding, Handbuch des Strafrechts, Bd. I.（1985）, S. 588.

⑧ 以事前受贿罪为例，即将成为公务员的人收受贿赂时就构成事前受贿罪，而刑法基于谦抑性的立场在行为人就任公务员之前对刑罚加以限制。在这个意义上，客观处罚条件被视为停止条件。参见［日］堀内捷三：《责任主义与客观处罚条件》，载《团藤重光博士古稀祝贺论文集·第二卷》，有斐阁1984年版，第160页。

为"存在于外部世界的、科处刑罚这种法律效果需要具备的法律要件";与此相对,通说历来是基于解释论的立场将其狭义地理解为"无须行为人的认识·预见涉及的、行为后的不确定的事实,与犯罪的成立与否无关、仅为处罚提供条件的事实"。①

(二)立法例介绍

被日本刑法学界普遍视为客观处罚条件的典型立法例的是,事前受贿罪中的"就任公务员"和诈欺破产罪中的"破产宣告的确定"②。

日本《刑法》第197条第2款事前受贿罪规定:"即将成为公务员的人,就其应当担任的职务接受请托,收受、索要或者约定贿赂的,在就任公务员时,处五年以下有期徒刑。"

日本(旧)《破产法》第374条诈欺破产罪规定:"不问破产宣告的前后,债务人出于为自己或者他人谋利或者损害债权人的目的,实施下列行为的,在破产宣告确定时以诈欺破产罪判处十年以下惩役:一 隐匿、毁弃属于破产财团的财产,或者做出不利于债权人的处分的;二 虚假增加破产财团负债的;三 不按照法律规定制作商业账簿,对于财产现状不做充分的记载或者不正确记载,或者对其予以隐匿或者毁弃的;四 篡改裁判所书记官根据第187条的规定封存的账簿,或者对其予以隐匿或者毁弃的。"

此外,在不属于故意的对象的意义上,部分刑事立法中以数值形式规定的要素也被视为客观处罚条件。这些要素大致包括:(1)年龄,例如《刑法》第176条强制猥亵罪和第177条强制性交罪中规定的犯罪对象"未满13周岁";(2)时间,例如《有关确保汽车保管场所等的法律》第11条第2款规定的禁止汽车在道路上的同一场所持续停车"12小时以上"或者夜间在道路上的同一场所持续停车"8小时以上";(3)速度,例如《道路交通法》第22条和第118条禁止超过"最高速度"(时速60公里);(4)浓度,例如《道路交通法》第117条之2之2规定的禁止"体内含有超过政令规定程度的酒精"(每毫升血液内含有0.3毫克或者每升呼气内含有0.15毫克)。③

二、日本相关学说概观

根据客观处罚条件的体系定位不同,可以将日本的相关理论分为处罚限制事由说和还原说。

---

① 参见[日]松原芳博:《犯罪概念和可罚性——关于客观处罚条件与一身处罚阻却事由》,毛乃纯译,中国人民大学出版社2020年版,第23页。

② 日本的旧《破产法》中规定有"破产宣告的确定"的破产犯罪包括诈欺破产罪(第374条)和过怠破产罪(第375条)。在2004年的法律修订中,现行《破产法》第265条对诈欺破产罪和过怠破产罪进行了整合,统称为诈欺破产罪。原来被视为客观处罚条件的"破产宣告的确定"修改为"破产程序开始之决定的确定"。由于该要件的含义和性质均未发生变化,而且学界讨论的以及判例中出现的都是旧法中的"破产宣告的确定",所以本文依然使用这一概念。

③ 参见[日]松原芳博:《客观的处罚条件》,载中国人民大学刑事法律科学研究中心编:《刑事法热点问题的国际视野》,北京大学出版社2010年版,第50-52页。

（一）处罚限制事由说

在日本，将客观处罚条件定位在犯罪论体系外部的处罚限制事由说至今仍然占据着通说地位。这种观点认为，诸如事前受贿罪中的“就任公务员”等客观处罚条件是基于一定刑事政策性理由作为例外规定的决定刑罚权产生的附加条件，与对行为或者行为人的规范性评价无关，不影响犯罪成立。所以，客观处罚条件不是行为人的认识对象；即使不具备客观处罚条件，行为仍然构成犯罪，只是不予处罚而已。①

北野通世教授是处罚限制事由说的代表。以反对论者提出的批判为契机，北野教授在对通说存在的问题进行反思的基础上，根据行为主义和责任主义对传统的处罚限制事由说进行了系统性的完善。首先，客观处罚条件和构成要件的根本区别在于，是位于行为外部还是与构成要件行为相关。在该当客观处罚条件的事实发生时，构成要件该当行为本身的因果过程已经结束，所以客观处罚条件是位于行为外部要素。其次，根据行为主义，违法性判断是对构成要件该当事实是否具有无价值性的法律评价。既然客观处罚条件是与构成要件该当行为无关的要素，所以就不能成为违法判断的对象。② 最后，根据责任主义，“能够追究行为人责任的，是行为时存在的、行为人在客观上能够认识其存在的、作为行为因果展开过程构成要素的事实，以及行为后发生的、行为时行为人在客观上能够预见其发生的、行为人在自己行为的因果展开过程中能够控制其发生的事实。”③ 然而，客观处罚条件是行为人在自己行为的因果展开过程中不能控制的客观事态，所以就客观处罚条件追究行为人的责任反倒是僭越责任刑法的结果责任。④

作为处罚限制事由说的顶点，北野教授的贡献在于指明了客观处罚条件的内容，即包括行为时行为人在客观上不能预见的事实和行为人在客观上能够预见却无法在自己行为的因果展开过程中控制其发生的事实，⑤ 在此基础论证了客观处罚条件与行为主义和责任主义的协调性，从而为“犯罪 + α = 刑罚”公式提供了理论支持，巩固了处罚限制事由说的通说地位。

（二）还原说

与上述通说相对立，还原说将犯罪概念作为客观处罚条件的“归宿”，其理由是客观

---

① 参见［日］团藤重光：《刑法纲要总论》（第3版），创文社1990年版，第517页。

② 参见［日］北野通世：《客观处罚条件（六）》，载《山形大学纪要（社会科学）》1996年第27卷第1号，第7页。

③ ［日］北野通世：《客观处罚条件（七·完）》，载《山形大学纪要（社会科学）》1997年第27卷第2号，第52页。

④ 参见［日］北野通世：《客观处罚条件（七·完）》，载《山形大学纪要（社会科学）》1997年第27卷第2号，第46－53页。

⑤ 参见［日］北野通世：《客观处罚条件》，载西田典之、山口厚编：《刑法的争点》（第3版），有斐阁2000年，第33页。

处罚条件为行为的可罚的违法性提供了基础。根据客观处罚条件在犯罪论体系内部的定位不同，可以将还原说大致分为不法要素说和可罚性要素说。

1. 不法要素说

客观处罚条件论走上实质化道路以后，率先对处罚限制事由说发起责难的是不法要素说。该学说立足于将构成要件视为违法类型的立场，以客观处罚条件对于行为违法性的实质意义为根据，主张将其还原为不法构成要件要素。然而，在客观处罚条件的责任关联问题上，不法要素说内部仍然存在分歧。

作为日本不法要素说的揭幕者，佐伯千仞教授对通说提出了尖锐的批判，即"一方面主张犯罪是以具体刑罚权为法律效果的法律要件，其实质是该当犯罪类型的违法有责行为，另一方面却承认存在与行为的犯罪性无关的决定刑罚权的条件，这种矛盾对于以一贯性为生命的理论体系而言无异于自杀"①。基于"实体刑法中的犯罪要件必然与违法或者责任有关"的观念，佐伯教授主张客观处罚条件是"补充·完成某行为的可罚的违法性的附随要素"，"具有强化违法的作用，而不具有使尚不违法的行为变成违法的作用"，因而应当且必须还原为作为可罚的违法类型的构成要件要素。但是，"与其他违法要素不同，客观处罚条件既不是故意的预见内容，也不属于过失中应当预见的事实，其只需客观存在即可"。② 所以，在责任关联方面也可以将这种观点称为"无需责任关联说"。③

松原芳博教授堪称不法要素说的集大成者。作为前提，松原教授首先从根本上对"客观处罚条件"的概念提出以下批判：①此概念切断了作为法律要件的"犯罪"与作为法律效果的"刑罚"的对应关系，与犯罪概念的一贯性相冲突；②此概念阻害了犯罪概念和犯罪论体系的说明·正当化机能、指导·规制机能以及批判·形成机能；③此概念极具概括性，缺少实质的、积极的内容。④ 在此基础上，松原教授立足于法益侵害说和客观评价规范论，以违法性可能发生事后变动的理解为根据，主张将历来被视为客观处罚条件的各种要素还原为"作为可罚的违法类型的构成要件要素"。具体而言，在与构成要件的关系方面，被视为客观处罚条件的要素同样具有罪刑法定主义机能、诉讼法机能、个别化机能以及不法类型机能，因而在这一点上不存在将其排除在构成要件之外的理由；⑤ 在与违法性的关系上，被视为客观处罚条件的要素是"导致可罚程度的事态无价值（法益的侵

---

① ［日］佐伯千仞：《四订·刑法讲义（总论）》，有斐阁 1981 年版，第 137 页。

② 参见［日］佐伯千仞：《刑法中的违法性理论》，有斐阁 1974 年版，第 199－201 页。

③ 这是一种早期的学说，一方面立足于客观违法论和法益侵害说将客观处罚条件视为影响行为违法性的事由，另一方面在立法论上承认"与责任无关的违法性要素的必然性"，因而具有浓厚的折中主义色彩。

④ 参见［日］松原芳博：《犯罪概念和可罚性——关于客观处罚条件与一身处罚阻却事由》，毛乃纯译，中国人民大学出版社 2020 年版，第 13－18 页。

⑤ 参见［日］松原芳博：《犯罪概念和可罚性——关于客观处罚条件与一身处罚阻却事由》，毛乃纯译，中国人民大学出版社 2020 年版，第 58－59 页。

害·危殆化）发生的介在事由，属于作为可罚的违法类型的构成要件”；[①] 在责任关联方面，既然被视为客观处罚条件的要素是成立法定违法事态的必要条件，根据责任主义的要求，在对其缺少认识或者预见时就会因为对于本罪预定的法益侵害（危殆化）没有认识或者预见而否定故意。[②] 所以，这种观点也可以称为“需故意说”。

上述不法要素说坚持犯罪（法律要件）与刑罚（法律效果）之间必须具有统一性，反对二者之间存在介入其他刑罚发动条件的空隙；确保了犯罪概念以确定值得科处刑罚的行为为根本任务的一贯性；巩固了构成要件的罪刑法定主义保障机能、个别化机能以及违法类型化机能。特别是需故意说，在通过保障构成要件的故意规制机能、避免根据行为人没有认识或者预见的事实对其进行非难的结果责任的方式贯彻责任主义这一点上，应当给予高度的评价。

2. 可罚性要素说

这种学说认为，根据刑法谦抑主义的立场，违法且有责的行为并非全部是作为刑罚处罚对象的犯罪，国家只在必要时才在必要的限度内对违法行为进行处罚，这种“应当被科处刑罚的属性”即为可罚性。[③] 于是，基于“犯罪的实质应当与刑罚权的发动紧密结合，完全具备刑罚权发动所需要素的行为才是犯罪”的观念，可罚性被作为独立的构成要素导入犯罪概念，进而犯罪被定义为“该当构成要件的违法且有责的，并且具有可罚性的行为”。[④] 作为可罚性要素的客观处罚条件，就是基于“只有当行为实际造成法益侵害或者产生法益侵害的客观危险时才予以处罚”的国家立法政策设定的，其内容与犯罪的实体（实行行为）没有直接关系，因而不能成为故意的认识对象。[⑤]

由此可见，可罚性要素说的特色在于，为了将国家的刑事政策性考虑纳入犯罪论体系而增设了可罚性作为第四阶层。据此，被作为可罚性要素置于第四阶层的客观处罚条件与已经在第三阶层实现的责任主义就不存在抵触。

三、日本司法判例的立场

在日本的司法实务中，不具备“就任公务员”这一条件的事前受贿案件不会被检察机关提起公诉。因此，作为客观处罚条件的素材讨论的只有诈欺破产罪的相关判例。尽管

---

① 参见［日］松原芳博：《犯罪概念和可罚性——关于客观处罚条件与一身处罚阻却事由》，毛乃纯译，中国人民大学出版社2020年版，第339页。

② 参见［日］松原芳博：《客观的处罚条件》，载中国人民大学刑事法律科学研究中心编：《刑事法热点问题的国际视野》，北京大学出版社2010年版，第50页。

③ 参见［日］中野次雄：《刑法总论概要》（第3版补订版），成文堂1997年版，第56页。

④ 参见［日］荘子邦雄：《刑法的基础理论》，日本评论社1979年版，第71页。

⑤ 参见［日］荘子邦雄：《刑法总论》（第3版），青林书院1996年版，第409页。

判例一直以来的基本立场都是将“破产宣告的确定”理解为处罚条件,① 但是在如何理解“破产宣告的确定”与诈害行为的关系以及是否要求对“破产宣告的确定”存在认识（预见）这两个问题上，该立场的一贯性仍然值得怀疑。

（一）“破产宣告的确定”与诈害行为的关系

“破产宣告的确定”与诈害行为的关系具体包括两个问题：第一，因果性，即诈害行为与“破产宣告的确定”之间是否必须存在因果关系？第二，时间性，即诈害行为是否必须在“破产宣告的确定”之前实施？

解决以上问题的前提是确定诈欺破产罪的性质。在将本罪理解为破产原因罪抑或破产程序罪的学说对立中，判例采取的是破产原因罪说。② 例如，大阪高等裁判所昭和 52 年 5 月 30 日判决指出，“从我国破产法继承德国法和法国法中的破产犯罪的沿革以及现行破产法的罚则的整体结构来看，现行破产法规定的破产犯罪中存在以曾经将破产本身视为罪恶的惩戒主义思想为渊源的犯罪，这是难以否定的”，第 374 条第 1 项规定的是“破产犯罪中的一种在学术上称为破产原因罪的犯罪类型。所谓破产原因罪，本来就是旨在通过对制造破产原因、引起破产的行为加以处罚，从而保护债权人财产利益的犯罪。现行破产法将实施（在诈欺破产罪中，还需要基于一定目的实施）通常具有制造破产原因、引起破产的性质的行为（使债务人财产减少或者使其债务增加的行为）规定为构成要件。”显然，由破产原因罪说得出的理论归结应当是：诈害行为是破产（宣告）的原因，必须在破产宣告之前实施。

但是，判例并未严格贯彻破产原因罪说，而是明确主张“诈害行为与破产宣告之间只需存在事实上的牵连关系即可，不要求存在具体的因果关系”。③ 这里所谓的“事实上的牵连关系”，是指“行为时存在的、可能现实地受到破产宣告的客观状态持续至破产宣告

---

① 例如，大审院认为，“破产宣告的确定”是完全分离于犯罪行为而存在的要素，其并非与犯罪行为相结合构成了诈欺破产罪（参见大审院明治 43 年 11 月 15 日判决，大审院昭和 10 年 3 月 13 日判决）；最高裁判所认为，“破产宣告的确定”是法律规定的科处刑罚的条件（参见最高裁判所昭和 44 年 10 月 31 日决定）。

② 在日本，破产犯罪曾经被区分为破产原因罪和破产程序罪。破产原因罪，是指引起破产原因亦即造成支付停止、支付不能或者债务超过等破产原因的行为。有观点认为，诈欺破产罪就属于典型的破产原因罪（参见［日］加藤正治：《破产法研究 · 第十卷》，有斐阁 1943 年版，第 323 – 324 页）。但是，随着非将破产本身视为罪恶的非惩戒主义在现行《破产法》中确立，破产被理解为以“确保属于破产财团的财产、公平且迅速地满足总债权人”为目的的纯粹的民事程序，于是破产原因罪说成为历史，破产程序罪说获得了通说地位。根据破产程序罪说，诈欺破产罪的立法趣旨是对债务人实施的减少总财产从而侵害或者危及总债权人的财产利益的行为进行处罚，其保护法益是由破产程序的适正实现所确保的总债权人的财产利益（参见［日］竹下守夫等编：《注解 · 破产法》，青林书院 2007 年版，第 1134 页）。

③ 参见《大审院（最高裁判所）刑事判例集》第 23 卷第 10 号，第 1465 页。鉴于最高裁判所判例的效力，后来的下级审判例均与该立场保持一致。

的确定的关系"①。相应地，对于作为破产财产管理人的被告人为了谋取个人利益在破产宣告确定后实施诈害行为的案件，判例特别强调"破产法第374条第1项原则上是将破产宣告前的行为作为处罚对象；作为例外，当破产宣告后的行为在宣告确定前强化了已经实际发生的破产原因时，也将其作为处罚对象。……所以，本项规定的行为应当仅限于破产宣告确定前实施的行为。"② 由此可见，诈害行为必须先于破产宣告（的确定）的时间要求并非源于二者之间的因果关系，而是由"事实上的牵连关系"导出的。

（二）对于"破产宣告的确定"的认识（预见）

在司法实践中，行为人没有认识（预见）到"破产宣告的确定"的情形是几乎不存在的。③ 相关判例仅仅是对行为人认识到（可能导致）"破产宣告的确定"这一事实作出认定而已。例如，最高裁判所昭和44年10月31日决定指出："虽然债务人已经预见乃至认识到可能导致破产宣告的确定，却仍然出于破产法第374条规定的目的实施该条第1项列举的'隐匿、毁弃属于破产财团的财产或者对其做出不利于债权人的处分'行为，侵害了旨在确保债务人的全部财产、公平且迅速地满足总债权人的破产制度的目的，因此法律将破产宣告的确定作为条件对该行为科处刑罚。"严格而言，根据这种事实认定意义上的表述，还不足以判断判例在是否要求行为人认识（预见）"破产宣告的确定"的问题上采取的态度。

只有个别判例表明了态度。作为持肯定态度的判例，大审院昭和12年11月12日判决指出，"债务人在破产宣告前实施行为时必须认识到破产宣告"；东京地方裁判所平成8年10月29日判决指出，"成立破产法第374条第1项规定的诈欺破产罪，要求行为当时实际存在可能受到破产宣告的客观状态，也要求行为人对此存在认识"。相反，作为持否定态度的判例，札幌地方裁判所昭和41年7月20日判决指出，"处罚条件是基于特殊的

---

① 参见东京地方裁判所平成8年10月29日判决。这也是日本通说的立场。但是，理论上对于"事实上的牵连关系"存在不同理解。例如，有学者将其理解为"客体的同一性"，即《破产法》第374条1项列举的行为指向的客体与破产宣告确定后的债权人相同（参见［日］丸山雅夫：《破产法第374条第1号规定的行为是否要求在破产宣告确定前实施——所谓的客观处罚条件的意义》，载《上智法学论集》1978年第22卷第1号，第257页），或者作为处分行为对象的财产必须属于实际的破产财团（参见［日］田口守一：《破产法第374条第1号之罪的成立要件》，载《刑事判例评释集》1984年第31卷，第242页）；也有学者将其理解为破产行为给债务人造成的财产损失导致由破产宣告（确定）形成的破产财团减少的关系（［日］松原芳博：《破产犯罪的不法构造与成立要件——以实行行为与破产宣告确定之间的"事实上的牵连关系"为中心——》，载樱井孝一先生古稀祝贺论文集编委会编：《破产法学的轨迹与展望》，成文堂2001年版，第502页）。

② 对于判例的这个立场，学界一致持批判的态度：首先，《破产法》第374条第1款规定"不问破产宣告的前后"，据此"破产宣告的确定"后实施的诈害行为也应当是处罚的对象；其次，判例采取的是以惩戒主义为基础破产原因罪说，但是，根据现代破产法理念（破产程序罪说），破产宣告确定之前和之后实施的诈害行为在侵害总债权人利益、妨害破产程序实现方面并不存在区别，因而没有理由将破产宣告确定后的诈害行为排除在处罚对象之外。参见［日］齐藤秀夫等编：《注解破产法·下卷》（第3版），青林书院1999年版，第863页。

③ 关于判例的统计情况，参见［日］伊藤真等编：《条解破产法》（第3版），弘文堂2010年版，第1704－1707页。

政策性理由规定的使观念上的刑罚权的发生取决于与犯罪成立与否（行为的规范性评价无关）无关的一定条件的情形，所以应当认为是否认识到处罚条件对于有关行为人的规范性人格态度的价值判断——非难可能性——没有任何影响。”

对于上述司法现状，学界认为判例的基本立场是要求对“破产宣告的确定”存在认识（预见）。① 因为，特别是在具体案件的审判中，如果行为人没有认识（预见）到“可能导致破产宣告的确定”，就无法认定其具有“为自己或者他人谋取利益或者侵害债权人的目的”。

（三）小结

通过以上考察可以发现，判例的具体态度与其将“破产宣告的确定”理解为客观处罚条件的前提不仅没有直接关系，反而存在矛盾。首先，判例要求诈害行为与“破产宣告的确定”之间存在“事实上的牵连关系”，该结论直接否定了“客观处罚条件是与行为无关的外部事由”这一处罚限制事由说的核心观点，同时也意味着承认“破产宣告的确定”与行为的违法性评价有关，从而为将其定位在犯罪论体系内部、要求责任关联提供了实质性根据。其次，判例要求行为人对于“破产宣告的确定”存在认识（预见），该结论否定了处罚限制事由说主张对于客观处罚条件无需存在责任关联的观点，这完全符合责任主义的要求。

所以，应当认为判例仅仅是在表述上使用了“处罚条件”的概念，实质上则是将“破产宣告的确定”理解为把行为的危险性提升至可罚程度的要素，因而更接近于不法要素说中的需故意说。②

四、日本客观处罚条件论的启发

现在，日本的客观处罚条件论基本上处于停滞状态。③ 因为，经过长期的激烈争论，处罚限制事由说的代表北野通世教授和不法构成要素说的代表松原芳博教授在充分论证了各自观点的同时，也共同将客观处罚条件论发展到了一定时期内难以有所突破的高度。在此背景下考察日本的客观处罚条件论以及相关理论，可以为我国的刑法学研究提供诸多启发。

（一）重视“客观处罚条件”的现代意义

客观处罚条件是现代大陆法系刑事法学研究的重要枢纽之一，可以赋予其“试金石”

---

① 参见［日］曾根威彦、松原芳博：《破产犯罪中的“破产宣告的确定”的法律性质——判例对于“破产宣告的确定”的具体处理之检讨——》，载《判例タイムズ》1989 年第 685 号，第 13 页。

② 判例要求“破产宣告的确定”只能发生在诈害行为之后，这一点与需故意说存在区别。

③ 最近的一篇论文是，［日］松原芳博：《构成要件与客观处罚条件》，载《现代刑事法》2004 年第 6 卷第 10 号，第 46 - 54 页。

的意义。

1. 刑事政策与刑法教义学的接点

在我国，客观处罚条件肯定论内部鲜有的共识是：客观处罚条件的根据在于限制刑罚权发动的刑事政策。例如，梁根林教授认为，“客观处罚条件是基于刑法以外的目的设定即控制风险的公共政策需要而设置的犯罪成立条件”①；周光权教授更为明确地指出，客观处罚条件是“刑事政策的必然要求”②。③ 但是，也有学者对于刑事政策内容的明确性以及将刑事政策作为根据的合理性和实效性提出了质疑。④ 由这一分歧引发的思考是：应当如何处理刑事政策与刑法教义学的关系？能否单纯以刑事政策为根据将某些实定法要素归入“徒具其名（Name），而无其实（Art）”⑤ 的客观处罚条件的范畴从而使其摆脱刑法基本原则的制约？

在当今“刑法刑事政策化”的世界刑法学的发展潮流中，刑事政策对于刑法的制定、适用乃至刑法解释具有决定性意义是不可否定的事实，⑥ 但是同时也必须警惕超过合理限度的刑法刑事政策化。我国的刑事法治建设必须确保刑法规范的纯洁，允许根据刑法的原则、原理和社会进步来丰富刑法规范的内容，而不允许把与刑法规范相矛盾、相对立的东西通过解释强加到刑法规范之中，这对于刑事法治无异于一场灾难。⑦ 例如，上述以刑事政策为根据肯定客观处罚条件的立场就亟待解决以下两个问题：第一，刑事政策具有宏观性和抽象性，其中必然不包含将实定法要素区分为受刑法基本原则制约的要素和不受制约的要素的实质性理由和判断标准，于是就导致客观处罚条件在解释论上成为一个因论者而异的“恣意的范畴”，⑧ 甚至可能减损犯罪论体系的稳定性。第二，承认刑事政策具有超越刑法教义学基本原则的例外性，会造成背离其初衷的结果——原本为限制刑罚权而设定的客观处罚条件实际上导致了犯罪的提前化和扩大化。所以，正确的立场应当是，“刑事政策必须被置于刑法体系之中作为内在参数来处理，它将推动法教义学合乎目的地、理性地发展，同时也有助于防止出现刑事政策任意跨域或突破法教义学规则的现象。游离于刑

---

① 梁根林：《责任主义原则及其例外——立足于客观处罚条件的考察》，载《清华法学》2009年第2期，第39页。

② 周光权：《论内在的客观处罚条件》，载《法学研究》2010年第6期，第128页。

③ 相同的观点还有，陈兴良：《定罪之研究》，载《河南省政法管理干部学院学报》2000年第1期，第14页；张明楷：《刑法学 上》（第6版），法律出版社2021年版，第662页。

④ Vgl. Klaus Volk, Entkriminalisierung durch Strafwürdigkeitskriterien jenseits des Deliktsaufbau, ZStW 97 (1987), S. 892.

⑤ Vgl. Max Ernst Mayer, Der allgemeine Teil des deutschen Strafrechts, 2. Aufl. (1923), S. 101.

⑥ 参见谢望原：《论刑事政策对刑法理论的影响》，载《中国法学》2009年第3期，第114页。

⑦ 参见冯军：《刑法教义学的立场和方法》，载《中外法学》2014年第1期，第184页；黎宏：《论“刑法的刑事政策化”思想及其实现》，载《清华大学学报（哲学社会科学版）》2004年第5期第19卷，第48页；陈兴良：《刑法的刑事政策化及其限度》，载《华东政法大学学报》2013年第4期，第12页。

⑧ 在我国刑法中规定的哪些要素属于客观处罚条件的问题上，不仅论者之间存在区别，同一论者（如张明楷教授）在不同时期也存在巨大变化。

法体系的刑事政策研究注定是没有前途的，也是没有意义的。”①

2. 刑事实体法与刑事程序法的接点

在实体法与程序法的关系方面，客观处罚条件论中存在两个课题：第一，被视为客观处罚条件的要素与构成要件和诉讼条件的关系；第二，承认客观处罚条件所产生的刑事程序上的问题。

关于前者，只要承认存在客观处罚条件，就必须从实质上将其区别于犯罪成立要件和诉讼条件，这是处罚限制事由说的基本立场；② 相反，对于否定客观处罚条件的还原说而言，则不存在概念区分的问题，因为其主张被视为客观处罚条件的要素全部属于犯罪构成要件③或者部分属于犯罪构成要件、部分属于诉讼条件④。然而，我国还存在一种折中说，即在承认客观处罚条件概念的基础上，将其区分为属于构成要件要素的不纯正客观处罚条件和属于诉讼条件的纯正客观处罚条件。⑤ 尽管折中主义在一般论上有“取其精华，去其糟粕”的理念作为支撑，但是具体到客观处罚条件论中，这种采用二分法的折中立场不仅无法明晰客观处罚条件的内容，反而会由此造成犯罪成立要件和诉讼条件的界限变得模糊不清。具体而言，对于该说可以提出如下质疑：既然相关事实分别属于犯罪构成要件和诉讼条件，是否有必要另外提出一个新的概念？那些分别归入犯罪构成要件的事实和诉讼条件的事实是否具有统合于“客观处罚条件”这一上位概念之中的共性？⑥ 即使承认不纯正（内在的）客观处罚条件和纯正（外在的）客观处罚条件的区别在于“与违法性、危害结果关联性的强弱”，⑦ 但是能否以此作为犯罪构成要件和诉讼条件的区分标准？

关于后者，客观处罚条件肯定论（特别是处罚限制事由说）并未论及。这里存在的主要问题是：（1）追诉时效的起算日期提前。以逃税罪为例，如果将第 201 条第 4 款的规定理解为客观处罚条件，⑧ 那么，只要实施了本条第 1 款行为即成立犯罪，因而应当自此时

---

① 劳东燕：《刑事政策与刑法体系关系之考察》，载《比较法研究》2012 年第 2 期，第 92 页。

② 参见［日］小野清一郎：《刑法概论》（增订新版），法文社 1960 年版，第 151 页以下。

③ 参见［日］松原芳博：《客观的处罚条件》，王昭武译，载《河南省政法管理干部学院学报》2010 年第 1 期，第 18－20 页。

④ 参见［日］中村晄兆：《客观处罚条件论及其批判（一）》，载《法律论丛》1959 年第 33 卷第 4 号，第 25 页。

⑤ 不纯正客观处罚条件是故意或者过失规制的对象，必须受到责任注意的制约；纯正客观处罚条件不是针对行为人的行为规范，不需要行为人主观上有认识或者认识的可能性，不受责任主义的制约。参见吴情树：《客观处罚条件研究：构成要件抑或处罚条件》，社会科学文献出版社 2015 年版，第 98 页。

⑥ 也就是说，客观处罚条件是由不具有共同性质的各种要素构成的“杂集”，所以，拉德布鲁赫（Radbruch）将其评价为“大杂烩的范畴（Sammelrubrik）”（Vgl. Gustav Radbruch，Zur Systematik der Verbrechenslehre，in：Festgabe für Reinhard von Frank zum 70. Geburtstag Bd. 1.（1930），S. 170）。

⑦ 参见周光权：《论内在的客观处罚条件》，载《法学研究》2010 年第 6 期，第 121 页；吴情树：《客观处罚条件研究：构成要件抑或处罚条件》，社会科学文献出版社 2015 年版，第 102 页。

⑧ 参见张明楷：《逃税罪的处罚阻却事由》，载《法律适用》2011 年第 8 期，第 39 页。

起计算追诉时效。这样一来，就会使公安机关提前介入行政案件。① （2）转嫁责任。诸如恶意透支型信用卡诈骗罪中的“发卡银行催收”这类程序性条件，可以理解为刑法对银行等单位设定的义务。在银行履行法定义务之前就判定透支行为构成信用卡诈骗罪，这无异于将银行的责任转嫁给被告人。② （3）违背立法本意，与实践不符。立法者规定程序性犯罪构成要素的意图在于促使行为人修正先行违法行为，给予其履行义务、重返合法轨道的补正机会（补正性）；③ 相应地，司法实践也并非在行为人实施了透支、逃税等行为之后直接启动刑事诉讼程序进而判定构成犯罪。但是，承认上述客观处罚条件将摧毁行为人回归正途的“黄金之桥”，难以期待其实施后续补救行为。

3. 犯罪论与刑罚论的接点

在犯罪和刑罚的关系问题上，从日本和我国的客观处罚条件论中可以发现两种立场：第一种是主张作为法律要件的犯罪和作为法律效果的刑罚之间存在不可分割的对应关系的立场，可以公式化为“犯罪 = 刑罚”（日本的少数说，我国的通说）；第二种是主张刑罚权的发动还需要具备与犯罪成立无关的其他实体要件的立场，可以公式化为“犯罪 + α = 刑罚”（日本的通说，我国的少数说）。关于第二种立场中的“α”要件，其具体内容取决于刑法的特别规定，既可以是积极的客观处罚条件，也可以是消极的一身处罚限制事由；其根据一般被理解为刑事政策上的处罚必要性即“要罚性”（Strafbedürftigkeit，也译为“需罚性”）。④

结合我国刑法（学），针对这种承认独立于犯罪成立要件的刑罚发动条件（特别是提倡导入“要罚性”概念）的观点，可以指出其存在以下问题：首先，这种将犯罪与刑罚相分离的观点有违《刑法》第2条强调刑法的任务是用刑罚同“一切”犯罪行为作斗争的趣旨。其次，我国原本就存在“要罚性”的考虑，在立法上体现为《刑法》第37条规定“犯罪情节轻微不需要判处刑罚的，可以免予刑事处罚”；在理论上体现为特别强调“不需要刑罚惩罚”是不同于“不应受刑罚惩罚”的概念。⑤ 这意味着，我国刑法中的“要罚性”是以刑罚权已经产生为基础的刑罚免除事由，其考察内容包括犯罪情节、自首、立功等事实。然而，德日刑法学中的“要罚性”则是为国家介入刑罚的权力和义务划定界限的标准，属于刑罚请求权的发生事由，其内容包括客观处罚条件和一身处罚阻却事由。⑥ 这样一来，两种含义的“要罚性”概念以及“当罚性”“可罚性”“应受刑罚惩罚

---

① 同理，将恶意透支型信用卡诈骗罪中的“经发卡银行催收后仍不归还”理解为客观处罚条件，也会导致公安机关提前介入民事案件。

② 参见卢勤忠：《程序性附加条件与客观处罚条件之比较》，载《法学评论》2021年第1期，第73页。

③ 参见杜宇：《程序性犯罪构成要素的性质》，载《中国法学》2022年第5期，第266页。

④ 参见周光权：《论内在的客观处罚条件》，载《法学研究》2010年第6期，第126－127页。

⑤ 参见高铭暄、马克昌编：《刑法学》（第9版），高等教育出版社、北京大学出版社2019年版，第44页。

⑥ Vgl. Günter Stratenwerth，Objektive Strafbarkeitsbedingungen im Entwurf eines Strafgesetzbuchs 1959，ZStW 71（1959），S. 572－573.；［日］板仓宏：《当罚性（实质的可罚性）和要罚性》，载《平野龙一先生古稀祝贺论文集·上卷》，有斐阁1990年版，第116页。

性”等相关概念的厘清（舶来概念的本土化）就成为问题。① 再次，如果承认“α”要件是基于刑事政策上的要罚性考虑在个别犯罪中设置的独立的刑罚发动条件，就无法回答其他绝大多数犯罪是否无需具备要罚性即可科处刑罚以及这些犯罪的要罚性如何体现的问题。换言之，对于要罚性而言，刑事政策层面的独立性与立法及理论层面的个别性之间存在不可调和的矛盾。最后，将客观处罚条件等事由作为代表刑事政策的要罚性要件插入犯罪和刑罚之间，一方面有违罪刑法定原则，即无法明确区分决定犯罪成立且需要认识（预见）的实定法要素和纯粹决定刑罚发动且无需认识（预见）的实定法要素；另一方面也由于将刑事政策具象化为刑罚的必要性条件，因而存在与将“刑法结构和刑法机制作为刑事政策的基本载体”② 的刑事一体化思想相背离之嫌。

由此可见，在犯罪与刑罚的关系上，坚持“犯罪就是应当受到刑罚处罚的违法行为”的基本定义，③ 从刑事政策合目的性出发将确定“值得科处刑罚”即具有可罚性的行为的范围作为犯罪论的重要任务，这才是正确的立场。

4. 违法论与责任论的接点

客观处罚条件作为违法论和责任论的接点的意义体现为，责任主义的贯彻（对于客观处罚条件的责任关联）既是客观处罚条件论的“出发点”也是“终点”，而这个问题的解决则取决于如何理解客观处罚条件与违法性的关系。也就是说，如果像处罚限制事由说那样主张客观处罚条件对于行为不法而言不具有任何意义，就应当将其排除在构成要件之外，不要求为行为人的责任所包摄；相反，根据还原说（特别是不法要素说），被视为客观处罚条件的要素是将行为所产生的法益的侵害或者危险提升到可罚性高度违法事态即违法结果的中介事实，属于作为可罚的违法类型的构成要件要素，因而要求行为人对其存在责任关联。这种学说对立表面上看是对于决定违法性及其程度的要素存在不同理解，但是其根源则在于围绕违法性本质的行为无价值与结果无价值之争。所以，违法观的确定就成为在客观处罚条件问题上贯彻责任主义的关键，同时也决定了责任主义的射程范围。

在我国，（二元）行为无价值论和结果无价值论的对立在经历了长时间的论争后已经趋于缓和，二者达成共识：刑法的首要任务是保护法益，不法论必须以法益侵害为核心；凡是脱离了法益侵害的道德违反或者行为规范违反，都不应当成为不法的基础。④ 但问题是，一方面抛弃道德主义和社会相当性理论，另一方面强调行为的法益侵害导向性即法益侵害对于界定行为无价值具有决定性意义，提倡“建立尽可能接近于（一元的）结果无

① 关于这些相关概念的关系问题，参见曾文科：《关于中国的犯罪概念中的可罚性特征》，载《早稻田大学大学院法研论集》2014 年第 152 号，第 201 页以下。

② 储槐植：《再说刑事一体化》，载《法学》2004 年第 3 期，第 80 页。

③ 参见马克昌：《犯罪通论》，武汉大学出版社 1991 年版，第 66 页。

④ 参见陈璇：《结果无价值论与二元论之争的共识、误区与发展方向》，载《中外法学》2016 年第 3 期，第 799 页。

价值论的、更为客观的行为无价值论"，① 这种被剔除了内核的形骸化的行为无价值论的意义是什么？这一点正是学界质疑二元论无法实现对行为无价值和结果无价值进行折中的根本所在。② 犯罪的本质属性是社会危害性，其第一要义就是"对人类利益的侵害"，亦即"改变法律所肯定的状态或者引起法律所否定的状态"。③ 在这个意义上，应当认为违法性判断的本质是根据刑法这种评价规范对法益侵害作出的无价值评价，所以将客观评价规范论与法益侵害说相结合的结果无价值论的立场才是妥当的。当然，必须承认行为无价值论与积极主义刑法观、预防性刑事立法以及我国现阶段法治建设的实际需要具有高度的契合性。但是，越是如此反而越是证明结果无价值论具有重要的教义学意义，更应当坚持以比例原则为补充的实质的法益概念，重视法益论的批判机能，限制恣意立法，避免对立法的盲从。④ 换言之，在风险社会背景下，结果无价值论必须将法益概念的抽象化和法益保护的早期化作为首要的解释论课题，构建"具体客观的法益概念→违法判断的明确化→人权保障"的刑法理论模式。

另外，具体就客观处罚条件问题而言，二元行为无价值论在违法性判断方面存在两个缺陷：⑤ 第一，矛盾性。以诬告陷害罪为例，本罪的实行行为是诬告即捏造犯罪事实并且向国家机关或者有关单位作虚假告发的行为。所以，将"（有意）诬告"作为客观处罚条件排除在构成要件和违法性之外，既导致违法性（无价值）判断对象的缺失，也与其强调犯罪是违反行为规范的行为的基本立场相矛盾。第二，片面性。信用卡诈骗罪中的"恶意透支"是由出于非法占有目的实施的超过规定限额或者期限透支的行为（第一行为）和经发卡银行催售后仍不归还的行为（第二行为）构成的；逃税罪的行为包括逃避缴纳税款的第一款行为（第一行为）和不补缴应纳税款、不缴纳滞纳金的第四款行为（第二行为）构成的。将这两个犯罪中的第二行为作为客观处罚条件，并且在违法性的判断上采取事前判断（行为时判断），就必然会出现不能完整、充分地评价行为的违法性的问题。⑥ 除此之外，还需要特别警惕的是，在我国刑法采取的"行为+结果或者情节"的规定模式下，行为无价值论关于客观处罚条件的理解势必会对犯罪客体（法益）的界定、既遂的判断、诉讼时效的计算等一系列问题产生颠覆性的影响。

---

① 参见周光权：《新行为无价值论的中国展开》，载《中国法学》2012年第1期，第179页以下；周光权：《刑法总论》（第4版），中国人民大学出版社2021年版，第34－39页。

② 参见黎宏：《行为无价值论批判》，载《中国法学》2006年第2期，第124页。

③ Vgl. Edmund Mezger, Die subjektiven Unrechtselemente, GS 89（1924）, 246－248.

④ 参见黎宏：《法益论的研究现状和展望》，载《人民检察》2013年第7期，第13、15页；张明楷：《法益保护与比例原则》，载《中国社会科学》2017年第7期，第100页。

⑤ 关于我国刑事法律规范中的（外在的）客观处罚条件，参见周光权：《论内在的客观处罚条件》，载《法学研究》2010年第6期，第132－134页。

⑥ 除此之外，将"经发卡银行催售后仍不归还"作为客观处罚条件还存在违背罪刑法定原则的问题。因为，《刑法》第196条第2款以立法解释的方式明确地将恶意透支定义为"持卡人以非法占有为目的，超过规定限额或者规定期限透支，并且经发卡银行催收后仍不归换的行为"，所以必须把"经发卡银行催售后仍不归还"理解为恶意透支这种类型的实行行为的构成部分。

（二）构建活性化的犯罪论体系

对于客观处罚条件这样的舶来概念，无论是将其视为刑法学中的“异物”，还是承认其具有犯罪成立要素的属性，关于其体系定位的讨论都必须以具有良好新陈代谢功能的活性化的犯罪论体系作为基础。这个经验与我国倡行的积极主义刑法观相契合，值得借鉴。

首先，应当承认犯罪论体系的多元化。① 犯罪论体系是以在理论上对犯罪成立与否作出合理说明为目的（合目的性）的实践性认识体系。② 既然“犯罪论”有实体论和认定论之分、“体系”具有多义性③、理论合理性有多种判断标准，就必然不存在唯一“正确”的犯罪论体系。④ 经过数年的体系论之争，我国目前已经形成了分别由维持论、改良论、重构论、移植论等立场提倡的多种犯罪论体系并存的格局。在关于客观处罚条件的讨论中，不同犯罪论体系的问题所在以及学理解释都存在区别。例如，在体系定位方面，平面式犯罪论体系坚持“犯罪构成是行为人承担刑事责任的唯一标准”的观念，并且将主客观属性作为犯罪构成要件的分类标准，于是那些被视为客观处罚条件的要素就应当且只能归入犯罪客观方面要件；阶层式犯罪论体系则承认基于刑事政策设置纯粹限制刑罚权发动的事由，因而将客观处罚条件排除在犯罪成立要件之外。问题是：为何同一要素在不同结构的犯罪论体系中会存在是否影响犯罪成立、应当定位于体系之内抑或之外的本质区别呢？另外，在责任关联方面，平面式犯罪论体系需要解决的是如何理解主客观相统一原则和犯罪故意的问题；在阶层式犯罪论体系中重点讨论的则是如何保障构成要件的故意规制机能和责任主义的问题。通过这种比较研究，就会引起对各学说之优劣的分析和体系合理性的反思。由此可见，多元化犯罪论体系的重要意义在于提供外部审视的契机，以弥补内部省察的局限。

其次，应当深化对问题思考与体系思考的关系的认识。在日本，针对战后学界以构建无矛盾、无例外的犯罪论体系作为刑法学的任务、以提出新的犯罪论体系作为学者的功绩的倾向，平野龙一教授在指出这种唯体系论的弊害的基础上提倡“由体系思考转向问题思考”，强调应当尊重问题解决的具体妥当性。⑤ 然而，问题思考优先的方法论逐渐造成体

---

① 关于我国提倡应当构建多元化犯罪理论构成的观点，参见李洁、王勇：《中国犯罪构成理论构建的理论体系与价值前提》，载《吉林大学社会科学学报》2008 年第 48 卷第 6 期，第 99 页；王勇、金圣春：《犯罪构成理论的当下图景与可能走向——21 世纪第一个十年犯罪构成理论研究的初步考察》，载《当代法学》2011 年第 5 期，第 74 页。

② 参见［日］植松正等：《现代刑法论争 Ⅰ》〔第 2 版〕，劲草书房 1997 年版，第 35 页。

③ 例如，拉德布鲁赫认为体系有五种含义，即演绎体系、分类体系、范畴体系、目的论体系、指导体系（Vgl. G. Radbruch. Zur Systematik der Verbrechenslehre，in Festgabe für Reinhard von Frank zum 70. Geburtstag，Bd. 1，1930，S. 158 - 160）。

④ 参见［日］平野龙一：《刑法 总论 Ⅰ》，有斐阁 1972 年版，第 88 页；［日］大谷实：《刑法总论》，黎宏译，法律出版社 2003 年版，第 71 页。

⑤ 参见［日］平野龙一：《刑法的基础》，东京大学出版会 1972 年版，第 247 页；［日］大谷实：《刑法总论的重要问题》，立花书房 1994 年版，第 22 页。

系整合性的丧失以及概念的混乱。① 于是，为了使刑法学摆脱僵化的体系性思考的困境，有学者提倡“由问题思考转向体系思考”，即不拘泥于传统体系，构建更加适合于解决问题的犯罪论体系。② 这种单向线性研究路径固然能够迅速有效地解决现时存在的问题，但是在方法论上仍然是一种“头痛医头，脚痛医脚”的方法，长此以往难免走上矫枉过正、顾此失彼的老路。所以，正如高铭暄教授指出的那样，“对体系的考察，必须与对具体问题、实践中问题的研究结合起来，做到体系中思考问题，通过问题的解决完善体系。”③ 根据这种双向循环研究路径，一方面必须以体系思考为指导，在确保犯罪论体系具有整序性和一贯性的前提下合理地解释客观处罚条件；另一方面则应当将问题思考作为检验指标，通过对客观处罚条件的检讨“使犯罪论体系由内至外地沐浴在阳光之下”④。⑤

最后，保障刑法基本原则的贯彻。一般认为，构成要件该当性、违法性、有责性这三个犯罪成立要件分别承担着贯彻罪刑法定主义、法益保护主义、责任主义的机能；作为贯穿刑事法领域全局的基本理念的谦抑主义则应当由犯罪论体系（整体）来保障。⑥ 对于客观处罚条件的理解直接关系到上述刑法基本原则的贯彻。具体而言，（1）在罪刑法定主义的贯彻方面，如果将丢失枪支不报罪中的“造成严重后果”等要素作为客观处罚条件排除在构成要件之外，就会破坏罪状的明确性及其犯罪定型化的机能。首先，在以刑法分则条文中的“……的”为标志这一点上，罪状是明确的。然而，如果认为“……的”所表述的内容中包括“客观处罚条件”这一在概念、性质、范围等方面均存在严重分歧的要素，罪状就将成为一个因人而异的范畴。其次，作为具体犯罪成立条件的表述，罪状发挥着确定犯罪轮廓的犯罪定型化机能。如果将其中的某个要素如“经发卡银行催售后仍不归还”作为客观处罚条件排除在构成要件之外，⑦ 那么，仅凭剩余的“持卡人以非法占有为目的实施的超过规定限额或者规定的期限透支”的记述显然不足以确定恶意透支这种信用

① 山中敬一教授指出：“如果没有提供适当的体系，问题思考（Problemdenken）就不过是无序概念的大杂烩。所以，体系思考（Systemdenken）才是更加必要的。”［日］山中敬一：《刑法总论》，成文堂2015年版，第138页。

② 参见［日］松宫孝明：《关于日本的犯罪体系论》，载《立命馆法学》2005年第5号，第330页。

③ 高铭暄：《论四要件犯罪构成理论的合理性暨对中国刑法学体系的坚持》，载《中国法学》2009年第2期，第10页。赞成这种立场的还有，张明楷：《构建犯罪论体系的方法论》，载《中外法学》2010年第1期，第40－43页。

④ 参见［日］松原芳博：《犯罪概念和可罚性——关于客观处罚条件与一身处罚阻却事由》，毛乃纯译，中国人民大学出版社2020年版，中文版序。

⑤ 申言之，从体系思考方面来看，为了解决个别具体问题而同时允许在有利于被告和不利于被告的相互矛盾的方向上对刑法基本原则作例外解释，这破坏了体系的一贯性；从问题思考方面来看，将存在争议的要素作为不受刑法基本原则和犯罪论体系制约的客观处罚条件，这不过是在形式上回避或者掩盖了问题而已。

⑥ 参见刘艳红：《“风险刑法”理论不能动摇刑法谦抑主义》，载《法商研究》2011年第4期，第28页。

⑦ 参见张明楷：《恶意透支型信用卡诈骗罪的客观处罚条件——〈刑法〉第196条第2款的理解与适用》，载《现代法学》2019年第41卷第2期，第147页以下。

卡诈骗罪的实行行为类型。①（2）在法益保护主义的贯彻方面，将客观处罚条件理解为与违法性（有无及程度）无关的刑罚限制事由的立场会进一步加剧“法益概念的危机”。也就是说，在作为典型实害犯的丢失枪支不报罪、信用卡诈骗罪等犯罪中，“造成严重后果”“造成重大损失”“经发卡银行催售后仍不归还”分别是各罪的法益受到现实侵害的征表，如果将其作为客观处罚条件、否定对违法性的影响，就会使得这些犯罪仅由针对法益的抽象的、潜在的危险即可成立，从而导致危险犯的范围大幅扩张。（3）在责任主义的贯彻方面，对其一贯性即是否存在例外的理解是关键问题所在。将“有原则就有例外”的观念作为理论研究中反绝对主义、反教条主义的方法论圭臬，无疑是正确的。但是，在刑法学中，无论是坚持原则还是承认例外，都必须遵循价值顺位更高的有利于被告人原则。例如，即使是被视为刑事法（学）之“铁则”的罪刑法定原则，也存在允许类推适用、事后法溯及既往的例外，此时的条件就是有利于被告。但是，以诉讼中存在证明困难为由将某些罪状中的要素作为责任主义的例外，② 这种司法便宜主义的立场在倾向于承认结果责任的意义上显然是不利于被告的。（4）在谦抑主义的贯彻方面，如何理解可罚性的体系定位具有重要的意义。也就是说，根据将可罚性定位在犯罪论体系内部的还原说，在未发生被视为客观处罚条件的事实的场合，行为不具有可罚的违法性，因而不成立犯罪，不得科处刑罚；③ 根据将作为可罚性内容之一的要罚性排除在犯罪论体系之外的处罚限制事由说，即使不具备客观处罚条件，“行为的有责的不法也达到值得科处刑罚的程度，因而也成立犯罪，只是基于刑事政策等理由而不给予刑罚处罚”④。由此可见，虽然两种学说的结论都是不采取刑事制裁，但是在扩大犯罪成立范围、过早贴上犯罪标签这一点上，处罚限制事由说违背了“法益保护的辅助性（Subsidianrität des Rechtsgüterschutzes）”原则⑤。

（三）确定今后的课题

通过比较研究，可以发现我国的客观处罚条件论在以下三个方面还存在进一步深化的空间。

---

① 以上两点还体现出另一个问题：客观处罚条件的导入会使罪状的定义和标志发生矛盾。也就是说，要坚持罪状是具体犯罪成立要件的表述这一定义，就无法将刑法分则条文中的“……的”作为其标志；如果继续以“……的”作为罪状的标志，由于其中包含着非属于犯罪构成要件的客观处罚条件，于是就必须对其定义进行修改。

② 参见董坤：《构成要件与诉讼证明关系论纲》，载《法律科学（西北政法大学学报）》2020 年第 1 期，第 175 页。

③ 这种立场与实践完全一致。例如，丢失枪支的警察会受到批评、警告或者开除公职等行政处分；违反金融规章制度发放贷款的银行工作人员会受到经济处罚或者行政处分；对于以非法占有的目的超过规定限额或者规定期限透支的持卡人，发卡银行需要对其进行催收；对于逃税的纳税人首先采取的是补缴应纳税款、缴纳滞纳金的行政处罚。

④ 张明楷：《刑法学 上》（第 6 版），法律出版社 2021 年版，第 664 页。

⑤ 法益保护主义与谦抑主义的结合称为“法益保护的辅助性”原则｛参见［德］罗克辛：《德国刑法学 总论（第 1 卷）》，王世洲译，法律出版社 2005 年版，第 23 页｝。

1. 选择适格的讨论对象

我国客观处罚条件论的研究对象呈现出扩大化的倾向，由最初（部分危害结果以外的）"其他内容的客观的超过要素极为罕见"① 扩大为"其他内容的客观的超过要素（如关于行为程度、次数的要素等）并不罕见"②，其中涵盖了刑事法中普遍规定的罪量要素。这里的问题是，以故意的认识内容无法包括所有客观要件要素的问题意识（前提）为出发点，直接将丢失枪支不报罪中的"造成严重后果"等要素作为客观处罚条件的事例进行讨论，存在本末倒置之嫌。也就是说，在日本（包括德国），客观处罚条件首先是作为刑事立法中与行为（违法性）无关、不属于构成要件的事由被发现的，而排除在行为人的故意之外、不为责任主义所包摄是通过对其事实特征的分析得出的法理特征。这样看来，我国从责任关联这一法理特征出发选择该当客观处罚条件的要素展开讨论的路径在方法论上犯了结论先行的错误，因而容易产生循环论证的问题。

所以，在确定研究对象时，应当根据传统客观处罚条件论普遍承认的若干事实特征，例如处于行为外部、与行为无关、不属于由行为造成的损害结果、与违法性无关等标准，对我国刑法分则条文中的要素进行甄选。这里特别需要注意以下两点：第一，罪量要素性质模糊、内容繁杂，至少必须将其中表现为犯罪结果本身的内置要素、第三方介入下的犯罪情状、间接的征表要素等所谓的"当罚性之罪量要素"③ 以及主观要素排除在客观处罚条件之外。第二，诸如丢失枪支不报罪中的"严重后果"、非法发放贷款罪中的"重大损失"等，虽然其解释论上和司法认定中的具体内容是第三人的行为或者结果，④ 但是在刑法典中使用的毕竟是"后果""损失"等表示损害结果的概念亦即立法上拟制的构成要件结果，因而不得作为该当客观处罚条件的要素。

2. 提供明确的判断标准

客观处罚条件论主要涉及两项判断标准：体系定位标准和责任关联标准。

客观处罚条件的体系定位，取决于如何理解其与行为的关系。关于这个问题，只要承认犯罪的本质属性是社会危害性、刑法的任务是保护法益，就应当将行为主义作为判断标准。根据行为主义，行为是"人的活动与社会外界的交涉"，对行为的社会影响和作用具有决定意义的因素不仅限于人体活动方面，同时也存在于社会外界；而且，作为刑罚正当化的根据，行为必须现实地引起法益的侵害或者危险。⑤ 这就意味着，只要是影响行为的法益侵害性的社会外界因素，即使不属于人体活动本身或者与行为之间缺少因果性，也不妨碍将其作为行为的构成部分。最典型的例子就是非法捕捞水产品罪中的"禁渔期"和

① 张明楷：《"客观的超过要素"概念之提倡》，载《法学研究》1999年第3期，第31页。

② 张明楷：《犯罪构成体系与构成要件要素》，北京大学出版社2010年版，第237页。

③ 参见陈少青：《罪量与可罚性》，载《中国刑事法杂志》2017年第1期，第52页。

④ 参见王爱立编：《中华人民共和国刑法释义》，法律出版社2021年版，第217、379页。

⑤ 参见［日］松原芳博：《刑法总论重要问题》，王昭武译，中国政法大学出版社2014年版，第15－16页。

“禁渔区”。这两个要素是由第三人（渔业行政主管部门）确定的，① 既不是行为人的身体活动，也与行为没有因果联系，但是它们作为行为的状态条件对其法益侵害性具有决定意义并且属于犯罪客观构成要件，这显然是毫无争议的。所以，研究对象是否与行为有关，关键就在于判断其是否影响行为的法益侵害性（有无及程度），亦即如果将某要素作为客观处罚条件排除在犯罪成立要件之外，相关犯罪的法益是否需要重新界定。②

关于客观处罚条件的责任关联，处罚限制事由说和还原说的内部都存在二分说的观点。首先，立足于前者立场的二分说主张，存在于构成要件行为时的客观处罚条件表明了行为的违法性程度，因而是故意的认识对象；发生于构成要件行为后且不属于构成要件结果的客观处罚条件，不是故意的认识对象。③ 但是，针对这种观点可以提出以下质疑：(1) 既然认为构成要件是违法类型，其描述的事实的违法性必须达到值得科处刑罚的程度，为何将表明行为违法性程度的（行为时的）客观处罚条件排除在外？(2) 既然同样是表明违法性的要素，为何客观的超过要素属于构成要件要素却不是故意的认识内容，④ 而（行为时的）客观处罚条件不属于构成要件要素却要求行为人认识？(3) 以修改前的骗取贷款罪为例，如果承认“重大损失”是从经济损失方面、“严重情节”是从行为方面（例如手段、次数、涉案金额等）体现行为违法性程度的要素，⑤ 与行为之间的先后顺序能否为在责任关联方面对二者作区别对待提供充分的根据？其次，立足于后者立场的二分说主张，犯罪客观方面要件分为两类，决定犯罪的定型性以及行为社会危害性的质的是基本要件，是故意的认识对象；属于非类型化要素、只影响社会危害性的量的是附加要件，独立于故意之外。⑥ 但是，这种观点的问题在于：一方面，鉴于我国刑法分则中存在大量“定性＋定量”的规定，因而应当认为相关犯罪的“型”是由“质”“量”两方面的要素共同确定的，不得将所谓的罪量要素视为非类型化要素。另一方面，无论是主客观相统一原则还是罪责刑相适应原则，其中都包含程度方面的要求，将包括客观处罚条件在内的罪量要素排除在故意之外进行定罪量刑明显与之相违背。由此可见，以上二分说的尝试并不成功；只有以客观处罚条件的体系定位为标准确定其责任关联，才能保证立场的一贯性。

---

① 事前受贿罪中的“就任公务员”是由政府任命实现的，诈欺破产罪中的“破产宣告的确定”是由法院作出的。这一点与我国非法捕捞水产品罪中的“禁渔期”“禁渔区”是相同的。

② 例如，就丢失枪支不报罪而言，如果按照传统观点将“造成严重后果”理解为构成要件结果，本罪的法益就是实害形态的公共安全；如果将其理解为客观处罚条件，本罪的法益就应当是国家的枪支管理秩序（或者危险形态的公共安全）。

③ 对于后者而言，如果是由第三者实现的，不需要行为人认识；如果是需要行为人履行一定义务的，就要求行为人认识到履行为义务的相关事项［参见张明楷：《刑法学（上）》（第6版），法律出版社2021年版，第663页］。

④ 参见张明楷：《骗取贷款罪的构造》，载《清华法学》2019年第5期，第23页。

⑤ 参见王爱立编：《中华人民共和国刑法解读》（第5版），中国法制出版社2018年版，第364页；孙道萃：《骗取贷款罪新论》，载《政治与法律》2022年第4期，第45页。

⑥ 参见刘士心：《犯罪客观处罚条件刍议》，载《南开学报（哲学社会科学版）》2004年第1期，第73页。

3. 重视案例研究

在日本的客观处罚条件论中，对于诈欺破产罪相关案件的判例研究具有重要的意义。处于少数说地位的还原说的论者正是通过从刑事实体论和刑事程序论的角度对明治时期大审院以来的经典判例进行分析，[①] 发现实务的立场是承认那些被视为客观处罚条件的要素与违法性有关并处于责任主义的射程范围之内，于是不仅为自己的立场提供了实践依据，也动摇了处罚限制事由说的根基。相比之下，我国的客观处罚条件论基本上是从法律注释和理论考察这两个方面展开的，对于相关案例的研究则较为薄弱。[②] 特别是在我国传统犯罪构成理论中某客观要素的定性及主观要求几乎不成为问题的背景下，要导入“客观处罚条件”这一可能颠覆罪刑关系和主客观相统一原则的概念，除了充分的教义学解释之外，对于相关案例的评析同样具有重要的意义。

在指导性案例制度蓬勃践行的今天，案例作为“总结审判经验、诠释法律精神的重要载体”[③] 备受学界重视。于是，就像德国由“癖马案”衍生出期待可能性理论、日本由“一厘事件”衍生出可罚的违法性理论那样，“判例刑法学是在今后相当长的一个时期内，我国刑法学的一个知识增长点”[④]。所以，我们也应当在客观处罚条件论中加入案例研究，实现“刑法理论审视指导司法实务、司法判例验证充实刑法理论”的良性互动。

五、结语

自诞生之日起，客观处罚条件就具有矛盾性，即在形式意义上属于限制国家发动刑罚权的处罚限制事由，但是在实质意义上则因为不属于犯罪构成要件、不受刑法基本原则制约而具有扩张犯罪的效果（犯罪成立提前化）。而且，这两个方面的根据又均被求诸刑事政策。所以，在当今“刑法刑事政策化”的潮流中，毋宁应当认为客观处罚条件论的首要意义在于以实现刑事一体化为目标，为选择刑法与刑事政策的融合方式提供参考。在这一点上，通过以上对日本客观处罚条件论的考察可以获得启发是：只要坚持“刑法是刑事政策不可逾越的藩篱”（李斯特语），就应当放弃先将犯罪与刑罚割裂、再在其间插入代表刑事政策的客观处罚条件作为联通媒介的传统观点。在坚持“犯罪”概念一贯性的前提下，通过构建活性化的犯罪论体系促使犯罪论和刑罚论全面满足刑事政策的要求，进而将刑事政策纳入刑法基本原则的规制，这才是值得探索的合理方向。

---

① 参见［日］宫野彬：《诈欺破产罪》，载我妻荣编辑代表：《续刑法判例百选》，有斐阁1971年版，第174－175页。

② 参见肖中华：《论丢失枪支不报罪的认定》，载《法治研究》2013年第1期，第30页以下；毛乃纯：《对中国司法实务中的客观处罚条件问题的考察》，载《早稻田大学大学院法研论集》2014年第149号，第337页以下。

③ 参见陈兴良、张军、胡云腾编：《人民法院刑事指导案例裁判要旨通纂（上卷）》（第2版），北京大学出版社2017年版，序一，第1页。

④ 陈兴良：《判例刑法学（上卷）》（第2版），中国人民大学出版社2017年版，序Ⅶ。

附：《法律方法》稿约

《法律方法》是由华东政法大学法律方法论学科暨法律方法研究院编辑出版，陈金钊、谢晖教授共同主编的定期连续出版物。本刊自2002年创办以来已出版多卷，2007年入选CSSCI来源集刊，并继续入选近年来CSSCI来源集刊。从2019年起，本刊每年拟出版3至4卷。作为我国法律方法论研究的一方重要阵地，本刊诚挚欢迎海内外理论与实务界人士惠赐稿件。

稿件请以法律方法研究为主题（含译文），包括部门法学领域有关法律方法的研究论文。稿件字数应在1-2万字为宜。本刊审稿实行明确的三审制度，对来稿以学术价值与质量为采稿标准，并由编辑委员会集体讨论提出相应的最终用稿意见。本刊已实行独立作者署名的制度。本刊将不断推进实施用稿与编辑质量提升计划。

一、栏目设置

本刊逐渐形成一些相对固定的栏目，如域外法律方法、法律方法基础理论、司法方法论、部门法方法论等。当然，也会根据当期稿件情况，相应设置一定的主题研讨栏目。

二、版权问题

为适应我国信息化建设，扩大本刊及作者知识信息交流渠道，本刊已被《中国学术期刊网络出版总库》及CNKI系列数据库收录，其作者文章著作权使用费与本刊稿酬一次性给付。如作者不同意文章被收录，请在来稿时声明，本刊将做适当处理。

三、来稿要求

1. 本刊属于专业研究集刊，只刊登有关法律方法论研究方面的稿件，故请将这方面的作品投稿本刊。

2. 稿件须是未曾在任何别的专著、文集、网络上出版、发表或挂出，否则本刊无法采用。

3. 来稿如是译文，需要提供外文原文和已获得版权的证明（书面或电子版均可）。

4. 来稿请将电子版发到本刊收稿邮箱 falvfangfa@163.com 即可，不需邮寄纸质稿件。发电子邮件投稿时，请在主题栏注明作者姓名与论文篇名；请用附件WORD文档投稿，文件名也应包括作者姓名和论文篇名。请把作者联系方式（地址、邮编、电话、电子信箱等）注明在文档首页上，以便于联系。

5. 本刊一般在每年的6月和12月前集中审稿，请在此之前投稿。本刊不收任何形式的版面费，稿件一经采用即通知作者，出版后邮寄样刊。

6. 来稿需要有中文摘要（300 字左右）、关键词（3－5 个）。欢迎在稿件中注明基金项目。作者简介包括：姓名，性别，籍贯，工作（学习）单位与职称、学历和研究方向。

7. 为方便作者和读者，稿件注释请采用页下脚注，注释序号用“①②③…”即可，采用连续注形式。非直接引用原文时，注释前需要加“参见”；引用非原始资料时，需要注明“转引自”。每个注释即便是与前面一样，也要标注完整，不要出现“同前注…”“同上”。正文中注释序号的位置，应统一放在引用语句标点之后。

四、注释引用范例

1. 期刊论文

陈金钊：《法治之理的意义诠释》，载《法学》2015 年第 8 期，第 20 页。

参见匡爱民、严杨：《论我国案例指导制度的构建》，载《中央民族大学学报（哲学社会科学版）》2009 年第 6 期，第 65 页。

2. 文集论文

参见焦宝乾：《也论法律人思维的独特性》，载陈金钊、谢晖主编：《法律方法》（第 22 卷），中国法制出版社 2017 年版，第 119－120 页。

3. 专著

参见王泽鉴：《民法思维：请求权基础理论体系》，北京大学出版社 2009 年版，第 165－166 页。

4. 译著

［德］卡尔·拉伦茨：《法学方法论》，陈爱娥译，商务印书馆 2005 年版，第 160 页。

5. 教材

张文显主编：《法理学》（第 4 版），高等教育出版社 2011 年版，第 274 页。

6. 报纸文章

葛洪义：《法律论证的“度”：一个制度问题》，载《人民法院报》2005 年 7 月 4 日，第 5 版。

7. 学位论文

参见孙光宁：《可接受性：法律方法的一个分析视角》，山东大学 2010 年博士论文，第 182 页。

8. 网络文章

参见傅攀峰：《中国法域外适用的立法现状及其完善》，载中国法学网 http://iolaw.cssn.cn/zxzp/202210/t20221019_5550387.shtml，最后访问日期：2022 年 12 月 20 日。

9. 外文文献

See Joseph Raz, “Legal Principles and The Limits of Law”, *Yale Law Journal*, vol. 81, 1972, p. 839.

SeeAleksander Peczenik, *On Law and Reason*, Dordrecht/Boston/London: Kluwer Academic Publishers, 1989, p. 114 – 116.

Tom Ginsburg, "East Asian Constitutionalism in Comparative Perspective", in Albert H. Y. Chen, ed., *Constitutionalism in Asia in the Early Twenty – First Century*, Cambridge: Cambridge University Press, 2014, p. 39.

引用英文以外的外文文献请依照其习惯。

《法律方法》编辑部

2024 年 3 月